FRAND 文献精选

马一德 / 主编

Fair
公平

Reasonable
合理

Non-discriminatory
无歧视

知识产权出版社
全国百佳图书出版单位

图书在版编目（CIP）数据

FRAND 文献精选 / 马一德主编 . —北京：知识产权出版社，2019.6
ISBN 978-7-5130-6267-1

Ⅰ.①F… Ⅱ.①马… Ⅲ.①专利权法—文献—世界 Ⅳ.①D913

中国版本图书馆 CIP 数据核字（2019）第 099193 号

责任编辑：李　晴　　　　　　　　　责任校对：谷　洋
封面设计：张　冀　　　　　　　　　责任印制：刘译文

FRAND 文献精选

马一德　主编

出版发行：	知识产权出版社 有限责任公司	网　　址：	http://www.ipph.cn
社　　址：	北京市海淀区气象路 50 号院	邮　　编：	100081
责编电话：	010-82000860 转 8109	责编邮箱：	ippheditor@163.com
发行电话：	010-82000860 转 8101/8102	发行传真：	010-82000893/82005070/82000270
印　　刷：	北京嘉恒彩色印刷有限责任公司	经　　销：	各大网上书店、新华书店及相关专业书店
开　　本：	787mm×1092mm　1/16	印　　张：	31.5
版　　次：	2019 年 6 月第 1 版	印　　次：	2019 年 6 月第 1 次印刷
字　　数：	625 千字	定　　价：	148.00 元
ISBN 978-7-5130-6267-1			

出版权专有　侵权必究
如有印装质量问题，本社负责调换。

前　言

2016年9月,我作为中国司法代表团成员,先后访问德国杜塞尔多夫高等法院、英国高等法院、美国联邦巡回上诉法院,了解发达国家的知识产权制度,学习和借鉴其知识产权审判经验。其中,标准必要专利案件审判给我留下了深刻的印象,在杜塞尔多夫高等法院学习了华为诉中兴等经典案例。对标准必要专利,我有三点感受:第一,重要性。标准必要专利许可的达成关乎技术更迭、产业创新进程,成为企业参与市场竞争的兵家必争之地。第二,复杂性。关于标准必要专利组合价值的确定、计费依据,涉及法律、技术、财会各种因素;关于标准必要专利的许可谈判规则,涉及侵权、合同、反垄断各个方面。第三,不成熟性。案件裁判规则和经验缺失,在全球范围内标准必要专利禁令之诉、许可费之诉等裁判规则均尚未成熟,鲜有可资借鉴的案例,业界、司法界、学术界对此莫衷一是。这一知识产权的新生事物不仅已在国外引起重大关切,在国内知识产权审判中亦蓄势待发。

深圳市中院审理的华为诉美国交互数字公司标准必要专利许可费、反垄断两案受到了全球知识产权界的高度关注,《最高人民法院关于审理侵犯专利权纠纷案件应用法律若干问题的解释(二)》率先对此制定成文规则,但整体对于标准必要专利问题仍处于摸索之中。

中国是制造业大国、科技大国,我认为,大量的标准必要专利诉讼将在中国发生,从眼下的华为诉三星案件、高通诉苹果案件、西电捷通诉索尼案件可见一斑。中国法院有望以此为契机,成为全球知识产权审判的高地。我们有必要熟悉标准必要专利的全球审判规则经验,并在此基础上主导规则创制,为这一全球性问题的解决提供中国经验和中国方案。特别值得指出的是,标准必要专利审判是知识产权审判中最前沿和具有代表性的领域,其裁判规则的成熟,对于国内知识产权审判中损害赔偿、许可、反垄断等疑难问题的审理和规则完善将起到很好的示范作用,对于确定知识产权的商业价值、促进知识产权的商业化运作起到实质性推动作用,并以点带面进而盘活当前整个知识产权发展的局面。

两年来,我一直希望能系统、全面地整理当前标准必要专利的全球审判规则、行业惯例、公共政策和各家学说,为完善当前制度、与国际水平接轨做一点实事。为此,我申请到了中央马克思主义理论研究和建设工程重大项目兼国家社科基金重大项目"知识产权保护与创新发展研究"(2016MZD022),支持我完成这一心愿。经各方奔走,邀请到了一批在标准必要专利领域有丰富经验的国内外学者和司法从业者组成了项目团队,在全世界范围内选取整理相关案例、文献、公共政策,围绕禁令救济、许可费率计算、反垄断规则等知识产权审判中的热点和难点问题展开论述,编纂了"标准必要专利研究丛书"。本书为其中一卷,收集整理了相关文献。希望这些案例、学说的分享能够跨越地域的局限,帮助我们厘清公平、合理、无歧视(FRAND)原则下的复杂事实和法律问题,为法律共同体研究标准必要专利问题提供参考。

感谢刘春田教授在项目启动时给予我的强大支持,鼓励我将这一想法付诸实施;感谢 Randall Rader 法官给予我的全球化视野和专业指导;感谢吴汉东教授一直以来对我的包容和支持;感谢项目组成员不离不弃地坚持和付出,使本书最终得以出版。

书中错误与疏漏之处,欢迎读者指正。

马一德

2019 年 6 月 14 日

本书编译者

主　　编	马一德				
编委会成员	侯　广	刘　蕾	刘劭君	刘自钦	谢冠斌	张浩然
译校组成员	卞　涛	陈　婵	陈丽霞	陈柳叶	邓小容	丁碧波
	董　芳	董琪玲	郭影初	郝庭基	郝新慧	胡相龙
	黄筱聪	黄　讯	李春晅	李　纯	李　楠	李璆峰
	刘　果	刘理凡	刘劭君	刘晓芬	刘阳明珠	刘自钦
	柳岸青	瞿　洁	瞿　静	乔兴军	任新鑫	孙　松
	孙　喜	谭诗含	屠煜丽	王峒栋	王　婕	吴明磊
	肖　苏	肖晓丽	徐满霞	杨　康	张浩然	张　籍
	张一博	张雨桐	张媛媛	周　澎	周　雪	朱璐瑶
	邹光浩					

编辑说明

本书翻译、收录了欧洲、美国法律、经济学学术期刊中研究标准必要专利许可的公平、合理及无歧视(FRAND)条款及其相关案例的17篇学术论文,这些论文分析了涉及FRAND条款的、美国司法机关(美国地方及联邦法院,尤其是管辖专利确权、专利侵权诉讼的美国联邦巡回上诉法院)的判决、欧洲国家(如德国、英国)的国内法院及欧盟法院的判决和中国法院判决,并分析了美国准司法机关(美国国际贸易委员会、联邦贸易委员会)和拥有准立法权力的欧盟委员会涉及相关问题的声明、同意令等有实际法律效力的文书,阐释了这些判决或决定的法律及法理依据。这些判决和行政文书涉及的企业包括高通、华为、中兴、谷歌、摩托罗拉等全球知名创新型企业,主审法官更是包括了理查德·波斯纳(Richard Allen Posner)等著名法官,案件中涉及的法律条款则包括了《美国专利法》《美国关税法》(其中第1337条即著名的"337条款")《欧盟运行条约》等重要法律文件。

同时,本书收录的经济学文章运用古诺互补理论、纳什议价模型等经典经济学理论分析了禁令救济、许可费制度的经济学基础,对相关制度进行了深层次的经济学分析。本书可以说是当前欧美知识产权保护研究中的主流、前沿研究成果,对我国研究FRAND问题或从事标准必要专利诉讼、许可等相关工作的学者、律师、法官以及企业法务人员有很好的借鉴和实际意义。

在本书翻译过程中,除了本书收录的17篇文章,翻译组成员还选取并翻译了另外10篇学术论文,但由于版权原因,未能收入本书正式出版。我们将这10篇论文的标题及出处提供给读者,供有兴趣的读者参考:

《FRAND承诺和欧盟委员会竞争法:答Philippe Chappatte》

Damien Geradin & Miguel Rato, *Frand Commitments and EC Competition Law: A Reply to Philippe Chappatte*, European Competition Journal 129, 174 (2010)

《市场变革中专利救济的演进格局》

Elizabeth Siew-Kuan, *Evolving Landscape of Patent Remedies in a Changing Marketplace*, Academy of Law Journal 24 SAcLJ 634, 668 (2012)

《摆脱高层理论:FRAND 的市场驱动分析》

Damien Geradin, *Moving away from High-Level Theories A Market-Driven Analysis of Frand*, THE ANTITRUST BULLETIN: Vol. 59, No. 2/Summer 2014

《FRAND 的意义,第一部分:许可费》

J. Gregory Sidak, *The meaning of frand, part I Royalties*, Journal of Competition Law & Economics, 9(4), 931 – 1055

《FRAND 的意义,第二部分:禁令》

J. Gregory Sidak, *The Meaning of FRAND, Part II Injunctions*, Journal of Competition Law & Economics, 11(1), 201 – 269

《标准必要专利的 FRAND 许可费和禁令》

Jay Pil Choi, *FRAND Royalties and Injunctions for Standard Essential Patents*, 45 Global Economic Review 233, 250(2016)

《通过分析技术对专利和专利组合进行估值和评估》

Michael S. Kramer, *Valuation and Assessment of Patents and Patent Portfolios through Analytical Techniques*, 6 The John Marshall Review of Intellectual Property Law (2007)

《知识经济条件下标准必要专利的价值评估:美国法院的 F/RAND 许可费方法学之比较》

Bowman Heiden, *Valuing Standard Essential Patents in the Knowledge Economy: A Comparison of F/RAND Royalty Methodologies in U. S. Courts*, International Journal of Standardization Research, 13(1), 19 – 46, January-June 2015

《Ericsson 诉 D-Link 案后的分摊、FRAND 许可费及可比许可协议》

J. Gregory Sidak, *Apportionment, FRAND Royalites, and Comparable Licenses after Ericsson v. D-Link*, 2016 University Of Illinois Law Review, 1809(2016)

《标准价值与标准化价值》

J. Gregory Sidak, *The Value of a Standard Versus the Value of Standardization*, 68 Baylor La Wreview 59, 84(2016)

本书部分用语中英文对照表

术语类

合理和无歧视条款(reasonable and non-discriminatory terms,RAND)

公平、合理和无歧视条款(fair, reasonable, and non-discriminatory terms, FRAND)

有效成分定价原则(efficient component pricing rule, ECPR)

专利主张实体(patent assertion entities, PAE)

非专利实施主体(non-practicing entities,NPE)

机构类

电气和电子工程师协会(Institute of Electrical and Electronics Engineers,IEEE)

欧洲电信标准化协会(European Telecommunications Standards Institute,ETSI)

标准制定组织(standard-setting organization,SSO,其目的是建立工业标准,使不同的设备制造商在这个组织框架下达成协议,以保证这些设备制造商的设备能兼容和通用)

国际电信联盟(International Telecommunication Union,ITU)

美国联邦巡回上诉法院(Courts of Appeals for the Federal Circuit, CAFC)

美国联邦贸易委员会(United States Federal Trade Commission,FTC)

美国国际贸易委员会(United States International Trade Commission,ITC)

美国专利商标局(United States Patent and Trademark Office,USPTO)

美国司法部(Department of Justice, DOJ)

欧洲法院(英文版欧盟条约中正式名称表述为 Court of Justice,但一般为了辨识,会加个官方表述中没有的形容词"European",表述为 European Court of Justice,简称 ECJ)

欧洲联盟法院(又称欧盟法院,Court of Justice of the European Union,CJEU)＊

曼海姆地方法院(LG Mannheim)
杜塞尔多夫地方法院(LG Düsseldorf)

法律文件类

《欧盟运行条约》(Treaty on the Functioning of the European Union,TFEU)

《欧盟关于横向合作协定适用〈欧盟运作条约〉第101条的指南》(COMMUNICATION FROM THE COMMISSION——Guidelines on the applicability of Article 101 of the Treaty on the Functioning of the European Union to horizontal co-operation agreements)

《欧盟基本权利宪章》(Charter of Fundamental Rights of the European Union)

＊ 欧洲法院(ECJ)是欧盟法院(CJEU)的一部分,欧盟法院主要负责解释欧盟诸多条约,统一欧盟成员国国内法院对条约的解释及适用等工作,本书中针对"华为案"的裁决法院,有的作者表述为"欧洲法院",有的作者表述为"欧盟法院",实质上是同一个机构,译者保留了作者的原有表述。——编者注

目 录

许可费计算

复合专利产品的专利价值分摊规则 ················ Damien Geradin　Anne Layne-Farrar（3）

专利损害赔偿的法律空白：经济学视角下美国法定

　　专利损害赔偿计算中的分摊规则 ························· Anne Layne-Farrar（25）

FRAND 的经济学解读 ··················· Dennis W. Carlton　Allan L. Shampine（42）

兼容性标准中必要专利声明的决定因素的

　　实证研究 ··················· Rudi Bekkers　René Bongard　Alessandro Nuvolari（61）

标准必要专利 RAND 许可费率的确定标准 ········ Gregory K. Leonard　Mario A. Lopez（91）

Unwired Planet 诉 Huawei：来自英国的开创性 SEP/FRAND 判决 ···· Peter Georg Picht（106）

标准价值 ·· Norman V. Siebrasse　Thomas F. Cotter（127）

如何统计专利以及估值知识产权：专利续期和

　　申请数据的运用 ··················· Jean O. Lanjouw　Ariel Pakes　Jonathan Putnam（185）

专利劫持与许可费堆叠 ······························ Mark A. Lemley　Carl Shapiro（208）

禁令救济规则

标准必要专利：FRAND 承诺、禁令以及智能手机战 ················ Alison Jones（259）

欧盟竞争法与标准必要专利的对接

　　——从橙皮书标准到"华为案" ······························· Björn Lundqvist（287）

清除专利法中的"私法"救济 ······································· Ted Sichelman（317）

革新专利和反垄断交叉领域：来自行为经济学的洞见 ················ Daryl Lim（360）

欧洲法院关于标准必要专利的规定："华为案"背后的

　　思考与启示 ··· Peter Georg Picht（414）

欧洲 SEP 案件中的禁令 ······················ Georg Nolte　Lev Rosenblum（432）

美国专利案件中的禁令救济 ································ Jorge L. Contreras（456）

标准必要专利与劫持问题 ······················ Joseph Kattan　Chris Wood（478）

— 1 —

许可费计算

复合专利产品的专利价值分摊规则[*]

Damien Geradin　Anne Layne-Farrar[**]

关键词：费率的确定、专利价值、费率基础、整体市场价值原则（EMVR）、比例贡献、可比协议、许可费堆叠、行业累计费率、分摊原则、组合价值、假设性谈判

一、序言

由信息技术（IT）行业开发的绝大多数产品在技术上是复杂的，包含成百上千不同的元件，并且这些元件中的许多均涉及由第三方持有的越来越多的专利。[①] 例如，个人电脑、数码相机和智能手机。[②] 在涉及不同专利持有人持有多项互补专利的情况下，评估专利价值是一个复杂的过程，而该过程可能在诉讼（如专利侵权诉讼）和非诉讼（如技术许可）情况下都需要进行。

《美国专利法》成功地证明，其专利已经受到侵害的专利权人取回因侵权人的非法行为会带来利润损失或损害，"在任何情况下不得超过合理的许可费"以用于发明专利

---

[*] 本文原文发表于《圣克拉拉计算机与高科技法律杂志》（Santa clara Computer and High Techol，Law Journal）第27卷，2010年出版，本中文译文已获版权方授权。

[**] Damien Geradin 为美国科文顿·柏灵律师事务所（Covington & Burling LLP）合伙人，荷兰蒂尔堡大学竞争法&经济学教授，以及密歇根大学法学院威廉·W. 库克法学院全球法学教授；Anne Layne-Farrar 为美国法律经济咨询集团总监。本文中表达的观点仅代表作者个人观点。（本书中所有作者身份介绍均为原文发表时作者的身份介绍。——编者注）

[①] Carl Shapiro, Navigating the Patent Thicket：Cross Licenses，Patent Pools，and Standard Setting，I INNOVATION POL'Y & ECON. 119, 120 - 21（2000）；Ted Sabety, Nanotechnology Innovation in the Patent Thicket：Which IP Policies Promote Growth？, 15 ALB. L. J. Sci. & TECH. 477, 479（2005）.

[②] 然而，该问题并非信息技术行业独有，生命科学领域同样存在。参见 Keith I. Jones, Michael E. Whitham & Philana S. Handler, Problems with Royalty Rates，Royalty Stacking and Royalty Packing Issues，in INTELLECTUAL PROPERTY MANAGEMENT IN HEALTH AND AGRICULTURAL INNOVATION：A HANDBOOK OF BEST PRACTICES 1121（2007）. 事实上，现在所有利用生物技术、基因工程、化学技术开发的产品在技术上都很复杂，而且包含许多不同的投入。虽然这仅仅使研发工作复杂化，但与这些投入相关的第三方持有的潜在相关知识产权（IP）权利的复杂性随之增加。例如，一种新的疫苗的研发可能会使用许多涉及相应的第三方所有权的投入，如研究工具、重组技术、DNA 序列、转化载体、细胞系、助理员、运送服务。

的使用。③ 许可费支付由两个因素组成：许可费费率和许可费基础，并依据许可费基础适用许可费费率。④ 从多方面来看，定义合理的许可费费率这项工作是一门艺术而不是科学，并且就其本身而言，费率一直是争议的焦点。⑤ 然而，许可费基础也不是免于争议的。考虑到产品越来越复杂，而某项专利的许可费基础应该仅包括该项专利直接记载（read）的产品的（多个）元件，还是应该包括作为一个整体的产品，似乎在法庭上是一个问题⑥，也是学者⑦及决策者激烈讨论的重要问题。⑧

在这种背景下，本文的目的并不是审查美国联邦法院处理分摊问题的判例法——我们无法胜任这个任务，而是提出一些关于经济原则或规则的建议，用于解决在具体情况下如何确定许可费基础和许可费费率的问题。在这方面，诉讼环境并不仅是其专利价值分摊和许可率存在争议的唯一情况，合作标准制定是其中不得不对单一产品或服务许可多个互补专利的另一实例。⑨

从数学的角度来看，许可费支付的各个独立元素之间当然是不相关的，因为一个变量可以利用另一个变量来调整。无论我们是对标价为 100 美元的产品适用 1% 的许可费费率，还是对标价为 10 美元的产品适用 10% 的许可费费率，每单位的许可费支付均为 1 美元。那么，所有争议的背后到底是什么呢？与实际情况相比，在数学上清楚或理论上可行的事情经常（如果不是典型的）是完全不同的。因此，正如许可费确定的情况一样，用于专利价值的所谓的"分摊"和"全部市场价值"原则在许可或损害赔偿情况下

---

③ 35 U. S. C. §284（2000），一旦判决索赔人胜诉，法院应判给索赔人足以赔偿侵权行为的损害赔偿金，但在任何情况下，赔偿金不得超过侵权人利用该发明的合理的许可费及法院判定的利息和成本的总金额。

④ LARRY M. GOLDSTEIN & BRIAN N. KEARSEY, TECHNOLOGY PATENT LICENSING: AN INTERNATIONALREFERENCE ON 21ST CENTURY PATENT LICENSING, PATENT POOLS ANDPATENTPLATFORMS 158（2004）.

⑤ Mark A. Lemley & Carl Shapiro, Patent Hold-Up and Royalty Stacking, 85 TEX. L. REV. 1991（2007）, John M. Golden, Commentary, "Patent Trolls" and Patent Remedies, 85 TEX. L. REV. 2111（2007）; Einer Elhauge, Do Patent Holdup and Royalty Stacking Lead to Systematically Excessive Royalties?, 4 J. COMPETITION LAW & ECONOMICS 535（2008）.

⑥ Uniloc USA Inc. v. Microsoft Corp., No. 03 - CV - 0440, 2011 WL 9738（Fed. Cir. Jan 4, 2011）; Lucent Techs., Inc. v. Gateway, 580 F. 3d 1301（Fed. Cir. 2009）; Cornell University v. Hewlett-Packard Co., 609 F. Supp. 2d 279（N. D. N. Y. 2009）; IP Innovation L. L. C. v. Red Hat, Inc., 705 F. Supp. 2d 692（E. D. Tex. 2010）.

⑦ Brian J. Love, Patentee Overcompensation and the Entire Market Value Rule, 60 STAN. L. REV. 263（2007）; Amy Landers, Let the Games Begin: Incentives to Innovation in the New Economy of Intellectual Property Law, 46 SANTA CLARA L. REV. 307（2006）.

⑧ Patent Reform Act of 2007: Hearing on, H. R. 1908 Before the Subcomm. On Courts, Internet, and Intellectual Prop. of the H. Comm. on the Judiciary., 110th Congress（2007）.

⑨ Damien Geradin, Anne Layne-Farrar & Jorge Padilla, The Complements Problem Within Standard Setting: Assessing the Evidence on Royalty Stacking, 14 B. U. J. SCI. & TECH. L. 144（2008）.

的争议也是如此。⑩ 在一个阵营中，人们坚持理论是最好的，那些主张依赖超出所讨论的（多个）元件的价值的任何依据而得到的许可费基础，会误导易受影响的陪审团，使其判定过高的许可费费率和过多的损害赔偿（就专利技术的基本贡献值而言）。⑪ 事实上，根据最近的判决结果，原告已经试图通过这种方式利用整体市场价值规则，来误导陪审团作出较高的损害赔偿金额裁定。⑫ 在另一阵营中，人们意识到，数学灵活性使得人们认识到在许多情况下实际应用元件定价存在困难。⑬

本文以复合专利及复合专利持有人为背景，对上述两个阵营的观点进行评估。如此一来，争议的根源——互补投入问题也就自然而然地出现。其中更著名的当数古诺（Cournot）互补理论，该理论认为，当不同的两个实体提供创造单一产品所必需的互补投入时，两者均会将自身的利润率加入这些投入的价格，而不是完全核算其他投入的定价。如果每个供应商加入其自身利润率，终端用户价格将会更高，甚至会超过集成垄断者为了使利润实现最大化而定的价格。⑭ 最近认识到的互补投入问题的新应用是许可费叠加。⑮ 与19世纪古诺想到的传统有形产品相似，这一较新的理论认为，专利持有人将在不考虑其他严格互补的专利持有人的情况下，对其许可费费率进行设定，可能对产品生产商（被许可人）累积高昂的许可费，导致生产该产品在经济上不再具有意义。⑯

这些研究为长期的分摊或整体市场价值的争论注入了新生命。如果任何给定的专利许可人可以获得超过其产品在市场上应得价值的合理份额，那么对其他相关专利持有人可能会赔偿不足，并且更可能的是，被许可人将面临不公平的高许可成本，这将削减他们的利润率，或者，在极端情况下，使得产品的生产毫无利润。

---

⑩ Eric E. Bensen, *Apportionment of Lost Profits in Contemporary Patent Damages cases*, 10 VA. J. L. & TECH. 1 (2005); Eric E. Bensen & Danielle M. White, *Using Apportionment to Rein in the Georgia Pacific Factors*, 9 COLUM. SCI. & TECH. L. REV. I (2008).

⑪ 参见 Bensen，前注 10，第 10 页；Bensen & White，前注 10，第 8—9 页。

⑫ Uniloc USA Inc. v. Microsoft Corp., No. 03 - CV - 0440, 2011 WL 9738 (Fed. Cir. Jan. 4, 2011).

⑬ RAYMOND T. NIMMER & JEFF C. DODD, MODERN LICENSING LAW (2005).

⑭ AUGUSTIN COURNOT, RESEARCHES INTO THE MATHEMATICAL PRINCIPALS OF THE THEORY OF WEALTH 99 - 116 (Nathaniel T. Bacon trans., Augustus M. Kelley ed. 1960) (1838); Nicholas Economides & Steven C. Salop, Competition and Integration Among Complements, and Network Market Structure, 40 J. INDUS. ECON. 105, 106 - 09 (1992); Hugo Sonnenschein, *The Dual of Duopoly Is Complementary Monopoly; Two of Cournot's Theories Are One*, 76 J. POL. ECON. 316, 316 - 17 (1968).

⑮ Shapiro，前注 1 第 122—124、127—128 页；Michael A. Heller & Rebecca S. Eisenberg, *Can Patents Deter Innovation? The Anticommons in Biomedical Research*, SCIENCE, May 1, 1998, 第 698—700 页（本文基于 Michael Heller 的一篇更正式的分析，*The Tragedy of the Anticommons: Property in the Transition from Marx to Markets*, 111 HARV. L. REv. 621 (1998)）。

⑯ 对于专利费叠加的不同看法，参见 Geradin et al.，前注 9；Richard A. Epstein & Bruce N. Kuhlik, *Is There a Biomedical Anticommons?* REGULATION, Summer 2004, at 54, 55 - 56（本文认为私有方有强烈的动机避免诸如专利丛林的有害结果。私下的解决办法包括交叉许可、专利池以及战略性剥夺产权）。

这些理论上的担忧得到了很好的反思和认识。但是，这些理论问题真的是实际市场中的问题吗？或者，更严格地看，这些问题是否出现足够多以及是否有一定的规律性，以致需寻求被应用的抢先的解决方案？例如，交叉许可在许多行业中普遍存在，并且也是公认的解决许可费叠加的方案。[17] 诚然，这个解决方案仅适用于具有下游业务的专利持有人（如纵向合并的公司），但它确实是一种基于市场的有效解决方案。更广泛地说，专利持有人对扼杀他们的许可市场并不感兴趣，因此将不会在不考虑其他专利持有人或一般市场条件的情况下轻易设定其许可条款。因此，古诺互补问题的频率问题本质上是一个经验性问题，但由于缺乏可公开获得的许可数据，实际上不存在经验研究。[18] 因此，考虑到互补问题完善的理论基础以及它们实际上发生的可能性，我们不能忽视其出现的风险，然而，我们也还需要小心，不需要假定每当多于一个专利持有人必须获得许可时一定会出现上述问题。本文关于频率的疑问不表明立场，但在我们评估分摊争议时，必须牢记这一点。

本文旨在对从业者面对关于复杂产品、多专利持有人环境中的许可或诉讼专利的问题进行调查。下面将通过两个简单的示例说明这些问题。在我们的第一个示例中，产品 X 由 A 公司生产并且由 100 个元件（C1 到 C100）组成。我们还假设技术性为主的元件 2（C2）可能侵犯了 B 公司持有的 100 项专利（P1 至 P100），包括专利 P5。在产品 X 被投放到市场上的几周后，B 公司起诉 A 公司侵犯其专利 P5。该项专利保持有效并且该产品被确定为侵犯该专利，这就需要对合理的许可费费率进行判定。B 公司辩称，许可费应基于 X 产品作为整体的销售额（整体市场价值）而定，而 A 公司则认为许可费应该按照更小的基础来计算，即元件 C2。在我们的第二个示例中，由 C 公司生产的产品 Y 由 5 个元件（C1 至 C5）组成，其中，元件 C5 执行标准 S1，该 S1 涉及 1000 项潜在必要专利（P1 至 P1000）。[19] D 公司拥有这 1000 项必要专利中的 100 项，并与 C 公司进行谈判。作为该许可协议的一部分，D 公司要求获取产品 Y 的净销售额的 5% 的许可费，但 C 公司不同意，理由是该许可费不合理。以上两个场景均涉及关于确定许可费基础及许可费费率的复杂问题，这也是我们在本文中探讨的重点。

---

[17] Damien Geradin, What's Wrong with Royalties in High Technology Industries?, COMPETITION POLICY AND PATENT LAW UNDER UNCERTAINTY 12 (Geoffly A. Manne & Joshua D Wright eds., Cambridge University Press, 2011); Peter C. Grindley & David J. Teece, Managing Intellectual Capital: Licensing and Cross-Licensing in Semiconductors and Electronics, 39 CAL. MGMT. REv. 9, 9 - 10, 24 - 25 (1997).

[18] 参见 Geradin et al., 前注 9, 第 155 页。

[19] 此处称"潜在"是因为合作标准设置的参与方通常认为对标准的实践而言专利可能是必需的。为确定专利的实际重要性，需要详细的法律及技术评估，且通常会对法律及技术评估提出质疑。考虑到以上例子，我们假设已有 1000 个专利声明作为标准，但未进行评估。

在本文的其余部分,我们给出对上述考虑的评价。我们从许可费基础开始。第二部分我们提出几种说明性的情景,抓住确定可行的许可费基础的关键问题,并且回顾哪些实际考虑对许可费基础的选择必然起到推动作用。然后在第三部分我们转而讨论根据所选择的许可费基础设置适当的许可费费率。第四部分讨论了可能阻碍有效许可的一些并发问题(如故意侵权所带来的风险以及对禁令的担忧)。第五部分给出结束语。

笔者认为,整体市场价值规则应该有一定的灵活性。事实上原因是,专利技术是用于保证将许可费基础设定在产品价格(而不是该产品价格的更窄的分摊部分)水平的要求的基础。[20] 在设定合理的许可费支付时,必须将同时考虑被许可人和专利持有人,并且尽全力在许可过程中不偏袒任何一方。虽然被许可人担心由于不正当使用整体市场价值规则而对专利持有人做出过高赔偿,但是如果严格应用该规则,将导致对专利持有人赔偿不足。

二、确定合理的许可费基础

正如所看到的那样,一旦被认定专利侵权,美国专利法要求对发明的使用进行足够的赔偿,且设定合理的许可费作为足够赔偿的最小值。[21] 合理的许可费以特定侵权产品的销售额或根据特定侵权过程的使用计算得出。[22]

许可费基础的范围主要通过两种方法来确定。第一种方法被称为"分摊"。分摊原则可以追溯至 Seymour 诉 McCormick 案,在该案中,美国联邦最高法院认为,"以'不管是专利覆盖整个机器还是专利覆盖对机器的改进,对于损害赔偿估量都采用相同的规则来约束'来指导陪审团将是非常严重的错误。"[23] 随后,在 Westinghouse Electric & Mfg. Co. 诉 Wagner Electric Mfg. Co. 案中,美国联邦最高法院认为:

"[专利持有人的]发明可能已结合由侵权人做出的有价值的改进或由侵权人占用的其他专利而被使用,并且每个专利共同但不平等地贡献了利润。在这种情况下,如果原告的专利只创造了部分利润,则原告只能要求获得部分净收益。"[24]

---

[20] 参见下文第三部分(市价法)。
[21] 35 U. S. C. §284.
[22] 参见 Goldstein & Kearsey,前注 4,第 151—153 页。
[23] Seymour v. McCormick,57 U. S. (16 How.) 480,491(1853).
[24] 参见 Westinghouse Electric & Mfg. Co. v. Wagner Electric Mfg. Co.,225 U. S. 604,615(1912)。在 Georgia-Pacific 案中,地方法院具体认定了一个因素清单,这些因素可能与确定专利侵权损害的合理许可费有关,包括第 13 条因素,该因素规定在分摊损失时法院需考虑"区别于非专利元素的应该被归因于发明的可实现利润的部分、生产过程、商业风险或侵权人增加的重要特征或改进"。参见 Georgia-Pacific Corp. v. United States Plywood Corp.,318 F. Supp. 1116,1120(S. D. N. Y. 1970),modified and aff'd,446 F. 2d 295 (2d Cir. 1971),cert. denied,404 U. S. 870 (1971)。

在实践中,这意味着当专利记载在侵权产品的整体之上时,许可费基础应该是该产品的销售(或使用)的总价值。相反地,当所讨论的专利仅仅覆盖侵权产品的一个元件时,该产品的销售或使用的价值必须在专利发明与剩余未获专利权的元件之间分摊。分摊原则旨在确保判给专利权人的损害赔偿与其发明对侵权产品的贡献成比例,而不是基于归因于侵权人或第三方的发明的任何价值。[25]

用于计算许可费基础的另一种方法是"整体市场价值规则",其认为通过专利元件而增加到产品的经济价值可能大于该元件自身的价值。[26] 在 Rite-Hite 案中,联邦巡回上诉法院证实,在专利特征是客户对整个产品或过程的需求的基础的那些情况下,专利侵权损害赔偿应依侵权产品或过程的全部价值为基础。[27] 对整体市场价值规则很重要的是,专利元件是否推动对于整个产品的需求。[28] 如果属于这种情况,则整体市场价值规则允许专利权人在计算合理的许可费损失时将来自侵权产品的所有收入视为合理的许可费基础。[29]

该规则及法院过去二十年以来对其的延伸,[30]由于对专利权人的过度赔偿而饱受指责,特别是当应用于复合专利产品的情况时。[31] 例如,Love 写道:"由于其延伸到一般分摊规则的大量例外,整体市场价值规则往往通过给予过度的专利损害赔偿而过度赔偿专利权人"。[32] 之后,他开发了一个经济模型以证明"整体市场价值规则的应用过度赔偿了专利权人,除非所讨论的专利将被告产品的整体价值考虑到侵权公司中"。[33]

以 Love 提出的模型作为一般立场的代表,我们发现对整体市场价值规则的争议论点(例如那些声称该规则应仅用于专利元件可以推动产品全部价值的情况)存在两个重大缺陷。第一,合理的许可费支付的基准是什么?有人辩称整体市场价值规则会导致对专利持有人的过度赔偿,因为基准更加偏向于侵权人,而非专利持有人。[34] 例如,Lemley 和 Shapiro 对许可费叠加进行分析(Love 以该分析作为其分析的基础),将基准的合理许

---

[25] 参见 Bensen,前注 10,第 11 页。
[26] 同上,第 12 页。
[27] Rite-Hite Corp. v. Kelley Co., Inc., 56 F. 3d 1538,1549(Fed. Cir.)(en banc),cert. denied,116 S. Ct. 184 (1995)。除了"侵权元件必为顾客对整台机械的需求的基础,包括所要求权利的发明外的部分"这一事实外,还必须满足以下两个附加条件:"侵权的某一部分和非侵权元件必须一起出售,以构成一个功能单元,或者必须是一个完整的机器的部件或部件的单一组装"以及"侵权的某一部分和非侵权元件必须与单一功能单元相似"。参见 Cornell University v. Hewlett-Packard Co.,609 F. Supp. 2d 279,286—287(N. D. N. Y. 2009)。
[28] 参见 Bensen,前注 10,第 34—35 页。
[29] 同上,第 35 页。
[30] 参见 Landers,前注 7,309 页。
[31] 参见 Love,前注 7,第 272 页。
[32] 同上。
[33] 同上。
[34] 参见 Lemley & Shapiro,前注 5,第 1999 页;Love,前注 7,第 273 页。

可费设定为 β×v，其中，β 小于或等于 1，且代表专利持有人较之被许可人的相对议价能力；v 代表专利技术对制造商的产品的贡献。[35] Lemley 和 Shapiro（以及 Love）认为，任何少于和等于 β×v 的支付都是合理的；而超过 β×v 的支付是过高的，则表示专利持有人获得过多回报。[36] 但对于任何小于 1 的 β 值，专利持有人将无法获得专利技术对产品贡献的完整价值。该基准的倡导者不认可任何少于 v 的支付，专利持有人被认定为单独对该产品作出贡献的价值代表了对被许可人的过度回报。换句话说，该基准确立被许可人占用专利持有人价值是完全合法的，但专利持有人不能占用被许可人贡献的全部价值而不被指控设定过高的许可费。图 1 说明了该种假设中的偏差。

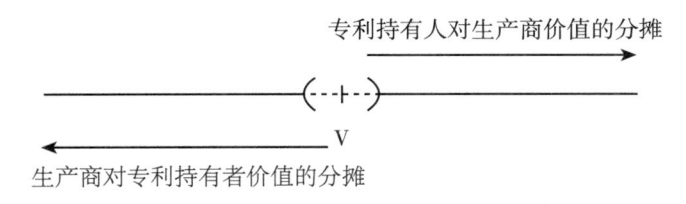

```
                    专利持有人对生产商价值的分摊
                              ──────────→
        ──────────────(·-·+-·)──────────────
                              v
                    ←──────────
                    生产商对专利持有者价值的分摊
```

图 1 专利权价值的对称分摊

在图 1 中，v 周围的虚线区域代表了专利对产品贡献的精确价值的可能（及合法的）分歧，这些问题几乎总是主观的，因此一直备受争议。虚线区域两侧的箭头表示许可费设定的对称性质。若支付费用过高（位于虚线区域右侧的范围），则专利持有人将会获得过多的赔偿，而被许可人将会遭受损害；若支付费用过低（位于虚线区域左侧的范围），则专利持有人获得的赔偿过少，而被许可人将占用其未贡献的价值，且专利持有人的利益会受到损害。鉴于设定许可费支付的不确定性，特别是针对新产品的转让许可费支付，任何一个方向的错误都是可能的，并且这点在决定整体市场价值规则是否适用于某一特定情况时非常重要。

我们看到，在这个严格论证中整体市场价值规则的另一个缺陷在于许可费的特征问题。例如，Love 将许可费视为不可分割的整体，通过上述的 β×v 确定来设定。[37] 但是，正如序言中注意到的，任何许可费支付均由两个变量决定：许可费费率和许可费基础。[38] 整体市场价值规则确定了基础，但未确定费率。事实上，在 Lucent 诉 Gateway 的判决中，美国联邦巡回上诉法院（Court of Appeals for the Federal Circuit，CAFC）承认许可费支付的确定中固有的灵活性：

---

[35] 参见 Lemley & Shapiro，前注 5，第 1999 页；Love，前注 7，第 273 页。
[36] 参见 Lemley & Shapiro，前注 5，第 1999 页；Love，前注 7，第 273 页。
[37] 参见 Love，前注 7，第 273 页。
[38] 参见 Goldstein & Kearsey，前注 4，第 158 页。

虽然我们的法律规定了整体市场价值规则的一些强制性条件,但是法院必须认识到整体市场价值规则与运转着的许可费损害判定的计算之间的根本关系。简单来说,只要费率的大小在可接受的范围内(如由证据确定的),运转着的许可费计算中使用的基础可以是整个商业实施比例的价值……微软肯定没有理由抱怨整体市场价值规则的假定应用使得陪审团对侵权方案的市场价格应用了0.1%(而不是8%)的许可费费率……因此,即使专利发明是较大规模的商业产品的一个小元件,基于销售价格或出售的单位数量判定合理的许可费,这在经济上是合理的……特别是当侵权元件或特征没有确定的市场价值时,只要确定专利许可费的乘数考虑到由侵权元件或特征所代表的基础的比例,使用整体产品的市场价值没有什么本质上的错误。[39]

笔者在本文中试图支持的正是这种合理的方法。可能由于其记载的专利元件难以单独估值,使得整体市场价值成为合理的起始点。分摊可能是困难且主观的事情;[40]计算对整体市场价值基础所隐含的许可费费率,以使得支付等于由分摊的运用(exercise)所确定的价值,提供了有效的、合理的检验。[41]对于正在处理的许可费支付问题,如销售验证和申报的实际问题也需要纳入考虑。在本节的其他部分,我们讨论这些基本原理,以灵活地看待整体市场价值规则。虽然许可费基础等于个体元件的价值可能是最好且最实际可行的方法,但是该结论可能并非总具有保证性。对许可费基础的死板思考可能会导致未期望的结果。如美国联邦巡回上诉法院在上述引用中所承认的,整体市场价值规则不会导致过度许可费,即使专利元件没有推动产品的整体市场价值,也可以是最合理的方法。

A. 一个产品是否可以拆分为不同的元件?

在许多情况下,产品可以拆为多个不同的部分。例如,个人计算机(PC)通常包括监视器、键盘、中央处理单元(CPU)、鼠标,可能还有扬声器或网络摄像头。这些部件中的每一个也是由许多元件组成的。CPU 将一定会含有一块(或几块)芯片、硬盘驱动器、CD 或 DVD-ROM 驱动器,以及许多较小的但是有时同样重要的元件。然而,在某些情况下,争议中的产品可能会难以拆分。想想那些智能手机。虽然它们包括可以用于其他

---

[39] Lucent Techs., Inc. v. Gateway, Inc., 580 F. 3d 1301, 1338 - 39 (Fed. Cir. 2009).

[40] 参见 Edward F. Sherry & David J. Teece, Some Economic Aspects of Intellectual Property Damages, 573 PLI/PAT 399,403(1999)["分摊问题——如何确定多少'增加的价值',是由案件中所讨论的知识产权所导致的,并且多少'增加的价值'是由其他互补资产(包括其他知识产权)、技能或风险承担所导致的,通常是做知识产权损害赔偿分析中最重要的实际问题之一"]。

[41] 美国联邦巡回上诉法院立即对试图使用此类"检查"用于不当目的的人予以惩罚。参见 Uniloc USA Inc. v. Microsoft Corp., No. 03 - CV - 0440, 2011 WL9738, at *21(Fed. Cir. Jan 4, 2011)。

产品的(多个)芯片,并因此可以相对容易地拆分,但是这些手机中客户感知的大量价值来自于多个特征的捆绑,包括日历功能、电子邮件和相机等。在这种情况下,总和大于其部分。此外,屏幕尺寸和质量、手机的总体尺寸和重量、电池的寿命和手机的物理设计也将全部具有价值,但并不总是与手机本身分离。

假设争议中的产品可以分成不同的元件,并且争议中的专利记载在一个特定元件上,分析的下一步是确定该组件的"价值"。当特定元件在单独的批发市场上出售时,许可费基础可视为该元件的平均销售价格。因此,假设 CD-ROM 驱动器的售价为 25 美元,而且审议中的专利只记载在该 CD-ROM 上,则许可费基础的明显选择将达 25 美元。我们可能需要稍微调整一下这一数字,例如考虑对相关地理区域取平均销售价格,或者使用批发价格而不是零售价格,但通用方法应清晰明确。

虽然这些元件并不一定在批发市场上出售,而这也可能是它们从内部开发而不是从第三方购买的原因之一。此类实际情况限制了元件定价方法的有效性。[42] 例如,假设一家公司拥有某项专利,所相关的技术是,在手机需要充电之前延长额外一小时的电池使用时间。消费者显然会重视这样的改进,并且充电之间的使用(时间)长短在选择电话时是很重要的一个因素。通常,电池不与手机进行分开销售。此外,虽然电池寿命对手机的整体价值有重要贡献,但这并不能作为手机整体价值的基础。那么,应如何设定许可费基础呢?考虑更为复杂的情况,对于专利不记载在任一单个特定元件之上,而是被记载在元件之间的接口之上或者被记载在元件被装配并一起工作的通路上,其许可费基础该如何设定?显然,在许多情况下,即使在理论上行得通,基于元件的定价并不可行。

B. 在争议中的元件是否"使能"其他元件?

正如我们所看到的,整体市场价值规则"允许基于整个装置的价值来弥补损害赔偿包含的多个特征,其中与专利相关的特征是客户需求的基础"[43]。此观点提出了较为严格的阈值,其中元件是需求的推动力。其中的理由显而可见:当专利特征推动客户购买该产品时,那么整体市场价值规则确实是许可费基础的最佳方法。[44] 例如,关于药物的有效成分的专利显然符合整体市场价值规则。当关系不那么明确的时候,有批评者认为,依赖整体市场价值规则会导致对专利持有人的过度赔偿。但是,如果专利元件对整体产品价值至关重要,且并不是推动需求的唯一特征的话,这种情况又该如何处理呢?

---

[42] 参见 Lucent Techs., Inc., 580 F. 3d, at 133("许可协议被认定为证据……强调富有经验的缔约方如何定期签订许可协议,该许可协议将专利发明的价值作为商业产品销售价格的百分比。当侵权元件或特征并无明确的市场价值时,使用整体商品的商业价值并无本质上的错误,只要乘数考虑到由侵权元件或特征表示的基础的比例")。

[43] State Indus., Inc. v. Mor-Flo Indus., Inc., 883 F. 2d 1573, 1580。

[44] 参见 Bensen,前注10,第34—35页。

在某些情况下,会认为严格应用元件定价规则可能会使专利持有人实际上获得过低的回报。例如,如果在争议中的元件"使能"其他元件,但未到能推动需求的程度。例如,高分辨率屏幕可以允许在个人电脑中广泛使用,如观看视频/电影、玩游戏等,但假设客户主要是因为屏幕而购买个人电脑,这就会有问题了。类似地,3G 移动电信标准允许的高数据传输速率使得今天的智能电话中出现了许多更先进的应用,特别是那些涉及数据传输和互联网接入的应用,但是同样地,智能电话包括除了高速无线传输之外的大量其他有价值的技术。

虽然特定的专利元件可能无法提供"客户需求的基础",但如果所讨论的元件"使能"其他元件,则将许可费基础限制为涉及专利直接记载在其上的单个元件则过于严格。在这种情况下,可以在许可费基础中包括多个元件。或者,如果因为单独估值一组元件过于主观而使得这种做法难以实现,则整体市场价值方法可能是最合适的,但前提是设定相应的许可费费率。

要确定一个元件是"使能"额外的元件还是"顾客需求的基础"的问题可能涉及主观考虑。例如,Intel 显然曾通过"Intel inside"标签和市场营销来影响消费者对其电脑的需求,[45]但一般消费者是否可以完全意识到芯片上存在差异是有争议的。再如,当年时尚的 RAZR 手机吸引了很多消费者的关注,[46]但这种纤薄的设计只有手机内部的电池尺寸较小、和薄型芯片组合时才是可能的。更普遍的情况是,企业对他们的技术对特定产品的贡献有乐观的看法是很自然的,这意味着专利持有人会倾向于赞同多元件或整体市场价值,而制造商将把他们的贡献视为最重要的,从而第三方专利持有人应被限制在产品价值的狭窄范围内。

当专利特征"使能"其他特征时,专利权人可以证明在没有使能特征的情况下,其他特征也将无法工作,从而对产品的整体价值产生不利影响。专利持有人的证据可能具备技术性质,但如果去除该争议中的元件,则某些其他特征也将无法工作。更常见的是,考虑到市场上的销售数量和收取的价格,该证据将更无力。例如,如果产品同时在配备或不配备的情况下出售,则估值过程将相对简单,只涉及简单的价格和需求比较。而在其他情况下,该特征可能较近期才被添加,从而可以评估引入之前和之后的需求。在其他情况下,可以使用客户调查来构建消费者最为重视的特征。根据以上原因,笔者认为,在

---

[45] Donald G. Norris, Intel Inside' Branding a Component in a Business Market, 8 J. BUS. & INDUS. MKTG. 14 (1993).

[46] Adam Lashinsky, RAZR's Edge, FORTUNE MAGAZINE (June 8, 2006, 9:44 AM). http://money.cnn.com/magazines/fortune/fortune_archive/2006/06/12/8379239/index.htm; Kent German, German, *Razr Refresh: Motorola's Fashion Cell Phone*, CNET (November 9, 2005), http://reviews.cnet.com/4520-3504_7-5670915-1.html.

确定是否应用整体市场价值规则时,产品复杂性及"使能"元件是重要的考虑因素。

C. 考虑申报需求

虽然价值归属的问题至关重要,但我们也需要重视其他更平常的事宜。也就是说,申报需求可以决定或至少影响如何选择最适当的许可费基础。

关于分摊的大部分争论都是在诉讼背景中产生的。但是,在非诉讼的情况下确定许可费基础也十分重要,例如,当公司就许可协议进行谈判时。在这种情况下,或者当诉讼规定设定转让运行的许可费费率时,笔者认为在确定许可费基础上考虑的一个因素是涉及报告和监控问题上选定的基础的实用性。专利权人通过许可获得收入的能力,在很大程度上取决于其收取被许可人支付费用的能力。这也是被许可人通常需履行申报义务的原因。

为了有效的申报工作,计算许可费的基础必须客观、可行。事实上,为了确定被许可人已经报告了正确的销售基础,观察和验证销售的麻烦是一个重大的现实问题,甚至导致许可过程中的修正,而不仅仅是许可费基础的选择。[47] 例如,为了减少其全球被许可人的报价不足,Philips 公司推出了按批许可,一个被称为"VEEZA"的计划,取代了以前的 CD-R 光盘专利许可协议。[48] 利用 VEEZA,每批货物获得单独的许可证。[49] 货物标有一个唯一代码,向商人和零售商告知该商品经过许可。[50]

关于报价不足的问题,包含专利特征的产品的平均售价提供了最大的清晰度,因为这些价格通常在公共文件中可以观察到。如果在所涉及的行业中价格优惠较为常见,则这些价格可能会扣除折扣,如批量回扣。即使当产品价格不公开时,被许可人的公司文件也会一直对其进行记录,尽管在这种情况下,可能需要审计以核实相关的销售数量。类似地,在个别元件单独出售的情况下(计算机芯片较为常见),从理论和实践的角度来看元件价格都是合适的。

笔者在这里陈述的观点不在于申报需求决定了许可费费率基础的一个特定结构,而是诸如适当申报的实际问题确实重要,并且在分摊争议中必须将实际情况加以考虑。正如被许可人有权支付不超过公平且合理的许可费,专利持有人则有权真正地获得根据许可商定的参数合理确定许可费。

---

[47] 参见 Philips Intellectual Property & Standards, https://www.ip.philips.com/services/? module = lpsLicense Program&command = View&id = 20&part - 7。

[48] 同上。

[49] 同上。

[50] 同上。

三、设置合理的许可费费率

许可费支付计算中的第二变量是许可费费率。[51] 许可费费率通常是百分比率,因此该费率反映专利技术贡献的基础价值的比例。[52] 如本文序言部分所述,设定合理的许可费费率(假定一个他们将应用的许可费基础)涉及较高的技术等级。[53] 目前关于公平的专利许可的公开资料很少,无法指导我们。此外,每项专利(至少在理论上)都是唯一的,表示对现有技术的一种新贡献,否则专利局不会授予该项专利。因此,对专利许可费费率进行定价就像定价一件艺术品一样:可谓"情人眼里出西施"。

由独立实体持有且涉及多项互补专利的许可情况往往会在许可费费率确定中加入另一层主观性。如果双方知道(至少大致)有多少和哪些专利记载在要被生产的产品或服务之上,那么他们可以相应地评估每项专利和分摊的许可费支付。然而,更常见的情况是,被许可人对于其产品或服务上记载有多少项专利仅有模糊的理解。例如,典型的半导体芯片可能涉及数百项甚至更多专利。反过来,该芯片可能打算用于笔记本,而其他元件则涉及数百项或更多专利。如果不了解产品上记载有多少项专利,也不知道有多少专利持有人正在积极寻求许可费,将贡献值分配给已知的专利持有人是相当困难的。虽然双方可能会就被许可人对产品作出什么贡献(例如通过自己的专有技术、过程和营销)以及由第三方作出的整体贡献(尽管此步骤也将进行协商)达成可行协议,相关第三方的数量将明显影响其中任何一方所应得到的。[54]

虽然设定"合理"的许可费费率显然是主观问题,实践中已经出现了一些方法,提供如何确定合理费率的框架。下面将总结和评论这些方法。

A. 经验法则

出人意料的是,常见的经验法则建议,专利应该按该专利所记载在其上的商品的销售收入的5%或营业利润的25%获得许可,[55]其隐含地假定任何给定产品上只有一名专利持有人出现。这种方法不仅不能试图评估专利技术及其对给定产品的贡献,[56]而且如

---

[51] 参见 GOLDSTEIN & KEARSEY,前注4,第158页。

[52] 同上,第156页。

[53] 同上,第2页。

[54] 需注意的是不仅是可能记载在给定产品上的专利数量,而且要注意不同的专利持有者的数量,因为(多个)专利可视为一个整体。

[55] Robert Goldscheider, John Jarosz & Carla Mulhem, *Use Of The 25 Per Cent Rule in Valuing IP*, 37 LES NOUVELLES 123, 123(2002).

[56] 经验法则同样有很多众所周知的缺点。参见 HARVARD BUS. SCH., INTELLECTUAL ASSET VALUATION, CASE No. 9-801-192 1, 5(Dec. 8, 2000)(案例学习基于哈佛商学院法律、经济学和商业学院的 Olin 研究员 Gavin Clarkson 所著文章)。

果四位或更多专利持有人存在,且每个专利申请人均应用该规则,那么被许可人将失去营业利润。相比之下,如果一项专利(或专利组合)占整个产品价值的大部分份额,则按营业利润的 25% 会过低。因此,尽管该方法降低了交易成本(因为任何一方的分析工作不再是必须的),但完全不适合我们所考虑的复杂情况。

因此,在 2011 年 1 月的 Uniloc USA Inc. 案的判决中,美国联邦巡回上诉法院发现法院不能接受这样的经验法则也就不足为奇了。[57] 联邦巡回上诉法院在判决中写道:

> 根据联邦法律,法院现在认为,25% 经验法则是用于在假设性谈判中确定基准许可费费率的一个工具,从根本上有缺陷。因此,根据道伯特标准(Daubert Standard)和《美国联邦证据规则》,依赖 25% 经验法则的证据是不能接受的,因为其无法将合理的许可费基础与所讨论的案件的事实相结合。[58]

B. 数值比例法

数值比例法是可以有效解决多重性问题的一种方法。[59] 根据该方法(该方法在标准化背景下提出,但是也可以应用于该背景之外),[60] 标准必要专利的持有人的许可费权益,应根据该专利所有人的必要专利与记载在标准上的所有其他必要专利的总贡献相比的比例贡献来计算。例如,如果一个专利所有人宣称其拥有 100 项必要专利中的 10 项,而另一名专利所有人宣称其拥有该 100 项必要专利中的 20 项,那么,第二专利所有人的必要专利组合的价值将是第一专利所有人的必要专利组合的两倍(20%∶10%)。

虽然表面上数值比例法提供了对多个专利持有人的许可费费率进行计算的方法,但该方法实质上是一项简单化的专利计算方法,且有严重缺陷,因此不适合进行专利估值。[61] 首先,数值比例法不可避免地要求确定"累积许可费上限"或可适用于所有专利持

---

[57] Uniloc USA Inc. v. Microsoft Corp., No. 03 – CV – 0440, 2011 WL 9738 (Fed. Cir. Jan 4, 2011).

[58] 同上,第 19 页。

[59] 参见 Damien Geradin, *Standardization and Technological Innovation: Some Reflections on Ex-ante Licensing, FRAND, and the Proper Means to Reward Innovators*, 29 WORLD COMPETITION 511, 527 – 528 (2006)(提供对采取这一立场的论文的讨论和批评)。

[60] 那个方法可以通过由一些欧洲电信标准化协会(ETSI)成员(Nokia、Ericsson 和 Motorola)所提出的建议来表示,即修改 ETSI 当前的知识产权政策,以便将"综合合理条款"和"按比例"的原则引入 RAND 的定义中。据此名为"最小改变,最优影响"的提议,"综合合理条款"意为"总体而言,若将与标准和适用产品相关的通用商业条件,其他方拥有的对具体技术的专利以及与产品的必要技术相关的具体技术和估计价值考虑在内,那么客观而言这些条款在商业上是合理的"。相应地,按比例意味着"若根据 FRAND 规定进行赔偿,那么必须反映专利持有人的所有必要专利的比例"。参见文章"Vendors Seek Compromise on LTE", Informa Telecoms and Media, 20016 年 3 月 20 日。另见 Geradin,前注 59,第 527 页。

[61] Organization for Economic Co-operation and Development [OECD], Directorate For Financial and Enterprise Affairs, Competition Committee, Policy Roundtables: Competition, Patents and Innovation II, DAF/COMP (2009) 22, p. 28 (May 25, 2009).

有人的费率上限。[62] 然而,该方法的倡导者尚不能解释用于确定此类累积许可费上限的基础及其合法性,依照一些不明确的基础必然会限制创新者可获得的回报。[63]

其次,数值比例法取决于每件专利具有相同的价值[64]的主张——经济合作发展组织(OECD)财务与企业事务局竞争委员会已经明确表示其为"无价值"的主张。[65] 具体来说,数值比例法忽略了一个事实,即一个特定的专利或专利组合的经济价值取决于其为行业和最终消费者提供的利益,这远远不是专利数量的单一的函数。显然,(必要)专利是不同的,并且这个简单的事实使得数值比例法毫无意义。

最后,由于数值比例法会刺激企业产生尽可能多的专利,从而促使设有知识产权部门的大型公司能够提交大量只有细微差别的专利,这势必会遏制创新。如果一个较小的创新实体开发出一项新的突破性或"核心"专利,其价值远远超过所有先前的专利技术,数值比例法将阻止其得到适当的回报。凭借数字比例法,对于公司的许可收入而言,专利律师相较于真正的创新者,突然变得更加重要。

C. 基于成本的费率设定

基于成本的费率设定也被列入不合理方法。[66] 笔者认为,专利持有人获得发明及专利的成本形成了专利费率的基础。[67] 利润率仅仅附加到创新成本中。[68] 该方法很难实施,原因至少有以下几个。

首先,一个主要的困难在于需要考虑公司的成本。在要求评估产品或服务的价格是否"合理"时,法院和监管机构通常会依赖以下几种成本方法中的一种:边际成本(MC)、单位平均可变成本(AVC)、平均总成本(ATC)或长期平均增量成本(LRAIC)。所选择的成本方法显然必须考虑这样一个事实,即创新产生非常高的固定成本,与此同时,授予许可的(可变)成本接近于零。因此,相关的成本度量应归因于专利持有人的研发支出,但这又会引起相当大的困难。

研发费用也是应该考虑的一个问题。因为创新型企业往往需要参与数十个研究项目,才有可能成功开发一门技术,所以仅考虑与给定技术的发展直接相关的研发成本将

---

[62] 参见 Geradin,前注 59,第 529 页。
[63] 参见同上。
[64] 参见同上,第 530 页。
[65] 参见前注 61,第 28 页。
[66] Josh Lerner & Anne Layne-Farrar, Valuing Patents for Licensing: A Practical Survey of the Literature 8(未出版原稿),可访问网页 http://ssm.com/abstract-1440292。
[67] 同上。
[68] 同上。

是过低的。[69] 因此，也需要考虑失败项目的成本。另一个难题源于这样一个事实，即当主导企业在下游制造业市场中同样有作为时，研发支出往往属于"共同成本"。[70] 因此，虽然只应将部分研发成本分配给许可行为，但找到制造和许可行为之间适当的分配关键是非常困难的。[71] 最后，在技术市场上，"渐进式创新"（现有技术的微小进展）受到知识产权的保护，问题在于现有技术引发的研发支出是否应纳入分析。

此外，基于成本的方法需要确定投入的适当"利润"或"收益率"。但是，利润必须高出一定的实用性所允许的低收益率很多。创新过程确实有风险，因为它类似于一个痛苦的"试错"过程。公司在获得可以被许可的成功的专利前难免会遭遇一系列挫折。更糟糕的是，创新者往往承担巨额研发投入，也不一定会被授予专利，并且甚至在授予专利时也不能保证其可以带来巨大的商业价值。[72] 结果就是，当企业成功获得专利时，设定超过研发成本的许可费是一个完全理性、有效的定价政策，它可以补偿失败的研发投入，并且反过来又激励了进一步的风险投入。[73]

除了实施的困难外，理论上基于成本的许可费费率也存在争议。最重要的是，在许可费方面，通过"神来之笔"实现的高价值发明应该相比微小的渐进式改进获得更高的许可费，但如果后者的成本更高，那么这种方法会使得许可费支付令人恼怒。因此，基于成本的方法在财务上显然行不通。[74] 当涉及多个专利和专利持有人时，会造成许可费支

---

[69] 即使创新者设法获得必要的资金以开展特定的研发项目，但也并不能保证其研发会有成果。其研究可能不会带来任何具体的结果或者导致可能不会受到商业利用的结果。然而并没有研发项目成功率（或失败率）的准确数据，传统观念通常认为绝大多数此类研究项目会失败。另一个问题是尽管失败时常发生，但是无法预测和预防，因为导致失败的原因有很多方面（如资源不足、不切实际的完成时间期限、缺少主要人力、未能获得监管机构的授权等）和很复杂的原因（如技术变更、商业状况变化不可预料等）。尽管创新者会从经验中学习，但是并没有预防失败的研究项目。

[70] STEVEN ANDERMAN & JOHN KALLAUGHER, TECHNOLOGY TRANSFER AND THE NEW EU COMPETITION RULES-INTELLECTUAL PROPERTY LICENSING AFTER MODERNISATION(2006).

[71] 参见 Michal Gal, *Monopoly Pricing as an Antitrust Offense in the U. S. and the EC: Two Systems of Belief About Monopoly?*, 49 ANTITRUST BULL. 343, (2004)（一些作者在作品中暗指反垄断难以实施）。同时参见 Shigeki Kamiyamam, Jerry Sheehan, & Catalina Martinez, Valuation and Exploitation of Intellectual Property（科学、技术和工业的统计分析，SIT 工作论文，2006 年），可访问网站 http://www.oecd.org/dataoecd/62/52/37031481.pdf（经济合作发展组织强调其实难以操作）。

[72] J. Gregory Sidak, *Holdup, Royalty Stacking, and the Presumption of Injunctive Relief for Patent Infringement: A Reply to Lemley and Shapiro*, 92 MINN. L. REV. 714, 738(2008)（这与租金和准租金之间的差异相同：后者是对在风险活动中进行沉没投资所作的经过风险调整的回报，可能事后看起来有些过火，但仅仅是因为人们已经翻牌且确切地知道了在下赌注时还未知的东西）。关于租金与准租金间差异的更多的讨论，可参见 J. Gregory Sidak, *An Economic Theory of Censorship*, II Sup. Ct. Econ. Rev. 81, 87 – 88(2003)。

[73] 参见 ANDERMAN & KALLAUGHER, 前注 70, 第 273 页。

[74] F. Russell Denton and Paul Heald, *Random Walks, Non-Cooperative Games, and the Complex Mathematics of Patent Pricing*, 55 RUTGERS L. REV. 1175, 1183 – 84(2003); Mohammad S. Rahman, *Patent Valuation: Impacts on Damages*, 6 U. BALT. INTELL. PROP. L. J. 145(1998).

付的分配更加扭曲:最低效或没有见识的专利持有人(他们的成本最高)将获得最高的许可费支付,而那些贡献"神来之笔"专利的专利持有人将几乎一无所获。此外,该方法并不承认其他互补专利的存在,并且因此会有许可费叠加的风险。

D. 市价法

针对复合专利持有人的情形,市价法是一种有前景的方法,在该方法中,通过审查类似技术在销售过程中获得的价格范围,确定专利的价值。[75]这种方法通常被称为"可比较的方法"。[76]但是,问题在于找到有意义的、可比较的许可非常困难。正如已经提到的,[77]专利应该是独特的,因此,在实际情况中,该方法实际上是要找到基准来确定所讨论的专利权的价值。

因为在该方法下,价格以商业市场价值为基础,而商业市场价值随着各种专利被认知的贡献而变化,该方法(理论上)可以适应复杂的多元件设定。

E. 现金流折现(DCF)

专利估值的另一个较受好评的方法是现金流折现(DCF)分析。[78]该方法假设专利价格可以表示为源自所有权的未来经济利益流的现值,包括基于专利在预期寿命内的产品(或元件)的预计销售额,或与竞争对手相比所增加的任何销售份额,生产的任何资本要求的净额。[79]

虽然 DCF 是一个众所周知并且受到重视的财务分析工具,但在专利评估的背景中,在某种程度上,它只是将有争议的源头从许可费费率本身转移到可归因于专利的预计销售额。尽管如此,被许可人经常有战略计划或其他常见的公司文件来预测销售,并且这些可以为谈判提供切实的起点,作为专利持有人可以向被许可人要求绝对最大金额的保证。

---

[75] Morton I. Kamien, Patent Licensing, in HANDBOOK OF GAME THEORY 346 – 47 (R. J. Aumann and S. Hart eds) (1st ed. 1992); Gordon V. Smith and Russell L. Parr, ALUATION OF INTELLECTUAL PROPERTY AND INTANGIBLE ASSETS 202 – 06 (1989).

[76] Gordon V. Smith and Russell L. Parr, VALUATION OF INTELLECTUAL PROPERTY AND INTANGIBLE ASSETS 204 – 06 (1989).

[77] 同上,第 14 页。

[78] Russell L. Parr and Gordon V. Smith, Quantitative Methods of Valuing Intellectual Property in THE NEW ROLE OF INTELLECTUAL PROPERTY IN COMMERCIAL TRANSACTIONS, 58, 58 (1994)。另外用于评估专利的更为复杂的方法是采用期权估值,如 Black-Scholes。这种方法所需的数据强度会限制该方法在诉讼中的使用。同时参见 Ariel Pakes, *Patents as Options: Some Estimates of the Value of Holding European Patent Stocks*, 54 ECONOMETRICA, 780 (July 1986)。

[79] Ariel Pakes, Patents as Options: Some Estimates of the Value of Holding European Patent Stocks, 54 ECONOMETRICA, 780 (July 1986).

F. Georgia-Pacific 因素

最后,并且在诉讼背景中最重要的是,Georgia-Pacific 因素在确定许可费费率方面发挥了关键作用。[80] 在该案中所例举的 15 个因素如下,其中几个是上文重复讨论的方法:[81]

(1)专利持有人为了授予诉讼条议的专利许可、证明或倾向于证明既定的许可费而收到的许可费。

(2)由被许可人支付的使用与诉讼的专利相当的其他专利的费率。

(3)作为独占或非排他性的或作为在地域方面或针对制品的买方而受限制或不受限制的许可的性质和范围。

(4)通过不许可他人使用其发明或通过在被指定以保护专利垄断的特殊条件下授予许可来维护其专利垄断的许可人的既定政策和营销计划。

(5)许可人与被许可人之间的商业关系,诸如他们是否是同一行业的同一领域的竞争对手或者他们是否是发明人和发起人。

(6)销售专利的新产品在促进被许可人其他产品的销售上的效果对许可人,发明作为非专利项目的销售产生的现有价值以及此类衍生的或转让的销售的程度。

(7)专利期限和许可期限。

(8)根据专利制造的产品的既定盈利能力;其商业上的成功;以及其目前的受欢迎度。

(9)与用于实现类似结果的旧模式或设备相比(如果有的话),专利产权的效用和优点。

(10)专利发明的性质;由许可人拥有和生产的商业实体的特征;以及给本发明使用者带来的好处。

(11)侵权者使用本发明的程度;以及证明该使用价值的任何证据。

(12)在特定业务或可比较的业务中照惯例允许使用本发明或类似发明的利润或销售价格的份额。

(13)可归因于本发明的可实现利润的份额,其与由侵权人追加的非专利元件、制造过程、业务风险或显著特征或改进不同。

(14)资深专家的意见证言。

(15)如果许可人(如专利持有人)和被许可人(如侵权人)双方已经合理、自愿地达

---

[80] Georgia-Pacific Corp. v. U. S. Plywood Corp. ,318 F. Supp. 1116,1120(S. D. N. Y. 1970).
[81] 同上。

成协议,两者(在侵权开始时)达成一致意见的数额;也就是说,谨慎的被许可人(作为商业主张,想要获得制造和销售实施专利发明的特定物品的许可)将愿意支付能够得到合理利润的许可费,并且该数额是愿意授予许可的谨慎的专利权人可以接受的。

这些因素的最后一点,所谓的假设性谈判[82]是在考虑所有其他因素下的一把保护伞。此处的重点是提前选择适当的时间来设定谈判,以承认相关的不确定性。虽然认为假设性谈判是在任何侵权行为发生之前发生,法院仍然允许承认事后现实,如实际发生的销售情况。[83]

抛开其长度及明确的细节不说,重要的是要了解 Georgia-Pacific 因素实际上并没有规定一个用于计算合理许可费的确切的方法。相反,这些因素提供了指南,可以评估上面列出的具体合理许可费计算方法。法官对涉及许可费费率评估的具体细节(包括核算方法的选择)享有相当大的自由裁量权。[84]

四、一些复杂问题的回顾

迄今为止,笔者已经回顾了在比较用于确定适当的许可费基础的整体市场价值规则和元件规则时必须牢记于心的理论基础和部分实际限制。我们还回顾了用于在复杂产品中使用的许可背景下确定合理的许可费费率更加常见的框架。在本节中,我们转而讨论对分摊争议有影响的一些制度特征。具体来说,我们考虑由故意损害赔偿规则产生的行为激励,禁令救济的可用性可能对许可谈判的影响,以及被许可人面临的一般激励。

A. 三倍损害赔偿及其为侵权人创造的"第二十二条军规"*(Catch 22)

毋庸置疑,美国的侵权法对于专利如何获得许可发挥了作用。[85] 假设某一针对专利的侵权诉讼,诸多专利据称记载在一项复杂的产品上,制造商怀疑该产品涉及约 100 项专利。制造商自身拥有其中的 5 项专利,并且确定将获得另外 5 项专利的许可。假设制造商并不知道实际有其他 90 项专利记载在该产品上,制造商简单地认为,多项专利可能

---

[82] Georgia-Pacific Corp. v. U. S. Plywood Corp. ,318 F. Supp. 1120,1121(S. D. N. Y. 1970).
[83] 同上。
[84] Smithkline Diagnostics, Inc. v. Helena Labs. Corp. ,926 F. 2d 1161,1164 – 65n. 2(Fed. Cir. 1991).
* "第二十二条军规"指进退两难的状况。——编者注
[85] 早期,美国专利法允许制造商被认定为"故意"的侵权者,承担三倍赔偿和律师费用,即使他们开始销售此类产品时,未意识到侵犯他人专利或专利持有人的权利。参见 Underwater Devices Inc. v. Morrison-Knudsen Co. ,717 F. 2d 1380(Fed. Cir. 1983),overruled en banc by In re Seagate Tech. ,LLC,497 F. 3d 1360(Fed. Cir. 2007).对于故意及其问题,一般参见 Mark A. Lemley & Ragesh K. Tangri, *Ending Patent Law's Willfulness Game*,18 BERKELEY TECH. L. J. 1085(2003).同样参见 Jon E. Wright,Comment,*Willful Patent Infringement and Enhanced Damages-Evolution and Analysis*,10 GEO. MASON L. REv. 97,97 (2001); Stephanie Pall, *Willful Patent Infringement: Theoretically Sound? A Proposal to Restore Willful Infringement to its Proper Place Within Patent Law*,2006 U. ILL. L. REv. 659,659 (2006).

相关但尚未浮出水面或被发现。为了将该专利置于审理该案的法官或陪审团的视角之下,被告一定会指出自己拥有的 5 项专利,以及该专利将有助于任何非专利技术、过程和分布价值,但也可以指出他认为存在的另外 90 项第三方专利。

从多方面来看,该被告面临"第二十二条军规"情景。法院的选择之一是,制造商向法院承认,实际上正在申请许可 90 项以上的记载在其产品上的第三方专利,但尚未达成许可协议。因此,法院可以将讨论中的一项专利权纳入审判范围,但不利之处仍是无穷大的:该选择实际上等于承认故意侵犯 90 项专利,一旦这些专利被明确地认定,伴随而来的是三倍的赔偿。90 项专利的持有人(或更现实的情况下,有可能在其产品上有其他 200 项左右的专利,预计其中 90 项专利持有者会发现被实际侵权)将随后出现,并提出侵权诉讼。法院的第二个选择是,忽略其他所有第三方专利,认为产品的全部价值可以在被许可人和许可人之间被分摊。在这种情况下,第三方专利持有人似乎对该产品的价值作出了不成比例的贡献,这可能会使发现该事实的一方获得大量损害赔偿或相对较高的持续许可费支付,或者同时获得损害赔偿和许可费。在这后一种情况中,制造商仍然面临着其他专利持有人会提出诉讼的风险,原因在于法院授予的许可费较高,会吸引专利持有人,但不会存在对故意侵权的承认。对于被许可人而言,在这两种并不吸引人的做法中选择任何一种都是一个棘手的问题。

讽刺的是,三倍损害赔偿的潜在惩罚反而加剧了故意侵权问题。[86] 法律顾问经常建议顾客不要搜索可能记载在产品上的专利,[87] 因为若某项专利被错误地认为是不相干而被放在一边,制造商可能会因为知道专利而选择不进行许可而将自己置于三倍损害赔偿金之下。因此,该规则并不鼓励被许可人进行适当的尽职调查,且助长了复杂产品无许可贡献者的问题。

从专利持有者到制造商,走向另一个方向可能相对困难。这是因为专利持有人可能不在同一个行业,也不了解制造商正在使用的确切产品规格等。因此,许多专利可能未经许可。人们可能认为这并不是一个问题,因为它可以降低制造商的成本,并且因此有助于降低消费者的价格。然而,这个故事的另一面是,首先出现的是,不能成功地许可他人使用专利的预期将趋向于阻止创新,特别是对于个体发明者和小型创业公司。更常见的无意识侵权行为的后果是,实现和许可创新的预期价值会降低,并且因此在获得该创新中投入资源的可能性也就降低。

因此,重要的是,公平的规则约束许可交易双方。制造商不应该放任许可费堆叠,当

---

[86] 参见 Lemley & Tangri,前注 85,第 1087 页。

[87] 参见 Mark A. Lemley, *Ignoring Patents*, 2008 MICH. ST. L. REV. 19, 21, ("公司和律师告诉工程师不要在开始他们的研究时阅读专利,免得他们对专利的了解使公司成为一个故意的侵权者")。

专利持有人在他们的专利确实受到侵犯时,应该有达成合理许可条款的充分机会。

B. 谈判中禁令救济的作用

另一个制约专利许可谈判的制度特征是禁令的可能性。专利持有人可以行使禁令威胁以获得许可。[88] 这种威胁通常被认为是被许可人"支付过多"的原因。[89] 例如,Mark Lemley 和 Carl Shapiro 声称:

专利持有人可能获得强制下游生产者将其产品从市场上下架的禁令,这种威胁可能十分有用。在被告已在设计、制造、市场及销售涉嫌侵权的特征的产品中投入大量资金的常见情况下,禁令威胁通常涉及专利劫持这一强大因素。禁令的威胁可以使专利持有人能够谈判的许可费远远超过专利持有人真正的经济贡献。[90]

Lemely 和 Shapiro 因此恳求缩小专利持有人应该被授予禁令救济的范围。[91] 具体来说,他们认为禁令救济应该是:(i)当专利特征的价值只是最终产品价值的小部分时,延期执行(直到侵权者有机会围绕专利特征进行设计);(ii)当专利持有人是非实践的实体(如不通过制造产品来实施其专利的公司)时,驳回。[92]

然而,Lemely 和 Shapiro 的建议是基于仍有待探讨的前提,即专利持有人对下游生产者寻求禁令救济的能力允许其在谈判中主张过高的许可费。[93] 但事实并非都如此。正如 John Golden 指出的,我们不应该忽视这样一个事实,即专利持有人在谈判中知道,一旦谈判失败,则需要承担巨大的成本,而这些成本"会导致专利持有人为远远少于专利发明的更多的内在经济价值而和解"。[94] 例如,如果谈判失败,专利持有人需要承担巨大的诉讼成本,而其专利必须通过法院执行,如果专利持有人只是一家小公司,这种做法对其而言并不可取。此外,当专利持有人想要进行非排他许可时,若未能成功与"先行"许可人达成谈判,则其与其他潜在被许可人谈判许可的能力将大大削弱。[95] 因此,虽然专利持有人可能会威胁潜在的被许可人,如果谈判失败将寻求法院的禁令,"自施加禁令威胁起,至最终获得禁令,需花费一百万美元左右和数年的时间。"[96]

---

[88] 参见 Lemley & Shapiro,前注 5,第 1993 页。
[89] 同上。
[90] 同上。
[91] 同上,第 2044—2045 页。
[92] 同上。同时参见 Vincenzo DeNicolo et al., *Revisiting Injunctive Relief Interpreting eBay in High-Tech Industries with Non-Practicing Patent Holders*,4 J. OF COMPETITION L. AND ECON. 571(2008)(包含对 Lemley 和 Shapiro 提议的反驳)。
[93] Lemley & Shapiro,前注 5,第 2044—2045 页。
[94] Golden,前注 5,第 2133 页。
[95] 同上,第 2134 页。
[96] 同上。

禁令救济只能通过高昂的诉讼才能实现的事实意味着,即使对于非实践性的专利持有人而言,寻求禁令救济的可能性也是很重要的,而对于非实践性的专利持有人,许可收入是对于有价值的专利发明的唯一报酬。对于这些实体,寻求禁令的能力是一个重要的谈判工具,并且通常可能是小型非实践性专利持有人(尤其是个体发明人)用来平衡既定的制造商许可人更强大议价地位的唯一工具。

此外,拥有寻求禁令的能力并不意味着可以真正被授予禁令,特别是自2006年美国联邦最高法院颁布对 eBay 诉 MercExchange L. L. C. 的裁决之后。该判决拒绝了"一般规则,即如果没有特殊情况,法院将发布禁止专利侵权的永久禁令",[97]法院可以并且经常否决禁令救济。Thomas 法官支持 eBay,呼吁下级法院坚持执行在案例法中确立的四因素公平测试法。[98] 在这种均衡测试下,在原告会得到禁令救济之前,需要证明:(i)原告遭受到了不可弥补的损害;(ii)法律上可用的救济方式不足以弥补损失;(iii)考虑到平衡原告和被告的难处,有必要提供公平的救济;并且(iv)禁令不会损害公共利益。[99]因此,下级法院在适当的时候可以灵活地延期执行或驳回禁令,且确实在过去几年中一直践行该灵活性。

如果禁令威胁从专利持有人的法律武器中消失的话,则情况会更糟糕,而事后赔偿则是其唯一可用的救济。在这种情况下,希望使用另一家公司发明的任何一家公司将被诱使立即开始使用发明,甚至不用从专利所有者处获得许可,并稍后在法庭上占据先机。[100]这将是一项专利侵权人的许可证,并将鼓励制造商事先以合理的条款拒绝签订许可协议,限制专利所有者通过按专利、按国家的损害赔偿来行使其权利。在这种情况下,对于专利所有人而言,尤其如果他们是小公司,比起面对漫长、烦琐及不确定的法庭程序来获得损害赔偿,他们可能更愿意接受甚至无法为其投资提供公平回报的条件来为许可和解。[101]面对在法庭上花费数百万美元和数年时间的前景,专利持有人(尤其是小公司)只得接受通过低于其发明真正价值的许可费来和解。

五、结论

在本文中,笔者试图提出一些关于经济原则的想法,这些想法可以用于解决确定在

---

[97] eBay Inc. v. MercExchange L. L. C,126 S. Ct. 1837,1839 – 41(2006)(quoting MercExchange,L. L. C. v. eBay, Inc. ,401 F. 3d 1323,1339(Fed. Cir. 2005), vacated 126 S. Ct. 1837(2006))。

[98] 同上,第1839页。

[99] 同上。

[100] 对于那些侵权实施者,最糟糕的情况只会是一旦法院判定其为侵权,则会要求其赔偿损失。

[101] 在其回复 Lemley 和 Shapiro 时,Greg Sidak 认为那些作者对专利改革的主张,特别是包括否定禁令救济,并没有得到猜想的支持,将会导致偏向于侵权方,并且相比解决的问题,反而会造成更多问题。参见 Sidak,前注72。

FRAND 文献精选

复杂产品和多个相关专利持有人情形中的许可费基础和许可费费率。几年来,许可费基础的适当选择一直是激烈争论的话题。一方面,独立的许可费费率基础是不确定的,这是因为适用于该基础的许可费费率总是可以向上或向下调整,以匹配所选择的基础。这种数学上的不确定性表明,通过使用分摊或依赖整体市场价值规则,可以实现合理的许可费支付。另一方面,有评论者指出,这两种方法的理论等同性忽略了法院程序的实际情况,即只有产品的有限元件存在争议时,陪审团可能会考虑整个市场价值而受到不适当地的影响。

笔者支持评论者的观点,并且同意理论不能完全优先于实际情况。正是出于这个原因,我们发现整体市场价值规则的应用应具有一定的灵活性。实际原因在于专利元件是整个产品需求的基础,特别是,元件价值并不总是可以与整个产品价值分开,部分元件即使无法构成需求的全部基础,也仍能使其他元件成为需求的基础,而且在选择最佳许可费基础时必须对申报及可验证性予以考虑。

在设定合理的许可费支付时,我们需要牢记被许可人和专利持有人双方的利益,并且在许可过程中尽量不偏向一方或另一方。虽然被许可人担心由于不适当地使用整体市场价值规则会导致专利持有人获得过高的赔偿额,但如果太死板地应用这一规则,则会导致专利持有人获得的赔偿过少。

专利损害赔偿的法律空白:经济学视角下美国法定专利损害赔偿计算中的分摊规则*

Anne Layne-Farrar[**]

关键词: 整体市场价值原则(EMVR)、最小可销售专利实施单元原则(SSPPU)、费率基础、分摊规则、最终产品价格、组件载体、组件价格、专利使用价值、可比协议、许可费堆叠

一、引言

作为一名经济学家,我必须承认,我发现有关专利侵权损害赔偿的法律现状——尤其是与分摊有关的法律——是非常令人沮丧和极其不完整的。具体而言,判例法为发明专利侵权损害赔偿的计算提供了两个截然不同却不够充分的指导框架:整体市场价值原则(the entire market value rule, EMVR)与最小可销售专利实施单元原则(the smallest salable patent practicing unit, SSPPU)。

在专利侵权诉讼中,需要对发明专利损害赔偿进行分摊,目的在于将赔偿范围限制在涉案专利技术的价值范围内,并避免对非专利特征(或通常包括的"其他专利特征")的价值进行赔偿。该要求可追溯到19世纪80年代初 Garretson 诉 Clark 案。[①] 虽然这个1884年的判决是根据一种不同的损害赔偿制度作出的(如下所述),[②] 但其至今仍然适用。具体来说,美国联邦最高法院在 Garretson 案的判决中写道:

> 专利权人……在每个案件中都必须提供证据,用以区分或分离被告通过侵犯专

---

* 本文原文于2017年发表于社会科学研究网络电子期刊(SSRN Electronic Journal),本中文译文已获版权方授权。
** Anne Layne-Farrar 为 Charles River Associates 咨询公司副总裁,美国西北大学法学院兼职教授。作者非常感谢 David Golden、John Jarosz、David Long、Nicolas Petit、Koren Wong-Ervin 以及德克萨斯大学(University of Texas)Patent Damages 2 会议的与会者提供的宝贵意见,并感谢 Angel Sun 协助完成论文发表前的准备工作。本文为作者独立的学术观点,与其所属组织或附属机构无关。

① Garretson v. Clark, 111 U.S. 120(1884).
② 追缴是19世纪80年代的常用规则。一些作者认为,今天适用的合理的许可费框架以准追缴的方式运作(见 Golden、John 和 Karen Sandrik, "A Restitution Perspective On Reasonable Royalties," 36 REV. LITIG, 2017)。

利特征和非专利特征所获得的利益以及由此为专利权人造成的损害,此证据必须是切实可信的,而非推测或假想的;或者专利权人必须通过充足可信的证据表明,由于作为可销售商品的整台机器的全部价值适当并合法地归因于该专利特征,被告的获利和对专利权人的损害赔偿应当根据整台机器的价值来计算。

因此,1884 年 Garretson 案的判决为当今两种专利侵权损害赔偿的计算原则,即"整机价值原则"(现称为"整体市场价值原则"或者"EMVR")和"基于最小可销售专利实施单元原则"("SSPPU")的讨论奠定了基础。值得注意的是,Garretson 案提供了计算专利损害赔偿的两种互斥但全面的选项——最终产品价值或对该价值进行分摊——并且不要求将单个组件从最终产品中提取出来。尽管如此,Garretson 案确立的分摊规则为一百多年后在判例法中出现的 SSPPU 原则做好了铺垫。正如本文将要论述的,当今采用的 EMVR 和 SSPPU 两种原则比 Garretson 案提供的计算损害赔偿的方法所涵盖的范围要窄得多。笔者以经济学视角对专利损害赔偿进行阐释,是为了超越 EMVR 或 SSPPU 以扩大损害赔偿计算原则框架,从而适用更加符合 Garretson 案的分摊制度。

本文将对法院适用 EMVR/SSPPU 二分法对合理损害赔偿进行计算所造成的法律空白进行阐释。第二部分首先对 EMVR 原则下的发明专利损害赔偿进行概述。第三部分将回顾创建和发展 SSPPU 原则的判例法。第四部分将对这两种原则进行比较和对比。可以发现,发明专利损害赔偿判例法是不全面的,原因在于 EMVR 和 SSPPU 并未完全涵盖诉讼中所有可能出现的合理估价情况,而忽略了一类既不适用 EMVR 也不适用 SSPPU,但极有可能出现侵权的情况。第五部分总结全文,提出弥补损害赔偿判例法中法律空白的建议,并请求法院针对如何适用公平合理分摊规则解决 SSPPU 与 EMVR 不能涵盖到的损害赔偿情形提供指引,从而参与并指导法律的完善。

二、整体市场价值原则(EMVR):保护陪审团

美国联邦巡回上诉法院确认,在 Garretson 案中(涉案产品为拖把头)首次阐述的 EMVR 的合理性仍与当今损害赔偿的计算明确相关,即使侵权诉讼涉及的产品比 19 世纪 80 年代出售的产品具有更多的非专利特征。需要强调的是,在 19 世纪 80 年代,专利损害赔偿不包括今天可适用的"合理许可费"这一选项。为我们所熟知的合理许可费条款直到 1915 年才开始出现,到 1922 年才被编入《美国法典》。[③] 而在 19 世纪 80 年代,专

[③] Caprice Roberts,"The Case For Restitution And Unjust Enrichment Remedies In Patent Law,"Lewis &Clark Law Review,Vol. 14,No. 2,2009,at 660,[以下简称 Caprice(2009)];另见 Michael Risch,"(Un)Reasonable Royalties",working paper,2016,p. 14,详情请访问 https://papers. ssm. com/sol3/papers. cfm?abstract_id = 2884387(以下简称"Risch")。

利损害赔偿仅限于实际损失,例如利润损失或既定的许可使用费等。[④] 因此,如果专利持有人无法证明他们有任何利润损失,并且没有既定的许可费(即选择不许可其专利),那么追缴被告因侵犯专利技术所获得的利润在19世纪80年代是被认可且普遍采用的救济手段,即使该手段本身存在分摊方面的难题。[⑤]

在1995年Rite-Hite案的判决中,美国联邦巡回上诉法院回顾了美国国会通过1946年《专利法》(Patent Act)修正案之前的早期判例法,[⑥]修正案删除了对发明专利侵权人进行利益追缴的规定,并代之以较狭义的专利损害赔偿的规定。[⑦] 美国联邦巡回上诉法院发现在1946年之前的判决中,"虽然涉诉专利发明进行商业化的专利权人可能会获得一些利润补偿,但如果该专利不是一项全新设备的发明,而仅仅是在原有基础上的改进,那么将无法获得全额补偿,除非该项专利是整个设备的需求基础。"[⑧]此引文最后提出的"需求基础",形成了依赖于EMVR的中心指导原则。简而言之,专利持有人必须证明涉案专利技术推动了市场对整个产品的需求,否则该产品的市场价值不能被作为计算损害赔偿的基础。

美国联邦巡回上诉法院解释了蕴涵在EMVR原则背后的理论基础,即陪审员之间潜在的认知偏差。例如,在其2011年Uniloc案的判决中,美国联邦巡回上诉法院提到,"披露一家公司从侵权产品中获益190亿美元的事实,不但对陪审团作出损害赔偿决定没有帮助,反而会影响其裁判的公正性,并导致其无视专利特征组件对该收益的具体贡献"。[⑨] 换言之,在知道被告因涉案产品所获得的巨大利润后,陪审团在评估双方提出的损害赔偿估计数值时,可能仍会"停留"在之前所见的数额上,并受此数额的影响,即使证据明确表明该专利只与涉案产品的一小部分相关。联邦巡回上诉法院在2012年LaserDynamics案中进一步对此理论基础进行了论述:[⑩]

> 允许在证据中引入与专利特征价值无明显相关性的总收入,只会使得专利权人所提议的损害赔偿金额在相比之下看起来适度,并且人为地将陪审团的损害赔偿计算标准抬高到超出"足以补偿侵权损失"的额度。

---

④ Rude v. Westcott,130 U. S. 152(1889),正如美国联邦最高法院的意见所解释的,只有既定的许可权使用费才被接受:"为了使专利权人从许可销售中获得的价格成为判定侵权人损害赔偿的一种量度,销售活动必须经常进行——也就是频繁出现——以便为某种物品确立这样的市场价格,该价格可能会在参照所有类似物品的情况下被假定为表示其在指定场所的可销售价值"。

⑤ Caprice(2009),pp. 656 – 661.

⑥ Rite-Hite Corp. v. Kelley Co. ,Inc. ,56 F.3d 1538(1995).

⑦ Reisch,p. 19.

⑧ *Rite-Hite*.

⑨ Uniloc USA,Inc. v. Microsoft Corp. ,Nos. 10 – 1035, – 1055(Fed. Cir. Jan. 4,2011).

⑩ LaserDynamics Inc. v. Quanta Computers,694 F. 3d 51 ,67(Fed. Cir. 2012).

美国联邦巡回上诉法院在 2014 年 Ericsson 诉 D-Link 案中确立 EMVR 的两个解释维度:(1)"实质性法律规则",规定专利损害赔偿"必须基于专利发明给最终产品带来的增值";(2)"证据原则",旨在帮助陪审团评估诉讼中合理的许可费损害赔偿。[11] 后来在 2015 年 CSIRO 诉 Cisco 案的判决中,法院扩展了其解释:[12]

首先,"在多组件产品的小元件被控侵权的情况下,基于整个产品计算许可费将带来相当大的风险,可能会使专利权人获得基于产品非侵权组件的不合理补偿。"其次是"重要证据原则",即"必须注意避免通过过分强调整个产品的价值而误导陪审团。"

如上面的引文所述,现代关于分摊的讨论涉及一个关键要素,即"多组件产品"。由于其本身的性质,此类产品不太可能具有构成唯一需求基础或推动顾客购买的唯一驱动力的单一特征。因此,在案件涉及多组件产品的情况下,采用 EMVR 原则并不是最佳方案,因此接下来将讨论 EMVR 的现行替代方案:SSPPU 原则。

三、最小可销售专利实施单元原则(SSPPU):保护侵权人?

SSPPU 理论框架在 2009 年美国康奈尔大学诉惠普公司案中首次获得法官 Rader 的支持。[13] 该案涉及一种计算机的组件:"请求被保护的发明是作为处理器组件 IRB(指令记录缓冲器)的一小部分,处理器是 CPU 模块的一部分,CPU 模块是'砖块'的组件,而'砖块'本身又是较大服务器的一部分"。[14] 在预审程序中,Rader 法官提醒 Cornell 其所主张的损害赔偿不能超出涉诉专利发明范围。然而,在审判过程中,Cornell 的损害赔偿专家证人仍试图基于惠普公司的服务器和工作站的收益来证明其损害赔偿,但并未针对消费者对服务器和工作站的需求与请求被保护的专利之间的联系进行举证。法官中断庭审并阻止此次举证,但是给了 Cornell 另一次机会,让其于次日的庭审中提供与专利技术联系更为密切的损害赔偿诉请求。Cornell 的损害赔偿专家证人在第二轮损害赔偿计算中选择以惠普公司 CPU"砖块"的收益为基础。Rader 法官认为这种方法同样有问题,正如他在判决书中针对法律事项作出的明确裁定:

值得注意的是,Cornell 并未选择另一种与涉诉专利发明价值有更明确相关性

---

[11] Ericsson,Inc. v. D-Link Systems,Inc.,Nos. 13-1625,-1631,-1632,-1633(Fed. Cir. Dec. 4,2014)。关于本案中美国联邦巡回上诉法院裁定的讨论,请参见"必要专利"博客,网址 http://www.essentialpatentblog.com/2014/12/federal-circuit-gives-guidance-on-litigating-rand-obligation-ericsson-v-d-link/。

[12] CSIRO v. Cisco Systems,Inc.,809 F. 3d 1295(2015)。

[13] Cornell University v. Hewlett-Packard Company,609 F. Supp. 2d 279(N. D. N. Y. 2009)。

[14] Cornell University v. Hewlett-Packard Company,609 F. Supp. 2d 279(N. D. N. Y. 2009)。

的替代方案作为其许可费计算基础——惠普若未附加其他未被侵权组件而将处理器单独售卖可赚得的收益。Cornell 没有将其损害赔偿计算基础与处理器(其中侵权 IRB 是其重要组件)联系起来,只是简单地在惠普收入阶梯上从服务器和工作站收益移至紧接着的一层最昂贵的由处理器合并的产品收益,并未提供任何证据证明消费者对该产品的消费需求与专利发明之间的关系。

Rader 法官发现至少有一些定价数据可用于被诉专利是其有价值和贡献的部分的组件,因而主张,"合乎逻辑的和可实施的替代方案是与被要求保护的发明密切相关的最小可销售侵权单元——处理器本身"。最小可销售专利实施单元(SSPPU)原则由此诞生。

Rader 法官对 Cornell 的损害赔偿计算表示失望是可以理解的。他曾一再裁定 Cornell 未能证明被要求保护的技术发明推动了对除处理器以外的任何产品的需求,此技术发明本身不能像惠普服务器、工作站、CPU 或"砖块"一样适用 EMVR 方法。然而 Cornell 在未提供任何新的证据证明其专利技术对惠普最终产品的销售至关重要的前提下,仍继续主张针对整个服务器产品的损害赔偿,并继续基于包含许多非侵权特征的服务器系统中的较大组件进行计算损害赔偿,却未对较大组件的销售利润进行任何合理分摊,从而将产品收入缩小到与所请求保护的专利特征相关的范围。然而,尽管 Cornell 案引入 SSPPU 原则是合理的,但在其后的案件中,由于事实不同,该原则导致了律适用上的混乱。

随着 SSPPU 原则的普及,法院开始将其视为首选,似乎损害赔偿计算必须总是以 SSPPU 许可费为基础,除非有证据证明 EMVR 是适用的。例如,在 In Re Innovatio 案中,[15] Holderman 法官认为,"Innovatio 公司的专利组合[共 23 项标准必要专利(standard essential patent,标准必要专利)]对 802.11[Wi-Fi]标准而言具有中度至中高度重要性"。[16] 尽管有上述结论,Holderman 在法官报告中称,他觉得他不得不在本案中遵循 SSPPU 原则,因为他发现专利持有人未能提供充分证据以支持 EMVR 收益基础:

> 当事双方就是否对 Innovation 诉讼请求适用"最小可销售专利实施单元"原则进行争论,Innovatio 公司超越法院对此争议的认定,在适用其所主张的计算方法时,并未诚实地将最终产品的价值分摊给各专利特征。鉴于举证失败,根据证据记录法院不得不根据 Wi-Fi 芯片的价值计算许可费。

因此,Holderman 法官将计算损害赔偿的许可费基础设定为"在制造期间被插入一种电子设备(如笔记本电脑或无线接入点)中以向该设备提供 802.11 无线功能的一角硬

---

[15] Innovatio IP VenturesLLC Patent Litig.,2013 WL 5593609 at ＊8 – 10(N. D. Ill. Oct. 3,2013)。
[16] 同上。

币大小的小型硅器件"。[17] 这些芯片在与案件相关的时间段内的平均价格为每单位 3.99 美元,之后被进一步降低以反映芯片制造商的既定利润边际。最终,Innovatio 案件采用的许可费基础低于每单位 2.00 美元。这与 Innovatio 公司主张构成许可费计算基础(以及其主张的反映涉诉专利特征的分摊)的 Wi-Fi 接入点的单位价值(约 60 美元)或支持 Wi-Fi 的笔记本电脑的单位价值(约 785 美元)形成对比。[18] 显然,当此数值应用在更大量级时,差异会更明显,采用何种许可费基础的决定可能会对损害赔偿的计算结果造成重大的影响。[19]

四、专利损害赔偿计算与使用价值的脱节

当 EMVR 标准(至少如当前定义的)无法适用时,SSPPU 标准将作为事实上的许可费基础,笔者对适用 SSPPU 原则的一点担忧是该方法时常与损害赔偿计算的法定要求不一致,法律规定损害赔偿"在任何情况下不得低于侵权人使用本发明应付的合理许可费"。[20] 作为进一步表明这一标准在损害赔偿计算中的重要性的证据,侵权人对涉诉专利技术的使用与 Georgia Pacific 案中确立的 15 要素交织在一起,经常在专利侵权诉讼中被引用[21]。然而,至今为止,SSPPU 原则似乎主要应用在专利技术所处理载体上,而未将专利本身的价值纳入考虑范围。例如,在 Innovatio 案中,标准必要专利组合包括用于"控制高级通信协议"的无线适配器和涉及大量基站设备的"射频数据通信系统"的专利。尽管如此,这些标准必要专利的功能在技术上是在所谓的 Wi-Fi 芯片中实现的,因此该组件被选为许可费基础。

对于 SSPPU 与使用价值的脱节的可能性并非第一次被认识到。Davis 法官在 CSIRO 诉 Cisco 案的判决中,通过一个很好的比方强调了这一问题:[22]

> 试图根据因为普遍侵权而被人为下调的无线芯片价格来估算[CSIRO 专利]的价值是不合逻辑的。仅以芯片价格为基础来估算许可费,就像仅仅基于实际生产实

---

[17] Innovatio IP VenturesLLC Patent Litig. ,2013 WL 5593609 at *8 – 10(N. D. Ill. Oct. 3,2013).

[18] 意见中显示了每芯片的平均价格;最终产品的平均价格是从意见中所报告的其他数据得出的。

[19] 当然,可以通过向 100 美元的最终产品应用 1% 的许可费率,或者向 10 美元的组件应用 10% 的许可费率来实现 1 美元的许可费。然而,在实际操作中很难实现费率和基础如此紧密的匹配,在这种情况下,计算许可费的每个要素都需要有文件或其他证据支持。陪审团审判中最有可能的结果是法院降低允许的基础,同时保持费率不变或仅适度调高,这样费率基础的下降会对计算的损害赔偿产生重大影响。

[20] 35 U. S. Code Section 284.

[21] Georgia-Pacific Corp. v. United States Plywood Corp. ,318 F. Supp. 1116,1119 – 1120(S. D. N. Y. 1970)。要素 11 与侵权人使用过程中传达的价值有明确的关联,但在要素 6、8、9、10 和 13 中也可以看出使用概念中的价值的方方面面。

[22] CSIRO v Cisco,Case No. 6:11-cv-00343-LED(E. D. TX,2014).

体书籍所需的装订、纸张和墨水的成本来估算版权作品。虽然这样的计算得到了实体产品的成本,但并不能表明其实际价值。

选择适用 SSPPU 原则可能并且似乎经常导致损害赔偿与涉诉专利技术带给用户的价值脱离,这一现象直接导致了将损害赔偿框架视为 EMVR 和 SSPPU 之间二选一问题的不合理性。至少从经济学角度看,这种二分法为损害赔偿专家创建了一套并不完整的选择方案。一方面,当专利技术推动或构成需求的基础时,判例法确定以最终产品收益作为合法的许可费基础,同时采用适当的分摊法来反映非侵权特征。另一方面,当专利技术不构成整个产品的需求基础,而构成涉诉产品相对较小的部分,那么涉及被侵犯专利技术的产品中的最小可销售组件收入的收益应当作许可费基础。但是第三种可能性未被这两种损害赔偿估算框架中任一一种所涵盖,即当专利技术并不是唯一的需求驱动力,但非常重要并足以影响到产品特征和功能,影响用户使用价值,从而超出了其最小可销售组件的价值范围。

为了更清楚地看到涵盖范围方面的空白,本文将回顾美国联邦巡回上诉法院对 LaserDynamics 案的判决。法院在该案判决中指出:[23]

> 法庭重申,在任何涉及多组件产品的案件中,专利权人在没有证明整个产品的需求归因于被请求保护的专利特征,不得基于整个产品而非最小可销售专利实施单元来计算损害赔偿。……允许在证据中引入与专利特征价值无明显相关性的总收入,只会使得专利权人所提议的损害赔偿金额在相比之下看起来适度,并且人为地将陪审团的损害赔偿计算标准抬高到超出"足以补偿侵权损失"的额度。

上述引文的第一部分与上文中 EMVR 判例法中的论述相符:"对整个产品的需求"必须"归因于专利特征"。但是引文的后半部分不同于对"需求基础"的论述。具体来说,法院认为当总体收入"与专利特征价值无明显相关性"时,参考整个产品的收入可能"人为抬高"陪审团对损害赔偿的判定标准。笔者同意此论述,但"相关性"与"需求基础"是完全不同的指标。也就是说,专利技术可能无法成为消费需求的唯一驱动力,但可能会超出其实体所附着的组件的范围,事实上影响到最终产品价值,从而使专利特征价值与总体收入之间存在"明显相关性"。

如果我们把专利对最终产品价值的贡献放到一个区间上,EMVR 位于最右端(专利特征是最终产品价值的关键因素),SSPPU 位于最左端(专利特征是最终产品价值影响

---

[23] LaserDynamics, pp. 24 – 25.

因素之一),第三个选项就占据了这一区间的中间位置。[24] 针对中间区域,问题就变成了多少"相关性"才能达到"明显的"标准。随着专利技术与最终产品价值之间明显的相关性的提高,SSPPU 变得越来越不适合作为损害赔偿的计算方法。下图呈现了相关性的三个等级。最上边的线非常适合于 SSPPU 的方法,但下面两条却不适用,第三条线显示 SSPPU 的物理实现与专利技术的使用对整体产品所贡献的价值之间明显脱节。

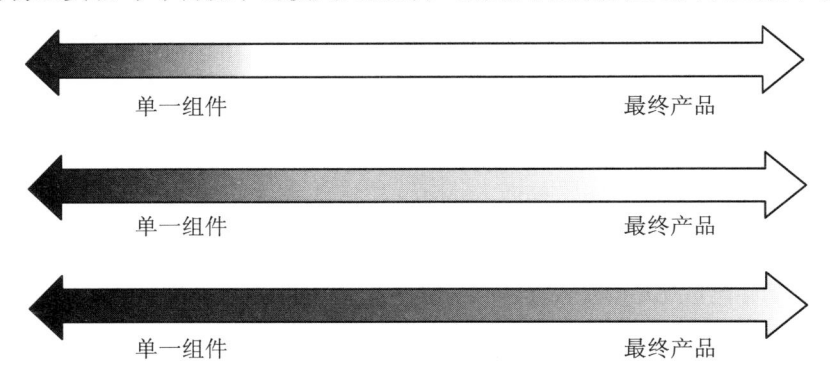

单一组件 ←——————————→ 最终产品

单一组件 ←——————————→ 最终产品

单一组件 ←——————————→ 最终产品

　　Davis 法官的印刷比喻有助于进一步阐明知识产权(intellectual property,IP)价值能够如何超越其物理载体的成本。假设某一印刷商将出版两本书,每本长达 100 页。一本是一位备受尊敬的法律学者如 Herbert Hovenkamp 编写的教科书。另一本是由一位不知名的一年级法律学生撰写的案例分析。这两本书的纸张、墨水和印刷成本是相同的,但是每本书对用户来讲所包含的知识产权价值可能大相径庭。Hovenkamp 编写的教科书的价值很可能远远高于法律学生的案例分析,因而前者销售范围更广,在架时间更长。即使这两本书物理上都以完全相同的格式得以实现,具有完全相同的成本,但作品的价值对于用户而言有很大差别。其他形式的知识产权在物理实现时也会发生同样的情况。

　　一些特定例子有助于分析存在于损害赔偿范围内 EMVR 临界点和 SSPPU 临界点之间的诸多情况。首先,考虑智能手机中某些关键的射频(radio frequency,RF)技术——射频功能在智能手机中的半导体芯片上达到物理实现,但由于射频联接技术的创新,存在于手机内部的与该技术无关的特征的价值可能也得以提升,同时射频连接也享受因这些特征带来的增值。正如 Teece 和 Sherry 所解释的:[25]

---

　　[24] 这是对近因法律概念的经济模拟。也就是说,产品价值作为专利技术使用"带来的自然、直接、不间断的结果",并且"没有专利技术,价值就不会实现"(法律词典对近因的定义参见 http://legal-dictionary.thefreedictionary.com/proximate + cause)应该包括在选择损害赔偿方法的过程中,并且当该值超过最小可销售单元的限制时,应该提议采用 SSPPU 以外的方法。

　　[25] Teece,David J. & Edward F. Sherry,"On the 'Smallest Saleable Patent Practicing Unit':An Economic and Public Policy Analysis",Tusher Center,U. C. Berkeley Working Paper,January 2016,January 2016,http://innovation-archives. berkeley. edu/businessinnovation/documents/Tusher-Center-Working-Paper-11. pdf.

……将相机添加到手机增加了用户使用手机的方式;用户可以拍摄照片,并通过蜂窝连接与他人分享,而无相机功能的手机用户就无法用这样的方式做到。这样相机功能就提升了拥有蜂窝连接的手机的价值。类似地,与不能共享图片的没有蜂窝连接的独立相机的价值相比,通过蜂窝网络与他人共享照片的能力提升了相机功能的价值。换句话说,即使这两个功能在技术上是毫不相关的,添加照相机功能也可以提升蜂窝连接的价值,反之亦然。

Putnam 和 Williams 证实了移动通信领域系统级技术的普及导致 SSPPU 原则在此领域不再适用。[26] 这两位作者对被声称为潜在 3G WCDMA 标准必要的专利进行了案例研究,研究认定了与专利技术最相关的"实施单元",并将其定义为产品中最能清晰体现技术益处的方面。在许多情况下,在专利的权利要求中会明确地定义组件、产品特征、用户设备,以及其中的技术如何影响那些组件、特征和设备的功能。在基带芯片、网络或用户设备的实施单元选项中,这两位作者发现,在所研究的 362 项专利描述中,没有一项仅限于基带芯片功能。

再如,Petit 介绍了其对无线航空电子内部通信(Wireless Avionics Intra-Communications,WAIC)标准的案例研究。该标准"主要适用于与安全相关的应用如:释放氧气面罩、触发氧气流、应急照明、舱室压力等"。[27] WAIC 标准通过在商用飞机上安装射频设备(天线、发射器和接收器)来实现。该设备代表了规模更大的最终产品(飞机)的可识别、可销售的组件。同样显而易见的是,尽管通过使用 WAIC 标准改进的氧气面罩操作和其他与安全相关的特征十分重要,但是这些要素是否构成飞机的唯一需求基础值得怀疑。这些情形恰好把涉及 WAIC 标准有关的专利侵权案件的损害赔偿计算置于 SSPPU 制度范围内,并将射频组件的价格作为相关许可费基础,并对该价格进一步进行分摊以反映涉诉专利的特定载体。

然而,Petit 计算得知,采用 WAIC 标准可以为商业航空公司节省大量的运营成本。特别是"标准空中客车 A-380 搭载约 5700 千克的电线。使用无线技术就可以除去整架飞机约 30% 的电线(即 1710 千克)。"[28] 反过来,重量减少意味着喷气燃料成本的节省(该成本是航空公司负担的最重要的运营成本)和二氧化碳排放量的减少。以普通的空客 A-380 的燃料成本节省为例,Petit 估计,每架飞机能节省 302 万美元,远远超过了一个

---

[26] Putnam, Jonathan & Tim Williams, "The Smallest Salable Patent-Practicing Unit (SSPPU): Theory and Evidence", Working Paper, 2016.

[27] Petit, Nicolas, "The Smallest Saleable Patent Practicing Unit (SSPPU) Experiment, General Purpose Technologies, and the Coase Theorem", 2016, p. 2.

[28] 同上。

典型的射频发射器的 1000 美元的价格。即使关键专利持有人总共只要求将用户实现的成本节省中的一半作为对他们专利技术的补偿,必要许可费率就需要超过 SSPPU 价格的 1510%——被控侵权人肯定会谴责这一数字"不合理性"。实际上,如果 WAIC 技术的总许可费达到甚至射频发射器收入 1510% 的一小部分,那么此专利也很可能会被贴上滥用"许可费堆叠"的标签。

WAIC 的例子突出了损害赔偿分摊和选择合理许可费基础的另一个重点:陪审团的认知偏差可能会走向任一方向。[29] 正如美国联邦巡回上诉法院在 LaserDynamics 案件中对总收入披露的担心,即专利技术仅涉及整个产品的一个小组件时,总收入的披露将"人为地将陪审团的损害赔偿计算标准抬高",我们还需要担心的是,当专利技术并不是需求的唯一驱动力,但是对于用户而言,该专利价值要比用户通过专利物理上和技术上的组件载体获得的价值多得多时,SSPPU 原则下的收入(甚至更多的是 SSPPU 利润率)将人为地降低了陪审团的损害赔偿计算标准。在 WAIC 专利侵权案件中,向陪审团提交 1000 美元的射频发射器价格以作为许可费基础很可能会人为地降低陪审团的损害赔偿计算标准,而事实上专利对用户贡献的价值估计将近 302 万美元。

另一个例子有助于进一步强调以技术使用为基础而非专利所在组件中的实际位置为基础进行估值的重要性。一种创新型无线技术,可以降低移动设备的电力需求,从而增加设备的电池的续航时间(如增加 30%)。正如所有信息和通信技术(ICT)发明,这种电池改进技术的物理载体是半导体芯片。假设相同的芯片可被装在移动电话、平板电脑、笔记本电脑或台式电脑中提供无线功能。最后一个设备保持插在墙上的插座中,而其他三个设备是移动的而只有在需要充电时才会插进插座。这种节能发明对于移动设备用户的价值将比对台式电脑用户的价值要高:电池续航时间是消费者选择移动设备的关键考虑因素之一(尽管不是唯一因素)。因此,移动设备制造商使用此专利技术将增加设备的销售量,或使其能够提高设备的零售价格,或达到这两种效果。相比之下,台式电脑用户从提供节能的专利技术中发现的价值相对较少。虽然专利技术可能会改善台式电脑的能量消耗,但该特征可能不会获得用户的高度重视,因而不能为台式电脑制造商带来明显更高的市场份额或收益。基于这一事实,芯片是否是专利技术的合理最小可销售专利实施单元,其答案取决于芯片如何被应用——应用于移动设备还是台式电脑。如果一个制造商在平板电脑和台式电脑中使用相同的芯片,则应如何计算该多种产品制造商的侵权损害赔偿?

---

[29] 如 Teece 和 Sherry 所讨论的;另请参见 Layne-Farrar, Anne,"The Practicalities and Pitfalls of The Smallest Saleable Patent Practicing Unit Doctrine: A Review of Teece and Sherry", les Nouvelles, Vol. LI, No. 4, December 2016。

如果针对作为专利技术实施载体的组件,由于历史原因,市场从未或很少在生产链的组件层级获得专利许可,则会使专利技术的物理实现与其使用价值之间相脱节这一问题变得尤为显著。换言之,许多信息通信技术部门的行业惯例是让所有 IP 在最终产品层级获得许可,这意味着一些组件制造商将不会获得专利许可,并不会为物理实现载体组件上的 IP 所带来的用户使用价值买单,因此组件的定价结构将不会反映出通过 IP 所实现的价值。Davis 法官在上述引文中提到了这个问题,并指出在该案件中无线芯片的价格"因大规模侵权而被人为地降低了"。[30]

之后为改变这样的市场结构,将组件制造商的价格或利润率当作许可费基础,且不考虑这些组件制造商是否曾为其组件上的技术付费。这种做法忽略了重要的市场平衡。例如,假设产品 X 是一个具有三个主要特征(A、B 和 C)的最终产品,这三个特征共同推动了需求。根据行业规范,生产产品 X 的大多数制造商向专利持有人支付所有 IP 许可费。假设该产品包含两个较小的组件,即一个电池和一个芯片,两者都从第三方供应商处购得,因此价格是可观察的。图 1 对产品 X 做了说明,将其分解为不同组件,并反映制造商面临的成本现状(组件的材料成本和涵盖特征 A、B 和 C 的专利许可费)。

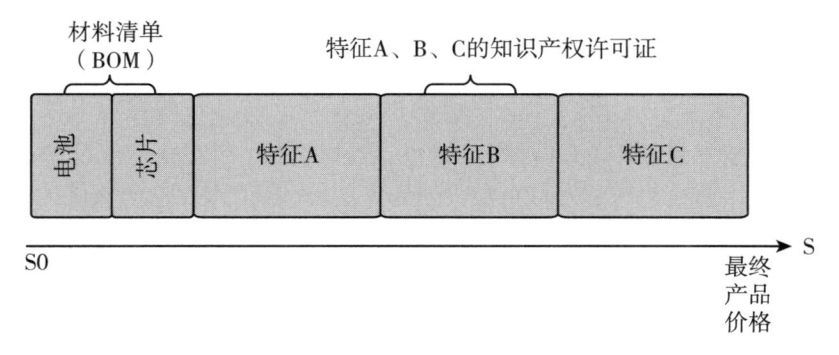

图 1　行业规范下的许可

假设涉诉专利具有特征 C,其物理实现载体是芯片。特征 C 不能单独推动需求,因而 EMVR 不能用于确定损害赔偿。该芯片同时体现特征 A 和 B,所以在 SSPPU 原则下,被告会主张芯片上所实现的远不止特征 C,这意味着对芯片价格需要做进一步的分摊。假设这三个特征对产品 X 的用户而言(因此也对其卖方)具有同等的价值,所以被告将主张把芯片价格的 33% 左右(甚至更有可能是芯片利润率的 33%)当作许可费基础,从而反映产品 X 的制造商在以芯片为实现载体的专利技术"成本"。这一主张的基础是:(1)作为涉诉专利的物理实现载体的芯片"实现"了所有的专利技术;(2)芯片上的

---

[30] CSIRO v Cisco, Case No. 6:11-cv-00343-LED(E. D. TX, 2014).

IP 的"价值"必须是芯片制造商利润的一部分,该利润反映芯片制造商生产芯片的所有成本,因此芯片制造商的利润率应当作为损害赔偿的基础;以及(3)芯片价格由市场设定,不能在没有重大销售和/或利润损失的情况下提高,因此芯片利润必须超过许可费。虽然高度程式化,但这是 SSPPU 主张的一个现实例子。图 2 以图形方式表示出了这一情形,其中深色实心框表示芯片,突出于产品组件的其他部分,代表损害赔偿的许可费基础,倾斜线条阴影框表示特征 C,表示涉诉专利对产品贡献的价值。

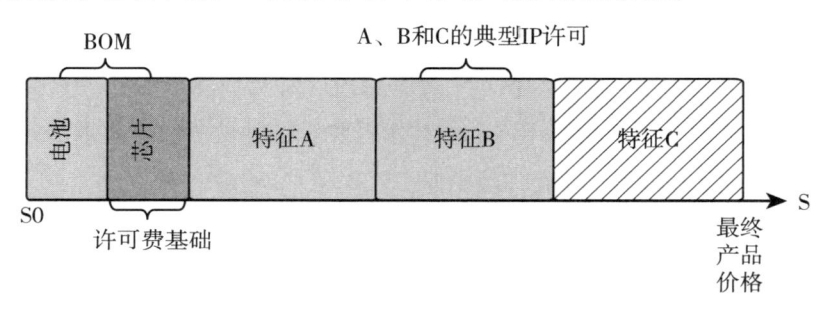

图 2　在狭义的 SSPPU 方法下的许可

适用 SSPPU 的主张在这情形下提供了一种对市场的不完整的观点,包括市场如何评估对涉诉专利技术的使用,确定专利技术合理损害赔偿所根据的相应的许可费基础是什么。首先,根据行业规范,最终产品制造商目前既要支付芯片的价格<u>又要</u>支付实现在该芯片上的专利技术特征 C 的许可费。结果,分摊的芯片利润并不能反映出涉诉专利技术对最终产品用户或卖方的全部价值。其次,芯片价格由于存在市场压力不能上涨的主张忽视了这样一个事实,即使用 IP 的价值一开始与芯片价格就是分开的。如果产品 X 的制造商愿意事先支付芯片的费用和 IP 许可费,依照最终产品制造商获得所有 IP 的许可的行业规范,那么如果芯片将承载 IP 的全部使用价值,芯片价格应该提高以反映 IP 的使用价值。这只是在生产层级上的支付转移,但这种支付转移不能反映在总体产品层级上涉诉技术对整个产品带来的的任何价值增量。图 3 说明了这一点,由于芯片和特征 C 一同构成了损害赔偿的许可费基础,使用特征 C 的成本从最终产品的使用许可转移至组件层面的许可。

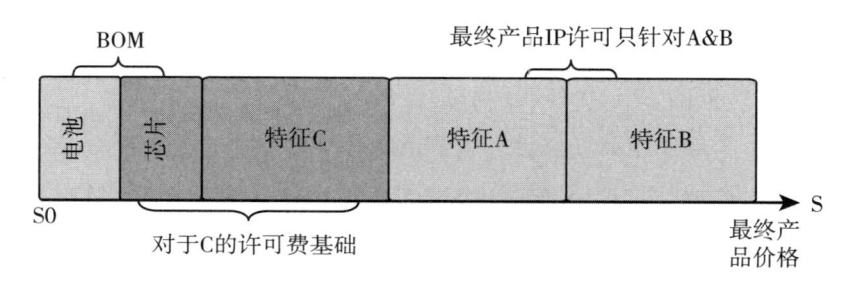

图 3　反映 IP 的价值而非价值实现位置的 SSPPU 许可

虽然修改 SSPPU 成本基础使之包含使用包括特征 C 的专利技术的全部价值,从而使 EMVR 和 SSPPU 涵盖全部损害赔偿框架选择方案,这种做法似乎是弥补损害赔偿计算空白的最直接方法。但笔者仍质疑这种做法在实践中的可行性(至少是关于这种做法对所有相关公司不会造成严重损害的质疑)。对 SSPPU 做出这种调整的问题在于,在行业转向适用新的许可制度过程中,这种调整仍有太依赖于陪审团评估技能的风险,因而可能会陷入类似于最初推动 SSPPU 方案形成的价值锁定问题。当专利技术的价值范围超出其物理实现载体时,为了实现以使用价值为基础的 SSPPU 原则下的损害赔偿计算,至少在行业调整为新范式前,许可费率需要超出该组件的当前价格。以芯片为例,当前 ICT 行业的市场结构需要进行调整,以将过去在最终产品上支付的 IP 使用价值转移至以往没有为此付费的组件层级。之后,组件价格将提升,以反映 IP 在组件载体上体现的使用价值,并将成本从最终产品制造商转移到组件制造商。通过专利权用尽和专利传递权,组件制造商就会补偿客户使新价格具有合理性,这意味着最终产品的价格将不会受到影响(除了影响权利传递的任何交易成本之外)。

假设的产品 X 仅仅是对上述 WAIC 案的一般性阐释,其中反映专利技术使用价值的 SSPPU 方法所要求的许可费率将超出专利技术组件载体价格的1500%。尽管如此,在组件价格被调整到符合新行业发展需求之前,陪审团很可能将不会过多考虑或反对 SSPPU-plus 方法,正如他们对于处理器组件190亿美元的最终产品收入的处理态度一致。也就是说,在看到以低价格组件为基础的许可费率和10倍于该数额的许可费率后,陪审团可能会偏向被告,导致其判定的损害赔偿过低而无法补偿专利持有人的专利为产品贡献的价值。

要了解为什么从未支付过芯片 IP 成本的制造商实际可以承担1500%的许可费率(在动态意义上,在行业调整之前),需要对路径依赖性和市场定价有相当透彻的了解,还要了解市场定价如何随着芯片制造商补偿并承担下游生产商成本而不断进行调整。[31] 如图3所示,增加许可费基础以纳入因使用专利技术所产生的价值,将对生产链中何处产生成本进行调整,而不会影响到最终产品的价格和专利 C 持有人因使用其专利技术而获得的许可费。这样会要求组件制造商提高价格,以反映使用嵌入在组件中的 IP 的价值,并开始为其客户进行补偿。为反驳这一微妙的但在经济上有充分合理性的主张,在专利侵权诉讼中可能会要求被告针对下述问题做出简单而且基于公平原则的回复:即

---

[31] 有关此类市场动态的更多信息,请参见 Layne-Farrar, Anne, Gerard Llobet & Jorge Padilla,"Patent Licensing in Vertically Disaggregated Industries: The Royalty Allocation Neutrality Principle", *Communications and Strategies*, No. 5, 2014。

如何证明诉讼请求多倍于被许可人销售组件赚取的利润总额具有合理性。[32] 换言之，将 IP 许可从最终产品层级转移到组件层级需要市场进行相应的变化，这一艰难的过程使得对定价结构的调整发生的可能性极小。

鉴于上述问题，笔者认为目前法院认可的专利侵权损害赔偿计算方法是不完整的。当涉诉专利技术的价值超出 SSPPU 原则下的"众多特征其中之一"的评估基线，但该技术又不构成 EMVR 要求的"最终产品的唯一需求基础"时，专利持有人将面临一个非常艰难的任务，即为价值分摊提供"可靠而切实的"证据，同时使计算的损害赔偿数额满足"不少于合理许可费"标准[33]，从而反映侵权产品中因使用专利技术所产生的价值。

五、如何弥补缺陷

EMVR 和 SSPPU 之间的选择适用并非如上文所述那样严格；法院也曾允许使用一些既非 SSPPU 也非 EMVR 的损害赔偿计算方法。然而，这些选择似乎不足以弥补本文所述的法律空白。例如，在 CSIRO 诉 Cisco 的案件中，美国联邦巡回上诉法院认为，每单位美分或每单位美元的许可费计算方法不符合 EMVR 或 SSPPU 原则，因为两者均以收入而非以单位为基础来计算损害赔偿。[34] 以单位为基础的计算方法可适用于与 WAIC 案相类似的情况，这类案例中因使用专利技术而节省的成本相对比较容易以单位为基础进行估计。但此种方法可能并不适用于其他情形，例如上文提到的 RF 智能手机案例，其中专利技术为其他非技术特征带来的附加价值并不只是简单的成本降低。在许多情况下，将技术价值转化为因使用专利技术而带来的并可以明确界定的每单位的成本节省或价格增量是非常困难的。

填补 EMVR/SSPPU 二分法造成空白的第二个方法是，依据同一专利的其他具有可比性的许可。认识到经济领域中许多部门的行业惯例，特别是多组件 ICT 产品的行业惯例，将许可费率设置为最终产品平均销售价格的一小部分，美国联邦巡回上诉法院在 CSIRO 案判决中解释道：[35]

> Cisco 提出的适用规则——要求所有计算损害赔偿的模型都从最小可销售专利实施单元开始——是站不住脚的……若采用 Cisco 的观点，就需要对可比许可估价

---

[32] 此外，在像欧盟这样的"过度定价"法律的司法管辖区，被告也有可能提出反垄断主张。鉴于许多专利组合的全球性质，即使对于基于美国的专利持有人来说，这也是一个实际的问题。

[33] 35 U.S. Code Section 284.

[34] CSIRO v. Cisco Systems, Inc., 809 F. 3d 1295 (2015) ("许可费基础的选择——通常是分摊分析的重点——与地区法院的分析无关。地区法院依赖的特定费率被视为 Cisco 每销售一最终单位可得的美分，但它们同样可以代表每单位无线芯片以美分计的价格，同时不影响损害赔偿的计算")。

[35] 参见同上，第 14—15 页。

的证据进行排除,而该估价——至少在某些案例中——可能是估算涉诉专利价值最有效的方法。这样的判卷"往往使专利权人不可能诉诸于基于许可的证据。"

"基于许可的证据"通常是计算涉诉专利价值的最佳标准之一,因为经公平协商的专利许可往往反映了在产品和服务中使用该专利技术的合理市场价值。㊱ 当案件证据记录中包含充足的具有可比性的许可,同时对专利价值的计算并不诉诸 SSPPU 的计算方法,损害赔偿专家会根据这些许可确立合理的许可费。这些具有可比性的许可可能包含运行许可费(即按照收入的百分比、销售价格的百分比或单位产生金额计算的费用)、一次付清的费用或一些费用组合。不过,并非总是能够找到具有足够可比性的许可,特别是对于较新颖的产品或刚被许可的专利组合,因此这种替代方法也不足以弥补损害赔偿计算方法的空白。

EMVR/SSPPU 二分法的第三种替代方案,是将损害赔偿数额一次性付清。此方案不用将利润基础与许可费率相乘,从而也不需要适用 SSPPU 原则。但从经验来看,意愿双方往往会通过谈判将利润基础与许可费率相乘来计算出一次性支付的许可费的数额。换言之,在公平谈判中,双方通常会预测许可有效期内产品的收入,将某些双方均可接受的许可费率应用于该数额,然后进行适当的折减(例如,以反映专利持有人收到全部而非随时间变化的许可费用这一事实),最终达成被许可人对许可的一次付清。回顾一下上文中 Garretson 判决中的内容,Garretson 要求证据是"切实可信的,而非推测或假想的",所以损害赔偿专家必须解释他们如何计算得出一次性付清的总额。因此,第三个方案可能仅局限于以下两个情况:第一种是具有可比性的许可协议确定的金额可以不用根据当前诉讼做出调整即可转化为一次性支付的总额,另一种情况是具有明确成本节省或价格上涨证据的案件(例如 WAIC 案例)。因此,这种方案也是有局限的,不足以弥补专利损害赔偿计算的法律空白。

因此,笔者认为需要在当前 EMVR、SSPPU、每单位许可费、可比许可或者一次付清等计算方案的基础上增加一个新的选项。如上文中与图 3 相关的讨论所述,一个方案是延展 SSPPU 下的计算方法,允许许可费率超过组件许可费基础的 100%。此方案将引发未支付 IP 许可的组件的价格上涨,从而导致专利许可随着时间的推移从最终产品层级

㊱ 不过,并非人人都赞同这一说法。例如 Hovenkamp, Erik & Jonathan Masur, Reliable Problems From Unreliable Patent Damages, 36 REV. LITIG, 2017("……不鼓励专利权人以任何并不太高的许可费率给与许可,即使他们以更适度的方式达成了许多额外的互惠协议。其结果是,专利持有人合理地切断了许可市场的底层部分,造成重大的无谓损失。不仅损害了专利权人,而且还损害了潜在的被许可人及其消费者。该标准因鼓励专利许可中的保密和"游戏手法"而导致了一些其他的问题")。虽然保密性确实是一个常见问题,但专利持有人并不会因为担心成为先例而避开"底部"的许可证交易,特别是当他们可以依赖于此类主张,即此类交易对其他被许可人而言不具可比性时。

转移到组件层级。然而,作为一个经济学问题,SSPPU-plus 方案是否会比现行制度更为有效或带来更多的社会福利尚未明确,现行制度下,许多多组件 ICT 许可是建立在最终产品的价值基础之上。[37] 该方案可能需要对行业惯例做出重大改变,因而可能会带来相当大的过渡成本。此外,这些行业的企业自愿选择在最终产品层级进行专利许可,最终产品层级的市场价格易于观察,相较于组件价格更难以操控。因此,增加一种新的专利损害赔偿计算方法以涵盖中间情况会更为容易,并对其他非相关行业成员的不利影响更小。这种中间情况是指因使用专利而产生的价值超出了其所在组件的价格或利润,但该专利又不构成推动整个最终产品需求的唯一驱动力。

笔者认为引入此种损害赔偿计算方案不需要法院或诉讼双方作出很大努力。事实上,所需做的正是逐渐完善现行制度。为解释这一观点,需要借助上文中假定产品 X 的例子。假设涉诉专利涵盖了特征 C,而这些技术以芯片为物理载体得以实现。消费者以 A、B 和 C 三个特征为基础,选择产品 X 的供应商。另外,假定芯片制造商未获得涉诉专利的许可。该情形不符合目前使用 EMVR 原则的要求,原因是特征 C 不构成产品的唯一的需求基础,但其明显超出了 SSPPU 的适用范围,原因是特征 C 对于最终产品的价值超出了产品 X 制造商为承载特征 C 的芯片所支付的费用。如果芯片被当作许可费基础,则有可能导致陪审团判定的赔偿损害数额偏低,而该数额不能反映出因使用该专利技术所带来的价值。

在这种情况下,损害赔偿专家可以以最终产品价格作为许可费依据,以单位为基础,以防最终产品总收益的数额对陪审团的判定带来不利影响。对于此许可费基础,损害赔偿专家可以结合既定的最终产品许可费率,采用适当的分摊百分比(比如 33%,反映特征 C 是推动消费需求的三个特征之一),或者可以设定较小的许可费率,以适当地反映出在因使用专利技术而为该产品(仅限于该产品)带来的价值,并将其直接应用于产品价格(即利率本身已将分摊考虑在内)。鉴于适用 EMVR 原则所产生的影响陪审团判定的问题,当事人可以向陪审团就分摊后的收入基础(在上述假设中,为最终产品收入的 33%)或者单位产品价格而非总收入进行举证,这样就避免了导致陪审团的判定因举证而偏向于其中任何一方的问题。

该损害赔偿计算方案的建议与近年来专利侵权禁令的判例法相契合。特别是在

---

[37] 事实上,Llobet and Padilla(2015)提出了理论分析,认为应用于最终产品价格的许可费百分比(EMVR,或称为从价许可费)通常有助于增加福利,并且优于 SSPPU 价格。参见 Llobet, Gerard & Jorge Padilla, The Optimal Scope of the Royalty Base in Patent Licensing, 2016。

2015 年年末 Apple 诉 Samsung 案[38]中,美国联邦巡回上诉法院对 eBay 案[39]确立的无法弥补之损害的禁令评估标准进行了回顾,"撤销其初始判决意见,并发布了一项修订意见,重点讨论了'引发消费者做出购买决定的几个[特征]之一'的专利技术特征,而非如先前判决所暗示的,专利特征必须成为'消费需求的唯一或重要的推动力'"。[40] 当涉诉专利为最终产品带来的价值高于包括专利技术的组件载体本身的价格或利润时,在 EMVR 原则下,与上述判决相类似,对"唯一需求基础"标准进行弱化,在此基础上进行专利损害赔偿的计算,是弥补当前法律空白的一种手段。

上述建议也与 Garretson 案的精神一致:专利持有人应"提出证据来区分和分离被告通过侵犯专利特征和非专利特征所获得的利益以及由此为专利权人造成的损害"。也就是说,将最终产品作为许可费基础,但考虑合理的分摊系数并限制向陪审团展示的证据,可以有效合理地弥补专利损害赔偿计算的法律空白,平衡专利持有人和被许可人的需求,并降低陪审团作出偏向任何一方裁定的风险。

制定专利侵权损害赔偿诉讼规则的目标,是创建一种评估准则,使专利持有人获得的补偿不"低于合理许可费",并能够反映被诉侵权产品中因使用涉诉专利技术而获得的价值,同时避免过度补偿的风险以防止对产品制造商或推动产品发展的后续发明人的利益造成损害。现有的判例法还未达到这一目标。虽然笔者认为上述提议值得考虑,但即使是那些不赞成此提议的人,也应当积极寻求其他手段来填补目前损害赔偿计算规则的法律空白,并探索合理的计算规则以适用于当前法律框架未涵盖的其他情况。

---

[38] Apple Inc. v. Samsung Electronics Co. , Ltd. (Fed. Cir. 2015).

[39] eBay Inc. v. MercExchange, L. L. C. ,547 U. S. 388(2006).

[40] Long, David,基本专利博客,"Federal Circuit revised injunction decision to emphasize patented feature being one of several that drive purchasing decision(Apple v. Samsung)",详情请访问 http://www.essentialpatentblog.com/2015/12/federal-circuit-revised-injunction-decision-to-emphasize-patented-feature-being-one-of-several-that-drive-purchasing-decision-apple-v-samsung。

FRAND 的经济学解读*

Dennis W. Carlton** Allan L. Shampine***

多年来,标准制定组织(standard-setting organization,SSO)一直要求其成员承诺以公平、合理且无歧视(fair,reasonable,and non-discriminatory,FRAND)条款许可使用标准必要专利。遗憾的是,SSO 尚未定义 FRAND 的含义,将其解读工作交给法院和监管机构。本文解释 FRAND 背后的经济学担忧——劫持和策略性行为,导致标准制定背景下的低效行为,并解释对 FRAND 的恰当经济解读如何可以消除或缓解这些担忧。基于"合理"原则进行的事前分析可以潜在地消除这些劫持,但作为实际问题,该分析可能成本高昂、难以执行且容易出错。在这种情况下,FRAND 的"无歧视"原则甚至可以在 FRAND 的"合理"原则不能提供保护时,提供针对劫持的保护。

关键词:费率的确定、专利价值、禁令救济、经济产业、许可费堆叠、增量价值、事前评估、组合价值、披露义务、专利劫持、反垄断

一、引言

多年来,标准制定组织(SSO)一直要求成员承诺以公平、合理且无歧视(FRAND)条款许可使用标准必要专利。[①]例如,电气和电子工程师协会(Institute of Electrical and E-

---

* 本文原文发表于《竞争法与经济学杂志》(Journal of Competition Law & Economics)第 9 期,2013 年 7 月出版,本中文译文已获得版权方授权。

** Dennis W. Carlton 为芝加哥大学布斯商学院 David McDaniel Keller 讲席经济学教授、Compass Lexecon 咨询公司附属机构国家经济研究局助理研究员。

*** Allan L. Shampine 为 Compass Lexecon 咨询公司执行副总裁。作者要感谢 Elizabeth Landes 和 Richard Gilbert 的有用建议和 Gregory Pelnar 的专家研究援助。作者曾就涉及 FRAND 的若干事宜进行咨询,包括对 Motorola Mobility 公司不利的 Apple 公司和对 IPCom 不利的 HTC 公司。

① 参见美国联邦贸易委员会(Federal Trade Commission ,简称 FTC):演进中的 IP 市场:与竞争对准的专利公告和补救措施(THE EVOLVING IP MARKETPLACE:ALIGNING PATENT NOTICE AND REMEDIES WITH COMPETITION)192(2011)(以下简称为 FTC 报告)。许多 SSO 试图通过披露和许可规则来解决这个问题。披露规则通常要求参与者在标准制定过程期间选择标准之前披露专利或申请专利。许可规则通常要求参与者同意 RAND(合理且无歧视)或以 FRAND(公平、合理和无歧视)条款为基础许可所披露的专利。我们不知道合理和无歧视(RAND)与公平、合理且无歧视(FRAND)之间的区别。为了避免混淆,我们将在本文中使用术语 FRAND。

lectronics Engineer, IEEE)的政策:"目前允许必要专利(和申请专利)的已知使用,但仅在电气和电子工程师协会标准协会(IEEE-SA)接收专利持有人或申请人的以下保证时:(a)专利持有人或申请人将不针对符合标准的任何人实施其(多个)现有或未来的任何必要专利;或者(b)专利持有人或申请人将在合理条款和条件下提供免费或按照合理费率的实施许可,这些条款和条件确无任何不公平的歧视(RAND,即合理且无歧视)"②。

类似地,欧洲电信标准化协会(ETSI)要求专利持有人"按照公平、合理和无歧视性[F/RAND]的条款和条件授予不可撤销的许可。"③

遗憾的是,SSO 尚未定义 FRAND 的含义,将其解读工作交给法院和监管机构。④ 本文解释 FRAND 背后的经济学担忧——劫持和策略性行为,其导致标准制定背景下的低效行为,并解释对 FRAND 的恰当经济解读如何能够消除或缓解这些担忧。虽然对 FRAND 的解读最终是一个法律问题,但经济学分析可以对 FRAND 背后的经济学担忧提供见解。

虽然经济学文献中曾经尝试定义 FRAND,但大多数定义都集中在"合理"原则上,对"无歧视"原则的较少讨论,未能一般地定义这一术语的含义。例如,除表示被许可人之间的费率可能会有所不同以及专利所有人必须向所有有意者许可之外,Mario Mariniello 拒绝定义无歧视性原则。⑤该途径最多只是真正关于使用的拒绝。Daniel Swanson 和 William Baumol 主张大多数情况甚至不应适用无歧视性原则,只能在专利所有人与下游被许可人竞争的情况下才能应用,且即使这样也不一定适用。⑥在适用的情况下,

---

② 参见电气和电子工程师协会(IEEE)、VITA、结构化信息标准促进组织(OASIS)、The Open Group 和 PCI 工业计算机制造组织为美国联邦第三巡回上诉法院审理的 Broadcom 诉 Qualcomm 案(2006 年)提供的《法庭之友(Amici Curiae)咨询简报》,以下简称为《IEEE 法庭之友简报》。("amicus curiae"一词来源于拉丁语,"amici curiae"为其复数形式,字面意思是"法庭之友",是指非案件当事方、通过提供专业知识协助法院的人。与案件中有关问题的见解通常以简报形式呈现,是否采纳法庭之友简报的意见则由法院自行决定。"法庭之友"这一制度起源于罗马法,后来扩展到大多数普通法系国家并被引入国际法。——编者注)

③ 《ETSI 议事规则》,附件 6,第 6.1 节。

④ SSO 决定不定义 FRAND 的部分原因在于成员无法达成一致,或者不希望律师和商人参与技术工程审议。鉴于法庭诉讼的困境,除非 FRAND 变得被更好定义,我们猜想 SSO 开始要求仲裁或指定简单条款(诸如免许可费交叉许可)、去除让陪审团必须解释极为复杂的专利的过程仅是时间问题。然而,这样的替代方案还有其他限制条件,我们稍后再作讨论。最近,Kai-Uwe Kuhn、Fiona Scott Morton 和 Howard Shelanski 呼吁 SSO 改革他们的知识产权政策,以在其他事物当中包括诉讼以用于解决争议的替代方案,并要求在许可人可以寻求禁令或排除令之前的争议解决的过程等。Kai-Uwe Kuhn, Fiona Scott Morton & Howard *Shelanski*, *Standard Setting Organizations Can Help Solve the Standard Essential Patents Licensing Problem*, ANTITRUST CHRON. (Competition Pol'y Int'l, Boston, Mass.), Mar. 2013. 同时参见 Mark Lemley & Carl Shapiro, *A Simple Approach to Setting Reasonable Royalties for Standard-Essential Patents* (Stanford Pub. L. Working Paper No. 224026, 2013)。

⑤ Mario Mariniello, *Fair, Reasonable and Non-Discriminatory (FRAND) Terms: A Challenge for Competition Authorities*, 7 J. COMPETTHON L. & EcoN. 523, 525, 532(2011)。

⑥ Daniel Swanson & William Baumol, *Reasonable and Non-Discriminatory (RAND) Royalties, Standards Selection, and Control of Market Power*, 73 ANTITRUST L. J. 1, 26 – 27, 30(2005)。

他们主张使用有效成分定价规则(efficient component pricing rule,ECPR)作为标准来确定专利所有人是否以公平的方式对待被许可人。[7]本文解释了为什么应该更广泛地应用无歧视原则、为什么歧视会导致竞争担忧(甚至在专利持有人并未垂直参与的情况下也是如此)、以及为什么无歧视原则应该以帮助解决劫持问题的方式来解释,该问题不是ECPR 所解决的,也不是 ECPR 所意图解决的。[8]

公平地讲,这些有见地的论文的重点未放在对"歧视"的定义上,因此它们未能精确地定义"歧视"也并不令人惊讶。Richard Gilbert 已经直接地解决了该问题,强调了无歧视作为一种方式在制定标准之前已有许可的情况下解决劫持的重要性。然而,这些许可并非总是存在。虽然 Gilbert 确实在 FRAND 问题上提出了多个新颖而深入的见解,但他并没有精确地定义无歧视。他建议所有企业都可能面对许可费约定的相同"安排","类似处境"的企业支持类似费率,但他并未定义"类似处境"。[9]本文以 Gilbert 的工作为基础,通过提供对无歧视和类似处境的所缺失的定义来完善这一概念。如此以来,我们有能力显著扩大对 FRAND 问题的分析,并且如果恰当解释,则显示 FRAND 能够在事先许可的情况下使标准制定中所产生的问题得到明确的保护,并且令人惊讶的,甚至在标准制定之前没有许可的情况下也能如此。

首先,本文解释了关于劫持和策略性行为的潜在担忧,并揭示了其中潜在的一些新担忧;它允许我们隔离 FRAND 应解决的问题。其次,我们解释,恰当地定义"无歧视"如何能够比解决这些问题更激进地使用 FRAND 的无歧视性原则。无歧视的通常经济学定义远远超过实现 FRAND 的目标所需要的范围。我们提供用于实现消除劫持和策略性行为的更精确定义,并解释当其难以应用时如何修改该定义。最后,我们讨论可能的复杂化因素,包括排除令的使用、专利组合的处理和跨期效应。

二、具有集体标准制定的市场力量担忧

技术标准允许不同的公司生产可交互使用的设备,这在网络行业尤其重要,在网络行业中,消费者从设备中获得的价值取决于该设备与不同供应商销售的装备相互操作使用的能力。如美国联邦贸易委员会在关于知识产权市场的最新报告中指

---

[7] ECPR 规定,输入的独占供应商应该为该输入收取等于独占者的最终商品或服务的零售价减去独占者的其他组件的成本(即提供最终商品或服务的其他增量成本)的价格。前注第 30 页。另见 Nicholas Economides, *The Tragic Inefficiency of the M-ECPR*, in DOWN TO THE WIRE: STUDIES IN THE DIFFUSION AND REGULATION OF TELECOMMUNICATIONS TECHNOLOGIES142(Allan Shampine ed., Nova Sci. Press 2003)。

[8] Swanson & Baumol,前注 6,第 43—44 页。

[9] Richard J. Gilbert, *Deal or No Deal? Licensing Negotiations in Standard-Setting Organizations*, 77ANTITRUSTL. J. 855(2011).

出,标准允许的可共同使用性"对于开发和引入满足消费者需求范围的创新产品至关重要。"[10]

标准通常由标准制定组织成员的集体行动来制定。[11]虽然标准的制定可以明显提高效率,甚至可能不涉及专利,但是,众所周知,集体行动会增加反垄断违法的可能性,例如,当选择危害竞争对手的标准时。[12]在存在专利时,集体标准制定也能够产生劫持和歧视性许可的问题。在纳入标准前,专利权持有人能够从其技术的许可中赚取的许可费受到可能的替代方案的约束。一旦纳入特定专利技术的标准被采用,这些替代方案就不属于标准的一部分,并且因此不再能够约束专利权持有人要求许可费超出在该技术被纳入标准之前基于该技术的价值获得的费用的能力。当发生这种情况使得专利权持有人成功获得超过其可获得的事前许可的许可费时,专利劫持就已经发生。[13]

当制造商基于该标准进行重大投资时,标准被采用后的市场力量将被加剧。我们将技术被纳入标准前的时段称为事前,将纳入后的时段称为事后。一旦进行了这样的投资,制造商就可能被"锁定"到标准中,因为切换到替代标准(假设有一个可用)的成本可能会非常高。标准必要专利(standard-essential patent,SEP)的持有者可以不向被许可人要求在标准被采用之前(事前)专利技术的增量价值,而是要求基于其技术被纳入标准以及实施该标准的公司所进行的沉没投资而拥有的市场力量(事后)的许可费,并可以利用其他许可条款加强这种强势地位。这是专利劫持的一个例子。

众所周知,专利劫持可能使竞争扭曲。例如,在关于 Google 和 Motorola 交易的声明中,美国司法部(Department of Justice,DOJ)表达了如下担忧,认为这种劫持可能妨碍或阻止竞争,SEP 的持有人可以:

> 通过要求超竞争的许可费率提高竞争对手的成本,强迫预期被许可人授予 SEP 持有人使用被许可人的不同知识产权的权利,向被许可人收取整个专利组合的许可费而仅许可其专利组合中的一个小子集,或寻求完全从市场上阻止或排除实施这些

---

[10] FTC 报告,前注 1,第 191 页。

[11] 同上。

[12] 例如,Hydrolevel 公司是标准制定组织成员,被认定为利用该标准制定组织来重新诠释标准,以造成竞争者不合规,参见 American Soc. of M. E.'s v. Hydrolevel Corp. ,456 U. S. 556(1982)。类似地,制造商 *Radiant Burner* 公司指责交易协会拒绝认证其产品以将其从市场中排除,参见 Radiant Burners, Inc. v. Peoples Gas Co. ,364 U. S. 656(1961)。

[13] 参见 Mariniello,前注 5,第 523 页["然而,采用标准可能产生竞争担忧。在采用该标准后,所选择的技术可能缺乏有效的替代。技术所必要的知识产权权利的所有者确实可以使用通过标准化取得的额外的市场力量(无事后竞争者),以向"被锁定"的被许可人收取更高的费用。为了减轻这种劫持风险,标准制定组织通常要求专利持有人事前披露他们的相关知识产权和/或承诺以公平、合理且无歧视(FRAND)的条款许可知识产权"]。

SEP 的产品。⑭

欧盟委员会也表示了类似的担忧。⑮确实,欧盟委员会指出:

> 然而,凭借知识产权(IPR),持有用于实施标准所必要的 IPR 的参与者,在标准制定的特定背景下,也可以获取对标准的使用的控制。当标准构成进入的屏障时,公司可以因此控制标准所涉及的产品或服务市场。这继而可能允许公司以反竞争的方式行事,例如,通过在标准被采用后"劫持"用户,"劫持"用户通过拒绝许可必要的 IPR 或通过借助超出的许可费用来提取多余租金从而阻止对标准的有效使用。⑯

在本部分的其余内容中,我们将描述这些担忧如何产生,以及 FRAND 承诺如何被 SSO 利用以保持事前竞争的利益。

A. 劫持

正如我们上面所讨论的,当一方在其对双方的商业条款进行协商之前进行了沉没投资,就可能发生劫持。由于进行了沉没投资,该方的谈判地位恶化,并且之后可能被其协商伙伴劫持,这可能比投资之前的协商导致更艰难的谈判。

在不涉及标准的专利侵权案件中,合理许可费是事前经过协商的许可费,即在潜在被许可人采用所涉技术并发生沉没成本前已经协商的许可费,费率不反映专利持有人"劫持"被许可人的能力。在这种情况下,最大事前许可费是基于该技术与当时可用的替代方案相比给被许可人带来的增量价值。⑰通常,这种增量价值将低于被许可人的全部利润,也不会反映来自补充产品的利润。只有专利被许可人的增量利润(即那些可直接归因于使用相比于替代方案的专利技术的利润)确定了该最大许可费率。事先协商的实际许可费可能确实远低于最大合理费率,并且取决于专利持有人愿意接受的最低许可费以及协商者的谈判技巧。

---

⑭ 美国司法部新闻稿:司法部反垄断部门决定关闭对 Google 公司收购 Mortorola 公司以及由 Apple 公司、Microsoft 公司和 Blackburry 公司收购某专利的投资的陈述(Statement of the Department of Justice's Antitrust Division on Its Decision to Close Its Investigations of Google Inc. 's Acquisition of Motorola Mobility Holdings Inc. and the Acquisitions of Certain Patents by Apple Inc. , Microsoft Corp. and Research in Motion Ltd)(2012 年 2 月 13 日)。

⑮ 参见 COMP / M. 6381,2012 O. J. (C 1068)53. 号案例("在采用标准前,多种技术已经展开竞争。然而,一旦标准被业界采用并广泛实施,在无竞争标准时,使用这些技术的企业在他们使用另一技术的能力上可能受到严重限制……换句话说,一旦制定了标准,在没有竞争标准的情况下,技术竞争很大程度上被消除")。

⑯ European Commission, *Guidelines on the Applicability of Article* 101 *of the Treaty on the Functioning of the European Union to Horizontal Co-operation Agreements*,2011 O. J. (C 11)j 269 .

⑰ "若无标准"(but-for standard)不应该反映策略性行为。即使没有专利,集体标准的制定也可能导致违反反垄断法。这个问题无法通过 FRAND 的解读来补救。

标准制定可以为专利持有人创造机会以寻求许可费,该许可费不是由他们的技术与其替代方案相比对被许可人的预期事前增量价值所驱动,而是由该技术被纳入标准后授予专利持有人的增加的市场力量所驱动。在制定标准之前,SSO 可能考虑许多替代方案,并且它可能最终确定特定技术,或决定不采用标准,或采用排除某些功能的标准。事前,当专利持有人面临来自替代方案的这一竞争时,它获得不超过其专利相对于次最佳非侵权替代方案的增值。但是,一旦 SSO 制定了包括专利持有人的专利的标准,则该专利对实施标准变为必要,并且来自替代方案的竞争可以被移除,这些替代方案在标准制定过程期间可能存在,或者在没有制定标准的情况下可能会继续。IEEE 和一些其他标准制定组织在《法庭之友简报》中解释了这一担忧:

在许多情况下,对某一特定问题有许多技术解决方案——不同技术方法实现一个理想结果。因此,在标准采用前,参与的专利持有人通常会面临来自其他可用技术(专利和非专利)的竞争。在标准内纳入某项专利技术并不扩大专利的范围,但明显扩大了专利的价值。一旦标准被采用,相关专利持有人不仅有权将实施者从专利范围内的实践中排除,而且可以从整个经济部门内的实践中排除(因为标准已经有效地减少了该经济中有竞争力的、切实可行的替代方案)。[18]

因为许可费通常是在标准制定过程结束之后才确定的,所以在许可费协商时(事后),专利持有人的谈判地位可能会与标准制定前并且替代方案仍然可用时(事前)的谈判地位有很大不同。采用该标准导致的替代方案的减少可能提高专利持有人所要求的高于使用专利技术创造的事先增量价值的最大许可费(事后)。事前和事后最大许可费率之间的这种差距反映了将专利纳入标准而非专利本身的价值所赋予的市场力量增量。[19]因为标准本身的制定可能使替代方案的吸引力降低或商业上不可行,因此即使企业还没有对标准的实施进行沉没投资,也可能出现事前和事后最大许可费率之间的这种差距。通过利用这种谈判地位的变化或增强的市场力量来提高许可费,专利持有人可以劫持预期的专利被许可人并收取过高的许可费。

劫持的精确形式可能会有变化。在这里的简单示例中,我们专注于以美元表示的单位许可费的增加,但是专利持有人也可以以其他方式提高许可费。例如,专利持有人可以要求被许可人以低于市场的费率向专利持有人提供被许可人自己的知识产权,包括非

---

[18] 参见前注 2,第 20—21 页。
[19] 在制定标准前,专利技术相对于替代方案的增量价值可能会随着时间而改变,特别是在有替代标准发展的情况下。这种变化可能会引起 FRAND 的"合理"和"无歧视"原则之间的紧张关系,特别是当与专利持有人在不同时间进行协商时。正如我们稍后讨论的那样,这些紧张关系可以通过"最惠国待遇"条款的形式来解决,如果由于行业的变化,新的协商导致与以前的协商不同的"合理"费率,现有许可将被适当调整。在这种制定下,为了避免劫持和继续协商的可能性,明智的做法是要求费率不随时间而上升。

必要专利。

很容易理解将一项技术纳入标准后,如何将替代方案从企业的考虑中消除。在某些情况下,遵守标准对企业参与行业的能力是必要的。即使在 SSO 已经采用了标准并且行业已经实施了标准之后替代方案仍然存在,个别企业使用替代的非兼容技术可能在商业上是不可行的。而且,将整个行业转变为替代标准是非常昂贵的。因此,一旦制定了标准,被纳入标准的专利持有人可能会利用这个机会来劫持那些符合标准的产品制造商。[20]

为了说明劫持是如何导致低效行为的,让我们来看一些例子。我们首先解释专利持有人如何甚至在非标准必要专利的情况下也能够劫持被许可人,以及为什么容忍这种行为可能是低效的。然后,我们解释在标准制定背景下出现的附加难题。

B. 标准制定背景之外的劫持的简单说明

考虑以下标准制定背景之外的许可示例。[21]假设只有一家企业——企业一。企业一希望建立用于制作基本路由器的工厂,并可以选择配备几种技术中的一种,每种技术都具有相同的运营成本并且同样有利可图。一旦工厂建立,假定工厂的整体成本是沉没的,也就是说工厂没有折余价值。企业一建造工厂,并配备一种技术,后来得知该技术申请了专利。企业一可能已经使用的与专利技术具有相同运行成本特征的其他技术均未申请专利。企业一已经意识到它选择的技术是受专利保护的,并且在建立工厂前被要求支付一定的许可费,企业一将拒绝并选择一种替代方案。然而,在工厂建立之后,企业一不能在不损失其在工厂进行投资的情况下转而选择替代方案。企业一将向专利所有人支付许可费,而不是承担重新配置其工厂或建造另一家工厂的成本来使用替代方案中的一个。这是事后劫持的示例。专利技术对企业一的事前价值是使用该技术创造的、相对于企业一可能选择的次最佳替代方案的增量利润。在这个简单的示例中,对企业一(和社会)的增量价值为零,因为存在事前可免费获得的替代等价技术。允许专利持有人在这种情况下收取许可费是劫持的示例。这种劫持行动就像一种随机税收,并且降低了企业进入行业的动力,并导致沉没投资。

现在假设专利技术优于所有替代方案,因为它允许企业一将其每单位的制造成本从 90 美元降低到 80 美元。假设企业一的价格和产量不变,不管它的成本是每单位 90 美元还是 80 美元。在这个简单的示例中,每单位 10 美元的许可费确切地捕捉了对企业一的

---

[20] 我们始终指的是制造商,但设计、使用或销售包含标准的设备的其他实体也可能受到劫持。正如我们在后面所描述的,FRAND 的一个关键方面是可能潜在地被劫持的所有企业有能力获得基于 FRAND 条款的许可。

[21] 我们用简单示例说明一些基本原则。我们在下一部分应用这些原则。

增量利润的全部价值(和对社会的价值)。事前,企业一不愿意支付超过每单位10美元的费用来使用专利技术,它当然愿意支付更少。如果专利持有人除了许可企业一而别无选择,则专利所有人将愿意接受任何许可费,而不愿意收取不到许可费。在这种情况下,企业一和专利所有人之间的事前谈判将达成一致的每单位0美元到10美元之间的许可费率。[22]因此,侵权的合理许可费将落入该范围的某处。

将企业一的总利润与企业一从使用专利技术中赚取的增量利润区分开是非常重要的。为了看该区别,回到前面的示例。假设最初企业一生产售价为每单位100美元的路由器,并且销售了10台路由器。假定像之前一样,与替代方案相比,专利技术允许公司每单位的成本节省10美元,则在没有专利技术的情况下,每单位制造成本将为90美元,而有专利技术的情况下为80美元。同样,为了简单起见,假定像之前一样,无论公司的单位成本是80美元还是90美元,公司的利润最大化价格和产出是一样的。如果其不使用专利技术,企业一赚取每单位10美元的利润,但是如果其使用专利技术,企业一将其利润(在支付许可费之前)提高到每单位20美元。企业一将再次最多以每台路由器10美元的价格支付专利技术,因为专利技术相对于替代方案的价值(即企业一从使用专利技术中获得的增量利润)是每单位10美元。假设达成一致的许可费率是每单位10美元,则企业一将在其销售的10台路由器上赚取100美元的利润,并且专利持有人将赚取100美元的许可费。

现在让我们改变一下该示例,企业一不再销售基本路由器,而是销售高级路由器,其中包括高级安全和网络管理技术。企业一的高级路由器售价600美元,并销售10台高级路由器。高级路由器的增强特征要花费100美元来制造,而基本路由器部件成本就像之前一样,没有专利技术的情况下制造成本将为90美元,而有专利技术的情况下为80美元。[23]重要的是,路由器的高级特征不侵犯专利技术。如果企业一不使用专利技术,则企业一赚取每单位410美元的利润(600美元的售价,减去100美元用于制造高级特征的费用和90美元制造基本路由器的费用)。然而,如果其使用专利技术,则企业一将其利润(在支付许可费之前)增加到每单位420美元(600美元的售价,减去100美元制造高级特征的费用和80美元生产基本路由器的费用)。尽管企业一在高级路由器上赚取了高得多的利润(在支付许可费前的高级路由器利润总额为4200美元,而支付许可费前

---

[22] 即使没有专利的替代方案,企业仍然会进行协商,并且结果将取决于这些企业的相对谈判地位。在这些示例中,我们假定专利的有效性或侵权行为没有不确定性。我们稍后再回到这个问题。为了简单起见,我们也将注意力限制在每单位许可费上。

[23] 如之前的示例,我们假定为了简单起见,无论企业的基本路由器的每单位成本是80美元还是90美元,利润最大化的价格和产量不变。

的基本路由器的利润总额为 200 美元),但是专利技术对企业一的事前增值仍为每设备 10 美元,或者销售 10 台高级路由器总共 100 美元。

在这种情景下,无论是生产基本路由器还是高级路由器,企业一将支付的最大事前许可费是每单位 10 美元。来自高级路由器的巨大利润不依赖于专利技术的存在,因为替代方案将允许企业一销售高级路由器并收获 4100 美元的利润;专利技术的增量价值只有 100 美元。在任何事前的许可费协商中,只有专利技术与替代方案相比的增量价值与确定(最大)许可费有关,而非高级路由器的总利润。注意的是,事后,在公司已经投入了建立使用专利技术的工厂的沉没成本之后,专利所有人可能主张,因为其有权关闭企业一,所以专利的增量价值是企业一的整体利润(4200 美元),并提出要求每单位 420 美元而不是 10 美元的许可费。这种要求是企图事后劫持的一个示例。和以前一样,基于这样的劫持给予专利持有人许可费将是低效的,并且将降低企业一进入该行业的动力。㉔

之前的例子的原则是,合理的许可费最多是专利技术相对于次最佳替代方案的增量价值,但并不意味着所有企业都必须支付相同的许可费。之前的示例假定双方为单个企业和单个专利持有人。让我们回到只涉及基本路由器的简单示例,并且现在假定有多个企业想要使用该专利技术(但目前仍不考虑标准)。即使通过事前协商,这些公司可能也不会支付相同的许可费。应用与上文相同的原则——专利技术对社会的事前价值最多是相对于次最佳替代方案的增量价值。如果所有公司都是相同的,并且每个公司的每个路由器可以节省 10 美元,那么每个公司将支付每个路由器 10 美元的事前最大许可费。但是,如果一个企业通过使用专利技术,可以每单位节省 20 美元,则该企业事前愿意支付的每单位最大许可费将不会与其他企业相同,而是 20 美元。考虑该企业从专利技术中获得的增量价值比其他企业更高,如果这一家企业事前支付的费用高于其他企业,也不会违反我们用来定义合理许可费的原则。

C. 标准制定背景下的策略性行为

到目前为止,这些示例已经被用来说明合理许可费的概念,并忽略了标准制定,其中竞争对手企业依靠同一标准。一旦将专利技术纳入标准,制定的标准就可以有效地移除

㉔ 这个示例也说明了为什么在比较百分比许可费率时必须谨慎行事。在该示例中,以基本路由器的销售价格的百分比计算的许可费率不等于高级路由器的许可费率。事前在基本路由器上支付的最大许可费是 10 美元,是基本路由器售价 100 美元的 10%。然而,事前在高级路由器上支付的最大许可费也是 10 美元,这仅为高级路由器价格 600 美元的 1.7%。在这个例子中,如果使用基础路由器支付的 10% 的许可费率作为基础计算公司根据高级路由器的价格应当支付的百分比许可费,是错误的。当比较两个不同公司的产品时,可能会出现同样的问题——一家公司的产品的百分比费率可能不适用于其他公司的产品。

替代方案作为选项。因此,在其他条件不变的情况下,制定的标准有潜力创造比仅由专利创造的市场力量更大的市场力量。在专利技术纳入标准的背景下,合理的许可费可以被定义为在将专利技术包括在标准之前考虑任何可用的替代方案,以及在企业投入沉没成本到实施标准之前已经协商的事前许可费。[25]

多个竞争企业参与制定 SSO 标准的事实产生了专利持有人操纵竞争企业的相对许可条款,从而做出一些策略性行为的潜在问题。有两个独立但相关的问题。首先,通过威胁操纵两个相互竞争的企业的相对许可费率,专利持有人可能有能力劫持这两个竞争对手企业中的一个。其次,通过使用来自持有 SEP 的市场力量,专利持有人与能够赋予专利持有人市场力量的相互竞争的企业中的部分企业合作,可以使他自己和这些企业以牺牲其他竞争对手(和消费者)的利益为代价而获利。[26]

我们来谈谈第一个问题。上文我们讨论了标准制定背景之外的一个示例,其中对不同的被许可人收取的合理许可费可能会有所不同,因为这些企业不完全相同。然而,即使公司完全相同,最大合理许可费也相同,在标准制定背景中的专利持有人仍然可以参与策略性行为,对一些企业收取多于其他企业的费用,提取超过其专利技术相对于替代方案的事前增量价值。以下是解释。假定所有企业都是相同的,通过采用专利技术,每个公司将其成本每单位降低 10 美元。这些企业中的每一个都参与该 SSO,就像专利技术的持有人一样。每个制造商都愿意将专利技术包括在标准中,并支付最多 10 美元的许可费。但假设专利所有人对所有企业提出 10 美元的许可费,仅一个企业除外;它向这个企业提出更高的费率,因为它不需要该公司投票使该标准被采用。更高的费率可能会迫使该公司停业,或者允许专利持有人获取该企业的利益中的一些,如果有的话。我们假定在采用标准后,这一个企业不能使用替代方案。[27]集体投票[28]意味着专利所有人可以在事后(在企业已经投入了用以符合标准的沉没成本之后)或事前(在企业投入了用以符合标准的沉没成本之前,但在标准已经被制定并且企业已经投入了进入该行业的沉没

---

[25] 替代方案可能获得专利或未获得专利。如果专利持有人在标准制定时拒绝提供 FRAND 条款,只要 SSO 可能已经发现这些替代方案,SSO 在那时就不需要已经知道这些替代方案。

[26] 这两个问题的不同之处在于,相对于其他竞争对手的利益,这些竞争对手是否需要在标准利益上进行投票。我们稍后再详细讨论这一点。

[27] 使用本行业其他部分不互可操作的替代方案是不切实际的。

[28] 这里假定全体一致通过是不需要的。例如,对于 IEEE,所分配的投票组的 75% 就足够了。参见前注 2,第 7 页针对 IEEE 和其他 SSO 投票过程的描述。

成本之后)劫持这个企业。[29]

如上所述,很可能出现合理许可费将下降。[30]可能难以预测在该范围内公司的许可条款会下降的位置,因为这取决于协商双方的谈判能力。[31]使用相同技术生产相同产品的竞争企业可能担忧,他们相对于更出色的协商者或竞争对手处于不利的竞争地位。这样的担忧不能通过"合理"原则来解决,但可以通过SSO强加一个无歧视要求解决。

专利持有人也有能力在标准制定背景下采取策略性行动来占如下企业的便宜,这些企业与它们的竞争对手一样在事前具有相同的替代方案,但比它们的竞争对手更有利可图。假设这些企业并不完全相同,因为一家企业除了其使用专利技术的产品之外,还出售好的补充产品。假设一家企业通过该补充产品获得大量的利润,该企业也会用替代方案而不是被纳入的专利技术获得同样大量的利润。

现在注意到的是,在某个标准被采用并且可行的替代方案被消除之后,即使因为使用专利技术,每个企业的增量利润升高完全相同[32],专利持有人也可以提取因补充产品而产生的整体利润,尽管该补充商品的利润与专利毫无关系。这是一种涉及不平等对待的策略性低效行为。其创造了两种动机以得到标准中采用的、远远超过其社会价值的专利技术,并且当企业的创新必须使用该标准时,抑制了这些企业的创新,诸如通过开发对该标准进行补充的商品。

现在让我们回到第二个问题。我们注意到,相互竞争的企业中一些企业联合采取行动,通过宣布一个专利所有人的专利将被纳入标准,来对专利所有人授予市场力量。此外,这些企业可能希望专利所有人通过向他们的竞争对手收取更高的许可费率来提高自己的竞争力。针对竞争对手的这种策略性行为不局限于该标准制定时参与的那些企业。

---

[29] 如果该标准能够节省10美元的成本,并且在使用该标准的过程中存在多个专利,那么也存在潜在的许可费叠加的问题。如果每个专利持有人试图从其专利中提取全部的增量价值,则该价值可能被过度消耗。这样导致鼓励新加入该行业的从业者的动力不足,而抑制了进入本行业的愿望,或者是对于本标准的使用的鼓励性因素缺乏。正如我们在接下来的部分要进一步讨论的,区分该标准的贡献和特定企业的标准必要专利的贡献是重要的,后者从定义上会更小。我们在本文中所讨论的FRAND所牵涉到的反垄断问题,与专利费叠加的问题虽然是相关的,但有所不同。虽然有人可能会提出针对单一专利的FRAND应该对所有其他SEP来说什么是合理的费率,但如果在涉及特定SEP的FRAND争议时已经有其他SEP被许可,该方法将遇到困难。另一方法不涉及关于单独SEP专利的个别程序,相反,使所有SEP的一个所有人或者使SEP的所有所有人与SSO达成最大总许可费,然后在他们之间独立分成。很明显,这种安排会触发反垄断问题,因为其中涉及集体行动。

[30] 在一些情况下,SSO可能会要求专利持有人提供无许可费许可(或者是交叉许可)或者事前明确许可费条款,其中在这种情况下将不得变化。然而,这些是与FRAND的不同方法,而且会引起它们自己的担忧。

[31] 纳什(Nash)谈判的构思能够解决这样的问题。为了该分析的目的,其仅在以下程度上相关:谈判过程本身将必然产生实质成本,包括潜在的诉讼。

[32] 正如之前讨论过的,一旦专利性技术被纳入标准,在商业上将不可能利用替代技术而不是专利技术进行生产。

当企业的联盟加上专利所有人可以创造和行使市场力量时,企业之间争相称为联盟的成员。任何成员的联盟的边际价值将取决于市场力量的行使中的利润在专利所有人和企业之间如何共享。

相同的行为也可以被应用在新进者身上,允许专利持有人劫持这样的新进者,并且保护其他 SSO 成员免于竞争。这意味着该专利所有人以及一些企业形成了一个集合体,来针对消费者和或其他企业,最终创造和行使市场力量。再者,对竞争对手的这种劫持创造了低效的动机,阻碍企业进入市场和进行沉没投资,最终的结果是消费者的价格更高。

D. SSO 解决劫持和歧视的对策:专利披露要求和 FRAND 承诺

一些 SSO 已经尝试要求它们的成员披露与标准有关的技术专利以及同意按照 FRAND 条款对标准必要专利进行许可,来减少 SEP 的持有人行使其市场力量的可能性。[33]在标准被采纳之前就要求 SSO 的成员披露他们所持有的该标准必要专利,通过保持替代方案之间的竞争过程而防止出现劫持和策略性行为。[34]在标准制定之前,SSO 可以确定是否采纳这一标准、哪些技术纳入该标准,以及该标准中是否应该包括特定功能或从该标准去除特定功能。关于特定技术是否已经获得专利以及专利持有人是否会按照 FRAND 条款许可该专利的信息可以影响上述决定。如果专利持有人不披露其技术,或者将技术作为未被专利化的虚假陈述,可能因此导致 SSO 选择该技术而不是选择其他替代方案,而如果 SSO 知道其已授予专利权就不会选择该技术。[35] IEEE 和其他 SSO 已经对这一行为将产生的额外的市场力量表示了关注。[36]

SSO 也试图通过要求参与者在 SSO 采纳的标准纳入它们的知识产权时按照 FRAND 条款承诺对它们的专利进行许可,来保持事前竞争的利益。[37]通过消除后期实施成本的不确定性,FRAND 费率也能够鼓励标准的采用。没有 FRAND 条款,那些希望通过使用标准的创新型企业则会面临抑制,这会导致低效,因为如果他们成功了,他们的利润也会被专利持有人剥夺。如果 FRAND 条款得当,就能够防止这一情况的发生,确保

---

[33] FTC 报告,前注 1,第 192 页("很多 SSO 都试图通过披露和许可规则来解决这一问题。披露规则通常要求参与方在标准制定过程期间标准被选择之前披露专利或专利申请。许可规则通常要求参与方同意按照 RAND 或者 FRAND 条款来许可所披露的专利")。

[34] 参见前注 16。

[35] 一些 SSO 具有明确政策,如果专利技术在没有 FRAND 承诺的情况下呈现,将寻找替代方案或停止标准的相关方面的工作。参见,例如,ETSI 程序规则,附件 6,章节 8.1;《IEEE 法庭之友简报》,前注 2,第 9 页("如果专利是已知的并且很明确是必要的,例如,如果该标准明确表明应该要求与具体识别的专利相符合,则如果没有所要求的保证函,将排除该标准的批准")。

[36] 参见,例如《IEEE 法庭之友简报》,前注 2,第 25—26 页["当专利持有人误导 SDO 采用和纳入该专利持有人的技术时(并因此排除了任何竞争性技术),则该专利持有人事实上已经剥夺了所影响的市场的竞争利益。如果该 SDO 没有被误导,则另一技术可能会被纳入该标准,并且所影响的市场内的所有参与方都将仅可以寻求合理条款而不是超竞争条款的专利持有人获利"]。

[37] 参见《IEEE 法庭之友简报》,前注 2,第 10、37 页("许可承诺的使用只是为了保持事前技术竞争的竞争获利所做的努力中的一部分。……SDO 从必要专利所有人寻求保证,因为这些保证对于避免'专利劫持'是必要的")。FTC 报告,前注 1,第 192 页。FRAND 承诺因此能够保持事前竞争的利益而不在实际要求在标准制定时对替代方案进行穷尽评估或者进行竞标。

在标准制定背景下能够产生更多高效的许可成果。相反,正如我们在前面讨论过的,没能获得 FRAND 承诺,或者,类似地,没能足够实行 FRAND 承诺,则将会导致一系列问题和低效。

三、解读和实施 FRAND

发展 FRAND 的理论经济学基础的目的在于为 FRAND 承诺的实践解读提供指导。FRAND 的要素应该按照它们在防止出现由于劫持和策略性行为所产生的低效结果上的作用来解读。[38]

A. FRAND 的两个原则

在 FRAND 和 SSO 的背景下,企业所支付的"合理"许可费应该不包括任何的劫持性价值:该许可费应该在事前协商,在所涉及的该专利技术已经被采纳到标准中之前并在被许可人投入沉没成本前。事前最大许可费基于该技术相对于次最佳替代技术为被许可人带来的增量价值。如果替代方案可用时,没有企业愿意支付比在事前协商中的许可费更高的费用。尽管这个方法尚未被经济学家们完全接受,但已被广泛接受。[39]

然而,FRAND 的"无歧视"原则,现在还未被普遍认可。标准经济学定义将意味着所有的使用者支付相同的许可费——在价格或者任何其他条款上都不存在任何歧视。一些经济学家已经提议,其仅仅意味着所有使用标准的公司都能获得许可,而对于许可的条款没有约束。[40]那样的话,当然允许不同的企业支付不同的许可费,但是都拥有使用本专利的权利。Gilbert 还建议无歧视原则应该受到更多的重视,并且可以在事前发生协

---

[38] 如早先所提到的,FRAND 并非解决这些担忧的唯一方法。例如,许可费承诺的确切本质可以在标准被制定时读出,专利持有人按照所定义的无歧视要求事前承诺特定许可条款。然而,SSO 并没有广泛使用这些替代方案,他们反而依赖法庭对 FRAND 的含义的解读。参见,《IEEE 法庭之友简报》,前注 2,第 4 页("无论他们的组织模型的具体细节,然而,SDO——以及那些实施 SDO 所开发的标准的机构——要求并且依靠反垄断法律的保护来保持采用标准前存在的竞争的利益")。替代方案可能被认为不灵活(例如,零许可费率或预先规定的许可费率)或者也不易于操作。例如,可能会要求进行强制性仲裁,作为诉讼的替代方案,但是 SSO 成员的联盟可能有能力通过倾斜仲裁过程的条款和/或选择有偏向的仲裁员来行使市场力量。

[39] 参见 Mariniello,前注 5。

[40] 举例说明,Mariniello 博士将 FRAND 的"无歧视"原则解读为要求专利持有人为任何寻求许可的人提供许可,但允许费率基于"谈判力量或商业特点"等因素而变化。Mariniello,前注 5,第 525、532 页("首先,FRAND 承诺使专利所有人丧失了拒绝为任何寻求这样的许可的人许可其知识产权的权利……在文献中未对以下问题形成一致意见:FRAND 是否隐含针对所有被许可人采用统一的许可费水平……或者其是否应该隐含着取决于每个加入者的谈判力量或商业特点可以有不同的许可费……我认同 FRAND 是双边假想协商的结果……因此,FRAND 在不同加入者之间自然不同")Mariniello 博士关于商业特点所指代的含义并不明确。然而,正如我们以上所描述的,我们发现"无歧视"原则当然包括了向所有有意者都许可的要求,但也作为保护企业免受策略性行为的有价值的功能,该策略性行为导致他们在与竞争者进行市场竞争时处于劣势,拒绝提供许可只是其中一个示例。

商时提供针对劫持的保护。[41]但是，正如之前讨论过的，他并未定义他所称的"无歧视"。我们在此表明，如果无歧视原则被适当定义，那么其也可以在其他情况下以及针对其他担忧问题提供保护。

在 SSO 针对竞争企业制定标准的背景下，"无歧视"可以被解读为：应该向所有标准实施者提供技术许可，并且所有"处境类似"的企业应该支付相同的许可费率。[42]以上讨论清楚表明，防止早先讨论的低效问题的一个合理的定义是：如果事前竞争企业想要从相比于将可用于被纳入标准中的次最佳替代方案的专利技术中获取相同的增量价值，则这些竞争企业是类似处境的。例如，对于处于不同行业的企业，诸如手机制造商和无线心脏监测器生产商，可能使设备从专利技术中获得不同的增量价值，并且二者之间不存在竞争关系，因此在该解读下它们可以支付不同的费率。

现在注意到 FRAND 的这种解读解决了以上所讨论的两种策略性行为问题：使用相同技术生产相同产品的企业因为不同的谈判结果而被区别对待，并且专利技术对其具有相同的增量价值，但是在其他方面并不相同的相互竞争的企业被区别对待。这种策略性行为可能创造低效，而 FRAND 可以减缓这些问题。FRAND 的这种解读允许专利持有人向那些"非类似处境"的企业收取不同的许可费。这种情况与我们之前讨论的一致，具有不同技术的企业可能从相同的专利技术中得到不同的价值，并支付不同的许可费率。[43]还注意到，"无歧视"的这种解读如何允许专利持有人向不存在相互竞争的企业收取不同的许可费。例如，如果企业 1 生产的是棒球球棒，而企业 2 生产的是汽车，尽管他们在生产的某些方面都使用相同的标准，但是专利持有人向他们收取的许可费可以是不同的。因此，我们对无歧视的定义没有通常经济学解读那么严格。

可能存在如下情况：执行事前分析不确定，使得合理性原则难以应用，但仍然可能切实可行地确定企业是否面临类似的事前收益。例如，可以很直接地确定，使用相同生产技术生产相同产品的企业所获得的事前收益应该是相同的，即使对这些收益进行量化是不确定的。因此，我们对"无歧视"的定义甚至会在合理性原则无能为力的情况下，针对策略性行为和劫持提供一定的保护。在一个企业事前已经协商了许可的情况下，尤其适

---

[41] 参见 Gilbert，前注 9，第 859 页。

[42] 许可合同通常包括的不仅仅是每单位许可费率。在 FRAND 条款下，所提供的条款和条件的菜单对处境类似的企业应该是相同的。言外之意，我们在此所使用的"费率"涵盖了完整合同。

[43] 在此情况下出现了一个非常微妙的问题。如果企业 1 从该专利技术的获利比企业 2 多 1 美元，那么是否能够因为企业 1 和企业 2 之间存在的 1 美元的差来确定企业 1 和企业 2 之间许可费的差异，例如，由于谈判技巧的差异。虽然企业可能希望对这些差异进行限制（并说不会发生任何"过度"的歧视），但我们怀疑这将很难监测。即使所有的许可都公开且仅包含很容易比较费率的简单明了的条款，可能难以确定获利的差异。如果有人要关心上述问题，那么我们在下面所描述的替代定义可能更好使用。例如，Gilbert 也对此表示出类似的担忧。参见 Gilbert，前注 9，第 876 页。

用。正如 Gilbert 所建议的,无歧视原则可以通过保持事前竞争的收益,在这种情况下针对劫持提供保护,但是这种保护取决于对于哪些企业处于类似处境的精确的定义上。

如刚刚所解释的,在我们对于类似处境的定义下,非类似处境的企业有可能支付不同的 FRAND 费率,但是也存在很好的理由不将 FRAND 以这种方法来解读的情形。例如,尤其是当竞争对手企业在补充商品上具有很大差异时,实施起来可能很难且成本高。而且,在我们早先的示例中,我们假定专利技术会减少企业的成本,但企业间成本降低的程度可能不同。然而,专利技术也可能改进产品的功能,并且可能不存在可用的替代技术。在这种情况下,技术对于企业的价值取决于该技术通过改进产品为该企业带来利润的增量价值(其他因素相等)。对该增量价值进行测算是一项十分艰巨的任务,尤其在企业生产的产品不同而导致增量价值不同的情况下。例如,对于特定企业,估算专利技术对特定企业的增量价值可能需要基于该产品的各种特征估算出需求曲线,这是一项非常难的工作。[44]

无歧视原则的另一个解读将解决关于以上讨论的策略性行为的担忧,而且也容易进行管理和监测,其应用针对由所有竞争者使用的纳入该专利的共同组件评估的统一的费率(假定该共同组件存在),即将"类似处境"定义为使用这一共同组件的任何企业,甚至在一些企业能够从该专利得到比其他企业更大价值的情况下也是如此。[45]要注意,如果一些行业不使用该共同组件或者如果不同行业使用不同的共同组件,则 FRAND 的该解读允许跨行业的许可费率不同。

我们对 FRAND 另一种解读引发了一些关于专利权用尽的复杂问题,尤其是关于哪些公司可以或应该被许可。近年来,专利持有人在许多情况下开始起诉终端产品制造商和终端用户,而非上游生产商,以期待通过这种方式来获取更高的许可费。[46]相比之下,如果上游生产商获得无使用领域限制的许可,则专利权用尽的原则将阻止专利持有人向下游制造商和终端用户要求许可。在标准制定的背景下,相关问题是,在没有特定语言

---

[44] Swanson-Baumol 方法不会对这种情况下的劫持提供保护,因为他们在大多数情况下不应用无歧视原则,并且当应用无歧视原则时,使用 ECPR,也不会提供针对劫持的保护。参见 Swanson & Baumol,前注 6,第 43 页,要注意的是,ECPR 不会针对行使由将专利纳入标准而创造的增量市场力量提供保护。

[45] 这种方法可避免,例如,确定专利技术对每个被许可人的增量价值的潜在高成本。我们理解,在提出"最小销售单位"的构想作为许可费基础的情况下,法院采用了类似的观点。参见 Intellectual Property Roundtables, ABA SECTION OF LITIGATION, *Implications of Recent Court Decisons on the Application of the "Entire Market Value Rule" to Patent Damages Analysis* (Nov. 2010), http:/apps.americanbar.org/litigation/committees/intellectual/roundtables/1110outline.pdf.

[46] Joe Mullin, *Patent Trolls Want $1,000-for Using Scanners*, ARs TECHNICA (Jan. 2, 2013), http://arstechnica.com/tech-policy/2013/01/patent-trolls-want-1000-for-using-scanners/; Colleen V. Chien, *Startups and Patent Trolls* (Santa Clara Univ. School of L., Leg. Stud. Res. Paper No. 09-12, 2012), *available at* http://papers.ssm.com/sol3/papers.cfm?abstractid=2146251.

的情况下，FRAND 承诺是否可以被解读为隐含某种限制，使得 SEP 持有人可以向下游制造商和终端用户要求许可费，不向上游企业要求任何费用。对于排除上游制造商而向下游企业许可的这种立场的一种可能辩护是：只要 SEP 持有人不起诉上游制造商，他们就不遭受劫持，并且因此它们也无须通过 FRAND 进行保护。然而，这种主张是不正确的。即使专利持有人仅许可下游制造商，专利持有人同样也可以劫持上游组件制造商。即使上游组件制造商不被直接起诉，其仍受到由专利持有人通过他们的终端消费者进行的劫持，前提条件是专利持有人已经了解终端消费者供应商的身份和该供应商的利润。[47] 然后，可以根据供应商身份制定许可费率。对使用更有利可图的组件供应商的消费者征收更高的许可费，导致组件制造商被劫持。[48] 此外，在没有特定许可的情况下，上游制造商无法确定他不会被起诉。[49]

共同使用的组件作为许可费基础，通过限制专利持有人针对下游补充产品和服务行使劫持的能力而提供一些保护，下游补充产品和服务中的一些可以被嵌入在相同的设备中，这类似于我们早先所讨论的基础和高级路由器的例子。作为价格理论的问题，相比于基于一个共同组件收取单一费率，对终端产品制造商之间进行价格歧视的能力将允许专利持有人获取更高的总许可费。虽然价格歧视有时就总产量的增加和总福利（消费者和生产者）而言，在经济上是高效的，但它仍允许专利持有人获取与标准相关联的消费者剩余，正如我们早先所解释的，这是一种劫持。这种价格歧视在其反映专利的事前价值差异的程度上是高效的，并且可以通过增加对专利持有人的回报鼓励创新。我们的第一个定义明确允许这种差异。然而，如果存在监测困难，则难以区分这种行为是否反而反映了劫持。因此，我们的第二个定义允许更少的价格歧视，但当监测困难时，可以为上游和下游企业都提供针对劫持的保护。

B. 解读和实施 FRAND 方面的问题

在本部分中，我们会解决使 FRAND 的实施变得复杂的三个问题——排除令（如禁令）的使用、专利组合的处理和随经济环境变化的费率波动。

关于排除令（如禁令）与 FRAND 承诺是否一致，存在着大量的争论。一般情况下，

---

[47] 如果所有组件制造商都盈利，即便没有任何价格歧视或进一步知识，专利持有人也可以向他们劫持由任何组件制造商接收的最低利润。从实践角度来看，为了针对终端产品进行评估的费率，起诉以获得 FRAND 费率的风险也可能大于共同组件。一个原因是，事实的审判者可能更愿意基于大的基础给出小的许可费，而非基于小的基础而给出大的许可费，甚至当前者会导致更高的总支付。

[48] 更具体地，专利持有人可以根据组件供应商的不同而向所有终端用户收取许可费，允许专利持有人进行价格歧视并为其整体利润而劫持终端用户和组件制造商。专利持有人可以利用既有法律或特定消费者与组件制造商之间的合同赔偿义务参加劫持。

[49] 换句话说，至今未被起诉与拥有免除许可费许可并不相同。

我们认为它们是不一致的。排除令为专利持有人提供了行使标准必要专利权利而取得额外市场力量的手段。排除令会让使用该标准的企业的投资和利润持续处于风险之中，允许专利持有人参与劫持并要求超过专利的事前价值的费率。这是美国联邦贸易委员会（FTC）向美国国际贸易委员会做出的政策声明背后的经济逻辑。

高转换成本加上排除令的威胁，可能使专利权所有人获得不合理的许可条款，不顾它的FRAND承诺，不是因为它的发明是有价值的，而是因为实施者被该标准"套牢"。在排除令是基于覆盖复杂多组件产品的小组件的专利的情况下，专利技术的价值和创新回报之间产生的不平衡可能会特别尖锐。这样一来，排除令的威胁允许FRAND阻碍的SEP的持有人意识到反映专利劫持的费率，而非相对于替代方案的专利的价值。[50]

作为一般问题，FRAND承诺暗示，FRAND许可费是对使用专利的足够补偿，因为专利持有人已经同意许可所有企业以FRAND费率使月标准。[51]当然，关于特定费率是否符合FRAND也存在争论。这些争议可以通过协商或通过法院来解决。然而，在解决关于FRAND费率的纠纷之前，以及在潜在被许可人拒绝支付法院确定的FRAND费率之前，发布排除令将为专利持有人行使劫持敞开了大门，从而损害公共利益，如我们以上所述。[52]

标准制定背景通常引发的不是一个专利的费率是否是FRAND条款的问题，而是整个专利组合的费率是否是FRAND条款的问题。关于基于"合理"原则确定FRAND费率的问题，正如以上所讨论的，估计特定专利的事前贡献可能是困难的，并且对整个专利组合来说可能更是如此。这种困难通过对潜在的非FRAND许可报价施加了巨大的成本而为专利劫持敞开了大门。具体而言，举证责任问题可以通过合理原则对FRAND承诺的强制执行性产生巨大的影响。例如，如果要证明许可报价在FRAND条款下并不合理，唯一方法是对组合中的每个专利进行行事前评估分析，则这种方法的成本和不确定性很可能会使得合理原则变得无意义且不可执行，因为许多专利组合由数以千计的专利

---

[50] Third Party United States Federal Trade Commission's Statement on the Public Interest, Inv. No. 337 – TA – 745, at 3 – 4 (June 6, 2012).

[51] Motorola 公司与 Apple 公司之间的诉讼中，Posner 法官明确指出了这一点。参见 Apple Inc. v. Motorola, Inc., 869 F. Supp. 2d 901, 913 – 914 (N. D. Ill. 2012) (Posner, J.)。

[52] 如果法院发现特定费率符合FRAND并且侵权人拒绝支付该费率，则法院必须评估强制执行选项，这包括禁令或排除令。在以上所提及的裁决中，Posner 法官表示，在缺乏这些情况的条件下，他没有合理的理由授予禁令。参见 Apple v. Motorola, 869 F. Supp. 2d at 913 – 914。另参见美国司法部和美国专利商标局：《对标准必要专利受制于主动 F/RAND 承诺的补救的政策声明》(Policy Statement on Remedies for Standards-Essential Patents Subject to Voluntary F/RAND Commitments) (2013年1月8日)，参见 http://www.justice.gov/atr/public/guidelines/290994.pdf。类似地，在 FTC 与 Google 最近的和解中，Google 同意不寻求禁令，但需法院或仲裁机构已经确定 FRAND 费率且潜在被许可人拒绝支付，参见 Fed. Trade Comm'n, Decision and Order in the Matter of Motorola Mobility, LLC and Google Inc., Jan. 3, 2013, at 7。

组成。要求专利组合所有者提出示例性专利,以便专利组合可以通过由专利组合所有者选择样本分析来解决这种困难。如果事前分析的困难和不确定性仍然很大,则可以在专利组合水平上应用我们对"无歧视"的替换性定义。

我们讨论的最后一个主题是费率在不同时期的变化。我们已经解释过专利得以纳入标准的专利所有人可以提高他的许可费率,从劫持中获利。我们也已经讨论过相互竞争的企业中的部分企业可以形成联盟,使后续进入者支付比他们更高的许可费,而使联盟获利。如已经解释过的,通过合适解读 FRAND 条款可以解决这两个问题。但是如果标准中的专利的价值随时间而变化,那又会怎样呢?如果价值提高,则专利所有人可以很合理地要求更高的许可费。虽然我们无法排除这种情况,但我们怀疑,允许这种可能性会导致更多的纠纷,很难以没有争议的方式来识别,并且因此削弱了 FRAND 条款针对劫持的保护。如果监测困难且使用我们对"无歧视"的替换定义,则每个新的被许可人支付更高费率的可能性将会削弱该方法针对劫持进行保护的能力。因此,我们认为合理的政策是永远不允许 FRAND 费率上升。但如果相反呢?例如说,若标准被新标准所取代,该新标准不需要原始标准中使用的专利技术。新被许可人可以拒绝支付旧被许可人所同意的费率,从而使得专利持有人向他们要求更低的费率,而不是让他们使用替换的标准。在这个示例中,现有的被许可人可以基于可用替代方案的相同变化而协商更低的费率,但是因为许可通常覆盖多年,那在更新现有合同前的漫长过渡时段,该做些什么的问题就出现了。如果许可被制定相对较短的时间,该问题可能没有实际意义。在可能漫长的时段里,应该允许后续进入者支付相比最初的许可更低的费率吗?这样的问题可以通过类似于"最惠国待遇"的条款来解决,即如果费率随时间而下降,则对所有被许可人的费率都下降。

合理许可费的经济学分析也会因专利是否有效、是否被侵犯以及关于专利有效性和侵权的不确定性是否影响合理许可费的问题而变得更加复杂。例如,假设企业 A(专利所有人)向企业 B 收取 5% 的许可费,但与企业 B "情况类似"的企业 C 拒绝向企业 A 支付这么多的许可费。假设企业 A 起诉企业 C 并获胜。在这种情况下,企业 C 应该不被允许主张合理的许可费最多为 5%,因为这个费率是在专利有效性和侵权问题未解决之前所确定的。一旦确立企业 A 拥有有效专利,则企业 A 所要求的专利许可费率可能会上升。然而,在 FRAND 背景下,分析略有不同。[53]这么看,假设企业 A 要求企业 C 支付 6%,而非 5%。企业 C 拒绝,主张这样的费率违反 FRAND 条款,因为企业 B 仅支付

---

[53] 另外,在不涉及 FRAND 的专利侵权案件中,法律不能强制消除赔偿数额计算中的劫持,因为虚拟协商以确定适当许可费的日期可能是首次侵权之时,而这可能是在侵权人做出沉没成本投资之后。

5%。企业 A 起诉企业 C，而企业 C 可以反诉，主张专利无效。然后，即使企业 A 胜诉，在 FRAND 无歧视性原则下，也应该不允许收取超过 5% 的许可费。做出 FRAND 承诺意味着放弃向类似企业收取不同费率的权利，且按照我们的定义，挑战 FRAND 费率不会使两家企业的费率不同。如果企业 A 失去专利有效性，则企业 C 不支付任何费用，并且这个相同的做法应该被延伸至企业 B。[54]

四、结论

本文显示了纳入专利的标准会导致复杂的情形，在这些情形中，专利所有人可以利用被指定为标准必要专利所创造的市场力量来与竞争对手公司合作。本文表明了如何解读 FRAND 的无歧视原则以缓解专利所有人试图利用由标准制定程序所赋予他们的市场力量时导致的低效。

---

[54] 如果法院或仲裁员不直接解决专利有效性问题，而是将专利有效性的可能性纳入其 FRAND 费率的确定中，则可消除或缓解本段所讨论的复杂性。参见 Lemley & Shapiro，前注 4。

兼容性标准中必要专利声明的决定因素的实证研究*

Rudi Bekkers** René Bongard*** Alessandro Nuvolari****

在兼容性标准领域,越来越多的公司自称拥有所谓的必要专利(即对于设计和制造符合所述标准的产品所必不可少的专利)。人们普遍认为,这类专利的所有权在交叉许可谈判中是非常有价值的议价工具,而对于非生产型公司,这样的专利可能会导致许可收入减少。本文研究了兼容性标准中必要专利声明的决定因素。我们特别地评估了两个主要因素的作用:专利中所包含的技术解决方案的重要性以及专利申请人在标准化过程中的参与度。我们分析了移动通信最成功标准之一的 W-CDMA 的案例。我们将此标准所要求的必要专利与覆盖相同时间段和技术类别的随机选择的、未声明的专利对照组进行了比较。我们发现了这两个因素对专利被声明为必要专利的可能性有着重大影响,但是标准化过程中的参与度是比专利的技术价值(优点)更强的决定因素。基于我们的调查结果,我们提供了政策建议。

关键词:必要专利、兼容性标准、知识产权政策、移动通信、W-CDMA、信息系统经济学

一、简介

标准与专利有着奇妙而复杂的关系。尽管标准旨在确保所有利益相关者平等地获得技术,但专利确立了对发明、排他地、有期限地使用的权利。而在所谓的"必要专利"[①]

---

* 本文原文发表于 2011 年《政策研究》(Research Policy),本中文译文已获版权方授权。此外,本文表达的是作者的观点,不一定反映荷兰统计局的政策。
** Rudi Bekkers 的服务机构为荷兰埃因霍温科技大学创新科学学院埃因霍恩创新研究中心,荷兰乌特勒支市创新与交互对话中心。
*** René Bongard 的服务机构为荷兰统计局商业统计部门。
**** Alessandro Nuvolari 的服务机构为意大利圣安娜高级进修学院 LEM – 经济管理实验室。
① 这在欧洲电信标准化协会(ETSI)对于"必要性"所采用的定义中有所反映,参见《ETSI 议事规则》(ETSI Rules of Procedure)第 26 条,2008 年 11 月 26 日从 http://www.etsi.org 检索。

（即为了基于所讨论的标准制造产品或提供服务而必不可少的专利）的情况下可能存在特别的问题。为了防止与必要组成部分有关的发明专利在实践中无法实施的情况，标准制定机构已确定了政策，这些政策为他们的成员制定了关于必要专利的可得性和许可条件的规则。这些政策大多数要求标准机构的成员披露公开（"申报"）他们的必要专利。从表面上看，这种公开揭示了专利对于有关标准的技术价值：专利技术由于技术性能、成本效益等贡献而被选择成为标准的一部分。然而，标准的技术内容实际上是由标准制定机构的成员拟定的，因此给参与的成员提供了影响标准的确切技术内容的一些机会。因此，专利可能由于战略的原因而被纳入标准（并且随后被宣称为"必要的"）。毕竟，必要专利的所有权带来了许多好处，比如许可收入，以及为诱人的交叉许可协议打开了大门的"交换筹码"。

本文根据专利特定技术贡献的优势、专利所有者在标准化过程中参与的结果（以及随之而来的战略机会）或两者兼而有之，研究了专利在标准化过程中被认为必要的程度。为了做到这一点，我们对全球最成功的第三代移动通信标准 W-CDMA 自主申报的必要专利的公开信息进行了大量的分析。本文构成如下，第二节介绍了必要专利的现象，并提出了有关声明行为的两个假设。第三节介绍了我们用于检验这些假设的实验数据。具体来说，其包含对讨论中的技术（即 W-CDMA）的介绍、对数据库的讨论、描述性统计和一些初步分析。第四节给出了用多元模型进行假设的检验结果。第五节总结了本文并讨论了其影响。

二、必要专利与兼容性标准

标准可以通过多种方式演进。有时，一家特别的公司开发出一套技术规范，该规范如此成功以至于被视为行业标准。该公司通过公布详细规范或颁发许可，可能允许或者可能不允许其他公司以该行业标准为基础来制造产品或销售服务。如果该公司获得了市场主导地位，竞争管理当局可能会试图强制第三方更好地利用该标准（例如欧盟委员会关于 Microsoft Windows 的决定）。然而，在大多数情况下，标准是两个或两个以上（独立的）利害关系人之间谈判过程的结果。这一过程的明确目标是建立一个将被利害关系人或其他当事方广泛采用的标准。一方面我们可以区分正式标准机构，另一方面是联盟和论坛。正式机构必须坚持若干标准，包括开放参与、基于共识的决策/正当程序、开放文档获取以及知识产权规则。虽然在文献中提出了各种不同的定义，但本文指的是正式的标准机构，如公共当局照此承认的那些［例如，在欧洲，98/34/EC 号指令指定欧洲标准化委员会（CEN）、欧洲电工标准化委员会（CENELEC）以及欧洲电信标准化协会（ETSI）为认可的区域标准机构］。联盟和论坛可能也符合这些标准，但也可以选择不这样做。

根据具体情况,相对于其他类型的标准机构,公司可能更倾向于一种类型的标准机构(也称为标准制定机构,SDO);因此,正式的标准机构、联盟和论坛(以及在这里可以区分的许多子类型)可以被看作在同一"市场"中相互竞争。

虽然专利和标准之间早期存在紧张关系,但直到20世纪80年代末,这一问题才被认为是个重大问题。那时,电信部门发生了第一次重大冲突,更具体地说,是在欧洲电信标准化协会开发了全球移动通信系统(GSM),即移动电话标准时。这场冲突发生在欧洲电信部门自由化和私有化(所谓的亲专利时代)以及网络运营商与其供应商之间长期排他性关系消失的背景下。第一次冲突在文献中得到了大量记载,并可被认为是标准制定机构制定有关专利所有权的具体规则的起点。

标准开发组织现在处理专利的最常见的方式称为(F)RAND,这是当事方为他们的必要专利的许可而需要确保的公平、合理和非歧视性条件的首字母缩写。

虽然(F)RAND政策原则上涵盖了所有类型的知识产权(IPR),包括版权、商标、数据库权、工业设计权,但专利实际上是这些权利中迄今为止已经被声称为"必要"的唯一类别,因此,本文将把专利和知识产权这两个术语互换使用。(F)RAND政策是在20世纪90年代初由欧洲电信标准化协会率先推出的(后经过多次修订和改进)。现在,几乎所有正式的标准制定机构都采用了(F)RAND政策,也包括许多联盟和论坛,尽管有明显的例外,如W3C就是一个要求所有专利都免除专利使用费的机构。简而言之,(F)RAND的原则如下:(1)知识产权的持有者,无论是否是成员,都将以适当和公平的方式获得回报;(2)成员将付出合理的努力,将他们知悉的有关知识产权通知给标准制定机构。如果他们向标准制定机构提出一项技术设计,机构会真诚地提请他们注意,一旦那些提案被采用就会变成"必要"的知识产权(即被纳入标准);(3)如果某专利成为标准,标准制定机构将请求其持有者,无论是否是成员,根据(F)RAND条款提供许可;(4)成员可以选择不许可知识产权,如果他们坚持,那么标准制定机构将尝试改变标准,以便其不再利用该专利。如果没有成功,它将撤回该标准或停止该标准。请注意,虽然此政策确实为非成员创建了权利(例如考虑了成员可以强加的许可条件),但它不能为非成员规定义务,因为它与这样的第三方没有任何法律关系。

通常,标准仅定义了较大系统的元素之间的接口,而不是这些元素需要生成的方法。这确保了创新的最大动力。在这个情境下,尤其需要注意,(F)RAND政策是指"必要专利"。这些专利是对于标准所定义的接口来说是如此必要,以至于无法不侵犯专利而设计出任何符合这些接口的设备。如果有替代的方法来设计符合标准的东西(即使它们的实施成本更高),那么该专利就不再是必要的了。显然,一个特别关键的问题是如何解释公平、合理和非歧视性条件的要求。许可费需要从专利价值的角度来看是否合理,还是在给定其他标准所必需的专利的总数以及实施者能够负担得起或想要负担的总许可费的情况下合理呢?

2.1 专利的技术价值作为必要性的决定因素

通常标准必须往往有若干不同的、彼此冲突的功能要求。例如,在电信领域,移动互联网数据服务的标准可能旨在:(1)提供高的数据传输速率(速度);(2)被包含在一个大的、连续的覆盖区中;(3)允许用户移动速度高达 300 千米/小时;(4)降低消耗功率,以优化电池寿命;(5)将需要的小区站点或天线塔降至最小数量;(6)对噪声和其他类型的干扰表现稳健;(7)基站和终端的成本低。显然,某些技术解决方案可能相比其他的方案可更好地处理一个或多个这些需求,且由于许多"高科技"部门中普遍存在的专利的高水平,很可能这些有吸引力的技术解决方案中的大多数将获得专利。因此,专利技术由于其吸引力而很可能被选入标准。在某些情况下,专利技术可能是实现有关标准的功能要求的唯一可行方法。在其他情况下,专利技术可能不是唯一的解决方案,但仍然是达到标准要求的最佳方法,因为它能提供更高的性能或使实施更具效益等。在这两种情况下,专利技术都有高度的优势,或者人们称之为"技术价值"。这就引出了我们的第一个假设:

假设 1:专利的内在技术价值增加了专利被要求达到必要标准的可能性。

如果我们假定标准的专利技术解决方案的内在技术价值是它被纳入标准中的唯一决定因素(并且假定战略考虑,如将在下面所讨论的,不起任何作用的因素),那么我们可以预期,在所有其他条件都相同的情况下,必要专利很可能比其他专利具有更高的价值。创新的经济学家试图用一些特征,如被其他专利引用、更新、专利族大小、反对意见等,来评估专利的价值。到目前为止,"前向引用"(forward citation,即该专利被别的专利引用)的数量肯定是专利价值的最受欢迎的指标。在 Carpenter 等人和 Trajtenberg 的开创性研究之后,各种研究一致认为,前向引用与专利的经济价值或工业上的重要性系统地相关。使用前向引用作为专利价值指标背后的想法是相对简单的:如果专利被大量引用,这意味着专利中概述的技术解决方案是大量后续技术发展的基础。另一个相关的争论是,如果一项专利被多次引用,这也可以意味着它已经被专利审查员频繁使用以减小后续专利要求保护的范围,这再次指出了原专利中包含的技术解决方案的重要性。出于这些原因,我们有理由认为,专利的技术价值将由前向引用的数量来体现。如果是这种情况,那么我们可以预期,标准必要专利通常比非必要的专利具有更多的前向引用。有人可能会争辩说,某些专利可能会因为被宣布为标准必要专利而被引用。我们将在下一节中更详细地考虑这一可能性,但目前的结论是,我们数据库的构建所采用的程序,内生性风险是有限的。

最近的几篇论文确实已经在其他的情境中探究了假设1。Rysman和Simcoe的结论是，被标准制定机构宣布为标准必要专利的专利比一组对照专利更为频繁地被引用。Layne-Farrar在考虑标准设定后，对取得专利权进行了更进一步的研究，并得出结论，这组中的标准必要专利也比一般专利更有价值，即被更多地引用。

2.2 公司战略和必要专利

公司可能会因为超出这些专利对标准作出的特定"技术"贡献的原因，尝试将自己的一些专利纳入标准，作为必要专利。经再三考虑，这种行为可能存在一些诱因。必要专利不仅是显著收入的潜在来源，而且是为有吸引力的交叉许可协议打开大门的有价值的"交换筹码"。正如全球移动通信系统（GSM）案例所展示的那样，必要专利的所有权对于市场准入至关重要。尽管（F）RAND政策大体防止了专利所有者系统地阻止其他人进入市场，但那些没有拥有任何必要专利的市场参与者通常并不非常令人羡慕。

为了更好地理解公司如何利用战略来获得必要专利，更详细地研究正式标准机构的典型标准化过程是有用的。不同的标准机构开始新标准工作的方式是不同的，但通常是由若干成员所支持的提案引发的。为了确立将要制定标准（通常称为"引用条款"）的参与者（通常是成员公司的员工）的委托管理，设立了一套要求。随后，建立一个或多个技术委员会，以制订标准的草案规范。成员可以决定加入这些委员会（通过派他们的代表参加会议，甚至派出主席），这样，他们能够积极参与确定标准的确切技术内容。尽管标准机构中的上级机关（如全体大会或技术大会，取决于标准机构）将仍需投票表决是否接受某标准，但真正的技术包含过程（包括包含专利技术的决策）通常在技术委员会上进行。在例外情况下，主要的设计决策可能会上报到更高一级，而一旦做出这些决定，具体的工作仍由技术委员会完成。在这些委员会中，持续对标准确切定义以及标准将利用的一套确切的技术的讨论和谈判。在一个持续的过程中，这些会议的参与者提出各种解决方案和技术，以起草符合一套要求的标准。如果公司建议他们所知道的技术——特别是他们自己的技术被专利涵盖——他们就有义务披露该信息。在追求共识的基础上（这并不意味着所有人都同意，但通常定义为无持久抵抗），委员会就是否包含所建议的技术做出决定。在一些重大决策上，标准机构采取正式投票程序（其通常需要多数投票或70%多数投票），但许多（较小的）技术决策是相对小的群体的持续谈判过程的一部分，在该相对小的群体中，参与者通常非常了解并尊重对方，并且通常将彼此看作朋友。企业从他们加入由标准中的合作创造的社交网络所得到的益处，已被认为是企业通过加入技术委员会来促成标准的意愿的最强决定因素之一。在这种情况下，可能会有一种接受其他人引进其专利技术的趋势,只要你也被允许这样做。这样,各方利益——或至少,所有参与者的利益——都得到了满足。这一"技术包容"过程给企业提供了大量的机会将专利制成标准。无论是在技术委员会中企业的特定战略行为还是带战略意图的投票表决权的使用,都要求一定程度的参与标准化进程。因此我们第二个假设是:

假设2:专利持有者积极参与标准制定过程会增加该专利成为标准必要的可能性。

一旦标准建立,如有必要,企业可以采用各种策略来开发这些专利以及获取其他方的专利的使用权。虽然本文并不会深入探讨这些,但是值得注意的是,这一过程经常涉及必要和非必要专利(其中后者中的一些价值经常被严重忽视)组合创建、涉及必要和非必要专利的捆绑交叉许可并且有时甚至是完全不同的产品的专利、关于未来专利的协议等。标准专利的企业战略受到学术界越来越多的关注,包括 Lemley、Chiao 等和 Simcoe 等的贡献。"专利使用费堆叠"的影响被 Shapiro 和 Shapiro 讨论,且还受到 Geradin 等批判性的评论。同时还有对一些极端策略给予了相当多的关注,如"专利劫持"、专利伏击和专利流氓。也有其他人声称,企业存在大量的"过度申报"专利,即不法地将专利申报为必要。虽然这样做可能是为了要提高许可收入,但同时,人们也希望企业无论是在形式上还是实质上能够尊重标准机构的知识产权政策,并只有在专利的确必要时才将它们申报为必要。申报非必要专利可能导致一种情况即当遭到被上诉法院的质疑时,申报的非必要专利可能会受到刑事处罚,最后可能会危及所有被许可人的许可收入。

2.3 研究课题及研究方法

前面两节概述了专利申报标准"必要"时可能举足轻重两个基本决定因素,即:(1)专利中所包含的技术解决方案的内在价值;(2)专利所有者参与创建标准,为战略行为提供空间,例如将标准的内容纳入公司专利的"方向"。本文致力于详细评估这两种决定因素所起的作用。为此,我们研究了已被专利持有者申报为移动电话/电信的 W-CDMA 标准必要的一组专利。为了确认影响专利被声称为必要专利的决定因素,我们构建了一组(非必要)对照专利,这组对照专利在技术主体和时间分布两方面反映必要专利。Hegde 等人曾利用此方法研究企业决定是否申请延续专利的决定因素,我们沿袭其研究,使用二项式罗吉特模型评估必要性申报决策的决定因素。

三、数据:W-CDMA 的案例

W-CDMA 标准是移动通信的第三代(3G)标准。它被成功设计为第二代全球移动通信系统(GSM)标准的延续。W-CDMA 除了与早期系统相比降低了单呼成本之外,还被设计为支持基于网络的应用和电话的音频及视频设备的多媒体移动电话。这不仅需要比前几代更高的传输速度,而且还要求更高的灵活性:不同的用户可能需要完全不同的速度,并且随着时间的变化,给定用户所要求的速度可能也会发生变化。为了满足这些要求,必须开发新的无线电技术。另外,从第二代(2G)到第三代(3G)的转变不仅仅是技术上的提升,还需要整个价值网络的重新配置,这也会影响到标准化进程。

  欧洲第三代标准的第一次研究和标准化活动始于20世纪90年代早期,甚至在首次商用全球移动通信系统(GSM)网络投放之前[②]。欧盟委员会投资的几个研究项目研究了适宜的无线电技术,其中的一个(在早期阶段被称为"CoDIT"和"FRAMES FMA2")为后来的 W-CDMA 提供基础。然而,3G 发展被全球移动通信系统(GSM)运营商极大地忽略,当时全球移动通信系统(GSM)运营商正专注于增加他们现有的 2G 系统的用户。1997年,日本(其第一和第二代标准在国内市场以外从未获得任何成功,其制造商在提供全球移动通信系统(GSM)产品方面的作用并不大)试图通过迅速采用 3G 标准和与日本及其他制造商建立测试系统,从而超越世界其他地区。事实上,日本标准机构 ARIB 规定了一项主要依据欧洲 FMA2 研究项目成果的技术。日本最大的运营商 NTT DoCoMo 不仅向 NEC、Fujitsu、Matsushita 和 Mistubishi 等日本公司订购了实验网络,而且还向包括 Ericsson、Nokia、Motorola 和 Lucent 在内的非日本公司下单。通过让国外供应商参与进来,日本试图增加其在世界其他地区所采用的 W-CDMA 技术的机会。日本的一系列动作促使欧洲加速其进程。参与者的技术提案被归为五个"概念组",其中所谓的 alpha 提案和 delta 提案是两个最被看好的。前者很大程度是由日本挑选、被 Nokia 和 Ericsson 等支持的技术,而后者则被 Alcatel 和 Siemens 支持,这两家公司当时未及时参与日本的活动。1998年年初,在后来被证明是欧洲电信标准化协会所经历的史上最困难、最有争议的决策过程中,alpha 提案胜出。不久之后,欧洲电信标准化协会同意日本标准机构 ARIB 和其他国家的其他一些电信标准机构共同努力,以确保其 3G 标准将会兼容,3GPP 合作项目诞生。产生的标准被称为 W-CDMA,但在欧洲被称为 UMTS,在日本则被称为 FOMA(移动多媒体访问自由)。W-CDMA 通常与全球移动通信系统(GSM)结合来实施,后者是其后续及最成功的一代移动标准。W-CDMA 是最成功的 3G 标准,但不是唯一的标准。一种竞争技术称为 cdma2000。它提供与第二代 cdmaOne 标准完全的后向兼容性,因此其主要在其前身的国家特别是韩国和美国等国家中实施。然而,它的全面成功是有限的。第三个竞争对手是在 Siemens 等一些国际公司的帮助下在中国开发的时分同步码分多址(TD-SCDMA)。这个标准未来能否成功还不清楚,很

---

  ② 本节提供了一些参考资料,但关于发展的更详尽的概述以及参考文献的详细列表,参考 Bekkers R., 2001. Mobile Telecommunications Standards: GSM, UMTS, TETRA and ERMES. Artech House, Boston, MA, USA。

可能仅限于中国。

由于各种原因,W-CDMA 是评估兼容性标准中必要专利决定因素的一个绝佳案例。首先,它是具有重大经济相关性的标准。截至 2010 年 9 月,全球移动电话市场只有超过 50 亿用户[③],据世界银行估计,全球电信支出约为 1990 年全球 GDP 的 2.5%。尽管这些手机尚未全部支持 W-CDMA,但它们在欧洲的份额已经达到 70% 左右,并且增长迅速。其次,W-CDMA 是一个有吸引力的案例,因为为了满足设计要求,其包含了一些激进的技术解决方案,代表了电信领域的新技术轨迹。最后,也可能最重要的是,存在一个可公开获得的大型而完整的公司的声明数据库,指明他们认为他们自己的哪些专利对 W-CDMA 是必要的。这种数据的可用性在这一领域是相对罕见的。由于所有这些原因,W-CDMA 案例似乎是评估必要专利决定因素的理想测试平台。

3.1 数据源

在本研究中,我们使用最新的可用数据库,其中包含其所有者声明为 W-CDMA 标准的所有必要专利。所有这些声明的数据库都被欧洲电信标准化协会设置为可在线获取[④];我们在 2008 年 3 月检索了有关声明。这些声明是由其个别成员发送给欧洲电信标准化协会的。原则上,欧洲电信标准化协会不负责判断这些声明。换句话说,要包含在数据库中,对 W-CDMA 技术的专利内容的"必要"性质并无评估。数据库包含关于专利所有人、专利名称、专利及申请编号、标准及专利相关的部分标准以及注册国家的信息。然而,数据及其格式的一致性还有待改进(欧洲电信标准化协会目前已开展了一项改进计划)。由于欧洲电信标准化协会不会检查此数据库是否有错误或重复,需要广泛的清理和分类程序来准备用于本研究的数据库。我们使用的数据库由欧洲电信标准化协会于 2008 年 3 月更新,其包含 18,738 项专利。7090 项专利对我们的研究无关的标准是必要的,例如全球移动通信系统(GSM)。我们对必要专利的选择限于与 W-CDMA 相关的那些专利。撤销和无效的专利(共 88 项)已从选择中删除。我们继续着手可以确定美国专利号的所有专利,假设公司至少会在这个重要市场上争取拥有专利。

欧洲电信标准化协会数据库的美国专利申请号与布朗尼·霍尔(Brownie Hall)及其同事编制的"NBER 专利引用数据文件"相匹配。原美国全国经济研究局(NBER,一个私营智库)数据库包括 1963 年 1 月至 1999 年 12 月间授权的近 300 万美国专利以及 1975 年至 1999 年间对这些专利的所有引用(超过 1600 万)的详细信息。在本研究中,我们使用 Bart Verspagen 构建的更新版本的 NBER 数据文件。该更新版本包含截至

[③] 参见 http://www.4gamericas.org,statistics 栏目,2011 年 1 月 24 日。
[④] ETSI IPR 数据库的在线版本位于 http://webapp.ETSI.org/ipr/。

2003年授予的专利,包括对专利的引用。通过这种方式可以检索 NBER 数据库中包含的专利信息[发明人、申请人、名称、初级美国专利商标局(USPTO)类别、引用等],该数据库涉及已被认定为对 W-CDMA 标准必要的 752 项美国专利。欧洲电信标准化协会数据库还包含在不同国家和专利局注册的专利,但在这项研究中,我们只使用美国专利商标局的专利。这样做的原因是美国专利引用可能更能代表专利的价值,因为在美国的体系中,申请人有引用所有相关专利和先验知识的法律义务("坦白义务")。如果专利申请人没有引用相关专利,则有被起诉的风险。在欧洲,专利引用或多或少是自愿的;不得因申请人不引用相关专利而对其进行惩罚。如上所述,诸如 Carpenter 等人、Trajtenberg 和 Albert 等人的一些研究已经表明前向引用可被认为是美国专利价值的有效指标。为了比较 W-CDMA 必要专利与非必要专利,我们构建了未被声称为对于 W-CDMA 必要的、可比的专利对照集。这是一个采样集,其中的专利是从特定的总体中随机选择的[⑤]。这些专利同样匹配 NBER 美国专利引用数据文件。为了使非必要专利与必要专利可比,我们建立了一些随机选择查询程序必须满足的要求。首先,对照数据库中的专利显然不应该出现在 W-CDMA 的必要专利列表中,因为我们不想在对照数据库中使用任何必要专利[⑥]。其次,对照类别中专利在专利类别上的分布必须与必要专利的原始集的分布相似(这里我们只包括占3%或以上份额的专利类别)。这确保了 W-CDMA 必要专利与涵盖相同技术领域的非必要专利的对照组进行比较。最后,必要和非必要的专利集必须涵盖申请年份的相同时间段。由于最早的必要专利是在1979年申请的,因此对照数据库中的专利是从1979年至2003年的时间段检索的。通过这些程序,我们已构建了一个约10,000 项非必要电信专利的对照组。表1显示了在必要专利组中占高于3%的份额以及在随机提取的非必要专利对照组中占相应份额的专利类别。我们的相关变量被构造为对必要与非必要专利进行区分的虚设(0=非必要,1=必要)。前向引用变量在本研究中起到关键作用,因为它代表了我们每项专利的技术重要性的指标。如上一节所述,我们遵循一条既定的研究路线,表明前向引用与技术重要性之间存在的正相关性。对于技术重要性,我们意指针对讨论中的技术领域的专利中所描述的技术方案的价值(或优

[⑤] 这10,000个对照专利的样本是从6个专利类别的所有专利的总体里抽取的,并且这6个专利类别包含被声明为对 W-CDMA 标准必要的所有专利的90%(见表格1里对这些类别的规定)。对于这些选择,我们只考虑落入必要专利的相同时间范围(1979年—2003年)的那些专利。使用数据库应用里的随机选择函数随机挑选专利(我们使用的是 Microsoft Access)。为了防止提取重复的专利,我们将必要 W-CDMA 专利在随机样本选择步骤前从专利总体里被移出。

[⑥] 我们应该注意,由于关于必要专利的信息缺乏、不完整且收集起来消耗资源,我们不能防止除 W-CDMA 之外的其他标准是必要的专利被包含到对照数据组里。然而这个问题不会造成太大的偏差,因为随机查询程序被应用到非常大的专利总体。对未被声明为 W-CDMA 的移动电信专利中的必要专利的合理上限估量大约为2000个专利。因此,非 W-CDMA 标准中声明为必要专利的平均上限概率在我们的对照组里约2%(88,507个中的2000个)。

点)。我们应该注意,比较不同时代的专利时,前向引用的数量无法很好地衡量技术重要性。很明显,较早的专利比新的专利有更多被引用的机会,因此它们通常前向引用会更多。这个问题可能由专利和引用随着时间的变化而加剧,其可能会对前向引用的数量产生影响。为了处理这个问题,我们将每个专利的前向引用次数除以同一申请年度的专利的前向引用平均次数,对前向引用次数进行"固定效应"调整。通过这种方法,我们构建了可用于比较不同年代的专利的技术重要性的指标。

因为我们用引用来作为专利的本质技术意义的指标,所以考虑一个必要专利实际因为其被声称为必要专利的事实而可以被引用到何种程度是重要的。总的来说,我们认为在我们的案例中这不是需要特别考虑的。关于专利可以受到引用仅仅是因为它被声称为必要专利(不依赖其内在价值)隐含地基于一套非常具体的假设:(i)后一(引用)专利的持有人知道观测重要专利的存在;(ii)他知道该观测重要专利为必要专利或很可能成为必要专利,并且(iii)认为引用观测重要专利是为了自身利益。考虑到(i),我们基于申请年份进行我们的计算。在专利申请被公开且被授权(如果真会发生)之前通常会花一年或一年以上的时间。同样注意,美国商标专利局系统只允许对授权专利进行引用。然后,假如后一专利的申请人决定引用某一专利,那么在该后一(引用)专利被授权前将花费一定时间,且它在我们已用来计算被引用的数据库里出现之前还有更长的时间。这种延迟限制了在我们的数据库的后几年申请的专利的上述提及的风险。(注意,我们考虑了截至 2003 年的所有专利的所有引用)。考虑到(ii),理解各方在什么时间点可以知道某一专利被纳入标准是很重要的。对 W-CDMA 来说,没有方法来判断哪些基础技术将会变得相关,或者直到 1998 年早期的里程碑式的基本技术决策后才有方法来判断。在那之前是截然不同的设计在竞争:不仅有基于 CDMA 的还有基于 ODFM 和完全不用基础技术的。(实际上差不多 10 年后,ODFM 会被选作 W-CDMA 的后续基础(被称作 LTE),但这不是我们要讨论的)。尽管公司可能已推测过一些"基础技术"专利会成为必要专利,但是直到官方标准被决定并发表出来之前他们并不能十分确定地知道。此外,即使当专利和标准都被公开出来,还是很难评估某一专利是否确实是必要专利,这就需要制作"专利权项表"了,即专利的每个权项都需要细致地与标准的所有规范(有时候是 10000 页)比对。只有当公司宣布某一专利成为必要专利,并且这一权项被添加到公共数据库里时,其他公司才能拥有关于所声称的必要性的有利信息。在本研究的情境下,注意到声明专利存在相当多的延迟是重要的。在我们的数据库里,从提交专利申请到将必要性权项发送到欧洲电信标准化协会的平均时间为 7 年。对于"老"的专利来说这是明显的:1980 年提交的专利在 1999 年官方公布最后的标准之前无法被声称为必要专利,所以延迟至少 19 年。然而,数据显示,很多新近的专利也有相当大的延迟(见表格

2)。比如,在1997年申请的专利(可假定在1998年或1999年授权)在声明之前也有着平均7年时间的滞后(即权项平均在2004年宣布通过)。我们总结出:在我们的特定数据库和考虑传入引用的时间段中,仅有很低的概率出现以下情况:对专利的必要性的了解会影响到对必要专利的引用的判断。

考虑到(iii),需要强调的是,在向美国商标专利局的专利申请中引用现有专利之前,公司需要仔细地考虑,因为必需履行美国专利法中的"坦白义务"[《美国联邦法规》(Code of Federal Regulations),第37章,1.56节]。通过引用,申请人确认现有技术的存在并凭此限定其自己的专利的范围和价值。(另一方面来说,没有对相关的现有专利进行引用会增加专利被宣告无效的风险。)专利审查员也可以加上那些他们认为申请中未引用到的引用。因此,引用具有实质的法律后果并且不会按照引用学术论文引用的方式来添加。

表1 美国专利商标局跨 W-CDMA 的必要专利技术类型分布个和样本对照组的比较

主要类别编号	主要类别标题	主要类别中的专利	数据库里已声明的必要专利(%)	样本对照组里的非必要专利(%)
370	多工通信	20,831	225(30%)	3,194(33%)
455	电信	18,340	193(26%)	2,716(29%)
375	脉冲或数字通信	16,863	144(19%)	2,045(21%)
704	数据处理:语音信号处理、语言学、语言翻译和音频压缩/解压缩	6,197	48(7%)	679(7%)
714	误差检测/改正和错误检测/恢复	13,842	33(4%)	469(5%)
342	通信:定向无线电波系统和设备(如雷达、无线电导航)	12,434	32(4%)	459(5%)
其他		n/a	77(10%)	0(0%)
		88,507	752(100%)	9,562(100%)

表2 欧洲电信标准化协会专利申请与获得宣告之间的平均时间

申请年份	专利	平均延迟时间(年)	申请年份	专利	平均延迟时间(年)
1981	1	21.00	1992	27	9.33
1982	1	21.00	1993	44	8.77
1983	2	20.50	1994	72	7.86

续表

申请年份	专利	平均延迟时间(年)	申请年份	专利	平均延迟时间(年)
1984	1	18.00	1995	69	7.54
1985	3	18.00	1996	80	7.06
1986	7	16.71	1997	92	6.35
1987	9	15.56	1998	104	5.38
1988	9	15.33	1999	91	4.85
1989	10	12.50	2000	41	4.27
1990	21	11.33	2001	22	3.77
1991	30	9.30	2002	31	2.19

表3 描述性统计

变量	观测值	均值	标准偏差	最小值	最大值
必要性	10,311	0.072	0.260	0.000	1.000
前向引用	10,311	9.444	20.153	0.000	617.000
调整的前向引用	10,311	1.003	2.137	0.000	70.111
专利总量	10,311	14989.500	15308.510	1.000	53595.000
技术集中度(Herfindahl)	10,311	0.120	0.188	0.011	1.000
工作项目支持	10,311	7.481	11.190	0.000	34.000
投票权重	10,311	12.413	15.876	0.000	45.000
研发支出(×1000 美元)	7,529	3758.062	6764.148	0.650	25471.930
营业额(×1000 美元)	7,692	36271.400	49172.590	0.000	171607.400
员工(×1000 人)	5,824	123.226	111.314	0.000	468.200

继续使用我们的数据库,我们还将我们的专利数据库中的申请人姓名与标准普尔数据库中的公司名称进行了匹配。[7] 我们的原始专利数据库包含2718个作为申请人的不同的公司名称。通过对美国证券交易委员会网站的若干网络资源和标准普尔进行了大量人工研究,我们检索了所有权结构的信息并将"子公司"所申请的专利分配给各自的"母公司"。通过这种方式,我们将申请人减少至1850家不同的公司。关于兼并与收购,我们以1999年为参考点:1999年前合并的公司被视为一家公司,1999年后合并的公司作为两家不同的公司被添加到我们的数据库中。这对我们的结果不大可能会造成很大

---

⑦ 详细内容参见 http://www.compustat.com。

的影响。我们从标准普尔中检索了关于我们的申请人里所包括的公司在1997年至2001年期间的年平均员工人数、平均营业额和平均研发支出的数据。我们采集的所有附加数据尽可能参考1999/2000的时间范围,即标准化完成的时期。

  为了获取公司在标准化中的战略参与度,我们构建出另外两个变量。我们应用的第一个变量是参与实际起草特定标准的内容的公司代替物。在3GPP中,如果至少有四家公司支持某一工作,那么新特性或工作项目会被提出、接受、研发以及认证。一旦工作项目启动,支持此项目的公司有望"在整个起草阶段推进该新工作项目并对该项目作出贡献"。因此,根据3GPP所登记的、由特定公司支持的3GPP内的工作项目数量,反映了公司在新项目开发中的实际参与程度。Bar和Leiponen对这些数据进行了采集,他们还通过项目协调组、技术规范组、工作组以及工作项目来描述3GPP的基础程序。2000年作为3GPP成员的300多家公司中,只有58家公司支持了一个或多个工作项目。然而我们应注意,虽然投票权重反映了公司在标准化过程中更多的"制度上的"作用,但可能还由于不同公司在所讨论的领域中的真正技术能力,所支持的工作项目的数量在更大程度上可能会反映出更"积极"的参与程度。检验参与的第二个变量是标准化过程中的投票权重。一个公司的投票权重与向欧洲电信标准化协会缴纳的相关贡献费用正相关。反过来,这些都基于公司电信相关的收益的声明。投票权重以单位来分配,且范围为1至45。附录A包含了有关ETSI贡献费和投票权重的表格。总而言之,在我们的数据构建工作结束时,将拥有包含10,314项美国商标专利局专利的数据库,其中包括声称拥有W-CDMA必要的752项专利。对于这些专利中的每一项,我们都有价值(由调整后的前向引用数体现)以及专利所有者在标准化过程中的战略性参与(如欧洲电信标准化协会中的投票权重或所支持的工作项目的数量所体现的)的代替物。关于申请人,我们的数据库中有1850家公司,而50家公司拥有必要专利。

3.2 描述性统计

  表3表明了我们的数据库的最重要的变量的描述性统计。必要性是区别必要与非必要专利的二元变量。由于数据库中非必要专利约为必要专利的10倍,因此均值显然相对较低。非欧洲电信标准化协会成员公司在欧洲电信标准化协会内没有投票权重,而欧洲电信标准化协会成员公司最大投票权重为45。公司所支持的3GPP工作项数量最大值为34(Ericsson),而最小值为0。Ericsson也是净收入最高的公司。大多数专利没有前向引用,而美国商标专利局5号、103号、459号专利具有最高的前向引用次数(617)。这项必要专利属于Qualcomm,其标题为"CDMA蜂窝电话系统中产生信号波形的系统与方法"。我们通过仔细研究发现,这可能是CDMA的关键技术。Qualcomm也是拥有

最多必要专利(208项)的公司。按年度平均划分,单个专利的固定效应调整后的前向引用的最高值为70.1111(可变调整后的前向引用)。我们已经使用两个变量来表征专利所有者的专利布局。第一个为拥有的美国专利总数,第二个为Herfindahl集中指数,用以表明在美国同族专利类别中公司的专利布局的集中程度。最后,我们拥有衡量公司规模(员工和营业额)和研发支出的变量。

图1示出了拥有最多必要W-CDMA专利的12家公司。美国公司Qualcomm拥有208项W-CDMA必要专利,超过了所有标准必要专利的25%。Qualcomm是移动电信网络的码分多址(CDMA)技术的原始开发商。对W-CDMA标准中的W-CDMA空中接口的实施,导致了Qualcomm拥有大量的必要专利。瑞典公司Ericsson以155项专利位列第二。其核心业务从20世纪90年代的手机生产转移到蜂窝基础设施的开发和生产。另一家美国公司Interdigital位列第三(拥有94项专利)。

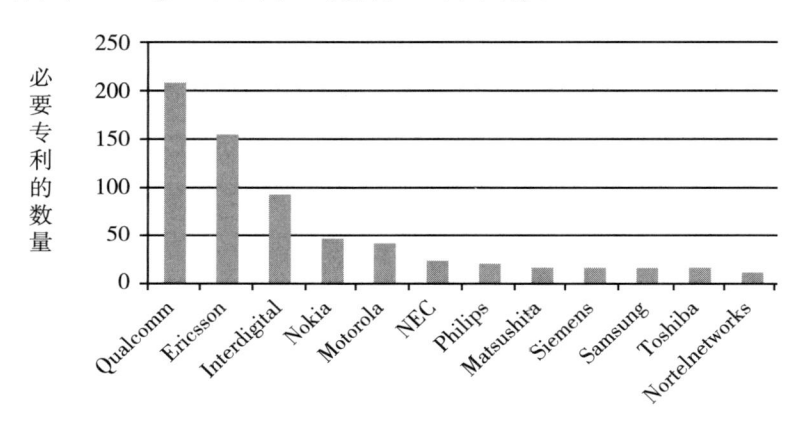

图1 12家最大的W-CDMA标准必要专利所有者

表4 12家获得最多标准必要专利的12家公司自身标准必要专利比例

公司	获得美国商标专利局认可的标准必要专利	相关子类中的总专利存量	比例
Qualcomm	208	795	26.16%
Ericsson	155	3033	5.11%
Interdigital	94	219	42.92%
Nokia	48	1520	3.16%
Motorola	44	4254	1.03%
Philips	22	1791	1.23%
NEC	22	3567	0.62%
Matsushita	18	1382	1.30%
Siemens	18	1466	1.23%

续表

公司	获得美国商标专利局认可的标准必要专利	相关子类中的总专利存量	比例
Samsung	16	1023	1.56%
Toshiba	14	1131	1.24%
Nortelnetwok	13	1364	0.95%

有必要在两个方面将 Qualcomm 和 Interdigital 公司与其他拥有必要专利的大公司区分。就 Qualcomm 而言,虽然该公司在移动电话部件市场上也占有强势地位,但技术开发和许可才是它商业模式的关键要素。⑧ Interdigital 是非生产实体(NPE)或"纯技术型"企业,其商业模式几乎完全基于将其专利技术许可给电信行业的其他公司。我们称这两家公司为"技术专家",将其与纵向合并企业区分开来,其主要目标是争夺市场上移动电话和移动网络基础设施。

表 4 调查了拥有大部分 W-CDMA 必要专利的公司的电信专利布局的结构。它显示了 12 家最大的声称者所声称的必要专利的数量,以及这些公司与 W-CDMA 标准相关的技术类别中的专利总量(表 1)。第三列显示这两个数量之间的比例。该表显示,诸如 Qualcomm 和 Interdigital 的"技术专家"拥有的专利布局,其特点在于占相对大份额的声称必要 W-CDMA 专利,而纵向合并(通常较大)的公司拥有具有较少份额的声明必要专利的专利布局(其中拥有最大份额的公司为 Ericsson,份额占 5.11%)。总的来说,从表 4 可以看出,必要专利在"技术专家"的技术战略中起到很重要的作用。如果意识到专利——以及相关联的专利使用费收入——对于这些公司的商业模式至关重要,而对于整合的公司,能自由地在产品市场上操作则通常更重要,那么这点是很好理解的。

手机生产的全球市场领导者 Nokia 排名第四,拥有 48 项必要专利。图 2 示出了拥有最多必要 W-CDMA 专利的五家公司的专利申请时间。Qualcomm 系列展示了早期的一个高峰,这可能与 CDMA 的发展时期有关,CDMA 是 W-CDMA 基础空中接口的前身。

表 5 将公司的必要专利布局的技术重要性与非必要专利进行了比较。公司专利布局的技术重要性已被计算为属于公司的布局的专利"固定效应"调整后的前向引用数量的平均值。表 5 考虑了四个不同的时期,并且包含了 14 家拥有最多必要 W-CDMA 专利

---

⑧ Qualcomm 公司在所谓的基带芯片组全球市场上占有 38% 的收入份额,基带芯片组是集成了移动电信功能的移动电话的核心组件。来源:The Free Library(2010 年 3 月 15 日):"MediaTek unseats TI as No. 2 cellular baseband chip vendor"。

的公司。这些图表已经证实了公司的必要专利布局的技术重要性高于其非必要专利布局的预期。大多数一般必要专利布局的平均引用比高于 1，而大部分非必要专利布局的这一数值低于 1。Siemens 是唯一一家其专利技术重要性低于 1 的公司（这意味着其必要专利的引用次数低于年平均）。Siemens 的必要 W-CDMA 专利的平均引用比率为 0.84。这可能表明 Siemens 对其 W-CDMA 专利已使用了一种可疑的专利策略，将具有低于平均值的专利声称为必要。但是，如表 4 所示，我们应该注意到 Siemens 的非必要专利也具有更低的重要性。对于 Siemens 的必要 W-CDMA 专利的低重要性的另一个解释可能是 Siemens 是专注于 TD-SCDMA 发展的公司之一。Siemens 与 Alcatel 一起试图说服欧洲电信标准化协会选择 TD-SCDMA 作为 W-CDMA 标准的底层空中接口。因此，欧洲电信标准化协会在 1999 年对竞争的 W-CDMA 技术的选择可能是 Siemens 的必要 W-CDMA 专利的重要性低的原因之一。

（在美国商标专利局的申请年度）

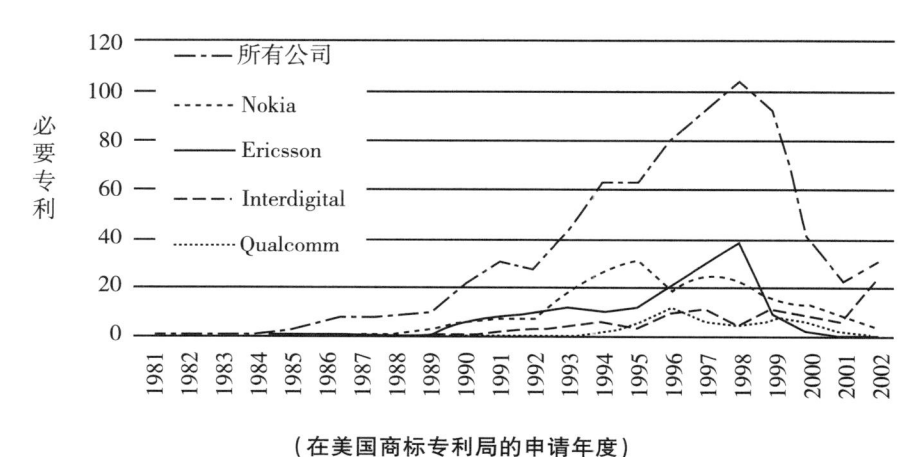

图 2　电信市场领导者的标准必要专利申请时间

表 5　各公司在美国商标专利局中专利布局的平均技术重要性（USPTO 专利）

公司名称	声明为必要的专利				未声明为必要的专利（样本对照组）			
	1986—1990 年	1991—1995 年	1996—2001 年	1986—2001 年	1986—1990 年	1991—1995 年	1996—2001 年	1986—2001 年
Qualcomm	10.27	3.01	2.98	3.21	–	1.36	1.38	1.32
Nokia	3.14	1.15	1.28	1.21	1.74	1.00	1.05	1.05
Ericsson	1.64	1.93	2.28	2.14	1.45	1.28	1.00	1.05
Interdigital	4.44	1.77	1.35	1.46	–	0.79	0.46	0.59
Siemens	–	0.67	0.84	0.84	0.33	0.52	0.60	0.56
Motorola	4.25	1.62	1.29	2.25	1.10	0.79	0.95	0.94

续表

公司名称	声明为必要的专利				未声明为必要的专利（样本对照组）			
	1986—1990年	1991—1995年	1996—2001年	1986—2001年	1986—1990年	1991—1995年	1996—2001年	1986—2001年
Samsung	–	0.79	1.80	1.74	0.27	0.83	0.56	0.57
Philips	3.96	0.41	0.51	1.62	0.71	0.49	0.54	0.55
NEC	3.90	0.43	2.76	2.31	0.66	0.59	0.43	0.56
Alcatel	–	1.18	1.14	1.15	0.67	0.62	0.69	0.66
NTT	–	–	–	–	1.09	0.96	1.30	1.11
Nortel	–	0.76	3.10	2.71	1.09	1.15	1.12	1.12
Matsushita	–	1.36	0.98	1.09	0.77	0.67	0.63	0.65
Toshiba	0.89	0.56	0.00	0.71	0.54	0.77	0.96	0.80

表6报告了对必要和非必要专利样本之间差异的初步评估。由于我们感兴趣的变量（特别是调整后的前向引用）是偏斜的并且不是正态分布的，所以我们使用非参数的Mann-Whitney测试。表6比较了调整后的前向引用次数、对于支持的专利和工作项目的技术重要性以及欧洲电信标准化协会中的投票权重、影响代理公司在必要和非必要专利的标准化过程中的代替物。有趣的是，表6中的Mann-Whitney测试表明，必要专利的特点是调整后的前向引用数量更高，同时，具有较高投票权重或者在欧洲电信标准化协会内支持更多的工作项目的公司拥有这些专利。换句话说，这个初步证据表明，专利的内在技术价值和公司的战略考虑都是必要专利的决定因素。

表6

声明的必要W-CDMA专利的样本和未声明为必要的专利（如抽样对照组中所示）的描述性统计数据。注意：在这三种情况下，Mann-Whitney测试拒绝了相等总体的假设（$p<1\%$）。

变量	样本/组	观测数据	平均值	中值	标准偏差	最小值	最大值
调整后的前向引用	声明必要	691	2.242	1.394	3.098	0	35.055
	未声明必要	8859	0.907	0.464	1.885	0	35.055
所支持的工作项目	声明必要	691	16.214	15.000	13.211	0	34.000
	未声明必要	8859	7.279	0.000	10.975	0	34.000
投票权重	声明必要	691	27.852	30.000	16.095	0	45.000
	未声明必要	8859	12.046	6.000	15.485	0	45.000

四、多变量分析

在本节中,我们评估一些罗基特回归模型来进一步探讨必要专利的可能决定因素。我们的因变量是虚拟的必要性,如果专利为必要专利,则该变量等于"1",如果不是必要专利,则等于"0"。我们评估两组回归模型。在第一组中,将战略因素作为专利被声明为必要专利的决定因素的变量是所支持的工作项目的数量。在第二组中,我们使用投票权重。在这两种情况下,评估专利内在价值的作用的变量是使用变量"调整后的前向引用"进行测量的。由于我们意在比较专利价值的相对影响与战略因素的相对影响,所以我们对标准化系数进行评估,标准化系数是通过归一化所有共变量使得它们的平均值为零、标准偏差为1而获得的。重要的是注意,在所有的规范中,我们引入了两个虚拟变量来控制 Qualcomm 和 Interdigital 所拥有的专利,正如我们在上一节所看到的那样,这是两家"技术专家"公司,它们拥有的专利布局的特点为相对较大份额的 W-CDMA 必要专利。附录 B 显示了我们的变量之间的相关性。

表 7 给出了第一组回归模型的结果。在这一组中,调整后的前向引用和支持的工作项目是感兴趣的关键变量。其他协变量作为控制变量。在所有回归模型中,调整后的前向引用和支持的工作项目的系数都是正的,并且在 1% 的水平是显著的。虽然结果显示这些解释性变量的估计系数有一些差异,但总体而言,这些系数在不同规范之间保持相对稳定。⑨ 此外,我们的结果表明,在所有回归模型中,变量——所支持的工作项目的系数高于调整后的前向引用的系数。这一结果表明,公司在标准机构中的影响比专利的技术价值对专利被声明为必要专利的概率的影响更大。

表 7 逻辑回归(标准化系数)(因变量为"必要")

	(1)	(2)	(3)	(4)	(5)	(6)
调整后的前向引用	0.294*** (0.0415)	0.320*** (0.0373)	0.299*** (0.0319)	0.283*** (0.0310)	0.278*** (0.0310)	0.278*** (0.0309)
支持的工作项目	0.567*** (0.125)	0.661*** (0.0817)	0.730*** (0.0577)	0.912*** (0.0430)	0.908*** (0.0432)	0.908*** (0.0427)
申请年份	−0.0125 (0.0151)	−0.0114 (0.0129)	−0.00332 (0.0119)	0.000533 (0.0118)	−0.000113 (0.0116)	

---

⑨ 估计了不控制两个"技术专家"公司的类似的不同大小的两个系数的一组模型,我们获得了相同的结果。

续表

	（1）	（2）	（3）	（4）	（5）	（6）
专利总数	0.568*** (0.169)	0.515*** (0.126)	0.141** (0.0692)	0.225*** (0.0682)		
技术集中度（Herf.）	0.747*** (0.235)	0.766*** (0.203)	0.296** (0.122)	0.391*** (0.106)		
欧洲虚设	0.743*** (0.190)	0.977*** (0.188)	1.008*** (0.158)			
亚洲虚设	0.789** (0.375)	0.156 (0.227)	0.696*** (0.170)			
研发支出	1.070 (0.769)	0.881*** (0.263)				
员工	−0.552*** (0.207)					
营业额		−0.943*** (0.330)				
Qualcomm 虚设	4.656*** (0.228)	4.660*** (0.205)	4.807*** (0.179)	4.444*** (0.162)	4.372*** (0.153)	4.372*** (0.151)
Interdigital 虚设	4.032*** (0.412)	3.912*** (0.360)	4.362*** (0.301)	3.758*** (0.277)	3.999*** (0.255)	3.999*** (0.254)
常数	21.25 (30.09)	18.86 (25.65)	2.638 (23.75)	−4.603 (23.58)	−3.345 (23.08)	−3.571*** (0.0721)
观测数	5480	7363	9550	9550	9550	9550
对数似然	−994.0	−1441	−1657	−1681	−1688	−1688
伪 R2	0.379	0.342	0.332	0.322	0.319	0.319

括号中为标准差。
* 显著性为10%。
** 显著性为5%。
*** 显著性为1%。

表 8 逻辑回归(标准化系数)。因变量为"必要"。

	(1)	(2)	(3)	(4)	(5)	(6)
调整后的前向引用	0.275*** (0.0425)	0.308*** (0.0390)	0.296*** (0.0332)	0.284*** (0.0323)	0.280*** (0.0321)	0.281*** (0.0321)
投票权重	0.524*** (0.138)	0.809*** (0.111)	0.949*** (0.0860)	0.956*** (0.0468)	0.939*** (0.0461)	0.940*** (0.0457)
申请年份	-0.0172 (0.0151)	-0.0126 (0.0129)	-0.000742 (0.0120)	0.00235 (0.0119)	0.00208 (0.0117)	
专利总量	0.466*** (0.163)	0.363*** (0.110)	0.177*** (0.0666)	0.234*** (0.0636)		
技术集中度(Herf.)	0.868*** (0.229)	0.839*** (0.199)	0.456*** (0.113)	0.409*** (0.106)		
欧洲虚设	0.450* (0.246)	0.189 (0.230)	0.455** (0.191)			
亚洲虚设	1.486*** (0.339)	0.608*** (0.228)	0.886*** (0.176)			
研发支出	2.525*** (0.650)	0.428** (0.208)				
员工	-0.687*** (0.217)					
营业额		-0.194*** (0.241)				
Qualcomm虚设	4.178*** (0.283)	3.650*** (0.213)	3.502*** (0.192)	3.171*** (0.149)	3.102*** (0.140)	3.104*** (0.140)
Interdigital虚设	4.916*** (0.400)	4.853*** (0.366)	5.247*** (0.296)	4.971*** (0.287)	5.196*** (0.266)	5.201*** (0.265)
常数	30.99 (30.12)	21.43 (25.79)	-2.425 (23.86)	-8.222 (23.73)	-7.690 (23.30)	-3.546*** (0.0718)
观测数	5,480	7,363	9,550	9,550	9,550	9,550
对数似然	-997.3	-1446	-1677	-1691	-1700	-1700
伪R2	0.377	0.339	0.324	0.318	0.315	0.315

括号中为标准差。
* 显著性为10%。
** 显著性为5%。
*** 显著性为1%。

值得讨论的是控制变量的估计系数。如预期那样,控制 Qualcomm 和 Interdigital 的两个虚拟变量的符号为正且显著。Herfindahl 指数的系数(在专利所有者的技术类别上计算出的)在这里被用来代表企业的技术多样性,对判定是否为必要专利有正相关且显著的影响。这表明,与非必要专利相比,必要专利更多由专利布局集中在一个技术领域的公司所拥有。亚洲和欧洲的虚设在所有回归中都为正且显著,表明亚洲和欧洲公司所拥有的 W-CDMA 专利为必要专利的可能性更高。但是请注意,这一结果可能会受到控制技术专家公司的两个虚设的影响。

研发支出变量的系数在第 2 栏的模型中显著且正。[10] 请注意,我们用于控制公司员工人数和营业额的两个变量都是符号为负且显著。再次,这一结果可能被视为一种迹象:即在电信领域具有专门专利布局的公司所拥有的专利,相对大型和多元化公司所拥有的专利更可能被声明为必要专利。

表 8 给出了六个回归模型,其中两个关键解释性变量为调整后的前向引用和投票权重。我们将投票权重作为标准化过程中参与维度的指标,并且我们对这一组回归特别感兴趣,如上所述,尽管变量支持的工作项目可能也被认为反映了一些技术能力,而变量投票权重可能更充分地捕捉了公司在标准化过程中的正式化制度权力的影响。调整后的前向引用的系数完全符合表 7 中评估的系数。投票权重对于必要性也具有显著且正的影响。再次,在所估计的模型中,标准化系数的大小都高于调整后的前向引用,这一发现确认了参与到标准机构作为专利被声明为必要的概率的决定因素作用更大。[11] 还要注意,变量投票权重的系数通常高于表 7 中的所支持的工作项目的相应系数。其他控制变量的结果与表 7 中的那些完全一致。另外在这套模型中,更小且更集中的专利布局具有显著且正的效果。区域性虚设再次表明了欧洲和亚洲公司拥有的被声明为必要专利的可能性更高。最后,在本套模型中,用于研发支出的变量对专利被声明为必要的可能性产生正面影响,而用于控制规模的变量(员工和营业额)具有负面影响。

总之,在两个模型中,假设 1 和假设 2 都得到了证实,并且显示第二个假设(专利被声明为必要是因为它们的所有者参与标准化过程)比第一个假设(专利被声明为必要的是因为它们的内在价值很高)更强。

五、结论和讨论

什么使公司声称他们的专利对于技术标准是必要的,这是一个很吸引人的问题。如

---

[10] 第一列包含从标准普尔数据库提取的公司规模和研发费用的控制变量。由于在我们的样本中不能对于所有公司检索这些数据,这些模型是在相对较少次的观察上估计的。

[11] 再次,对于也估计了不控制两个"技术专家"公司的类似的一组模型的不同大小的两个系数,我们获得了相同的结果。

果这是专利技术的技术价值的结果(将价值归因于标准,如性能提高、更好的成本效益等),那就不用担心了。如果非生产性企业以许可他们的专利来获得金钱回报,并且补偿与所提供的技术的技术价值相一致,那么这将是 Chesbrough 等人描述的开放创新模型和 Arora 等人提出的技术市场的一个很好的例子。但是,如果专利由于参与者在标准机构中的战略行为而被声明为必要,但没有真正的技术价值,则另当别论。可以说,从公共福利的角度来看,这是不可取的,并且实际上不符合标准创立的基本原则,因为它将对标准的获取进行不必要的限制,造成使用和采纳的障碍,并增加它们的成本。此外,从技术角度来看,这种行为可能使标准不必要地复杂化,这是最近欧洲电信标准化协会知识产权特别委员会主席在观察到他所谓的"边际专利"增加时所表达的忧虑。[12]

我们对必要专利声明的决定因素的研究表明,在 W-CDMA 案例中,必要专利声明既是内在的技术价值(优点)的结果,也是其持有者参与标准化过程(为战略行为创造空间)的结果。然而,我们观察到,参与该过程比专利的技术价值具有更强的决定性。虽然我们的研究结果与其他几项提供这两种影响因素的存在的证据的研究一致,但本研究——就我们所知——是最先同时考虑这样两种影响因素的研究。

假设前向引用确实揭示了专利价值,我们则认为技术价值是具有必要性的重要决定因素。我们发现一个和必要专利正向、显著和稳健的关系,并且通过查看数据,我们甚至观察了比平均值更高的一组专利,即使其所有者(Qualcomm)在该技术被确定时没有积极参与所讨论的标准机构。这些专利显然是凭借其技术价值而成为必要专利的。(实际上,1999 年提出的大多数不同的 3G 候选技术都依赖于同样的技术)。如果我们从数据库中删除 Qualcomm 专利,则会发现专利的技术重要性对必要性的影响降低了,而同时其余的公司表现出更强的行为。因此,Qualcomm 的专利技术有很高的显著性,而且这个公司在标准制定过程中可能并没有战略性行为(就我们研究中所涉及的参与而言)。假设公司在标准机构中的投票权重以及标准起草过程的实际参与(由登记的"所支持的工作项目"所体现)都是参与和影响内容的因素,我们得出结论是,战略参与度也是必要项目声明的重要决定因素。成为积极的成员有助于获得更多的必要专利。此外,我们发现,积极参与标准制定过程与前向引用所体现的专利技术价值相比,是更强的决定因素。

我们将进一步讨论这些发现的含义。虽然之前关于标准机构出现之前的研究表明,市场准入和企业业绩在很大程度上取决于必要专利所有者的专利战略,但在目前正式标

---

[12] "仅仅将专利技术纳入标准而不是改进标准(会存在)让解决方案复杂化的风险"。Dirk Weiler,标准相关的专利质量,标准化组织 EC/EPO 研讨会关于"Tensions between intellectual property rights and standardisation: reasons and remedies"的观点,布鲁塞尔,2010 年 11 月 22 日。来源 http://ec.europa.eu/enterprise/sectors/ict/文件/ict-policies/5 weiler en.pdf。

准机构具有(F)RAND 制度的背景下暗示这样的效果是不合理的。此外,我们在市场中确实观察到,市场份额随着时间的推移的明显变化:在移动终端市场中,目前第二和第三位置是 Samsung 和 LG,在十年前的全球市场中,几乎看不到这两个韩国公司的身影,移动基础设施方面排名第二的最近被中国的供应商 Huawei 占据,其全球活动甚至更短。此外,Apple 和 Research in Motion 公司(黑莓手机制造商)是"现任冠军"之外成功的新进入者的例子。然而,这些考虑并不意味着必要专利的所有权在电信领域中并不很重要。虽然很难找到关于特定技术的实际许可费用的可靠数据,但有些参与方一直要求移动设备的许可费高达 30%[13],欧盟委员会最近的一项研究报告给出了更为真实的估计(Interplay,2010)。据估计,实施 W-CDMA 手机的公司的总许可费约为这些设备的批发价("出厂价")的 12%。具有相当强大的专利布局的公司本身可以获得交叉许可,并且通常将支付约 8% 的费用(这预示着拥有这样的专利的价值)。此外,这一领域中知名度高的专利案例的较高的数量标志着这些专利的经济重要性。这些数字说明了所涉及的款项,以及如果这些金额是没有实际技术价值的专利带来的,市场可能会被扭曲。事实上,与必要专利相关的关键资产和战略价值很可能导致高知名度的法律案件和对当局的投诉,如 Qualcomm 公司在美国和英国起诉 Nokia 和 Broadcom 公司专利侵权(包括向美国国际贸易委员会提出的投诉),Nokia 在美国和英国起诉 Interdigital,六家大型公司向欧盟委员会提交了一项针对 Qualcomm 的关于过高许可费的投诉(一个后来被放弃的案件)[14],并且最近 Nokia 在美国对 Apple 提起诉讼,认为 iPhone 侵犯了其必要专利,紧跟着 Apple 提起了反诉。[15]

对单一标准进行了这一分析之后,我们的结果具有什么样的普遍性的问题出现了。一般来说,我们认为我们的发现将适用于相应的拥有者对其声明了必要专利的所有技术。且在适用(F)RAND 政策与必要专利声明的背景下标准化的技术,肯定是这样的。这几乎包括世界各地所有正式的标准机构。最近对欧盟委员会委托的标准专利的研究分析了 11 个主要的正式标准机构,并确定了对其声明了专利的 200 多个标准(Interplay,2010 年)。然而,针对标准所声明的专利数量是偏态的。报告区分了四类。第一类,"电信标准"包括七项标准,其中(极大地)超过 100 项声明的专利,另有 20 项标准拥有不足

---

[13] 对于 GSM,WC-DMA 的前身,欧洲公共电信网络运营商协会(ETNO)主管透露,专利使用费占 GSM 手机成本的 29%(Taaffe,2000 年)。一些行业分析师声称"对 W-CDMA 的累计专利使用费在 25% 和 30% 之间,并且到 2017 年,移动行业可能在 W CDMAIP 专利使用费支付上花费 800—1000 亿美元(Poropudas,2006 年。ETSI moves to exclude Qualcomm. MobileMonday Global:Industry News,1 March 2006)。

[14] 见 Bloomberg. Qualcomm Antitrust Probe Is Dropped by EU Regulators,2009 年 11 月 24 日。

[15] 参见 Financial Times,2009 年 10 月 22 日,"Nokia takes on iPhone in legal fight",以及 The Economist(在线版,2009 年 10 月 23 日),"Dial L for lawyer:A nastylegal spat among tech giants pits Nokia against Apple"。

100项声明的专利。第二类,"IT和消费性电子",包括许多图片、音频和视频编码标准以及计算机接口(如FireWire)。对于这些标准中的大多数,有20到100项声明的专利。第三类,"实现技术",包括为某些应用领域专门设计的标准。在这里,RFID标准拥有超过100项声明的专利,许多其他标准通常有1到20项声明的专利(一个有趣的例子是"农业电子识别")。最后,"真正的非ICT相关标准"类别几乎没有声明的专利的标准,这些标准的专利数量普遍较低。除了正式的标准机构,许多标准开发论坛和联盟也有类似的(F)RAND政策以及声明规则。在这样的环境中,许多技术,特别是消费性电子标准,均在这种环境下研发。(众所周知的是DVD技术的两个池和MPEG编码标准的池)。我们预期我们这一发现也适用于这种类型的组织。特定的分类是为了建立那些标准的专利池。为了遵守反垄断法/竞争法,这些池几乎总是包括一般由外部评估者对候选专利的必要性进行彻底测试的程序。因为这限制了参与方将非必要专利声明为必要专利的可能性,因此通过与我们的发现相比做出预计,技术价值将优于战略参与度而作为决定因素。尽管如此,专利池并不防止包括那些技术含量低但在定义的字面意义上确实是必要的专利。Baron和Decamp最近的一篇文章显示,已经是专利池成员的公司确实比"外部人员"更能够将低价值的专利包括进来。最后应该强调的是,无论是否加入专利池,任何专利所有人都是自由的,而谈到知识产权规则时,这种自由对于标准化机构中的参与者并不存在,这也可能影响到研究结果。虽然已经指出这些研究结果将适用于哪些领域,但是我们仍然相信这是测试其他标准或技术领域的进一步研究的明显方向。

显然,我们的研究有一定局限性。如上所述,我们只能就我们讨论的具体案例提出声明(尽管我们指出了我们的发现也能适用哪些情况)。此外,专利引用也不是完美的价值指标,并且引用可能因为专利被称为必要专利而具有吸引力(我们通过截断标准的第一次发布被冻结之后的传入引用而限制了这种效应)。这里还有一个特定的限制:这是本文未研究的可能导致必要专利声明的机制。由于我们研究的过程涉及自我申报,因此,公司可能会故意将某些专利称为必要专利,即使他们知道事实绝非如此。因为很难真正确定某项专利是否必要(这就要求制定一个图表,其中专利中的每项权利要求对应标准的每个要素),而且由于质疑这些专利是非常昂贵且耗时的过程,所以一些实施者即使有疑问,也只会选择支付许可费。同时,一些更有实力的参与者可能会拒绝支付许可费,因为他们知道与输掉侵权案件的风险相比,专利拥有者更愿意享受来自其他许可的收入。虽然这种机制确实可以解释特定类别的必要专利声明,但我们认为没有可靠的数据允许我们对此进行测试。

我们的工作也有一定的政策含义。尽管专利声明仅仅是战略博弈的结果,这也许是无根据的断言,但是参与者仍然系统性地在其自己的专利的技术方向上影响着标准的内容,无论其专利是否是有价值的。虽然很难去想象一个此类事情根本不会发生的世界,但是仍然可以说,在福利效应的基础上,社会将从更多反馈的过程中受益,其中将某些(获得专利的)技术列入标准将导致更透明和更开放的过程。当前关于将特定专利列入标准的决定是在相对较小的技术组中进行的,其中,可能(也许是不可避免的)相互给予好处——例如,如果你允许我将一个不重要的专利列入其中,我也会允许你做同样的事情。标准机构以及其他利害关系人(例如承认这些机构的公共机构)最好能详细研究这些技术性包含过程的动态,并尽可能考虑改革,例如引入新的激励措施和保障措施。其他可能来源于当前努力的结果,允许专利局在标准化工作时获得文件(现在往往是机密的),提高他们确定现有技术和驳回关于非创新性发明的专利申请的能力。[16] 最后,自愿事先许可——专利持有人可以在技术被包含之前选择披露其许可条件的程序,可能有助于促进技术包容讨论。虽然成功引进这些程序很不容易,而且对于这个话题的讨论存在相互影响,但是 IEEE 最近采用这样的程序。一项更有意义的政策将是,对于每个涉及的已知专利来说,对替代方案及其相对成本和收益(包括非专利替代方案)进行正式评估。

致 谢

感谢 Aija Leiponen 为我们提供了在 3GPP 工作组中的公司的参与情况的数据。我们要感谢两位匿名评审的宝贵意见,以及在 2009 年哥本哈根举行的 DRUID 夏季会议和在东京举行的第六届信息技术标准化与创新国际会议(SIIT 2009 年),会上讨论了本文的早期版本。

附录 A. 欧洲电信标准化协会年度贡献费

资料来源:欧洲电信标准化协会网站,2008 年。

电子通信相关的营业额(ECRT)欧元	投票权重("单位")	年度贡献费(欧元)
中小企业、用户和行业协会,附加会员资格	1	6,000
微小企业	1	3,000
大学、公共研究机构	1	2,000
以及非营利性用户协会上至 1.35 亿	2	9,380

---

[16] 2010 年 11 月 22 日在布鲁塞尔举行的欧洲委员会和欧洲专利局(EPO)最近的研讨会"Tensions between Intellectual Property Rights and the ICT standardisation process: reasons and remedies"上广泛讨论了这种努力。

续表

电子通信相关的营业额（ECRT）欧元	投票权重（"单位"）	年度贡献费（欧元）
1.36—2 亿	3	12,760
2.01—4.5 亿	6	22,900
4.51—7 亿	9	33,040
7.01—13.50 亿	13	46,560
13.51—20 亿	18	63,460
20.01—35 亿	24	83,740
35.01—50 亿	30	104020
50.01—80 亿	37	127,680
高于 80 亿	45	154,720

附录 B. 相关性

	1	2	3	4	5	6	7	8	9	10	11
必要	1										
调整后的前向引用	0.15***	1									
投票权重	0.25***	0.04***	1								
所支持的工作项目	0.21***	0.02***	0.78***	1							
专利总数	-0.17***	-0.07***	0.03*	0.77***	-0.50***	1					
技术集中度（Herf）	0.08***	0.05***	-0.11***	-0.09***	-0.43***	1					
员工	-0.17***	-0.07***	0.03*	0.13***	0.77***	-0.50***	1				
净收入	0.10***	0.04***	0.45***	0.48***	0.08***	0.10***	0.47***	1			
研发支出	0.14***	0.04***	0.61***	0.69***	-0.08***	0.15***	0.63***	0.81***	1		
虚设 qualcomm	0.41***	0.13***	0.19***	-0.04***	-0.14***	0.07***	-0.24***	-0.11***	-0.10***	1	
虚设 interdigital	0.30***	0.01	-0.07***	0.07***	-0.10***	0.17***	-0.16***	-0.07***	-0.07***	-0.02**	1

* 显著性为 10%。

** 显著性为 5%。

*** 显著性为 1%。

参考文献

Albert, M. B., et al., 1991. Direct validation of citation counts as indicators of industrially important patents. Research Policy 20, 251 – 259.

Andersen, P., 2008. Evaluation of Ten Standard Setting Organizations with Regard to Open Standards. IDC, Copenhagen, Denmark.

Arora, A., Fosfuri, A., Gambardella, A., 2004. Markets for Technology: The Economics of Innovation and Corporate Strategy. The MIT Press, Cambridge.

Bar, T., Leiponen, A., 2008. Collaboration and Networking in Cooperative Standard Setting. Paper presented at the 25th DRUID Celebration Conference, Copenhagen June 17 – 20, 2008.

Baron, J., Delcamp, H., 2010. Strategic inputs to patent pools. International Schumpeter Society Conference, 2010. Aalborg, June 21 – 24.

Bekkers, R., 2001. Mobile Telecommunications Standards: GSM, UMTS, TETRA and ERMES. Artech House, Boston, MA, USA.

Bekkers, R., West, J., 2009. The limits to IPR standardization policies as evidenced by strategic patenting in UMTS. Telecommunications Policy 33, 80 – 97.

Bekkers, R., Duysters, G., Verspagen, B., 2002. Intellectual property rights, strategictechnology agreements and market structure—the case of GSM. Research Policy 31, 1141 – 1161.

Carpenter, M. P., Narin, F., Woolf, P., 1981. Citation rates to technologically important patents. World Patent Information 3, 160 – 163.

Chesbrough, H., Vanhaverbeke, W., West, J., 2008. Open Innovation: Researching a New Paradigm. Oxford University Press, Oxford, UK.

Chiao, B., Lerner, J., Tirole, J., 2007. The rules of standard-setting organizations: an empirical analysis. RAND Journal of Economics 38, 905 – 930.

Criscuolo, P., Verspagen, B., 2008. Does it matter where patent citations come from? Inventor vs. examiner citations in European patents. Research Policy 37, 1892 – 1908.

Farrell, J., 2007. Standard setting, patents, and hold-up. Antitrust Law Journal 74, 603 – 670.

Fontana, R., Nuvolari, A., Verspagen, B., 2009. Mapping technological trajectories as patent citation networks. An application to data communication standards. Economics of Innovation and New Technology 18,311 – 336.

Funk,J. L. ,2002. Global Competition between and within Standards: The Case of Mobile Phones. Palgrave, Hampshire, UK.

Funk, J. L. , Methe, D. T. , 2001. Market-and committee-based mechanisms in thecreation and diffusion of global industry standards: the case of mobile communication. Research Policy 30,589 – 610.

Garrard, G. A. ,1998. Cellular Communications: World-Wide Market Development. Artech House, Norwood, MA, USA.

Geradin, D. , Layne-Farrar, A. , Padilla, A. J. , 2008. The complements problem within standard setting: assessing the evidence on royalty stacking. Boston University Journal of Science & Technology 14(2),144 – 167.

Goodman, D. J. , Myers, R. A. , 2005. 3G Cellular standards and patents, 2005. IEEE Wireless Communications and Networking Conference, pp. 415 – 420.

Granstrand, O. ,2005. Innovation and intellectual property rights. In: Fagerberg, J. , D. C, M. , Nelson, R. R. (Eds.), The Oxford Handbook of Innovation. Oxford University Press, Oxford, UK.

Hall, B. H. , Jaffe, A. B. , Trajtenberg, M. , 2001. The NBER patent citations data file: lessons, insights and methodological tools. NBER Working Paper No. 8498.

Hegde, D. , Mowery, D. C. , Graham, S. J. H. , 2007. Pioneers, submariners, or thicket-builders: which firms use continuations in patenting? NBER Working Paper No. 13153.

IDATE, 2007. Development of Broadband Access in Europe: Methodo logical Report 2007 Survey Data as of 31 December 2006. DG Information Society, Brussels.

Insight Research Corporation, 2009. The 2009 Telecommunications Industry Review: An Anthology of Markets Facts and Forecasts. Insight Research Corporation, New Jersey.

Interplay consortium, 2010. Study on the interplay between standards and intellectual-property rights(IPRs); Preliminary Results. Interim results of a study commissioned by the European Commission. Presented at the Open Workshop organized by DG Enterprise of the European Commission, November 23rd 2010.

Iversen, E. ,1999. Standardisation and Intellectual Property Rights: ETSI's controversial search for new IPR-procedures. In: SIIT'99—IEEE Conference on Standardisation and Innovation, Aachen, Germany, pp. 15 – 17.

Krechmer, K. ,1998. The principles of open standards. Standards Engineering 50(6),

1 – 6.

Krechmer, K., 2005. The meaning of open standards. In: Proceedings of the Annual Hawaii International Conference on System Sciences, Hawaii, p. 204.

Layne-Farrar, A. 2008. Innovative or Indefensible? An Empirical Assessment of Patenting within Standard Setting, Presented at the CEPR-Bank of Finland conferenceon Innovation and Intellectual Property in Finance.

Lee, B. G., et al., 2009. Technical innovation and 3.5 mobile phone generation: lessons from Korea. Telecommunications Policy 33, 296 – 308.

Lemley, M. A., 2002. Intellectual property rights and standard-setting organizations. California Law Review 90, 1889 – 1980.

Lemley, M. A., Shapiro, C., 2006. Patent holdup and royalty stacking. Texas Law Review 85, 1991 – 2049.

Pampel, F. C., 2000. Logistic Regression. APrimer. Sage, Thousands Oaks.

Reitzig, M., Henkel, J., Heath, C., 2007. On sharks, trolls, and their patentprey—unrealistic damage awards and firms' strategies of "being infringed". Research Policy 36, 134 – 154.

Rysman, M., Simcoe, T., Heath, C., 2008. Patents and the performance of voluntarystandard-setting organizations. Management Science 54, 1920 – 1934.

Sampat, B. N., Ziedonis, A. A., 2004. Patent citations and the economic value of patents. In: Glanzel, F. M. H., Schmoch, U. (Eds.), Handbook of Quantitative Science and Technology Research. Kluwer, Dordrecht, the Netherlands, pp. 277 – 299.

Schmidt, S. K., Werle, R., 1998. Coordinating Technology: Studies in the International-Standardization of Telecommunications. The MIT Press, Cambridge.

Shapiro, C., 2001. Navigating the patent thicket: Cross licenses, patent pools, and standard setting. In: Jaffe, F. A., Lerner, J., Stern, S. (Eds.), Innovation policy and the economy. National Bureau of Economic Research, Cambridge, MA, USA.

Shurmer, M., Lea, G., 1995. Telecommunications standardisation and intellectual property rights: a fundamental dilemma? In: Kahin, T. I. B., Abbate, J. (Eds.), Standards Policy for Information Structure. MIT press, Cambridge, MA, USA.

Sidak, J. G., 2009. Patent Holdup and Oligopsonistic Collusion in Standard-Setting Organizations. Journal of Competition Law and Economics 5, 123.

Simcoe, T. S., Graham, S. J. H., Feldman, M. P., 2009. Competing onstandards? Entrepreneurship, intellectual property, and platform technologies. Journal of Economics & Management Strategy 18, 775 – 816.

Taaffe, J., 2000. 3G patents initiative devised to avoid 'Qualcomm-type' disputes. Communications Week International, June 19, 2000.

Tilson, D., Lyytinen, K., 2006. The 3G transition: changes in the US wireless industry. Telecommunications policy 30, 569 – 586.

Trajtenberg, M., 1990. A Penny for your Quotes: Patent Citations and the Value of Innovations. RAND Journal of Economics 21, 172 – 187.

VanZeebroeck, N., 2011. The puzzle of patent value indicators. Economics of Innovation and New Technology 20, 33 – 62.

Wilkinson, S. L., 1991. They're stealing our diamonds: the standards assault on patents. Revue Canadienne de propriétéintellectuelle 8, 193 – 205.

标准必要专利 RAND 许可费率的确定标准[*]

Gregory K. Leonard　Mario A. Lopez[**]

关键词：专利价值、费率基础、费率的确定、事前评估、增量价值、可比协议、许可费堆叠、行业累计费率、分摊原则、自上而下、自下而上、最小可销售专利实施单元（SSPPU）、整体市场价值原则（EMVR）、比例贡献、标准化价值、技术自身价值、组合价值

通过允许不同制造商的产品之间的互操作性，技术标准已经推动了诸如 Wi-Fi 路由器和智能手机等高科技产品的广泛采用。由此产生的规模经济和网络效应、激烈的产品级竞争、以及产品多样化对消费者和社会福利均具有重大且积极的影响。

然而，标准化的行为，以及设计、开发和在市场上出售符合标准的产品所要求的前期投资创造了所谓的"专利劫持（hold-up）"的可能性，其中，凭借"专利劫持"，某标准必要专利的拥有者[①]能够从被许可人处获得被认定为过度的许可费。[②]作为对潜在的劫持问题的回应（即确保以合理的成本使用标准），标准制定组织（standard-setting organization, SSO）通常要求参与者同意按照合理和非歧视（reasonable and non-discriminatory，

---

[*] 本文原文发表于美国律师协会（the American Bar Association, ABA）出版的《反垄断》（ANTITRUST）第 29 卷，2014 年秋出版，本中文译文已获版权方授权。

[**] 两位作者是 Edgeworth Economics 有限责任公司的经济学家和合伙人。他们在 In re Innovatio、Ericsson 诉 D-Link 案和 Realtek 诉 LSI 案中为实施者担任专家证人和顾问，该案涉及 RAND 许可费确定的问题。他们还在 Microsoft 诉 Motorola 案中担任专利所有人的专家证人和顾问，该案涉及与 RAND 承诺的行为一致性的问题。作者感谢 Matthew Shoemake、Marine Sargsyan 和 Christine Meyer。文中表达的观点均属于作者本人，并不一定代表任何其他个人或公司的观点。

[①] 标准制定组织的参与者可以确立或声明其认为对标准必要的专利。然而，一个被声明必要的专利实际上可能不被法院认可。在一些诉讼案件中，在对专利的实际必要性进行任何评估之前，某组被声称必要的专利的 RAND 专利许可费已经确定了（例如 Microsoft 诉 Motorola 案），而在其他情况下，RAND 专利许可费是在对必要性进行评估之后才确定的（例如 Innovatio 案）。参见 No. C10 - 1823JLR（W. D. Wash. Apr. 25, 2013）; In re Innovatio IPVentures, LLC Patent Litig., No. 11 C 9308（N. D. Ill. Sept. 27, 2013）。

[②] 这个纯粹的"劫持"或"机会主义"概念涉及恶意意图或者"充满诡诈的自谋利益"。参见 OLIVER WILLIAMSON, THE ECONOMIC INSTITUTIONS OF CAPITALISM: FIRMS, MARKETS, RELATIONAL CONTRACTING 47（1985）。因此，有人认为，没有不良行为（诸如蓄意专利伏击），就没有任何专利劫持。然而，即使 SEP 所有人一方没有恶意，实施者也可能会被锁定在标准所包括的技术中，因此他们相对于 SEP 所有人的谈判地位可能会被削弱，而导致超过 RAND 水平的许可费。虽然另一术语可能更为可取，但我们仍然继续采用术语"劫持"来形容这种情形。

RAND)条款来许可其标准必要专利(standrd-essential patents,SEP)。③

挑战在于如何定义合理和非歧视性,以及如何确定 SEP 或 SEP 组合的适当 RAND 许可费率。④ SSO 通常出于各种原因,包括不想对监督专利许可条款负责的原因,并未回答这些问题。但这些问题的答案具有重大的政策影响。如果 RAND 以允许 SEP 所有人收取超过适于专利技术水平的许可费的方式来定义,那么标准的广泛采用和相关的经济利益可能受到威胁。相反,如果 RAND 不能适当地补偿 SEP 所有人的专利发明的价值,那么当前或未来的专利所有人可以选择不参与 SSO,且发明人创新的动机可能会降低,这两者还可能减少社会福祉。

RAND 的适当定义和确定 RAND 许可费的适当方法已成为全世界各审判地 SEP 所有人和产品制造商之间的诉讼主题。⑤ 在本文中,我们讨论了美国联邦法院在确定 RAND 许可费方面的进展。

初步考虑

涉及高科技产业的标准制定和 SEP 的 3 种考虑因素⑥,可能对 RAND 许可费的确定具有重要意义:(1)可能存在很多 SEP,但大部分价值较低;(2)当存在很多 SEP 时,即使每个专利的平均许可费相对较小,实施该标准的总体许可费负担也可能很高;(3)预期的诉讼结果可能会影响许可谈判。

大部分专利价值不高……但并不是全部。专利的价值在于它允许专利所有人通过行使排他权(假设该专利被认定有效且遭到侵权)以便:(1)防止竞争对手实施该专利或;(2)从专利发明的使用者收取许可费收入。专利是一项资产。金融经济学教授指

---

③ 参见案例 Ericsson Inc. v. D-Link,No. 13 – 1625(Fed. Cir. Dec. 20 ,2013)中,《电气和电子工程师协会(Institute of Electrical and Electronics Engineers,IEEE)法庭之友简报》。一些标准制定组织使用以下术语:公平、合理和非歧视(FRAND)。从经济学家的观点来看,FRAND 和 RAND 这两个术语之间没有太大的区别。参见 Economists' Roundtable on Hot Patent-Related Antitrust Issues,ANTITRUST,Summer 2013,at 12(Gregory K. Leonard 的评论)。

④ 在组合的基础上进行 SEP 许可比较常见。然而,如果 SEP 所有人提起专利侵权诉讼,那么 SEP 所有人可以起诉的专利数量是有限的,无论专利是作为实际问题或根据法院的命令。然后,法院可能仅为 SEP 所有人的专利组合的一部分确定 RAND 许可费。原则上,这可能会导致额外诉讼,也可能导致法律程序的效率低下。然而,人们最初对此并不太关心。如下所述,专利价值的分配高度不均衡。这一属性可能适用于许多单独的 SEP 所有人的专利组合。在这种情况下,SEP 所有人的专利组合中的相对较少的部分专利的估值可能会接近整个组合的估值,从而减少了 SEP 所有人进一步提起诉讼的需求。

⑤ 例如,中国上海市的一家中级人民法院是我们知道的第一个判决 RAND 专利许可费率的法院,该案为 Huawei 诉 InterDigital。(经查,未找到此案,且 Huawei 在中国仅在深圳市中级人民法院起诉 InterDigital,并未在上海起诉。此处疑为作者信息有误。——编者注)有关讨论请参阅 Fei Deng 和 Su Sun 的 Determining the FRAND Rate:U. S. Perspectives on Huawei v. InterDigital,CPI ANTITRUST CHRON,2014 年 2 月。

⑥ 本文重点讨论高科技产业,但也可能适用于其他行业。

出,资产的价值等于预期产生的未来现金流的现值。⑦ 就专利而言,其主要的价值驱动因素是许可,预期的未来现金流等于许可费收入减去开展专利许可工作的增量成本。因此,对于这样的专利,包括专利所有人承诺按照 RAND 条款来许可的 SEP,专利的价值和预期产生的许可费的大小之间应该有密切的关系。

经济学研究已经发现,专利价值在电子行业(包括待裁决的 RAND 诉讼案件中所争议的许多行业)中的分布是高度不均衡的。⑧ 也就是说,如果考虑电子行业中所有未期满专利的总价值,那么总价值的很大一部分集中在一小部分专利中。这个主张的必然结果是大部分专利价值都很低。因此,创新类似于那些专业运动员和音乐会钢琴家的"超级巨星"市场:少数参与者占据绝大多数的行业价值。⑨ 这一发现暗示着,预计大部分专利只会产生相对较低的许可费流。

考虑到标准化的目的,许多 SEP 可能尤其如此。即使行业内的每个公司都认识到互操作性的好处,当对于解决给定的技术问题存在各种替代方案时,也通常需通过标准制定进行协调来实现所期望的互操作性。因此,当该行业已经选择参与标准制定时,这表明标准中包含的技术存在替代方案。在竞争激烈的市场中,在其他条件相差无几的情况下,产品的替代品的数量越大,产品的价格会越低。专利使用权(许可费即是专利使用权的价格)也不能免受这种竞争的影响,无论是其他专利技术还是非专利技术的竞争。

鉴于大部分专利的价值相对较低,该行业选择参与标准制定意味着许多 SEP 可能存在技术替代品,因此大部分 SEP 可能只有权享有相对较低的许可费。然而,我们不应断定所有 SEP 都必须享有相对较低的许可费。事实上,专利价值分布的第二个含义是,对于一个既定标准,可能有少量的 SEP 有权享有较高的许可费。一些专利发明显出其重要之处,且没有与之相近的替代品。Qualcomm 公司的 CDMA 专利就是一例。众所周知,Qualcomm 公司拥有使 CDMA 标准成为可能的基础技术。⑩ Qualcomm 公司为其

---

⑦ RICHARD A. BREALEY ET AL., PRINCIPLES OF CORPORATE FINANCE 93 – 96, 220 – 21 (11th ed. 2014).

⑧ 参见 Mark Schankerman, How Valuable Is Patent Protection? Estimates by Technology Field, 29 RAND J. ECON. 77 (1998),我们在这篇文章中仅限于这些类型行业的讨论,但也可能适用于其他行业。

⑨ 参见 Carolina Castaldi & Bart Los, Are New Silicon Valleys Emerging? The Changing Distribution of Superstar Patents Across US States, DRUID Summer Conference 2012, http://druid8.sit.aau.dk/acc_papers/d2r3lbvkb962pbf3im5l29e0859y.pdf,专利价值衡量的不均衡分布已经在许多环境下被研究。参见 Gerald Silverberg & Bart Verspagen, The Size Distribution of Innovations Revisited: An Application of Extreme Value Statistics to Citation and Value Measures of Patent Significance, 139 J. ECONOMETRICS 318 (2007)。

⑩ 特别是,Qualcomm 的一项专利"可能是 CDMA 的关键技术"。参见 Rudi Bekkers et al., An Empirical Study on the Determinants of Essential Patent Claims in Compatibility Standards, 40 RESEARCH POL'Y 1001, 1007 (2011),其中作者之一 Leonard 曾为 Qualcomm 做过咨询。

CDMA 组合所收取的许可费反映了这一经济事实。[11]

标准可能包含许多技术。一项标准可能包含上千个由成千上万的专利所有者拥有的 SEP 覆盖的技术。例如,802.11 Wi-Fi 标准就是这种情况,[12]其大约包含了 3000 多个潜在的必要专利。[13] 即使每个 SEP 收取少量的许可费,也可能导致实施者的总体许可费负担较大。反过来,实施者的高许可费成本可能导致消费者的高价和低水平的采用标准,导致这一结果的原因要么是仅有少数实施者能够在高许可使用费的市场中生存,要么是许可费造成更高的终端用户价格而使得消费者需求低。RAND 诉讼中经常使用"许可费堆叠"一词来描述制造商必须支付的总体许可费,而过度的许可费将迅速耗尽制造商的总利润并威胁该标准的采用。[14]

一些评论家认为,许可费堆叠只是一个理论问题。[15] 然而最近的案子表明该问题在 Wi-Fi 领域是真实的。Microsoft 诉 Motorola、Ericsson 诉 D-Link、Realtek 诉 LSI、Innovatio 案件中的裁决,各种诉讼中的和解以及其他实体的声明已经导致 802.11 标准的巨大许可费负担。[16] 在 Microsoft 诉 Motorola、Ericsson 诉 D-Link、Realtek 诉 LSI、单独的 Innovatio 中,法院确定的专利许可费单位总计已超过 0.25 美元。[17] 对比之下,Wi-Fi 芯片的现

---

[11] Qualcomm 公布的 CDMA 专利许可费是手机价格的 5%。参见 Elliot Spagat, Qualcomm's Business Model Attacked, WASH. POST, Jan. 26, 2007, http://www.washingtonpost.com/wp-dyn/content/article/2007/01/26/AR2007012600826.html。

[12] 802.11 标准,又被称为"Wi-Fi",由电气和电子工程师协会(IEEE)颁布并提出的一种具体形式的无线局域网通信。Wi-Fi 功能通常由 Wi-Fi 芯片提供,这些芯片安装在诸如无线接入点、路由器、计算机和移动设备等的下游产品中。原始的 802.11 规范于 1997 年获得批准。在 1999 年 802.11a 和 802.11b 修正规范的批准之后,Wi-Fi 芯片以有意义的成交量进行商业销售,并且在 2003 年 802.11g 修正规范和 2009 年 802.11n 修正规范获得批准之后,Wi-Fi 芯片的销售量大幅增加。

[13] In re Innovatio IP Ventures, LLC Patent Litig., No. 11 C 9308, slip op. at 82-84 (N. D. Ill. Sept. 27, 2013)。

[14] Microsoft Corp. v. Motorola, Inc., No. C10-1823JLR, slip op. at 23, 192 (W. D. Wash. Apr. 25, 2013)。许可费堆叠与 Cournot 互补经济概念有关:多个 SEP 所有人独立制定专利许可费率,但每个 SEP 所有人未能考虑其使用许可费率将对其他 SEP 所有人的利润产生的影响。所以总许可费高于单个实体制定的费用,通常造成经济效率低下。

[15] Damien Geradin et al., *The Complements Problem Within Standard Setting*: Assessing the Evidence on Royalty Stacking, 14 BU J. SCI. & TECH. L. 144 (2008)。

[16] 由于已经签订交叉许可的各方之间的隐含许可费也应该包括在许可费堆叠中,因此许可费堆叠分析变得更为复杂。

[17] 在 Innovatio 案件中,法官 Holderman 为 19 项 Innovatio SEP 确定每个 Wi-Fi 芯片的 RAND 许可费为 9.56 美分。参见前注 13,第 88 页。在 Microsoft 诉 Motorola 案件中,法官 Robart 为 Motorola 的 24 项 SEP 中的 11 项确定了每销售一台 Xbox 即收取 3.471 美分的许可费(并针对覆盖所有 Motorola 的 SEP 的另一个 Wi-Fi 使能产品确定了每台 0.8 美分的许可费)。参见前注 14,第 188、207 页。在 Ericsson 诉 D-Link 案中,法院裁定,RAND 许可费应与陪审团认定的合理许可费相同,即 5 项 Ericsson SEP 按照每单位 15 美分收取许可费。(Ericsson Inc. v. D-Link Sys., Inc., No. 6:10-CV-473, slip op. at 45 (E. D. Tex. Aug. 6, 2013)) 在 Realtek 诉 LSI 案中,陪审团针对 LSI 的两项专利评估了 Wi-Fi 芯片平均销售价格 0.19% 的 RAND 许可费,大约被估计为每个 Wi-Fi 芯片为 0.19 至 0.33 美分。(Realtek Semiconductor Corp. v. LSI Corp., No. C-12-3451-RMW (N. D. Cal. Feb. 26, 2014) 另见 David Long, Jury Returns RAND-Royalty Rate of 0.19 Percent of WiFi Chip Sale Price, ESSENT I A L PATENT BLOG (Feb. 27, 2014), http://www.essentialpatentblog.com/2014/02/jury-returns-rand-royalty-rate-of-0-19-percent-of-wifi-chip-sale-pricerealtek-v-lsi/。

价约为 2 美元。在 Microsoft 诉 Motorola 一案中,Robart 法官已被许可费堆叠的确是一个问题的事实说服。[18]

诉讼是影响专利许可谈判的最后阶段。被许可人为专利技术的使用所支付的许可费一般通过专利所有人和被许可人之间的私人谈判来确定。当各方不能就许可条款达成一致时,专利所有人可以提起专利侵权诉讼,针对被告过去的销售寻求合理的许可费赔偿,以及侵权禁令或对未来的销售强制执行法院确定的许可费。

鉴于这种法律架构,任何专利许可谈判中的各方都应该明白,未达成共识的许可条款可能会引发诉讼。因此,从理性经济议价理论的角度来看,专利许可谈判的结果将受到诉讼终极博弈的影响,即使永远不会到最后阶段。[19] 反过来,这又意味着如果法院判决的许可费不够合理,则许可谈判的结果会受到影响。同时,许可谈判的结果也可能会受到潜在诉讼成本的影响,特别是各方之间不对称的成本。

简言之,各方对未来潜存的诉讼结果的期望决定了许可谈判本身。由于各方对诉讼结果的期望可能被过去的诉讼结果所影响,诉讼案件的结果反过来可能对未来的专利许可谈判产生影响。

下面我们还讨论这一因果关系在另一个方向上如何起作用以及如何运行。由于专利诉讼中经常使用"可比"的许可来确定合理的许可费赔偿,所以专利所有人有一种动机,即尽早从一些被许可人那里获得高额的特许权使用费,以支持大额赔偿的许可条款。

RAND 的定义

在尝试一项措施之前,需要对于要尝试的内容进行概念定义。作为"合理"定义 RAND 分支(prong)的起点,经济学家将注意力集中在 SEP 所有人在标准制定时可能获得的许可费上,即所谓的事前许可费。[20] 这样的许可费能避免在许可费中劫持价值,因为在制定标准之前,SSO 可以自由选择任何可用的技术,因此 SEP 所有人将受到当时存在的替代技术所限制。

RAND 的定义可以进一步细化为 SEP 的事前增量价值,这是 SEP 在次优替代技术中能提供的额外价值。如果争议中的潜在技术的所有人将他们的技术贡献给标准的机

---

[18] Microsoft 诉 Motorola,前注 14,第 23—25、147—48 页;另见 Innovatio,前注 13,第 17—19 页。

[19] 其他人也注意到诉讼结果的预期会影响许可谈判。参见 Suzanne Michel, *Bargaining for RAND Royalties in the Shadow of Patent Remedies Law*, 77 ANTITRUST L. J. 889(2011); Carl Shapiro, *Injunctions, Hold-Up, and Patent Royalties*, 12 AM. L. & ECON. REV. 280(2010)。

[20] 关于该论证的一份有影响力的文献是 Daniel Swanson & William Baumol, *Reasonable and Nondiscriminatory (RAND) Royalties, Standards Selection, and Control of Market Power*, 73 ANTITRUST L. J. 1(2005)。Carl Shapiro 定义了一个"基准"许可费率,实际上与事前许可费是一样的。见 Shapiro,前注 19,第 289 页。

会成本很低,那么事前许可费将大致等于事前的增量价值,而且他们之间想要被纳入标准的竞争将更加激烈。在这些情况下,SEP 所有人可以收取的事前许可费将被压低至 SEP 的事前增量价值。

对于许多 SEP 而言,SEP 所有人可能在提出标准时没有重大的机会成本,但面临被强制纳入标准的要求。机会成本的潜在来源是专利所有人是否有能力设立起专有的替代标准或组织替代性的 SSO。然而,很少专利所有人具备这样的能力,因此很少专利所有人贡献重大机会成本。例如,在 802.11 的情况中,任何一个专利所有人都有太多的技术要求才能够提供专有的替代标准,出于类似的原因,为标准选择替代技术的竞争将是非常激烈的。一般来说,这是一个"赢者通吃"的提议,其附带的问题是未被选择纳入标准的技术将在审议中的技术范围内无法获得任何许可费。[21] 当然,如果 SEP 所有人可以证明重大机会成本的存在,则 RAND 的事前许可费定义可以被使用,因为该定义假设事前替代方案的影响更有限。[22]

作出 RAND 裁定的美国法院已认识到,相对于仅次于最好的替代技术,对审议中的 SEP 进行事前评估的重要性。例如,Robart 法官在 Microsoft 诉 Motorola 案中说,"将专利技术与 SSO 可以写入标准的替代方案进行比较,是确定 RAND 许可费的一个考虑因素。"[23]

不过,有人对 RAND 事前定义提出反对意见。例如,一些评论家声称事前增量价值并没有提供足够的动机来鼓励人们创新或参与到 SSO 中。[24] 然而,这些主张错误地认为创新增长等于社会福祉增长,它们错误地定义了增量价值,或者做出了不切实际的假设,而这些假设迄今为止至少不适用于美国诉讼中所涉及的标准和 SEP。[25]

一个基本的经济原则是,在竞争性市场经济中,一件商品的可替换程度是商品价格的根本决定因素。因此,在经济学上合理地对 RAND 定义应该首先考虑在多大程度上存在着相近替代技术。例如,没有合理的经济学依据使得覆盖标准的少数特征并且在标准制定时拥有许多商品替代品的 SEP 有权享有除少量许可费之外的任何东西。此外,

---

[21] 虽然专利可以在其他技术领域被许可,但这些用途通常不代表将这些专利贡献给审议中的标准会带来的机会成本。

[22] 在 Innovatio 案中,法官 Holderman 考虑到 SEP 的事前增量价值并未考虑到使用被专利覆盖的替代技术所要求的许可费。Innovatio,前注 13,第 36—39 页。然而,(在大多数情况下)专利所有人不能承诺任何给定的许可费,因为他面临的竞争强迫他让自己的专利被纳入标准,以将其专利许可费的出价降低到专利的增量价值。

[23] Microsoft 诉 Motorola,前注 14,第 28 页。

[24] Gregory Sidak, *The Meaning of FRAND, Part I: Royalties*, 9 J. COMPETITION L. & ECON. 931 (2013).

[25] 众所周知,在选择了明智的假设条件下,几乎任何关于专利制度福利效应的结果都可以从理论模型中获得。参见 Bronwyn H. Hall & Dietmar Harhoff, *Post-Grant Reviews in the U. S. Patent System-Design Choices and Expected Impact*, 19 BERKELEY TECH. L. J. 991 (2014)。

RAND 的事前定义完全符合大多数人认可的专利系统工作模式的典型示例,即发明人开发创新、获得专利、然后将该专利创新在市场上出售给制造商以将其纳入到产品中。[26]这样的发明人可能面临开发了具有相似特性产品的其他发明人的激烈竞争,结果实际上仅获得较低甚至为负的投资回报。在该情况下,SEP 所有人没有享有特殊的待遇。

此外,在美国诉讼案件中,尚无任何令人信服的证据表明,根据事前增量价值定义 RAND 相关联的许可费率的任何误差超出了额外成本,就可以解决因替代品的使用而增加的复杂性。这不应令人感到意外。此外,大部分专利的价值都很低,对于 SEP 来说尤其如此。在这类情况下任何误差必然很小。对于 SEP 没有替代品这一相对罕见的情况,使用 RAND 的事前许可费定义增加的复杂性,可能是正当、合理的。对于特定的 SEP,为了确定是否值得在这条路上继续下去,法院可以针对 SEP 的技术是否存在合理的技术替代方案来进行初步筛选。

确定 RAND 许可费的方法

迄今为止,在美国法院审理的 RAND 案中采用的一些方法是一种自下而上的方法,其重点是衡量 SEP 的增量价值。该方法涉及将总的许可费负担分摊给审议中的 SEP,以先前存在的许可或其他市场交易为基准进行个案比较。

自下而上的方法:评估增量价值。确定 RAND 许可费的一种方法是直接衡量 SEP 的事前增量价值。首先确定在标准化之前已经可用的一组替代方案,然后相对于这些替代方案来确定 SEP 的增量价值(如果有的话)。自下而上的方法与 RAND 的概念定义一致,并且在专利侵权案件中被频繁使用。[27]其常见的做法是确定对所涉侵权人来说实施专利规避设计的成本,其中该成本包括可能由于性能退化或制造、开发成本增加而导致的利润降低。

在理论上,替代方案包括 SSO 可能认为 SEP 不可用的任何技术方面的变通方案。其中一个困难是在制定标准时难以确定该替代方案是什么。此方法也要求相关领域的技术专家来确定替代方案,并评估 SEP 技术和替代方案之间的差异并对其优势进行量化。

在 SSO 环境下,确定替代方案更容易。很多 SSO 下设工作委员会,专门为标准的各

---

[26] 许多人会同意以下示例:当专利所有人向某个不知道该专利的公司索取许可费,但该公司自主研发了该发明,并将其纳入了其产品中,这时专利制度的效果会欠佳。因此,强有力的经济论证认为,如果独立发明人可以获得优先使用权,社会福利将会得到改善。参见例如 Carl Shapiro, *Prior User Rights*, 96 AM. ECON. REV. 92(2006)。

[27] 在 Microsoft 诉 Motorola 的案件和 Innovatio 案件中,法院质疑在那些情况下能正确地识别和评估替代方案。Innovatio,前注 13,第 47、52、57—58、72 页;Microsoft 诉 Motorola,前注 14,第 107 页。然而,在如上所述的专利侵权案中,确定和评估非侵权替代方案或其他规避设计是常见的。

个组成部分制定技术规范。事实上,委员会通常从各成员提出技术建议开始,迭代格式、年份或起草规范,并对各个不同的建议进行表决。因此,一个明显的出发点是工作委员会当时考虑的替代方案。

然而,替代方案并不仅仅局限于 SSO 所考虑的范围。除 SSO 明确考虑的替代方案外,替代方案还可能包括现有技术、其他技术的专利规避设计、该标准早先版本中可使用的技术、延迟特点的整合以等待即将可用的替代方案。如果某 SEP 涉及该标准的辅助特征,则该 SEP 将会从该标准中被全部剔除。

计算 SEP 增量值要求将技术改进转化成该改进的货币价值。总体上,SEP 的优势将归为这两类之一:SEP 技术可能具有性能方面的优势——例如逐步加快下载速度;SEP 技术可能具有成本优势——即更低的生产成本和更低的开发成本。因此,对增量值的合适计算不仅要考虑技术改进的市场价值,还要考虑制造商通过避免规避 SEP 的设计费用和时间所获得的收益。这些收益可能包括较低的开发成本(例如有些替代方案需要更多的前期努力)或所避免的延误成本(如果该替代方案将耗费更长时间去实施,将延迟将该特征纳入标准)。

其中一个挑战是如何计算相对于替代方案提供非常小的(或者甚至没有)可辨别增量值的 SEP 技术的许可费。即使某项技术在技术上优于这些替代方案,对于标准的实施者而言,其也可能不具有可衡量的增量经济价值。例如,一种允许增加最大 Wi-Fi 吞吐速度的技术,其价值可能很小,原因在于与带宽相关联的瓶颈造成这样的速度在实践中很难达到。[28] 在这种情况下,使用仅次于最好的替代方案将不会影响当前产品在商业上的成功。因此,这样的技术,其当前价值将会非常低。

就我们看来,替代方案的评估是 RAND 分析的一个重要组成部分,即使它不能精确地估计 RAND 许可费。了解审议中的 SEP 相对可用的替代方案可提供一定的价值,至少定性地为实施下面描述的其他方法提供了重要的环境。它同样提出了一些分析的规制。如果 SEP 所有人不能确定 SEP 相对于替代方案给 SSO 带来的好处,则没有索取高 RAND 许可费的依据。最终,大量 RAND 许可费索取必须以增量收益的证明来支持。

自上而下方法:总许可费负担的分摊。确定 RAND 许可费的第二个方法是自上而下的方法。此方法首先确定对于所有 SEP 可以收取的总许可费负担。[29] 然后,考虑到这

---

[28] 可能存在对于更大吞吐量的"选择值"(如果将来能消除带宽速度瓶颈),但是如果没有瓶颈,则这种选择值只是值的一小部分,且如果在相关时段打破瓶颈的概率很小,则该部分值将很小。

[29] 此为我们在 Innovatio 中建议的方法,并被法院采用。该方法在概念上与 Jonathan D. Putnam 向美国知识产权律师协会 2012 年春季会议上提交的论文中提出的方法相似,参见 http://www.competitiondynamics.com/wp-content/uploads/AIPLA-text-andexhibits.pdf。

些 SEP 的相对价值之间的差异,将总许可费负担在所有 SEP 之间划分。特定组的 SEP 的 RAND 许可费是总许可费负担的分摊。

该自上而下的方法因为多种原因而具有吸引力。首先,从事前的角度评估所有 SEP 的总许可费负担,适当地去除了事后转换成本可能带来的任何过度价值。在标准化之前,最大可能的许可费负担是那些将耗尽制造商对符合该标准的产品所预期的总经济利润。[30] 预期经济利润的计算将考虑将产品投放市场所必要的其他因素的影响,诸如制造、研究与开发、营销、销售人员等其他成本。[31] 预期的经济利润将代表总许可费负担的上限,因为其中一些利润可能是标准化本身造成的,而不是被选为标准的任何技术造成的;也就是说,标准化的价值本来也可以使用所选的 SEP 的替代品来实现。在有些情形下,预期的总许可费负担可能在制定标准时成为 SSO 讨论的主题。[32] 这将为确定总许可费负担提供另一个依据。

其次,自上而下的方法将具体确认实施标准所必需的其他 SEP 技术的贡献。在所有 SEP 之间分摊总许可费负担不但改善许可费堆叠问题,而且(如果正确完成)可解决其他 SEP 贡献被不正确地分配给审议中的 SEP 问题。

再次,在 SEP 之间的总许可费负担的分摊,在结构上可以解释一些 SEP 比其他 SEP 更具价值的事实。总许可费负担的一大部分可以被分配给贡献较大的 SEP 与相对较小贡献的专利相比,它们代表着相对较多的贡献。

尽管它的概念很吸引人,但在现实世界,应用自上而下的方法要求解决一些实际问题。一个初步的问题是应该在分销链条中的哪一环节评估总许可费负担。此问题与专利赔偿案件的法律密切相关,大多数情况下,法律要求以被称为"最小可销售单位"(即在包含发明的实质方面的市场中定价的最小产品)来评估被侵权且有效的专利许可费。[33] 在 Innovatio 案件中,法院发现最小可销售单位是 Wi-Fi 芯片,并且法院参照 Wi-Fi 芯片的盈利能力来评估总许可费负担。[34]

也许有既经济又实用的理由允许使用上游部件评估总许可费负担。首先,在一些情况下,标准制定过程中的参与者期望在部件层面评估许可费。例如,Wi-Fi 一案中,总务

---

[30] 从技术上讲,如果有可供选择的替代标准,那么相对于通过使用替代方案而获得的利润,通过使用该标准将能得到的增量利润。

[31] 从事前的角度来看,它可以被视为产品的长期增量营业利润。

[32] 例如,我们了解到,制定 802.11 Wi-Fi 标准的委员会成员讨论了 Wi-Fi 芯片的预期总体许可费负担为每个 Wi-Fi 芯片 0.25 美元,来自与 Matthew Shoemake 的对话。Shoemake 博士是 IEEE 802.11g 规范工作小组的负责人。

[33] 对最小可销售单位要求[被称为"整体市场价值规则"(EMVR)]存在例外情况。如果专利所有人可以证明专利发明是下游产品需求的驱动因素,则专利费可以根据下游产品的价格而非最小可销售单位的价格加以评估。参见 Laserdynamics, Inc. v. Quanta Computer, Inc., 694 F. 3d 23 (Fed. Cir, 2012)。

[34] Innovatio, 前注 13, 第 23—27 页、34 页、76 页。

委员会认为可以芯片来评估许可费。在这些情形下,合理的假设是:某芯片制造商在定价时将考虑预期的未来许可费。Wi-Fi 芯片的经济收益将反映预期的未来许可费。

其次,尽管对于单个 SEP 所有人而言,适用于终端消费者设备的许可费在全部 SEP 所有人的总的许可费里比重可能相对较小,但 SSO 的主要关注点在于,该许可费负担可能会阻碍该标准的采用。㉟ 例如,Innovatio 声称,其 19 项 SEP 的 RAND 许可费应根据终端消费者产品计算,并认为许可费应为每单位 3.39—36.90 美元,但即使取其最低值,该许可费也将超过预期的边际利润,甚至超过 Wi-Fi 芯片的当前价格。㊱ 法院还发现有 3000 份专利与 Wi-Fi 标准有关。㊲ 因此,即使少量 SEP 持有人要求收取类似的许可费,该许可费负担也很高昂,这将对标准的采用构成威胁。

再次,通常实际上更容易将标准的贡献与上游部件的价值隔离开,而试图评估下游产品的许可费负担可能需要更复杂的分摊任务,并可能导致分摊任务更大的误差。㊳ 例如,下游产品可能包含下游制造商的其他标准、非标准化技术、研究与开发、技术知识和其他贡献(如品牌名称等),这些都需要考虑。即使总许可费负担对于下游产品更大,也将需要在更多因素间进行分摊。此任务更为复杂,也更容易出错。

最后,制度上的细节和行业历史可能在有些地方对评估总许可费负担具有一定意义。例如,部件制造商经常保护他们的下游产品制造客户免受由该部件引起的任何专利侵权的指控。在已经承诺了这样的赔偿之后,具备经济理性的部件制造商将为其设立一定的缓冲定价,以应付未来可能要欠的许可费。另一实例是,几家重要的 Wi-Fi 芯片制造商已经获得了 Innovatio 的 SEP 的许可,但由于与 Innovatio 公司所拥有的 SEP 的前所有人签订的许可协议而不负有持续支付许可费的义务,鉴于此情形和 Wi-Fi 芯片行业的竞争力,被指控侵权的 Wi-Fi 芯片制造商不能绕过其必须支付的任何许可费。这有效地将总许可费负担限制为不超过 Wi-Fi 芯片的经济利益。即使许可费在名义上由下游制造商支付,情况也应如此。未经许可的芯片制造商将不得不按照许可费的量来降低其价格,以便与不必持续支付许可费义务的芯片制造商竞争。

评估总许可费负担之后,接下来的问题是如何在所有的 SEP 之间划分总许可费负担。第一步是确定 SEP 的总数。在有些情况下,SSO 中的参与者将提交担保信函,在信函中他们标识他们认为或声明的标准必要专利。一些 SEP 所有人只提交了一个典型的

㉟ Microsoft 诉 Motorola,前注 14,第 147 页、177 页;Innovatio,前注 13,第 17—19 页。
㊱ Innovatio,前注 13,第 22 页。
㊲ 同上,第 82—84 页。
㊳ 在 Invation 案中,法院驳回了 Innovatio 的专家试图基于增量价值(Wi-Fi 添加到终端产品的增量价值)的估计的分摊。同上,第 27 页。

专利列表,而其他的则只提交了一份总保证书(即一份声明,表明 SEP 所有人将对其所拥有的任何专利进行许可,只要这些专利被证明是必要的,但他们不标识任何具体的专利)。另外,一个公知的问题是 SEP 持有人具有过度夸大标准必要专利数量的动机。[39] 在有些情形下,可利用第三方研究提供对各实体所拥有的 SEP 数量,以及对所有人的专利组合中必要的 SEP 的比例加以估计。

更具挑战性的经济问题是如何评估与标准相关的 SEP 的价值。例如,在对 Innovatio 中使用的专利价值的分布进行估计发现,排名前 10% 的 Wi-Fi SEP 占到所有 Wi-Fi SEP 总价值的 84%。为了分摊总许可费,有必要知道所涉 SEP 在所有 SEP 的分布的位置。在无法对所有 SEP 进行排序的情况下,较为实用的方法是从 SEP 的技术评价开始,评估其对标准的贡献。基于此评估,可以对 SEP 相对价值进行合理约束。例如,在 Innovatio 案件中,法院裁定,Innovatio 的专利对标准来说具有"中度至中高程度的重要性",并因此在 Innovatio 的专利落入 Wi-Fi SEP 的前 10% 的专利的假设条件下计算出 RAND 的许可费。另外,如果证据证明 SEP 并非优于平均专利价值,那么能够用作分摊总许可费的平均专利价值可以作为辅助措施量。[40]

举例来说,如果某个特定 SEP 已确定进入所有 SEP 的前百分之 10%,则其 RAND 许可费可以计算如下:[41]

RAND =(总许可费负担)×(前 10% 专利占所有专利价值的百分比)×[1/(0.1×(SEP 的总数)]

比较个案:使用"可比较的"许可或其他市场交易。确定 RAND 许可费的第三个方法是,将可比较的市场交易用作所涉 SEP 价值的基准。潜在的可比较市场交易包括现

---

[39] Philippe Chappatte, *FRAND Commitments—The Case for Antitrust Intervention*, 5 EUR. COMPETITION J. 345 (2009).

[40] 例如在 Microsoft 诉 Motorola 的案件中,法院发现没有证据显示,Motorola 的 SEP 对 H.264 标准来说比该标准 VIA 许可池中的平均专利更有价值,因此它将 VIA 许可池的许可费用于 RAND 许可费的计算。Microsoft 诉 Motorola,前注 14,第 155 页和 172 页。如果证据显示审议中的 SEP 并不比中间 SEP(而非平均 SEP)好,则将使用价值分布的中间值而非价值分布的平均值。鉴于价值分布中可能存在的不均衡,中间值可能远远低于平均值。

[41] 法院采用了自上而下的方法来计算 Wi-Fi 标准的总许可费负担,通过将 Wi-Fi 半导体芯片的平均价格(14.85 美元)乘以这些芯片的长期营业利润(12.1%)得到总许可费负担为 1.80 美元。然后,法院基于 Wi-Fi 标准具有约 3000 个 SEP 的部分研究,将此专利费负担分摊到 Innovatio 的 SEP 上。法院发现 Innovatio 的 SEP 对于 Wi-Fi 标准属于"中等到中高程度的重要性",便将 Innovatio 的 19 项 SEP 列入所有 Wi-Fi SEP 前 10% 的范围内。Innovatio,前注 13,第 85 页。基于显示前 10% 的专利占到总专利价值的 84% 的经济研究,前 300 份专利(3000 Wi-Fi SEP 中的 10%)价值为 $1.51(达到总专利费负担 $1.80 的 84%)。Innovatio 的专利的 RAND 许可费是通过计算 Innovatio 的专利占前 10% 专利的份额(19 项专利÷占总专利数前 10% 的 300 项专利)而得,最终得出许可费为每单位 9.56 美分。

有专利许可和专利组合的销售。基础原则是确定 SEP 或可比技术的市场估价的经济证据。[42]

最明确的可比较的现有专利许可的候选者是涉及 SEP 的许可。[43] 然而,即便这些许可也有在一些重要方面不同于争议中的 RAND 许可的条款和条件。例如,争议中的 RAND 许可被典型地认为是仅仅对于争议中的 SEP 的单向"裸(naked)"许可,而现有许可可能覆盖更广的专利组合,可能有交叉许可规定提供技术转让。将这样的现有许可用作比较个案之前,可能需要做出调整以考虑不同之处。

在 RAND 环境下出现的现有专利许可和 RAND 许可之间另一个潜在的不同之处,如果在标准被采纳后协商现有许可,则现有许可中的许可费可能包括专利劫持价值。[44] 在 RAND 案件中,当 SEP 所有人被指控试图剥离劫持价值时,要更加特别关注。[45] 然而,即使 SEP 所有人先前似乎已经善意议价,如果 SEP 所有人(善意但不正确地)高估了它的 SEP 并且被许可人考虑了诉讼最后阶段的结果,包括遭受禁令的可能性,现有许可中的许可费也可能超过 RAND 水平。当 RAND 义务的意义和 RAND 许可费的定义存在更多的不确定且遭到禁令的可能性更大时,对在最近的专利赔偿法变化前协商的许可可能更为重要。例如,Microsoft 诉 Motorola 一案中,法院驳回了作为有效比较个案的一项许可,因为它是在陪审团赔偿判决之后协商的(即受到陪审团赔偿判决的影响),当时尚不清楚陪审团是否得到有关专利所有人的 RAND 义务的指示。[46]

对于符合标准的产品制造商,一项禁令可能会对经济构成严重威胁,因为 SEP 的规避设计具有事后不可行性(假设其实际上有必要)。直到最近,SEP 所有人才通过美国国际贸易委员会和联邦法院寻求 SEP 的禁令(尽管实际上,SEP 的禁令并不经常被批准,其部分原因可能是很多案件在考虑强制令之前已经解决了)。在其他条件相差无几的情况下,这势必提高以往专利许可中被许可人愿意支付的许可费的量。最近,美国司

---

[42] 评估房屋价值最常用的类推是,参考最近被销售的具有类似特征的房屋的价格。即便潜在的个案比较的特征和所涉及的房屋存在差别——例如,潜在的个案比较具有更大的建筑面积,更少的卫生间,最近刚翻修过的厨房——也可以做出调整以解释这些不同之处。当然,评估专利(而非房屋)时会产生特定问题。

[43] 覆盖专利技术的现有许可(而非审议中的 SEP)同样是潜在的个案比较。将这种许可用作个案比较之前,对于覆盖争议中的 SEP 的现有许可,除解决文中讨论的可比较性的问题外,还有必要分析现有许可中覆盖的技术是否与争论中的 SEP 技术具有充分可比较性,并针对不同之处做出调整。虽然这显示出使用覆盖其他专利的许可作为个案比较会导致额外的复杂性,但其并没有排除这些许可。既定的专利覆盖基础技术的 SEP 持有人可以指出覆盖其他基础技术的许可。同样,覆盖"平均"SEP 的组合的许可也可以为平均 SEP 提供代理。

[44] 我们已经听说有声明表示覆盖审议中的 SEP 的许可必须成为 RAND 许可费的最佳指标,因为它是被许可人同意支付规定专利费的市场交易。然而同理,定价操控者可以声称因为消费者同意支付,所以其定价是合理的。

[45] 如上所述,被许可人是否违反善意的意图而持有人对于 RAND 确定并不是特别重要,但不应高估 SEP。无论是否存在任何意图,以往的许可都可能反映出比 RAND 水平更高的许可费,因此便不能作为有效的个案比较。

[46] Microsoft 诉 Motorola,前注 14,第 141—142 页。

法部和联邦贸易委员会已建议应该仅在极端情况下——当侵权人为"不情愿的被许可人"时——才为 RAND 专利发布禁令或排除令（exclusion order），并且法院似乎对这些论点表示赞同，降低了这种禁令的可能性。[47] 而且，eBay 案件也导致美国联邦最高法院对非专利实施实体下达禁令更加困难。[48]

在考虑涉及争议中的 SEP 的现有许可时，同样需要考虑到诉讼最终阶段可能产生博弈。如果 SEP 所有人知道许可将在未来诉讼中用作个案比较，他将有更强的动机从早期许可中获取高额许可费。[49] 即使其 SEP 价值很低，但每个许可也将面临诉讼最后阶段的预期的压力，从而同意这些早期高许可费率。[50] 最后，即便其 SEP 具有低价值，其持有人也可能最终占据强有力的诉讼地位。

在目前的 RAND 案件中，尽管人们对于 SEP 许可的有用性普遍存在怀疑，但是法院已经得出现有许可相关性的不同结论。在 Microsoft 诉 Motorola 的案件中，法院驳回了覆盖 Motorola SEP 的现有许可，转而采信根据包含其他 SEP 的专利池的专利许可费率和由手机芯片设计公司 ARM 收取的专利许可费率。[51] 在 Innovatio 案件中，法院既驳回了覆盖 Innovatio SEP 的许可，又驳回了 Innovatio 声称作为个案比较的其他技术的许可。[52] 在 Ericsson 诉 D-Link 的案件中，Ericsson 依赖的是覆盖了争议中的 SEP 的许可。法院发现，RAND 费率低于 Ericsson 提出的费率。[53] 在 Realtek 诉 LSI 的案件中，LSI 公司依赖的是其已经研讨过的、覆盖了争论中 SEP 的许可，而 Realtek 公司则依赖的是覆盖了来源于与 LSI 公司 SEP 相同组合的其他 SEP 的许可协议。陪审团认为，RAND 费率居于各方的定位之间。[54]

可能在确定适合的 RAND 许可费率中提供有用信息的第二种类型的市场交易是涉案 SEP 的销售。[55] 这样的交易并不罕见。例如，专利主张实体经常通过从其他实体购买获得其专利。例如，Innovatio 从 Broadcom 购买的 SEP。专利的价格通常反映预期未来

---

[47] Apple, Inc. v. Motorola, Inc., 869 F. Supp. 2d 901 (N. D. Ill. 2012).

[48] eBay Inc. v. MercExchange, LLC, 547 U. S. 388 (2006).

[49] 例如，通过以预计诉讼费超过 SEP 所有人的许可费需求和 RAND 许可费之间的差额的少数被许可人为目标，可以实现这一点。

[50] SEP 所有人利用早期被许可人可以使用的禁令威胁手段加以平衡，或在相对较少的被许可人的情况下减少诉讼费。

[51] 这基本上是法院在 Microsoft 诉 Motorola 案件中采取的方法，前注 14，第 135 页、140—148 页、164—166 页、183—202 页。

[52] Innovatio，前注 13，第 58—59 页。

[53] Ericsson 诉 D-Link，前注 17，第 28、45 页。

[54] Realtek 诉 LSI，前注 17；Long，前注 17。

[55] Gregory K. Leonard & Stephen P. Rusek, *Patent Purchase Price Is Useful in Damages Analysis*, LAW360, Sept. 8, 2014.

许可收益的折现值(至少在购买方是非实施实体的情况下)。虽然专利销售市场在各种情况下并非都完全有效,但当卖方是知名的行业参与者(比如 Broadcom)时,肯定没有强有力的经济学依据来声称该市场无效。因此,专利的销售价格(例如许可活动的利润百分比的估计和适当的风险调节折现率)能够提供对预期未来许可费的估计。㊄ 如果销售包含了比争议中的 SEP 更多的许可或潜在的被许可人的范围比诉讼当事人更广,则预期未来的许可费可以被分摊来解释这些因素。

重要的开放问题

迄今为止,在美国已起诉的 RAND 案件,与确定 RAND 许可费的潜在方法相关的争议尚未解决。在我们看来,未解决的最重要问题是,在涉及 SEP 的专利发明为下游产品所需求的重要驱动因素的情况下,我们应该做什么。与一般 SEP 相比,这样的 SEP 可能具有相对高的许可费。然而,鉴于专利价值分布中的不均衡,这样的 SEP 应相对稀少。

在专利赔偿案件中,如果专利所有人能够证明专利发明驱动了下游产品的需求,那么可以根据所谓的整体市场价值法则(Entire Market Value Rule,EMVR),基于下游产品的整个市场价值来分摊许可费。㊄ EMVR 的原则在于,因其还不足以让专利发明成为若干重要的需求驱动因素中的一个;专利发明必须是需求的主要驱动因素。还应注意到,如果该专利发明存在良好的替代技术,则该专利发明不能如上所述作为需求的驱动因素,即使涉嫌侵犯专利的特征是需求的驱动因素。这是因为使用替代技术至少可以如使用专利发明那样实现大部分需求。

EMVR 原则的一个问题是——对于 SEP 和非 SEP 这两种专利——它略显呆板,因为它只创建每个专利均必须被纳入其中的两种类别。我们可以设想专利发明不是下游产品需求的唯一驱动因素,但却是需求的一个重要驱动因素。在 EMVR 原则下,关于这样的专利的许可费将基于最小的可销售单元,而这可能导致对专利价值的低估。㊄

拥有覆盖作为下游产品需求的重要驱动因素(但非唯一的驱动因素)特征的 SEP 并因此不符合 EMVR 状态的专利所有人将会辩称,其有权收取比依据最小可销售单元的自上而下方法得出的许可费率更高的许可费率,而被许可人将通过该许可费并增加其售

㊄ 如果卖方预料买方将寻求上述 RAND 许可费,则预计由售价暗示的许可费可能多于 RAND 许可费。

㊄ 参见有关 EMVR 的讨论,前注 33。我们在别处尚且争论道,如果正在使用计算许可费的合理的经济方法,则无论这样定义许可费依据,专利所有人皆应获得相同金额的许可费。因为许可费的金额反映的是技术的价值,该价值与许可费依据相互独立。Elizabeth Bailey et al., *Making Sense of "Apportionment" in Patent Damages*, 12 COLUM. SCI. & TECH. L. REV. 255(2011)。然而,如下讨论,越是选择下游产品作为许可费依据,分摊问题就越复杂。

㊄ 如前注 57 所述,原则上即使许可费基于最小可销售单元,只要适当地将下游价值纳入考虑之中,就可以针对这样的专利获得适当的许可费。然而,因为对下游价值的分析增加了一层复杂度,出错的可能性就更大了。

出部件的价格(因此增加潜在的总许可费负担,以适应所涉 SEP)。[59] 然而,这样的主张并不适用于被许可人已与 SEP 所有人达成免许可费交叉许可或已支付许可而无须再支付许可费的其他供应商竞争的情况。[60] 此外也需考虑到,价格上涨可能对标准的采纳造成不利影响。

结　论

如二所述,许可谈判受各方对诉讼最终阶段的预期的影响。近期的美国案件已为 RAND 许可费的确定设定原则,从而提供了关于 SEP 诉讼最终阶段性质的更明确的特殊性。这些案例和方法论很可能影响 SEP 所有人和产品制造商之间的 RAND 许可谈判。

---

[59] 另一个可能的方法是采用较大的总许可费负担,而不是从最小可销售单位得出。例如,如果有证据显示 SSO 成员期望较大的许可费负担时,此方法可能得到支持。

[60] 这就是 Innovatio 案件的情况,一些 Wi-Fi 芯片的最大的供应商根据审议中的 SEP 被许可,而没有现行的许可费义务。在这样的情形下,涉嫌侵权的芯片的供应商不可能支付 Innovatio 的许可费并保持可行的业务。Innovatio,前注 13,第 74—76 页。

Unwired Planet 诉 Huawei：
来自英国的开创性 SEP/FRAND 判决*

Peter Georg Picht**

关键词： 费率的确定、专利价值、费率基础、禁令救济、仲裁、比例贡献、可比协议、自上而下、组合价值、专利劫持、反向劫持、滥用市场支配地位

就 Unwired Planet(UWP)诉 Huawei 的判决，Birss[①] 法官不仅宣判了英格兰有关 SEP/FRAND 问题的第一个主要判决，而且也判决了涉及该法律领域中的诸多关键问题的案例。意识到这一点之后，他起草了一份全面广泛的意见，该意见可能不仅仅会对欧盟法的发展产生深远影响[②]。尤其是，该判决讨论了欧洲电信标准化协会(ETSI) FRAND 声明的法律性质；讨论了"FRAND"是一个范围还是仅仅是单一的一组许可条件的问题；讨论了 FRAND 的程序组成部分；讨论了合格的"非 FRAND"阈值的存在，在此阈值以下不会触发竞争法；讨论了在 FRAND 许可范围内，谈判与起诉的顺序；讨论了强硬歧视和软式歧视；讨论了用于计算 FRAND 的"可比协议"的作用；也讨论了提供 SEP 和非 SEP 的混合组合的反竞争性。

一、案件事实

截至目前，有争议的问题可分为六个审判：三个"技术"审判已经结束，每个审判处理一个专利并且与诸如有效性、侵权与必要性的技术问题相关。另一审判仅关注了组合

---

* 本文原文为德国马克斯普朗克研究所创新与竞争研究中心(Max Planck Institute for Innovation and Competition)系列论文之一，原文于 2017 年 5 月发表于德国知识产权保护协会(the German Association for the Protection of Intellectual Property，德文简称 GRUR)主办的杂志 GRUR Int 第 66 期,2017 年第 7 卷,569—579 页。本中文译文已获版权方授权。

** Peter Georg Picht 为苏黎世大学商法教授，德国马克斯普朗克研究所研究员。

① 本文原文中表述为 Birrs 法官，但英格兰及威尔士高等法院的判决（中立引用编号：[2017] EWHC 711 (Pat),案件编号：HP-2014-000005)中表述为 Birss 法官，疑为作者笔误。——编者注

② 然而，英国在"脱欧"过程中欧盟法的潜在废除将对英国和欧洲其他国家的判决的约束力有什么影响，是个有趣的问题。

中的非标准必要专利(non-SEP)。根据欧洲电信标准化协会(ETSI)知识产权政策,作为本判决主题的非技术性的审判与竞争法以及 FRAND 问题有关,并且涉及(被声称为)标准必要专利(SEP)的专利。如有必要,可能存在处理包括"传递许可"的一些附加问题的进一步审判。案件起诉时,原告 Unwired Planet 国际组织与 Unwired Planet 有限责任公司(以下还可称作原告、Unwired Planet、UWP)曾是以下专利的持有人:其标准必要特征已被确认的欧洲专利 EP 2 229 744 持有人;已被撤回的专利 EP 2 119 287 和专利 EP 2 485 514;其标准必要特征也已被确认的专利 EP 1 230 818;以及作为另外两个审判的主体的专利 EP 1 105 991 与专利 EP 0 989 712③。前三个技术审判的结果正处于向上诉法庭的上诉中,但被告 Huawei 针对专利 EP 2 229 744 的第一次上诉已被驳回④。进一步的技术审判被中止。Unwired Planet 的商业模式是向制造并销售移动电话及基础设施等通信设备的公司颁发专利许可。所有这些专利最初被授权给 Ericsson,并作为原告从 Ericsson 获得的专利组合的一部分,据称包含针对各种信息通信技术(ICT)的标准必要专利。总体争议中的被告(尤其是 Huawei、Google 和 Sumsang 公司)生产并出售基于 GSM、UMTS 和 LTE 的设备。

2016 年,Unwired Planet 有限责任公司被潘奥普蒂斯公司(PanOptis)收购,而 Unwired Planet 股份有限公司更名为 Great Elm Capital Group 股份有限公司。原告与被告从 2012 年 10 月原告接洽被告 Sumsang 公司时开始联系。依据保密协议(NDA)内容,SEP 的专利权项对比表,连同一些与之前诉讼相关的信息于 2012 年 12 月 17 日被提供。随后,2013 年 5 月与 8 月召开两次会议。2013 年 10 月,安排了与 Sumsang 公司的进一步会议。2013 年 6 月,原告同样与被告 Huawei(以下还可称作被告、Huawei)接洽,Huawei 于 2013 年 8 月 22 日通过信件向原告顾问 Evercore 通知其不愿意获得源自 Ericsson 的基础设施专利。随后,原告于 2013 年 9 月 13 日以及 2013 年 10 月向 Huawei 董事会致信,邀请其参与许可谈判,并最终达成协议,但未达成许可。Huawei 并不否认收到信件,但原告没有进一步努力跟进。2013 年 11 月 25 日,原告与被告知识产权(IP)部门取得联系,该部门即刻回应。2014 年 1 月 13 日,被告 Huawei 向原告索要于 2014 年 1 月 16 日依据保密协议以及所包括的起草条款做出的专利权项对比表。2014 年 1 月 29 日,被告 Huawei 提议不同的保密协议条款,原告于同一日确认收到该条款。直至 2014 年 3 月 10 日,当诉讼开始时,双方当事人之间没有进一步接触。诉讼开始后,原告于 2014 年 4 月向被告提出公开报价("2014 年 4 月报价"),以许可其整个全球专利组合,包括 SEP

---

③ Unwired Planet v Huawei,EWHC,HP – 2014 – 000005,2017 年 4 月 5 日,第 2 段。
④ Unwired Planet v Huawei,EWCA,A3 – 2016 – 0157,2017 年 4 月 12 日。

以及 non-SEP。被告拒绝接受许可,因为他们主张,一方面,该专利没有受到侵权,并非必要专利或者专利无效,另一方面,原告的许可报价不是 FRAND。此外,被告基于违反竞争法提出抗辩和反诉。具体地,被告主张针对主销售协议(MSA)而言违反了《欧盟运行条约》(TFEU)第 101 条,其中原告通过该主销售协议从 Ericsson 获得专利⑤,还违反了《欧盟运行条约》第 102 条(滥用支配地位)⑥。2014 年 7 月,原告提出第二次报价("2014 年 7 月报价"),此次报价仅限于专利组合中的 SEP,被告出于该专利的非 FRAND 性质而再次拒绝。2014 年 7 月报价中,对 4G/LTE 的许可费费率为全球费率 0.2%,对其他标准为全球费率 0.1%,其百分比与移动设备的平均销售价格(ASP)和基础设施的收益有关。此外,如果以 ASP 的份额表示的许可费超过预定水平,则该报价包含上限。继 2015 年 6 月法庭指示后,双方提交了包含详细许可条款的报价⑦。原告提议被许可方针对任何 SEP 可选择全球性 SEP 组合许可、英国 SEP 组合许可以及按专利许可。按专利许可或英国组合许可的许可费高于报价的全球费率。被告 Huawei 反过来提交了一份仅限于英国 SEP 的按专利许可方案,包括所有五项 SEP 的费率,其中 LTE 为 0.034%,UMTS 为 0.015%,GSM 为零。

2015 年夏,被告 Google 公司与原告的诉讼了结。2016 年夏,被告 Sumsang 公司与原告的诉讼同样了结⑧。结果是,Huawei 终止了其反诉中的重要部分以及一些有争议的条款——特别是适用于许可费费率的条款——这些条款已从主销售协议中去除。此后,所述的诉讼仅涉及 Unwired Planet 和 Huawei。

2016 年 2 月,原告和被告交换了关于他们在达成 FRAND 许可方面缺乏进展的公开信函⑨。2016 年 8 月,原告发起了包括相同条款但许可费费率更低的新报价。4G/LTE 的全球 SEP 组合费率在本报价中为 0.13%。GSM/UMTS 的相应许可费费率为 0.065%。本报价中,英国 SEP 组合许可的基础设施费率为 0.42%(LTE)或 0.21%

---

⑤ 2013 年原告与 Ericsson 达成主销售协议。按照协议,2185 项专利和申请由 Ericsson 通过 Cluster LLP 转让给原告。主销售协议授权 Ericsson 共享专利许可费,并且保留将来向原告转让相当数量的额外专利的权利。由于多次辩护焦点集中在整体诉讼的不同方面,被告尤其认为,主销售协议通常未能将由 Ericsson 针对欧洲电信标准化协会做出的公平、合理和无歧视原则保证传达给原告,因为(a)其不要求原告承担任何 FRAND 承诺,(b)即使有此义务,也不能由第三方实施,以及(c)主销售协议不禁止原告获得比 Ericsson 能够获得的更有利的许可条款。此外,被告称,由于主销售协议带来的专利组合分歧影响,原告和 Ericsson 索要过多的专利许可费。此外,有人认为,按照《欧盟运行条约》第 101 条的规定,主销售协议的特定条款具有限制竞争的目标和潜在影响,因为它们定义了最低专利许可费,并排除了替代专利许可费的其他方案。以上所有参见 Unwired Planet v Huawei,EWHC,HP – 2014 – 000005,2015 年 10 月 2 日、2015 年 11 月 19 日、2015 年 11 月 23 日、2015 年 12 月 7 日、2015 年 12 月 16 日、2016 年 1 月 28 日、2016 年 1 月 29 日、2016 年 2 月 12 日、2016 年 3 月 22 日、2016 年 4 月 29 日、2016 年 5 月 27 日。
⑥ Unwired Planet vHuawei,EWHC,HP – 2014 – 000005,2017 年 4 月 5 日,第 5 段。
⑦ Unwired Planet v Huawei,EWHC,HP – 2014 – 000005,2017 年 4 月 5 日,第 81 段。
⑧ Unwired Planet v Huawei,EWHC,HP – 2014 – 000005,2017 年 4 月 5 日,第 9 段及以下段落。
⑨ Unwired Planet v Huawei,EWHC,HP – 2014 – 000005,2017 年 4 月 5 日,第 81 段。

(GSM/UMTS);移动设备的费率为 0.55%(LTE)或 0.28%(GSM/UMTS)。被告的报价仍然以按专利许可为基础,包括对于基础设施所提议的费率为 0.036%(LTE)、0.015%(UMTS)或零(GSM),以及对于移动设备所提议的费率为 0.040%(LTE)、0.015%(UMTS)和零(GSM)[10]。2016 年 10 月 11 日,被告提交了另一个许可报价,修改了按专利许可的专利许可费,并提议整个 UWP 英国 SEP 组合的许可,包括基础设施费率为 0.061%(LTE)、0.046%(UMTS)和 0.045%(GSM 单一模式),以及移动设备费率为 0.059%(LTE)、0.046%(UMTS)和 0.045%(GSM 单一模式)[11]。2016 年 8 月原告的提议以及 2016 年 10 月被告的提议代表了各方在审判中的立场。

二、法庭的推论

(一)FRAND 问题

1. FRAND 声明的目的

Birss 法官强调 FRAND 概念的根本目的是使各方利益保持平衡:在避免专利劫持的同时,应确保专利权持有人得到适当的创新回报。另一方面,有必要防止不愿意接受许可的专利实施人犯下的专利"反向劫持"[12]。

2. 法国法律下 FRAND 声明的合法性

法庭明确指出,根据法国法律,作为非欧洲电信标准化协会(即 ETSI)成员的原告所做出的 FRAND 承诺可由第三方(如被告)强制执行,《ETSI 知识产权(IPR)政策》(第 12 条)以及《知识产权申报表》需要遵守法国法律。考虑到《ETSI 知识产权指南》第3.1.2 条的文本,由 ETSI 在申报表中提出的报价在知识产权持有人完成并签署后即被其接受,该报价包括所有相关合同条款并且确定 ETSI 将这些知识产权纳入其 SEP 数据库的条件。其结果是利于 ETSI 与知识产权持有人之间的第三方的合同[13]。尤其是,该声明足够明确并在实质上对 ETSI 和声明人两者强加义务[14]。因此,该声明不仅仅是向 ETSI 和市场提供信息的方式,而是一种能够约束声明人[15]并要求他根据 FRAND 条款向标准实施人授予许可的正式承诺[16]。然而,FRAND 承诺既不会立即促成一份许可合同,也不能

---

[10] Unwired Planet v Huawei,EWHC,HP - 2014 - 000005,2017 年 4 月 5 日,第 12 段及以下段落。
[11] Unwired Planet vHuawei,EWHC,HP - 2014 - 000005,2017 年 4 月 5 日,第 14 段。
[12] Unwired Planet v Huawei,EWHC,HP - 2014 - 000005,2017 年 4 月 5 日,第 92、95 段。
[13] Unwired Planet v Huawei,EWHC,HP - 2014 - 000005,2017 年 4 月 5 日,第 112 段及以下段落。
[14] Unwired Planet v Huawei,EWHC,HP - 2014 - 000005,2017 年 4 月 5 日,第 115 段及以下段落,第 123 段及以下段落。
[15] Unwired Planet v Huawei,EWHC,HP - 2014 - 000005,2017 年 4 月 5 日,第 130 段及以下段落。
[16] Unwired Planet v Huawei,EWHC,HP - 2014 - 000005,2017 年 4 月 5 日,第 133 段及以下段落。

以通过法律强制任何一方违背其意愿签订合同的方式来执行。相反,"如果专利权持有人拒绝签订法院确定为 FRAND 的许可,则……法院可以并且在我看来通常应当拒绝给予专利侵权救济。反过来则适用于拒绝接受 FRAND 许可的实施人。在这种情况下,通常应遵循专利侵权的正常救济"。⑰

3. FRAND 是一个"范围"还是一个"点"?

法庭还处理了一个非常有争议的问题,即是一系列许可条款均符合 FRAND 才为 FRAND 条款,还是仅仅单一的一组条件,特别是一个单一的许可费费率符合 FRAND 就符合 FRAND 原则。⑱ 一系列 FRAND 条件的假定可导致所谓的"Vringo 问题"⑲,即当事各方提出的报价不同但都符合 FRAND 的情况。Birss 法官认为,尽管这样的结果可能满足竞争法和 FRAND 合同承诺的要求,但报价之间的矛盾就必须通过禁令的授予或拒绝来解决。如果法庭基于一个假定的被许可人没有获得许可而在其管辖地范围内发布禁令,而该被许可人没有获得许可的原因是报价中被许可人不愿意接受的唯一条款是全球许可,那么这种情况反而会导致"国际强制"(International coercion)效应。⑳

如果可能存在 FRAND 费率范围,则为了判定某一特定费率属于这一情况下的"正确"费率,要么需要应用除 FRAND 之外的其他更进一步的原则,要么各方必须同意接受法院在行使其公平的自由裁量权时决定的任何费率。㉑ 从法庭应向被告颁布禁令的意义上来说,提交了专利权持有人报价的原告在这种情况下应该胜诉,因为通过做出 FRAND 报价,原告已经在 FRAND 承诺下履行了义务。相反,被告主张应拒绝该禁令,因为专利权持有人不愿接受被许可方的 FRAND 条款。由于 FRAND 条款是为了实施人的利益,使他们能够获得技术,所以后者反而应被接受㉒。然而,法庭得出的结论是单一的一组 FRAND 条款(包括费率以及所有其他条款)在既定情况下是我们寻求的可行的概念。乍一看,竞争法方面可能出现问题,因为如果在既定情况下,只有一组条款能够是真正的 FRAND,且如果 FRAND 也代表着滥用和非滥用行为之间的界限,则整个行业中的每项约定许可都存在着违反竞争法的严重风险。然而,虽然一般而言且作为一项原

---

⑰ Unwired Planet v Huawei,EWHC,HP-2014-000005,2017 年 4 月 5 日,第 140 段及以下段落。法庭未确定 FRAND 承诺是否被认为构成一个"单方面法律行为"。

⑱ Unwired Planet v Huawei,EWHC,HP-2014-000005,2017 年 4 月 5 日,第 147 段;同样参考杜塞尔多夫地方法院(LG Düsseldorf),2016 年 3 月 31 日-案卷号:4a O 73/14,第 256 段及以下段落;杜塞尔多夫地方法院,2016 年 3 月 31 日-案卷号:4a O 126/14,第 250 段及以下段落。

⑲ Vringo v ZTE,EWHC,HC-2012-000076,2014 年 11 月 28 日。

⑳ Unwired Planet v Huawei,EWHC,HP-2014-000005,2017 年 4 月 5 日,第 149 段。

㉑ Unwired Planet v Huawei,EWHC,HP-2014-000005,2017 年 4 月 5 日,第 150 段。

㉒ Unwired Planet v Huawei,EWHC,HP-2014-000005,2017 年 4 月 5 日,第 151 段。

则,竞争法的考量可以很好地解释为什么某一费率不是 FRAND 费率,但竞争法的参与对于某一费率不是真实的 FRAND 费率来说是必要但非充分的。[23]

此外,法庭认为,通过允许已经同意许可条款的一方在事后主张约定的条款因与唯一的"真实"FRAND 条款不同而不符合 FRAND,单一的一组 FRAND 条款的假设不会产生法律上的不确定性。远离 FRAND 甚至违反竞争法的条款将无法被强制执行,并会具有违反竞争法的所有后果。然而,低于该门槛时,ETSI 的 FRAND 承诺并不赋予任何一方随后质疑协议条款的权利,认为其是非 FRAND。如果双方同意许可条款,那么他们依据 ETSI 的 FRAND 承诺的权利和义务将被许可中的合同权利取代。[24] 因此,法庭强调,对于已达成的协议,FRAND 的承诺的重要性是"历史性的":一旦达成协议,合同须对各方的权利和义务进行约束。[25] 假定的可比许可协议可能示出其他各方之间已达成的费率范围以及其他条款,这一事实也无从歪曲在既定情况下仅有一组真正的 FRAND 条款这一概念。[26] 因此,法庭反对上述原告和被告提出的争辩,强调 FRAND 承诺不仅服务于专利权所有人或被许可人的利益,而且旨在维护双方的利益平衡。[27]

就 FRAND 许可的谈判过程,法庭指出 FRAND 的概念不仅是一系列许可条款的说明,还可用来阐述一系列条款达成协议的过程。专利权持有人以及实施人都应采用"FRAND 方法"进行许可谈判。这的确将给初始报价为良好的诚信谈判留有余地。然而,虽然公开报价的费率不同于"真实的 FRAND 费率",这一事实本身是符合 FRAND 方法的,但极端的报价以及不妥协的做法将违反这一原则。[28]

4. 法庭对 FRAND 费率或其他 FRAND 条款所做的判决

考虑到其他国家的现有法庭实践,Birss 法官认为法庭有能力确定一组给定条款,特别是给出的许可费费率是否符合 FRAND。他说,在概念上,设定 FRAND 许可费率与评估专利损害赔偿调查中的合理专利许可费率之间没有差别。[29]

在分析如何评估 FRAND 时,法庭首先从一方的证据、其他许可、其他案件的法庭判决或仲裁裁决的可比许可协议("可比协议")的相关性入手。要在本案中被选为可比协议,必须满足两个标准:(a)许可人是原告或 Ericsson;(b)许可是"近期的"。然而根据法庭观点,被许可方不必是被告或不必是具有相似地位的公司。这是因为通过参照特定

---

[23] Unwired Planet v Huawei, EWHC, HP - 2014 - 000005, 2017 年 4 月 5 日,第 152—153 段。
[24] Unwired Planet v Huawei, EWHC, HP - 2014 - 000005, 2017 年 4 月 5 日,第 155 段。
[25] Unwired Planet v Huawei, EWHC, HP - 2014 - 000005, 2017 年 4 月 5 日,第 168 段。
[26] Unwired Planet v Huawei, EWHC, HP - 2014 - 000005, 2017 年 4 月 5 日,第 157 段。
[27] Unwired Planet v Huawei, EWHC, HP - 2014 - 000005, 2017 年 4 月 5 日,第 158—161 段。
[28] Unwired Planet v Huawei, EWHC, HP - 2014 - 000005, 2017 年 4 月 5 日,第 162—163 段。
[29] Unwired Planet v Huawei, EWHC, HP - 2014 - 000005, 2017 年 4 月 5 日,第 169 段。

被许可方来评估什么是 FRAND 是不公平和具有歧视性的,因为他们抵制专利劫持或专利反向劫持的能力可能因其议价能力而异。㉚ 更具体地,一种从以全球费率为基准、然后酌情调整这一费率的方法,被认为是确定 FRAND 费率的有效方式。

就无歧视性而言,法庭对"一般"与"严格"无歧视进行区分。第一个方面是组成 FRAND 的各个彼此相关概念的整体评估的一部分,通过该评估,可以推知适合作为基准的许可费率。这一费率是无歧视性的,因为其衡量了被许可专利组合的内在价值,但又不依赖被许可人。严格无歧视义务在其存在的范围内属于可能导致许可费率的降低或对本来被视为 FRAND 的任何许可条款进行调整的独特因素。这将考虑寻求依赖这一义务的特定被许可人的情况。㉛

5. 关于 FRAND 费率以及通信标准的基本要素

关于信息通信技术(ICT)行业对 FRAND 许可费的计算,法庭确定了两种主要方法,即"自上而下"的方法,以及基于对可比许可协议许可费费率的评估的方法。简而言之,"自上而下"的方法从给定标准的适当总体累计许可费开始,然后尝试确定每个许可方的专利组合的相对价值,作为对该标准来说必不可少的全部相关专利组合的一部分。如果与第三方许可进行间接比较,例如之前包括所有诉争 SEP 的 Ericsson 的许可,则必须建立一种将原告专利组合的相对价值与 Ericsson 专利组合(的费率)进行比较的观点。㉜ 原告和被告为了评估许可方的专利组合的价值而实施的做法基于对专利进行分类和计数,这是一种将给定类别中所有专利视为具有相同价值的技术。㉝ 相反,Ericsson 在许可谈判中参照了一种寻求对许可进行"分离"的技术,该技术通过将评估一方对相关标准的技术贡献来评估其专利组合。法庭认为,如果专利组合是在标准设定后(如在本案中)获得的,则此方法可能会造成困难。㉞

6. 对手头案件的应用

根据法庭的观点,各方一致认为,除了单纯地增加注册或 ETSI 数据库中的专利数量外,还需要某种适当的方法。具体来说,这是由于过度申报导致的问题,即很多专利声明为必要而非事实上必要。㉟ 通过计算专利数量来对许可费费率进行谈判使过度声明这

㉚ Unwired Planet v Huawei, EWHC, HP – 2014 – 000005, 2017 年 4 月 5 日,第 175 段。
㉛ Unwired Planet v Huawei, EWHC, HP – 2014 – 000005, 2017 年 4 月 5 日,第 177 段。
㉜ Unwired Planet v Huawei, EWHC, HP – 2014 – 000005, 2017 年 4 月 5 日,第 180 段。
㉝ Unwired Planet v Huawei, EWHC, HP – 2014 – 000005, 2017 年 4 月 5 日,第 181 段。
㉞ Unwired Planet v Huawei, EWHC, HP – 2014 – 000005, 2017 年 4 月 5 日,第 185 段。
㉟ Unwired Planet v Huawei, EWHC, HP – 2014 – 000005, 2017 年 4 月 5 日,第 200—201 段。

一问题变得更加糟糕。㊱ 另外,法庭认为需要一种特定的衡量方法来应对多模式设备,特别是手机。㊲

尽管被告提出的方法论 HPA("Huawei 专利分析")证明是"一致性衡量标准",但是 Birss 法官没有采用该方法,因为其中得出的数字会高估必要专利的真实数量。换言之,如果源自 HPA 的数字被用作分数的分母,而该分数的分子源自在更细致地考虑专利后得出的数字,所得结果将低估原告专利的重要性。㊳ 另外,法庭认为原告采用的方法论"修改后的数字比例法"(MNPA)㊴是为得到信息去评估(LTE)专利组合在整个行业中强度的一次合理尝试。㊵ 然而,关于原告专利组合的强度,法庭确信,两种方法都产生错误的结果,或者高估(原告)或低估(被告)各个专利的真实价值。㊶ 因此,法庭采用了 HPA 调整后的版本。㊷

对于可比协议,法庭对其中一些进行了评估,并从不同程度对其进行考虑。㊸ 在此部分判决内容中有一段特别有趣的内容涉及可比协议的相关性,其来自以下公开的仲裁裁决:"由仲裁员和解确定的条款并不能证明自愿且合理的商业人士在谈判中可能同意的条款。在这层意义上说,许可费根本不能证明该许可下的专利组合的市场价值。其他法庭的判决可能具有说服价值,但这很大程度上取决于法庭给出的达成结论的推论。仲裁裁决至少也具有类似的说服价值,但支撑此许可的条款的推论并不可用……如果不能得到仲裁员提供的论证,我们不能明白他们如何得出这样的结论"。㊹

对无歧视的要求进行了详细的讨论,但最终对 FRAND 许可条件的确定影响不大:一方面,法庭区分了一般性无歧视的要求,正如法庭所做的,该要求是通过界定确定 FRAND 许可条件的基准而实现的,其中这些条件同等地适用于所有寻求同一类型许可的专利实施人/潜在被许可方。㊺ 另一方面,所谓的"严格无歧视"标准要求专利权所有人向专利实施人给予已经给予另一个专利实施人的许可条件,只要这两个专利实施人就许可而言处于可比较的地位。㊻ 法庭认为,只有当专利实施人之间的歧视足以扭曲竞争

㊱ Unwired Planet v Huawei,EWHC,HP – 2014 – 000005,2017 年 4 月 5 日,第 202 段。
㊲ Unwired Planet v Huawei,EWHC,HP – 2014 – 000005,2017 年 4 月 5 日,第 220 段及以下段落。
㊳ Unwired Planet v Huawei,EWHC,HP – 2014 – 000005,2017 年 4 月 5 日,第 361 段。
㊴ 参考 Unwired Planet v Huawei,EWHC,HP – 2014 – 000005,2017 年 4 月 5 日,第 80 段。
㊵ Unwired Planet v Huawei,EWHC,HP – 2014 – 000005,2017 年 4 月 5 日,第 366—368 段。
㊶ Unwired Planet v Huawei,EWHC,HP – 2014 – 000005,2017 年 4 月 5 日,第 372—374 段。
㊷ Unwired Planet v Huawei,EWHC,HP – 2014 – 000005,2017 年 4 月 5 日,第 376 段。
㊸ Unwired Planet v Huawei,EWHC,HP – 2014 – 000005,2017 年 4 月 5 日,第 382 段及以下段落。
㊹ Unwired Planet v Huawei,EWHC,HP – 2014 – 000005,2017 年 4 月 5 日,第 411 段。
㊺ Unwired Planet v Huawei,EWHC,HP – 2014 – 000005,2017 年 4 月 5 日,第 481 段及以下段落、第 503 段,同参见为了达成 FRAND 许可条件而评估无歧视性与评估可比协议的做法之间的差异。
㊻ Unwired Planet v Huawei,EWHC,HP – 2014 – 000005,2017 年 4 月 5 日,第 485 段及以下段落。

时,严格无歧视性要求才能通过竞争法得以确立。[47] 严格无歧视性要求是否也可由 ETSI 的 FRAND 声明推知并不完全清楚。无论如何,只有当歧视的影响深远到足以扭曲竞争时,这种基于声明的要求才同等适用。[48] 在同类案例中,被告和被许可方 Sumsang 公司处于"相似地位"足以使无歧视要求得以适用,但是这一要求并没有被原告忽视到以至于扭曲了竞争的程度。[49]

除了许可费费率之外,各方的主要分歧涉及许可范围。[50] 被告仅愿意依据原告的英国专利组合获得许可,而原告寻求授权全球许可,并认为有权坚持。[51] 基于许可方拥有 SEP 全球专利组合的假设,Birss 法官通常认为许可人对全球专利组合许可的报价不太可能被滥用。[52] 看看该案件的事实,尤其[53]他还认为原告的专利组合足够大并且拥有足够大的地理范围,以致合理行事且完全自愿的许可人和被许可人会就全球许可达成协议。[54] 因此,在同类案件中,全球许可被认定为符合 FRAND,并不违反竞争法,而被告对仅局限于英国的许可的坚持并非 FRAND。[55] 然而,考虑到可比协议,降低的费率应适用于在中国的销售。由于原告的专利组合在中国较小,并且拥有的相关 SEP 的数量少于上述用于设定基准费率的数量,因此一个公平合理的方法是应该用在中国的相关 SEP 的数量所决定的额外因素来衡量该费率。[56] 同时,Birss 法官也明确表示将世界划分成太多类别并不是一个可行的方法,因为这样一来,世界任何其他地区应该拥有低于基准费率的许可费费率。但是,比如,区别对待世界的三个地区也许是一个公平合理的方法。[57] 最后,法庭详细阐明了将被列入全球许可[58]的其他条款,以及仅英国专利组合许可理论上所包括的条款。[59]

(二)竞争法

判决的竞争法的部分聚焦在《欧盟运行条约》第 102 条,相当于英国 1998 年《竞争

---

[47] Unwired Planet v Huawei,EWHC,HP-2014-000005,2017 年 4 月 5 日,第 484 段。
[48] Unwired Planet v Huawei,EWHC,HP-2014-000005,2017 年 4 月 5 日,第 501 段及以下段落。
[49] Unwired Planet v Huawei,EWHC,HP-2014-000005,2017 年 4 月 5 日,第 488 段及以下段落,第 510 段及以下段落。
[50] Unwired Planet v Huawei,EWHC,HP-2014-000005,2017 年 4 月 5 日,第 523 段。
[51] Unwired Planet v Huawei,EWHC,HP-2014-000005,2017 年 4 月 5 日,第 524 段。
[52] Unwired Planet v Huawei,EWHC,HP-2014-000005,2017 年 4 月 5 日,第 535 段。
[53] 关于遍布全球的专利组合的潜在必要性、搭售问题、不同法庭中原告之诉讼的相关性,参见 Unwired Planet v Huawei,EWHC,HP-2014-000005,2017 年 4 月 5 日,第 545 段及以下段落。
[54] Unwired Planet v Huawei,EWHC,HP-2014-000005,2017 年 4 月 5 日,第 538—543 段。
[55] Unwired Planet v Huawei,EWHC,HP-2014-000005,2017 年 4 月 5 日,第 572 段。
[56] Unwired Planet v Huawei,EWHC,HP-2014-000005,2017 年 4 月 5 日,第 582,584 段。
[57] Unwired Planet v Huawei,EWHC,HP-2014-000005,2017 年 4 月 5 日,第 587 段。
[58] Unwired Planet v Huawei,EWHC,HP-2014-000005,2017 年 4 月 5 日,第 593 段及以下段落。
[59] Unwired Planet v Huawei,EWHC,HP-2014-000005,2017 年 4 月 5 日,第 596 段及以下段落。

法》(The Competition Act)第 18 节。[60] 针对这些规定的措辞,核心问题是原告是否占支配地位,如果是,那它是否滥用了这个支配地位。[61]

1. 支配地位

为了评估支配地位的存在,法庭将相关市场定义为独立许可每个标准必要专利(SEP)的独特市场。以这种方式定义的市场,SEP 所有人显然拥有 100% 的市场份额,因而被告表示存在该方占有市场支配地位这样一项推论。[62] 反过来,原告根据 AG Wathelet 在 Huawei 诉 ZTE 一案中认为 SEP 并不一定等于市场支配地位的主张,提出被告所称的支配仅依赖这一推论是不足的。[63] 在原告看来,FRAND 承诺的存在以及潜在被许可人拥有的抵消性买方力量构成在本案中驳回这一推论的充分理由。[64] 然而,Birss 法官否定了原告的立场,并批判原告本应该提出一个正面案例,不应该仅仅对不承认支配地位的推论进行辩护。[65]

(1)抵消性买方力量。

此外,法庭对原告提出的抵消性买方力量的要点不予理会,因为法庭认为它们太宽泛,不精确,证据不足,不符合欧盟委员会在 Motorola 案中的判决。[66] 关于 Motorola 案判决,法庭特别指出,即使被控占有市场支配地位的实体无法独立于一个特定大客户行事,但如果该实体通常能够在相关程度上在市场上独立于客户行事,则该实体也应被定性为占有支配地位。[67]

作为最后的考虑,Birss 法官表示,SEP 所有者无须为遵守 FRAND 承诺而占有市场支配地位,因为该承诺并非由竞争法强制规定,而是通过向 ETSI 做出承诺而产生。[68]

(2)FRAND 承诺。

在本案中,对原告服从 FRAND 承诺已没有异议。在确定支配地位时,Birss 法官愿意考虑该 FRAND 义务的实际效果:[69]SEP 所有者和推定被许可人都非常清楚,FRAND 承诺迫使所有者授予许可。因此,FRAND 承诺被认为对 SEP 所有权者的市场力量起实际约束作用。"在相关市场上,FRAND 确实赋予了买方无法通过其他方式获得的某种

---

[60] Unwired Planet v Huawei, EWHC, HP - 2014 - 000005, 2017 年 4 月 5 日,第 627 段及以下段落。
[61] Unwired Planet v Huawei, EWHC, HP - 2014 - 000005, 2017 年 4 月 5 日,第 629 段。
[62] Unwired Planet v Huawei, EWHC, HP - 2014 - 000005, 2017 年 4 月 5 日,第 631 段及以下段落。
[63] Unwired Planet v Huawei, EWHC, HP - 2014 - 000005, 2017 年 4 月 5 日,第 630—632 段。
[64] Unwired Planet v Huawei, EWHC, HP - 2014 - 000005, 2017 年 4 月 5 日,第 633 段。
[65] Unwired Planet v Huawei, EWHC, HP - 2014 - 000005, 2017 年 4 月 5 日,第 634 段。
[66] Unwired Planet v Huawei, EWHC, HP - 2014 - 000005, 2017 年 4 月 5 日,第 635 段及以下段落。
[67] Unwired Planet v Huawei, EWHC, HP - 2014 - 000005, 2017 年 4 月 5 日,第 643 段。
[68] Unwired Planet v Huawei, EWHC, HP - 2014 - 000005, 2017 年 4 月 5 日,第 638—648 段。
[69] Unwired Planet v Huawei, EWHC, HP - 2014 - 000005, 2017 年 4 月 5 日,第 654 段。

形式的市场力量,而买方能够并且确实运用了这种力量"。[70]

(3)反向劫持。

至于反向劫持,法庭考虑到了欧洲法院判决的 Huawei 诉 ZTE 案和 Lundbeck 案的相关审议意见,表示理论上有明确的潜在可能会出现这种策略,并且该策略可以作为被许可人采取的经济上合理的方法。[71] 与原告的观点一致,即在本诉讼开始之前,Lenovo 以外的任何一家制造商都不愿意讨论许可的商业条款。然而,Birss 法官认为,专利反向劫持的证据没有原告所提交的证据那样充分。[72]

(4)结论。

总而言之,对于诉讼中的 SEP 的许可,原告被认为是在市场上处于支配地位。[73]

2. 滥用

对 UWP 的市场支配地位滥用问题,有四类行为予以考虑,即(1)以 Huawei 诉 ZTE 案为背景的过早诉讼;(2)不公平超高定价;(3)捆绑/搭售 SEP 和非 SEP;以及(4)"跨司法管辖区捆绑销售",然而法庭未对该问题作进一步详述。

(1)过早诉讼。

由于原告在诉讼程序开始后提出其 2014 年许可报价,[74]被告认为这不符合 Huawei 诉 ZTE 案的行为义务,因此必然违反《欧盟运行条约》(TFEU)第 102 条。反过来,原告辩称,Huawei 诉 ZTE 案中的真正原则并不僵化,其行为符合对欧洲法院(ECJ)判决的恰当解读。[75] 引用其声明中的措辞,原告主张,从 Huawei 诉 ZTE 案的意义上说,在英国的诉讼程序中,没有提起"寻求禁止性强制令或召回产品的诉讼",而根据此案授予了更加微妙的救济,并且仅在被告拒绝接受 FRAND 许可并因此被认定为不情愿的被许可方时,才申请禁令的救济。[76]

法庭认同被告的辩解,认为仅凭一份主张的措辞并不能确定该主张是否通过 Huawei 诉 ZTE 案获得,因为这会引起规避,最终会导致欧盟法院(Court of Justice of the European Union,CJEU)的判决没有效力。[77] 然而,主张成立的空间依然存在,从而能够绕过 Huawei 诉 ZTE 案的行为要件,因为 CJEU 自身做出以下区分:一方面,提起诉讼时仅要

---

[70] Unwired Planet v Huawei,EWHC,HP-2014-000005,2017 年 4 月 5 日,第 656 段。
[71] Unwired Planet v Huawei,EWHC,HP-2014-000005,2017 年 4 月 5 日,第 657—665 段。
[72] Unwired Planet v Huawei,EWHC,HP-2014-000005,2017 年 4 月 5 日,第 669 段。
[73] Unwired Planet v Huawei,EWHC,HP-2014-000005,2017 年 4 月 5 日,第 670 段。
[74] 参考本文第一部分。
[75] Unwired Planet v Huawei,EWHC,HP-2014-000005,2017 年 4 月 5 日,第 674—676 段。
[76] Unwired Planet v Huawei,EWHC,HP-2014-000005,2017 年 4 月 5 日,第 679—680 段。
[77] Unwired Planet v Huawei,EWHC,HP-2014-000005,2017 年 4 月 5 日,第 681 段。

求损失赔偿(或提供一个账单)但不要求禁令;另一方面,提起诉讼时包含禁令要求。[78]虽然这个区分至少在英国法律中有些困难,因为一项权利要求可在诉讼后(或者甚至在审判后)修改,但 Birss 法官还是有些不情愿地宣布,未发现本案中有将 Huawei 诉 ZTE 案中行为要件延伸至不以禁令为目的的诉求的空间。[79]

被告认为原告指控证据不足,称原告在被告宣布有意愿获取 FRAND 许可后,依然继续寻求禁令救济。Birss 法官认为,原告在整个诉讼过程中维持申请禁令救济的要求无可厚非。[80] 而且,不论被告的身份是有意愿还是无意愿的被许可方,原告主张中使用的表述("只要原告需要且仍然需要授予该项许可")都带来了关于原告立场的极为宽泛的可能性。[81] 尽管如此,被告清楚表明有意达成 FRAND 许可后,原告仍然维持其主张的说法是不准确的。[82] 被告同意订立它所认为是 FRAND 的许可,但从未声明无论 FRAND 条款如何,都无条件地愿意依据该 FRAND 条款获得许可。[83] 相反,原告虽努力坚持全球许可,但也将无权要求全球许可的可能性考虑在内,也就是说,它保留了退路。[84] 因此,法庭将原告的行为描述为阻止性禁令的行为,但阻止性禁令行为并不是专利权人在实施人已经做出接受任何 FRAND 许可的无条件承诺后,还坚持要求此类禁令的行为。[85]

为了依据《欧盟运行条约》第 102 条确定该诉讼的发起是否为滥用,法庭提供了一份 Huawei 诉 ZTE 案的判决综述,尤其是第 54—70 段,并将其应用到本案的事实中。[86] 在这种情况下,Birss 法官从 CJEU 的判决中推断出以下几点:[87]

"i)在判决中,CJEU 载明了一套方案,在有关已声明为标准必要且受到 FRAND 承诺约束的专利的争议中,希望专利权人和实施人可以参照这套方案。

ii)在规定实施人和专利权人必须表达根据 FRAND 条款达成许可的意愿时,一般来说 CJEU 是参考意愿的。同时要求具体提议这一事实并不意味着与要求此类提议实际是否符合 FRAND 有关。

iii)如果专利权人在开始提起包含禁令诉求的专利侵权诉讼之前遵守该方案,那么提出此类诉讼不会构成《欧盟运行条约》第 102 条的滥用。这是 CJEU 的判决的判决理由。

---

[78] Unwired Planet v Huawei,EWHC,HP-2014-000005,2017 年 4 月 5 日,第 682 段。
[79] Unwired Planet v Huawei,EWHC,HP-2014-000005,2017 年 4 月 5 日,第 682 段。
[80] Unwired Planet v Huawei,EWHC,HP-2014-000005,2017 年 4 月 5 日,第 705 段。
[81] Unwired Planet v Huawei,EWHC,HP-2014-000005,2017 年 4 月 5 日,第 683 段。
[82] Unwired Planet v Huawei,EWHC,HP-2014-000005,2017 年 4 月 5 日,第 705 段。
[83] Unwired Planet v Huawei,EWHC,HP-2014-000005,2017 年 4 月 5 日,第 706 段及以下段落。
[84] Unwired Planet v Huawei,EWHC,HP-2014-000005,2017 年 4 月 5 日,第 709 段。
[85] Unwired Planet v Huawei,EWHC,HP-2014-000005,2017 年 4 月 5 日,第 712 段。
[86] Unwired Planet v Huawei,EWHC,HP-2014-000005,2017 年 4 月 5 日,第 713 段及以下段落。
[87] Unwired Planet v Huawei,EWHC,HP-2014-000005,2017 年 4 月 5 日,第 744 段。

ⅳ) 在 CJEU 预想的情况下,未经任何形式的事先通知就提起包含禁令诉求的 SEP 侵权诉讼必定构成滥用市场支配地位。只要判决确定什么行为构成滥用,而不是什么行为不构成滥用,判决就不需要再深入。

ⅴ) 即使在有过充分通知的情况下提起包含禁令诉求的侵权诉讼也可能构成滥用市场支配地位。然而,判决并不认为,如果情况以任何方式偏离了载明的方案,则专利权人必将因开始此类诉讼构成滥用市场支配地位。在这些情况下,专利权人的行为可能构成滥用,也可能不会。该方案载明了可以衡量双方行为的标准,以便在任何情况下都可以按标准决定是否发生了滥用行为。

ⅵ) 这也并不意味着,如果专利权人遵守该方案,提起诉讼本身就不会构成滥用并且专利权人可在提起诉讼后随意行事。再次重申,该方案载明了可以衡量双方行为的标准,可以按标准裁定是否发生了滥用行为。

ⅶ) 如果专利权人在提出主张或在提起诉讼后的行为中确实滥用了其市场支配地位,这将产生对禁令主张的抗辩。换言之,即使专利已被认定为有效且被侵权并且实施人没有获得许可,适当的补救措施仍然很可能是拒绝禁令。

ⅷ) 在至关重要的方面,本案的法律环境与 CJEU 假设的环境不同。FRAND 是可在法庭裁决的,而且其承诺可在被告的诉讼中被有效强制执行,这无关乎《欧盟运行条约》第 102 条规定。被告无须利用《欧盟运行条约》第 102 条规定对禁令主张进行抗辩。"

法庭对于"原告是否因过早诉讼而构成滥用市场支配地位的行为"这个问题的解答是从原告和被告均未绝对遵从双方的 Huawei 诉 ZTE 案义务的调查结果开始的,是否构成滥用行为的问题必须通过纵观全局来确定。[88] 这种情况下,法庭发现,在诉讼开始时,被告已充分注意到原告的 SEP、其自身对许可的意愿,以及在 SEP 有效且必要的情况下获得此许可的必要性。[89] 在这个背景下,被告应该理解,发起包含禁令主张的诉讼并不代表拒绝许可,而是试图支持这种结论。[90] 至于 Huawei 诉 ZTE 案要求的向被控侵权人提供一个依据 FRAND 条款的具体书面许可,法庭确认称,原告已向被告递交许可报价的关键条款,包括许可费费率。该信息在诉讼开始仅几周后提供,这并没有问题,这相当于在 CJEU 的方案的规定时间内仅仅超出了相对较短的一段时间,而提起诉讼并不意味着原告不愿意许可其 SEP。[91] 法庭认为被告对具体报价要求更多细节的回应是合理的,

---

[88] Unwired Planet v Huawei,EWHC,HP - 2014 - 000005,2017 年 4 月 5 日,第 747 段。
[89] Unwired Planet v Huawei,EWHC,HP - 2014 - 000005,2017 年 4 月 5 日,第 748 段及以下段落。
[90] Unwired Planet v Huawei,EWHC,HP - 2014 - 000005,2017 年 4 月 5 日,第 750 段。
[91] Unwired Planet v Huawei,EWHC,HP - 2014 - 000005,2017 年 4 月 5 日,第 753 段。

原告提供这些细节的回应同样合理。[92] 然而,被告之后从未做出无条件要约以接受任何符合 FRAND 的条款,而总是为自己保留权利,称全球性许可不符合 FRAND。[93] 总之,被告对 Huawei 诉 ZTE 案的解读被法庭驳回,认为它对原告的禁令主张提出抗辩,因为该主张在提出 FRAND 条款前提出,法庭还确认由原告提起的诉讼,包括禁令主张,未滥用市场支配地位。[94]

(2)不公平的超高定价——《欧盟运行条约》(TFEU)第 102 条(a)。

起初在对超高定价的分析中,法庭依据经济研究结果,明确表示,(非)FRAND 费率和不公平定价之间有重大差别,从某种意义上讲,依据《欧盟运行条约》第 102 条,尽管费率高于 FRAND 标准,也未必构成滥用行为。[95] 而被告称,原告的所有提议均超出 FRAND 范畴,因此涉嫌试图施加不公平售价,原告认为自己的所有报价均符合 FRAND 原则,并宣称即使不符合,他们的行为也不构成滥用,原因是:①这些报价都是在诚信善意谈判的情况下提出的;②其并未大幅高于 FRAND 费率;以及③尚无有关扭曲竞争的分析。[96] 首先,Birss 法官驳回了被告对扭曲竞争的指控,因为尚未进行详细的经济分析。[97] 其次,针对诚信善意谈判的争议,法庭发现,只要报价的接受方了解到定价是在 SEP 和 FRAND 的基础上完成,那么看起来只有报价高出 FRAND 标准太多以致于以使得衔接过程不再发生的方式来破坏谈判的这种情况才会违反《欧盟运行条约》第 102 条(a)。这种解释与 Huawei 诉 ZTE 案也并不矛盾,因为那种情况下的滥用不是非 FRAND 费率的需求,而是过早提起专利侵权禁令诉讼。[98] 在对原告和被告提供的费率进行了详细分析后,法庭得出结论,这些费率或数倍高于 FRAND 水平(原告的报价),或数倍低于 FRAND 水平(被告报价)。[99] 然而,这种偏差度并不能让法庭认定违反《欧盟运行条约》第 102 条,因为"低于相关 FRAND 基准费率数倍的报价不会影响谈判,同时也证明了高于基准费率数倍的报价同样不会影响谈判。"[100] 尽管法庭强调,强加几倍高于或低于 FRAND 的费率一般都是无法接受的,但最终反对将不公平定价判定为竞争法案件,因为在本案中,价格是在未被破坏的谈判过程中敲定的。[101]

---

[92] Unwired Planet v Huawei,EWHC,HP - 2014 - 000005,2017 年 4 月 5 日,第 754 段。
[93] Unwired Planet v Huawei,EWHC,HP - 2014 - 000005,2017 年 4 月 5 日,第 754 段。
[94] Unwired Planet v Huawei,EWHC,HP - 2014 - 000005,2017 年 4 月 5 日,第 754—755 段。
[95] Unwired Planet v Huawei,EWHC,HP - 2014 - 000005,2017 年 4 月 5 日,第 757 段。
[96] Unwired Planet v Huawei,EWHC,HP - 2014 - 000005,2017 年 4 月 5 日,第 758—759 段。
[97] Unwired Planet v Huawei,EWHC,HP - 2014 - 000005,2017 年 4 月 5 日,第 760 段。
[98] Unwired Planet v Huawei,EWHC,HP - 2014 - 000005,2017 年 4 月 5 日,第 765 段。
[99] Unwired Planet v Huawei,EWHC,HP - 2014 - 000005,2017 年 4 月 5 日,第 773 段及以下段落。
[100] Unwired Planet v Huawei,EWHC,HP - 2014 - 000005,2017 年 4 月 5 日,第 783 段。
[101] Unwired Planet v Huawei,EWHC,HP - 2014 - 000005,2017 年 4 月 5 日,第 784 段。

(3) 捆绑销售/搭售 SEP 和非 SEP。

对于捆绑销售的指控,原告争辩称,要证明将 SEP 和非 SEP 的捆绑销售实际会消除非 SEP 技术间的竞争,需要详细的经济证据,法庭驳回了这一论点。[102] 尽管法庭清楚服从 FRAND 承诺的专利持有人不得坚持执行捆绑销售 SEP 和非 SEP 的许可,但是提出包含这两种专利的首次报价并不违反竞争法。[103] 假设当事方确实执行包含 SEPs 和非 SEPs 的许可,那么该许可包括两种专利这个事实并不能代表其违反 FRAND 原则,也不代表专利持有人已利用通过 SEP 获得的市场支配力去保障非 SEP 许可。[104] 当前情况下,法庭对捆绑销售争辩的驳回针对的是原告 2014 年 4 月的报价,包括 SEP 和非 SEP,因为在被告提出分别对待的要求后,原告在 2015 年 7 月将非 SEPs 分离出来。"这并不属于一方试图利用标准必要专利赋予的市场力量搭售其非 SEP 专利组合的其他许可的行为。然而,如果原告在此之后仍坚持要求将两者捆绑到一起,那么结论很可能截然不同"。[105]

(三) 补救措施

原告寻求三种补救措施:禁令、损害赔偿以及声明其报价符合 FRAND。

1. 禁令

由于相关专利有效且被侵权,原告意在达成全球 FRAND 许可,且有权坚持如此,因此应该授予针对被告的禁令。但是,由于被告并未接触最终提议的条款,Birss 法官行使了其自由裁量权,未在公开判决书的当天授予禁令,而是给了双方一些额外时间来依据法庭列出的条件达成许可协议。[106]

2. 损害赔偿

由于被告拒绝达成全球 FRAND 许可,而原告有权坚持该许可,于是法庭不得不评估损害赔偿问题。法庭宣称,可确定 SEP 持有方的损失,即如果有意愿的许可方和有意愿的被许可方就基于 FRAND 的许可达成一致,专利权人通过授予许可将赚取一定的金钱数额。[107]

3. 声明

法庭作出正式声明,该(全球)许可最终在判决书中被确定为符合 FRAND。如果被

---

[102] Unwired Planet v Huawei, EWHC, HP - 2014 - 000005, 2017 年 4 月 5 日, 第 785—786 段。
[103] Unwired Planet v Huawei, EWHC, HP - 2014 - 000005, 2017 年 4 月 5 日, 第 787 段。
[104] Unwired Planet v Huawei, EWHC, HP - 2014 - 000005, 2017 年 4 月 5 日, 第 787 段。
[105] Unwired Planet v Huawei, EWHC, HP - 2014 - 000005, 2017 年 4 月 5 日, 第 789—790 段。
[106] Unwired Planet v Huawei, EWHC, HP - 2014 - 000005, 2017 年 4 月 5 日, 第 794 段。
[107] Unwired Planet v Huawei, EWHC, HP - 2014 - 000005, 2017 年 4 月 5 日, 第 796—800 段。

告有意愿,也可随时宣称每个原始报价不符合 FRAND。但是,被告所寻求的原告滥用市场支配地位的声明被驳回。[108]

三、结语

毋庸置疑,Birss 法官对 Unwired Planet 诉 Huawei 案的判决非常重要,这不仅是因为其在英国起的先锋作用,还因为其采用了多层面且彻底的方式。这种方式中的一些要素的影响可能会超出今天讨论的具体细节,例如对专利劫持和反向劫持的平衡观,这种观念避免了将专利权所有人或标准实施人归咎为 SEP/FRAND 舞台上预定义的"坏人"。与此同时,并非判决的每个方面都应该被当作未来应对 FRAND 案例的唯一指南。因为本文中的平衡仅仅是对该案的简要陈述,判决中的一些陈述是有问题的,一些陈述与其他欧洲(目前为止主要是德国)法庭的立场相去甚远,且可能不仅仅因为这一分歧,UWP 诉 Huawei 案中的一些问题最终将不得不交由欧洲法院(ECJ)裁决。

(一)铺设通往 FRAND 许可的合同之路

毫无疑问,本次判决最重要的方面之一(也是一项成就)是它在 SEP 许可的合同问题上所采取的积极姿态。Birss 法官明确表示,为了得到 FRAND 许可,实施人不仅能够依赖竞争法,而且可以依赖直接由建立第三方利益合同的 FRAND 声明产生的合同主张。这符合美国关于 SEP 许可的判例法中合同机制的突出地位[109],但是与德国法庭(至少一些德国法庭)的观点有所不同,这些德国法庭否认了基于 FRAND 声明的第三方利益合同。[110]

Unwired Planet 移开了这一路障,并在 SEP/FRAND 许可的背景下,帮助赋予合同法更重要的作用。这一点的重要性不言而喻,因为 Birss 法官强调,一旦许可合同达成后,其应该用来管理各方之间的关系。就已确定的 SEP/FRAND 许可而言,竞争法是否真的没有发言权尚待分晓(假使合同包含与欧盟竞争法冲突的不得反控条款该怎么办?[111]),真正的专利法机制[112]依然在很大程度上未被使用。但是尽管如此,SEP/FRAND 世界的排序在可能的情况下也应该是专利和合同法的问题,竞争法仅在这些法律失效时介

---

[108] Unwired Planet v Huawei, EWHC, HP - 2014 - 000005, 2017 年 4 月 5 日,第 803—804 段。
[109] In re Innovation IP Ventures, LLC Patent Litigation, MDL Docket No. 2303 (N. D. III. 27 September 2013), para. 3, 4.
[110] 杜塞尔多夫地方法院,2016 年 1 月 19 日,案卷号:4b O 120/14,第 338 段;杜塞尔多夫地方法院,2016 年 1 月 19 日,案卷号:4b O 122/14,第 354 段及以下段落;杜塞尔多夫地方法院,2016 年 1 月 19 日,案卷号:4b O 123/14,第 323 段;杜塞尔多夫地方法院,2012 年 4 月 24 日,案卷号:4b O 273/10。
[111] 参见欧盟委员会第 316/2014 号关于《欧盟运行条约》第 101 条第 3 款对技术转让协议类别的适用问题的规章。
[112] 以专利法为基础的方法,参见例如 Hilty/Slowinski, GRUR Int 2015, 781; Ullrich, GRUR 2007, 817。

入。[113] 原则上,虽然合同和专利法可能不是以现在的形式,带有不依赖支配地位的更加具体和详细的规定,其在微调方面做得更好。欧盟竞争法的历史发展,及其高度和谐和有效执行,已将很大的重要性和活动转移到这一领域,且竞争法不应该放弃监督的角色。然而,这一判决走上的这条路未来可能会让该监督角色更多时间留在自己位置上。这样的发展不太可能与 ECJ 在 Huawei 诉 ZTE 案中的立场相矛盾,只要针对不必要的 SEP/FRAND 相关实践的整体执行水平(从专利权人和实施人的角度看)不因此受损。毕竟,类似诚信、公认的商业实践,以及在 Huawei 诉 ZTE 案[114]中 ECJ 采用的实施人对 FRAND 声明的信赖等这样的概念都带有强烈的合同味道。

然而,要成为解决 SEP/FRAND 冲突的主要路径,这条合同之路还需通过解答 Unwired Planet 案件中遗留的未解决的问题来进一步铺设。例如,从合同而不是竞争法的角度看,由 FRAND 声明预定建议的第三方利益合同将以何种程度预先确定专利权人和具体实施人随后达成的许可合同的内容? 从合同的角度讲,专利权人可以选择其准备许可其 SEP 的市场水平(组件生产商、成品生产商、供应商等)吗? 或者,因 ETSI 的 FRAND 声明而产生的第三方利益合同会禁止这种水平选择并在标准实施人有意愿的情况下授予每一个标准实施人许可吗? 通过提及公平方面的考虑,Birss 法官意欲说明英国普通法(English Common Law)扮演了可修正以法国法为基础的 ETSI 的 FRAND 声明分析成果的矫正角色吗? 一般而言,适用法国法作为处理 ETSI 和专利权人之间合同关系的一般规则是将 EC 规则应用于法律冲突的一种看似可行的方式。[115] 诸如公平或诚信的国内原则的广泛附加的应用可能会破坏这一概念的清晰度,甚至造成与欧盟法律的紧张关系。

(二) 假定的支配地位和"具备非 FRAND 的资格"——竞争法应用的阈值

尽管 Unwired Planet 对 SEP/FRAND 许可的合同方面的强调值得赞赏,但在其确定竞争法介入的门槛时,可能会受到批评。从法庭的角度讲,有三点参考:许可的"真正"(参见下文) FRAND 水平;围绕这一水平的区域,该区域内许可条件和缔约方行为(参见下文)并不是真正的 FRAND,但竞争法未被触发的区域;以及一个与 FRAND 的偏离非常严重以至于需要竞争法介入的区域。这一概念的优点在于,能为谈判提供充足空间,各方可自行确定原始价格为相当高和相当低,然后相互靠拢,而不必担心每次会有一方认定对方违反 FRAND 而申请竞争法制裁。然而,这一概念是否符合 ECJ 对 Huawei 诉

---

[113] 更详细内容参见 *Picht*, GRUR Int. 2014 1, 5 et seq.。

[114] 欧洲法院(ECJ),2015 年 7 月 16 日,C-170/13,第 65 段。本案被称为"华为案",本书另有多篇文章讨论此案,参见本书第 259、第 287、第 414 页。(该案判决全文可参见马一德主编:《FRAND 案例精选》第二卷,第 24—35 页,科学出版社 2018 年版。——编者注)

[115] 参见欧洲议会和理事会(EC)No. 593/2008 号关于契约责任的法律应用的规章(罗马 I),2008 OJL 177/6。

ZTE 案的判决尚不明确,因为 ECJ 尚未明确把竞争法干预限定为与 FRAND 概念有特别严重的偏离的情况。在德国案例法中,对"各方的原始报价是否能与 FRAND 标准(略微)有所不同"这个问题的解答不一,但是很有可能否定的答案占多数。[116] 甚至连倾向为各方留有更多余地的德国法庭似乎也比法官 Birss 更加保守。[117] 此外,他们倾向看到已报价的许可的内容和 FRAND 许可的内容之间的客观分歧。相反,当 Birss 问到非 FRAND 报价是否倾向以使得衔接过程不再发生的方式破坏或损害谈判这个问题时,他似乎采取了一种更加关注谈判过程和各方态度的方式。尽管如此,就 SEP/FRAND 事务中合同、专利和竞争法之间的相互作用而言,显然,竞争法是否仅在其他法律能做有效制裁时(即使在有限的 FRAND 违规时)才退后这个问题至关重要,很有可能这里存在着未来 ECJ 将不得不处理的一个问题。

谈及作为适用《欧盟运行条约》第 102 条的先决条件的市场支配问题,Unwired Planet 诉 Huawei 判决与当前 Huawei 诉 ZTE 案判例法或以后的判例法相比,算是异类。首先,判决详细论述了市场支配力问题,而目前为止,大多数判例(包括 Huawei 诉 ZTE 案本身[118])都未解决这个问题。[119] 这是大受欢迎的,因为欧洲的 SEP/FRAND 格局在这一问题上可以使用更多的判例法。[120] 此外,Unwired Planet 诉 Huawei 案判决认为在其中支配地位需要被确定的相关市场,由其寻求许可的单一 SEP 构成。这是有争议的,这与德国法院间盛行的观点不一致,该盛行观点更加关注产品市场或实施 SEP 作为其组成部分的标准的服务市场。[121] 最后同样重要的是,判决采用了法律总顾问 Wathelet 的建议,对主要基于 SEP 所有权的支配地位实行可反驳的推定,[122]该提议在华为案后期并未得到太多关注。[123] 尽管反应平平,但对支配地位推定能帮助避免法庭上对支配地位问题的论战,并将对 SEP/FRAND 争议的竞争法部分的关注转放到核心问题上,即各方的行为和

---

[116] 曼海姆地方法院,2016 年 1 月 29 日,案卷号:7 O 66/15,第 58 段;曼海姆地方法院,2016 年 1 月 8 日,案卷号:7 O 96/14,第 75 段及以下段落。

[117] 曼海姆地方法院,2016 年 1 月 29 日,案卷号:7 O 66/15,第 58 段;曼海姆地方法院,2016 年 1 月 8 日,案卷号:7 O 96/14,第 75 段及以下段落。

[118] 欧洲法院(ECJ),2015 年 7 月 16 日,C - 170/13,第 43 段。

[119] 杜塞尔多夫地方法院,2015 年 11 月 3 日,案卷号:4a O 93/14;杜塞尔多夫地方法院,2015 年 11 月 3 日,案卷号:4a O 144/14;曼海姆地方法院,2015 年 11 月 27 日,案卷号:2 O 106/14;杜塞尔多夫地方法院,2016 年 3 月 31 日,案卷号:4a O 73/14;曼海姆地方法院,2016 年 1 月 29 日,案卷号:7 O 66/15。

[120] 在许多方面值得称赞的例外是判决杜塞尔多夫地方法院,2016 年 1 月 19 日,案卷号:4b O 120/14,第 7 段,6,a.

[121] 杜塞尔多夫地方法院,2016 年 1 月 19 日,案卷号:4b O 120/14。

[122] 法律总顾问 Wathelet 的观点,2014 年 11 月 20 日,C - 170/13,第 53 段及以下段落。

[123] 杜塞尔多夫地方法院,2015 年 11 月 3 日,案卷号:4a O 93/14;杜塞尔多夫地方法院,2015 年 11 月 3 日,案卷号:4a O 144/14;曼海姆地方法院,2015 年 11 月 27 日,案卷号:2 O 106/14;杜塞尔多夫地方法院,2016 年 3 月 31 日,案卷号:4a O 73/14;曼海姆地方法院,2016 年 1 月 29 日,案卷号:7 O 66/15。

许可条件。如果该推定是可反驳的,那么它看起来对 SEP 持有方就不会不公平,因为是专利权人自己声明其专利的标准必要性,从而暗示所有实施人使用时的依赖性。[124] 但是这与每个 SEP 一个市场的概念并不协调,因为专利权人总是这个市场的垄断者——一个垄断者反驳支配地位的推定的概率有多大?而且更重要的是,每个 SEP 一个市场的概念在聚焦关键市场过程方面与其说是推动力,倒不如说是障碍。首先,为整合进标准,存在技术(以及对它们的专利解读)间的竞争,继而因消费者接受度,存在基于标准的产品和服务间的竞争。法庭对 UWP 诉 Huawei 案提出令人信服的主张——一项 FRAND 声明趋向于降低声明者的市场支配力,因为它移除了标准和 SEP 使用权的竞争。实施人不再为了使用标准而通过愿意为使用权支付比其他实施人更高的价格来进行竞争,因为无论如何竞争法和 FRAND 声明保证了使用权。一个市场由一个单一 SEP 构成的概念与这一事实相矛盾,并通过假定 SEP 和标准的使用权必须通过竞争性市场过程来获得而扭曲了一个关于相关市场结构的清晰观点。相当一部分学者也不支持每个专利一个市场的概念,这并不是偶然现象。[125]

(三)SEP 强制执行和 Huawei 诉 ZTE 案中侵权主张的次序

法庭确实从竞争法角度思考的一个问题是 SEP 持有方的谈判和诉讼的排序。尤其是,专利权人是否能够先发起诉讼,并在之后提供(FRAND)许可报价?是否在 Huawei 诉 ZTE 案的判决(所谓的"过渡案件")前提起诉讼重要吗?因为这种情况下,专利权人在采取法律行动前,无从知晓 ECJ 会要求它做些什么。这些问题也在德国的判例法中被激烈讨论并引发争议。[126] 至少对过渡案件而言,弹性操作(同样适用于 Unwired Planet 诉 Huawei 案中)是有作用的,因为一旦(声称的)专利侵权和许可报价被传达给实施人,它能避免只为再次起诉而撤回诉讼的无效需求。[127]

专利权人为能够同时进行谈判和提起诉讼而追求的一项策略是,发起一次诉讼,最

---

[124] 事实上,此结论 - 就此而言,法院和讨论者通常使用的整个标准必要性概念 - 被过度简化,因为专利权可能会基于一些专利实施人而不是全部专利实施人应用的部分标准来解读。例如,基站生产商可能必须实施手机生产商不感兴趣的那部分标准,而两者都必须执行该标准的某些核心要素。换句话说,某些标准必要专利(SEP)可能比其他必要专利更重要。同样参见杜塞尔多夫地方法院(LG Düsseldorf),2016 年 1 月 19 日,4b O 122/14 Unwired Planet/Sumsang,注册号登记 345;杜塞尔多夫地方法院(LG Düsseldorf),2016 年 1 月 19 日,4b O 122/14 Unwired Planet/Sumsang,注册号登记号 362;杜塞尔多夫地方法院(LG Düsseldorf),2016 年 1 月 19 日,4b O 123/14 Unwired Planet/Sumsang,注册号登记号 331。

[125] C. Koenig/A. Trias,32 E. I. P. R. 320,325 f.(2010);T. Weck,NJOZ 2009,1177 f.

[126] 杜塞尔多夫地方法院,2015 年 11 月 3 日,案卷号:4a O 93/14;杜塞尔多夫地方法院,2016 年 3 月 31 日,案卷号:4a O 73/14;杜尔塞多夫地方高等法院,2016 年 5 月 9 日,案卷号:I-15 U 36/16;曼海姆地方法院,2016 年 1 月 8 日,案卷号:7 O 96/14;卡尔斯鲁厄地方高等法院(OLG Karlsruhe),2016 年 5 月 31 日,案卷号:6 U 55/16。

[127] 曼海姆地方法院,2016 年 1 月 8 日,案卷号:7 O 96/14;卡尔斯鲁厄地方高等法院,2016 年 5 月 31 日,案卷号:6 U 55/16;i. a. 。Birss 法官自己引用了杜塞尔多夫地方法院 2016 年 3 月 31 日,案卷号:4a O 73/14。

开始仅要求损害赔偿并提供赔偿数目,但随后会要求禁令。这种策略引发了这样的问题,Unwired Planet 诉 Huawei 案的行为要件——特别是标示侵权并在提起起诉前给予许可的要求,是否严格限制在禁令主张中,或者它们是否至少会对连续的主张产生一些影响?法庭对这一扩展持同意态度,但考虑到 Huawei 诉 ZTE 案中的措辞,认为没有可供实施的切实可行的方法。至少,Birss 法官明确提出警告,"这也并不意味着,如果专利权人遵守该方案,提起诉讼本身就不会构成滥用并且专利权人可在提起诉讼后不受惩罚地随意行事"。这一警告尤其可用于检查,在损害赔偿主张和随后的禁令主张共存时,是否出现诉讼策略不充足的问题。虽然一些德国法庭就华为(Huawei)案在很有限的几个问题上达成一致,[128]但其他判决似乎更见灵活性。[129] 由于损害赔偿的主张会对实施人施加很大压力,使他们同意专利权人的许可报价,特别是当实施人必须顾及禁令主张随后可能会被加到损害赔偿诉讼中时,所以事实上,欧盟竞争法(或者就此而言,诚信和公认的商业实践等原则作为合同式解决方案的基础)是否应该严格将 Huawei 诉 ZTE 案限制在禁令范围内看来是存疑的。

如果专利权人明确表示仅在实施人始终不愿意接受 FRAND 许可的情况下,才会寻求禁令,那么该禁令主张更容易让人接受,通过强调这一点,Unwired Planet 诉 Huawei 的判决详细论述了另一种形式的诉讼行为。如果判决中的这些内容意在介绍"有条件禁令"的概念,这种概念能够始终在法庭上进行,与履行 Huawei 诉 ZTE 案的行为要件并行,这将是 Huawei 诉 ZTE 案之后判例法的一个创新。

(四)FRAND 决定

Unwired Planet 案的判决对在具体案件中确定 FRAND 许可条件的原则的探求有很大贡献。本总结不够具体,只是罗列几个关键的方面:

- Birss 法官认为只有一组"真正的"FRAND 条件,我们对此表示尊重,但提出异议。不同于他的观点,FRAND 是一个"范围",该范围可包含几组不同的许可条件。[130] 由于除许可费费率外,许可还可以且通常包含更多内容(例如计算依据、交叉许可、有效期、不确定业务发展的风险分布等),而且由于对双方而言许可关系的经济意义取决于所有这些条件的相互作用,通过各种组合的条件可获得一种类似的经济成果。可比协议(Birss 认为有很大关联性的可比协议)证实了这一点,因为它们的许可条件并不一致,但在具体的界限内变

---

[128] 曼海姆地方法院,2016 年 1 月 29 日,案卷号:7 O 66/15;曼海姆地方法院,2016 年 1 月 8 日,案卷号:7 O 96/14;曼海姆地方法院,2016 年 7 月 1 日,案卷号:7 O 209/15。

[129] 杜塞尔多夫地方法院,2016 年 1 月 19 日,案卷号:4b O 120/14。

[130] 杜塞尔多夫地方法院,2016 年 3 月 31 日,案卷号:4a O 73/14;杜塞尔多夫地方法院,2016 年 3 月 31 日,案卷号:4a O 126/14。

化。在这些条件组合之间的选择,成为各方谈判自由的重要因素。令人惊讶的是,原本认为可以为谈判创造余地的判决在这里的立场竟如此死板。[131] 问题是谁来在两个均符合 FRAND 标准的报价间做出选择呢?答案或许是专利权人,因为毕竟由专利赋予了决定其发明是否能使用且应该如何使用的权利;答案或许可以是法庭或仲裁法庭,因为一个单方面的选择权可能会再次增加专利劫持和反向劫持风险?这个谁来选择的问题必须且能够通过除引入(虚构的)单一且"真正的"FRAND 许可以外的其他方式来解决。

- 判决表明,"FRAND"不仅有一个内容要素,还有一个关注各方谈判行为的过程要素。若不考虑标签问题,这一综合观点是让人信服的。除各方的报价内容外,ECJ 还特别重视各方的行为,尽管并未明确将其这一部分要求贴上"FRAND"的标签。

- Unwired Planet 案进一步证实了华为(Huawei)案之后判例法[132]的趋势,即世界范围内的 SEP 组合许可应符合 FRAND。

- 法庭表明,专利权人甚至可能在不违反 EC 竞争法[133]的情况下(最初)要求授予 SEP 和非 SEP 的组合许可,但是这一点是否能被欧洲竞争法法庭和执行者接受,尚未见分晓。仅凭捆绑的专利组合在市场上实际获得许可这一点,无论如何都不能使报价避开竞争法。

- 此前在市场上达成的许可(可比协议)已得到充分讨论,但是特定的可比协议(或非可比协议)的相关性也经过了严格检查。法庭不情愿考虑源自仲裁的可比协议,这一点略微有悖于在未来欧洲 SEP/FRAND 领域内非诉讼解决机制将要[134]扮演的重要角色。在未来的案例中,这可以通过向各自的成员国法院展示仲裁法庭裁决背后的推理来解决。

- 法庭赞成以 FRAND 水平的假设性许可的收益为基础来计算损害赔偿,这一点值得注意,但仍需论证。目前为止,德国判例法的部分内容采取了不同立场:仅在专利权人未能遵守 Huawei 诉 ZTE 案要求的这段时间内将损害赔偿限制在 FRAND 水平,而在专利权人遵守 Huawei 诉 ZTE 案要求的这段时间内,考虑去除实施人/侵权人的收益。[135]

---

[131] 此外,此决议坚持需精确地确定一个"真正的"公平、合理和无歧视原则(FRAND)费率,但同时也指出"还需要具体的(许可)提议这一事实并不意味着与询问这些提议是否符合公平、合理和无歧视原则(FRAND)相关",这似乎有些矛盾;Unwired Planet 诉 Huawei,EWHC,HP - 2014 - 000005,2017 年 4 月 5 日,第 744 段。

[132] 杜塞尔多夫地方法院,2016 年 3 月 31 日,案卷号:4a O 73/14;杜塞尔多夫地方法院,2016 年 3 月 31 日,案卷号:4a O 126/14;曼海姆地方法院,2015 年 11 月 27 日,案卷号:2 O 106/14;曼海姆地方法院,2016 年 1 月 8 日,案卷号:7 O 96/14。

[133] 参见杜塞尔多夫地方法院,2016 年 3 月 31 日,4a O 73/14 – Saint Lawrence/Vodafone,注册登记号 228;杜塞尔多夫地方法院,2016 年 3 月 31 日,4a O 126/14 – Saint Lawrence/Vodafone,注册登记号 222。

[134] 欧洲法院(ECJ),2015 年 7 月 16 日,C - 170/13,第 68 段;也可参见《统一专利法院协定》(UPCA)第 35 条关于创建 UPC 仲裁调解中心的条款。

[135] 杜塞尔多夫地方法院,2016 年 1 月 19 日,4b O 120/14 – Unwired Planet/Sumsang;杜塞尔多夫地方法院,2016 年 1 月 19 日,4b O 122/14 – Unwired Planet/Sumsang;杜塞尔多夫地方法院,2016 年 1 月 19 日,4b O 123/14 – Unwired Planet/Sumsang。

标准价值[*]

Norman V. Siebrasse**   Thomas F. Cotter***

关键词：合理许可费、专利价值、费率基础、许可费堆叠、专利劫持、增量价值、事前评估、比例贡献、标准化价值、技术自身价值、拍卖模型、事前增量模型、事前预估模型、假设性谈判、可比协议、自顶而下、分摊原则

引　言

电气和电子工程师协会（Institute of Electrical and Electronics Engineers, IEEE）和欧洲电信标准化协会（European Telecommunications Stdandards Institute, ETSI）等标准制定组织（standard-setting organizations, SSO）经常鼓励或要求其成员公开可能适用考虑标准范畴中的任何专利，以"公开宣布"可能对该标准至关重要的任何专利，并在"合理和非歧视"（reasonable and nondiscriminatory, RAND）或"公平、合理和非歧视"（fair, reasonable and nondiscriminatory, FRAND）条款下对这些专利进行许可。① 但SSO本身通常不会定义任何既定标准必要专利（standard-essential patent, SEP）的FRAND许可费，②并且

---

* 本文原发表于《明尼苏达法律评论》（Minnesota Law Review）第101卷，第1159—1238页，2017年出版。本中文译文已获版权方授权。

** Norman V. Siebrasse 为加拿大新布伦瑞克大学法学院（University of New Brunswick Faculty of Law）法学教授。

*** Thomas F. Cotter 为明尼苏达大学法学院 Briggs and Morgan 讲席教授。

① 参见《电气和电子工程师协会标准协会标准委员会章程6.2》（IEEE-SA Standards Board Bylaws 6.2, 简称 IEEE-SA Bylaws, 电气和电子工程师协会, 2015），http://standards.ieee.org/develop/policies/bylaws/sb_bylaws.pdf；ETSI 议事规则附录6,6.2（欧洲电信标准化协会, 2008），http://www.etsi.org/WebSite/document/Legal/ETSI_IPR-Policy.pdf；另见 Rudi Bekkers & Andrew Updegrove，《全球标准制定组织的知识产权政策和实践研究》，第48—99页（2012.9.17），http://sites.nationalacademies.org/cs/groups/pgasite/documents/pages/pga_072197.pdf（报告了截至2012年，12个领先的 SSO 之间的披露与许可义务）。在文献和判例法中，首字母缩略词"RAND"和"FRAND"可以互换使用。除非引用资料原文使用的术语是"RAND"，本文一律采用"FRAND"表示（该术语的使用频率越来越高）。

② 少数 SSO 要求成员在免许可费的基础上许可标准必要专利（SEP），但这种做法并不常见。参见 Jorge L. Contreras, *Technical Standards and Ex Ante Disclosure: Results and Analysis of an Empirical Study*, 53 JURIMETRICS 163, 173 – 75（2013）（主张了一些 SSO 鼓励或要求成员披露他们期望的最高许可费率）。出于各种原因，SSO 通常已经避免了制定 FRAND 许可费。但参见 Doug Lichtman, *Understanding the RAND Commitment*, 47 Hous. L. Rev. 1023, 1027 – 29, 1046 n.65（2010）（提议了由于"缺乏合适的律师"、时间紧迫、在采用标准时缺乏技术价值方面的信息、以及出于对反垄断责任的担忧，"比起更常规、明确的定价条款，公司可能更倾向于含糊不清的 RAND 原则"）。

— 127 —

当谈判破裂时,诉讼当事人越来越多地请求法院设定许可费金额。③ 然而,法院已经明确制定了设定 FRAND 许可费的各项原则,包括:

(1)许可费应防止 SEP 所有人进行专利"劫持"。④

(2)法院应使"许可费堆叠"的风险最小化,"许可费堆叠"使卖方因其销售的产品包含多项由不同主体所有的专利而承担过高的许可费成本。⑤

(3)FRAND 许可费应反映出该技术相较于替代技术的事前增量价值。⑥

---

③ 参见 In re Innovatio IP Ventures, LLC Patent Litig., No. 11 C 9308, 2013 WL 5593609(N. D. Ill. Oct. 3, 2013)(确定在侵权行为中应承担的 FRAND 许可费金额);另见 Microsoft Ccrp. v. Motorola, Inc., 795 F. 3d 1024(9th Cir. 2015)(审查了地方法院针对"RAND 费率及其范围展开漫长而彻底的法官审理");Ericsson, Inc. v. D-Link Sys., Inc., 773F. 3d 1201(Fed. Cir. 2014)(推翻了陪审团对的在专利侵权行为中应承担的 FRAND 许可费的裁定);Apple Inc. v. Motorola, Inc., 757 F. 3d 1286(Fed. Cir. 2014)(持有专家提供的关于许可费率的证词是可接受的,并在侵权行为中被地方法院不当的排除在外)。日本和中国两国法院也已经确定了 FRAND 许可费。进一步的讨论,参见 Norman V. Siebrasse & Thomas F. Cotter, *Judicially Determined FRAND Royalties*, in THE CAMBRIDGE HANDBOOK OF TECHNICAL STANDARDIZATION LAW(Jorge L. Contreras ed., 2017)。

④ 参见 *Microsoft*, 795 F. 3d at 1031, 1052("RAND 协议的目的在于通过降低劫持风险促进标准的采用",该案确认了 No. C10 - 1823JLR, 2013 WL 2111217, at * 12(W. D. Wash. Apr. 25, 2013),"用于确定 RAND 许可费的适当方法应该因此认识到 RAND 承诺旨在避免专利劫持风险,并设法降低其风险");*Innovatio*, 2013 WL 5593609, at * 8("RAND 承诺的主要目的之一是避免专利劫持,当标准实施者已经被锁定使用某项标准之后,标准必要专利持有人要求其必须支付额外的许可费时,专利劫持就会发生");比较 *Ericsson*, 773 F. 3d at 1234("地方法院不必指导陪审团针对专利劫持和许可费堆叠问题展开审查,除非被控侵权人提供专利劫持或许可费堆叠的实际证据")。

⑤ 参见 *Microsoft*, 2013 WL 2111217, at * 86(指出了"RAND 原则有两个重要关注点:防止产生许可费堆叠和消除专利劫持",且"在这两个目标中,反专利许可费堆叠原则可以有效限制 RAND 的上限");另见 *Microsoft*, 795 F. 3d at1031;*Innovatio*, 2013 WL 5593609, at * 9 - 10;比较 *Ericsson*, 773 F. 3d at 1209(承认"当一个标准涉及多项专利时",有可能出现许可费堆叠的情形);同上,第 1234 页(肯定了地方法院拒绝就许可费堆叠发出陪审团指示的做法,因为缺乏证据表明堆叠是真实的,而不是谈判各方会提出的理论问题)。"专利许可费堆叠"可以被视为"Cournot 互补"问题的表现,其产生于"当单独的互补投入所有者各自要求(对他们而言)个体利润最大化价格,以换取允许将这些投入成本算入最终产品的价格内时",结果是"生产最终产品的成本"将"高于社会最优价格"。Thomas F. Cotter, *Patent Holdup*, *Patent Remedies*, *and Antitrust Responses*, 34 J. CORP. L. 1151, 1169(2009);see also FED. TRADE COMM'N, TO PROMOTE INNOVATION: THE PROPER BALANCE OF COMPETITION AND PATENT LAW AND POLICY, ch. 2, at 23(2003);Mark A. Lemley & Carl Shapiro, *Patent Holdup and Royalty Stacking*, 85 TEX. L. REV. 1991, 2013(2007)("Cournot 互补理论教导我们,一项产品涉及的专利独立持有者人数越多,专利许可费堆叠问题就可能会越严重")。

⑥ 参见 *Innovatio*, 2013 WL 5593609, at * 19(指出了法院应"考虑与替代技术相比,专利产品的效用和优势",因为"与纳入标准的专利技术具有同等效果的替代技术将压低专利持有人可以合理要求的许可费");*Microsoft*, 2013 WL 2111217, at * 13(指出了"专利技术对标准的增量贡献的事前检查有助于确定在 RAND 许可费率纠纷中的 RAND 费率",而"比较专利技术与 SSO 可写入标准的替代技术则是在确定 RAND 专利许可费时需要考虑的一个因素")。

(4)许可费应与该技术对该标准及该标准用户的重要性成比例("比例性原则")。⑦

(5)许可费不应反映"因该技术的标准化而增加的任何价值",即"由于对专利技术的标准采用而增加的任何价值"⑧或如另一法院所表述的那样,简而言之,也就是"标准价值"。⑨

(6)许可费应足以维持专利激励("发明激励"原则)。⑩

(7)许可费应为参与标准制定过程提供足够的激励("参与激励"原则)。⑪

---

⑦ 处理 Microsoft 相关案件的法庭认为专利对标准和对用户的产品同等重要。Microsoft,2013 WL 2111217,at *3,*20(特征是,"以法院分析为核心"原则是"在假设性谈判中的各方将根据 SEP 对标准的重要性以及标准和 SEP 对争议产品的重要性"设定 RAND 专利许可费率,并指出"对标准非常重要和核心的专利将会理所当然地要求比那些相对不重要的专利更高的专利许可费率")。处理 Innovatio 公司相关案件的法庭合并了这两点。Innovatio,2013 WL 5593609,at *8("因为在该案中,适当的专利许可费基准应该为 Wi-Fi 芯片,其目的是提供 802.11 功能,确定 Innovatio 的专利对 802.11 标准的重要性也就确定了这些专利对 Wi-Fi 芯片的重要性。因此,法院的分析不包括评估 Innovatio 专利对被控产品的重要性的单独部分,而是将该分析合并到 Innovatio 专利对 802.11 标准的重要性的调查中");另见 Ericsson,773 F. 3d at 1232 – 1233("正如为覆盖设备的一小部分的专利分配损害赔偿一样,我们也必须为仅覆盖标准的一小部分的 SEP 分配损害赔偿")。

⑧ 参见 Ericsson,773 F. 3d at 1232("在处理 SEP 过程中出现了两个特殊分摊问题:首先,专利特征必须从标准反映的所有非专利特征中进行分摊;其次,专利权人的许可费必需以专利特征的价值为前提,而非标准所采用的专利技术所增加的任何价值。这些步骤对于确保许可费奖励是基于专利发明对产品的增量价值,而非该技术标准化增加的任何价值来说是必要的");另见 Commonwealth Sci. & Indus. Res. Org. v. Cisco Sys.,Inc.,809 F. 3d 1295,1304(Fed. Cir. 2015)(quoting Ericsson)。

⑨ Microsoft,795 F. 3d at 1053("根据 Motorola 的专利对 H. 264 标准只有微不足道的价值这一事实……,陪审团推断:要求 2.25% 的许可费率不是为了实现技术的价值的善意努力,而是试图利用标准本身的价值,也就是获得劫持价值");Microsoft,2013 WL 2111217,at *10(所谓专利劫持,是指 SEP 持有人要求超过专利技术本身价值的能力以及试图获得标准价值本身的能力);另见 Innovatio,2013 WL 5593609,at *8(quoting Microsoft);Apple,Inc. v. Motorola,Inc.,869 F. Supp. 2d 901,913(N. D. Ill. 2012)("FRAND 要求的目的……是将专利权人的许可费限制在专利本身所赋予的价值,而非专利被指定为标准必要专利所赋予的附加价值—劫持价值"),出于其他理由已对部分进行修订,757 F. 3d 1286(Fed. Cir. 2014)。

⑩ 参见 Innovatio,2013 WIL 5593609,at *11("RAND 费率必须设定得足够高,以确保未来的创新者有适当的动机去投资今后的发展,并将他们的发明贡献给标准制定过程");Microsoft,2013 WL 2111217,at *80("至少对于部分实体而言,由于根据 RAND 承诺,通过 SSO 授予专利许可是确保日后可以获利的关键,如果不向 SSO 授予专利许可,则会大大削减创新者的发明热情,从而导致创新减少,经济发展缓慢")。损害赔偿应该足以维持专利激励方案的想法是无可争议的。参见 King Instruments Corp. v. Perego,65 F. 3d 941,950(Fed. Cir. 1995)("失去利润补偿……保护宪法激励");FED. TRADE COMM'N,THE EvOLVING IP MARKETPLACE:ALIGNING PATENT NOTICE AND REMEDIES WITH COMPETITION 52(2011)("专利权人声称专利侵权和进入事后交易的能力是支持专利制度的创新激励的必要特征……无论是许可费支付还是专有的市场地位,专利权人都可以允许从其投资中获得回报,从而制定和开发创新,创造对创新的激励")。尽管无论这种激励制度是否一定可以促进发明、公开、创新、或者其他社会利益,法院是否可以在某些情况下调整专利补救措施,以更好地确保奖励与这些利益相称,这些问题都很有趣,但是它们是各自独立的。例如,参见 Ted Sichelman,Purging Patent Law of "PrivateLaw" Remedies,92 Tex. L. Rev. 517,554 – 69(2014)(主张理想情况下,法院应判定专利权人足够的损害赔偿以维持发明激励,具体金额可以高于或低于专利权人的损害赔偿金)。

⑪ 参见 Innovatio,2013 WL 5593609,at *11;Microsoft,2013 WL 2111217,at *12("为了诱导创造有价值的标准,RAND 承诺必须保证有价值的知识产权的持有人将收到一笔合理的专利许可费");另见 Anne Layne-Farrar et al.,Payments and Participation:The Incentives To Join Cooperative Standard Setting Efforts,23 J. ECON. & MGMT. STRATEGY 24(2014)(讨论了许可上限对标准制定的影响)。

FRAND 文献精选

然而,法院尚未完全明确解释许可费如何尽量满足所有上述原则(或者是否可能满足所有原则)。在 FRAND 标准之外,法院通常考虑 15 个非确定性的 Georgia-Pacific 因素[12]以决定合理许可费金额,这种做法有时会遭到实践批评家的嘲笑,因为这使陪审团能够裁定几乎任何金额的损害赔偿。[13]那么若适用上述七项原则,是否会出现类似风险使法院能够将几乎任何损害赔偿判决定性为符合 FRAND 条款?这些原则本身是相互兼容的,还是应该对其中几条原则进行修改或废除?是否存在一些更深层次的基本原则,可以将上述的几个或全部原则结合成统一整体?

本文提出,作为一项基本原则,FRAND 许可费应反映专利对用户的标准价值所带来的增量。[14] 该原则结合了在正文中提出并捍卫的三个相关主旨。第一,许可费应反映理性人双方在发生沉没成本之前所进行的假设性谈判的结果,这种假设性谈判是依据以往实践经验所得的此专利技术相较于非专利替代技术的增量价值(正如在相关论文所述的方法,即"事先偶然")。[15]第二,对应一个标准的多项专利应按照其对标准的边际贡献的比例进行估价(以下统称为"事后 Shapley 定价")。第三,对用户而言,标准的价值决定了用户的最大支付意愿。用户对许可专利权本身并不感兴趣,而用户想要的是使用该标准的权利。[16] 因此,用户愿意为该权利支付的金额取决于该标准对用户的价值,而不是基于诸如该技术之上拥有多少项专利、这些专利是由一个专利权人持有还是由许多专利权人持有、该标准是由 SSO 正式开发还是实际形成,或者价值是否因网络效应、高效设计或时尚的奇思妙想的广泛采用而产生。这些因素丝毫不影响该标准对用户的价值,因

---

[12] 参见 Georgia-Pac. Co. v. U. S. Plywood Co. ,318 F. Supp. 1116,1120(S. D. N. Y. 1970)(列出了 15 个用于计算合理的专利许可费的潜在相关因素),出于其他原因进行修正,446 F. 2d 295(2d Cir. 1971);另见 Lucent Techs., Inc. v. Gateway, Inc. ,580 F. 3d 1301,1324 – 1336(Fed. Cir. 2009)(应用了 Georgia-Pacific 因素)。

[13] 例如,参见 Christopher B. Seaman, *Reconsidering the Georgia-Pacific Standard for Reasonable Royalty Patent Damages*, 5BYU L. Rev. 1661,1704(2010)(提供了批评意见的各种出处的概述)。在 FRAND 背景下,Innovatio 案和 Microsoft 案的审理法院都应用了修订版的 Georgia-Pacific 因素。参见 *Innovatio*, 2013 WL 5593609, at * 5 – 8; *Microsoft*, 2013 WL 2111217, at * 17 – 20。

[14] 其他一些评论家提出,FRAND 专利许可费应反映出专利对该标准的边际贡献或增量贡献。参见例如 Anne Layne-Farrar et al. , *Pricing Patents for Licensing in Standard-Setting Organizations: Making Sense of FRAND Commitments*, 74 Antitrust L. J. 671, 693(2007); J. Gregory Sidak, *The Meaning of FRAND, Part I: Royalties*, 9 J. Competition L. & Econ. 931, 980 – 981(2013)。但是,正如上文将明显的那样,他们赋予 FRAND 原则的含义与本文提出的观点存在实质上的不同。

[15] Norman V. Siebrasse & Thomas F. Cotter, *A New Framework for Determining Reasonable Royalties in Patent Litigation*, 68Fla. L. Rev. (forthcoming 2017), http://ssrn. com/abstract = 2528616。更确切地说,假设某项专利已被选择纳入标准,其价值远远超过了下一个最佳非专利技术的价值,而该非专利技术事先已经被列入标准,根据事前偶然方法,专利权人有权享有该项专利技术的事先价值(即在承担沉没成本之前的价值)。见下文注释42,第三部分 A,附录 B。

[16] 参见 David O. Taylor, *Using Reasonable Royalties To Value Patented Technology*, 49 Ga. L. Rev. 79, 116 – 18 (2014)(主张专利补救措施的根本目标是准确地评估专利技术的价值,因为这样做提供了发明的最佳激励机制的公共政策的目的)。

此,它们不应影响到用户所要求支付的合理许可费。正如下文所述,与迄今存在的其他方法相比,本文提出的方法更坚定地以创新政策为基础。此外,本文提出的方法还为解释上述七项原则奠定了基础,使法院能够连贯且一致地适用这些原则。

理解本文方法的关键在于拆解原则(5)项下的"标准价值"。正如下文所述,法院及其他人在涉及三个不同的现象时(我们称为"沉没成本套牢""网络价值分配"和"分摊问题")使用该条款或类似条款。当标准的采用要求用户承担特定的投资沉没成本时,就可能产生沉没成本套牢。需要考虑的是,专利权人所拥有的禁令救济使其可以提取沉没成本的一部分,而该部分沉没成本高于甚至远远超出发明价值。[17] 所以尽管在实践中实施者根据标准要求需要进行特定交易的投资,但沉没成本套牢现象的产生不限于标准背景甚或是专利背景。因此,在某种意义上沉没成本套牢可以(有时会)[18]被描述为标准化价值的取得,尽管严格来说,专利权人获得的只是标准化过程中产生的用户沉没成本的一些部分。

第二种现象,即网络价值分配,发生于特定技术价值在标准化过程中因网络效应的存在而增加之时。[19] 与沉没成本套牢一样,禁令救济使专利权人能够提取比事前谈判更高的事后许可费,因此这现象也极有可能被描述为标准价值中的一些获利,尽管在这种背景下,价值因受到网络效应的影响而增加,而非依赖于是否存在特定交易的沉没成本。

当一项标准只涵盖一项专利时,前述两种现象可能会出现,而当一项标准体现多项专利时,每项专利只能贡献标准总价值的部分价值,因此必然会出现分摊问题。因为每项专利对于标准的实施都至关重要,[20]所以拥有禁令救济的专利权人可以从用户那里获

---

[17] 参见 Joseph Farrell et al. , *Standard Setting, Patents, and Hold-Up*, 74 Antitrust L. J. 603, 612 – 613(2007);另见下文第 1 部分的内容。

[18] 参见 Microsoft Corp. v. Motorola, Inc. , 795 F. 3d 1024, 1031, 1053(9th Cir. 2015);Fed. Trade Comm'n, 前注 10, 第 5 页;NAT'L RESEARCH COUNCIL OF THE NAT'L ACADEMIES, PATENT CHALLENGES FOR STANDARD-SETTING IN THE GLOBAL ECONOMY 62 – 63(Keith Maskus & Stephen A. Merrill eds. , 2013);THE SEDONA CONFERENCE, COMMENTARY ON PATENT DAMAGES AND REMEDIES, PUBLIC COMMENT VERSION 26 – 27(2014)。

[19] 参见下文注释44—45 及其附文。

[20] 许多宣称为必要的专利事实上是非必要的。参见 FAIRFIELD RES. INT'L, INC. , REVIEW OF PATENTS DECLARED AS ESSENTIAL TO LTE AND SAE(4G WIRELESS STANDARDS) THROUGH JUNE 30, 2009, at 2(2010), http://www. frlicense. com/LTE% 20Final% 20Report. pdf(报告了根据作者们的专家小组判断,所研究的 210 项申报必要专利中,只有 50% 是必要的)。排除这些专利的原因是,原则上,用户可以通过证明该专利是非必要专利,从而抵制是专利变得必要的任何过多的许可费需求。(注意,用户让仍然可能会因沉没成本套牢问题而受到过多的要求,因为这并不取决于该专利是否是必要专利)。此外,专利对于标准的强制部分或者可选部分来说也是必要的,例如,IEEE-SA Bylaws6. 1 限定两者都是必要。IEEE-SA Standards Board Bylaws 6. 1, http://standards. ieee. org/develop/policies/bylaws/sb_bylaws. pdf. 本文将使用术语"必要"来表示对由用户实施的标准必要的专利。包括对标准的强制方面是必要的所有专利,以及包括对标准的可选部分(如果该选择有特定用户实施)是必要的所有专利。用户将不易于支付任何过高的许可费,或者实际上对于标准的可选部分(用户未实施的部分)是必要的任何许可费,因为它不构成侵权。

取标准的全部价值,即使该专利对标准价值的贡献仅占一小部分。分摊问题不取决于用户的特定交易的投资;而是间接取决于网络效应,因为专利权人之所以能够提出超过其自身贡献价值的许可条件,是由于专利权人若不许可该专利,使用者将不得不放弃该标准。[21] 以下表格对这三种现象进行比较和对比。[22]

表 三种不同的现象

现象＼特征	用户对特定交易的投资	网络效应	不止一项专利
沉没成本套牢	需要	不需要	不需要
网络价值分配	不需要	需要	不需要
分摊	不需要	需要	需要

我们认为,这三种现象具有不同的政策意义。虽然所有这些现象都可以被描述为与专利劫持相关,但从广义上讲,拥有禁令救济的专利权人在标准化之后可以获得比之前更高的许可费,因此经济内涵和适当回应是非常不同的。沉没成本套牢对用户行为和发明人行为都会产生不利影响,使前者进行更冒险的投资,而对后者产生过度的专利激励。[23] 通过采用事前假设谈判框架进行定价,可以适当解决沉没成本套牢的问题,此框架假定双方在任何沉没成本发生之前对专利进行议价。[24] 相比之下,除了专利制度既有的问题外,网络价值分配并不对用户或专利权人的行为产生任何不利影响。因此,网络价值分配并不是在评估 FRAND 许可费时需要考虑解决的问题,并且将这一现象与沉没成本套牢混合在一起也是错误的。事实上,我们认为对发明激励和参与激励原则,要求 SEP 持有人应该能够捕获标准化过程中产生的网络效应(如果有的话)的一部分,而非从沉没成本中获取价值。因此,我们建议相较于原则(3)中体现的事前"纯粹的"或增量方法增量方法,法院应设立专利权人和实施者事前谈判机制(从而避免沉没成本套牢),谈判双方应知晓事后披露的所有相关信息,包括专利被纳入标准的这一事实。

---

[21] 可以想象,用户可以简单地通过重新设计他的产品以避免使用对特定用户贡献很少或没有价值的专利来避免分摊问题,特别是如果宣传其产品符合标准的能力不具有商业价值。然而,对于标准必要的其他专利的许可条款通常会包含一个条款,规定该许可仅扩展到符合标准的产品,这意味着用户在不放弃重要的技术的同时也不能放弃小的技术。参见 STANDARDS DEVELOPMENT PATENTPOLICY MANUAL 60 – 61(AM. BAR Ass'N COMM. ON TECH. STANDARDIZATION SECTION OF SCI. & TECH. LAW)(论述第 k 条)。

[22] 表中"需要"意味着必须为该现象(例如网络价值分配)必须存在的特征(例如网络效应),而"不需要"则意味着这种现象(例如沉没成本套牢)不依赖于该特征(例如网络效应)。"不需要"并不暗示该特征不相关。例如,网络效应可能会加剧沉没成本套牢,即使沉没成本套牢不依赖于网络效应的存在。

[23] 参见下文第二部分 C。

[24] 参见下文注释 43。

最后，分摊问题通过对小发明的潜在过度补偿而对专利权人行为造成不良影响，以及分摊问题对用户行为造成不良影响，导致许可费堆叠。[25] 此外，因为分摊问题涉及专利权人之间的许可费分配，专利权人之间的分摊在专利权人和用户谈判期间无法得到妥善解决。相反，我们认为，应由事后 Shapley 定价[26]来解决，这种定价机制将完善的 Shapley 定价的经济学概念应用于实际被选择成为标准的一部分的专利上，在经济激励方面，以一种直观又健全的方式，来评价标准中各种贡献的相对价值。特别是，事后 Shapley 定价可以提供估计个体 SEP 价值的方法，该方法不仅可以同时满足比例性原则和"避免许可费堆叠"原则，还能为法院避免 FRAND 许可费基于"标准价值"提供一个合理的解释。[27]

换言之，当与事先偶然方法结合时，运用事后 Shapley 定价方法会得出反映专利对用户标准价值的增量贡献的许可费。这对如何计算 FRAND 许可费的现有理论既有积极影响又有消极影响。[28] 一方面，根据我们的建议，专利权人不能获取超过专利对标准价值的增量贡献，因为"事前"方面确保专利权人不能获取用户的任何部分的沉没成本。从这个意义上讲，本文提出的方法反映了既定的共识；另一方面，我们反对专利权人应受限于标准化之前该技术的价值的普遍观点，相反，如事后披露的，我们认为专利权人应获得由网络效应引起的发明价值增量的一部分。重要的是，Shapley 定价确保任何个体专利权人受限于对标准化前技术价值的增量贡献。事后 Shapley 定价的应用（应用于实际上为纳入标准所选择的专利）与以知晓哪些专利实际上被选择纳入标准的基础上的假设性谈判的原则相一致，并且也是旨在维护对发明的适度激励。

诚然，与大多理想化的模型一样，我们所提出的方法可能无法在实践中直接应用。尽管如此，该方法仍可作为概念基准以评估和比较更具实用性的方法，这些实用性方法可作为理论理想模型的实现手段。[29] 我们的方法也提供了一种原则性的方法用于解读新兴判例法中确定的估价原则以及最近采用的 IEEE-SA Bylaws（如上文引用案例中所述，FRAND 许可费不应包含专利在被纳入标准的过程中产生的价值）[30]。这些表述应排除法院根据沉没成本套牢而授予许可费的做法，同时也避免法院允许那些为标准价值增

---

[25] 参见下文第三部分 B。
[26] 参见下文第二部分 E。
[27] 参见下文第三部分 C。
[28] 参见下文第三部分 D。
[29] 参见下文第三部分 D。
[30] 参见 IEEE-SA STANDARDS BOARD BYLAWS 6.1 (INST. OF ELEC. ELEcs. ENG'RS, INC. 2015), http://standards.ieee.org/develop/policies/bylaws/sb_bylaws.pdf（定义"合理费率"为"对专利持有人实施必要专利索赔的合理补偿，但不包括将必要的专利权利要求纳入 IEEE 标准中所产生的价值（如果有的话）"。

长带来少量贡献的 SEP 获得很大一部分标准事后价值,但这些 SEP 仍被允许获得标准化过程中价值增量的一部分。

下文第一部分区分了沉没成本套牢和网络价值分配的概念,而第二部分则评论了"拍卖模型",这是事前增量方法中最广为人知的正规模型。接下来第三部分阐述了本文提出的框架,在这种框架下,许可费反映了专利对用户的标准价值的增量贡献及其对现实实践的影响。

一、沉没成本套牢和网络价值分配

这里首先对"沉没成本套牢"和"网络价值分配"进行区分,前者取决于用户对特定技术的投资,[31]后者取决于网络效应。[32] 引起上述两种现象的机制不同,这已是一个老生常谈的观点,但这一区别在 SEP 研究文献中却经常被忽略。[33]

沉没成本问题的出现并不仅限于标准甚或是专利的背景下。当一项交易中至少一方进行"对特定交易的人力或有形资产进行持久性投资",沉没成本问题就会出现。[34] 为了方便起见,我们将特定交易投资称为"沉没成本",其中交易的特定性是隐含的。如果进行特定资产投资的一方在进行投资前("事前")没有对权利进行充分界定,那么该方可能受制于一些(重新)谈判交易条款,这些条款将允许对方获取沉没成本的部分价值。[35]

Riles 诉 Shell Exploration & Production Co. 案提供了非 SEP 专利(非标准必要专利)背景下沉没成本现象的示例。[36] 此案中的发明涉及一种用于安装石油钻井平台地基的方法。[37] Shell 公司已建成这样的平台,但被认为在搭建地基时侵犯了 Riles 的专利。[38] 该专利方法超过其他可替代非侵权方法的价值约为 35 万美元。[39] 据此,若双方在地基搭建开始之前事先就许可进行谈判,Shell 公司将不愿意为使用该专利方法支付超过上述 35

---

[31] 参见 Farrell 等,前注 17,第 612—614 页。
[32] 参见下文注释 44—45,及附文。
[33] 参见 Sidak,前注 14,第 1022 页;前注 18。
[34] 参见 OLIVER E. WILLIAMSON, THE ECONOMIC INSTITUTIONS OF CAPITALISM: FIRMS, MARKETS, RELATIONAL CONTRACTING 61(1985)。
[35] 同上,第 64—67 页,(开发基于资产专用性的机会主义理论作为纵向一体化的解释,注意在长期看来,供应安排需要适应不断变化的环境条件这一事实意味着合同供应协议条款不能事前被充分谈判)。详见 Oliver E. Williamson, *The Vertical Integration of Production: Market Failure Considerations*, 61 Am. Econ. Rev. 112(1971)(讨论了公司背景下的纵向一体化)。
[36] Riles v. Shell Expl. & Prod., 298 F.3d 1302(Fed. Cir. 2002)。
[37] 同上,第 1305 页。
[38] 同上,第 1306 页。
[39] 同上,第 1313 页(注意 Shell 公司对该效果的证据)。该证据是有争议的,但是为了本示例的目的,与替代技术相比,本发明的价值实际上远远低于平台本身的价值是合理的。

万美元的金额。地基建成之后,在此基础上搭建的平台耗资 8400 万美元。[40] 如果因为该专利侵权而被禁止该平台的使用,Shell 公司将愿意为使用该发明支付超过 8400 万美元的金额,即使该专利发明本身与其他可用替代技术相比只有 35 万美元的成本优势。[41] 这种获取部分侵权人沉没成本的潜在可能性就是我们所说的"沉没成本套牢"。[42]

在实践中,美国法院可以通过行使自由裁量权来拒绝给予禁令救济,从而减少像 Riles 案中出现的套牢的风险。[43] 但是,要注意的是,如果法院授予合理的许可费(或双方进行谈判)的依据是专利权人通过禁令救济能够获得的金额,套牢问题将会再次出现。出于这个原因,合理的许可费应当(并且是)通过事前假设性谈判的方式来评估,这种谈判被假定为在用户承担任何沉没成本之前发生。

相比之下,网络价值分配取决于网络效应。当用户因商品消费而获得的价值随着其他消费该商品的用户主体数量的增加而增加时,网络效应就会产生。[44] 通信技术就是一个典型的示例:拥有电话的人越多,电话对任何给定的人来说就越有价值。[45] 虽然网络效应可能在没有任何标准的情况下出现,但即使在没有正式标准的情况下,网络效应也可能产生事实标准。正式标准存在的一个主要原因是允许市场协调单一技术以获得网络外部性效益。[46] 因此,正式标准通常与网络效应相关联。

当网络效应显著时,标准的采用通过使多方在同一技术上进行协调来增加市场价值。[47] 在标准化之前,独立行事的专利权人个体因无法预知其专利(相对于其他人的专

---

[40] 同上,第 1311 页。

[41] 这是假设即使使用替代技术,项目也有利可图,所以完全放弃没有意义。在这种情况下,许可可以节省新平台 8400 万美元的成本,以及使用非侵权技术建立新基础的成本。

[42] 更确切地说,当具有禁令的专利权人可以提取用户的沉没成本,以及事前没有选择非侵权替代技术的机会成本时,上述"沉没成本套牢"就会出现。具体分析参见 Norman Siebrasse & Thomas Cotter,*Why Switching Costs Are Irrelevant to Patent Holdup*,CoMP. PAT. REMEDIES BLOG(Sept. 24, 2015),http://comparativepatentremedies.blogspot.com/2015/09/why-switching-costs-are-irrelevant-to_24.html. 对沉没成本套牢的其他说明性的例子,参见 Dennis W. Carlton & Allan L. Shampine,*An Economic Interpretation of FRAND*,9 J. COMPETITION L. & ECoN. 531,538 – 541(2013);Farrell et al.,前注 17,第 616 页;Anne Layne-Farrar et al.,*Preventing Patent Hold Up:AnEconomic Assessment of Ex Ante Licensing Negotiations in Standard Setting*,37 AIPLA Q. J. 445,455 – 457(2009);Lemley & Shapiro,前注 5,第 2001—2002 页。

[43] 参见 eBay Inc. v. MercExchange, LLC, 547 U. S. 388, 396 – 397(2006)(Kennedy 法官,并行意见)。并且,Riles 案件中,美国联邦巡回上诉法院认为,Shell 公司不能被禁止基于专利方法的侵权使用该平台,因为任何禁令必须针对具体的侵权行为进行调整,尽管这种特殊情形并不普遍适用。298 F. 3d,第 1311—1312 页。应用既定的规则,法院在 Riles 案件中还认为,合理许可费形式的损害赔偿必须基于事前发生的假设性谈判,即在任何特定资产的投资之前,准确的说,是防止专利权人获得与侵权人做出的特定资产投资相关联的任何套牢价值。参见同上,第 1313 页。对于事前假设性谈判,详见 Siebrasse & Cotter,前注 15。

[44] Michael L. Katz & Carl Shapiro,*Network Externalities,Competition,and Compatibility*,75 Am. Econ. Rev. 424,424(1985)。

[45] 同上。

[46] 同上,见 434 页。

[47] 同上。

利)将被选定纳入标准,因而无法从标准化中获得任何部分的价值。[48] 然而,在标准化之后,其专利技术被纳入标准的专利权人可以获得反映因网络效应而广泛使用该技术的许可费。[49] 我们将专利权人获取标准化过程所增加的价值的能力称为"网络价值分配"。与沉没成本套牢一样,拥有禁令救济的专利权人可事后从用户那里获得比事前(在沉没成本发生之前或采用标准之前)能够获得的更多的许可费。

因为采用特定的标准往往要求(或至少会推动)特定技术投资,所以沉没成本套牢和网络价值分配经常一起发生。出于这个原因,同时也由于这两种现象都使专利持有人事后比事前能够获得更高的许可费,因而通常被视为需要相同解决方案的单个问题。例如,Daniel G. Swanson 和 William J. Baumol 在一篇有影响力的论文中提出,(F)RAND 许可费接近于专利为竞争被纳入标准而进行的事前拍卖的结果。[50] 在这样的拍卖结束后,每一个"获胜"专利将有权获得相当于其超越事前可用的下一最佳(next-best)替换专利的价值增量的许可费。[51] 初步看来,这个"事前增量"方法似乎很有吸引力,因为它反映了一个被广为接受的原则,即合理的许可费金额应等于许可人和被许可人在专利受到侵犯之前,或者在当前背景下,在采用标准之前,根据该专利技术高于其他替代技术的优势,基于自愿而事前协商同意的金额。[52] 正如 Swanson 和 Baumol 认为的那样,这种方法可以防止 SEP 持有人进行专利"劫持",即要求获得比事前拍卖协商高得多的事后许可费。[53] 但该方法以相同方式对待网络价值分配和沉没成本套牢。因此,虽然 Swanson 和 Baumol 明确阐述了我们称为沉没成本套牢和网络价值分配的两种不同机制,在这两种

---

[48] 同前页脚注[44],见 435 页。

[49] U. S. DEP'T OF JUSTICE & FED. TRADE COMM'N, ANTITRUST ENFORCEMENT AND INTELLECTUAL PROPERTY RIGHTS:PROMOTING INNOVATION AND COMPETITION 7(2007), https://wwwjustice.gov/sites/default/files/atr/legacy/2007/07/11/222655.pdf.

[50] Daniel G. Swanson & William J. Baumol, *Reasonable and Nondiscriminatory(RAND)Royalties, Standards Selection, and Control of Market Power*, 73 Antitrust L. J. 1, 6(2005);另见 Layne-Farrar 等,前注 14,第 688—693 页(扩展了 Swanson-Baumol 模型)。

[51] 参见 Swanson & Baumol,前注 50,第 15—21 页。

[52] 参见 Lucent Techs., Inc. v. Gateway, Inc., 580 F. 3d 1301, 1324 – 25(Fed. Cir. 2009)("假设性谈判或'自愿许可人 – 自愿被许可人'方法试图确定各方会同意的许可费,并尽可能(……事前许可谈判的情况和……产生协议)在侵权开始之前达成一致");Georgia-Pac. Co. v. U. S. Plywood Co., 318 F. Supp. 1116, 1120(S. D. N. Y. 1970),出于其他原因修正,446 F. 2d 295(2d Cir. 1971);在 SEP 背景下,法院已经开始将假设性谈判的期限从专利侵权之前转移到标准刚被采用之前。参见 Innovatio IP Ventures, LLC. Patent Litig., No. 11 C 9308, 2013 WL 5593609, at *19(N. D. Ill. Oct. 3, 2013);Microsoft Co. v. Motorola, Inc., No. C10 – 1823JLR, 2013 WL 2111217, at *19(W. D. Wash. Apr. 25, 2013),确认 795 F. 3d 1024(9th Cir. 2015);Apple Inc. v. Motorola, Inc., 869 F. Supp. 2d 901, 913(N. D. Ill. 2012),出于其他原因部分修正,757 F. 3d 1286(Fed. Cir. 2014)。

[53] 参见 Swanson & Baumol,前注 50,第 10—11 页["如果获得 FRAND 许可承诺的主要目的是防止 IP 持有人设置标准化产生的行使市场力量的许可费,那么为了 RAND 许可目的的"合理的"RAND 许可费的概念必须由事前竞争(即标准选择前的竞争)所定义和实施"]。

机制使 SSO 的专利选择"可能产生经济影响,将先前有竞争力的技术市场转化成事后受制于市场或垄断权力的市场",[54]但他们认为这两个现象导致了共同的问题,即"事后市场力量的问题"。[55]

如果沉没成本套牢和网络价值分配导致了相同的功能问题,那么以同样的方式对待两者不存在任何问题;本文不质疑这两种现象都允许 SEP 持有人在采用标准后索要比事前更多的费用。我们仍然认为仅在这个意义上的"劫持"是没有问题的。更确切地说,沉没成本套牢导致用户和专利权人行为的低效率。[56] 然而,除超过边际成本定价带来的的影响之外,网络价值分配不会对静态效率造成影响,而边际成本定价是专利制度的基础,并且从动态效率的角度来看,这种定价机制是可取的。因此,将他们视为同一问题就是将两个功能不同的问题混为一谈。

这里通过一个典型的无线局域网(wireless local area network,WLAN)技术的例子来解释本文的反对意见。假设网络外部性是存在的,特定 Wi-Fi 技术的用户越多,则个人用户就越愿意为获得该技术许可支付费用。为了单独分析网络价值分配的问题,假设仅需一项专利技术来实现 Wi-Fi 技术(允许忽略许可费堆叠和分摊问题)。进一步假设除了任何许可费之外,实现 Wi-Fi 技术的用户边际成本可以忽略不计,[57]允许暂时忽略沉没成本这一问题。假设所有用户都是相同的,那么就不用考虑 FRAND 要求中"非歧视"的部分。另外假设,该技术没有其他应用,因此,如果不纳入专利它就毫无价值。这意味着不需要考虑对专利权人参与的激励,因为专利权人的外部选项总是少于(或至多等于)

---

[54] 同上,第 9—10 页。
[55] 同上,第 15 页。其他一些类似的工作明确地将沉没成本套牢和网络价值分配确定为不同的现象。例如,美国司法部和联邦贸易委员会的联合报告明确区分了我们所谓的沉没成本套牢和网络价值分配,然后把它们作为单个问题,即在"专利持有人可以完全基于其技术的优点获得的许可条款"以及"因为其技术被纳入标准而能获得的条款"之间做出区分。美国司法部和联邦贸易委员会,前注 49,第 38—39 页。然而,更常见的是,这两种现象并没有被明确区分。一些作者简单地将套牢定义为"在标准实施后,比标准选择之前获得更高的许可费或更昂贵的许可的条款的要求"。Request for Comments and Announcement of Workshop on Standard-Setting Issues,76 Fed. Reg. 28,036(美国联邦贸易委员会,2011.5.13)。其他人都使用类似的术语,包括沉没成本套牢和网络价值分配。的确,大多数涉及专利劫持的文章提供了关于沉没成本套牢本身的例子。例如,参见 Jorge L. Contreras & Richard J. Gilbert,*A Unified Framework for RAND and Other Reasonable Royalties*,30 Berkeley Tech. L. J. 1451,1487(2015);Lemley & Shapiro,前注 5,第 2001—2002 页。我们不同意这些论文要避免沉没成本套牢的结论。我们的论点很简单,标准化引起了另一种现象,即网络价值分配,它不会产生威胁与沉没成本套牢相同的低效率。
[56] 关于 SEP 背景下沉没成本问题有多严重存在激烈的争议。例如,比较 Alexander Galetovic et al.,*An Empirical Examination of Patent Hold-Up*,11 J. Competition L. & Econ. 549,550(认为专利劫持不是一个严重的问题),与 Lemley & Shapiro,前注 5,第 2025—2035 页(认为专利劫持是一个严重的问题)。通过说明沉没成本套牢的问题是"真实的",我们并不是想对这个经验问题表明任何立场。我们的意思仅是这个问题可能会出现,并且必须加以解决,即使最终的结论可能是在实践中它的严重程度不足以得到法律回应。
[57] 也许所有的竞争技术都在可移动芯片中体现,类似于手机的 SIM 卡。除了与体现技术相关联的任何许可费外,这本身就很便宜,所以从一种技术转换到另一种技术仅仅是交换卡的问题。

参与的价值。最后,假设实施技术的专利权人的边际成本也为零。这样,通过将专利权人愿意接受的最低许可费固定为零,数值示例被简化。

在假定情况 1 中,市场成熟但分散:10 家公司已经开发并获得了 WLAN 技术的专利 A、B、……I、J 等,这些专利技术都是同等好的。10 项技术中每 1 项都已经被 100 个用户在孤立网络中使用(诸如在单个公司内)。每个用户愿意每年支付高达 10 美元的费用以获得其使用的专利技术的许可,但用户和专利权人有平等的议价能力,所以每个用户每年以 5 美元的价格从其各自的专利权人那里获得技术许可,而每个专利权人收入为 500 美元。[58] 总的消费者盈余是 5000 美元,而所有专利权人收到的总许可费收入是 5000 美元,所以在分散市场中,WLAN 的总社会价值为 1 万美元。虽然 WLAN 在孤立的网络中具有可用性,但若进行标准化之后会更有用,这样个人用户不仅可以在其各自的办公室使用 WLAN,也可以在外部会议室和咖啡店使用 WLAN。如果所有其他用户也都使用相同技术,那么 1000 个用户中的每一个都愿意为其所使用的同样技术每年支付 100 美元。并且,因为这些技术都是同等好的,更换成本也微不足道,所以任何用户都乐意采用这 10 种技术中的任何一种(如果其他人也这么做的话)。协调问题就变成了阻止标准产生的唯一问题。建立 SSO 并通过选择技术 A 来解决协调问题,从而使技术 A 被所有用户采用。现在,WLAN 技术的总年度社会价值为 10 万美元。

如果专利权人 A 的技术被采用作为标准并且其能够获得针对任何一方对标准使用的禁令,那么 A 将能够从每个用户提取高达 100 美元的金额。但专利权人 A 不能获得更多的金额,因为用户宁愿支付 10 美元在其公司内使用非标准技术,而不愿意支付超过 100 美元使用标准技术。但如果其他替代专利的许可费低于 100 美元但接近 100 美元,用户将毫无疑问偏向于采用标准技术 A。许可的确切数额将取决于各方的相对议价能力。如果各方具有与分散市场中相同的议价能力,则 A 将能够向每个用户收取每年 50 美元以许可使用相同的技术,共计 5 万美元,而在标准化之前他只能向自己的用户收取 5 美元,总计 500 美元。[59]

如上所述,普遍认为,与标准化产生的价值形成对比,A 有权获得"专利技术本身的

---

[58] 这反映了通常观点,即许可费将落在由专利权人的边际成本(为方便起见,将其假设为零)和用户的最大支付意愿(由与最佳替代技术相比的发明价值所决定,在这个例子中,我们假设为 10 美元)所限定的议价范围。如果谈判双方的议价能力相等,5 美元的许可费落在议价范围的中间,这就是纳什议价方案(Nash Bargaining Solution)。然而,在我们的分析中,没有任何内容依赖于纳什议价方案,在议价范围内的任何其他数字也同样适用。

[59] 由于议价能力可能反映了风险规避,所以假定在标准化市场中的各方将具有与在分散的市场中相同的议价能力并不是严格正确的。例如,参见 Jon Elster, The Cement of Society: A Theory of Social Order 80 – 81 (1989)。仅为了数值方便,我们假设议价能力仍然是一样的。这一点无可厚非,我们的主张只集中在一个问题上,即在标准化市场中,其技术被选择为标准的专利权人能够提取比其在分散市场可能事先要求的更多的事后利益。

(增量)价值",但案例并没有具体说明这两个概念的含义。[60] 标准化价值大概是标准的价值和专利技术价值之间的差异,但这两个概念都是模糊的。"标准价值"在当前的例子中可以被理解为情况1中标准化技术的10万美元的社会价值,也可以被理解为拥有禁令救济的专利权人可以实际获得的金额(如果各方有平等的议价能力,将是5万美元)。发明价值可以被理解为专利权人A在标准化前每年实际收到的500美元。或者发明价值也可以是事前的消费者盈余,即我们示例中的1000美元。可能甚至会认为,该技术的价值等于标准化前给所有专利权人的全部市场价值(5000美元),或者甚至等于标准化前的全部社会价值(1万美元),原因是WLAN技术即使没有被标准化也相当于此。可替换地,我们也可以认为专利技术的价值是专利权人A为使其专利被选作标准而与各方进行的事前谈判中愿意接受的金额。这个金额取决于假设性谈判的细节。正如我们将看到的,在Swanson & Baumol模型中,情况1中基于事实,专利技术的价值为0美元。[61] 不管专利技术的价值被认定为0美元、500美元、1000美元、5000美元或10000美元,都并不影响本文的基本观点。本文认为明显较高的许可费,也就是专利权人和用户平等共享标准化创造的附加价值,都是公平和合理的。照这样说,关于标准化价值的实际构成的模糊性体现出一个重要的概念问题,本文将在下文中讨论此问题。

现在考虑假定情况2,在情况2中起初没有WLAN。跟假定情况1中一样,公司A开发了技术A并获得专利,但假定情况2中没有其他公司开发竞争技术。与情况1中一样,每个用户对标准化技术的最大支付意愿是100美元,但在这种情况下,技术A是事实上的标准。因此当专利权人A首先开发出该技术时,用户愿意支付此金额以获得专利权人许可。经过议价,双方以50美元许可费成交。[62] 结果是,在情况2中,A将收获事实标准化的WLAN市场的10万美元社会价值中的5万美元。

在假定情况2中,不能说A获取技术社会价值的很大一部分有任何不妥之处。[63] 相反,这正是典型的专利制度的运作方式:专利权人发明了一种有价值的产品,收取市场承受的价格并相应地被获得回报。即使后续专利权人B到J发明了的相同可替代的技术(称这种情况为2B),也将没有用户愿意采用此技术,因为它与技术A相比并没有技

---

[60] 参见前注8—9。

[61] 参见Swanson & Baumol,前注50,第19页(描述经常性成本和许可证费的公式);另参见Farrar等,前注14,第690页。

[62] 我们的分析仅取决于这样一点,即各方在他们之间将发明的增量价值分开,而且为取得一个非常广泛的可信结果,专利权人将从每个用户获得超过10美元。10美元、1美元或0美元的许可费(在情况1的背景下是要点)在情况2中则是完全任意的。

[63] 请注意,这并不意味着A可以获得整个发明的价值或整个消费者盈余的价值。可以假定将存在一些消费者盈余归于用户,但我们通常不关心是否存在消费者盈余。

优势,而且如果用户更换技术,将失去网络效应价值。[64] 实际上,情况1和情况2之间的唯一区别在于:情况2中协调问题在历史的偶然中被解决,在情况1中则需要通过SSO解决。[65]

难题在于,为什么在情况2中专利权人A向每个用户收取50美元的许可费是适当运作专利制度的一个典型示例,而在情况1中,FRAND许可费的基本原则下具有相同技术的同一专利权人不能向每个用户收取超过10美元甚至更少的许可费?

这些情况之间一个明显区别是,在情况2中,显而易见的是整个市场价值是由专利权人A创造的,而在情况1中,标准化市场的价值显然是由标准化创造的,不是由专利权人A创造的,专利权人A的技术是被任意选择作为标准的。从公平角度来看,似乎在情况2中,专利权人A理应获得其发明产生的价值,而在情况1中专利权人A不当地获取了标准化价值。但如果我们从用户的角度来看待问题,就会有一个同样直观的反驳理由:在情况1中用户获取了技术的几乎全部价值,而用户几乎没有对技术的发展作出任何贡献,这似乎是不公平的。[66]

二、对拍卖模型的评价

A. 一般考虑

正如上文所述,Swanson和Baumol认为沉没成本套牢和网络价值分配都创造了事后市场力量。[67] 他们将其视为一个问题(原因我们会在下文讨论),并提供了一个回应,也就是拍卖模型。在拍卖模型中,经由SSO,专利权人向下游用户报价,以投标的形式竞相被选择成为标准。下游用户选择了使最终用户获得最大净利润的报价。[68] 中标的专利权人被选为标准的一部分。在拍卖模型中,因为各方在标准被采用之前投标,然后被锁定在他们的投标中,各方之间的事前竞争限制了事后可以收取的价格。[69] Swanson和

---

[64] 即使B提供0美元的许可,用户也不会转换,因为他们的个人盈余将只有10美元(使用隔离网络的价值),而如果他们从A用50美元获得事实上的标准技术,则消费盈余为50美元。最重要的是,事后竞争将确保A不能为其技术要求超过90美元。

[65] 参见 Joshua D. Wright, *SSOs, FRAND, and Antitrust:Lessons from the Economics of Incomplete Contracts*, 21 Geo. Mason L. Rev. 791,794(2014)(注意到通过SSO和通过"标准战争"设定的标准之间功能等效)。

[66] 比较 Damien Geradin & Anne Layne-Farrar, *The Logic and Limits of Ex Ante Competition in a Standard Setting Environment*, 3 Competition Pol'y Int'l 79,93(2007)(注意到消费者收获了标准化的好处)。

[67] 参见前注53—54以及附文。

[68] 参见 Swanson & Baumol,前注50,第15—21页(解释了事前拍卖模型)。在我们的例子中,Swanson和Baumol假定,标准涉及到单一技术的选择。参见 Layne-Farrar 等,前注14,第688页(将拍卖模式扩展到多专利标准的案例)。

[69] 参见 Swanson & Baumol,前注50,第21页(声明事前竞争可以保护市场不受机会主义的影响)。

Baumol 为实现 FRAND 目的提出了"合理"许可费的拍卖模型,此模型的基本结果是[70],这项专利的许可费"等于许可的经常性成本,加上最佳和下一最佳知识产权之间的价值差"。[71] 这一结果被反映在 Robart 法官在 Microsoft 诉 Motorola 案中采用的专家证词中:

  Schmalensee 博士同样也已经承认,在涉及 RAND 许可费纠纷情况下,"在标准开发初期,在考虑其他选择的前提下,各方可就其知识产权对标准所贡献的相对价值向法院提出请求。如果标准的一部分在标准被确定之前有多个备选方案,经适当度量,此部分的增量贡献可能接近或等于零"。[72]

  在标准确定之前,FRAND 许可费的上限是专利相对于包括专利替代技术在内的其他替代技术的增量价值,我们对这一主张提出质疑。

  要了解我们质疑的原因,需要回顾情况 1。情况 1 中,替代技术为同等好的技术,并且没有许可的经常性成本。在为标准的组成部分而进行的拍卖中,竞标失败的专利权人的回报都是零,所以如果一个专利权人出价 1 美元,则另一个专利权人愿意出价 99 美分而不是失去一切。最后,拍卖将把许可费压低到专利权人的边际成本,这在我们假设的情况下是零。因此,在这种情况下,在拍卖模型中中标的价格为 0 美元。[73] 相比之下,在情况 2 中,每个用户的许可费为 100 美元,专利权人 A 将获得全部市场价值。专利权人 A 将出价 100 美元,因为 A 知道不存在竞争,并且这个出价将会被接受,原因是每个用户都宁愿支付 100 美元,而非放弃使用标准化的 WLAN 技术。[74] 正如 Swanson 和 Baumol 所说,专利权人获取了最佳和下一最佳替代技术之间的价值差异。[75] 当只存在一种候选技术时,替代技术就是先前技术,在这种情况下,先前技术假定为手机与有线互联网接入的结合,并且专利权人可以获得该标准的全部价值。这一结果表明,在拍卖模型下,并不存在专利权人不能获取该标准价值任何部分的一般性原则。实际上,在拍卖模型下,情况 2 中的专利权人实际上获取了标准化的全部价值。

---

  [70] 参见 Swanson & Baumol,前注 50。

  [71] 参见 Layne-Farrar 等,前注 14,第 688 页(总结 Swanson & Baumol 模型)。

  [72] Microsoft Corp. v. Motorola, Inc. , No. C10 - 1823JLR, 2013 WL2111217, at *14(W. D. Wash. Apr. 25, 2013)(引用了微软公司专家证言 Microsoft'sexpert),被 795 F. 3d 1024(9th Cir. 2015)确认;参见同上,第 13 页("如果对专利技术可用的替代技术对标准提供了相同或类似的技术贡献,那么专利技术所提供的实际价值就是它的增量贡献……因此,将专利技术与 SSO 可以纳入标准的替代技术进行比较是确定 RAND 许可费的一个考虑因素")。

  [73] 参见 Layne-Farrar,前注 14,第 690 页(关于案例 1);Swanson & Baumol,前注 50,第 19 页(假定成本增量 c = 0)。

  [74] 参见 Layne-Farrar,前注 14,第 690 页(关于案例 2)。Layne-Farrar 的案例 2 考虑了两种专利的标准,对于组成中的一个有完全的事前竞争,对于另一个没有竞争,结果是拥有没有竞争的组成的专利持有人获得了整个市场的全部价值。我们利用单个专利技术的标准的简化情况是一种特殊的情况,在这种情况下,因为组成没有获得专利,所以该组成存在完全竞争。类似地,我们的情况也可以被看作是 Layne-Farrar 等人的案例 4 的特殊案例,在该案例中,这两个组成中都不存在竞争,在这种情况下,专利权人将会获得整个市场的价值。参见同上,第 691—692 页。

  [75] 参见 Swanson & Baumol,前注 50,第 19、23 页。

对此结论,有人可能会说,即使专利权人 A 在情况 2 中获取了标准的价值,但他并未获得标准化本身所产生价值,因为标准的所有价值都体现在专利 A 中。然而,若在一个稍微复杂的示例中,拍卖模型将允许专利权人 A 获取标准化的价值。假设所考虑的标准需要两个专利技术来实现,其中一个专利在事前存在竞争对手,而另一个则没有。也就是说,技术 A 是无法替代的,但是 X、Y、Z 彼此可替代。虽然 A 本身是毫无价值的,但任何一对(A、X)、(A、Y)或(A、Z)都有同等效用。在这种情况下,事前拍卖的结果是,专利权人 A 将获取标准化市场的全部价值,而 X、Y、Z 无论哪一个被选定,获得的许可费都为零。[76] 即使选择 X、Y、Z 其中之一对标准是必要的,这种结果还是会发生,这使得相较于标准化后,在标准化前 A 单独的价值要低得多。在此情况下,拍卖模型中 A 将获得标准价值,即使该价值是由标准化产生的。

这些示例说明在事前增量方法下,不存在排除专利权人获得标准价值或标准化价值的一般原则。专利权人是否能够获得全部或部分的标准化价值,取决于事前竞争的情况。[77] 事实上,在拍卖模型中"标准化价值"并没有独立的定义。其定义是隐含的,是指标准价值与专利权人在拍卖模型下获得的价值两者之间的差异。拍卖模型中的基本原则是专利权人不能获得超过其发明本身的价值,关键一点是,发明的价值是由事前拍卖中的竞争状态决定的。

但此原则是合理的吗? 一方面,人们很容易凭直觉认为专利权人的获利不能超过其发明的价值;然而,拍卖模型提供的技术性定义使得这种认知倾向减弱。我们注意到在情况 1 中关于发明价值的定义是模糊的,而拍卖模型解决了这种模糊性。但根据情况 1 的事实,在拍卖模型提供的隐含定义下,该发明的价值为零。这意味着在情况 1 中,实际存在分散市场的预标准化。专利权人 A 对每个用户要价 5 美元,但在其技术"幸运"地被选为标准之后,其有权收取的"公平合理"的许可费将降为零。因此,虽然直观上来看专利权人的获利不应超过"发明价值",但是在情况 1 中"发明价值"或者说专利权人(许可人)能够收取的合理许可费为零,这一结论看起来是违背直觉的。

这一反常结果证明专利权人的回报应被事前的竞争所限制。尽管这一原则看起来也很直观,但本文认为此原则是不健全的,至少体现在拍卖模型中。毕竟事前竞争本身是不理想的;只有在促进静态和动态效率方面是令人满意的。我们认为,拍卖模型错误地将网络价值分配和沉没成本套牢混为一谈。事前分析对于防止沉没成本套牢是必要

---

[76] 参见 Layne-Farrar,前注 14,第 690—691 页(关于案例 2)。

[77] 因此,如果有多种技术并且对其中一种技术存在不完全竞争(即至少有两种技术可以使用,但一种技术比另一种技术更好),更优秀的专利权人就会获得标准化价值的一部分。参见同上,第 691 页(关于案例 3)。在没有竞争的情况下也是如此。

的,沉没成本套牢会对效率产生不利影响。但避免网络价值分配的拍卖模型在促进静态效率方面是不必要的,在促进动态效率方面也是不健全的。

B. 静态效率

首先,重要的一点是要认识到,网络价值分配对静态效率没有影响,或者至少不会超出专利制度固有的边际成本定价对静态效率产生影响。正如情况 1 和情况 2 之间的对比所示,用户对专利权人的支付仅仅是一种转移。在情况 2 中,无论专利权人与用户之间的谈判是否导致每个用户的许可费为 10 美元或 50 美元,或 100 美元,只要许可费低于 100 美元,用户都不会选择另一项技术或避免完全投资,或改变他们的行为。的确,没有用户会基于我们不切实际的假设改变其行为,假设所有用户都适用相同的需求函数。更现实地来看,一些用户将以更高的许可费率在市场上出价。但是,无论是由单个专利权人收取市场所能承受的专利费用(情况 2),还是由一个拥有禁令救济手段的标准化后的专利权人收取费用(情况 1),情况都是如此。允许成功的专利权人获取市场标准化的部分价值对效率的影响仅限于对上述专利制度中核心的边际成本定价。

相比之下,沉没成本套牢确实会对效率产生影响。[78] 拥有禁令救济手段的专利权人除可以获得用户与使用最佳替代技术相比所节约的成本或增加的利润之外,还可以提取用户沉没成本的一部分。尽管这种即时支付只是一种转移,但支付的结果是,如果用户在事前获得许可,那么它将会为用户带来利益,如果用户必须在事后获得许可,那么用户获得的利益就会减少,甚至不盈利。可能发生沉没成本套牢的交易,相比那些不存在沉没成本套牢可能性的交易,在事前具有更大的、至少是一样的风险。增加的这部分风险会导致用户至少完全避免一些交易,因为这些交易有可能导致沉没成本套牢的发生。与网络价值分配相比,对于沉没成本套牢,用户愿意事前支付的金额比用户愿意事后支付的金额更低。正是由于从用户角度来看,事后与事前价值之间的差异导致了用户行为转变的低效率。

综上所述,沉没成本套牢和网络价值分配对静态效率的影响是非常不同的,因为对于沉没成本套牢,用户愿意事后支付的金额比他原本愿意事前支付的金额要高,[79] 而对于网络价值分配,用户愿意事后支付的金额与愿意事前支付的金额正好完全相等。

Swanson 和 Baumol 明确指出了用户沉没成本导致分配的低效率,[80] 但尽管他们认为

---

[78] 参见例如 Farrell 等,前注 17,第 615 页(解释了用户可以用低效率的投资来保护自己免受可能的专利劫持)。

[79] 参见前注 42。

[80] 参见 Swanson 和 Baumol,前注 50,第 37 页。

网络效应是引发套牢的机制,但从未明确指出网络效应对效率的影响。[31] 通过此处的省略,他们暗示同样的原理适用于这两种现象,因此错误地将沉没成本套牢和网络价值分配混为一谈。对于专利技术的用户来说,任何低于增量价值的许可费(不考虑沉没成本)将满足分配效率,至少在对专利制度来说至关重要的边际成本定价的固有范围内是这样的。

这意味着,基于拍卖模型的许可费对于分配效率来说是不必要的。这似乎是一个有力的主张,因为 Layne-Farrar 等人将拍卖模型描述为"根植于经济效率的概念"[82],Swanson 和 Baumol 声称拍卖过程产生的结果和基于有效组成定价规则计算出的许可费用"通常是相等的"。[83] 然而,有效组成定价仅仅要求专利权人针对其自身使用知识产权而间接收取的费用,也就是最终产品价格和其他投入带来的增量价格之间的差额,等于专利权人向在产品市场中竞争的被许可人收取的费用。正如 Swanson 和 Baumol 所主张的那样,这是对 FRAND 要求中"非歧视"部分的合理解读。[84] 高效的组件定价规则(efficient component pricing rule, ECPR)[85]的"高效性"是指,若不遵守这一规则,面临较低知识产权成本的制造商(被许可人,或者更有可能是专利权人本身),即使在其他投入带来更高的增量成本的情况下,也可能会占领市场,这种现象导致了对非知识产权资源的低效利用。然而,这本身并没有说明知识产权的边际成本定价。如果专利权人向其自身收取的隐含费用大于其使用 IP 的边际成本,正如标准专利理论所述,这种做法的目的在于补偿专利权人付出的研发投资,那么 ECRR 标准下专利权人向被许可人收取与以上边际成本定价相同的费用并不是低效的,因为具有最低非知识产权成本的一方仍旧能够占领市场。

在详细阐述对 ECPR 的非歧视方面之后,对此我们并无争议,Swanson 和 Baumol 主张,ECPR 确定的许可费用与通过拍卖得出的许可费"通常是相同的"。[86] 但是实际上体

---

[31] 类似地,Farrell 等正确地指出,我们所称的沉没成本套牢是不可取的,因为它使得用户低效率地改变其行为。然而,Farrell 等接着断言,我们所说的网络价值分配加剧了劫持,而没有确定它是如何产生静态低效率或动态的低效率的。Farrell 等,前注 17,第 603—616 页。

[82] 参见 Layne-Farrar 等,前注 14,685 页。

[83] 参见 Swanson & Baumol,前注 50,第 37—39 页;同时参见 Layne-Farrar 等,前注 14,第 687 页(这就是关于 Swanson 和 Baumol 的分析)。

[84] 参见 Swanson & Baumol,前注 50,第 37—39 页。

[85] 同上。

[86] 同上。

现的是拍卖的结果（即增量成本定价）满足了 ECPR 标准。[87] 但他们并未表明满足 ECPR 的价格必然或通常是通过拍卖得出的结果。因此，他们未表明拍卖模型和 ECPR"通常是相同的"。[88] 他们只说明了拍卖模型的结果是满足 ECPR 的许可费类别中可能的一种。

总而言之，Swanson 和 Baumol 从未表明允许专利权人获取部分标准化价值是低效率的。事实上，如上所述，他们的拍卖模型确实允许专利权人在某些情况下获取标准化价值。Swanson 和 Baumol 提出，拍卖定价机制足以避免与沉没成本相关联的低效率，并且从 ECPR 意义上讲，它是非歧视性的或者说是有效的。[89] 但他们并未表明拍卖模型对于避免与沉没成本相关联的低效率或满足有效的组件定价具有必要性。此外，尽管他们认为网络价值分配是导致套牢的机制，[90] 但他们从未明确指出与此机制相关联的任何低效率。关于允许专利权人获取标准化价值的一部分会导致静态低效率这一论断，我们尚未发现任何旨在论证而非断言的其他学术研究。

C. 激励发明/动态效率

接下来，考虑拍卖模型对专利权人行为的影响。首先要注意的是，拍卖模型完全是静态的，它不考虑对创新激励的动态影响。这就引发了一种反常的结果：在情况 1 中，尽管专利权人发明了一种有价值的技术，但专利权人却一无所获。

Swanson 和 Baumol 认识到了这一点，并指出：我们不希望"合理的"许可费等于零。[91] 但在他们的模型中，许可费大于零仅仅是因为存在他们描述的与 IP 许可相关的"过多的持续增量成本"，其中，"除了涉及谈判、订立合同、会计、监控和审计的成本之外，也经常涉及指导、培训和 24 小时援助的成本。"[92] 这些成本不超过许可和支持或至多改善初始创新的边际成本。因此，尽管 Swanson 和 Baumol 将此模型看作一种动态模型，但它没有考虑到最初诱导这项发明所需的投资。他们的模型明确地假设："所有专利持有人的研发投资已为沉没成本，并且专利持有人也不会预期因专利许可而产生的任何未

---

[87] 参见前注 50，第 38 页。Swanson 和 Baumol 认为，当面对充足的事前竞争时，IP 所有者的要价不能高于边际成本的价格，"至少如果技术所有者由预选承诺而有效地限制了事后。"实际上，这种假设将拍卖定价模型纳入了 ECPR 公式，结果是 ECPR 公式降低为增量成本许可费。然而，IP 所有者受到预选承诺的限制的概念并不依赖于有效组成定价的任何原则，这只要求专利权人向其他人索要的许可费与向自己收取的隐含价格相同。如果这种假设不严格，那么 ECPR 和拍卖模式之间的联系就会被打破。

[88] 同上。
[89] 同上。
[90] 同上。
[91] 同上第 22 页。
[92] 同上第 22、64 页。

来的成本"。[93] 他们随后放宽了这个假设,但正如上文所述,只将经常性成本纳入考虑范围内,[94]对经常性成本的补偿不足以为受制于事前拍卖影响的技术发明提供激励。[95] 在 Layne-Farrar 等人的著作中此观点被同样明确地提出,他们假定专利技术在拍卖的时候存在,并且明确表明专利权人的最低收益必须超过"许可其技术的增量成本"。[96] 因此,当专利发明的事前市场属于完全竞争市场时,就像在情况 1 中一样,"标准每个组成的均衡许可费由许可的增量成本来决定"。[97]

因此,拍卖模型的前提是专利权人获得的公平回报等于其许可的边际成本,这与专利制度的基本前提相冲突,即仅对增量成本进行补偿不足以激励创新。Swanson 和 Baumol 对这一冲突的解释是,合理许可费不能为零意味着许可的增量成本通常超过零。但这样的解释并未切中要害。直观的解释应该是,专利权人的收益不能为零反映了专利制度的前提,即边际成本定价不足以激励创新。零许可费只是边际成本定价最直观的例子。[98] Swanson 和 Baumol 对合理的许可费不应为零这一直观的论断进行解释时,没有提到支撑这种观点的实质,即边际成本定价不能提供足够的发明激励。[99] 事实上,对于涉及实质性问题不存在好的回应;拍卖定价模型与 FRAND 许可费应为发明创造提供足够激励这一原则是矛盾的。这也解决了我们之前提到的公平难题:专利权人在情况 1 中获得零许可费的结果似乎是不公平的,因为这本身就是不公平的。允许专利权人获得比其

---

[93] 同前注 50,第 23 页。事实上,Swanson 和 Baumol 明确承认,"无论是反垄断还是专利法都认为,IP 持有人寻求从合法获得的垄断或市场权力中获取事后收益的回报是不合理的。"同上,第 11 页。他们继续认为,鉴于反垄断法和知识产权法的局限性,"必须依靠私人的控制手段来实现这一目标。"同上,第 12 页。这一论点未能认识到,通过允许专利权人依法获得市场权力,专利法提供了发明激励;这是专利制度的核心特点,而不是需要纠正的缺点。

[94] 同上第 19 页。

[95] 同上第 22 页。

[96] 参见 Layne-Farrar 等,前注 14,第 689—690 页。

[97] 同上,第 690 页,类似地,Swanson 和 Baumol 声明"随着竞争的 IP 解决方案越来越接近完美的替代技术……竞争的许可费将接近 c,经常性创新和许可费费用的增量成本。"Swanson 和 Baumol,前注 50,第 19 页。Layne-Farrar 等人的确注意到对拍卖模式的批判,即 "以效率为基础的原则,该原则把竞争市场的结果(甚至是垄断的结果)视为最优结果而忽略了公平的问题,因此不能指望该原则产生公平或合理的结果。"参见 Layne-Farrar 等,前注 14。我们对 Swanson 和 Baumol 的评论的异议是,基于效率的方法只考虑静态效率,而没有考虑动态效率。Kieff 和 Layne-Farrar 提出了与我们基本相同的观点,指出对增量价值规则的"严格"解释,即专利持有人只享有其发明相对于最佳专利替代技术的增量价值,"只关注事后的问题"而忽略了需要提供激励发明。F. Scott Kieff & Anne Layne-Farrar, *Incentive Effects from Different Approaches To Holdup Mitigation Surrounding Patent Remedies and Standard-Setting Organizations*,9 J. Comp. L. & Econ. 1091,1120(2013)。

[98] 并且,作为一个实际问题,目前还不清楚专利权人在共同标准下的软件实施发明的背景下,许可的增量成本实质上高于零。

[99] 参见 Damien Geradin & Miguel Rato, *FRAND Commitments and EC Competition Law:A Reply to Philippe Chappatte*,6 Eur. Comp. J. 129,153(2010)(表述这一观点);Damien Geradin, *The Meaning of "Fair and Reasonable" in the Context of Third-Party Determination of FRAND Terms*, 21 Geo. Mason L. Rev. 919,948(2014)(相同);Sidak,前注 14,第 972、976—977 页(相同)。然而,Sidak 似乎也将网络价值分配与套牢等同。参见 Sidak,前注 14,第 1022 页(认为专利权人应该能恢复正的"套牢价值")。我们抵制这种表征。

边际成本更多的补偿不仅是公平的也是必要的。

最后,考虑沉没成本套牢对专利权人激励的影响。从创新的角度来看,专利制度的一个缺点是,允许专利权人通过将上述边际成本定价作为补偿其发明沉没成本的手段,发明的传播受到了限制。抵消此缺点的优势是,专利制度给予发明人强有力的激励进行有益于社会的发明,因为发明对社会的价值越大激励也就越大。[100] 这种激励之所以强大,是因为其是属于发明人自己的资产,而非有风险的公共财产。由此得出,对专利权人的回报不应该大于发明对社会的价值,否则发明的激励将会过大。[101] 除了专利技术提供的成本节省或利润增加之外,如果专利权人还可以获得用户沉没成本的一部分,那么对发明的激励将远超过发明提供的成本节省或利润优势,专利激励将会过大。[102] 因此,沉没成本套牢是动态低效率的,因为它导致了过度的发明激励。

总而言之,沉没成本套牢对用户和专利权人激励都有消极的动态影响;它促使用户避免进行可能会遭受套牢但对社会有益的投资,并促使专利权人过度投资于专利以获取用户的沉没成本。相反,网络价值分配对用户激励没有消极的静态或动态影响,反之,它对激励专利权人有潜在的积极动态影响。出于这个原因,认为网络价值和沉没成本套牢性质相似并对二者可作相同解释的观点是错误的。尽管这两种现象都可能被描述为"套牢"的类型,因为这两种现象都能使专利权人事后比事前获得更多的收益,但这两种现象对效率的影响是完全不同的。

D. 法律异议:拍卖与谈判

这使我们对拍卖模型有法律上的异议。在拍卖模型下情况 1 中专利权人最终得到零许可费的技术性原因是,在与其他拥有同等好技术的专利权人进行竞标时,专利权人必定会将投标额降低到他的最低限度,即边际成本。相反,一般法律规则是,以合理许可费形式进行的损害赔偿是通过参考假设性谈判而非拍卖的结果评估的。两者的不同之处在于,通常假设性谈判总会假定专利权人的边际成本与用户最大支付意愿之间存在差别,专利权人因而获取部分盈余。谈判模型与拍卖模型不一样,其允许许可费定价高于边际成本,也正因如此为创新提供了激励。

针对上述差别,人们可能会认为从动态角度来看,拍卖模型是非常必要的。专利激

---

[100] 参见 Steven Shavell & Tanguy van Ypersele, *Rewards Versus Intellectual Property Rights*, 44 J. L. & Econ. 525, 530(2001)(认为由于"专利有效地利用了创新者关于创新价值的私人信息",专利激励可能比奖金更有效,"尽管垄断定价造成了无谓损失");同时参见, Benjamin N. Roin, *Intellectual Property Versus Prizes: Reframing the Debate*, 81 U. Chi. L. Rev. 999,1016(2014)(重新审视这一争论,并主张专利也可以允许发明人由次佳政府奖励来抵制征用)。

[101] 参见 Roin,前注 100,第 1031—1032 页。

[102] 同上。

励必须与技术价值相称,技术价值在于,与最佳可替代技术相比,该技术带来的成本节省或利润增加。[103] 如果替代技术与专利技术一样好,那么专利权人的适当报酬为零。专利权人应获得能够补偿其发明沉没成本的报酬并非专利制度的基本原则;相反,使专利激励强有力的原因恰恰是,如果发明与替代技术相比没有提供足够的优势,发明人将遭受损失。[104] 专利权人不应因其原有发明而重复获得奖励。从这个角度上看,似乎事前增量方法更佳,因为在情况 1 中,技术 A 不比技术 B、C、D 等其他技术更好,并且因为技术 A 与替代技术相比没有任何价值增量,所以它不应该获得任何奖励。

在笔者看来,如果替代技术未获得专利权,那么此观点是完善的。在情况 1 中,如果任何一种替代技术是未获得专利权的,那么,正如上文所述的原因,笔者完全赞同专利权人 A 的合理许可费应为零。这符合现行法律的规定。无论在 SEP 背景下还是在其他情况下,因为非专利替代技术决定了用户的最大支付意愿,所以很显然,与非专利性替代技术相比,许可费不能超过发明的增量价值。[105]

然而,如果替代技术是获得专利权的,那么无论从理论角度还是法律角度,与上述情况都不一样。在标准背景下完全合理的是,由于被纳入标准所提供的激励,实际上所有相关技术都会获得专利权。[106] 在标准专利背景之外也可能出现同样的问题,在回到 SEP 背景之前,有必要考虑如何对待该问题。

在 SEP 背景之外,法律未明确如何对待专利替代技术;有限的判例法表明,应推定市场上存在符合既定专利价格的专利替代技术,并且既定价格通常高于边际成本。[107] 相反,在 SEP 背景之外,应用拍卖模型意味着在替代技术获得专利的情况下,在假设性谈判中的侵权用户应被想象成不同专利权人进行议价,直到价格被压到专利权人可接受的最低意愿为止。

据笔者了解,目前不存在任何文献为此问题提供全面的理论分析,并且此问题的解决方案并非显而易见。目前不存在一个可接受的关于盈余部分的理论,使得单个专利权

---

[103] 参见 Grain Processing Corp. v. Am. Maize-Prods. Co. ,185 F. 3d 1341,1349 – 1350(Fed. Cir. 1999);Farrell 等,前注 17,第 611 页("当每个人或公司对其行为的回报与总经济盈余的增量贡献是大致相称时,经济激励通常会很好")。

[104] 参见例如 Geradin,前注 99,第 948 页。

[105] 参见 Grain Processing Corp. v. Am. Maize-Prods. Co. ,893 F. Supp. 1386,1390 – 1393(N. D. Ind. 1995),出于其他原因修正,108 F. 3d 1392(Fed. Cir. 1997)。

[106] 参见例如 Anne Layne-Farrar,*Moving Past the SEP RAND Obsession: Some Thoughts on the Economic Implications of Unilateral Commitments and the Complexities of Patent Licensing*, 21 Geo. Mason L. Rev. 1093,1093 – 1110 (2014)(讨论专利权人之间的竞争,以将他们的技术纳入标准)。

[107] 参见 *In re* Innovatio IP Ventures, LLC Patent Litig. ,No. 11 C 9308,2013 WL 5593609,at *20(N. D. Ill. Oct. 3,2013)(表示法院将考虑专利替代技术,但"他们不会在假设性谈判中降低公共领域技术中的许可费")。

人能据此请求获得盈余部分以作为创新的最佳激励手段。[108] 面对来自替代专利技术的竞争,专利权人的最佳许可费的问题甚至更加困难,我们在本文中不解决此问题。笔者将在本文中提出三点,这三点将引出对拍卖模型一般性批判,即拍卖模型忽视了作为专利制度核心的创新激励问题。

第一,无论面对替代专利技术的最优许可费如何,从动态的角度来看拍卖模型所隐含的边际成本定价是错误的。两位专利权人同时开发相同技术并不意味着两者都不要求专利的诱惑。伟哥(Viagra)和西力士(Cialis)在治疗勃起功能障碍方面可能同样有效,但并不意味着如果不存在药物专利的话,它们都会被发明出来。拍卖模型意味着Viagra的用户合理许可费是几美分,因为在拍卖中用户可以利用Pfizer公司来与Lilly公司议价从而将许可费降低到边际成本。但是,当两种替代技术都受制于有效专利时,就必须假设除非专利权人获得的预期收益超过边际成本,否则他们将不会进行技术发明。[109] 如果两位专利权人都获得零许可费,或者许可费接近零,则无论何时发明了两种或多种等效的技术,那么预期回报都将为零,这显然不足以激发最初发明的进行。

第二,专利制度并没有在议价模型下向专利权人提供理论上的回报,也没有从激励角度对专利权人进行理论上的最优回报。相反,专利权人事实上在实际谈判中能够获得的金额是专利制度产生激励的主要原因。同样的道理,法院驳回了与案件事实没有充分联系的理论模型。[110] 至少在没有普遍接受的理论模型的情况下,基准收益(benchmark return)应该由可比的实际谈判所给出。同样的,当没有证据表明在现实世界中,互相竞争的专利权人之间的竞争经常导致用户将双方专利权人压价到其边际成本,合理许可费应允许专利权人与替代专利技术竞争以收回由于其发明而产生的部分盈余。

第三,SEP背景和通用专利背景之间没有原则性差异,前者证实了拍卖模型,后者证实了谈判模型。具有不同技术的多位专利权人为了成为标准的一部分,获得奖励,而彼此竞争的场景构建出一种模型,在该模型中,竞争迫使专利权人将费用降低到边际成本

---

[108] 虽然专利权人对发明的具有社会价值的充分适用性有时被建议为适当的基准,但由于各种原因,最佳回报可能低于充分适用性。见 Shavell & van Ypersele,前注100,第535页;另见 YOCHAI BENKLER, THE WEALTH OF NETWORKS: How SOCIAL PRODUCTION TRANSFORMS MARKETSANDFREEDOM 37 – 38(2009); Brett M. Frischmann & Mark A. Lemley, *Spillovers*, 107 COLUM. L. REV. 257, 268 – 271(2007)(讨论溢出效应的若干积极影响); John M. Golden, *Principles for Patent Remedies*, 88 Tex. L. Rev. 505, 529 – 531(2010)(注意到充分适用性的几个负面影响); Suzanne Scotchmer, *Standing on the Shoulders of Giants: Cumulative Researchand the Patent Law*, 5 J. Econ. Persp. 29, 31(1991)(讨论以充分社会价值为基准的两大缺点); Carl Shapiro, *Patent Reform: Aligning Reward and Contribution*, 8 Innovation Pol'y & Econ. 111, 114 – 17(强调过高奖励专利持有人的负面影响)。

[109] 这接受了实体法是合理的,特别是非而易见的标准确保专利只能授予专利诱发所要求的专利发明。我们怀疑这在实践中是否正确,但我们认为这是在补救方面的适当假设。参见 Siebrasse & Cotter,前注15,第55页。

[110] 参见 Virnetx, Inc. v. Cisco Sys., Inc., 767 F. 3d 1308, 1331 – 1334(Fed. Cir. 2014)(拒绝专家对纳什议价方案的使用); Uniloc USA, Inc. v. Microsoft Corp., 632 F. 3d 1292, 1315(Fed. Cir. 2011)(拒绝25%的经验法则)。

在 SEP 背景下看起来合理的。但即使在这种背景之外,我们在考虑一项专利技术实质上优于可替代的非专利技术时,理论上许可费仍可以被压价到其增量成本。然而,法律一般不会推定许可费总是会被压低到专利权人能接受的最低限度。出于这个原因,SEP 的拍卖模型与一般法律规定的合理许可费损害赔偿是不一致的。[111]

E. Shapley 定价

到目前为止,我们反对使用拍卖模型,因为它对于静态效率是不必要的,并且在提供足够发明激励方面是不完善的。但问题是存在拍卖模型以外更好的替代方案吗?

一个补救拍卖模型部分缺陷的替代方案是 Shapley 定价。[112] 如 Layne-Farrar 等人所述,标准设置背景中的 Shapley 值可以被认为是以下过程产生的结果:

专利所有人持各自专利以随机顺序到达 SSO,并且所有可能的到达顺序是等概率的。现在假设在每个序列中,每个专利所有人收到其到达 SSO 时已到达专利中最佳标准价值所增加的金额。也就是说,如果专利 S 的集合是在专利 j 到达 SSO 时已存在的专利集合,则 j 的所有人收到增量值为 $v(S \cup j) - v(S)$。Shapley 值赋予 j 所有可能到达顺序情况的贡献平均值,也就是说每个专利因此得到其边际贡献的平均值(考虑所有到达顺序)。[113]

也就是说,对任何专利权人的回报是其专利对标准总价值贡献的预期金额。因此,在本文情况 1 中,拥有同样好的 WLAN 技术的十个专利权人中都各自将获得标准价值的十分之一,或每个用户 5 美元。直观上来讲,如果 A 是第一个到达的技术并且因此被选为标准,那么它将能够从每个用户那里收取 50 美元的许可费。如果 B 是下一个到达的,那么它将不会对标准价值增加任何内容,因为 A 和 B 是纯粹的替代技术,所以 B 得到的许可费为零,正如除了 A 以外的其他所有人;但是如果 B 碰巧第一个到达,则会获得 50 美元,而 A 将一无所获,正如除 B 以外的其他人一样。这些情况中的平均值就是

---

[111] 拍卖模式的另一个困难是预期的边际贡献可能与实际边际贡献不一样。例如,如在 Microsoft 案例中所解释的,支持视频隔行扫描是 H.264 标准的一部分。视频隔行扫描对于旧技术是很重要的,但是现在大部分已经淘汰了,并且主要作为传统支持。Microsoft Corp. v. Motorola, Inc., No. C10-1823JLR, 2013 WL 2111217, at *21-22, *24(W. D. Wash. Apr. 25, 2013), 795 F. 3d 1024(9th Cir. 2015)案确认。然而,假设在制定标准的时候,没有人预期从隔行扫描视频到渐进式视频的转变。对隔行扫描的支持可能已被认为是有价值的,但事实上,现在很少有用户使用它。根据事前增量方法,即使该技术对用户的实际价值较低,拥有关键隔行扫描技术专利的一方也可能会获得高昂的许可费。相比之下,根据我们在第三部分中描述的事前偶然方法,许可费将反映技术对用户的实际价值。

[112] 这种方法以 Lloyd S. Shapley 命名是因为他引入了这个概念。L. S. Shapley, *A Value for n-Person Games*, in 2 CONTRIBUTIONS TO THE THEORY OF GAMES 307(H. W. Kuhn & A. W. Tucker eds., 1953)。

[113] Layne-Farrar 等,前注 14,第 695 页;参见例如 H. P. Young, *Individual Contribution and Just Compensation*, in THE SHAPLEY VALUE:ESSAYS IN HONOR OF LLOYD S. SHAPLEY 267(Alvin E. Roth ed., 1988)8,下文称"Shapley 值",提供进一步讨论;另见 MARTIN J. OSBORNE & ARIEL RUBINSTEIN, A COURSE IN GAME THEORY 291(1994)(提供类似的解释)。然而,到目前为止,Shapley 定价似乎没有在判例法中被受到重视。

Shapley 值。本文将 Layne-Farrar 等人提出的方法称作"事前 Shapley 定价",是因为其技术可能被纳入标准的每个专利所有人都有权享有标准价值的份额,不管其特定技术是否被实际选中。[114]

虽然 Layne-Farrar 等人认为 Swanson 和 Baumol 的拍卖模型是基于效率的,而 Shapley 定价是基于"公正"的[115],然而,Shapley 定价并非完全公平,但比拍卖定价更有效率。毫无疑问,Shapley 值定价在直观上是公平的;例如,情况 1 中的所有技术都同等好,而适用 Shapley 定价规则,所有专利权人将获得相同许可费。

但是 Shapley 定价也是有效率的。在 Shapley 定价下,专利权人确实分享了标准化价值,因为专利权人有权享有与拥有所有相关技术的单个专利权人相同的收益,这是 Shapley 方法的明确前提。[116] 但正如我们所见,这本身对分配效率并没有任何不利的影响。就动态效率而言,Shapley 方法理论上优于拍卖模型。因为专利权人所分享的价值与单个专利权人可能获取的价值相同,所以 Shapley 定价下的潜在发明人的预期回报与市场所能承受的单个专利权人的收益相同。正如我们所看到的,这可能不是严格意义上的最优,但它是适当的基准。

Shapley 定价通过对标准价值进行适当限定来实施,避免了由于沉没成本套牢而导致的低效率。现有法律规定单个专利权人的合理许可费必须假定为事先谈判的结果以避免沉没成本套牢;由此引申,专利权人在 Shapley 定价下所分享的价值为单个专利权人在用户产生沉没成本之前因其持有的相关专利所能获得的价值。[117] 如果我们以这种方式定义标准价值,就能避免沉没成本套牢,并且就分配效率而言,Shapley 定价与拍卖模型一样好。[118]

因此,Shapley 定价是公平的,并且与拍卖定价相比更有效率。但 Layne-Farrar 等人描

---

[114] 参见 Layne-Farrar 等,前注 14,第 695—696 页(注意到在他们的 Shapley 定价方法中,不属于最终标准的部分的专利仍将获得非零价值)。

[115] 同上,第 693 页。

[116] 参见同上,第 694 页("标准的总价值分配到所有专利中没有任何剩余");Shapley 值,前注 113,第 269 页(注意到 Shapley 值的前提是产出是"完全分配的")。标准价值暗指标准所有者实际收取的金额,而不是社会价值。因此,如 Layne-Farrar 等人所述,前提是"标准的总价值被分配到所有专利",这是指在许可中可以提取的标准价值,而不是总体社会值。Layne-Farrar 等人,前注 14,第 694 页。作者还指出,Shapley 定价方法"忽略了标准中可能包含的市场力量",但他们继续解释,"Shapley 值法分配租金的基础是事前边际贡献的收益,因此即使 IP 不属于'获胜的'标准的一部分也将获得一些回报,只要其一些专利集合的平均边际贡献是积极的"。同上,第 701 页。因此,他们并不质疑专利权人作为整体获得标准化价值的一部分,特定专利权人被选为标准的一部分也是如此,这是我们的观点。Shapley 定价忽略了被列入标准的价值,只是因为其专利未被纳入标准的专利权人也将分享标准化的价值。

[117] 我们认为这是对 Shapley 定价无可争议的澄清。Shapley 模型,即使如 Layne-Farrar 等人所解释的,对于如何确定标准的价值并不明确,因为 Shapley 定价主要关注于如何分割该价值。

[118] 由于 Shapley 定价导致了上面的边际成本定价,部分用户将被定价于市场之外,但如上所讨论的,这是专利制度普遍固有的。

述的事前 Shapley 定价确实存在一个重大缺点,这意味着在实践中,从动态角度来看它是不充分的。该定价标准通过向其技术可能对标准贡献价值的专利权人授予许可费的方式来实现公平,然而事实上该技术可能没有被选中。如上所述,在示例中,这意味着十个专利权人都有权享有许可费,即使只有一个被实际选中。使用事前 Shapley 定价作为 FRAND 许可费的困难在于,从法律角度看,只有实际被选定的专利权人才有权享有许可费,因为其他人的专利权都不会因此遭受侵犯。在情况 1 中,如果选择 A 作为标准并且基于事前 Shapley 定价获得许可费,A 只能获得 5 美元的许可费,这意味着所有专利权人的预期回报将仅为单个专利权人的回报的十分之一。原则上,专利权人集体应有权获得与单个专利权人相同的金额。但在现实世界中,只有实际被侵权的专利权人才有资格获得补偿,所以在实际中对专利权人的实际总回报将实质上低于单个专利权人的可获得的回报。反过来,这意味着对某个考虑投资标准化技术的发明人的投资回报将相应地不足。

三、专利对用户的标准价值的增量贡献

在本部分中,本文将探讨用于计算 FRAND 许可费的替代方法,根据该方法,许可费反映了专利对标准价值的增量贡献。如引言所述,这种方法结合了我们认为相互加强的两个要素:第一,事前偶然框架,试图预估理性人在发生沉没成本之前可能达成的议价,但前提是充分了解事后将被披露的所有相关信息(包括专利被选作标准);第二,事后 Shapley 定价,因制造、销售或使用符合标准的产品所产生的应付总许可费按照每个专利事后对这些产品价值的边际贡献的比例进行分配。A 部分解释了为什么事前偶然方法比 Swanson 和 Baumol 的事前增量方法更好,而 B 部分将框架扩展到多个 SEP。接下来 C 部分介绍事后 Shapley 定价,D 部分讨论了我们提议的实际影响。

A. 事前偶然方法

本文提出的用于确定 FRAND 许可费的一个更好的方法是将一个假定事前谈判与所谓的"事后"Shapley 定价相结合的方法。[119] 正如 Swanson 和 Baumol 的拍卖模型,这种方法假设许可费是事先设定的,也就是在用户产生任何沉没成本之前设定的,因而避免沉没成本套牢的问题。然而,我们的模型与 Swanson 和 Baumol 的不同之处在于,我们的模型是一种谈判模型而非拍卖模型。这意味着专利权人和用户将共同分担用户最大支付意愿与专利权人最低接受意愿之间的差价,这与专利权人被压价至最低限度的拍卖模

---

[119] 事前偶然模型最初由 Mario Mariniello 提出。参见 Mario Mariniello, *Fair, Reasonable and Non-Discriminatory: A Challenge for Competition Authorities*, 7 J. Comp. L. & Econ. 523,526(2011)["通过(事后)采用标准的许可条款不应比专利持有人在标准制定竞赛的背景下基于事后可用信息的事前承诺更差"]。我们在最近的一篇文章中进行了进一步研究。参见 Siebrasse & Cotter,前注 15。

型不同。此外,事前偶然方法的特点是,假设性谈判假定各方在进行事前谈判时拥有所有事后信息;特别是假设各方都知道哪种技术被选中作为标准。[20] 换句话说,假设性谈判是事先进行的,但建立在事后信息的基础上。此特征确保了专利权人获得足够回报。然后,许可费按照 Shapley 定价在专利权人当中进行分配。然而,我们的方法仅在实际被选中纳入标准的专利之间分配许可费,而非与 Layne-Farrar 等人讨论所的 Shapley 定价模式一样在所有可能被选中纳入标准的专利权人之间分配。出于这个原因,我们将其称为事后 Shapley 定价,与 Layne-Farrar 等人描述的事前 Shapley 定价进行区分。事后 Shapley 定价实行分摊原则。

理解本方法最简单的方式是将定价想象成三个阶段。第一步,SSO 决定标准,包括要纳入标准的专利技术。与事前增量方法相比,用户在此阶段没有直接投入(尽管 SSO 会考虑到用户的兴趣,且试图制定一个用户觉得有价值的标准)。第二阶段,SSO 在用户依赖于该标准投入任何沉没成本之前,与用户就该标准的许可费进行谈判。在谈判过程中,用户不能选择采用包含不同专利技术的其他标准,但是如果可通过采用非专利技术来实施标准,则可以考虑该选择。这意味着用户不能以转而使用基于专利技术 B 的标准作为议价的筹码,但用户可以将使用非标准技术 B 或使用基于非专利技术的其他标准作为威胁。在第三阶段,许可费经被协商确定后,SSO 对实际选定的技术应用事后 Shapley 定价方法在专利权人之间分配许可费。(请注意,这个三阶段过程并没有严格反映我们的方法,附录 B 中将讨论一些技术性改进,但是这三个阶段阐明了该方法的要点。这个模型和附录中列出的更详细的模型都不能完全描述现实世界中的设定许可费过程的运作。相反,这些模型都是本着与 Swanson 和 Baumol 模型相同的精神来评估 FRAND 许可费的概念性基准。)

事前偶然方法中有两点需要强调。首先,因为谈判是在采用标准之前进行的,所以其技术被采用的专利权人无法获取任何用户的沉没成本。这避免了与沉没成本套牢相关联的任何低效率情况。其次,对寻求将技术发展成为标准的一部分的发明人的预期回报将与在没有竞争的情况下寻求开发该技术的单个专利权人的预期回报一样。换句话说,标准是通过正式标准制定过程制定还是作为事实标准出现并不重要;两种情况下的合理许可费是相同的。如在 Shapley 定价背景下所解释的,笔者认为这是提供发明激励

---

[20] 更准确地说,基本原则是双方就事后认知进行谈判,在侵权诉讼中,通常意味着他们将知道所涉专利是否是必要的。然而,注意在 Microsoft 案例中,这些事实上必要的专利是否已经被建立尚未确定,因为该诉讼不是针对侵权行为,而是针对由于 Motorola 没有遵守其 FRAND 承诺的前提下的违约行为。法院正确地认为,在这些情况下,合理的费率将被打折,以允许涉诉专利事实上对标准不必要的可能性。参见 Microsoft v. Motorola, No. C10 – 1823JLR, 2013 WL 2111217, at * 53(W. D. Wash. Apr. 25, 2013), 由 795 F. 3d 1024(9th Cir. 2015) 确认。

的适当基准。相反,从用户的角度来看,事前偶然方法在解释为什么争议技术对用户有价值的多种可能原因中是中立的。

因此,回顾上文中的激励示例,情况1中事前偶然假设性谈判的结果将与情况2B中实际谈判的结果完全一样。在情况2B中,用户愿意支付高达100美元的费用以使用技术A,因为A是一种(事实)标准。在情况1中适用事前偶然方法,用户同样愿意支付高达100美元的费用来使用技术A,因为A是一种标准(正式选择过程的结果)。在情况1和情况2B中,专利权人接受的最小意愿是其边际成本(在我们的示例中为零),并且每个用户的次优替代技术是价值10美元的非标准WLAN技术(每个可以用5美元许可)。[121] 如果双方在两种情况下具有相同的议价能力,则确定的许可费将完全相同。[122] 专利权人在议价模型中所能获取的确切份额是不确定的,但本文认为,这并不是该模型的缺陷。[123] 这反映了现实中在许可谈判中对专利权人实际获得的金额不存在很好的描述模型。如上所述,完整的理论议价模型将从激励角度考虑对专利权人的最佳回报。同时,判例法试图从经验角度通过寻找可比协议的回报以解答这个问题。就本文目的而言,在SEP的背景下议价模型而非拍卖模型是合适的,正如议价模型在一般合理许可费损害赔偿背景下是合适的一样。

在讨论在构成标准的诸多专利技术之间分配许可费的问题之前,首先探讨针对本文模型的一些异议,这些异议可以在单一技术标准的背景下进行评估。其中最重要的是,虽然其技术被采用的专利权人无法获取任何用户的沉没成本,但其能够获取标准化价值的很大一部分。这似乎违反了专利权人有权获取其技术价值而非标准化价值的原则。笔者对此异议有两种回应,或者更准确地说是以两种方式作相同回应。

一个回应是,如果专利权人无权享有获取任何标准化价值的原则被理解为专利权人可获得的许可费应该以拍卖模型中的事前增量价值为上限,那么这个原则是完全错误的。如本文在第Ⅱ部分对拍卖模型反对意见中所讨论的,[124]事前增量模型并没有提供足够的发明激励,而事前偶然方法提供了适当的发明激励,而没有导致配置的低效率(除了

---

[121] 在情况1中,该替代技术将成为标准中可能包含但未包含的技术之一,而在情况2B中,它是由于在A之后出现而未成为实际标准的技术之一。

[122] 在情况2中,只有一种WLAN技术,用户的替代技术是使用WLAN之前的替代技术,诸如电话和有线互联网,其被定义为零价值,以及标准的纳什议价方案中专利权人的许可费略高于情况1的价格。然而,原则是许可费不依赖于标准的出现方式;情况1在功能上与情况2的不同之处在于对用户可用的替代方案,但功能上与场景2B相同。我们应该强调,纳什议价模型不是事前偶然方法的一部分。我们的基本观点是,它是一种议价模型,而不是拍卖模型,这意味着专利权人和用户要对盈余进行分割。

[123] 相反的观点参见 Roger D. Blair & Thomas Knight, *Problems in Sharing the Surplus*, 22 Tex. Intell. Prop. L. J. 95 (2013)(在SEP背景下反对议价模型,因为盈余的分割是任意的,而任意的许可费是不合理的)。

[124] 参见前注98—99及附文。

一些用户可能出价超过市场价格,这是专利制度的一般现象)。

但是,只要能适当定义技术价值,我们就没必要摒弃专利权人仅有权获取技术价值这一原则。确立此原则的案例并未提供"技术价值"的确切定义,可能是由于该术语被认为是显而易见的。但是如上文所讨论的,即使在情况 1 非常简单的例子中,技术价值是由什么构成的也不直观;是专利权人 A 在标准化之前实际上每年获得的 500 美元,或是消费者的消费盈余(在本文例子中为 1000 美元),还是在标准化之前市场对所有专利权人的全部价值(5000 美元),甚至是在标准化前的全部社会价值(1 万美元)? 或者是如 Swanson 和 Baumol 的拍卖模型得到的结果——0 美元? 当然,如果考虑到专利在标准化之前实际获得了 500 美元的许可费,并且依赖于技术的市场价值是 10 万美元,那么认为该项技术的价值为零是违背直观结论的。

在我们看来,"技术价值"只是技术对用户的价值;或者更准确地说,是指与次优非专利技术相比,该专利技术所提供的功能价值,并且排除专利权人可获得的用户因依赖该技术而支出的沉没成本。[125] 被估价的是技术本身,而非专利。[126] 这就是为什么事前偶然方法在情况 1 和情况 2 中给出了相同的结果。无论技术是从正式的标准制定过程中形成还是在事实过程中形成,WLAN 对用户的价值是相同的;且无论只有一种技术能够提供该功能还是多种技术能够提供该功能,WLAN 技术对用户的价值也是相同的。

此外,本文分析表明,不存在与技术价值相区分的"标准化价值"。例如,除非至少有两个人正在使用一项通信技术,否则这项技术毫无价值。那么我们是否可以认为第一台电话的价值为零,因为截止到第二台电话的出现,第一台电话是没有用处的? 但是当有两台电话时,这些电话的价值归结于电话技术本身还是两台电话共用该技术的事实呢? 可以肯定的是,通信技术的价值确实随着用户数量的增加而增加(这是引起网络效应的原因)。但是,理论上不可能将技术的贡献和网络效应的贡献完全区分,除非所说技术价值是指在没有网络效应的情况下的价值,也就是说零价值。除此之外,也不能说技术本身的价值是当存在两个用户或 100 个,或 100 万元时的网络效应价值;这个数字是任意的。此外,标准化价值是指标准被采用后所产生的价值,这一说法似乎符合常理,但这种理解是没有根据的,因为这种说法表明,被采用的技术的价值取决于该标准被 100 个用户还是 1000 个用户采用,两种情况下的价值时不同。但是标准化的特定时间是偶然的。如果专利权人在标准采用之前无法获得比技术本身更多的价值,那么所有专利

---

[125] 换句话说,"技术价值"的关键意义在于专利所有人不应该获得用户沉没成本的任何部分。正如我们所提出的,标准化往往伴随有沉没成本,在我们看来,专利权人不能获得任何标准化价值的原则是合理的,这意味着专利权人无法获得任何用户的沉没成本。

[126] 参见 Taylor,前注 16。

权人都希望推迟标准化过程,以将专利权人的回报最大化。[127]而这显然是不可取的。

从更一般的角度来说,本文的分析从中立的角度来看所有的价值来源。不管技术的价值是由于网络效应、线性扩展(诸如每单位生产成本节省)效应,还是由于特殊因素都不会影响到用户应支付的许可费金额。这种价值中立的原则是健全的。为了说明此观点,假设一项专利发明能使植入跑鞋的 LED 随舞曲同步闪光,此专利发明对用户来说价值 1 亿美元,原因是该特点出现在音乐视频上之后成为时尚热潮。在这种情况下,专利权人有权获得全部 1 亿美元的份额是无可争议的。现在假设另一项发明可以大大提高 WLAN 网络速度,并且在被纳入标准之后对于用户来说也价值 1 亿美元。进一步假设,无论如何定义网络效应,因网络效应而产生的标准化价值为 9000 万美元。如果在第二个例子中,基于专利权人无权获得任何标准化价值的原则,专利权人只能享有 1000 万美元的份额,那么即使两个发明的社会价值是相同的,相较于改良的 WLAN 技术,发明人将有更大的动力来发明诸如闪光鞋的技术。笔者认为,专利制度不应该根据对用户的价值来源对发明进行区分,但如果以此作为支持这种区分的论据,那么网络效应一定不是特别不利的价值来源。

相比之下,本文的方法中,技术的价值仅仅等于其对用户的价值,且无论该技术是否恰好是一种其价值随用户数量或多或少呈线性增长的技术,如制药业,还是与用户数量不成比例,如通信技术。(实际上,很多情况下显示网络效应的技术与没有显示网络效应的技术并没有很大区别,也许大多数技术在某种程度上显示网络效应)。[128]并且虽然用户不能利用一种专利技术而就另一种技术进行议价,但是它们可以威胁采用非专利标准作为议价过程中的筹码。这意味着技术的价值受到对用户价值与最佳非专利替代技术价值之间的差异的限制。例如,假设在情况 1 中,市场是成熟而分散的。有 9 家公司已经开发和获得专利 WLAN 技术,A、B、……I,但第 10 个技术 J 是非专利的。这些技术都是同等好的。即使 SSO 选择技术 A 作为标准,在事前谈判中,用户能够将采用非专利技术 J 作为威胁,这意味着 A 将获得为零的许可费。因为 A 不比非专利技术更好,因而从直观上这种结果是合情合理的。更普遍地说,与最佳非专利替代标准相比,被纳入标准的技术并非价值更大。

因此,在本文方法下,FRAND 许可费与任何其他合理的许可费完全以相同的方式被

---

[127] 如果专利权人不能获得事后产生的任何价值,那么他们总体上更倾向于事实上产生的标准。任何个人专利权人都不确定其技术将会占上风,但如果标准开发得较晚,那么总回报将会更高,因此任何专利权人的预期价值将因延迟而增加。

[128] 例如,特定的汽车模型会因为更多人拥有它而变得更有价值,因为其部件更容易获得;药物将随着越来越多的人服用而变得更有价值,因为处方医师会更加熟悉其效果等。

对待。⑫ 在 FRAND 背景中本文对技术价值的定义与在 FRAND 背景外的技术价值的标准定义完全相同,也就是技术对用户的价值和次优非专利替代技术之间的差异。⑬ 因此,本文的方法可以直接应用于任何合理的许可费情况,并根据情况需要能够简化到更简单的模型。

对本文事前偶然模型的第二个可能的异议是该模型是不公平的,因为所有 10 个专利权人都具有完全等价的技术,而且选中 A 或多或少具有任意性。在我们的模型中,A 是唯一分享盈余的专利权人;其他人拿不到发明回报,除了没有被选中这种偶然事件之外,他们的专利与 A 有一样的价值。这一点似乎从直观上巩固了专利权人应该仅有权享有获得发明价值而非标准化价值的原则。⑭

笔者承认,即使 A 被选中具有偶然性,通过将标准化的全部价值授予 A,事前偶然方法似乎可能放弃了事前 Shapley 定价的一个有吸引力的特征——公平性。在这方面,事前 Shapley 定价与事前偶然方法之间的区别在于,根据事前偶然方法,其技术被选中的专利权人将实现所有的预期回报,在事前 Shapley 定价模型下,价值则在被选中的专利权人和不能提出诉讼请求的未被选中的专利权人之间分割。即便如此,事前偶然方法对于专利权人总体上看(而非从个案的角度看)是公平的,并且它比 Swanson 和 Baumol 的拍卖模型要更公平。本文的方法比一般专利制度更公平。例如在情况 2 中,因为 A 是最先被开发的技术,所以占据了整个市场。如果 B 至 J 同时开发自己的发明,并且恰好稍稍晚一些上市,那么 A 的贡献的增量价值只是稍早的开发日期,而不是 WLAN 市场的整个价值。但是,只凭借其是第一个被开发的技术,A 毫无争议地能够获得市场的全部价值。⑮ 当事实标准由于首先进入市场的优势而产生时,成为第一而逐步获得的优势几乎与被 SSO 选中而获得的优势一样不公平,但这并不被认为是专利制度一般运作中的争议。

另外两个问题也值得讨论。第一,根据我们的方法,即使 WLAN 技术的价值大于发明的总成本,任何专利权人个体的回报也可能小于发明的成本,这仅仅是因为其发明未被纳入标准的专利权人可能不会收到任何许可费。但笔者并不认为这是对本文方法的

---

⑫ 参见注释 119 和附文。在这方面,我们同意 Contreras & Gilbert 在前注 55 中的观点。
⑬ Grain Processing Corp. v. Am. Maize-Prods. Co.,185 F. 3d 1341,1349 – 50(Fed. Cir. 1999)。
⑭ 参见例如 Layne-Farrar 等,前注 14,第 685 页("常识表明,向易于替代的专利持有人提供与支持相同标准的关键的、不可替代的专利技术持有人相同的补偿并不是"公平的""合理的"或"非歧视")。另一个异议,见 George S. Cary 等,*The Case for AntitrustLaw To Police the Patent Holdup Problem in Standard Setting*,77 Antitrust L. J. 913,919 – 920(2011)(认为在其他事项中,事后事件是无法预料的,因此与激励无关)。我们在前注 15 的文章中解决了这个问题,参见第 29—30 页。
⑮ 通过这个,我们的意见是 5 万美元,而不是 10 万美元为全部社会价值。

异议,相反,这只是反映在专利法任何领域中都可能出现的专利竞争问题。[133] 在许多领域(如制药),对相同问题来说,大致相似的解决方案可能在大约同一时间获得专利,并且因此它们将共享可能原本只有其中一个专利占据的市场。无论是否存在网络效应,这个问题都是完全相同的,因此其中一种替代技术占据了市场大部分而其他替代技术没有获得任何市场份额,或者当没有网络效应时,所有替代技术都占有整体市场的较小份额。在任何一种情况下,对专利权人的预期回报都少于在没有同时发明的情况下的预期回报,并且在任何一种情况下,同时发明都出于同样的原因,即许多不同的发明人觉察到同样的需求并为之提供创新解决方案。虽然这很可能是创新的一个问题,而不是 SEP 许可费理论所要解决的一个问题。无论如何,在本文的事前偶然方法下,专利权人获得标准化价值的一部分,因而此方法肯定比拍卖方法更好,因为在拍卖方法中,即使是被选中的专利权人也无法得到任何回报。

第二,与拍卖模型不同,在理论上事前偶然方法也没有为合理许可费提供任何精确的数字。假设性谈判分割了专利权人之间的盈余,并因此谈判的结果由议价能力的理论黑箱决定(或者,实际上是由特定领域中的议价能力和可比许可来决定)。然而,笔者不认为这是模型的缺点。对专利权人的最佳回报没有一个很好的一般模型,而我们的模型像一般合理许可费的假设性谈判一样,在事前是难以准确估计的。这种不可知性比拍卖模型更好,虽然拍卖模型确实提供了明确的结果,但从动态的角度来看显然是低效率的。而且因为事前偶然方法一般适用于合理许可费,如果最佳许可费的一般模型是被接受的,那么本文的模型也能直接适用于 SEP 背景。

B. 扩展到多个 SEP

当需要多项专利来实现一个标准时,会出现两个额外的问题。第一个问题是著名的许可费堆叠问题,要求标准的整体使用费不能过高。[134] 第二个问题是如何在必要专利当中分配许可费,这一问题在上文中被称为分摊问题。[135] 对于第二个问题,新兴的 FRAND 案例法认识到,"一个对标准非常重要和处于中心位置的专利会比一个不重要的专利合理地获得更高的许可费率"。[136] 在这部分,笔者将讨论事前预估方法可以解决许可费堆

---

[133] 原则上,专利竞赛可能会耗散整个专利权人的盈余,尽管实际上专利竞赛的效果可能更复杂。参见 Mark A. Lemley, *The Myth of the Sole Inventor*, 110 Mich. L. Rev. 709, 749–760 (2012) (讨论文献并认为专利竞赛"可能有很差的口碑")。更一般来说,事前偶然模型不能保证专利权人有足够的回报来覆盖发明成本。我们不认为这是该方法的缺点;这是合理许可费损失赔偿的特征,是这个事实使得专利激励高效。

[134] 参见前注 5 和附文。

[135] 参见前注 7、20 和附文。

[136] Microsoft v. Motorola, No. C10–1823JLR, 2013 WL 2111217, at *20 (W. D. Wash. Apr. 25, 2013),由 795 F. 3d 1024 (9th Cir. 2015) 确认。

叠的问题,并且以事后 Shapley 定价作为补充,也解决了分摊问题。相比之下,事实证明事前增量方法违背了比例性原则。

将事前偶然方法扩展到多项专利是清晰明了的。在三步方法中,例如,假定用户与 SSO 进行议价以获得使用该标准的权利。但是由于用户把标准作为一个整体而非单个专利,因而不管标准需要一个专利还是多个专利,这个步骤是一样的。换句话说,功能是由一个专利还是多个专利的实施与该技术对用户的价值无关,因此,这一点与用户同 SSO 协商将要支付的许可费并不相关。无论是在 Cournot 互补条款中[137],还是从多个许可产生的过度许可费的普遍意义上来说,这本身就消除了许可费堆叠问题。根据事前偶然方法,专利权人将共同收到的且用户将支付的金额,同标准由单个专利权人持有的单一技术实现而产生的许可费金额相同。

更一般地,开发所有相关技术的单个专利权人将收到的许可费作为事前偶然谈判的结果,是对涉及多个专利权人的标准的 FRAND 许可费的适当基准。无论该功能是由一项专利技术实现还是由多个专利技术实现,该功能对用户的价值是相同的。对专利权人的总回报也应该是一样的:否则,为获得功能价值的更大份额,专利权人有动机通过多个技术而非一个技术实现这个标准。因此,本文将总体许可费不应依赖于专利数量作为一个基本原则。

与单个专利权人进行谈判的等同性也满足了许可费应提供充分的发明激励的原则(即许可费应与发明价值相称),并且应当平衡普遍采用的标准和对专利权人的合理回报。[138] 根据事前偶然方法,使用任何标准而应支付的总许可费与标准的社会价值成比例。此外,无论该标准是由一个专利权人持有的单个专利,还是由单个专利权人持有的多个专利的事实标准,或是由多专利权人通过 SSO 设置的标准,用户所支付的总许可费将相同。对作为一个群体的专利权人的奖励(不管这个群体是由一个还是多个个体组成)只取决于标准对用户的价值。这确保了对为实施标准而开发的技术的奖励是相同的,而不管是如何被开发出来的。这也与事前增量方法形成了对比,在事前增量方法的情况下,许可费不仅取决于技术对用户的价值,而且依赖于事前竞争的状态。因此,如果在标准的关键方面的竞争是激烈的,而在对标准贡献价值较小的方面的竞争是平和的,那么在事前增量方法下后者的总许可费很容易就会超过前者,这就违反了比例性原则。

由单个专利权人在事前偶然方法下收到的许可费也平衡了普遍采用该标准的需要

---

[137] 参见前注 5。
[138] 参见前注 10—11 和附文。

与对专利权人的合理回报。在议价中,单个专利权人将考虑到一个事实,即较低的许可费将导致该专利被更广泛地采用,因此就有更多的整体盈余可供分割,尽管如此,与此相反的事实是:最广泛的采用将要求对专利权人零回报(除非完全的价格歧视是可能的)。[139] 因此,事前偶然议价产生的许可费将鼓励标准最广泛采用与对专利权人的合理回报相一致;并且出于这个原因,许可费堆叠问题消失了。当多个专利权人(或投入供应商更普遍)没有考虑到其许可费强加于其他投入提供商的销售减少的形式时,就会出现Cournot互补问题。[140] 假设用户与SSO就单一的许可费进行协商,就像将由单个专利权人持有所有相关专利(不管是一个还是多个)一样,就可以解决此问题。

C. 事后 Shapley 定价

接下来要考虑的问题是如何在专利权人之间分割许可费。虽然事前偶然模型与各种方法是一致的,但是理想的许可费分割应遵守比例性原则——一项对标准来说更重要的专利要比不那么重要的专利收取更高的许可费,这一原则更好地服务于动态效率的目标。这一部分将会证明,事前偶然方法结合我们所说的事后 Shapley 定价以一种直观上和理论上都遵守了比例性原则。

正如上面所讨论的,在由 Layne-Farrar 等人应用于标准设置背景的 Shapley 定价下,"专利所有人以随机的顺序到达了 SSO",而特定专利的 Shapley 值是对所有可能的到达顺序的平均边际贡献。[141] 我们把这称为事前 Shapley 定价,因为 Shapley 值是在专利被实际选中纳入标准之前确定的:其技术可能已经被选定的每个专利权人有权获得许可费。相比之下,在事后 Shapley 定价中,不考虑专利权人技术可能被选中来实施标准而可能作出的贡献,Shapley 定价应用于其专利事实上已被选定为实施标准的所有专利权人。在上面所述的简单示例中,假设一个标准由两个互补功能 A 和 B 组成,那么问题就会出现。这些组成是严格互补的,也就是说,除非两个组成都存在,否则该标准是没有价值的。[142] 在案例 1 中,假设这两个组成部分事前存在完全竞争,也就是说,有多种专利技术如 A1、A2 等可以提供功能 A,以及多种专利技术如 B1、B2 等可以提供功能 B。其中 A1 和 B1 被 SSO 选中而作为标准的一部分。每个用户都愿意为该运作的标准支付 200 美元,并且在同等的议价能力下,每个用户支付 100 美元。如果是 A1 首先到达,那么标准

---

[139] 一般而言,垄断者通过将较高的价格换成较低的销售量来最大化利益,直到边际成本等于边际收益。参见 RICHARD A. POSNER, ECONOMIC ANALYSIS OF LAW 332 – 333 (9th ed. 2014)。

[140] 参见 Carl Shapiro, *Navigating the Patent Thicket: Cross Licenses, Patent Pools, and Standard Setting, in* 1 INNOVATION POLICY AND THE ECONOMY 119 – 150 (Adam B. Jaffe et al. eds., 2001)(在障碍性专利方面提供一个普通版本的 Cournot 互补理论)。

[141] 参见前注 112—113 以及附文。

[142] 参见 Layne-Farrar 等,前注 14,第 689 页。

不能实现因而没有用户愿意支付任何费用。如果 B1 随后到达,那么标准功能就可以被实现,并且专利权人之间分割的价值是 100 美元。A1 的边际贡献是 0,而 B1 的边际贡献是 100 美元。但是如果 B1 首先到达,结果会正好相反。因此,两个专利权人将享有同等的许可费,也就是 50 美元。[143] 这直观上似乎是很合理的,因为如果没有这两种专利技术那么该标准就无法运作。

现在考虑专利不严格互补的标准。并非所有对标准"必要的"专利都必须是严格互补的,也就是说没有这些专利,一项有价值的标准就完全无法实施。最明显的是,为实施标准的可选部分所必需的专利至少在 IEEE-SA Bylaws 中被认为是必要的。[144] 更重要的是,即使是为实施标准的强制部分所必需的专利也不一定是严格互补的。[145] 例如,在 WLAN 标准中,可能需要特定的技术来实施高吞吐量协议,这对于高级标准是必需的。即使特定标准本身在没有该技术的情况下不能被实施,甚至假设没有对专利的高吞吐量技术的替代技术,可操作的和商业上有用的标准也可以在没有更高吞吐量能力的情况下被实施,尽管利用高吞吐量技术的标准比没有利用高吞吐量的标准更有价值。问题是如何在各种技术之间分配整个标准的价值。例如,考虑一个程式化的 WLAN 标准,其中技术 A 是基本传输功能所必需的,而技术 B 则提供高级安全性。WLAN 标准可以使用技术 A 来单独实施,但 B 在没有 A 的情况下是无用的。每个用户都愿意为单独由技术 A 实施的标准支付 100 美元的许可费,为具有由技术 B 提供的附加安全性的标准支付 120 美元。按照同样的方法论,许可费对 A1 为 110 美元,对 B1 为 10 美元。[146] 直观上,A1 有权获得超过 100 美元的许可费,因为它单独提供了从传输功能上得到的所有价值(100 美元),以及从安全功能得到的一些价值,而安全功能在没有传输功能的情况下是没有价值的。

原则上,事后 Shapley 定价可以很容易地扩展到任何专利组合。例如,如果两个严格互补的技术 A 和 B 都被要求实施传输功能,并且一个技术 C 被要求实施安全功能,许可费将是 A1 = 56.67 美元;B1 = 56.67 美元;C1 = 6.67 美元。如果需要两种互补技术(C 和 D)来实施安全功能,则许可费将是:A1 = 55 美元;B1 = 55 美元;C1 = 5 美元;D1 =

---

[143] 与事前增量方法相比,在这种情况下,每一个专利权人都将获得 0 美元;而在事前 Shapley 定价中,每个专利权人都将得到 50 美元/N,其中 N 是功能等效的可能已经被纳入了标准的专利技术的数量。

[144] IEEE-SA Standards Board Bylaws 6.1http://standards.ieee.org/develop/policies/bylaws/sb_bylaws.pdf.

[145] 对标准的强制部分必要的专利在这种意义上是互补的,即在没有使用(或侵犯)专利技术的情况下,符合标准的实施是不可能的。我们将此称为"法律上的"互补,相比之下,当使用两种技术串联产生超加效应时,就会出现"技术性"互补。本文的讨论仅指技术的互补性,认为合理的许可费应反映标准对用户的价值,而对用户的价值在于标准的技术功能。参见 Taylor,前注 16(强调许可费应反映技术)。

[146] 到达顺序(A1,B1)= 100 美元 A1,20 美元 B1;(B1,A1)= 0 美元 B1,120 美元 A1:平均是 A1 = 110 美元,B1 = 10 美元。

5 美元。如果需要一项技术 A 来实施传输功能,并且需要三项互补技术 B、C 和 D 来实施安全功能,则许可费将为 A1 = 105 美元;B1 = 5 美元;C1 = 5 美元;D1 = 5 美元。如果需要三种互补技术 A、B 和 C 来实施传输功能,并且需要一项技术 D 来实施安全功能,则许可费将是 A1 = 38.33 美元;B1 = 38.33 美元;C1 = 38.33 美元;D1 = 5 美元。

因此,事后 Shapley 定价以直观合理的方式满足比例性原则。虽然 Shapley 定价有一些特别有吸引力的特点,但毫无疑问,还有其他可能的机制可被用来分配专利权人收到的总价值以满足比例性原则。[147] 这些例子至少说明了,满足比例性原则的分割许可费的方法在理论上是可行的。

事后 Shapley 定价区别于其他几种可能的方法,通过这些方法分割的许可费显然不符合比例。例如,一些专利池根据专利权人所拥有的专利的数量简单地为每个专利权人分配许可费。[148] 这种方法被称为数值比例,其具有简便性的优势(并且在某些情况下出于该原因这可能是合理的),但此方法在我们使用该术语的意义上来讲显然不能满足比例性要求。

事前增量定价也不能满足比例性原则,因为在根据此方法获得的许可费由事前是否有替代技术决定,而不是技术本身的重要性决定。因此,正如我们所看到的,一项具有多种替代技术的关键技术可能会获得零回报,而具有少量替代技术的次要技术可能会获得高回报。举例来说,在我们的 WLAN 示例中,如果只需要一种技术来实施传输功能,并且只需要一种技术来实施安全功能,则在 Shapley 定价下,实际上用于传输的技术(A1)将获得 110 美元的许可费,而用于安全的技术(B1)将获得 10 美元,而不管事前有多少技术竞争。相反,根据事前增量方法,许可费将取决于事前可用的替代技术的数量。如果事前存在三种同等好的替代技术(A1、A2、A3)来实施传输功能,但只有一个(B1)可用来实施安全功能,那么支付给 A1 的许可费将是 0 美元,而 B1 是 120 美元。这一结果显然不符合比例要求[149],通常,事前 Shapley 定价也不会符合比例要求,因为如果事前有很多等效技术,那么重要技术的许可费将减少。

最后,值得注意的是,事前偶然方法的最直接的实施方式将会根据技术对每个用户

---

[147] 参见下文附录 A。

[148] 参见 John M. Browning & Carla S. Mulhern, *Licensing in the Presence of Technology Standards*, LICENSING J., Aug. 2009, at 18, 26 – 27。Sidak 断言,将 Shapley 定价应用到 SEP 时必然导致数值比例性,因为所有 SEP 是必要的。参见 Sidak,前注 14,第 1043—1044 页。但是,这忽略了一点,即重要的标准可以被创建而无需对所选标准必要的每一个专利。用户有时几乎没有使用某些 SEP,对于 H. 264 的视频隔行扫描功能来说也是如此。

[149] 审理 Microsoft 案的 Robart 法官明确拒绝了类似的提议,因为这是 Motorola 试图提取的标准价值。见 Microsoft v. Motorola, No. C10 – 1823JLR, 2013 WL 2111217, at *44 (W. D. Wash. Apr. 25, 2013),由 795 F. 3d 1024 (9th Cir. 2015) 确认。

的价值而非根据对标准的价值来分配许可费。这与判例法是一致的。[129] 通常会有这样的疑问,SSO 被认为是与每个用户单独议价还是与一个用户群组议价。最简单和正确的方法是想象每个个体用户都根据 SSO 所采用的标准,以知悉其他用户亦会采用该标准为前提,就使用标准的权利进行议价,这符合判例法。[130] 越看重标准的用户会愿意为它付出更多。此外,或多或少看重标准的特定方面的用户将或多或少为这些方面付费。例如,假设有两个用户 X 和 Y,都为标准化的 WLAN 的基本传输能力出价 100 美元,但 X 将愿意为也包括安全功能的标准支付 140 美元,而安全功能对于 Y 来说是没有价值的,Y 仅为使用标准的权利支付 100 美元,不管它是否具有安全功能。即使两者都获得整个标准的许可,根据事前偶然的方法,X 必须为该标准支付 140 美元的许可费,而 Y 必须为同一标准仅支付 100 美元。此外,如果我们添加事后 Shapley 定价,每个专利权人的回报将反映专利对于特定用户以及对于作为一个整体的技术的重要性。如果 B 对 X 提起诉讼,那么使用事前偶然方法和事后 Shapley 定价的合理许可费将是 20 美元,但如果 B 对 Y 提起诉讼,合理的许可费将是零。[131]

这种方法还自动满足了分摊原则,即许可费应反映技术对标准的价值,因为对标准的价值只是对个体用户的价值的总和。[132] 相比之下,事前增量方法一般不符合分摊原则。将这种方法应用于每个用户是可能的,但是标准中所体现的每项专利的价值由事前的竞争情况决定,而非由标准对特定用户的价值决定。例如,假设事前在市场上对组件 A 有完全的竞争,而对于组件 B 则没有,如果 B 对 X 提起诉讼,则使用事前增量方法的合理许可费将是 140 美元。如果 B 对 Y 提起诉讼,则合理的许可费将为零,因为对于 B 而言即使该组件没有竞争,但就 Y 而言,其事前增量价值仍然是零。[133] 相反,假设事前在市场上对组件 B 有完全的竞争,而对于组件 A 则没有。如果 B 对 X 或 Y 提起诉讼,则使用事前增量方法的合理许可费为 0 美元。[134]

D. 意义

在引言中,笔者承认,本文提出的理论框架(在该框架下,FRAND 许可费反映 SEP 对标准价值的增量贡献)可能无法在实践中直接实施(尽管其他理想化方法也是如此,

---

[129] *In re* Innovatio IP Ventures, No. 11 C 9308, 2013 WL 5593609, at *6 (N. D. Ill. Oct. 3, 2013); *Microsoft*, 2013 WL 2111217, at *20, *42.

[130] 参见,Microsoft, 2013 WL 2111217, 第 20 页(认为许可费必须反映技术对特定用户的价值);同上,第 47—49 页(注意到所涉技术对 Microsoft 的产品最不重要)。

[131] 由 X 为 A 支付的 FRAND 许可费将是 120 美元,由 Y 为 A 支付的将是 100 美元。

[132] 参见 Innovatio, 2013 WL 5593609, 第 6 页。

[133] 由 X 或 Y 为 A 支付的 FRAND 许可费为 0 美元。

[134] 由 X 为 A 支付的 FRAND 的许可费是 140 美元,由 Y 为 A 支付的将是 100 美元。

包括事前增量方法）。尽管人们可以设想上文所述的三个步骤,在三步骤中 SSO 在用户发生任何沉没成本之前与用户谈判总许可费,[156]但实际上 SSO 并不这样做（我们也不建议他们这样做）。任何关于这些谈判如何进行（假设谈判实际已经发生）必然涉及大量的猜测和假设。同样,我们也很难想象专家如何有效地针对像 Shapley 定价这样复杂的概念对陪审团进行"教育"。考虑到专利诉讼的成本和不确定因素,有人可能会问:如果一种理论模型既不能使用,又造成巨大的金钱成本并缺乏可预测性,那么理论模型究竟有什么用?

这个问题应该从两个方面回答。首先,适当的概念基准可以用来确定引言所列出的七个原则中哪一个应该被保留以及哪些（如果有的话）应该被修改或者废弃。相应地,基准也为被保留的原则提供最好的解释。其次,基准可以帮助确定哪些实践证据和方法论途径应该可被纳入证据（即那些可能与概念基准相一致,而非不符合基准的实践证据和方法论途径）上是有用的。下文将详细说明。

1. 保留、修改或丢弃的原则

首先,如上文所述（附录 A 将作更详细的说明）,当标准价值大于其部分的总和时,Shapley 定价模型是对技术增量贡献的自然解释。本文模型中的 Shapley 定价方法适用增量价值原则,因此与 Robart 法官的陈述一致,即（F）RAND 许可费的"中心"原则是"在假设性谈判中,各方将通过衡量 SEP 对标准的重要性以及标准和 SEP 对所涉及产品的重要性来确定 RAND 的许可费率"。[157] 因此,本文模型中,为原则（4）,即比例性原则,提供了核心作用。

Shapley 定价还为原则（3）（事前增量原则）提供一个自然解释:专利权人可收取的许可费受到专利技术与最佳非专利替代技术相比的事前增量价值的限制。[158] 这与 Swanson 和 Baumol 的拍卖模型中的事前增量原则形成对比。本文第二部分和第三部分的分析表明,如果事前增量原则被理解为所选技术超过最佳替代专利技术的增量价值,则这既不符合发明激励原则,也不符合比例性原则,因为专利权人的报酬更多取决于事前竞争的状况,而不是取决于专利实施者通过使用本发明中得到的价值。其结果可能导致对发明人针对发明对标准的贡献进行过度补偿或不完全补偿。在不完全补偿的情况下,事

---

[156] 或者,如下文附录 A 所述,更确切地是为具有转移效用的合作博弈。

[157] Microsoft v. Motorola, No. C10 - 1823JLR, 2013 WL 2111217, at *3 (W. D. Wash. Apr. 25, 2013),由 795 F. 3d 1024 (9th Cir. 2015) 确认。Holderman 法官也同样指出,特定专利权人的许可费必须反映专利对功能的价值。参见 Innovatio, 2013 WL 5593609, at *10 (例如,试想一下,法院已经确定了给定的专利组合提供标准的功能的 25%,并且法院正在考虑基于该决定的提议的 RAND 费率。从逻辑上讲,组合之外的其他标准必要专利应该包括标准价值的 75%,也就是所宣称的组合价值的 3 倍)。

[158] 有关如何从我们的模型中出现的更详细的描述,请参见附录 B。

前增量方法违反了原则(6),即对参与 SSO 活动的激励。考虑到发明激励和比例性原则在专利激励制度的中心地位,[159]通过此分析可以得出,法院至少应该放弃"纯粹的"Swanson 和 Baumol 形式的事前增量方法。

本文的指导原则是专利权人有权享受其技术对标准价值作出的增量贡献,其中不包括实施者的沉没成本的任何部分。因此,根据本文分析,对许可费应当反映技术的价值而非标准价值的效果的陈述,即原则(5),应该被解释为对标准价值贡献相对较小的专利的所有人不应要求反映其他更重要专利价值的许可费,同时许可费也不应反映实施者的沉没成本。在这个意义上,允许许可费反映标准价值违反了比例性原则。然而,与此同时,从动态效率考虑出发,主张允许许可费反映标准化价值的份额的律师,将此份额理解为由于标准化技术的广泛采用而产生的附加价值,这与技术对该价值的贡献成比例。将由于标准化导致的广泛使用所产生的价值与由于因其他原因而导致的广泛使用所产生的价值进行区别对待的做法是缺乏充分理由的。

值得注意的是,IEEE-SA Bylaws(其中将"合理许可费"定义为"专利持有人对必要专利要求的实践的适当补偿,但不包括将该必要专利要求的技术纳入 IEEE 标准所产生的价值(如果有的话)"[160])和 Microsoft 的决议都可以以这种方式理解。至于后者,Robart 法官指出,"虽然对实施者提供了符合 H.264 标准的产品的明确价值,但此价值反映了标准合规性和互操作性的价值,而不是任何个体专利的价值"。[161]因此,与 H.264 标准对 Microsoft 产品的一般重要性相关的证词,反映 Motorola 不正当地尝试获得 H.264 标准本身的价值,而不是反映 Motorola 专利技术实际经济价值的许可费。[162]类似地,原则(1),即反劫持原则应被理解为主张专利权人不能获得用户沉没成本的任何部分或其他技术的价值,但专利权人从标准化的网络效应中取得增量价值的一部分是无可争议的。

一旦认为专利权人有权享有其对标准总体价值的增量贡献,就自动满足了发明激励和参与激励两个原则,即原则(6)和原则(7)。不同于拍卖模型,由于根据本文模型分配给专利权人的价值与用户的价值成比例,正如一般专利制度,在此模型下发明激励与社会价值成比例。通过增加对一个专利权人的报酬,同时相应地减少对另一个专利权人的

---

[159] 尽管如上所述,成本考虑有时可能会超过比例性的应用,从而有助于让某些事情更简单,诸如数值比例。参见前注 147。然而,我们认为,比例性应该是默认原则。

[160] IEEE-SA Standards Board Bylaws 6.1, 2015, http://standards.ieee.org/develop/policies/bylaws/sb_bylaws。特别是我们认为"专利特征的价值""专利技术的价值"以及"对专利持有人适当的补偿"应理解为包括由于网络效应而增加的价值的一部分,而不是对标准的边际贡献以外的任何价值。这种"之外价值"将包括沉没成本、差异机会成本和其他专利的边际贡献。参见前注 42。

[161] Microsoft, 2013 WL 2111217, 第*42 页。Robart 法官进一步指出,"除了与标准相关的值之外,谈判各方基于技术对标准和实施者产品本身的贡献只考虑专利技术的经济价值。"

[162] 同上,第 44 页。

报酬来与 Shapley 定价分开,将对第一个专利权人提供过高的发明激励,而对第二个专利权人提供不足的发明激励。如果仅仅因为事后收益而使报酬不能覆盖发明的成本,那么不值得投资该发明。如果这种报酬没有提供充分的参与激励,即专利权人可以在标准之外获得更高的价值,这就意味着专利技术在标准之外比作为标准的一部分更有价值。[163] 此外,实际上对标准有贡献的专利权人而非可能被纳入标准的专利权人才有权利获得该奖励。这种原则对提供正确发明激励是必要的,因为在这种原则下,其专利实际被侵权的专利权人才能控告侵权并收取许可费。

对于原则(2),在本文框架下,反许可费堆叠原则实际上只是比例性的产物:任何个体专利都不应该要求与其对该标准的边际贡献不成比例的份额。专利群组中的专利权人仅有权享有对于用户而言标准价值的一部分;因为他们不能获得用户的沉没成本,所以无法获得超过对于用户的价值。因此,许可费不能过高,因为用户将总是支付比标准实际价值更少的许可费。用实际术语来说,如果涉诉专利对标准的贡献相对较小,但专利权所有人寻求的许可费乘以被告产品中所包含的其他 SEP 的数量所得出的结果将超过来源于该产品得到的收入,则可以合理推断出许可费是不成比例的。[164]

2. 实际意义

本文的方法直接的实际意义是,授予按产量支付的许可费作为对过去侵权的损害赔偿或代替禁令的持续许可费是较为适当的。这似乎很平常,并不值得一提。合理许可费通常为根据产量确定的许可费,从来没有任何人认为这不合理,[165]笔者也赞同此做法。但是,如果我们认真考虑 SEP 所有人不应获得网络效应产生的任何价值这一原则,那么授予按产量支付的许可费的标准实践是完全错误的。由于网络效应,标准的社会价值的增加,部分反映在对个体用户而言该技术增加的价值,但最直接的影响反映在销售;标准化后更多的人将采用该技术。所以,属于专利权人的任何按产量支付的许可费将随总销售额的增加而增加,这部分增量很大程度上反映了因标准化而导致的技术价值的增加。如果 SEP 所有人无权获得标准化产生的任何价值(被理解为包括网络效应),那么唯一

---

[163] Anne Layne-Farrar 等考虑了一种事前增量价值规则,根据该规则,专利权人将有权获得其专利所贡献的预期价值的增量,如果专利权人参与标准,预期价值将增加成功概率。参见 Layne-Farrar 等,前注 11,第 27、29 页。他们表示,这一原则不能确保充分的参与,因为它不能完全分配获胜标准的利润,所以在合理的条件下,专利权人将选择不遵守标准,并且事后协商参与。同上。我们的模型避免了他们所提出的参与问题,因为获胜的标准的利润全部分配给参与的专利权人,所以最初置身事外并没有什么好处。

[164] 参见 In re Innovatio IP Ventures, LLC Patent Litig., No. 11 C 9308, 2013 WL 5593609, at *10(N. D. Ill. Oct. 3,2013)("法院的结论是,在设定 RAND 费率时要关心许可费堆叠,以确保宣称的专利与它们对标准的技术贡献相比没有被高估")。Microsoft,2013 WL 2111217,at *73(注意由于专利对适用标准的贡献微乎其微而引起的关注)。

[165] Lucent Techs., Inc. v. Gateway, Inc., 580 F. 3d 1301,1326(Fed. Cir. 2009)(讨论按产量支付的许可费许可,没有任何不合适的建议)。

合理的许可费将不是基于实际销售额的一次性总额,而是基于技术从未成为标准的一部分而预期的销售额的一次性总额。没有人提出过这样荒谬的规则,但无论怎样解释,SEP 所有人无权获得标准化产生的价值,都不能理解为专利权人无权享有网络效应产生的任何部分价值。

本文所提方法的第二个直接意义涉及假设性谈判的时点。法院通常假设谈判发生在在第一次侵权之前,[166]但文献中的谈判时点有时是指在沉没成本发生之前[167]或在标准化之前的日期。[168] 虽然这两个时间有时是一致的,但在理论上或实际上都不是必要的。在本文的方法下,正确的日期在被告承担沉没成本之前,这与 Lee 和 Melamed 最近的观点一致。[169] 由于该日期可能在侵权之前发生,因此使用第一次侵权的日期有助于专利权人提取沉没成本。同时,认为假设性谈判应在标准化之前的前提是专利权人不能获得网络效应引起的任何价值,这不符合本文的方法。然而,在本文的方法下,正确日期的选择并不重要,因为无论选择哪个日期,谈判都假定会在事后完全知情的情况发生(因此,采用过早的日期至少没有任何影响)。此外,本文强调,事前假设性谈判是防止沉没成本套牢的唯一机制,只要用于评估合理使用费的具体证据本身并不反映沉没成本,那么确切的谈判日期是无关紧要的。

除此之外,本文提出的方法可以帮助法院确定哪些证据及方法论应该被接受为证据(可能做出修改),而哪些不应该被接受。例如,法院通常把可比许可作为确定许可人和被许可人愿意接受的许可费的参考和指导,[170]而本文的方法被用于分析哪些许可具有可比性。一般来说,在非专利替代技术的背景下经谈判的许可,在本文的方法下,比由于禁令威胁而经谈判的许可(这将使许可人就能够提取沉没成本的一部分)更具可比性。[171]然而,除了这些简单的评论之外,我们还可以利用该方法论来评估法院迄今认可的方法。

例如,在 Microsoft 中有两类专利存在争议,一个涉及 Wi-Fi 802.11 标准,另一个是

---

[166] 同上,第 1324 页("假设性谈判或'自愿的许可'的方法试图确定各方在侵权开始之前成功谈判达成协议时的许可费")。

[167] 参见 William F. Lee & A. Douglas Melamed, *Breaking the Vicious Cycle of Patent Damages*, 101 Cornell L. Rev. 385, 426(2016)["假设性谈判日期应设定在侵权人承诺使用侵权技术之前,在大多数情况下,这将是锁定日期(lock-in date)"]。

[168] 参见 Contreras & Gilbert,前注 55,第 1491—1492 页(考虑在标准化之前进行假设谈判的积极影响)。

[169] 参见 Lee & Melamed,前注 167。

[170] 参见 *Lucent Techs.*, *Inc.*, 580 F.3d at 1305(使用为可比协议支付的费率作为指导,以确定在确定损害赔偿中的陪审团许可费是否合理)。

[171] 尽管许可方是否常规地提取沉没成本最终是一个实证问题。参见 Wright,前注 65,第 807 页("尽管与禁令威胁谈判的费率很可能高于没有禁令威胁的谈判费率,但它并不遵循前者高于 F/RAND")。

H.264 视频编码标准。[172] 在处理 Wi-Fi 标准时,法院采用比例性原则,以排除对大多数声称 Wi-Fi 专利的考虑,理由是即使这些专利对标准来说是必要的,但也没有宣称这些专利由被争议的 Microsoft 产品来实践。[173] Robart 法官还广泛考虑了涉案专利对标准的重要性,特别是对 Microsoft 产品的重要性,他认为与 H.264 标准相关的专利通常仅对标准提供适度的贡献,而与 802.11 标准相关的专利一般对标准提供的贡献很小。[174] 因此,法院认为,Motorola 无权享有从 H.264 专利中获得相较于最佳可比许可的任何 FRAND 许可费增量,[175] 而对于 802.11 专利,法院认为,利用可比许可确立的许可费上限可能高于适当。FRAND 的许可费上限。[176] 这些比例性原则的适用与本文建议的方法是一致的。

另外,关于事前替代技术的相关性,本文的分析与 Robart 法官的分析有些不同,他在考虑是否存在事前替代技术时,没有对专利和非专利替代技术进行区别。[177] 而根据本文的方法,只有后者才是相关的。[178] 然而,根据事实,由于法院认为替代技术的可用性尚未建立或所选技术是更优的,[179] 所以是否存在事前替代技术(专利或非专利)对结果没有任何影响。类似地,Robart 法官采用了本文所反对的事前增量方法作为理论模型,[180] 但是当他实际上遵从并适用了专利权人仅享有其技术价值的原则,并以与本文的方法一致的方式对此原则做出解释时,也就意味着专利权人不享有与许可费不成比例的份额。[181]

最终,在 Microsoft 的案件中,尽管注意到专利池作为参考有一些常见的缺点,法院基于专利池收取的可比费率来计算 FRAND 费率范围。[182] 笔者同意法院对这些缺点中的

---

[172] Microsoft Corp. v. Motorola, Inc., No. C10-1823JLR, 2013 WL2111217, at 1(W. D. Wash. Apr. 25, 2013),由 795 F.3d 1024(9th Cir. 2015)确认。
[173] 参见同上第 55 页(讨论了 802.11 专利)。
[174] 同上第 84 页、第 98 页,Robart 法官认为,其余的 Wi-Fi 专利通常对标准的贡献很小。同上第 57—58 页、第 60 页、第 63 页,与 H.264 标准相关的专利对于该标准来说更为重要。参见同上第 28—29 页、第 32—33 页、第 39 页(分析关于与标准相关的 H.264 的专利的重要性)。然而,这一重要性大大减少,因为几乎所有(16 个中的 14 个)只涉及隔行扫描视频,这对于 Microsoft 产品来说最不重要。同上,第 39 页、第 42 页、第 47—49 页。
[175] 同上第 86 页。
[176] 同上第 92 页。
[177] 参见同上第 53 页("如果存在可行的替代技术,专利对标准来说就不那么重要了,因此也会将受到相应的估价。")。参见同上第 38 页(考虑到一种被认定为专利的替代技术)。
[178] 参见附录 B。
[179] 参见 Microsoft,2013 WL 2111217,第 28、30、36、38、41—42 页(H.264 专利)。同上第 54 页(802.11 专利)。
[180] 参见同上第 14 页。
[181] 参见同上第 42 页。
[182] 参见同上第 82 页(讨论了用于视频编码专利的 MPEG LA H.264 专利池)。同上第 89 页(讨论了 Motorola 802.11 SEP 产品组合的 Via Licensing 802.11 专利池)。由于与我们的方法不同的原因,法院驳回了 Motorola 建议的各种可比协议,例如,他们是在潜在的侵权诉讼的威胁下进行谈判的,或者是标准必要专利和其他专利的更大的许可的部分。同上第 67 页、第 69 页、第 71—72 页。

部分评估,[183]但有一个评论是,专利池不使用增量价值方法,而该方法的适用在法院假设性谈判中是必要的。换句话说,与定义标准之前可用的替代技术相比,专利池并不试图确定池中每个专利的增量价值。[184]笔者认为这个观点是错误的。

然而,如上所述,法院没有区分专利和非专利替代技术,并且根据本文的方法,未考虑超过专利替代技术的增量价值完全没有影响,[185]未能考虑非专利替代技术只有在有证据表明有非专利的替代技术可能已经作出类似贡献(在这种情况下没有)的情况下才是重要的。更广泛地说,专利池的使用与本文的理论是一致的。如上文所述,FRAND 许可费的适当基准是用户支付的许可费总额应与用户支付给持有所有相关专利的单个专利权人的许可费相同。一个理想的专利池将会做到这一点,并且专利池所寻求的广泛被采用和专利权人收入之间的平衡,[186]与单个专利权人所面临的寻求的收入最大化和不超出市场定价之间的平衡是一样的。使用专利池作为参考所存在的大多数问题涉及如何在拥有不同价值专利的各种许可人之间对许可费进行分配。[187]从专利权人的角度来看,这当然是一个重要的问题,但从用户角度来看,也就是说,就为许可标准支付的总许可费而言,成功的专利池是最好的参考。

类似地,[188]法院在 Innovatio 案例中的分析与本文的方法大体一致。Holderman 法官在该案中适用了所谓的"自上向下"的方法,首先,确定适用的许可费基础(该案中法庭认定的最小可销售专利实施单元是 Wi-Fi 芯片);[189]第二,计算在法院视为相关时间段内芯片的平均销售价格(14.85 美元);[190]第三,将该价格乘以该期间的平均利润率

---

[183] 例如,Robart 法官表明,"专利池的专利计算许可费分配结构不考虑特定 SEP 对标准或实施者产品的重要性。"同上第 80 页,他关心专利计算(数值比例)可能会降低专利权人申请有价值的专利的动力,同上,这与我们的基本相同。

[184] 同上第 80 页(引用省略)。

[185] 参见附录 B。

[186] 参见 Microsoft,2013 WL 2111217,第 82 页("RAND 的两个基础是:(1)以创造有价值的标准,同时,(2)确保广泛的采用")。

[187] 同上第 80 页,另一个主要问题是,在某些池中,重要的许可人也是用户,这意味着他们愿意接受低于其作为许可人的标准份额的比例,因为他们作为被许可方的角色的补偿效益很低。同上第 81 页,Robart 法官承认这个问题,并在他的 FRAND 费率计算中明确地考虑了这一点。参见同上第 81 页、第 85 页。

[188] In re Innovatio IP Ventures,LLC Patent Litig.,No. 11 C 9308,2013 WL 5593609(N. D. Ill. Oct. 3,2013)。

[189] 参见同上,第 12—18 页,在一系列决定中,美国联邦巡回上诉法院认为,只有当"专利特征推动对整个多部件产品的需求"时,终端产品的"整体市场价值"才能作为许可费础。LaserDynamics, Inc. v. Quanta Comput., Inc.,694 F. 3d 51,67(Fed. Cir. 2012),一般来说,正确的基础是"最小可销售专利实施单元"。同上[引用 Cornell Univ. v. Hewlett-Packard Co.,609 F. Supp. 2d 279,283,287 – 88(N. D. N. Y. 2009)]。同样参见 Virnetx, Inc. v. Cisco Sys., Inc.,767 F. 3d 1308,1327 – 28(Fed. Cir. 2014)(认为即使在确定了最小可销售专利实施单元之后,也可能需要进一步的分摊)。

[190] Innovatio,2013 WL 5593609,第 41 页。

(12.1%),从而将基数降至 1.80 美元;[191]第四,将基数乘以 84%,该百分比被认为是"归属于 802.11 标准必要专利中的前 10%,获得 1.51 美元";[192]第五,将 1.51 美元乘以 19/300,计算方法是基于预估,预计该标准的必要专利约 3000 项(导致 300 个落在"前 10%"内),并且,Innovatio 公司的 19 个 SEP(法院认为中等到中高等重要性)在这 300 项专利之中。[193]与本文的方法相符合,这种方法消除了许可费堆叠的风险,并且为被认为对标准重要的专利相应地赋予更大的价值。[194]

即便如此,本文建议对自上向下的方法进行修改以使其与本文的方法更贴近。首先,也许最重要的是,Holderman 法官将 1997 年的平均芯片价格(假设性谈判的日期)重新设置到 2013 年(截至该日期,只有 3 个专利已经过期),得出的许可费基数为 14.85 美元。[195]在这种情况下,Holderman 法官没有采纳专家的建议,即使用加权平均值 3.99 美元,该数值反映了随后几年芯片因为单位销售量的增加(从 2000 年的 540 万元增加到 2015 年的 20 多亿元)而导致的价格下跌。专家解释,芯片销售额的增长是"由于标准化引发的产品互用性导致了对 Wi-Fi 产品需求的增加",同时专家认为法院"在评估 1997 年的假设事前谈判时,不应考虑标准化的影响"。[196]然而,笔者认为法院本应使用较低的数字。在事前偶然框架下,相关问题是在知晓所有事后信息的前提下,各方事前同意的许可费为多少(这里,事实是标准是成功的,并且芯片价格近年来下滑更快)。在 Innovatio 中使用事后信息实际上可能导致较低的许可费率。[197]其次,出于技术性的原因,笔者

---

[191] 同前页脚注[190]。

[192] 同上第 43 页,"所有电子专利中前 10% 的电子专利占所有电子专利价值的 84%"(引用 Mark Schankerman,*How Valuable Is Patent Protection? Estimates by Technology Field*,29 RAND J. Econ. 77,94 tbl. 5 & n. 12(1998)),这种估计是否仍然成立是一个有趣的问题。参见 Sidak,前注 14,第 1019—1020 页,用于 IEEE802.11 无线标准背景中的讨论。

[193] Innovatio,2013 WL 5593609,第 38—39 页、第 43 页。然而,法院指出,"这 3000 项专利中的许多可能比 Innovatio 的专利对标准的价值更低,因为它们的必要性没有在司法上被证实。"同上,第 43 页。

[194] 参见同上(根据被认定为重要的专利的价值更高)。

[195] 同上第 41 页,由于有关资料只追溯至 2000 年,Holderman 法官认为 1997 年至 1999 年的平均每片价格与 2000 年的平均价格相同。同上。

[196] 同上,第 39—41 页。

[197] 我们说"可能",因为如下文注释 198 所述,我们不确定法院的下一个步骤是否正确,即以平均每个芯片的利润来减少基数。从理论上讲,这个基数是否应该是最小可销售专利实施单元,或者是否可以从整个侵权设备的销售中获得收入(这在诉讼设定之外是常见的),这也是值得商榷的。Ericsson,Inc. v. D-Link Sys.,Inc.,773 F. 3d1201,1228(Fed. Cir. 2014)(陪审团指示必须解释对从整体产品的专利特征的增量价值奖励的最终许可费的分摊)美国法院倾向于使用最小的可销售的专利实施单元,这主要是因为担心陪审团会以其他方式授予不合适的高额许可费,尽管(理论上)大基数乘以小费率与小基数乘以大费率相同。同上第 1226—1227 页。然而,在自顶向下的方法的背景下,最小可销售专利实施单元的使用没有消除依赖于其他多组成最终产品的其他组成的 SEP 的所有考虑的优点。与在 Innovatio 中法院相反,Microsoft 中地方法院考虑了事后信息而扩展,具体地,"Motorola 的专利当前对 Microsoft 的价值",以总结"Motorola 的 802.11 SEP 的第三方估值仅提供证据,因为在估值时 Motorola 的 802.11 SEP 组合如现在存在的一样"。Microsoft Corp. v. Motorola,Inc.,795 F. 3d1024,1041(9th Cir. 2015)[引用 Microsoft Corp. v. Motorola,Inc.,No. C10‑1823JLR,2013 WL 2111217,at *97(W. D. Wash. Apr. 25,2013)]。上诉法院在这一方面没有发现问题,表明"法院只考虑在特定时间点这样一些证据以确定 Motorola 的专利对 Microsoft 的价值是不切实际的"。同上,第 1042 页。

质疑法院将基数减少到所涉期间 Wi-Fi 芯片销售的平均利润率这一做法是否正确。[198]

最后,Ericsson 案是迄今解决 FRAND 许可费问题的少数上诉决议之一。正如本文观点,在 Ericsson 案件中,法院强调了许可费按比例是必需的,对标准作出较小贡献的 SEP 应当获得相对较小的许可费,而不是反映标准整体价值的许可费。[199] 然而,正如引言所述,法院在 Ericsson 案中还强调,"许可费必须以专利特征的价值为基础,而非以标准采用该专利技术而带来的价值增量为基础"。[200] 上文已讨论了技术本身价值与标准化所增加的价值之间的区别是不明确的,[201]标准化所增加的价值涉及沉没成本套牢、网络价值分配以及分摊问题。正如上文所述,这些概念经常是相互混淆的,而 Ericsson 案也不例外,所以如何理解法院的指引也是不清楚的,尽管法院似乎认为标准化所增加的价值不同于分摊问题,[202]并且单独讨论了沉没成本套牢。[203] 在 Ericsson 案件中,法院认为专利权人无权享有标准的任何价值,在这一点上,与本文的理论不一致。因此,笔者建议联邦巡回法院今后不应采用此解释。此外,考虑到法院建议"审判法庭应该……在制定陪审团指示时考虑专利权人的实际 RAND 承诺",[204]笔者认为,法院可以并且应该以与本文一致的方法解释 IEEE-SA Bylaws 中提到的"排除将一个 SEP 纳入 IEEE 标准所获得的

---

[198] 使用平均利润的基本原理是"将收入的一部分从对芯片市场可用的芯片的销售分离出来,以支付 IP 的许可费",但这种逻辑并不明显。Innovatio,2013 WL 5593609,第 38 页。实际上,也许有人会认为,部分生产芯片的成本 13.05 美元(比 Holderman 法官计算出的 14.85 美元的利润少 1.80 美元)本身就是由于其他 3000 个左右的专利支付的许可费(虽然他们中的一些可能没有提出许可)。此外,即使我们忽略了这一点,法院的分析似乎也考虑到所有的芯片制造商的利润都可能被知识产权所占用(如果所有 3000 个 SEP 所有人都要求许可费),这似乎是不太可能的。从理论上说,更好的方法是确定生产芯片成本的哪一部分是由知识产权造成的,哪一部分是其他因素造成的,然后根据所涉为"知识产权部分"分割。例如,最近的一项研究声称,整个智能手机的生产成本约占专利许可费的 25%。Ann Armstrong 等,The Smartphone Royalty Stack:SurveyingRoyalty Demands for the Components Within Modern Smartphones 2(2014.5.29)(未发表稿件)http://www.ssrn.com.com/abstract=2443848,我们对这个数字的准确性没有提出任何要求。然而,这些信息可能无法获得,在这种情况下,也没有明显的方法来避免一些任意限制。

[199] 参见 Ericsson,773 F.3d at 1232-33["正如我们为涵盖装置的一小部分的专利分摊损害赔偿一样,我们也必须为只涵盖标准的一小部分的 SEP 分摊损害赔偿。换言之,授予 SEP 的许可费必须分摊给专利发明的价值(或至少与其近似价值),而不是作为整体的标准的价值"]。

[200] 同上第 1232 页,同时参见 Commonwealth Sci. & Indus. Research Org. v. CISCO Sys.,Inc.,809 F.3d 1295,1306(Fed. Cir. 2015)(撤销损害赔偿裁决,理由是"地方法院未能说明 069 项专利采用标准后应计的价值,这是错误的")。Ericsson,773 F.3d,at 1233(结论:"最高法院的先例还要求将专利技术的价值从其标准化的价值中分摊",并且陪审团"必须被告知考虑技术发明的附加价值与该发明标准化的附加价值之间的区别")。

[201] 参见前注 125。

[202] 参见 Ericsson,774 F.3d 第 1235 页("地方法院必须向陪审团清楚表明,任何许可费裁决必须基于发明的增量价值,而不是作为一个整体的标准价值或从纳入标准而获得的专利特征的任何增加的价值")。参见同上第 1231 页(声明称,由于这些专利的使用由于其必要性而被夸大,因此 Georgia-Pacific15 因素中的某些因素"需要针对 RAND 妨碍专利进行调整")。

[203] 同上第 1233—1234 页。

[204] 同上第 1231 页。

价值(如果有的话)"。[205]

结　论

法院和评论家们提出了用于计算 FRAND 许可费的各种不同的原则,其中包括许可费不应反映"标准价值"的原则。然而,正如上文所述,这个原则可被理解为三个不同概念中的任何一个或全部:许可费不应反映实施者的沉没成本;专利权人不得获得因网络效应而产生的任何价值;或者许可费应与专利对该标准的贡献成比例。未区分这三者或将它们归类为劫持的表现,都会导致有问题的政策建议,因为只有沉没成本和比例问题与静态效率或动态低效率有关。

本文提出了用于计算合理许可费的事前偶然框架与事后 Shapley 定价的结合,并从而产生一个基本原则,即 FRAND 许可费应反映专利对用户的标准价值的增量贡献。如上文所述,本文的提议将防止专利权人提取沉没成本或获得与标准价值不成比例的份额,但不同于其他方法,本文的提议将使专利权人能够获得部分因网络效应带来的价值增量。此外,本文的框架以与既定的案例大体一致的方式解释迄今为止所确立的各种原则,这将使法院能够连贯且一致地将这些原则应用于健全的创新政策。最后,该提议尽管抽象,但可用作确定法庭应采用哪类实际证据和方法作为理想方法的基准。

附　录

正文将合理许可费的确定的过程描述为假设性的三个步骤。正文描述指出了本文的方法中的一些关键特征。尽管未提供完整的正式模型,但是附录将为本文模型提供更详细的技术说明。附录 A 提供使用 Shapley 值的基本理论依据。附录 B 处理了两个技术性问题,即假设性谈判是由单个用户还是由作为一个群组的用户进行,以及如何处理为纳入标准而产生的事前竞争。

---

[205] IEEE-SA Standards Board Bylaws 6.1,2015,http://standards.ieee.org/develop/policies/bylaws/sb_bylaws.pdf。然而,在另一个文件中,IEEE-SA 声明,作为一个假设的例子,在制定标准期间,工作组审议了替代技术,并根据许多因素做出决定。假设有且只有两个替代技术可用,这两种技术都获得了专利,它们提供相同的性能、实现成本和所有其他特性,两个选项的价值完全相同,虽然只有一个选项会被选中。由于包含在标准中而被归于所选选项的任何其他值将被排除。参见 IEEE:在 IEEE 标准开发 13-14 过程中理解专利问题(https://standards.ieee.org/faqs/patents.pdf)。然而,美国司法部却将 IEEE-SA 对"合理费率"的定义解释为排除"从纳入标准的技术转换实施者的成本或无能力而产生的价值",这就是我们所谓的沉没成本套牢。参见时任美国司法部负责反垄断部门的副总检察长 Renata B. Hesse 给 Dorsey & Whitney LLP 律师事务所律师(2015.2.2)的信函(http://www.justice.gov/sites/default/files/atr/legacy/2015/02/04/311470.docx)。

附录 A

在正文中笔者提出，FRAND 许可费由专利对用户的标准价值的增量贡献来确定，其中，增量价值由事后 Shapley 定价确定。本附录为使用 Shapley 定价方法提供理论依据。[206] 笔者认为，FRAND 许可费的设置应该被概念化为一种具有可转移效用的合作博弈的结果。采用 Shapley 值作为解决方案源自这种基本的建模选择。

在博弈论中，合作博弈是玩家能够进入约束性承诺的博弈。[207] 相反，在非合作博弈中玩家独立行动；他们可能会预测别人的回应，并相应地调整他们的行为，但是他们没有能力将彼此约束到任何特定行动中。[208] 例如，著名的"囚徒困境"属于非合作博弈，在这种博弈中，两难境地的出现是因为两个玩家都无法约束对方使之选择使二者利益最大化的方案。[209] 如果同样的问题被设置在合作博弈中，那么玩家将能够达成有约束力的协议，而不是"叛变"（defect）。

一个基本的问题是，FRAND 过程应该被设置为合作博弈还是非合作博弈。笔者认为，选择是明确的。专利制度本身只可能被设置为合作博弈。针对专利制度的核心理由是，若行为主体（即创新者和用户）之间不能做出约束性承诺，那么创新激励就会陷入"囚徒困境"：如果发明人通过发明进行"合作"，那么用户更有兴趣通过从不产生发明的沉没成本的搭便车者处购买更便宜的复制品而"叛变"。预料到这一点，发明人将通过不投资于发明来"叛变"。如果用户通过预先支付而合作，发明人为自身利益将通过不投资沉没成本而"叛变"。专利制度通过使用户在选择使用发明时做出约束性的付款承诺的方式解决这一两难境地。国家授予发明人的专利权是指若专利权人通过发明进行"合作"，用户群组通过做出对该发明进行支付的约束性承诺而与专利权人进行"合作"。用户的这种约束性承诺是专利制度的基础，直接意味着专利制度必须被设置为合作博弈。

相比之下，Swanson 和 Baumol 模型忽略了专利制度的这一核心特征。正如他们所承认的，他们的模型纯粹是静态的，其中"专利持有人在 R & D 中的所有投资都已经沉没了"。[210] 这是由于存在一个假设，即每个专利权人与其他专利权人相比，其投标价格都压价到增量边际价值。但是这个假设回避了专利制度的核心问题：为什么有人会发明一

---

[206] 事后信息的使用在正文及在配套文章中指出，参见 Siebrasse & Cotter，前注 15。
[207] 参见 Osborne & Rubenstein，前注 113，第 2 页。
[208] 参见同上。
[209] 同上第 16 页。
[210] 参见 Swanson & Baumol，前注 50，第 18 页。

个他们知道不会得到任何报酬的发明创造？实际上,拍卖模型将非合作博弈论应用到不完全特定的博弈中。如果我们试图将专利制度设置为非合作博弈,就必须完成逆向归纳过程,并首先了解专利权人是否有动机进行发明。正如正文中所讨论的那样,答案是,他们不会:整个激励机制会退化为非合作囚徒困境的叛变/叛变解决方案,这就是为什么专利制度不能被设置为非合作博弈。[211] 另外,如果我们把专利制度视为一种合作博弈,那么我们就不能接受 Swanson 和 Baumol 的前提,即当许可费确定时,发明人的成本已经沉没。

人们有时会说,合作博弈解决方案形式化了公平和分配正义的观念,而非合作博弈则关注效率。[212] 这是一种误导。虽然合作博弈论确实反映了公平原则,但效率作为规范原则最终也依赖于公平,即依赖于在竞争市场范式中反映投入因素的公平报酬是边际生产率这一原则。[213] 作为合作博弈解决方案的 Shapley 定价方法,其背后的公平原则,即"奖励应与贡献成正比的理念"与上述公平原则基本一致。[214] 区别在于,当专利的产出巨大时,合作博弈论允许我们定义"边际贡献"的含义。正如 H. Peyton Young 所解释的那样:

理论上,边际成本定价是大体上唯一符合经济效率的定价机制。不幸的是,这种定价方法通常不能作为成本分配方法,因为边际成本不需要总和成本,而这是分配所需的。事实上,边际成本定价甚至可能无法覆盖成本。这种情况可能出现在自然垄断中,其特点是增加收益的规模化并降低边际成本,诸如用于运输、电力、供水和通信服务的分配网络。[215]

正是由于对收益规模化的增加而边际成本定价可能无法覆盖成本的问题证明了专利制度的合理性。由于采用边际成本定价而未能覆盖成本,这使得事前增量定价不足以作为 FRAND 许可费的方法。

早期关于应用 Shapley 价值的研究明确涉及在具有联合成本的分散企业中高效生产。[216] 理想市场的魔力通常是,个人将仅基于价格信息做出对社会最优的决策。[217] 然而,

---

[211] 见上文第二 C 部分。

[212] 参见,例如 Layne-Farrar 等,前注 14,第 685、693 页(描述 Swanson & Baumo 模型是"植根于经济效率的概念",而合作博弈论涉及"公平的概念")。

[213] 参见如 Young,前注 113("在完全竞争的市场中,劳动者的工资等于他的边际产品。只要有竞争性的市场被接受为正确的经济组织形式,就不需要对边际生产率是否为'公正'的补偿规则作出道德判断")。

[214] 同上。

[215] H. P. Young, *Producer Incentives in Cost Allocation*, 53 Econometrica 757,757(1985).

[216] Martin Shubik, *Incentives, Decentralized Control, the Assignment of Joint Costs, and Internal Pricing*, 8 Mgt. Sci. 325,326－28(1962).

[217] 当然,真正的市场从来不是理想的,但尽管如此,这就是吸引力所在。

标准价值

当一个玩家决定将成本或收益强加于另一方时,非合作博弈论所描述的传统市场就失败了。超可加博弈是指两个玩家在一起生产的超过了他们可以单独生产的总和;[218]例如,任何涉及互补专利的标准都是超可加的。超可加博弈不能在非合作市场中得到最佳的解决,因为组合的协同是为每个单独行为主体带来外部性。[219]市场回应是公司,但公司只是转移问题的焦点。[220]如果公司的经理具有关于成本和收益的全部信息,则可以简单地命令单独的代理人为整个公司的更大的利益行事,而非为他们的自身利益。但在任何大公司中,高层的经理都不会有关于每个部门的完整信息。信息通常通过基于公司内部决策中心的损益表被简化,而部门通过奖金激励奖励或基于报表的资源分配增加而得到指引。因此,存在一个分散决策的管理问题:尽管只知道每个部门的产出对整体利润的贡献(而不知道关于每个部门如何运行的具体细节),如何在各部门之间分配资源以最大限度地提高公司的整体利润。正如 Shubik 所指出的那样,"一个优化分散系统中,所有个人行为的净效应比其他任何决策中心所选择的行动对公司更加有利"。[221]另一方面,如果选择了错误的成本分配方法,"基于成本分摊的个体理性行为可能会加剧对企业的不利影响"。[222]因此,有必要设计一个奖励结构,"使得对个人决策制定者来说最好的选择总是与对组织最好的选择一致",[223]而且"一个良好的管理目标应该设计一套奖励制度,以奖励那些冒险做出促使个人奖励与组织价值积极互动的决策的人"。[224]这不是公平的问题,而是企业效率的问题。奖励为公司的整体价值作出贡献的下属决策者的公司将最终优于其他形式的公司。

专利制度要解决的问题与在有限信息基础上进行的分散决策制度要解决的问题基本是相同的。正如人们经常注意的,如果政府知道哪些发明最适合整个社会,那么政府可能会直接资助他们。[225]此情况对应于公司经理在掌握足够信息的基础上指导员工采取最佳行动的情况。对于公司和政府来说,这种情况确实时有发生,但这不是问题的一般解决方案。互补专利技术的 FRAND 许可费的问题完全类似于如何分配资源,从而鼓励分散决策者为整体利益而采取行动的管理问题。

---

[218] 参见 Osborne & Rubenstein,前注 113,第 258 页。

[219] 参见同上。

[220] Ronald H. Coase, *The Nature of the Firm*, 4 Economica 386(1937), *reprinted in* R. H. COASE, THE FIRM, THE MARKET, AND THE LAW 33(1988).

[221] 参见 Shubik,前注 216,第 329 页。

[222] 同上。

[223] 同上第 328 页。

[224] 同上第 325 页;也参见 Young,前注 215("良好管理的合理目标是采取奖励制度,其奖励个人为增加公司的整体利益的决定,并惩罚损害利益的决定")。

[225] 参见前注 100,讨论专利关于奖励的好处的文章。

— 175 —

Shapley 定价解决的问题为上述问题。[226] 如下文更详细的讨论，Shapley 价值方法为该问题提供了唯一的解决方案，与简单公理一致。如此以来，它是具有可转移效用的"对纯合作问题中的边际原则的自然解释"[227]。因此，市场效率和 Shapley 定价的区别是技术性的，而不是哲学的。

考虑一个简单的例子说明 Shapley 定价所解决的问题。假设 A 具有一项获得专利的节电技术，并且 B 具有一项获得专利的蜂窝通信技术，并且这些产品都在智能手机中体现。现有一个用户 X，他在离开办公室访问客户时使用手机。节电技术本身价值 1 美元，因为没有蜂窝通信能力手机只能用于玩游戏，而只有蜂窝技术的手机价值为 10 美元；但将两者结合就可以价值 15 美元，因为它们允许手机在不充电的情况下在整个工作日使用。技术 A 与非专利技术相结合增加了 1 美元，与专利技术 B 相结合增加了 5 美元，为了反映这两种可能，A 对 X 手中手机价值的边际贡献的完整描述是（1 美元，5 美元）。现在假设有另一个用户 Y，他在办公室工作并且喜欢在上下班的路上通话的同时在手机上玩耗电的视频游戏。对于 Y 来说，节电相对更重要，而蜂窝通信则不那么重要。假设对 Y 来说，节电技术本身价值 2 美元，而蜂窝技术价值 7 美元，两者合起来价值 13 美元。技术 A 对用户 Y 的边际贡献（2 美元，6 美元）在所有方面都比对于用户 X 更高，无论是与非专利技术相结合的边际贡献，还是与技术 B 相结合的边际贡献。另一方面，技术 A 对 Y 的总价值小于对用户 X 的总价值。边际原则表明用户 Y 支付给 A 的回报应该高于用户 X 支付的回报，即使该技术总体上对 Y 的价值小于对 X 的价值。[228] 直观上，节电技术对用户 Y 的边际贡献在任何方面看起来都更高，无论是与有或没有蜂窝技术的系统相关，所以该技术对用户 Y 的增量价值必须高于其对用户 X 的增量价值。这当然意味着 Y 支付给 B 的许可费必须小于 X 支付给 B 的许可费（尽管并不意味着 Y 支付给 B 的许可费将低于 Y 支付给 A 的许可费）。

作为一个法律和公平问题，需要对反映每项技术对用户重要性的许可费进行评估，并且许可费可以理想地反映技术的边际价值。但我们并不清楚如何界定边际价值，是否应该说 A 应该从用户 X 处收到 5 美元，从用户 Y 处收到 6 美元，因为这是 A 相对于 B 单独增加的价值？这将意味着 B 将分别从用户 X 和用户 Y 获得 10 美元和 7 美元。或者我们是否应该说 B 应该从 X 处获得 14 美元，并从 Y 处获得 11 美元，因为这是 B 相对

---

[226] 参见 Young，前注 215（通过侧重于"不同成本计算方法为采用更有效的生产技术而创造的激励"，激发对 Aumann-Shapley 定价、对连续生产功能 Shapley 定价的推广的讨论）。

[227] 参见 Young，前注 113，第 268 页。

[228] 参见 H. P. Young，*Monotonic Solutions of Cooperative Games*，14 INT'L J. GAME THEORY 65, 81（1985）（提供了边际原则的定义）。

于 A 单独增加的价值？这将意味着 A 分别得到 1 美元和 2 美元，远远低于从 A 的角度所看得到的。

Shapley 值共享规则（在正文中描述）[229]是解决这个问题的一个方案，它满足三个直观的公理：（1）对称性；（2）全面分配；（3）边际性。[230] 对称性原则要求同等对待对标准价值作出相同贡献（收益）的玩家。[231] 合作博弈的一个普遍问题是，联盟可能仅仅是因为了从另一个玩家处提取价值而形成。例如，如果在博弈中有三个玩家，分别是 A、B 和 C，所有人都无法单独进行生产，各方必须花费 10 美元与另一个玩家合作，或花 60 美元与另外两个玩家合作，直观公平的解决方案是三人合作，每人得到 20 美元的回报。然而，A 和 B 可能联合向 C 提出接收或放弃的邀请，其中，A 和 B 只有在 C 同意接受 12 美元的情况下才会与 C 合作，而 A 和 B 每人收到 24 美元。对称性公理禁止这种议价。完全分配公理要求收益完全分配：双方不将钱留在桌上。[232] 第三个公理，边际性，符合这一原则，即玩家的收益应仅取决于其对整体产出的边际贡献。[233] 在合作博弈中，玩家的边际贡献不是一个数字，它由描述玩家对所有可能的联盟的边际贡献的函数或向量来描述。边际性原则意思是如果 A 的边际贡献在某些方面增加，但在任何方面都不会下降，那么 A 的许可费必须增加。

结果表明，Shapley 值是唯一满足所有这些原则的共享规则。[234] 在上文示例中，使用 Shapley 定价，A 将从用户 X 得到 3 美元，从用户 Y 得到 4 美元，而 B 则分别从 X 和 Y 处获得 12 美元和 9 美元。[235] 直观上看来是合理的；B 从 X 和 Y 得到更多，而不是 A，因为 B 的技术对 X 和 Y 来说都更重要，[236]但 A 从 Y 得到的比从 X 得到更多，因为 A 的技术对于 Y 来说相对更重要。我们认为这反映了法律原则"专利权人的许可费必须以专

---

[229] 参见上文第二 E 部分。

[230] 参见 Shapley，前注 112，第 308—309 页。Shapley 值可以来自多个相关公理组。这个特定的公理化是由于 H. P. Young。Young，前注 228；同样参见 H. P. Young，前注 215。我们使用它因为它自然地与相关的法律原则关联。完全分配公理通常被称为"效率"。术语"效率"表义很混乱，因为它不表示与一般经济学文献中相同的内容，且即使在合作博弈论文献中也不一致。因此我们会避免它。Shapley 的初始原理是对称性、载体公理和可加性。Alvin E. Roth 在 Shapley 值中引入 Shapley 值，前注 113，第 1，5 页。载体公理（Shapley 称为"效率"，但更常用的是载体公理）有两个组成部分，即完全分布和零玩家公理。同上，因此，Shapley 值通常被表征为基于四个公理。参见 MICHAEL MASCHLER 等，GAME THECRY749 – 751 (2013)。Young 的边际公理可以从可加性和零玩家公理出发。参见 Young，前注 228，第 71 页。

[231] 参见 Shapley，前注 112，第 309—310 页。

[232] 参见 Roth，前注 230（将完全分配称为"高效"）。

[233] Young，前注 113，第 268 页。

[234] Roth，前注 230。

[235] 这是一个简化。我们赞同议价模型，即专利权持有人不一定有权享受其发明所造成的全部社会盈余。因此，更确切地说，A 将与 X 议价如何分割对 X 的发明贡献的 3 美元边际效益等。

[236] B 的技术对 X 的边际效益是（10 美元，14 美元），对 Y 是（7 美元，11 美元）。

利特征本身的价值为前提"[237]以及"对标准非常重要和核心的专利相比不重要的专利,将要求更高的许可费,这是合理的"。[238]

总而言之,专利制度和在特定情况下FRAND费率设定过程应被理解为具有转移效应的合作博弈。专利权人对用户所作的FRAND承诺是不收取过多许可费,但同时专利制度也是用户为专利权人支付足够许可费的承诺。我们正在寻求能为专利权人提供最优发明激励的解决方案;与传统的效率分析一样,如果激励能够反映专利权人的边际贡献,则激励是社会最优的和公平的。这一点反映了支撑Shapley定价的原则,"报酬应与贡献成正比",也反映了一项法律原则,"在假设性谈判中,双方通过评估SEP对于标准的重要性以及标准和SEP对于涉案产品的重要性来设定RAND许可费率"。[239] 因此,我们建议将FRAND许可费设定问题可以被合理地抽象成合作博弈问题,Shapley定价法因而是适当的解决方案。

附录B

本附录用于解决两个技术问题,即假设性谈判是由单个用户还是由用户群组来执行,以及如何处理要纳入标准的事前竞争。

A. 个人谈判还是群组谈判?

在正文中描述本文的方法时,我们提到SSO与"用户"进行谈判,有意未详细说明SSO每次是与一位用户进行谈判,还是与用户群组进行谈判。[240] 在笔者看来,原则上正确的方法是每次与一位用户进行谈判;每个单独的用户与每个专利权人议价,以将该专

---

[237] Ericsson, Inc. v. D-Link Sys., Inc., 773 F. 3d 1201,1232(Fed. Cir. 2014).

[238] Microsoft Corp. v. Motorola, Inc., No. C10-1823JLR,2013 WL2111217, at *20(W. D. Wash. Apr. 25, 2013),由795 F. 3d 1024(9th Cir. 2015)确认。

[239] 同上,第3页;另见 In re Innovatio IP Ventures, LLC Patent Litig., No. 11 C 9308, 2013 WL 5593609, at *10(N. D. Ill. Oct. 3, 2013)("想象,例如,法院已经确定某一专利组合提供了标准的功能的25%,并且法院基于决议正在考虑RAND许可费。从逻辑上讲,组合之外的其他标准必要专利应该包括标准值的75%,或者是所宣称的组合价值的三倍")。边际原则不包括基于专利权人持有的专利数量的共享规则。数值共享意味着A从X得到7.50美元,但从Y得到的只有6.50美元,尽管A的技术对Y来说比较有价值。在数值共享中,A的许可费并不仅仅依赖于它自己的优点;A受损是因为B的技术比较没有价值。与边际原则一致,关于比例性的判例法拒绝数值共享,至少原则上是这样。参见同上,第10页("在做出这一决定时,法院指出,仅仅根据数值确定未声称的标准必要专利的价值是不恰当的。如果一个专利持有人拥有给定标准的100项专利中的10项,并不自动意味着它贡献10%的标准价值");同上,(强调"普遍理解的比例性原则是在RAND下的补偿必须反映所有必要专利的专利所有人的比例",并且"这不仅仅是一个数值等式,合理的范围之内的补偿必须反应贡献")(引自Microsoft, 2013 WL 2111217, at *12)。

[240] 参见前注151及附文。

利权为标准价值所贡献的 Shapley 值分配给掌握标准价值的特定用户。[241] 这与判例法是相一致的,该法指出许可费应反映专利对于标准的价值以及对于特定用户的价值。但专利对于标准的价值没有独立的内容;只是将专利对所有个体用户的价值进行汇总。因此,考虑标准对于每个用户的价值可以单独确保专利权人获得的报酬与对用户的价值和标准价值是相称的。

也就是说,探寻专利对于标准的价值对特定案件可能会有实用价值,例如,如果有足够证据证明所涉技术对标准不太重要,以及被告或多或少是普通用户。也就是说,在给定证据的情况下,证明专利对于标准的价值可能是证明标准对于特定用户的价值的良好替代方法。[242] 另一方面,因为专利诉讼具有个体差异性的本质,关于专利技术对于特定用户的价值经常有直接证据加以证明,在这种情况下可以直接忽略专利对于标准的价值。赋予专利对于标准价值的独立内容将意味着如果专利对于标准有价值(可能意味着专利对多数用户有价值),但对特定用户没有价值,那么该特定用户可能需要支付大量许可费(但可能比普通用户的许可费略少)。在这样的情况中,看不出这个规则的优势。

本文的方法意味着若标准对一类用户具有同等重要性,则该类用户将支付相同的许可费,对标准的重视程度不同的用户可能会支付不同金额的许可费。FRAND 的"非歧视"原则是指所有用户必须支付相同的金额,还是只有处境类似的用户必须支付相同金额,关于这个问题,不同文献存在一些争议。[243] 本文采用后一种观点。这与判例法中体现的用户分摊原则是一致的,判例法指定,许可费必须反映专利对于特定用户以及对于标准的有效性。[244] 这种做法也是高效的,因为它相当于允许用户之间的完全价格歧视。然而,如果这种观点最终确立"非歧视"意味着对所有用户收取一项许可费,那么这种观点可以被本文的方法抽象为博弈游戏,在该博弈中,所有用户由一个单一用户来代表,该单一用户以反映所有用户的某种共同偏好的方式来衡量标准。[245]

B. 事前竞争的影响

第二个技术问题是我们的模型如何处理为纳入标准的事前竞争。正文中讨论的事

---

[241] Gregory Sidak 认为将假设性谈判视为一个 SEP 持有人与所有实施者的单独代表之间的对立是错误的,因为这会为实施者提供了垄断权。参见 Sidak,前注 14,第 985 页。然而。我们对于同一结论的论证不会引起买方垄断权。虽然我们同意为实施者提供买方垄断权是错误的,因为谈判是假设性的,我们可以假定与单独的代表用户的谈判,而不为该用户提供买方垄断权。

[242] 参见 Innovatio,2013 WL 5593609,第 8 页(仅基于这也反应用户价值来考虑对标准的价值)。

[243] 参见 Carlton & Shampine,前注 42,第 545—546 页(回顾经济学家之间关于非歧视原则的应用的争论)。

[244] 参见前注 149—150 及对于相关法律原则的讨论的附文。

[245] 用户的偏好应该如何集中是一个困难的问题,我们将不会处理,因为我们不赞同这种对"非歧视"要求的解释。

前增量原则[246]可以理解为更广泛的原则的特定形式,即竞争会限制专利权人可以事前收取的金额,但标准一旦被采纳,这种限制就会被消除。Swanson 和 Baumol 的拍卖模型转而成为了事前增量原则的特定例示,笔者认为这种模型不合理,某种程度上是因为它实际上将专利替代技术作为非专利替代技术对待。[247]另一方面,笔者同意的是,合理许可费应由与本可以纳入标准的最佳非专利技术相比下专利技术的增量价值所限制。拍卖模型有效地完全忽略了专利替代技术。这样会产生两个问题。第一,将非专利替代技术的使用作为专利技术的价值的上限如何从本文的框架中产生?可以说,如果谈判基于何种技术已被选择为专利一部分的事后信息进行的,那么用户不会被威胁以至于转换到非专利技术的使用,更不会导致用户转而使用替换专利技术,因为这两种情况都要求用户放弃标准化的利益。第二,在将专利替代品与非专利产品完全等同和完全忽视它们存在之间,显然存在着一个中间地带。笔者认为谈判模型优于 Swanson 和 Baumol 的拍卖模型;[248]并且认为通常在标准情景之外,专利替代技术的存在可能会影响所选专利权人收到的许可费,即使它不会导致许可费下降为零。[249]这是如何符合我们的事后框架的?

必须始终牢记,本文的事前偶然框架仅作为用于确定合理许可费的机制。如上文所述,不应从字面上来理解传统事前框架;是因为假定谈判是事前进行的,不应自动假定各方只有事前信息。[250]假定谈判的事前性质是为了确保专利权人无法提取沉没成本,因为提取沉没成本会减少对用户和专利权人的激励。本文的事前偶然框架也是一种类似的用于确保适当激励的机制。

首先,使用非专利替代技术,对于确保专利权人不获得超过现有技术的价值是必要的。这是将合理的许可费限制为最佳非侵权替代技术的一般论点。因此,在真正的事后方法中用户将不会转而使用非专利替代技术的观点就无关紧要了。事后信息框架本身并非理想方法;但因其实施了合理的政策目标而使此框架较为理想。如果非专利替代技术并未自然出现在所假设的事后谈判中,那么本文框架会将其纳入考量范围。并且纳入过程非常简单;当评估 Shapley 值时,只需假设所有非专利技术从一开始就在"备选范围内"。因此,如果标准包含一项专利技术,而该专利技术并不优于非专利替代技术,那么该专利技术的 Shapley 值将为零,因为相对于引入该专利技术之前使用"备选范围内"的

---

[246] 参见前文第三 A 部分。
[247] 参见前文第二部分。
[248] 参见前文第二 D 部分。
[249] 在 Innovatio 案中,Holderman 法官没有采用该拍卖模型,因为专利权人之间的竞争会导致他们议价至零,这一点是不合理的,但他还是接受了事前竞争会在一定程度上降低许可费这一原则(尽管这不是造成这些事实的因素)。*In re* Innovatio IP Ventures,LLC Patent Litig.,No. 11 C 9308,2013 WL 5593609,at *20(N. D. Ill. Oct. 3,2013)。
[250] 参见前注 120 和附文,了解我们模型中的讨论。

所有技术方案可以实施的最佳技术,该专利技术没有提供任何增量效益。同样,假设专利技术 A 是实施标准(例如,WLAN 传输能力)所必需的,而另一技术增加了价值(例如,省电功能)。如果使用专利技术 B 以实现省电功能,但是有一种非专利技术可以提供同样好的功能,那么技术 B 增加的增量价值始终为零,不管其被添加到技术组合中的顺序如何,因此其 Shapley 值为零。

第二个问题(关于专利替代技术的存在性)更为微妙。一方面,如何在技术上将事前竞争的影响纳入本文模型中。另一方面,更为困难的问题是,允许事前竞争影响合理许可费是否合理。

对技术问题的回答非常简单:事前竞争的存在应反映在事前偶然谈判中,并用以提高用户的议价能力。首先,考虑在 SEP 背景之外的例子。假设 Cialis 和 Viagra 都是治疗勃起功能障碍的完美替代技术。根据 Swanson 和 Baumol 的拍卖模型,任何一方的价格都为零,因为用户可以利用两者之间的竞争进行议价。笔者认为这种模型在动态效率角度上是不健全的,并在实践角度上是不合理的。[51] 但是,在实践中,若存在竞争产品 Cialis,生产 Viagra 的 Pfizer 公司向用户收取的价格会低于若 Viagra 作为同类唯一产品的价格,这种情况是合理的。在谈判模式中,Cialis 和 Viagra 之间的竞争效应将提高用户的议价能力。使用任意数字来说明:如果市场上只有 Viagra,而其对用户来说价值为 100 美元,而用户和 Pfizer 公司具有相同的议价能力,那么用户将支付 50 美元。如果随后研发出了 Cialis,那么如拍卖模型或 Bertrand 竞争所暗示的那样,Viagra 的价格将降至零,这是不合理的,但与垄断价格相比,Viagra 价格下降至 40 美元的情况是完全合理的。[52]

扩展到 SEP 背景,假设有两个等同的专利技术 A 和 B,它们正在竞争成为标准的一部分。即使 A 被选中,由 A 要求的价格会受到来自 B 的事前竞争的影响,这种情况似乎是合理的,这与 Viagra 要求的价格受到 Cialis 的事后竞争的抑制如出一辙。在本文模型中,假定用户与专利权人 A 议价,并且知道 A 已经被选中纳入标准,用户则不会利用转向使用 B 的威胁来压低价格。[53] 在这种模型中,B 的事前竞争可以通过提高用户相对于没有事前竞争情况的议价能力来反映。如果只有一种 WLAN 技术 A,其对用户的价值为 100 美元,用户和 A 具有相同的议价能力,那么用户将支付 50 美元。如果我们现在假设事前还有另一种等同的技术 B,该技术本可以被纳入标准中,将会抑制 A 可能要求的价格,该情况可以通过提高用户在事后谈判中的议价能力来反映,即使假定双方知道 A 已被选中,使得用户不能以转向使用 B 作为威胁。有人会可能会质疑,这种做法将事前

---

[51] 参见前文第二 C 部分。
[52] 这并不暗示任何特定的垄断竞争模型,如 Cournot 竞争。
[53] 参见上文第三 A 部分。

竞争混入本文事后模型中。笔者不会关心此争议。此外,本文模型是用来确定合理许可费的抽象化的机制。笔者不关心假设性谈判的构建是否具有一些限制,正如进行事前偶然谈判可能出现的特定限制,只要这些限制在政策上是合理的即可。毕竟,人们一直以来认为标准假设性谈判是人为构建的,因为在许多情况下,相关各方不会实际上进行事前谈判。[54]

于是,笔者认为使用事前偶然谈判确实能够解决两点问题。第一,谈判在事前进行,就确保了专利权人无法获得沉没成本。第二,假设双方拥有事后信息(即已知晓哪种技术被纳入标准),通过确保实际上被侵权的专利权人有权收取许可费来确保激励是适当的。做出逆向假设也能实现相同目标:假设性谈判在事后进行,但假设不存在用户沉没成本。在这种情况下,专利权人 A(其专利实际上已受到侵犯)将有权收取全额许可费,但用户没有沉没成本的假设意味着如果 A 需要的许可费过多,则该用户很可能会被迫转换到其他标准,包括其他专利的标准。在此模型中,可替代标准的事后竞争将会限制专利权人的议价能力,这与用户借 Cialis 的存在来限制 Pfizer 公司的议价能力的方式是完全相同的。在此模型中,竞争对用户议价能力的影响似乎出自本文模型,但实际上它等效于事前偶然模型。

更棘手的问题是,是否应该考虑事前竞争。虽然直观地说,事前竞争的程度应能限制许可费,即便它无法推动价格变为零,但对这个观点在效率方面的论证并不清晰。如上所述,从静态效率角度要求合理许可费低于技术与最佳非专利替代技术相比的对于用户的事前价值(即不包括沉没成本)。[55] 即便完全不考虑事前竞争该条件也被满足,因为在事前偶然谈判中,即便该标准仅有一个专利选择,用户也不会同意支付超过技术价值的金额(不包括沉没成本)。从动态效率角度(发明激励)出发,合理许可费必须高于边际成本且低于社会总盈余。此外,即便完全忽略专利竞争,在事前偶然谈判中确定的合理许可费也将满足这项准则。

如上所述,在谈判模型中考虑事前竞争(也就是说,如拍卖模型所示,未使许可费下降到零)将使议价能力朝有利于用户的方向转变。但正如上文指出的,对于专利权人没有令人满意的最优回报理论,且在缺少此类模型的情况下,无法断言这种转变在理论上是不是最佳的。

由于对专利权人而言缺少完善的最佳回报理论,因此用处境相似的专利权人的回报作为相应基准。随之而来的问题是什么算是处境相似的专利权人?一般而言,竞争

---

[54] 参见 John C. Jarosz & Michael J. Chapman, *The Hypothetical Negotiation and Reasonable Royalty Damages:The TailWagging the Dog*, 16 Stan. Tech. L. Rev. 769,799 – 803(2013)(描述了事前和事后认知在假设性谈判中的价值)。

[55] 参见上文第二 B 部分。

专利技术的出现是由于很多不同的发明人都在努力解决同一问题。[29] 这属于专利竞赛问题的一部分,体现在因各方都在寻求成为第一而导致的发明成本的增加,还表现在竞争的加剧和某一类产品利润的降低。[30] 由于该问题是一个普遍问题,因此我们可以说合适的基准是标准背景之外的竞争专利,诸如 Viagra 和 Cialis。如果 Viagra 的回报实际上受来自 Cialis 的竞争的影响,反之亦然,如果为标准而开发的技术存在相似的竞争,则其专利被纳入标准的专利权人的回报应该同样被减少以反映这种竞争,或者,努力使其专利成为标准组成部分的发明人获得的收益将会高于努力占领非标准化市场的发明人。

另一个明显对比是与因率先进入市场而成为事实标准的发明。如果技术 A 占领市场,转换难度的意思是,即便随后等效技术被开发,A 可以收取的许可费也不会减少。换句话说,由于某项标准的市场性质,正如在没有网络效应的市场中一样,等效产品的事后竞争不会造成许可费的降低。

在笔者看来,更好的做法是忽略事前竞争对价格的影响。虽然很容易设想事前价格竞争(甚至是本文模型中的事前偶然竞争),但实际上价格竞争并非标准开发过程的组成部分。[31] 在我们看来,这样是最好的。除了担心在标准开发过程中讨论定价是否违反反垄法之外,开发合理标准的技术任务确实也艰巨异常,这就是为什么工程师们更希望能基于纯粹的技术来定价的原因。除了这些实际考虑以外,关于在标准制定过程中允许价格竞争,还存在一些反对意见。这可能意味着次等标准将会被采用。仅当因采用更优越技术而付出的更高价格所造成的损失超过由于该技术优越性而增加的消费者盈余时,这种做法才是可取的。上述结论是否正确是一个经验性的问题,取决于特定市场和争议中的具体降价幅度。在事前谈判期间,不可能进行具有必要程度确定性的评估。因此,笔者认为当前方法重点关注标准的技术方面是合理的。

忽略事前竞争意味着适当比较是与成为事实标准的发明进行的比较。在笔者看来,这种忽略是适当的,因为避免了对标准过程的扭曲。如果事实上的标准能够收取不受转换竞争标准威胁限制的价格,但正式标准却受此限,这会提供避开正式标准的激励,即便正式标准可能更高效并能加速标准化。

---

[29] Carl Shapiro, *Patent Licensing and R &D Rivalry*, 75 Am. Econ. Rev. ,25,29 – 30(1985).

[30] 专利竞赛文献通常强调成本,因为在常用模型中,发明人竞相开发完全相同的发明,导致"赢者通吃"竞赛。更现实地说,在很多情况下,相互竞争的发明人将开发具有显著专利性差异而又近似替代技术的发明。在这种情况下,与在传统专利竞赛中一样,竞争不仅会提高成本,还会压低利润。

[31] 参见 NAT'L RESEARCH COUNCIL OF THE NAT'L ACADEMIES, PATENT CHALLENGES FOR STANDARD-SETTING IN THE GLOBAL ECONOMY 60(Keith Maskus & Stephen A. Merrill eds. ,2013)("很少有 SSO 采用关于许可条款的事前披露的政策")。

总而言之,虽然凭直观感受很容易设想许可费受事前竞争的限制,但没有理由认为受到限制的许可费在静态或动态效率方面更为优越。因此,对于已被选择纳入标准中的专利而言,问题应该转向为什么是适当的现实基准。在我们看来,适当的基准是在没有竞争的情况下出现事实标准时的专利权人的处境,因为这一基准确保了事实标准与正式标准之间的选择在财务上是中立的。

如何统计专利以及估值知识产权：
专利续期和申请数据的运用[*]

Jean O. Lanjouw   Ariel Pakes   Jonathan Putnam[**]

关键词：费率的确定、专利价值、比例贡献、组合价值

专利统计是对创新产出的非常不完美的测算手段。本文讨论的是如何使用附加数据（专利续期的年数和对同一发明申请保护的国家数）来改善在需要测算创新程度的研究中的统计。本文提出了简单的加权方案，这可以去除作为创新产出的测算手段的专利统计中一半的噪声。我们描述了专利申请和续期过程的模型，其参数估计可以用来对由专利法创造的专利所有权进行估值。通过估计专利保护的价值在可替换的法律规定和续期费下如何变化，以及通过估计从专利体系中获取收益的国际流动，我们对这些模型的使用进行了阐述。在数据库的开发方面的最新进展已经提升了这种分析的潜能。

一、引言

专利数据已用作关于发明程度的信息源和关于由专利法产生的保护价值的信息源。反过来，本文讨论了如何使用专利续期及申请数据来加深我们对这些问题中的每一个的理解。

在文献方面，已经使用了几种不同测算创新程度的方法，并且每一种都具有其优缺点。在这些不同测算方法中，专利在其包含的详情的程度和其覆盖范围的广度方面都是独特的。一份专利文件提供了关于基础的创新发明的特征（例如，其技术领域及对于相关创新发明的引用）及其发明人（其发明人本身及该专利的所有人或代理人）的信息（在其他地方无法获得该信息）。而且，在很长一段时期内，专利数据对于所有公司和个人都

---

[*] 本文原文发表于《产业经济学杂志》(The Journal of industrial economics) 第46卷，第405—432页，1998年12月出版，本中文译文已获版权方授权。

[**] 本文原文发表时，三位作者均在耶鲁大学经济学系研习。

是可用的〔例如,沙利文(Sullivan)【1994】使用专利续期数据来研究 19 世纪的创新发明〕。研发(R&D)支出数据已是最常用的创新活动的可替代指标。这些数据具有将美元价值分配给创新投入程度的优点。然而,研发数据更明显地与创新过程中的投入(而不是成果)有关。由于难以确保多家公司在长时间过程中都以一致的方式记录在同一主题研发下所包含的支出,并且由于这些数据充其量只是对一部分大公司可用,因此这些数据也难以用作衡量创新的指标。学者们正在研究可以用来提供创新产出的指标的其他数据(例如科学引文数据库及创新调查),但是目前这些数据的覆盖范围非常有限(参见 Kleinknecht【1996】)。在专利数据中发现的详情和覆盖范围的独特结合使得它们特别适合于(为了特殊技术领域或特定类型的公司、来自专利体系的跨国流程、知识生产过程中的外部效应及许多相关现象而定制的)政策效力的研究。

在这些研究中,当利用专利数据来测算创新过程时,所遇到的问题主要源自各个专利所保护的创新发明的重要性的广泛差异。因此,专利数量并不能非常完善地测算出创新产出。这产生了两种测算问题。第一,在体系中,由不同的专利群所保护的创新发明的平均值存在系统性差异。这使得数量上的比较是对正在统计的创新发明的价值(其社会或私有价值)差异的偏颇的测算。第二,甚至在具有相似的平均值的多群组之间,在专利数量和其所代表的价值之间的关系的噪声使得在创新发明的价值方面难以利用数量来研究跨群组间差异的起因和结果。

最近的研究试图利用来自专利体系的其他数据来改进对于专利统计的测算手段。采用专利续期数据进行的研究利用的是这一点:在大多数国家,专利权所有人必须定期支付续期费来保持其专利有效。采用专利申请数据进行的研究利用的是:同一发明可以在许多国家获得专利(产生了专利"同族")。如果更有价值的发明产生更大和/或更长久的专利同族,则我们能够利用专利申请及续期数据来对专利附上权重并且生成加权专利统计指数,这能比原始的专利统计更准确地测算出创新产出(参见第三部分)。

对使用专利申请及续期数据感兴趣的第二个原因直接反映了在申请及续期过程背后的激励措施。专利表示排除他人使用这一创新发明的法律权利。因而,专利的私有价值由有专利保护和没有专利保护的创新发明获得的收益的差异来确定。由于这种增加价值确定了是否进行专利申请及续期决定,专利申请及续期数据包含了由专利法律和政策所创造的所有权的价值(即专利保护的价值)的相当直接的信息。

由于专利权很少被售卖,专利申请及续期数据是为数较少的关于专利保护价值的可用信息源之一。通过将这些数据与专利申请及续期行为模型进行结合,能够将这些数据转换成一种可用的形式。然后,我们可以研究有关于专利保护价值的许多问题:它如何随着法律制度变化,哪些国家(或者公司或技术集团)不成比例地从专利法获益,等等。

换言之,专利申请及续期数据能够用来研究知识产权(IPR)政策的主要工具的效力和意义。另外,源自这些模型的参数估计值可以提供有关创新过程的各种特征的信息,包括创新发明的市场开放的过程性质以及随着时间推移创新发明收益变得过时的程度。

这份文件目的在于提供从专利申请及续期数据中了解到什么并且考虑如何用这些数据进一步探索围绕创新发明的重要问题的综述。在第二部分一开始,我们就讨论了可替换的框架,这些框架用来将专利续期及申请数据映射成对人们来说更直观更感兴趣的量的估计。当前,一些可获取的实证结果用于阐明在专利构思价值的研究(第三部分)和专利保护价值的研究(第四部分)中专利续期及申请数据的潜在用途。在第五部分,我们通过在未来方向上的一些建议进行了总结。

二、专利续期及申请模型的框架

经济学家对于专利续期数据的兴趣至少追溯到 Nordhaus 的论文【1969】。Pakes 和 Schankerman【1984】通过展示如何使用这些数据来揭示专利保护的价值的特征激发了对续期模式的更广泛的兴趣。在本部分一开始,我们先来概述 Pakes 和 Schankerman 研究中使用的框架。

该模型假设发明人已经提交了专利申请。对于专利保护,每一份专利申请都被赋予初始的一个周期的专利保护的收益(假设为 r_0),并且假定此后其每年确定地以 δ 的速率衰退。专利权所有人必须每年支付一定的续期费来保持其专利有效并且该费用随年份而增加。专利权所有人寻求将专利保护的收益(净利)的期望折现值最大化,并且在"a"年当且仅当当前收益($r_0 \exp(-\delta a)$)大于当前的续期成本(假设为 c_a)时才续期他的专利。① 相当于,在"a"年仅当 $r_0 > c_a \exp(\delta a)$ 时才续期该专利。

在图 1 中,曲线[标记为 $f(r_0)$]示出了收益初始分布的密度。因而,有一些专利(其初始收益在垂直线[标记为 $c_1 \exp(\delta 1)$]的右边或者其收益在线上区域)在第一年进行续期。另外一些专利[其初始收益大于 $c_1 \exp(\delta 1)$ 但小于 $c_2 \exp(\delta 2)$,或者其收益在图中阴影区域]在第二次续期时退出。

为收益的初始分布假设一个函数形式,Pakes 和 Schankerman【1984】示出了这种分布的参数(连同 δ)可以通过找到使得由理论预测的退出比例"尽可能接近"在数据中实际观察到的退出比例的参数值来估计。得到的估计能够被用来表征专利保护价值的分布及其随时间的演进(参见第四部分)。

---

① 在该简单的确定性模型下,如果在当前阶段不满足该条件(当前收益大于当前续期费),那将在此后的任何一年都不会满足该条件。这样就产生了上述的近期续期规则。

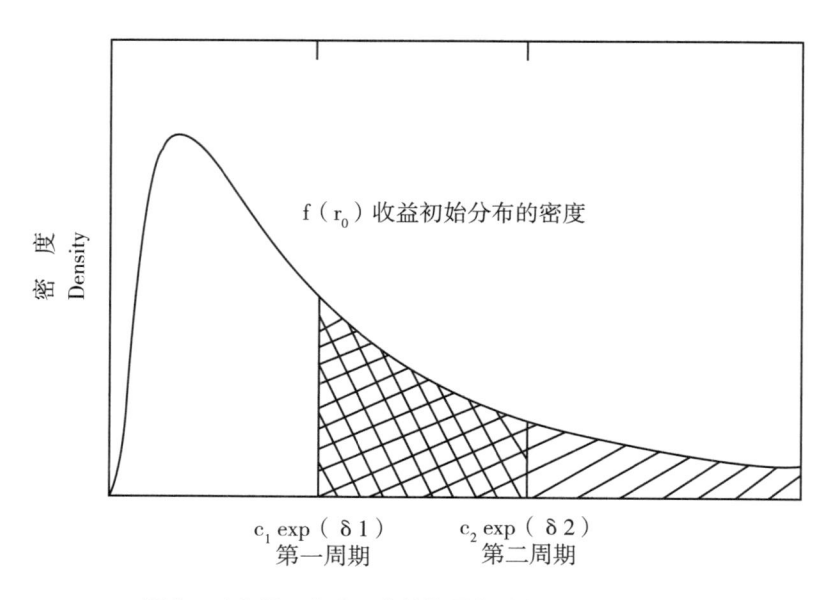

图 1　对应于一个或两个续期周期的初始收益的密度

Pakes【1986】使得专利权所有人不确定将专利保持有效将获得的一系列收益。向收益的随机模型的转变使得发明人通常在创新发明的早期阶段申请专利,其中在该早期阶段,发明人仍然在从专利构思具体体现的信息使用中探索获得收益的机会。具体地,专利保护的收益可以随着专利权所有人对于发明和市场的特性了解而增加。在这个模型中,因为存在收益将会增加的可能性,所以即使当前收益小于续期费,为了保留在将来对保护的选择(专利一旦失效,那么将会永远失去保护),专利权所有人会发现续期专利是值得的。因而,Pakes【1986】允许存在收益的年数特定的条件分布的序列(在年数"a+1"的收益以在年数"a"的收益为条件的分布),而不是单一的衰减率。这一附加细节使得我们更深入理解创新发明过程的本质,因此更加深入理解各种政策选择的作用。

Lanjouw【1998】估计了一个与 Pakes【1986】的模型有点不同的随机模型,并且将该模型应用于更新的、更加分散的数据。另外,Lanjoun 使用了一个行为模型,该行为模型考虑到,为了使专利保护有意义,专利权所有人一定想要去保护他的专利权不受侵权者的侵害。重要的是,续期数据与可用的制度详情的结合,使得人们能够评价不同的法律制度及知识产权政策改革(参见第四部分)。

第一次试图将专利申请数据整合到专利保护价值分析的是 Putnam【1996】。他通过将发明人的先前的决定(是否在提供专利保护的各个国家申请专利保护)进行合并来扩展 Pakes 和 Schankerman【1984】的分析框架(以专利申请为条件)。允许在不同国家因专利而赚到的收益是不同的,因为专利不同并且即使一个指定的专利,国家的特点也不同。然而,为了便于分析,在该第一个研究中,Putnam 假定在一个指定的国家中获得的收益不取决于该专利在另一个国家是否有效。所以,发明人在净收益(收益减去专利申请及续期费)的期望折现值是正的每一个国家都申请专利。

Putnam 的【1996】研究在几个方面扩展了专利数据的用途。第一,为我们示出了如何测算由发明带来的专利保护总价值的分布估计。第二,使得我们研究专利保护带来的收益的国际流动(一个国家的国民由于另一个国家专利法对他们的创新发明的保护而获得的收益)。第三,为我们提供了一种估计专利申请成本(在专利起源国家和专利申请国家)的差异的能力。第四,因为关于发明同族规模的所有相关信息在第一次申请的几年内都是可用的,所以基于申请数据的专利加权方案比仅基于续期的方案更及时。最后,正如我们在第三部分进一步讨论的,通过将专利申请数据及续期数据结合,我们能够生成一个加权专利统计的方案,该方案比仅仅使用续期数据获得的方案更加准确。

这些模型的一个麻烦的方面就是它们依赖于假设的函数形式。所有的证据指向:存在大量低价值专利及"肥尾"高价值专利,这些高价值专利在(基本上)所有的国家都被申请保护并且在这些国家都被续期到法定限制时间。然而,数据没有区分尾部中的专利不同所导致的可能实现的价值。②

选择在早期研究中使用的一些函数形式,在一定程度上使得估计与可用的信息相匹配。在使用确定性框架的研究中,通过假设初始收益的 Pareto、Weibull 及对数正态分布和由这些方法获得的拟合进行相互比较来估计模型(Schankerman【1998】、Lanjouw【1992】、Schankerman 及 Pakes【1986】)。在这些研究中,发现对数正态分布最接近拟合数据。不幸的是,在对随机模型进行估计中的计算约束(如果作者一直在使用当代计算机约束力则会小得多的约束)限制了对随机模型的结果进行的鲁棒性分析。

明显地,假如我们能够获得关于专利的价值分布的尾部形状的外源性信息,我们将能够更有效地使用专利续期及申请数据。在最近的工作中,Harhoff, Scherer 及 Yopel【1997】审查了种种数据,试图确定在尾部中的创新发明的价值和分布。他们采访了德国专利所有者(该专利在 1995 年达到法定期限限制),以获得关于潜在创新发明的盈利能力及其他特征的详细信息,以及关于专利保护在帮助他们从这些创新发明中获得收益方面所扮演的角色的详细信息。在一定程度上,这个研究的结果具有概括性,对于专利价值分布的尾部形状,其提供的详情可能恰巧是为了使创新发明的测算(源自专利续期及申请数据)更加准确所需要的那种免费信息。正如以上讨论的研究,他们的初始成果表明价值分布呈现出大倾斜。他们拟合了一个 Pareto 分布并且获得了小于 1 的 Pareto

---

② 研发一个高价值专利的概率(连同可能产生的价值的概率加权总和)影响在前几年中专利申请及续期行为,并且随机模型的确能够从这些数据中提炼出这一信息。

系数的值。（形式上，以小于 1 的系数，将密度投影到我们没有数据的区域将会生成一个没有平均值的价值分布）。

为了确定关于在续期数据中可用的专利价值分布的尾部的信息量，Pakes 和 Simpson【1989】开发估计及测试技术，这些技术不依赖于很强的函数形式假设。他们开发了对一组专利保护的收益比另一组的收益高（在一阶随机支配意义上）的假设的非参数测试。他们也列示出了，在专利续期费用计划足够大的样本规模和足够多的变化的情况下，专利续期数据足以识别在确定随机模型中专利价值的条件分布函数的整体序列。由于事实上费用计划的变化有限，假设样本足够大，他们也认为能够从任何一组计划中确定出什么。尽管他们可用的样本规模足够大以使得测试程序非常有用，但由于数据不足，他们没有试图"非参数性地"鉴别收益的条件分布。

正如在总结部分讨论的，上面概括的模型可以在许多方向扩展。然而，在下面的内容中，他们已提出了足够的结构来使我们能够阐明专利续期及申请数据如何有助于提高对于专利创新发明价值和专利保护价值的测算。我们从专利创新发明价值开始。

三、加权专利统计作为创新发明的测算手段

如上面所看到的那样，对于创新过程结果的测算有助于我们分析很多与技术变化的起因和影响有关的政策和描述性问题。产出的简单专利统计测算手段被广泛地使用（参见在 Griliches【1990】中的评述），但是因为专利保护的创新发明的私有或社会价值具有广泛的差异，通常难以进行专利数量测算。具体地，若不同专利群的平均数不同，专利数量的比较具有误导性。

Schankerman 和 Pakes【1986】阐明了这一点。之前的研究已经表明在大多数西方国家专利/研发比例一直在快速下跌。这造成了一个担忧：我们已经进入一个"技术疲惫"时期，在该时期中，生产力进一步增长的潜力小（参见 Evenson【1984】以及最近的评述 Kortum【1997】）。使用 Pakes 和 Schankerman【1984】模型，同时使得模型的参数随着专利族群（在申请的那一年）和国家而变化，Schankerman 和 Pakes【1986】将英国、法国及德国 1955 年到 1975 年期间的总专利数量指数与他们估计的专利价值指数相比较。从他们的研究中得出表一。依据这个表，他们总结出："在这个时期，由于专利"质量"（或平均价值）有很大变化（大都互相抵消），因此不能从专利数量的变化中推断出专利族群的价值的变化"。由于他们的估计来自续期数据，所以 Schankerman 和 Pakes【1986】指的是专利保护的价值，而不是专利构思的潜在价值，但至少先验者会认为这两者密切相关。

Pakes 和 Simpson【1989】在将他们的非参数测试程序应用到芬兰和挪威的综合专利续期数据之后，得出了相似的结论。值得注意的是，即使在专利数量一直增长的芬兰（不

像是在其他国家)专利族群的数量和质量负相关关系也是存在的。利用1969—1981年这段时期法国(按技术群分开)的数据,Schankerman【1998】也发现在他的数据中专利数量的下降被专利的平均价值的上升部分抵消。③

除了专利平均价值随时间的变化之外,也可能在其他方面上辨别专利价值的差异。在挪威和芬兰的数据中,Pakes 和 Simpson【1989】发现,以专利权所有人的族群和国籍为条件,不同 ISIC 产业门类的专利具有不同的价值分布。在工业群组中,他们的大致排序如下:以制药、木材、木头和纸业、机械及化工为主导;电子、金属制品、石材、黏土以及玻璃紧随其后;然后是重工业,最后是"低技术"群组。以族群和 ISIC 门类为条件,他们没有发现不同专利权所有人的国籍间价值分布的(显著)差异。然而,在由 Schankerman【1998】及 Lanjouw【1992】执行的对法国及德国数据的相似测试中,在国籍和技术方面都不均等(尽管这里有更强有力的证据表明在技术方面存在差异)。

表一　特定年份(1965－1975[a])专利族群的数量、质量和每位科学家及工程师的总价值的指数

年份	英国 P/SE	英国 $\overline{V}$	英国 V/SE	法国 P/SE	法国 $\overline{V}$	法国 V/SE	德国 P/SE	德国 $\overline{V}$	德国 V/SE
1965	1.00	1.00	1.00	1.00	1.00	1.00	1.00	1.00	1.00
1968	1.03	1.06	1.09	0.89	1.15	1.02	0.88	1.49	1.31
1972	0.69	1.18	0.81	0.70	1.40	0.98	0.64	1.39	0.89
1975	0.58	1.63	0.95	0.56	1.25	0.70	0.53	1.96	1.04

注:[a] P,$\overline{V}$ 及 V 分别表示专利申请的数量、专利权平均价值以及专利权的总价值。SE 指的是科学家和工程师的数量。

来源:Schankerman 及 Pakes【1986 表 6】。

在比较具有相似平均值的专利群组时,专利价值方面的巨大方差在专利数量测算中产生一定程度的噪声,这使得他们在创新发明的研究中极其难以使用。这里对于专利数量测算捕捉到的专利价值的总方差的部分的估计是不同的,并且所有指示都表明专利数量测算的质量取决于数据类型。例如,Griliches【1990】估计公司间专利数量的方差仅仅是公司间专利价值的方差的 7%。在时间跨度上专利数量的差异捕捉到的专利价值的方差的部分

---

③ 在族群中专利的平均质量与其数量呈负相关,有这么几个原因。最简单的原因是由专利价值分布形状的估计标明的。上面所讨论的所有研究都发现大多数专利的价值都很小。因而,通常任何降低申请专利权价值的政策变化(例如,专利申请成本增加、法庭对于专利权所有人态度发生变化以及反垄断立场更加具有限制性)都可能引起所申请的低价值专利数量的很大变化以及因此使得剩下的这些专利的平均价值增加。也就是说,许多类型的政策变化会在平均专利价值和专利数量之间引入负的族群互相关。当然,完全没有必要抵消这种因果关系[在 Lanjouw【1992】中所呈现的结果表明数量的较大增长同时伴有平均价值的增长(以德国计算机专利为案例)]。

在公司内可能甚至更低(参见 Pakes 和 Griliches【1980】),但是当聚合达到在专利数量上的产业间的差异时,方差会更高(参见 Lach【1995】)。然而,与所考虑的数据无关,专利价值的可变性显著降低了用专利数量来测算发明的有效性,这是毋容置疑的。

在经济研究中,是否可以将专利数量测算中的噪声和偏差降到足够低,以使得专利统计有效地测算创新产出,这确实是经济测算历史中持续时间最长的争论之一(例如,参见 Kuznets 和 Sanders 的文件以及 Nelson【1962】对 Schmookler 的评论)。这里我们重申一下,由于最佳选择(研发开支数据)并不是完全可用的,因此这些专利数量测算的问题就无法解决。而且,在专利数据中,可以发现,可用的研发数据没有被技术组分解,并且既不包含所有权也不包含与其他发明关系的详情。

续期数据及申请数据都可以用来开发加权专利统计的测算,这缓解了在标准专利统计的测算中的问题。这个想法是明确的。按照专利失效的年份(在该年份中,没有支付专利续期费)和/或已提交专利申请的国家集合,我们将专利分为几个组(假设为 J),而不是简单地统计专利数量。然后,我们构建一个专利价值指数(假设为 VI),如下所示:

$$VI = \sum_{j=1}^{J} w_j N_j, \qquad (1)$$

其中,N_j 是组 'j' 中的专利数量,并且 w_j 是与那一组相关联的权重。为了构建这一指数,我们需要权重的集合 $\{w_j\}$。

这里有很多可替代的方式去确定这些权重。一个是回归到在 N_j 中创新发明的(私有或社会价值的)测算并且使用该数据来估计集合 $\{w_j\}$。因变量的选择将确定权重的释义。利润和公司价值将产生创新发明对私有收益的贡献的替代指数,而更全面的(整个行业或者经济)生产率变量将更有可能产生一种与创新发明的社会价值紧密相连的测算手段(参见用于讨论的 Griliches【1979】和 Jones & Williams【1996】)。创新发明的私有价值与社会价值之间的关系是大多数创新发明政策的核心,所以对从私有及社会价值测算中获得的权重和权重模式的比较以及对权重模式随时间、行业或所有权类别如何变化的比较是很令人感兴趣的。我们也可以选择开发更加直接测算创新发明的外部性的加权方案(如在 Jaffe 的【1986】外流测算的构造中那样)。

在使用回归技术来获取所需的权重的准确估计中,可能遇到的经济问题与在分布滞后估计中所出现的问题相似。[④] 然而,计量经济学家更加赞同这种情形(相比典型的分

[④] 立刻能想到两种。第一种,在估计过程中,在专利价值的专利数量测算中出现的组内误差将会产生变量问题的错误。我们注意到,在研发数据也可用的情况下,这些数据是一种潜在的工具。第二种,在观察过程中,$\{N_j\}$ 序列可能是高度相关的(尤其是在数据变化的主要根源是时间的研究中)。这可能会产生一种与我们经常在分布滞后估计中发现的问题相似的精确度问题。

布滞后情形)。第一,这里至少潜在地具有大量的专利数据。而且,如果我们想要假定在专利保护价值和专利构思价值之间具有某种关系,这里有大量之前的关于权重的结构信息,其应该非常有助于对它们进行估计。现在,我们更加详细地讨论一下后一种可能性。

初始点是假设在特定群组中的专利中具体体现的构思的平均价值与在那一群组中的专利保护价值是成比例的。那么,如果我们假设由我们的专利续期和/或申请模型正确估计出专利保护的价值分布,则我们通过算出参数估计的蕴含能够获得等式(1)所需的权重(相当于比例系数)。至今,同时分析申请专利的国家选择和后续的专利续期决定还没有可用的结果。因此,我们对按照在特定国家续期的时长来确定的群组以及按照一个特定的专利分别申请的国家来确定的群组的权重估计进行审查。⑤

表二概括了这一信息。从 Lanjouw【1998】的估计中取出第1、2及3列,并且用来测算德国计算机及医药专利族群【1975】(本文件基于30组数据对四个技术群进行了估计)。从 Pakes【1986】的估计中计算第4及第5列,并且该第4列及第5列基于1951—1979年在法国申请的所有专利及1952—1972年在德国申请的所有被授权的专利。在所有列(除了第2列)中的权重加起来等于1(下面我们回到第2列)。

Lanjouw 的估计暗示,第4年失效的计算机专利平均价值是在第3年失效的3倍。所有的 Lanjouw 的估计表明,在失效年份中专利权重近似线性增长,直到专利群组最久存活到20年。后一群组比存活19年的专利的价值平均多大约50%。Pakes 的估计表明,在早些年失效的专利权重更低,尤其是依据法国数据的权重。此后,他们又以一个相对稳定的速率增长,直到专利群组续期到法定期限。据估计,这些专利比在法定期限前一年失效的专利具有更多价值(100%)。值得注意的是,所有的列都表明,若是我们试图计量经济地估计权重,3个或4个参数的族才够用。

大多数列之间的差异是可说明的。例如,由于法国专利数据包含所有专利申请,而德国专利数据仅仅包含最终被授权的那些专利,可以预期在法国失效早的专利权重更低。赋予续期到法定期限的专利的权重在列之间具有差异,这令人困扰。续期到法定期限的专利是一个"末端开口"的群组。也就是说,由于这里从来没有看到引发专利退出的续期费,所以这里有一种观点:我们对于他们的收益没有设置上限(参见 Pakes 和 Simpson【1989】的非参数分析)。通过结合专利价值变得更高的可能性对于初次续期决定有作用的事实以及函数形式假设,该模型确定这些专利的价值。因而,我们可以预期,这种加权比其他加权更具有模型依赖性,这正是我们所发现的。

---

⑤ 更加完整的数据库允许对专利进行按照申请国家以及在每一个国家专利失效的年份的双向分类。通常在更多国家,专利发明在每一个国家续期更久(Putnam【1991】),双向分类的权重无法按照这两种单向分类的"边际"来进行建立。

表二　按照失效年份及专利同族ᵃ的规模估计的平均价值权重

失效年份	失效年份下的权重					专利同族下的权重	
	计算机	医药	法国	德国ᵇ		国家数量	专利同族下的权重
	（1）	（2）	（3）	（4）	（5）		（6）
3	0.004	0.017	0.003	0.000	0.000	2	0.000
4	0.012	0.023	0.016	0.000	0.000	3	0.002
5	0.018	0.028	0.022	0.001	0.001	4	0.003
6	0.022	0.032	0.028	0.001	0.003	5	0.004
7	0.026	0.037	0.029	0.002	0.005	6	0.006
8	0.027	0.042	0.035	0.003	0.008	7	0.008
9	0.032	0.046	0.040	0.005	0.012	8	0.011
10	0.033	0.052	0.036	0.007	0.017	9	0.016
11	0.035	0.058	0.039	0.010	0.024	10	0.020
12	0.038	0.065	0.045	0.014	0.034	11	0.026
13	0.046	0.072	0.043	0.019	0.046	12	0.034
14	0.049	0.080	0.049	0.029	0.056	13	0.044
15	0.056	0.089	0.049	0.043	0.075	14	0.066
16	0.061	0.100	0.057	0.058	0.100	15	0.092
17	0.072	0.112	0.070	0.078	0.125	16	0.137
18	0.084	0.126	0.080	0.100	0.149	17	0.177
19	0.103	0.136	0.110	0.123	—	18	0.354
20	0.111	0.159	0.101	0.152	—		
未失效	0.169	—	0.146	0.357	0.344		

注：ᵃ1—5 列给出了在指出的年份失效的（第 2 列是通过指出的年份续期的专利的截断权重）或者在指出的数量的国家（第 6 列）提交申请的专利的权重；

ᵇ在 Pakes 研究期间，德国专利法定的最长保护期限是 18 年，而在 Lanjouw 研究期间，最长保护期限由 18 年变到了 20 年。

来源：1—3 列是来源于 Lanjouw【1998】对德国的估计。4—5 列来源于 Pakes【1986】。并且第 6 列来源于 Putnam【1996】。

将第 1、3、4 及 5 列中的权重直接应用于比法定期限时间更老的专利族群。如果我们也想对更年轻的族群中的专利进行加权，其中该族群被右截断（也就是，因此，我们至今不能看到失效比例的整个序列），则我们将需要用于结合的群组的权重（"截断权重")。这些是续期到指定年份的专利的平均价值。第 2 列给出了所需数字的 1 个示例。比较第 1 列和第 2 列,我们看到在第 3 年份续期的所有计算机专利的平均价值是在第 3 年份失效的专利的平均价值的四倍多(0.017∶0.004)。如果一个族群仅仅只有 10 年,那么我们可以将第 1 列中的权重分配给我们实际观测到已经失效的专利发明以及将第 2 列中的第 10 年份的权重(0.052)分配给所有在第 10 年份仍然有效的专利。

第 6 列表示 Putnam【1996】对于专利同族进行的相应估计。这些数据示出了不同大小的专利同族的相对平均价值。⑥ 例如,在四个国家提交专利申请的平均专利同族的价值大约是在 3 个国家提交申请的专利同族的 1.5 倍。除了在 18 个国家提交专利申请的专利同族的权重外,这些权重又近似地呈对数线性增长。在他的数据中,这些是最大的专利同族,并且据估计,平均大约是在 17 个国家提交专利申请的专利同族的两倍。

充分利用更好的创新发明价值的指数所需要的互补数据大部分是可用的,通过指出这一点,我们来结束这一部分。例如,Kortum 和 Putnam【1997】观点一致,使得将专利从专利审查员使用的技术分类映射到标准的行业分类(按应用的行业以及专利的起源行业),并且,因此而映射到按行业分类的专利价值指数的构造中。连同对于行业标准分类可用的制造数据的普查和调查,人们可以以一种聚合的行业水平来研究创新发明。而且,专利文件中的所有权信息使得我们的专利价值指数与按基金来源(私人、政府出资以及政府出资中的代理)以及按研发活动位置(大学、国家研究实验室、私企、合资企业等等)的输入数据相匹配。这使得审查不同制度安排对于创新产出的效力成为可能。通过将加权专利价值指数与引用信息(包含在专利文件中)进行结合(参见 Trajtenberg【1990】,Jaffe,Henderson 以及 Trajtenberg【1993】),价值可以附加在与研发政策相关的许多公共政策问题的核心的溢出效应上。专利文件也表明了专利被分配到的国际专利分类的子分类号码。通过专利价值指数,能够审查对创新发明的宽度的测算是否确实与私有或社会价值有关(Lerner【1994】)。

我们现在移步到在专利保护价值及知识产权政策的研究中对于专利续期数据及申请数据的使用的考虑。

四、专利保护价值和知识产权政策

如引言中所述,对专利续期和申请模式的估计使我们对保护本身的价值有所了解,这与潜在的创新发明的价值有所不同。我们现在来思考,在学习和淘汰过程的本质方面

---

⑥ Putnam【1996】也给出了更全权重集合,该集合不仅依据专利同族中的专利数量,而且依据提交专利申请的国家的组成。我们已选择这种聚合来简化描述。

得到了怎样的见解。接着,我们会讨论在专利保护的价值的分布以及一组专利的使用期限的演变方面我们所学到的知识。本部分最后,将讨论这些模型的结果将如何被用来理解专利体系生成的激励措施,以及它们如何被用来分析知识产权政策改革的影响。

学习与折旧

由续期模型得出的参数估计提供了关于创新过程的具体特征的信息,例如创新发明的学习、开发和淘汰速度。早期对估计续期决定的模型的关注点之一在于测算创新发明的私有收益的淘汰率。在分析研发投资的私有回报时,需要利用这一淘汰率加权对知识"存量"(类似物质资本存量)构建的研发投资,同时,还需再次利用这一淘汰率将毛收益率的估值转换成扣除折旧成本后的收益率。早期的续期的确定性模型发现专利的私有价值中存在淘汰率,该淘汰率比物质资本存量构建中通常使用的折旧率要高得多(约25%)。这对于创新活动的私有收益率和社会收益率估值之间的比较具有显著意义(了解这些要点的详细内容,参见 Griliches【1979】或 Pakes 和 Schankerman【1984】)。

如第二部分所示,随着时间的推移,在后的随机续期模型允许收益模式中出现更大的变化。在这些模式中,收益可能会在一项专利的有效期内降低,但是也有可能提升,尤其是在最初的几年内,因为创新发明不断发展,并且专利权所有人了解了市场。通过研究综合数据,Pakes【1986】发现,到保护的第 5 年,大多数学习终止,过了这个时间点后,几乎没有专利能获得更高的收益。借助非综合数据和允许早期零收益的模型,Lanjouw【1998】得到了类似的结果,4 年后大多数学习结束,7 年后,几乎所有学习结束。在学习期间,很多专利权所有人发现他们的专利一文不值,而其他人则发现可从他们的专利中赚取大量收益。这一时期结束后,收益几乎按同一个速率下降。

价值大小和价值分布

当前,可对德国、法国和英国进行综合水平的专利价值续期模型估计(Schankerman 和 Pakes【1986】;Pakes【1986】;Sullivan【1994】)。在法国、德国和印度,还可以按照专利权所有人的国籍和技术类型来进行非综合估计(Schankerman【1998】;Duguet 和 Iung【1997】;Lanjouw【1998】;Fikkert 和 Luthria【1996】)。

估计一个确定性模型时,Schankerman 和 Pakes【1986】发现,在法国和英国申请的 1970 族群中的一项专利的平均价值低至 11,250 德国马克。在德国,一项已授权专利的平均价值约为 27,300 德国马克。(在德国,略高于三分之一的已申请专利获得授权)。在所有国家,价值的分布都呈现偏态分布。在法国和英国,1% 的专利申请价值超过 112,500 德国马克,而在德国,1% 的已授权专利价值超过 193,000 德国马克。对 1975 年德国专利族群的非综合价值估计参见表三(摘自 Lanjouw【1998】)。与上文提到的结果一致,这些估计反映出在一项独立专利代表的平均价值中,各个技术间有巨大差别(从 17,500 到 49,700 德国马克),以及在价值分布上的极大偏斜。Schankerman【1998】对法国的研究也得出了类似的结果。

上文第二部分介绍的由 Putnam【1996】估计的申请模型,为我们提供了通过创新发明获得的全球专利权总价值的第一个量化测算(与由既定国家专利法提供的保护而获得的价值形成对照)。这一点尤其有意思,因为这让我们第一次能够跨界测算专利权价值的流动,因此就能回答不同国家能从现有国际专利制度不均衡获利的程度的问题。

表三 按技术的价值分布
德国 1975 年族群

	计算机			医药			纺织品			发动机	
百分位数	累计分布[a][b] 总价值(%)			累计分布 总价值(%)			累计分布 总价值(%)			累计分布 总价值(%)	
50%	13.0 (1.3)	9.7%	50%	10.6 (1.4)	4.6%	50%	8.5 (2.0)	7.6%	50%	33.2 (3.3)	15.4%
75	32.0 (2.9)	32.2	75	35.0 (3.3)	23.6	75	23.3 (4.9)	28.9	75	66.4 (6.1)	39.4
90	59.7 (5.2)	59.8	90	77.7 (6.6)	51.9	90	46.3 (9.6)	56.9	90	115.0 (10.2)	65.3
95	83.3 (7.1)	74.6	95	115.5 (9.4)	68.9	95	66.1 (13.2)	72.3	95	153.7 (13.0)	78.5
99	143.8 (11.8)	92.3	99	210.1 (16.7)	90.3	99	119.3 (23.0)	91.6	99	249.0 (20.5)	93.7
99.9	245.6 (19.9)	98.9	99.9	332.4 (26.2)	98.6	99.9	191.0 (34.4)	98.8	99.9	433.0 (35.0)	99.0
平均值	23.5 DM (2.1)			27.4 DM (2.6)			17.5 DM (3.7)			49.7 DM (4.6)	
#授权专利数	1,172			1,251			1,069			1,594	

注:[a] 价值为扣除每年续期和管理费用,以及用于申请、审查和公开成本(假设在第 7 年审查,在第 9 年公开)的 476 德国马克(DM)。计算使用 15000 模拟绘图。所有价值以千德国马克为单位。

[b] 使用泰勒近似计算由于参数估计误差 $\hat{\omega}_N$ 导致的价值的百分位值估计的估算标准误差($vper$)$vper$ $(\hat{\omega}_N) \approx vper(\hat{\omega}_0) + \Gamma(\hat{\omega}_0)'(\hat{\omega}_N - \hat{\omega}_0)$。未知的梯度矩阵 $\Gamma(\hat{\omega}_0)$ 接近在点 $\hat{\omega}_N$ 计算的中心有限差分梯度。因此 $\hat{Var}(vper(\hat{\omega}_N)) = \hat{\Gamma}(\hat{\omega}_N)'(\hat{Var}(\hat{\omega}_N))\hat{\Gamma}(\hat{\omega}_N)$。平均值的估算标准误差类似。

来源:Lanjouw【1998】表 4。

表四 已授权和持有的专利平均价值
国际专利控股所持研发资金份额[a]排名前五的国家 1974 年专利申请族群

国家	已授权专利的平均价值(DM)	与 GDP 的关系[b]	持有专利的平均价值(DM)	国家研发份额
美国	449	0.12	231	14.3
日本	164	0.13	242	21.4
德国	277	0.26	185	34.0
法国	201	0.24	164	19.6
英国	172	0.31	180	32.3

注:价值单位为千德国马克。
[b](专利平均值)＊1,000,000/GDP。
来源:Putnam【1996】和国际货币基金组织(IMF)国际金融统计【1977】。

表四呈现了排名前五的世界经济合作与发展组织(OECD)国家各国已授权和持有专利的平均价值的估计。(价值再次被计算为专利保护每年收益的现值,其扣除申请和续期费,并以最佳方式做出续期决定)数据限于包含仅在多个国家提交专利申请的发明。1974 年,在世界经济合作与发展组织内,这个数据约占提交至专利局的所有发明的 28%。对仅提交国际申请的发明的选择将最低价值专利从分析中排除。因此,表四中的数据与上文给出的续期模型的数据不具有直接可比性(因为后者包括在一个国家受保护的发明)。

表四中的第 1 列显示了在每个国家一项已授权专利的平均价值。第 2 列显示了保护价值如何与市场规模相关。这有着本质的差异。例如,虽然德国和日本的经济规模相似,但两个国家的预期保护价值却有很大不同。日本授权的国际专利申请的平均价值似乎低于其他国家(约为 164,000 德国马克,而德国的对应价值为 277,000 德国马克)。虽然其中部分原因可能是构成差异(例如,德国的化学和药物发明所占份额更高),但 Putnam 的研究结果显示,发明人认为相对于一项德国专利,持有恒定不变的发明的"质量"的日本专利保护的价值更低。

表四的第 3 列显示了每个国家的公民持有的一项专利的平均价值。日本再次成为异类,这次,其公民所持专利的价值普遍高于其他主要国家公民所持专利的价值。日本专利的这个特点与两个因素相关:(1)日本发明相对较大一部分在国外提交申请(尤其

考虑到它与其他国家的距离);(2)其专利不成比例的很大一部分在美国提交申请,美国市场巨大,授权最有价值的专利(见第1列)。

表五呈现了 Putnam【1996】专利"交易"结果的子集。对于这3个研究中的专利授权国家的每一个,表格呈现出以下5列数据:该国向其他指定"来源"国家公民授予的专利的数量;这一数量在该国向外国人授予专利总数中所占比例;相关专利权的估计平均价值;向来源国家公民授予的专利权的总价值;以及最后该总价值在该国向外国人授予专利总价值中的份额。表格的每一行代表一个不同的来源国家。因此,该表格是一个五列的 3×3 矩阵格,矩阵的 i,j 格给出了源自 i 国在 j 国获得授权的专利信息。由于该模型仅应用于申请国际专利的专利,矩阵的对角线格省略不计。

例如,该表格显示,在1974年首次提交申请的发明中,日本发明人在美国获得5,239项专利授权,而美国发明人在日本获得3,836项专利授权。在美国,源于日本的一项专利平均价值约为325,000德国马克,而在日本,源于美国的一项专利的平均价值约为148,000德国马克。美国向日本授予专利的总价值估计约为1,703,000,000德国马克,而日本向美国发明人授予专利的总价值约为569,000,000德国马克。因此1974年美国对日本的"贸易逆差"超过1,134,000,000德国马克(这相当于其对发达国家总逆差的90%)。要注意,与第三部分讨论的随时间推移测算的变化相比,这种情况下数量上的国际差异似乎低估了价值上的差异。

知识产权政策

回想维护知识产权体系的主要动机之一就是提高发明人可获得的研发资金投入的收益的程度。专利保护私有总价值与相关研发支出的比值是对一个专利体系产生的"隐性补贴"的衡量。这可以与其他激励政策,例如研发税收减免或政府对研究直接资助等相提并论。

通过分别使用在法国和德国的收益的非综合模型的结果,并利用贸易数据确定在这些国家与专利保护相关的世界产业研发支出比例,Schankerman【1998】和 Lanjouw【1998】发现,在大多数技术领域,补贴率为10%—15%。Pakes【1986】以及 Schankerman 和 Pakes【1986】对综合数据的研究也发现了相似的比率。

表五　发生率和国家间专利价值[a] 1974年专利申请族群

来源国家	授予专利的国家													
	美国					日本					德国			
	专利数量	所占百分比（%）	平均价值	总价值	所占百分比（%）	专利数量	所占百分比（%）	平均价值	总价值	所占百分比（%）	专利数量	所占百分比（%）	平均价值	总价值	所占百分比（%）
美国	—					3,836	41.0	148	569	37.5	9,658	33.8	239	2,307	39.8
日本	5,239	27.5	325	1,703	18.0	—					4,415	15.5	201	892	15.4
德国	4,838	25.5	637	3,076	32.5	2,275	24.3	164	373	24.6	—				

注：[a] 这些数据基于提交国际申请的专利，即在本国以外的至少一个国家提交申请。平均价值单位为千德国马克，总价值单位为百万德国马克。
来源：Putnam【1996】。

Putnam【1996】计算了一个国家的发明人在世界范围内持有国际专利权的价值与该国总研发支出的比率。表四第4列显示了他在这五个国家得出的隐性补贴率。这些比率在14%—34%。相对于其他国家，德国和英国从外国专利中获益颇丰；这两个国家获得的"隐性补贴"达到他们研发支出的33%。法国和日本的这一数据约为20%。尽管世界范围内的存量最大，美国发明人持有的国际专利权的价值仅为美国研发支出价值的15%。要注意，专利权国际价值的补贴率要高于基于在单一国家的专利权价值的补贴率。

独占创新发明的使用的合法权利的价值以及由专利体系建立的激励措施取决于这个体系的特征，而这个体系能够且的确因国家和时间不同而有所差异。例如，法定专利期限范围从0年（排除产品，例如很多国家的药品）到20年不等（欧盟；不久将有世贸组织全体成员加入）。申请费和续期费也有很大差异——后者从0（直到最近美国依然如此）到3,300德国马克（在德国第20年的保护）不等。通过影响专利的持续时间，这些变量不仅有助于确定投入研究中的个人激励措施，而且能影响允许专利垄断的社会成本。迄今为止，对费用和期限的设定是一种特别方式，通常覆盖专利局的成本。然而，存在一种可能性，这些特点经过设计，以更低的社会成本创造一种既定水平的预期私有收益。（对于理论性讨论，参见Nordhaus【1969】对最佳法定限制的一项早期调查，以及Cornelli和Schankerman【1996】思考的对续期费用计划的选择）。从结构性的续期或申请模型得到的估值可用于获取此次贸易一方的经验测算：法定期限和费用计划的变化如何影响专利权的私有价值，进而影响对研究投入的激励措施。

执法和执法成本也会影响专利保护的收益。执法的缺失在与发展中国家政府的知识产权谈判中是一个突出的问题,而在其他地区,起诉侵权的高昂费用正得到极高关注。自 20 世纪 80 年代早期,美国的知识产权法和实践已发生彻底变革,包括一个审理专利案件的新联邦上诉法院的建立。续期数据可用于测算专利授权收益对法律及法律政策的各种变化的敏感度。Lanjouw【1996】将侵权/诉讼模型纳入续期模型,从而考虑以下事实:专利权所有人必须有意愿执行产生实际意义的保护权。虽然在缺乏与所提交的法院相关的数据的情况下,这种方式严重依赖结构假设,但它提供了迄今为止唯一一种衡量法律政策变化对专利数量和有效期的"隐藏"效果的方式,这种效果超出和高于直接法律成本的变化。此外,可用的法律数据越来越多,最近已与专利数据相匹配。(参见 Lanjouw 和 Schankerman【1997】对诉讼专利特点的分析。)

表六和表七呈现了对费用、法定期限的具体变化所产生的影响估计,以及法律政策对于专利保护收益的影响估计。每个表格中,1975 德国计算机专利族群的保护价值分布都经过多次模拟。在第一种情况下,模拟基于一个续期模型的参数估计以及德国知识产权体系的实际特点——律师费由败诉方支付(英国规定,ER),并且法定期限为 20 年。每个表格的第一列显示出这一价值分布的平均值和百分位数,其扣除了申请费和续期费。接下来的几列显示出政策变化后,模拟的价值分布。(关于这些估计的构建和更多模拟政策试验的详细内容,参见 Lanjouw【1996】)由于我们尚未估计连带分析申请和随后续期决定的模型,这些表格中的结果以在一个具体专利族群内的申请数量为条件,然后询问这些专利的保护的净收益(收益减掉专利有效期内的续期费)如何在可替换的制度安排下变化。也就是说,一个更加完整的模型允许申请的数量和质量也随制度安排而变化,但是这样一种模式仍有待估计。

表六示出专利价值和专利局收取的平均税收如何随着续期费用计划的变化而变化。正在考虑中的改革在每一列的顶端用粗体突出。例如,我们在表格的第 3 列检查切换到一种用 CS 表示的计划所带来的影响,该计划更符合最佳化设计(基于 Cornelli 和 Schankerman【1996】的分析)。[7]

---

[7] 在他们的模型中,这些公司在研发生产力方面是异质的,因此,鼓励更多研发工作由高生产力公司完成的费用计划能提高社会福利。在他们的模式下,当费用计划在最初的几年较低,而在随后的几年比现有计划有更飞速的实质提升时,就能达到这一结果。

表六　1975计算机专利族群的模拟价值分布(1,172项专利)

模拟	(1)	(2)	(3)	(4)
可变因素				
If－费用改变	ER	ER	ER	ER
T－法定限制	20	20	20	20
c－续展费	Base	(0.9)*Base	CS[a]	zero
价值分布[b] 平均值百分比	24,329 DM(2,147)	24,568DM	25,577DM	27,948DM
50%（中位数）	13,922DM(1,295)	14,092DM	15,868DM	17,733DM
75	32,686(2,881)	32,949	33,602	37,207
99.9	239,868(19,944)	240,699	235,983	247,799
平均费用支出	1,606DM	1,511DM	539DM	0DM
平均费用下降	—	95DM	1,067DM	1,606DM
费用总额增加	—	144	181	2,013
净价值的总增长	—	239	1,248	3,619
基础价值的百分比	—	101.1%	105.1%	114.9%
弹性	—	-0.10	—	—

注：[a] CS指的是第1—10年间续期费为0，随后每年增加500德国马克。
[b] 以1975德国马克为单位的价值，扣除了年续期费和管理费，以及申请、审查和公开成本（假设在第7年审查，在第9年公开）。计算使用10000模拟绘图。价值估算的估算标准误差($vper$)通过使用泰勒近似计算：$vper(\hat{\omega}_N) \approx vper(\hat{\omega}_0) + \Gamma(\hat{\omega}_0)'(\hat{\omega}_N - \hat{\omega}_0)$。梯度矩阵$\Gamma(\hat{\omega}_0)$接近在点$\hat{\omega}_N$计算的中心有限差分梯度。
来源：Lanjouw【1996,表3】。

表七　1975计算机专利族群模拟价值分布(1,172项专利)

模拟	(Base)[a]	(2)	(3)	(4)	(5)	(6)	(7)
可变因素							
If－费用改变	ER	AR	AR	AR	AR	ER	ER
T－法律限制	20	20	17	17	17	20	20
W－获胜概率		0.91	0.91	0.94	0.91	0.94	0.91
LF－法律费用		Base	Base	Base	1.25*Base	Base	1.25*Base

续表

模拟	(Base)[a]	(2)	(3)	(4)	(5)	(6)	(7)
价值分布[b] 平均值百分比	24,329DM	20,503DM	15,011DM	15,326DM	13,338DM	25,292DM	24,210DM
50%（中位数）	13,922DM	5,980DM	5,096DM	5,096DM	5,096DM	15,039DM	13,802DM
75%	32,686	27,682	11,296	11,399	10,778	33,192	32,651
99.9%	239,868	237,037	232,285	232,285	227,687	239,868	239,868
基础价值的百分比	100%	84%	62%	63%	55%	104%	100%
弹性	–	–	–	0.64	–0.45	1.20	–0.02

注：[a] "Base" 指的是根据续期模型和其他数据估计的参数值。其他情况为选择的变化。
[b] 以 1975 德国马克为单位的价值，扣除了年续期费和管理费，以及申请、审查和公开成本（假设在第 7 年审查，在第 9 年公开）。
计算使用 10000 模拟绘图。
来源：Lanjouw【1996】。

续期费的降低对专利权所有人的好处是双重的：他们每年支付的保护费用减少，而且，由于费用的减少，他们还能享受更长时间的保护。表六底部的第 1 行示出第一次收益的规模，当然，从损失税收的角度，该收益对专利局来说是改革的直接成本。第 2 行示出第二个影响的规模——由于寻求更多年的保护所带来的专利价值的提升。这些数据共同示出专利保护平均净价值的总体变化，变化的原因是所指的政策改革。

第 2 列表明，续期费用计划降低 10% 对专利局税收和专利权所有人获得的增值收益都有适度的影响。转换为可替换的费用结构 CS 会大幅降低向专利局支付的平均费用，降幅约为三分之二，而与此同时，还会为专利权所有人带来一份较小的额外收益（平均 181 德国马克）。最后，第 4 列的模拟显示了一同取消续期费的影响。取消该费用后，一项专利的平均价值增加 3,619 德国马克，或增幅 15%，其中平均价值净增 2,013 德国马克。

表七中，第 2 列至第 7 列示出法律政策改革对专利保护价值可产生的实质影响（同样，这几列顶部粗体突出了一组政策的变化）。该表格底部的第一行给出了占改革前平均价值的百分比的所示政策变化后的平均保护价值，而第二行给出了对政策的反应的弹性。例如，从规定败诉方支付双方律师费的体系（英国规定，ER）到规定诉讼当事人支付自己的律师费用的体系（美国规定，AR）的转变使一项计算机专利平均价值降低了 16%。直到最近向在美国的更短的可用期限的转向使平均价值又降低了 22%。为了说明这一点，给定 1975 族群的 21,515 项专利，表七第 1 列的数据显示，由于专利在德国在一年之内获得授权，因此从当前的德国体系转变到更类似美国的体系，会导致发明人所

得的保护总价值降低约 2 亿德国马克。

法律费用的提高也会对价值产生实质影响——在美国体系下,反应的弹性为 -0.45（对比第 3 列和第 5 列）。在英国体系下,法律费用的水平差异较小,弹性仅为 -0.02（对比第 1 列和第 7 列）。另一方面,英国体系下的专利价值受专利权所有人在审判中胜率的影响显著（对比第 1 列和第 6 列）。要注意,这些价值的变化仅仅是因为专利权所有人续期的年数变少——任何实际法律费用支出的增加都会对净价值产生额外的更加直接的影响。

五、结语

专利续期和申请数据的潜力正开始得到开发。但是,这些数据已经激发出一些有用的深刻见解。

根据上文讨论的几种模型得出的专利价值估计显示,基于专利续期年数或同族规模,加权专利统计对去除简单专利统计中的噪声大有帮助。这些估计还表明,用于估计适当权重的模型可被限制在线性或对数线性"斜率"系数（至少在第一或第二个续期年份之后）,其在分布尾部的专利具有自由权重。来自续期决定模型的参数估计产生了创新发明折旧率的估计,表明它比通常假设用于物质资本的折旧率快得多。类似地,随机续期模式给出了在新的创新发展过程中关于学习速度的一些想法。所有对专利保护价值的估计显示出一种偏斜的收益分布。平均收益水平显示出单一国家模式中的一种显而易见（虽然并非压倒性优势）的研发工作补贴,在考虑全球专利保护时,存在一个明显更高的补贴率。最后,模拟显示,政策改革能对收益分布产生重要影响。

这一分析类型的进一步发展,可有很多方向。最直接的是将续期和同族信息与其他经济数据结合起来。然后,模型参数可随着经济环境的不同方面变化,这有助于确定创新发明的价值和保护这些创新发明的价值。Duguet 和 Iun【1997】正在这一方向取得进展,他们将法国欧洲专利的续期数据与该国各种公司级别数据和宏观数据结合起来。例如,他们使用一次创新调查的结果建立起对新产品模仿率的行业衡量,以及对创新发明受需求驱动或受技术因素推动的程度的行业衡量。他们接着估计了一种续期模型,在这个模型中,他们允许保护价值和折旧速度根据这些行业特点变化。

这些模型可经过延伸,进一步探索政策的相互作用。我们已经讨论过一些关于法律政策改革的最初结果。当前为诉讼和解决过程建模的理论工作正取得进展。这些模式有助于具体说明能反映法律环境的续期和申请决定规定。正如专利权价值由影响专利权强制性的政策决定,专利保护收益可能会受到其他政策的巨大影响。例如,政府在涉及专利垄断的情况下执行反垄断规定时的立场会因时间和国家的不同而不同（参见

Gallini 和 Trebilcock【1995】的讨论）。在续期/申请模型中合并关于这些变化的类型和时机的信息，能使我们对由专利体系生成的激励措施的影响的大小进行衡量。

随着各国专利局和法院系统的计算机化，与这一类型分析相关的数据库在质量和规模方面正得以迅速改善。这使得可以估计更加精细区分的模型。此外，我们计算能力的提高无异于锦上添花。这为扩展当前工作开辟了更多潜在的途径。例如，可开发一些模型，这些模型能够识别发明人在一个国家得到的专利保护收益以及他在另一个国家得到的专利保护收益之间可能存在的相互依赖关系，这种依赖关系可被反映在他在两国的申请和续期决定中。数据的增加和计算机能力的提高也应该能让我们在专利价值分布的非参数分析和探索这些结果对于建模假设的稳健性方面取得重大进展。

参考文献

Cornelli, F. and Schankerman, M., 1996, 'Optimal Patent Renewals', The Economics of Industry Group Discussion Paper no. EI/13. STICERD. The London School of Economics.

Duguet, E. and Iung, N., 1997, 'R & D Investment, Patent Life and Patent Value: An Econometric Analysis at the Firm Level', Document de travail G 9705. Institut National de la Statistique et des Etudes Economique.

Evenson, R., 1984, 'International Invention: Implications for Technology Market Analysis' in Z. Griliches (ed.) *R & D, Patents and Productivity*, Chicago, University of Chicago Press.

Fikkert, B. and Luthria, M., 1996, 'Estimates of the Private Value of Patent Protection in India', Mimeo. University of Maryland.

Gallini, N. and Trebilcock, M., 1995, 'Intellectual Property Rights and Competition Policy', Mimeo. University of Toronto.

Griliches, Z., 1979, 'Issues in Assessing the Contribution of Research and Development to Productivity Growth', *Bell Journal of Economics*, Vol. 10, no. 1 (Spring).

Griliches, Z., 1990, 'Patent Statistics as Economic Indicators: A Survey', Journal of Economic Literature, Vol. XXVIII, pp. 1661 – 1707.

Harhoff, D., Scherer, F. M. and Vopel, K., 1997, 'Exploring the Tail of Patent Value Distributions.' Mimeo. Harvard University.

Jaffe, A., 1986, 'Technological Opportunity and Spillovers of R&D: Evidence from Firms' Patents, Pro¢ts, and Market Value', *American Economic Review*, Vol. 76, no. 5, pp. 984 – 1002.

Jaffe, A., Henderson, R. and Trajtenberg, M., 1993, 'Geographic Localization of Knowledge Spillovers As Evidenced By Patent Citations', *Quarterly Journal of Economics*, Vol. 108, pp. 577 – 598.

Jones, C. and Williams, J., 1996, 'Too Much of a Good Thing? The Economics of Investment In R&D', Mimeo. Stanford University.

Kleinknecht, A., 1996, *Determinants of Innovation: The Message from New Indicators*, New York, McMillan.

Kortum, S., 1997, 'Research, Patenting, and Technological Change', *Econometrica*, Vol. 65, no. 6, pp. 1389 – 1420.

Kortum, S. and Putnam, J., 1997, 'Assigning Patents to Industries: Tests of the Yale Technology Concordance', *Economic Systems Research*, Vol. 9, no. 2, pp. 161 – 175.

Kuznets, S., 1962, 'Inventive Activity: Problems of Definition and Measurement', pp. 19 – 53, in R. R. Nelson (ed.) The Rate and Direction of Inventive Activity, Universities NBER Conference Series No. 13, Princeton University Press.

Lach, S., 1995, 'Patents and Productivity Growth at the Industry Level: A First Look', *Economics Letters*, Vol. 49, pp. 101 – 108.

Lanjouw, J. O., 1998, 'Patent Protection in the Shadow of Infringement: Simulation Estimations of Patent Value', *The Review of Economic Studies*, (forthcoming).

Lanjouw, J. O., 1996, 'Beyond Lawyers' Fees: Measuring the Indirect Effects of US Intellectual Property Reforms', Mimeo. Yale University.

Lanjouw, J. O., 1992, *The Private Value of Patent Rights: A Dynamic Programming and Game Theoretic Analysis of West German Patent Renewal Data*, 1953 – 1988, Ph. D thesis. London School of Economics.

Lanjouw, J. O. and Schankerman, M., 1997, 'Stylized Facts of Patent Litigation: Value, Scope and Ownership', NBER Working Paper no. 6297.

Lerner, J., 1994, 'Patenting in the Shadow of Competitors', *Journal of Law and Economics*, Vol. 38, no. 2, pp. 463 – 496.

Nordhaus, W. D., 1969, Invention, Growth, and Welfare: A Theoretical Treatment of Technological Change, Cambridge, M. I. T. Press.

Pakes, A., 1986, 'Patents as Options: Some Estimates of the Value of Holding European Patent Stocks', *Econometrica*, Vol. 54, pp. 755 – 784.

Pakes, A. and Griliches, Z., 1980, 'Patents and R&D at the Firm Level: A First Report', *Economics Letters*, Vol. 5, pp. 377 – 381.

Pakes, A. and Schankerman, M., 1984, 'The Rate of Obsolescence of Patents, Research Gestation Lags, and the Private Rate of Return to Research Resources', in Z. Griliches(ed.) *R & D, Patents and Productivity*, NBER Conference Series. Chicago, The University of Chicago Press.

Pakes, A. and Simpson, M., 1989, 'Patent Renewal Data', *Brookings Papers: Microeconomics*, pp. 331 – 410.

Putnam, J., 1991, 'What Can We Really Learn from the (International) Patent System?' Mimeo. Yale University.

Putnam, J., 1996, *The Value of International Patent Protection*, Ph. D. Thesis. Yale University.

Sanders, B., 1962, 'Some Difficulties in Measuring Inventive Activity', pp. 53 – 92, in R. R. Nelson(ed.) The Rate and Direction of Inventive Activity, Universities NBER Conference Series No. 13, Princeton University Press.

Schankerman, M., 1998, 'How Valuable is Patent Protection: Estimates by Technology Fields', *The RAND Journal of Economics*, (forthcoming).

Schankerman, M. and Pakes, A., 1986, 'Estimates of the Value of Patent Rights in European Countries during the Post – 1950 Period', *The Economic Journal*, Vol. 96, pp. 1052 – 1076.

Schmookler, J., 1962, 'Comment', in R. R. Nelson(ed.) *The Rate and Direction of Inventive Activity*, Universities NBER Conference Series No. 13, Princeton University Press.

Sullivan, R., 1994, 'Estimates of the Value of Patent Rights in Great Britain and Ireland, 1852^1876', *Economica*, Vol. 61, pp. 37 – 58.

Trajtenberg, M., 1990, 'A Penny for Your Quotes: Patent Citations and the Value of Innovation', *The Rand Journal of Economics*, Vol. 21, no. 1.

专利劫持与许可费堆叠[*]

Mark A. Lemley[**]　　Carl Shapiro[***]

关键词：费率基础、费率的确定、专利价值、禁令救济、整体市场价值原则（EMVR）、比例贡献、可比协议、许可费堆叠、事前评估、假设性谈判、披露义务、专利劫持、反垄断、eBay 四要素

当专利覆盖范围包括复杂产品的一个部件或特征时，在现行的美国专利制度下将产生若干彼此关联的问题，笔者在本文中对此进行了研究。这类情形在信息技术行业比较常见。本文的分析适用于涉及合理许可费但未涉及利润损失的情形。首先，本文表明，使用威胁获得永久禁令的谈判方法大大增强了专利持有人的谈判能力，从而导致许可费费率超过基于专利技术价值和专利强度确定的自然基准范围。对于覆盖价格/边际成本很高产品（包括本身已经进行了大量研发投资的公司销售的产品）的次要特征的强度较弱的专利来说，超额收取许可费的现象尤为突出。即使被控侵权的公司在最初进行产品设计时已经充分意识到了相关专利，超额收取许可费的现象也不会消失。然而，如果法院经常性地在可能的情况下针对永久禁令签发中止令，从而使被告有时间重新进行产品设计以避免侵权，禁令威胁引发的劫持问题会有所减轻。其次，本文对劫持问题在许可费堆叠的情况（即单一产品中包含多项专利时）下会被如何放大进行了说明。再次，本文以第三代移动电话和 Wi-Fi 作为主要示例，说明了许可费堆叠会发展为非常严重的问

---

[*]　本文原文发表于《德克萨斯法律评论》（Texas Law Review）第 85 期，第 1991—2050 页，2007 年出版，本中文译文已获版权方授权。作者在此非常感谢 Apple Computer、Cisco Systems、Intel、Micron Technology、Microsoft、以及 SAP 对本文中的研究提供的资金支持。这里需要强调的是，本文中的结论是笔者自己得出的结论，并非他人的结论。对于下述人员对本文的前版草稿提供的意见，在此表示感谢：Ashish Arora、Chris Cotropia、Peter Detkin、Sandra Draibye、Charles Eskridge、Joseph Farrell、John Flynn、John Golden、Rose Hagan、Tim Holbrook、John Hayes、Paul Krieger、Amy Landers、Matt Lynde、David McGowan、Alan Morrison、Craig Nard、Arti Rai、Michael Samardzija、David Simon、Mallun Yen 以及斯坦福法学院、德克萨斯大学法学院和加州大学伯克利分校研习班的参与人员。另外还非常感谢 Jackie Chou 的研究支持和资料收集工作。

[**]　Mark A. Lemley 为斯坦福大学法学院 William H. Neukom 讲席教授，Keker & Van Nest LLP（位于加州旧金山）法律顾问。

[***]　Carl Shapiro 为加州大学伯克利分校哈斯商学院 Transamerica 讲席教授，CRA International 高级顾问。

题,尤其是在标准制定的情况下,在这种情况中,单一产品标准可能包括成百上千甚至成千上万个专利。然后,本文对在专利侵权案中利用"合理许可费"判决侵权赔偿额的做法进行了讨论。笔者报告了法院在估量合理许可费方面的实证结果,并确定了容易导致法院在许可费堆叠的情况下过高估计合理许可费的各种实际问题。最后,基于理论和实证发现,笔者提出了一些专利改革建议。

一、简介

专利制度被设计为这样的典范发明,即单一专利覆盖一种新装置或设备。从历史上看,该范例是典型专利非常准确的写照[1]。正如 Robert Merges 所说,"如果你把技术放在一个袋子里,然后用力摇晃,它将产生一些噪声"[2]。在过去的几十年,这已经开始发生了明显的变化。不仅化学、生物技术以及软硬件发明专利激增,越来越多的产品不再只是包含单独的某一项新发明,而是包含许多不同部件的组合,而其中每个部件都可能是一个或多个专利的主题[3]。尤其是在信息技术行业,比如微处理器、移动电话或存储设备等现代产品,可以很容易被数十个甚至数百个不同专利覆盖。举个明显的例子,对于所提出的 3G 移动电话系统的新标准,已经确认有成千上万个专利是必要的[4]。

很多专利可以同时指向同一产品,而这种现象在某些关键行业是常见的,这一事实对专利制度的运行造成了许多实际问题[5]。在本文中,笔者对可能发生上述问题的两个相互作用的关键领域进行了重点研究,即禁令威胁和许可费堆叠。笔者尤其感兴趣的是,这些问题如何对专利持有人和生产可能侵犯那些专利的产品的下游企业之间协商的许可费造成影响。毕竟,由于更多专利是被许可或和解而非被起诉以进入诉讼,所以专利诉讼规则的主要经济影响是通过那些涉及在诉讼阴影下协商的许可条款的规则而产

---

[1] John R. Allison, Mark A. Lemley, *The Growing Complexity of the United States Patent System*, 82 B. U. L. Rev. 77, 93 tbl. 1(2002)(请注意,直到不久以前,大部分美国专利还都是机械发明专利)。

[2] Robert P. Merges, *As Many As Six Impossible Patents Before Breakfast: Property Rights for Business Concepts and Patent System Reform*, 14 Berkeley Tech. L. J. 577, 585(1999)。

[3] 笔者之前偶尔碰到过类似的问题。参见 Ted Sabety, *Nanotechnology Innovation and the Patent Thicket: Which IP Policies Promote Growth?*, 15 Alb. L. J. Sci. & Tech. 477, 495 – 503(2005)(讨论 20 世纪 20 年代的无线电专利的例子)。但相比过去,这类问题在现在已经非常普遍。

[4] David J. Goodman & Robert A. Myers, *3G Cellular Standards and Patents*, in Proceedings of IEEE International Conference on Wireless Networks, Communications and Mobile Computing 2(2005), http://eeweb.poly.edu/dgoodman/wirelesscom2005.pdf。

[5] 有关多项专利通常如何包括在同一产品中的进一步讨论,参见 Michael A. Heller & Rebecca S. Eisenberg, *Can Patents Deter Innovation? The Anti-Commons in Biomedical Research*, 280 Science 698(1998)(1998)(该书描述了由于 IP 权利的扩张而允许权利所有人限制使用,生物医学研究工作者如何无法充分利用稀缺资源);以及 Carl Shapiro, *Navigating the Patent Thicket: Cross Licenses, Patent Pools, and Standard Setting*, in 1 Innovation Policy and the Economy 119, 119 – 123(Adam B. Jaffe et al. eds., 2001)(该书讨论了"专利丛林"对累积式技术发展的影响)。

生的。

　　专利持有人将获得迫使下游生产商从市场中撤回其产品的禁令,这一威胁可能会非常有力。它们会对许可谈判产生巨大影响,尤其是在禁令基于覆盖复杂的、利润丰厚的热销产品的一个小部件的专利的情况下。在被告已经对具有被控侵权特征的产品的设计、生产、营销及销售方面大量投资这一常见情况下,禁令威胁通常会涉及劫持这一强有力的因素。正如下文所述,禁令威胁使得专利持有人可以协商远超其真正经济贡献的许可费。这种超额收取的许可费作为针对包含专利技术的新产品收取的税费,因而阻碍而非推动了创新。

　　许可费堆叠是指以下情形:一个产品可能同时侵犯多项专利,因而可能要承担多重许可费负担。术语"许可费堆叠"反映了以下事实,即从生产相关产品的企业的角度来讲,如果想要在不侵犯任何专利的情况下销售相关产品,必须将所有不同的许可费主张累加或"堆叠"在一起,从而确定相关产品需要承担的许可费负担。通过简单计算就可以看出,许可费堆叠放大了与禁令威胁及劫持相关的问题,而且如果同一产品上包含很多专利,这类问题会更严重。从这一关键意义上来说,禁令威胁和许可费堆叠的问题是错综复杂的。

　　在第二部分中,笔者解释了禁令威胁如何能够显著影响单个专利权人和被控侵权人之间的谈判,尤其是在专利技术覆盖复杂产品的一个部件的情况下[6]。笔者确定了关键的经济变量,它们决定了经济理论预测出的将在专利持有人和被控侵权人之间协商的许可费率。笔者说明了专利持有人将获得禁令这一威胁会如何导致双方协商的许可费率超出专利持有人的真正经济贡献,尤其是在专利技术的价值相对于产品整体创造的价值非常小的情况下。另外,笔者解释了禁令威胁在专利强度偏弱(专利在实际诉讼中可能会被认定无效)的情况下尤其麻烦的原因。

　　第三部分涉及专利劫持和许可费堆叠同时出现的情况下发生的其他问题。在某种程度上,这些其他问题是由于简单算法造成的:被控侵权人向所有主张侵权的专利持有人承担的总许可费率,等于被控侵权人向各专利持有人承担的许可费(率)之和。但是,问题还存在于没有充分考虑侵权产品中的其他发明的有关许可费计算的法律规定中。不幸的是,在禁令威胁和许可费堆叠同时出现的情况下,法院在评估合理许可费时通常使用的规定效果尤其不佳。

---

　　[6] 在本文的分析中,笔者显然没有考虑专利包许可,这类许可存在的问题不同于本文中讨论的问题。有关这类问题的讨论参见 Richard J. Gilbert & Michael L. Katz, *Should Good Patents Come in Small Packages? A Welfare Analysis of Intellectual Property Bundling*, 24 Int'l J. Indus. Org. 931, 934 – 946 (2006) 和 Gideon Parchomovsky & R. Polk Wagner, *Patent Portfolios*, 154 U. Pa. L. Rev. 1, 64 (2005)。

第四部分分析了与基于禁令的劫持及许可费堆叠二者共同产生的第三个问题,即通过合理许可费损害赔偿对零部件行业的专利权人的系统性超额赔偿。由于各种原因,当相关专利只是一个大得多的产品中的一个小部件,但必须根据该较大的产品来计算许可费时,确定合理许可费时使用的法律标准的效果实际上并不好。

第五部分提供了许可费堆叠的两类实证证据,补充了笔者的理论工作。其中,A 部分讨论了精选的许可费堆叠案例研究,以阐明试图上市销售新产品的公司可能遭遇问题的性质和其严重性。B 部分是基于对所报道的以合理许可费作为专利侵权损害赔偿的判决进行的研究,提供了系统的证据。该证据表明,确实存在与许可费堆叠有关的实际问题。通过给零部件发明以及电子产品行业和信息技术行业发明授予较低的许可费,适用计算合理许可费规定的法院在某种程度上缓解了这类问题。尽管如此,经济理论、实证证据和笔者作为从业者的自身经验都表示这些司法努力还不能充分解决禁令威胁和许可费堆叠的相关问题。

在第六部分中,笔者提供了一系列司法和立法改革建议,以说明信息技术行业中的禁令威胁和许可费堆叠这一双重问题。在专利改革方面,笔者的建议集中在两个方面:永久禁令的授予规则以及合理许可费的计算方法。另外,笔者还呼吁,对交叉许可、专利池和集体标准设定(collective standard setting)等行为的反垄断处理要仔细考虑这些市场安排如何通过避开专利制度中的漏洞来促进竞争。笔者倡导改革的目的并不是相对于专利权人更有利于被控侵权方;专利制度提供了必要的激励措施,必须保持下去。相反,笔者的目的是确保专利权人能够得到的报酬与他们所贡献的创意的价值保持某些合理的关系,从而确保专利劫持不会扭曲甚至抑制创新激励。

二、禁令威胁与许可费协商值

在本文中,笔者关心的情形是,下游企业生产的复杂产品可能侵犯或被控侵犯了众多专利。在这类情形下,如果每个专利持有人都以获得禁令为威胁,将会对专利许可谈判造成根本性影响。在这部分中,笔者解释了在单个专利的持有人指控下游企业侵权的情况下,禁令威胁是如何影响专利许可谈判的[⑦]。这部分的分析将作为第三部分许可费堆叠分析的基础材料。

A. 基本经济模式

笔者可以考虑以下的场景,一个专利持有人联系到一家下游企业,并宣称该企业生

[⑦] 本部分的分析主要借鉴了 Carl Shapiro 的著作。Carl Shapiro, *Injunctions, Hold-Up, and Patent Royalties* 1 (Competition Policy Ctr., Working Paper No. CPC06 - 062,2006),可从以下网站获取:http://faculty.haas.berkeley.edu/shapiro/royalties.pdf(推导出了此处使用的方程式和关系)。

产的包含某一特征的产品侵犯了其专利。现在假设下游企业在获悉专利的权利要求时，已经在销售被控侵权的产品了。这样的时间顺序是可能发生的，因为下游企业设计出包括某一特征的产品，而针对该特征的专利申请或专利可能是在专利持有人修改了其原始权利要求来"捕获"下游企业的产品之后才被公开或授权的⑧。或者，该下游企业可能只是在设计产品时没有意识到相关专利已经获得授权；抑或是，虽然它已经意识到了相关专利，但没有理由认为专利持有人会对其产品主张专利侵权。此外，部分情况下，如果专利持有人知道了一旦下游企业已经设计了包含专利特征的产品，其将在谈判中占据有利地位，则专利持有人可能会进行策略性拖延或隐藏⑨。不考虑这些细节问题，笔者想要了解的是：在这类情况下，专利持有人的获得禁令威胁会如何影响双方可能展开的许可费谈判。

关于专利许可的谈判流程以及专利诉讼流程，笔者现在模拟个模型。分析禁令威胁对许可费谈判造成的影响，必须使用某一特定模型来实现。笔者认为，笔者创建的模型是足以实现上述目的的尽可能简单的博弈论模型。

专利持有人和下游企业协商许可费。根据 Nash 谈判的标准经济理论，协商的许可费率取决于，在双方谈判破裂的情况下，各方将会获得的回报，即各方在许可谈判中的威胁点（threat point）。如果双方未能达成许可协议，专利持有人将会以专利侵权为由对下游企业提起诉讼，进而迫使双方都必须承担一定的诉讼费用。诉讼需要一些时间，而且专利诉讼结果也不确定。对于专利被认定有效和有可能被侵权，笔者称为"专利强度"。如果专利被判定无效或未被侵权，下游企业当然不必向专利持有人承担任何义务，且可以继续自由销售其产品而无任何许可费支付义务。但是，如果专利被认定有效且侵权成立，下游企业就必须就过去发生的任何侵权行为向专利持有人支付合理的许可费，（这时）笔者假定法院颁布了禁止下游企业继续销售侵权产品的禁令⑩。在此情形下，双方

---

⑧ 在这点上，笔者中有人提出授予下游公司先用权，在此情形下，下游公司就不必支付任何许可费了。参见 Carl Shapiro, *Prior User Rights*, *Am. Econ. Rev.* (*Papers & Proc.*) 92,95(2006)（其认为，在独立的发明几乎同出现时，授予先用权可以加强竞争，及产生更好地平衡私人与社会激励的效果）；另外参见：Carl Shapiro, *Patent Reform: Aligning Reward and Contribution*, in 7 Innovation Policy and the Economy (Adam B. Jaffe et al. eds., forthcoming 2007)（解释了在专利侵权案中详细进行独立发明抗辩的经济效益）；Samson Vermont, *Independent Invention as a Defense to Patent Infringement*, 105 Mich. L. Rev. 475,494 - 500(2006)（建议更大范围的重复发明抗辩）。

⑨ 虽然法律中已有一些机制来限制此等故意拖延（例如20年的专利有效期以及懈怠诉讼原则），但这些机制并不特别健全。

⑩ 2006 年以前，美国联邦巡回上诉法院在认定专利侵权成立后将禁令作为有效强制性手段。参见 MercExchange, L. L. C. v. eBay, Inc. 案. 401 F. 3d 1323,1339(Fed. Cir. 2005)，（遵循"如无特殊情况，法院应针对专利侵权行为签发永久禁令的一般规则"），126 S. Ct. 1837(2006)。美国联邦最高法院在 *eBay* 案的判决中，使用基于具体案例具体分析的四要素检验取代了该规则，以决定禁令救济是否恰当。参见 eBay Inc. v. MercExchange, L. L. C., 126 S. Ct. 1837,1838 - 1839(2006)。笔者撰写本文时，美国联邦巡回上诉法院还未在针对永久禁令提出的挑战中应用上述检验。我们将在第六部分讨论如何正确地适用新的 *eBay* 检验。

再次坐下来进行许可谈判。赢得专利诉讼并且获得禁令后,专利持有人明显就占据了非常强势的地位。如果双方的许可谈判破裂,则下游企业便无法销售侵权产品,并且不得不从市场中召回侵权产品,除非,以及直到下游公司重新设计不包含专利特征的产品型号,或直到专利有效期届满。

在这一背景下,专利持有人和下游企业商谈的许可费受下述经济变量制约:

- V:对于下游企业而言,专利特征相对于次优可替代技术的单位价值。举例来讲,如果相对于次优可替代技术,专利特征对于消费者来说的产品价值提高了1美元,则V=1美元。类似地,如果专利特征将产品的生产成本降低了1美元,则V=1美元。

- M:下游企业在产品中赚取的单位毛利。举例来讲,如果产品售价是40美元,边际成本是30美元,则M=40美元-30美元=10美元。有了上述利润,下游企业才能从自身的创新努力中获得回报。

- θ:专利强度,即专利在诉讼中被认定有效和下游企业产品侵权成立的可能性。关键是,笔者假设,除了诉诸诉讼以获得判决,再无其他方法可以毫无疑问地确定专利是否有效以及侵权是否成立。因此,在做出投资决定前,下游企业无法充分解决有效性和侵权方面的不确定性[11]。

- C:下游企业重新设计产品以规避专利侵权的成本,以占专利特征总价值的百分比来表示。举例来讲,如果专利特征的单位价值是V=1美元,而下游企业预计能销售1000万件产品,则专利特征的总价值就是1000万美元。如果重新进行产品设计花费200万美元,则C=200万美元/1000万美元=20%。一般而言,C超过100%也不是不可能的。事实上,在重新设计的成本比较显著的情况下,C会超过100%,同时,使用不侵权的替代技术也可以实施专利所覆盖的技术特征并达到几乎相同效果的情况下,此时V数值较小。另外,产品重新设计还可能会因为C的数值过大而丧失商业可行性。

- L:在专利生命周期内,如果下游企业因禁令而被迫退出市场,其损失的下游企业总单位销量中的那部分为损失。在某种程度上,这些销量损失反映了下游企业重新设计和向市场推出不侵权产品所需要的时间差。另外,销量损失还取决于,下游企业重新设计产品后成功恢复销售的能力。举例来讲,由于存在强大的网络效

---

[11] 更加复杂的诉讼流程模型将会认可以下两点问题:专利持有人和下游企业会随诉讼过程中信息的披露而更新各自对专利强度的看法;以及双方可以在整个诉讼过程中开展许可谈判。对于双方在诉讼过程中悉知的信息,可以被建模为推导专利强度的均值保留展型。Joseph Farrell & Carl Shapiro, How Strong Are Weak Patents? 16–17 (2007年1月),文章可由以下网站获得:http://faculty.haas.berkeley.edu/shapiro/weak.pdf。

应,如果下游企业在建立用户客户群方面落后于竞争对手,那么,在禁令导致业务中断后,下游企业可能无法以盈利的姿态重新回归市场。

• B:专利持有人的谈判技巧,以专利持有人通过和解(而非诉讼)取得的综合收益的那部分来表示。该变量界于 0 和 1 之间。通常会假设双方拥有同等的谈判技巧,即 B = 0.5。

谈判技巧(B)的概念必须和威胁点相区分。为说明两者的区别,现举个例子:假设买方认为某一新产品的价值是 100 美元,而卖方生产该产品的边际成本是 40 美元。如果买方没有其他可用的替代品,则买方的威胁点是放弃购买该产品,卖方的威胁点是放弃出售该产品。相较于上述威胁点,从成功交易中可获得的收益为 100 美元 − 40 美元 = 60 美元。假设双方拥有等同的谈判技巧,双方将会平分上述收益,这种情况下,产品将按照 70 美元的价格出售。买卖双方将各自获得 30 美元的盈余。现在,笔者将这个例子修改一下,假设买方当时有其他替代品可用,只不过替代品的款式比较旧,不是那么具有吸引力,而且缺乏新产品的某些特征。假设旧款产品 40 美元就可以买到(也许旧款产品以具有竞争性的价格,即其本身的边际成本 40 美元出售),但买方仅将旧款产品的价值衡量为 80 美元。现在,买方的威胁点就变成了选择购买旧款产品,这将会给买方带来 80 美元 − 40 美元 = 40 美元的盈余。卖方的威胁点保持不变。现在,买卖双方交易产生的收益就只剩 20 美元(即新产品产生的总盈余 60 美元减去旧款产品 40 美元产生的总盈余);这些交易中的收益反映了新款产品相对于旧款产品提升的价值。由于双方拥有同等的谈判技巧,双方将会平分上述收益,这种情况下,产品将按照 50 美元的价格出售。通过与买方进行交易,卖方获得了 10 美元的盈余(即售价 50 美元减去边际成本 40 美元)。而买方获得了 50 美元的盈余(即产品价值 100 美元减去售价 50 美元),其中,10 美元是通过与卖方进行交易获得的,而另外 40 美元是买方在选择购买旧款产品的情况下可以实现的。引入旧款产品改变了买方的威胁点(买方盈余由 0 美元变成了 40 美元),进而允许买方在具备特定水平的谈判技巧(B = 0.5)的条件下与卖方协商更低的价格(即 50 美元而非 70 美元)。

在上面的例子中,在谈判技巧保持不变的情况下,随着买方威胁点的改变,谈判结果也发生了变化。同样地,如果威胁点保持不变,随着谈判技巧的改变,谈判结果也会发生变化。为了说明这一点,现在回到买方当时无旧款产品可用的情形,但是假设(由于某种原因)卖方拥有更加高超的谈判技巧,从而能够在双方的交易收益中获取 60%。在没有旧款产品可用的情况下,双方交易产生的收益是 60 美元,而其中 60% 或者说 36 美元将成为卖方盈余,这意味着产品将按照 76 美元的价格出售;买方盈余占到 40% 或者说是

24 美元,这适用于产品的价值为 100 美元。在本文中,笔者重点关注的是禁令如何会影响许可费谈判过程中的威胁点。为此,笔者做了中立的假设,即,在威胁点改变的情况下,谈判技巧(B)不会发生变化。双方拥有同等的谈判技巧(B = 0.5)是一种自然的特殊情况[12]。但如本文所示,不论 B 值为何,该模型总能产生相似的结果。

B. 许可费基准水平

本文的目标是理解专利持有人的禁令威胁会如何影响许可费谈判。开始这方面的讨论前,笔者首先提出许可费基准水平,即在不存在任何劫持因素时,理想专利制度中合理可预期的许可费。

笔者在这里将使用数值例子对许可费基准进行说明。假设两家企业拥有同等的谈判技巧,在双方达成一致协议的情况下,双方平分由此产生的任何收益。这就相当于 B 值等于 0.5。假设相对于最优不侵权替代技术来说,对于下游公司而言,专利特征的单位价值 V = 1 美元。

如果专利必然有效,并且专利劫持不是双方谈判过程中的因素,则双方将会平分专利技术实施产生的单位收益(即 1 美元),由此,应支付的许可费为 0.50 美元/单位。更一般的情况是,针对稳定的专利收取的基准许可费等于 $B \times V$[13]。同时,考虑到合理的许可费是用来反映双方在清楚相关专利有效的情况下、在尚未发生任何侵权行为前协商的许可费率,笔者认为这是比较合适的合理许可费基准[14]。

因为许可谈判发生在法院做出最终决定之前,所以,为了有效反映专利强度,基准许可费必须进行一定的折价。为了说明这一点,现假设相关专利有 40% 的机会被认定有效并且侵权成立。在无任何劫持的情况下,基准许可费率恰好是在相关专利稳定的情况下应适用价值的 40%。在前文的数值例子中,稳定的专利的基准许可费是 0.50 美元/单位,因此,当专利强度下降至 40% 时,其基准许可费率就是 0.20 美元/单位[15]。更一般的

---

[12] 在约翰·纳什(John Nash)的经典著作《博弈论》(*The Bargaining Problem*)中,John Nash 提供了一个简单公式用来描述大部分议价情形的结局,前提是要假设双方坚持部分议价原理(包括效率)。参见 John F. Nash Jr., *The Bargaining Problem*, 18 ECONOMETRICA 155(1950)。在本文所述的背景下,Nash 提供的议价方案意味着双方平分交易收益,即 B = 0.5。另参见 Ariel Rubinstein, *Perfect Equilibrium in a Bargaining Model*, 50 Econometrica 97, 104 – 06 (1982)。如果报价的时间间隔较短,并且双方对未来收益进行同等折算,B 再次等于 0.5。同上,第 107—108 页。

[13] 笔者对于通过变量 B 来衡量的专利持有人的谈判技巧不可知。不管 B 为何值,本文的分析和结论均能适用。实际上,下文计算的"超额"许可费百分比独立于 B 值。但是,读者可以发现,通过假设 B = 0.5 可以简化笔者的结果。

[14] 参见 Roger D. Blair & Thomas F. Cotter, Intellectual Property: Economic and Legal Dimensions of Rights and Remedies 229 – 230(2005)。

[15] 在预期价值是 0.40 美元的情况下,专利持有人的贡献是 0 美元的可能性是 0.6,专利持有人的贡献是 1 美元的可能性是 0.4。假设双方拥有同等的谈判技巧,专利持有人将取得该价值的一半,即 0.20 美元/单位。

情况是,基准许可费率等于 θ×B×V,其中,θ 代表专利强度[16]。以此作为许可费基准最吸引人的地方在于,专利持有人的回报与专利强度成比例,也就是说,这与专利持有人实际拥有覆盖下游企业使用的创新技术的有效专利权的可能性成比例[17]。

下面的讨论将以协商的许可费率与其基准水平的差距为框架。笔者将解释两者的差距(实际上是"超额收取"的许可费)是如何被获得禁令威胁所驱动的,以及合理许可费的计算规则。

请注意,本文并不意味着基准许可费是应该取代市场运作的"正确价格"。相反,根据笔者对 Nash 谈判模型的使用就可以看出,笔者不清楚协商产生的合作性盈余在现实中是如何在双方之间进行分配的。但是,笔者关心的是,确保法律不会以使许可费率系统性地偏离基准值的方式改变双方建立议价边界条件的威胁点。如果法律这么做了,其结果将是,专利制度扭曲了资源的市场分配,对强度较弱的专利而言更是这样。

C. 许可费率协商值

许可费率协商值取决于,在与专利持有人谈判破裂的情况下,下游企业能够采取的最佳策略。在笔者感兴趣的情况中,笔者认为有两种情况具有相关性和实际意义,在这两种情况下,相关专利覆盖某复杂产品的某一特征,且其生产涉及大量的固定成本,包括研发成本(R&D),这必须以毛利润(即价格和边际成本的差额)的形式予以收回。

第一种情况:如果双方谈判破裂,下游企业能够采取的最佳策略是,在专利诉讼中进行抗辩,并且只在其败诉以及败诉后无法继续和专利持有人进行许可谈判的情况下,重新进行产品设计。笔者称为"诉讼"策略。第二种情况:下游企业能够采取的最佳策略是,在专利诉讼期间开发不侵权的产品型号,以便其在败诉且面临禁令的情况下具有即时可用的备用方案。笔者称为"重新设计和诉讼"策略。下面依次对这两种情况进行讨论[18]。

在这两种情况下,许可费协商值的计算公式都取决于法院适用的合理许可费基准。现在,笔者做一个乐观的假设,即法院将会以 B×V 为基准确定合理许可费。但如果法院在确定合理的许可费时应用更高的数值,许可费协商值要远高于本文此处讨论的值。下面,笔者将较详细地讨论在法院试图适用"合理许可费"概念的情况下,实际上会产生的问题。

---

[16] 一般地,基准许可费还会反映双方的诉讼成本,而实际上,Shapiro 的模型(前注 7)实际上已经包含了这些成本。然而,如果双方的诉讼成本相同,并且拥有同等的谈判技巧,那么将诉讼成本包含进来并不会改变基准许可费。更一般地来说,由于诉讼成本与基准许可费和劫持许可费都具有相关性,因此,在对两者进行比较时,可以将诉讼成本舍弃,舍弃诉讼成本也不会对本文的研究目的产生影响。

[17] 在一个 B = 1 的模型(前注 11)中,Farrell 和 Shapiro 为许可费基准 θ×B×V 提供了正式的福利基础。

[18] 当然还有其他可能的策略,它们在 Shapiro 的著作中有更详细的讨论(前注 7,第 12—14 页)。

（1）诉讼策略——如果涉案专利强度相对较弱,并且与下游企业在产品下架并同时重新设计其产品的情况下遭受的利润损失相比,重新设计的成本相对较高,这时,被控侵权人将会放弃重新设计而选择进行诉讼。采用这种策略的被控侵权人是寄希望于在法院上击败相关专利,这种策略至少对部分专利尤其是强度较弱的专利是有效的。在这种情况下,尤其是在与下游企业产品相关的最大部分价值与专利特征毫无关系时,强度较弱专利的权利人的主要议价筹码是通过其以下能力来获得的:即一旦相关专利被认定有效并且侵权成立,专利权人具有威胁下游企业以迫使其退出市场的能力。

在这种情况下,许可费协商值与基准许可费的差值百分比可以根据下述公式计算得出:$C + \frac{M-V}{V} \times L$。其中,第一项显示,如果下游企业败诉,将被迫使用加倍的费用重新进行产品设计。如果产品重新设计的成本 C 等于专利特征价值的 20%,则上述公式中的 C 就是 20%[19]。第二项显示,如果下游企业败诉,将基于禁令被迫使退出市场同时重新设计其产品。对于复杂的产品以及不重要的专利特征,第二项的值将会非常大。举个例子,如果 M = 10 美元, V = 1 美元,并且禁令会导致下游企业在相关专利的有效期损失 10% 的预期销量(因为侵权产品在进行重新设计前必须退出市场),则第二项的值就是 $\frac{10-1}{1} \times 0.1 = 0.9$,这对应许可费协商值与基准许可费的差值 90%[20]。该项数值如此大的原因是,在下游企业重新进行产品设计时,其将损失下游产品的全部销量,进而致使下游企业的毛利损失远远超出专利发明的价值。加上第一项以后,超额收取的许可费就达到了 110%,因此,在这个数值案例中,许可费率协商值是基准许可费的两倍多。

更通常的情况是,上述分析表明,就某一专利而言,在专利特征的价值相对于产品的总价值较小的情况下,许可费率协商值往往会远远超出合理的基准水平。直观的原因在于,如果被控侵权人被发布禁令且不得不通过重新进行产品设计避免继续侵权,被控侵权人将会损失侵权产品的全部价值,而不单单是专利部件的价值。这时,被控侵权人就会愿意进行和解,支付虽然高于专利权人所作贡献的预计值,但低于其产品的非专利部件销售的预期损失数额。

（2）重新设计和诉讼策略。如果相关专利强度较高,被控侵权人可以通过在诉讼期

---

[19] 当然,许可费率协商值是相关专利被认定有效的可能性 θ 的函数。但由于在本文中,许可费率协商值是以占基准许可费百分比的形式出现的,且 θ 会出现在该比率的分子和分母中,因此,专利强度 θ 不会出现在对超额许可费所占百分比的表述中。

[20] 对于数值满足 θ×B≤2/9 的情况下,诉讼策略对这些下游企业的确是最佳策略。假设双方拥有同等的谈判技巧,B = 1/2,在专利强度小于 4/9 的情况下,诉讼策略是最佳策略。

间对产品进行重新设计来避免经营中断风险,尤其是在与下游企业在重新设计产品的同时退出市场所遭受的利润损失相比,重新设计的成本较低的情况下[21]。此时,专利持有人会大大受益于以下事实:下游企业在双方谈判过程中的威胁点肯定包括重新设计成本,而不单单是在诉讼中存在专利挟持的情形下才会有重新设计的成本。因此,专利持有人的谈判地位并未进行恰当的折算以反映专利强度。

在这种情况下,许可费协商值与基准许可费的差距百分比可以根据下述公式计算得出: $\frac{C}{\theta}$。对于稳定的专利,$\theta = 1$,因此,两者的差距百分比刚好等于 C,这和诉讼策略对于下游企业最佳情形中的第一项完全相同。现在请回忆一下,C 代表的是重新设计成本,其是专利特征总价值的一部分。但对于强度偏弱的专利,这个数字会被放大;如果专利强度是 50%,与重新设计成本相关的许可费超收就会翻倍。举例来讲,如果 $\theta = 50\%$,并且产品重新设计成本 C 等于专利特征价值的 20%,则超额收取的许可费将会达到 40%。这里可以直接看到——如果相关专利被无效或者侵权不成立,被控侵权人在产品重新设计上的成本将彻底浪费。因此,在诉讼期间,被控侵权人就会愿意与专利权人进行和解,和解数额一般高于专利权人所作贡献的预期值,但低于产品重新设计的成本。

D. 专利特征无特别之处会怎样?

现在来讨论专利特征无特别之处的特殊情况,这意味着,有其他替代方式可以在不侵犯相关专利的情况下,实现相同的产品性能。形式上,在这种情况下,V = 0。这相当于下游企业是在不知情的情况下在被控侵权产品中使用了专利特征,如果它提前获悉相关专利,就可能会选用具有同等效果的非专利替代技术。

在此情况下,由于许可费基准水平为 0(这说明,与次优替代方案相比,专利特征并没有附加任何价值),笔者就不再讨论许可费协商值与许可费基准水平之间的比例差了。因此,所有的许可费率协商值都代表了源于专利劫持的超额收费。

如果下游企业的最佳策略是诉讼,则在此情况下的许可费率 $\theta \times B(M \times L + K)$,其中 K 指每单位的重新设计成本[22]。例如,基于同样的谈判技巧(B = 0.5)和专利强度($\theta = 0.4$),并采用上述相同的数值(即 M = 10 美元,L = 0.1 以及重新设计成本为 0.20 美元/单位),则许可费率协商值等于 0.24 美元/单位。此许可费将被对下游企业的产品

---

[21] 参见 MercExchange, L. L. C. v. eBay, Inc., 401 F. 3d 1323, 1325 – 1326 (Fed. Cir. 2005)(请注意,eBay 案使用另一种方法取代了存有争议的销售方法),126 S. Ct. 1837(2006)(被撤销)。

[22] 鉴于专利特征的潜在价值是 0,因此,笔者不再讨论占其部分价值比例的设计成本 C。当 V > 0 时,C 与 K 之间的关系为 C = K/V。

没有作出任何实际经济贡献的专利持有人获得;其完全是一个风险函数,即专利被认定有效且侵权成立,而被控侵权人将在重新设计产品以避免侵权的同时失去产品价值部分的销售额。换句话说,许可费协商值会完全归因于专利权人的劫持和投机。

或者,如果下游企业的最佳策略是重新设计和诉讼,则许可费协商值等于 B×K。除了专利强度更强地为 θ=0.5 之外,其他数值与前面的相同,则许可费率协商值等于 0.25 美元/单位[23]。同样,此许可费被对下游企业的产品没有作出任何实际经济贡献但是攫取了部分避免重新设计的成本的专利持有人获取。

这些结果在简单的单一专利模式中会发生。下面笔者将讨论单个产品可能侵犯多个专利的情况,其中,每个专利都覆盖随意选择的专利特征,这意味着,如果下游企业在设计其产品前知道该专利的话,该专利特征可以容易地被替代特征所代替[24]。

E. 提前协商起不到(太大)作用

到目前为止,笔者一直假定的是,下游企业在被专利权人发现并面临其提出的侵权主张之前,就设计了产品。当然,这种时间点将有助于专利持有人劫持下游企业,因为在下游企业获知其被控侵权时,设计成本已支出,如果强制性要求下游企业重新设计其产品来避免侵权,则设计成本将会重复浪费。所以,笔者可以想象,如果专利持有人和下游企业进行"提前协商",即在设计产品之前进行协商,则将在很大程度上解决前面提及的问题。

事实上,存在两个极端情况,在这两个极端情况下,进行提前协商能够确保协商的许可费等于基准水平。第一个极端情况是,专利特征没有什么特别之处,即 V=0。在此情况下,如果下游企业在设计其产品之前知晓专利,其规避侵权可能无须费用,因此,许可费率协商值等于许可费基准水平(即0)。此情况要求,下游企业要么针对第一项专利进行规避设计以避免侵犯另一项专利权,要么在设计其产品之前找到其他专利持有人并与其进行协商。第二个极端情况涉及稳定的专利,在此情况下,因提前协商产生的许可费率等于 B×V,即许可费基准水平。

但是,除了这些极端情况外,尤其是针对强度弱的专利,前文研究的过高收取许可费的情况将继续存在,即使在下游企业设计其产品之前,专利持有人就与下游企业进行接洽。现在,笔者将解释这令人惊讶的结果。

如果在下游企业尚未设计其产品时,专利持有人与下游企业之间进行协商,会有什么不同?除非前期信息使下游企业掌握产生了新的、更强的威胁点,而这些威胁点在之

---

[23] 对下游企业而言,专利强度越大时,其最佳策略将是重新设计和诉讼策略,而非诉讼策略。
[24] 参见下文第三部分。

前的分析中(其中,笔者假设下游企业在协商时已经产生了设计成本)是无法得到的,否则,由标准谈判理论预测的协商结果将不会发生变化。更具体地讲,当且仅当下游企业在未获得专利许可情况下的最佳策略以及因而其在提前协商中的威胁点是设计不构成侵权的产品时,提前协商的能力将使下游企业能够通过谈判获得更好的条款。

一旦一方认识到专利具有概率性[25],这将会是令人沮丧的。如果下游企业在提前协商期间面临的威胁是在产品设计中避免使用专利特征,则许可费率协商值将等于专利持有人就该特征相关价值所拥有的份额。举例来说,如果特征增加的价值为 1.00 美元/单位,则基于同样的谈判技巧,许可费率协商值将为 0.50 美元/单位。更一般地,如果对下游企业而言,提前协商许可费的机会是非常难得的,则许可费率协商值将等于 B×V。关于此许可费率,需要注意的是,其没有基于专利强度进行任何折算。没有折算的原因是,如果许可谈判破裂,那么下游企业将设计不侵权的产品,这包含了前述提及的必然使用专利特征,而不仅仅是在专利被宣告无效的情形下才使用。下游企业不可能采用"仅在专利有效时才重新进行设计",同时在专利有效时又不使自身遭受专利劫持风险这一策略。

如果对下游企业而言,提前协商的机会是非常难得的,那么许可费率协商值与许可费率基准水平之间的百分比差距应为 $\frac{1-\theta}{\theta}$。对于稳定的专利,$\theta = 1$,因为不存在任何劫持要素,因此不存在任何过高要价。但是,如果下游企业有机会胜诉,部分过高要价是不可避免的。例如,如果 $\theta = 0.5$,则过高收费百分比应为 100%,即许可费率协商值是许可费基准水平的两倍。同样,如果专利强度较弱,比如说 $\theta = 1/3$,则过高收费的百分比为 200%,即许可费率协商值是许可费基准水平的三倍。可以直接看到的是,如果被控侵权人已经选择放弃而不进行抗争,这实际上相当于同意将一个可能无效的专利视作确定有效的专利,因此,专利被无效的可能性将无法体现于许可费协商值中。

更概括地说,如果专利强度足够弱,在许可谈判破裂时,即便下游企业在早先就知悉此专利,下游企业的最佳策略也不是设计不使用专利特征的产品。反之,下游企业将采取之前讨论过的具有过高许可费的诉讼策略。在此情况下,提前了解专利不会给下游企业带来任何好处[26]。事实上,鉴于针对恶意侵权的专利损害赔偿规则,提前知道弱专利

---

[25] 参见 Mark A. Lemley & Carl Shapiro, *Probabilistic Patents*, 19 J. Econ. Persp., Spring 2005, at 75, 95(此文得出结论认为,专利并非是某些经济模型假定的界限清楚的财产权,并且证明了,与其他财产权相比,专利存在更大的不确定性)。

[26] 更为一般的情况是,如果下游企业拥有其他设计选择,例如能够设计便于后续重新设计的产品,下游企业将重视对专利的提前了解。

可能事实上会使得下游企业情况更糟[27]。

提前公开并不能解决专利劫持问题,这一事实有一些重要启示。例如,在标准制定背景下,下游企业并不能免受弱专利持有人的劫持,即使这些专利是在标准被采纳之前公开的,并且即使那时可以针对许可费进行协商,并且确实进行了协商。

F. 下游企业众多

目前的分析关注于单个专利持有人以及单个下游企业。如果涉及多个下游企业,专利许可谈判的经济分析则会变得极其复杂。笔者并不了解针对众多下游企业的专利禁令、劫持以及专利许可进行研究的正式模型。然而,笔者可以预测众多下游企业的出现会如何影响之前的分析结果。

第一,如果下游企业与同样使用专利技术的其他下游企业是竞争关系,那么挑战专利的该下游企业的收益将会减少[28]。无效专利会使所有下游企业受益,并且通常不会给该下游企业带来相对于其竞争对手的竞争优势。事实上,请求宣告无效的企业支付了其竞争对手无须承担的法律服务费。正是以上原因使得诉讼对下游企业没有很大吸引力,因此,趋于抬高许可费率协商值。Farrell 和 Shapiro 表明,这种"公共福利"效应使得,即使企业可以马上进行重新设计且不需要付出成本,弱专利的许可费也会过高,因此专利持有人没有投机主义的可能性[29]。

第二,如果专利持有人对一家下游企业提起诉讼,一旦其在专利诉讼中败诉,那么专利持有人将会面临从其他下游企业收取的许可费减少或消失的风险,这就会增加专利持有人的诉讼成本。如果专利强度越弱,这个影响就越强,且无论下游企业之间是否相互竞争都会产生。如果其他企业已经签署了许可合同,这种影响也可能会出现,因为如果被认定专利无效,他们就无须支付许可费了[30]。但是,专利持有人可以通过签署

---

[27] 关于此类规则之解释,请参见(Mark A. Lemley & Ragesh K. Tangri, *Ending Patent Law's Willfulness Gam*, 18 Berkeley Tech. L. J. 1085, 1087 – 1088, 1100 – 1102(2003)(此文讨论了反常情况,即公司不鼓励其工程师阅读专利以规避恶意侵权责任)。

[28] 参见 Joseph Farrell & Robert P. Merges, *Incentives to Challenge and Defend Patents*: *Why Litigation Won't Reliably Fix Patent Office Errors and Why Administrative Patent Review Might Help*, 19 Berkeley Tech. L. J. 943, 958(2004)(描述了导致专利挑战供不应求的公共产品问题);Joseph Scott Miller, *Building a Better Bounty*: *Litigation-Stage Rewards for Defeating Patents*, 19 Berkeley Tech. L. J. 667, 687(2004)(认为专利诉讼法律体系"消除了专利攻击者排除他人从其成功的专利攻击中分享利益的能力");Farrel 和 Shapiro,同前注 11,第 2 页["(下游企业竞相)挑战专利的动机是次优的……"]。

[29] Farrell & Shapiro,同前注 11,第 2 页。

[30] 参见 Blonder-Tongue Labs., Inc. v. Univ. of Ill. Found., 402 U. S. 313, 334(1971)(从其内部和本身来说,只要有新的被告出现,证明专利权人就专利有效性问题再提起诉讼的正当性就是不充分的);Brulotte v. Thys Co., 379 U. S. 29, 32(1964)("专利权人使用超出专利期限的许可费协议本身就是不合法的")。

包含如果专利后续被宣告无效而前期付款不退回的许可合同,来减轻此风险。即使采用按产量支付的许可费,专利持有人仍可通过签署部分地基于商业秘密或者其专利组合中的一组专利的许可合同以减轻风险,以免受后续关于任何单个专利的不利裁判的影响[31]。

被许可人很可能会接受这些减轻策略。处于平衡状态时,如果双方都认为专利诉讼不可能进行到终审判决(笔者注意到,作为实证分析,专利案件诉讼很少会以终审判决结案[32]),——任何一位被许可人都会发现,同意仅在其他企业成功挑战专利的情况下所适用的条款,几乎是没有代价的。如果下游企业并非竞争对手,或者专利持有人收取固定费用而非按产量的许可费,这些减轻措施明显使专利持有人受益,其可以在未来与其他被许可人谈判时占据更有利的地位[33]。因此,在双边谈判的过程中,减轻策略能让专利持有人与下游企业共同获利。所以,谈判理论预测,在许多情况下,许可协议将会维持专利持有人在今后谈判中的有利地位。事实上,如果下游企业互为竞争对手,则较早的被许可人事实上将从同意那些会加强专利持有人在之后与其他被许可人的谈判中的地位的条件中获益,这是因为,如果之后的被许可人(其竞争对手)必须支付更高的许可费,较早的被许可人将获益。然而,所有这些减轻策略都不能保护专利持有人免受如下风险,即如果专利持有人的专利被无效,则未来它将不能与其他下游企业就该专利签署许可协议[34]。

第三,额外下游企业的存在会为专利持有人创造出附加的诉讼优势,因为如果其专利经受了法院的审理并得到支持,那么对于这些下游企业,专利持有人将占据更有力的地位。专利强度越强,则这个影响越大。然而,这个影响会有所延迟,只有在诉讼成功后才会生效。

如果考虑到下游企业存在不同之处的话,将会产生额外的复杂性。例如,专利持有

---

[31] 参见 Aronson v. Quick Point Pencil Co. ,440 U. S. 257,265 – 266(1979)(赞成即使在专利申请被驳回且商业秘密被公开之后,仍然需要持续就商业秘密支付许可费)。

[32] 参见,例如,Jay P. Kesan & Gwendolyn G. Ball, *How Are Patent Cases Resolved? An Empirical Examination of the Adjudication and Settlement of Patent Disputes*, 84 Wash. U. L. Rev. 237, 259(2006)(结果表明80%专利纠纷通过和解解决);Mark A. Lemley, *Rational Ignorance at the Patent Office*, 95 Nw. U. L. Rev. 1495, 1501(2001)(指出大多数专利纠纷在开庭之前就已经和解或放弃)。

[33] 如果下游企业互为竞争对手且专利持有人收取按产量的许可费(与固定费用显著不同),分析会更加复杂。一方面,为了在专利被认定无效时保护其按产量的许可费,专利持有人就会抑制这样的不利方,从而使专利持有人将会对侵权企业提起诉讼而非视而不见更加可信,并且在与任何下游企业谈判时加强其谈判地位。另一方面,如果专利持有人能继续从其他企业收取按产量的许可费,即使一家下游企业成功地挑战此专利,单一下游企业将从诉讼中获益更大,因为赢得专利诉讼将会使该企业比起支付高昂的分期许可费的对手更有竞争优势。

[34] 在一家下游企业的相关案件中的有关侵权或权利要求解释的不利判决,可能会也可能不会对其他下游企业支付的许可费产生影响,具体取决于不同下游企业的产品是否相似,以及一家侵权下游企业和另一家侵权下游企业之间的关联。

人可能会选择提早对在诉讼中处于相对劣势地位的下游企业进行诉讼。或者,专利持有人会提早与具有很强的现有技术的下游企业进行和解,前提是该企业不公布其现有技术,进而增强相对于其他下游企业的有效专利强度。如果随后此专利会被用来攻击该下游企业的竞争对手,则该下游企业可能会欢迎该强化专利的机会。或许最重要的是,专利权人可以选择是否继续执行这些策略中的任何一个。如果他们担心败诉的排除效果,则他们可以一次起诉所有的被告,以消除判决不一致的风险。专利权人同时起诉三十位或以上的被告并不罕见。

关于这些方面的经济学文献多数仍然处于襁褓阶段,并且针对单一专利持有人同时或陆续与众多下游企业谈判协商时产生的战略问题的透彻讨论超出了本文所探讨的范围。在此时,笔者还不太了解以上报告的基于单个下游企业模型的结果与存在众多下游企业有何不同,因此不足以做出普遍性结论。然而,笔者可以说,如果一家下游企业的盈收远远超过其他下游企业,即使存在其他多家下游企业,笔者所提出的涉及单一下游企业的谈判模型仍将对这家企业的谈判具有很好的指导意义。

G. 经济学理论总结

对于强度较弱的专利,下游企业的最佳策略倾向于诉讼。这种情况下,如果专利特征的贡献只占产品价值百分比的很小一部分,那么许可费率协商值将是基准水平的数倍。对于强度较强的专利,或者是可能劫持很大一部分非侵权贡献的弱专利,下游企业的最佳策略则倾向于重新设计和诉讼。这种情况下,基于以下事实,协商的许可费率会过高要价:如果许可谈判破裂,下游企业必然会承担重新设计的费用,而非仅仅是在专利被判有效并且侵权成立的情形下。即使下游企业了解这项专利并且能够在下游企业开始设计其产品之前与专利持有人进行协商,许可费协商值仍然会高于基准水平,这种情况对强度弱的专利尤甚。

H. 实践中的禁令和劫持

整个产品遭到禁令的潜在可能性可能也确实使所谓的"专利流氓"通过威胁对明显未侵权的产品发布禁令来劫持被告。正如之前所说,这种威胁很容易使专利持有人在谈判中达成数额明显超过专利持有人基于合理许可费而预期的损害赔偿的和解。在这些情况下,促使支付高许可费的不是专利技术的潜在价值,而是被告中途转换技术的成本。

这并非只是一个理论问题。在现实生活中,仅仅为了避免使其核心产品下架的禁令的威胁,专利被告经常以超出专利权人可能赢得的损害赔偿或许可费的数目来和解这些案件。比如,专利权人针对不覆盖行业标准的专利收取 0.75% 的许可费,针对覆盖行业标准的专利收取3.50%的许可费㉟。这些技术在用作行业标准的一部分时并不具有更大的内在价值，但是一旦该行业已经进行了不可逆转的投资，专利持有人的要价就可以达到几乎五倍。在另一个非常明显的涉及黑莓无线电子邮件服务的案例中，禁令的威胁就导致了6.125亿美元的和解，这数额远远超过陪审团裁定的实际损害赔偿㊱。

不足为奇的是，从这些劫持中获取收入的可能性诱导了一大批企业进入这个市场，并非为了创新，而是为了购买专利并且通过诉讼来实施专利。要认定"专利流氓"很棘手，但是并不意味着这个问题不存在。比如，在计算机电子行业，30%—40%的专利案件都是由非专利实施实体提起的㊲。

笔者的分析强烈支持这一结论：当专利本身仅覆盖产品的一小部分时，劫持是特别受到关注的，因为这在一些所谓专利流氓占主导地位的行业是十分常见的。一个微处理器可能包括5000种不同的发明，一些是由制造商发明的，而一些是从外部获得许可的。如果一位微处理器制造商在不知情的情况下侵犯了这些发明中一个专利，专利权人可以威胁停止整个微处理器的销售，直至该制造商改装整个晶体以避免侵权。因而，专利权人经常与信息技术行业的公司以远超过其发明实际价值的数额达成和解，也就不足为奇了。这些公司正在支付劫持费用以避免侵权的威胁。这并不是专利价值的合法部分；这是专利权人的一笔意外之财，其代价是由进行研发的合法公司而非不择手段的抄袭者来承担的。而且，由劫持产生的相应的超额许可费是由一些并非专利持有者的实际创新贡献的因素决定的（之前分析中的 M、C 和 L，并不是 V），因此，允许专利持有人参与劫持并不是奖励创新的有效方法。确实，由于劫持的受害者本身通常都是投入了显著研发资本的公司，所以当专利系统使得专利劫持发生时，实际上挫伤了创新。

美国联邦巡回上诉法院总结道，这种"额外的许可影响"对于专利权人而言是"一种排他权的自然结果，并非不正当的回报"㊳。笔者尊重法院，但强烈反对法院的意见。其影响来自专利权人攫取与发明毫无关联的价值的能力。它是由于被控侵权人在完成产

㉟ Mark R. Patterson, Commentary, *Antitrust and the Costs of Standard-Setting: A Commentary on Teece & Sherry*, 87 MiNN. L. REv. 1995, 2001 n. 33(2003)（参考 Rambus 收取的不同的许可费）。

㊱ 参见 NTP, Inc. v. Research in Motion, Ltd., No. Civ. A. 3:01CV767, 2003 WL 23100881, at *1(E. D. Va. Aug. 5, 2003)（判赔的合理许可费损害赔偿大约为3.35千万美元）。和解金额是陪审团裁定的18倍。参见 Mark Heinzl & Amol Sharma, Getting the Message: RIM to Pay NTP \$612.5 Million to Settle BlackBerry Patent Suit, Wall St. J., Mar. 4, 2006, at A1。诚然，陪审团所提出的赔偿金额只是专利15年有效期中剩余6年的赔偿金额，因此加上之前的许可费大概将会提高总的赔偿额。有理由相信，RIM 未来销售的黑莓手机会比过去更多。但是即使是持续的许可费，也有可能远比2006年3月和解案的6.12亿美元少。

㊲ Mark A. Lemley et al., Tracking Patent Trolls(2007)（作者存档的未发表手稿）。

㊳ MercExchange, L. L. C. v. eBay, Inc., 401 F. 3d 1323, 1339(Fed. Cir. 2005), *vacated*, 126 S. Ct. 1837(2006).

品后无法将不侵权部分和侵权部分分开。法律或是政策没有理由将这种权利赋予给专利权人的。这样做只会鼓励"专利流氓"的寻租行为,并打击企业设计和制造复杂产品的创造力;它甚至可能导致没有人能够以能盈利的方式生产具有社会价值的产品的情况。

三、许可费堆叠和劫持

在上一部分中,笔者说明了即使只有一个声称的专利对应一个特定的产品,大量的劫持仍具有非常现实的可能性。在许多貌似合理的情况下,以诉讼和劫持为筹码进行协商的许可费可以大大超过发明自身的固有价值。笔者现在讨论的状况就是一个产品包含多项专利,因此下游企业必须解决支付给两位或是多位专利持有人许可费的堆叠问题。

许可费堆叠、专利丛林和相关的"反公地"问题曾一度成为半导体和生物技术行业关心的根源问题[39]。尽管这些问题的确切范围仍不清楚,但实证证据已经显示许可费堆叠不仅仅只具有理论上的可能性[40]。

不出所料的是,这种"许可费堆叠"的存在加剧了劫持问题。仅仅从算术方面来讲,当下游企业面临来自多个专利权人的侵权索赔时,以上问题就会比较严重。大体而言,这个问题的严重性是因产品上专利数量的增加而得以加倍。

然而,仔细研究潜在的经济学就会发现,堆积或堆叠的许可费不只是每个专利持有人在没有其他专利持有人参与的情况下进行双边协商的许可费的简单总和。换种说法来说,由一个专利持有人协商的许可费费率受到下游企业支付给其他专利持有人的费率的影响,因此恰当的分析必须对所有许可费费率的联合确定做出解释。笔者已经找到三种原因,用于解释就一种给定产品支付给一个专利持有人的许可费费率为何会受到支付给同样产品上其他专利持有人的许可费费率的影响:(1)租金分离;(2)倒闭;(3)古诺

---

[39] 参见 Heller & Eisenberg,前注 5,见 699 页(警告生物医药行业潜在的"反公地悲剧",可能会阻碍未来的创新);Shapiro,前注 5,见 120 页(对"专利丛林"的出现表示担忧,其中"更强大的专利权可能产生阻碍而非鼓励创新的不利影响")。

[40] 对于半导体行业许可费堆叠的证据,参见 Rosemarie Ham Ziedonis, *Don't Fence Me In: Fragmented Markets for Technology and the Patent Acquisition Strategies of Firms*, 50 Mgmt. Sci. 804, 817–818(2004)(结果表明如果一个行业(比如半导体行业)的多部件技术的专利分布十分广泛的话,企业会更加积极地获取专利)。对于软件行业许可费堆叠的证据,参见 Michael Noel & Mark Schankerman, *Strategic Patenting and Software Innovation* 27(Ctr. for Econ. Policy Research, Discussion Paper No. 5701, 2006)(结果显示"有明显证据表明软件行业存在战略性专利和技术外溢")。Rebecca, Eisenberg 和 Richard Nelson 讨论了关于生物医疗研究工具的专利会阻碍创新。

(Cournot)互补。[41]

第一,正如上述谈判理论所说,正在协商的下游企业和专利持有人会分配由达成和解而非诉讼所获得的额外利润(租金)。如上所强调的,诉讼可能造成下游企业获得禁令或损失利润率。下游企业支付给其他专利持有人的许可费越高,下游企业产品的毛利就越少(上述分析中的变量 M),协商的许可费费率就越低。直截了当地说就是,如果下游企业向许多其他专利持有人支付许可费,则它的毛利就减少,任何专利持有人做出的禁令威胁就越没有影响力。

第二,相关的,由于下游企业的毛利不能低于 0 这一限制,对许可费总负担产生一些限制因素[42]。然而,不幸的是,这一限制并未阻止巨额的许可费超收,特别是在下游企业必须对设计、制造、营销和销售其产品进行大量投资的情况下。具体说明一下,假设有十位专利持有人,其每个专利分别覆盖一项为下游企业的产品增加价值 V = 1 美元的技术的专利。假设在支付任何许可费之前,下游产品每单位销售价格为 40 美元,其中每单位成本为 10 美元。只要许可费总负担少于每单位的毛利润 30 美元,下游企业就会生产其产品。因此,在对称的情况下,直至下游企业倒闭,每个专利持有人每单位可以获取高达 3 美元的许可费,或者是其基本价值的三倍。如果说其专利强度为 40% 且双方谈判技能相同,那么基准许可费水平就是 $\theta \times B \times V = 0.4 \times 0.5 \times \$1.00$,或者 0.20 美元。因此,在下游公司倒闭之前,每个专利持有人的收费是基准许可费费率

---

[41] Rebecca S. Eisenberg & Richard R. Nelson, Public vs. Proprietary Science: A Fruitful Tension? DAEDALUS, Spring 2002 at 89,101(说明在生物医学行业,"信息所有权的控制可以致使之后的研究增加许多成本,因此,阻碍而非促进产品发展")。然而,John Walsh、Ashish Arora 和 Wesley Cohen 发现研究学者使用找到了解决关于研究工具的专利的问题的各种方法,包括许可、规避设计以及侵权;他们并没有找到确凿的证据证明有关生物研究工具的专利严重阻碍了基础生物医疗的研究,但这些结果很大程度上归结于科学家仅忽略了专利。John P. Walsh, Ashish Arora & Wesley M. Cohen, Working Through the Patent Problem, 299 Scinece 1021,1021(2003)(仍然得出以下总结:因为"积极的 IP 权利主张仍然威胁着科学研究","仍然需要继续积极保护开放科学")Fiona Murray 和 Scott Stem 用一组科学文献和相关专利发现了适度反公共效应的证据。Fiona Murry & Scott Stem, Do Formal Intellectual Property Rights Hinder the Free Flow of Scientific Knowledge? An Empirical Test of the Anti-Commons Hypothesis 31 (Nat'l Bureau of Econ. Research, Working Paper No. 11465, 2005)("总体上说,笔者可以拒绝该无用的假设:IP 权利对科学知识的传播没有作用")。为了讨论专利的作用以及在生物医疗领域和软件行业许可费堆叠的危害,通常参见 Wendy H. Schacht, Congressional Research Service Report for Congress, Patent Reform: Issues in the Biomedical and Software Industries 12 (2006),可在 http://www.fas.org/sgp/crs/misc/RL33367.pdf 获得(讨论了有时关于生物医疗和软件领域的专利和专利改革提案的分歧),还有 Intellectual Property Rights in Frontier Industries: Software and Biotechnology (Robert W. Hahn ed., 2005)(解决这些领域内有关专利问题的政策辩论的论文集)。如果把下游企业和专利权人的协商费率用作与其他专利持有人协商的基准的话,简单的确定基准可以提供第四个原因。然而,要使确定基准成为重要因素,第二专利权人必须获知有关协商费率的信息,并且协商双方须所考虑的涉及专利至少在某种程度上是有"可比较性"的。

[42] 参见 Douglas Gary Lichtman, *Patent Holdouts and the Standard-Setting Process* 6 – 7 (Univ. of Chi. Law Sch., John M. Olin Law & Economics Working Paper No. 292, 2006),可在 http://www.law.uchicago.edu/Lawecon/WkngPprs_251 – 300/292.pdf 获得(注意到较多的重叠专利的持有人的问题会成为自身限制的因素,因为越多的专利数量意味着支付给每位专利持有人的钱就越少)。

的十五倍[43]。在这个示例中,如果许可费为每项专利 0.20 美元或者总计 2.00 美元的基准价格,则在支付许可费之后下游企业的毛利可达每单位 28.00 美元。这些毛利对于为下游企业就其在研发、制造和营销上的投资提供合理的回报是十分重要的。长期来看,如果预计产品可能遭受某种程度的劫持,企业会发现不值得投入承担研发、制造和销售其产品所必要的成本。基于倒闭情形的论断认为,许可费堆叠按照某种方式是个小问题或者许可费堆叠不能阻止创新或阻碍已经开发出来的产品形成市场渗透,这种观点是毫无根据的。

单个产品的所有专利的许可费必须相加,这一事实是笔者关注有关每项专利的超额收费百分比的原因之一。或许,如果劫持威胁使得下游企业向单个专利持有人支付每单位 1.00 美元而非基准水平每单位 0.20 美元的许可费,这似乎看起来是一件微不足道的事情。但是,如果不是向一项专利而是多项专利支付许可费,那么许可费是其基准水平的五倍,这可能会带来巨大的影响。随着最近专利井喷式增长[44],特别是在许可费堆叠问题十分严重的信息技术行业[45],这些超额收费如果累加在一起的话,可能会给生产商带来相当大的成本负担。如果这些许可费准确反映了专利权人的贡献,那么额外的成本就是生产商为了鼓励创新所需承担的。然而,通过关注许可费协商价格与基准水平之间的差距,笔者已经表明,基于获取许可费的专利持有人的实际贡献,大多的成本负担是不合理的。

第三,一项完整的分析应当解释如下事实:较高的按产量支付的许可费将会提升下游企业的边际成本,进而提高价格,从而降低其产出水平。这是经济学家众所周知的"古诺互补"(Cournot complements)效应的一个事例。如果众多投入者的每一个都为其投入收取超过边际成本的费用,那么就会出现古诺互补效应,进而提升下游企业产品单价,降低产品销量[46]。事实上,如果提高价格,每个投入供应商将会给其他供应商施加消极的外部影响,因为这会减少下游企业产品销售数量。所以,如果众多投入者的每一个都操控着必要投入,并且分别为他们投入的产品定价,产量就会减少,甚至低于垂直整合垄断商所设定的水平[47]。古诺互补理论说明,同一产品对应的独立专利权人的数量越多,许

---

[43] 当然,实际上,高许可费负担会导致价格升高以及产量减少,还会具有相关的无谓损失。虽然用数学说明这些影响有些复杂,但这加强了笔者的观点的可信度。

[44] U. S. Patent & Trademark Office, U. S. Patent Activity Calendar Years 1790 to the Present(2006), 可在 http://www.uspto.gov/web/offices/ac/ido/oeip/taf/hcounts.pdf 获得(提供了一张表格,显示从 1980 年到 2005 年之间专利数量增加了两倍多); Mark A. Lemley & Bhaven Sampat, Is the Patent Office a Rubber Stamp? (2007)(作者存档的未发表手稿)(发现现代信息技术行业的专利不成比例地申请)。

[45] 参见例如 Mark A. Lemley, Ten Things To Do About Patent Holdup of Standards(And OneNot To), 48 B. C. L. REV. 149, 151(2007)(说明 IT 产品通常由众多专利覆盖,因为其具有复杂的技术,集成了许多部件)。

[46] 古诺举了铜锌的供应商向黄铜的制造商进行销售的一个例子。Augustin Cournot, Researches into the Mathematical Principles of the Theory of Wealth 99 – 116(Nathaniel T. Bacon trans. , Augustus M. Kelley Publishers 1971)(1838)。

[47] 为得到这份著名的结果,参见 Shapiro,前注 5,见附录。在最终产品具有持续弹性需求的特殊情况下,如果有 N 个必要投入,每个投入都由单一企业控制,且下游企业仅按其边际成本进行定价,那么所形成的最终产品的涨幅,即价格与生产该商品的真正边际成本之间的差距百分比,是垄断水平的 N 倍。

可费堆叠问题就可能会越严重。

不幸的是,如果对下游企业以正毛利销售的产品按产量支付许可费,所产生的堆叠问题就会造成行业组织内知名的两个低效性的定价问题:"双重边际化"和古诺互补效应;一旦拥有市场力量的投入供应商(这里指专利权人)向同样拥有定价权的下游公司进行销售,就会产生双重边际化效应;而如果众多拥有市场力量的供应商销售互补类产品时,就会产生古诺互补效应[48]。总体来看,这些问题促使产品的价格高于拥有所有专利和销售下游产品的整合垄断商设定的水平。

根据古诺互补的一般性理论,下游企业的产量的均衡水平越小,下游产品上特定的一组专利的所有权越分散。作为解释说明,附录 A 考虑到如下情形:对 N 位专利持有人的每一位所设定的许可费的限制是基于与较高许可费费率有关的产量的减少(并不是由于下游企业威胁要转向使用该专利技术的替代品)[49]。在附录 A 中,如果边际成本不变且下游企业面临线性需求,那么 N 家不同的企业拥有 N 项必要专利时的产出水平等于单个企业拥有所有 N 项专利时的产出水平乘以因子 $\frac{2}{N+1}$。例如,如果不同企业各自拥有三项专利,那么此时下游的产量就会是一家企业拥有三项专利时的一半。

就如古诺互补效应一样,专利权人想要通过合作减少他们的许可费,比如,通过参与交叉许可或以商定的价格许可专利池中的专利[50]。然而,如果参与构建专利池的企业过多,构建这样一个联盟所必需的协商就会十分棘手,因为其中每一个企业都可能会受到诱惑,选择逃离专利池或独立主张其专利。确实,想要引诱自己本身不是市场生产商的专利权人加入专利池是很困难的。这样的专利持有人很有可能会通过不参与所提议的专利池且独立主张其专利权利来获得最大化的收益,除非其相信其不加入专利池会破坏专利池的组建从而严重影响所涉产品的销量[51]。如果几个专利权人持有众多专利,且相

---

[48] 形式上,这两个问题十分相似;两者都涉及价值链中以不协调的方式设定的多个涨幅。尽管双重边际化是指有两个这种涨幅的状况,但是由于存在许可费堆叠,因此涨幅的数量会更加庞大。

[49] 这与之前文中所讨论的方法完全不同,在前文中,下游企业的威胁是,为避免侵权而进行专利诉讼或是重新设计产品,而下游企业的产量是确定的。因此附录 A 中的分析补充说明了前文提及的情况。

[50] Baker 和 Lichtman 提出可能实现这一点的契约机制。Scott Baker & Doug Lichtman, Discouraging Patent Holdouts Through Reciprocal Commitment 15 – 25(Nov. 27, 2006)(未发表手稿),可在 http://www. law. northwestern. edu/colloquiumlaweconomics/lichtman. pdf 获得。

[51] Anne Layne-Farrar 和 Josh Lerner 研究了专利持有人是否参加九个特定专利池的决定,其中八个专利池建立于标准设定的基础上。Anne Layne-Farrar & Josh Lerner, To Join or Not to Join:Examining Patent Pool Participation andRent Sharing Rules 7(Nov. 15, 2006)(未发表手稿),可在 http://ssrn. com/abstract = 945189 获得。他们发现多达一半到三分之二的有资格的成员选择不参加一些专利池。同上,见 23 页。通常情况下,不参加者持有的专利数量相对较少,因此似乎已经选择独立主张其专利,或许他们会参与劫持而不是接受专利池所收取的许可费中的相对较少份额。同上,32 页表1.1。该结论与 Reiko Aoki 和 Sadao Nagaoka 的分析一致。Reiko Aoki &Sadao Nagaoka, *Coalition Formation for a Consortium Standard Through a Standard Body and aPatent Pool:Theory and Evidence from MPEG2, DVD and 3G* 4 – 11(Hitotsubashi Univ. Inst. OfInnovation Research, Working Paper No. 05 – 01, 2005),可在 http://www. iir. hit-u. ac. jp/event/WP05-0 laoki,%20nagaoka. pdf 获得。

关专利的范围和强度相差甚远，那么协商将会更加困难。当然，专利池确实有时会克服这些障碍并且成功组建。笔者仅仅注意到这可能会产生巨大的交易成本，并且非制造型专利权人使专利池的成功组建变得更加困难。

即使企业没有达成交叉许可或组建专利池，如果该企业被控告侵犯其他制造商所持有的专利，该企业也可通过威胁反向发起专利侵权诉讼而能够部分保护自己免受劫持。Ziedonis 找到了证据，如果对半导体企业产品形成互补的专利所有权在外部各方中广泛分布，该半导体企业就会更积极地获取专利，这恰恰就是预计许可费堆叠产生最严重的问题时所发生的情况[52]。她还发现，当技术市场出现分裂时，人们就会更加青睐专利，这也是在特定技术资产领域进行大量投资的企业（即那些最容易受劫持的企业）中最显著的一个现象[53]。另外，她也发现当法律制度加强专利持有人的排他权之后，这些影响更加广泛[54]。然而，重要的是，这种应对策略不能对抗非专利实施实体（有时叫作专利流氓）。因此，不足为奇的是，在一个许可费堆叠严重的行业，超过三分之一的专利诉讼都是由非专利实施实体提起[55]。

古诺互补理论警示大家，许可费堆叠会造成产量下降，价格上升的负面影响，因此造成无谓损失。最近的实验证据似乎证实了此结果，并且显示，权利更强的分化和不确定性让这个问题更加严重[56]。而且，如果根据预期，有关许可费堆叠带来的组合许可费负担使得下游公司进行研发并承担开发所涉产品所必需的其他费用时无利可图。虽然没有个体专利持有人从本结果中获益，但是他们中的每一个单独与下游企业协商所产生的许可费的最终结果可能造成这种互无吸引力的结果。这种效应还会带来产品版本减少的问题。例如，如果许可费负担阻碍下游企业以足够高的毛利销售足够多的产品以弥补与该产品的一些版本有关的额外研发成本，下游企业可能会发现开发这些版本根本不值。

在私人标准设定的情况下，劫持和许可费堆叠问题将会十分严重。事实上，最近诉称专利权人劫持的典型的反垄断案件也涉及产品标准[57]。就已讨论的分析而言，关键点

---

[52] 参见 Ziedonis，前注 40，第 813—815 页。

[53] 同上，第 805、807 页。

[54] 同上，第 817 页。

[55] 参见 Lemley 等，前注 37。

[56] 参见 Ben Depoorter & Sven Vanneste, *Putting Humpty Dumpty Back Together: Pricing in Anticommons Property Arrangements* 6(George Mason Univ. Sch. of Law, Working Paper No. 11, 2004)，可在 http://law.bepress.com/gmul-wps/gmule/artl 1/获得（测定了不确定性和分裂对价格的影响）。

[57] 参见例如 Rambus, Inc. v. Infineon Techs. AG, 318 F. 3d 1081(Fed. Cir. 2003)（推翻地方法院对 Rambus 的欺诈判决）; *In re* Rambus, Inc., No. 9302, Opinion of the Commission(F. T. C. 2006 年 8 月 2 日)（指出 Rambus 为了影响联合电子元件技术委员会选择的标准而隐藏其专利，因此涉嫌垄断）; *In re Union Oil Co. of Calif.*, No. 9305, 2004 WL 1632816, Order of the Commission(F. T. C. 2004 年 7 月 6 日)（撤销行政法官驳回 Unocal 反垄断主张的决定，并发回行政法官重审）; *In re Dell Computer Corp.*, 121 F. T. C. 616(*May* 20, 1996)（授予同意法令，禁止戴尔对与戴尔未能向标准设定组织披露的技术相关的计算机制造商执行专利权）。

在于为了避免侵犯专利技术而"重新设计"产品标准是十分昂贵的,甚至是不现实的,即使在初期本可以很容易地选择一个替代标准,结果也是如此。对于涉及标准的情形,这种重新设计需要经历一些流程,通过该流程,标准设定组织(SSO)选择新标准或是修改旧标准。这些流程通常都需要各方同意,所以进程十分缓慢。而且,如果许多制造商已经开始销售符合最初标准的产品,或许是包括各种有关标准的互补性产品,则其转向设计非侵权产品可能会花费巨大,并且从商业的角度来看也是不可能的。正是因为重新设计成本十分昂贵,笔者已经指出,禁令威胁会造成大量超额许可费,特别是弱专利的许可费。

就产品标准而言,许可费堆叠尤其成为问题的第二个原因就是,众多公司拥有覆盖产品标准必要方面的专利是十分常见的,至少就电信和计算机标准而言。选择标准的过程本质上倾向于共识和妥协,这就导致了许多企业的专利涉及同一产品标准。每个单独的企业都十分重视拥有至少一项覆盖标准的必要特征的专利,在某种程度上是为了加强其与其他拥有必要专利的公司进行谈判时的地位。Tim Simcoe 记录了过去 15 年向标准设定组织披露的"必要专利"数量的急剧增长[58]。

许可费堆叠最后一个问题与多个专利对"规避设计"替代品的影响有关。在笔者的模型中,限制许可费超额收费最重要的一个因素就是非侵权规避设计的有效性。在存在多个专利的情形下,规避设计替代品自身未必就是不可授予专利的。如果可用于下游企业的替代品自身具有可专利性且未来有可能导致劫持现象的发生,并且如果这些不确定性不能事先得到解决,那么谈判的结果将会与笔者先前估算的基准许可费费率完全背道而驰。

四、合理许可费

笔者目前的分析着眼于因专利持有人以获得禁令相威胁而产生的问题。然而,如法院判定侵权成立,因侵权公司向专利权人支付合理许可费的实际实施存在困难,也会产生一系列的问题。

目前为止,笔者假设合理许可费处于 $\theta \times B \times V$ 的基准水平。接下来笔者首先展示为什么合理许可费倾向于高于此基准水平。然后解释一个较高水平的合理许可费是如何使基于禁令和劫持之上的问题更加严重的。

A. 合理许可费的法律标准

《美国专利法》规定,如专利权人能够证明其因侵权所损失的利润,则其可按照其因

---

[58] Timothy S. Simcoe, Explaining the Increase in Intellectual Property Disclosure(Dec. 8, 2005)(未出版手稿),可在 http://www.rotman.utoronto.ca/timothy.simcoe/papers/SSO IPR Disclosures.pdf 获得。

侵权所损失的利润获得赔偿。但是,其通常有权获得不低于合理许可费的赔偿[59]。利润损失难以证明[60],并且,任何不销售与被告相竞争货物的专利权人都无法证明其因侵权所遭受的利润损失。这些专利持有人唯一的损失就是他们本可以通过许可专利而获得的许可费。

法院如何确定什么样的许可费是合理的呢？在 Georgia-Pacific 诉 United States Plywood 案中[61],法院设计了一个详细的测试方法,旨在模拟双方在侵权开始时的谈判,前提是如果其愿意谈判并且知悉专利有效且被侵犯[62]。虽然 *Georgia-Pacific* 列明了 15 个不同因素[63],但事实上它们可归结为 3 个要点: a) 授予专利的发明创造对产品和市场需求的意义；b) 人们愿意为此发明创造或行业内其他类似的发明创造所支付的许可费率；

---

[59] 35 U.S.C. § 284(2000),详细讨论专利赔偿的历史,参见 Amy L. Landers, *Let the Games Begin: Incentives to Innovation in the New Economy of Intellectual Property Law*, 46 SANTA CLARA L. REV. 307, 311-22(2006)。

[60] 基本的检验源于 *Panduit Corp. v. Stahlin Bros. Fibre Works*, 575 F. 2d 1152(6thCir. 1978)。根据 *Panduit* 案,专利权人必须表明对专利产品的需求,不存在非侵权替代品,专利权人有能力满足对侵权产品的需求和专利权人本可以从这些销售中获得的利润。同上,见第 1156 页。联邦巡回法院采纳了这一测试。详参见 *Hebert v. Lisle Corp.*, 99 F. 3d 1109, 1119-20 (Fed. Cir. 1996); *State Indus., Inc. v. Mor-Flo Indus., Inc.*, 883 F. 2d 1573, 1577 (Fed. Cir. 1989)。

[61] 318 F. Supp. 1116(S.D.N.Y. 1970)。

[62] 前注 61,见第 1121—1122 页。

[63] 这些因素是：
(1) 专利权人收取的涉案专利的许可费,证明或用以证明已建立的许可费。
(2) 被许可人为使用与涉案专利相当的其他专利所支付的许可费率。
(3) 许可的性质和范围为独占还是非独占许可；或就地域而言是有限制的还是不受限制的,或者制造产品可供销往的人群。
(4) 许可人通过不许可其他主体使用其发明创造或通过设计旨在维持许可人专利垄断地位的特殊条件的许可而建立的维持其专利垄断地位的政策和营销计划。
(5) 许可人和被许可人间的商业关系,比如,他们是否为在同一地域范围内从事同一行业的竞争对手,或者,他们是否为发明者和推广者。
(6) 销售专利特征(specialty)对推广被许可人其他产品销售的影响；作为销售非专利产品的推动因素,发明专利对许可人的现存价值；和由此衍生或产生的销售的范围。
(7) 专利有效期和许可的期限。
(8) 由专利制造的产品的盈利能力；其商业的成功程度；和目前受欢迎程度。
(9) 相比用于产生相似结果的旧的模型和设备(如果有的话),专利产品的效用和优势。
(10) 专利发明的性质；由许可人拥有和生产的专利商业产品的特性；使用过此发明产生的收益。
(11) 侵权者利用此发明到何种程度；任何能证明该用途价值的证据。
(12) 在特定或类似业务中通常的利润或销售价格的比例以允许此发明或类似发明的使用。
(13) 区别于非专利要素、生产过程、商业风险或由侵权人添加的有意义的特征或改进,由发明创造产生的实际利润所占的比例。
(14) 合格专家的意见证据。
(15) 许可人(如专利权人)和被许可人(如侵权人)在合理和自愿地试图达成协议时(在侵权开始时)同意的数值；即作为一种商业主张,希望获得许可以生产或销售包含专利发明创造特定产品的被许可人本愿意支付的,且能够获取一个合理利润的许可费数额,同时,该许可费数额应为愿意授予许可的谨慎的专利权人所能接受的数额。

前注 61,第 1120 页。

c) 专利价值的专家证词[64]。

尽管合理许可费确认所声称的目标是还原本来可能发生的谈判,但关键是要认识到,谈判在一些重要方面是反事实的。首先,也是最明显的一点,各方事先并未同意。如果法院计算损害赔偿,则各方会一直对簿法院,尽管各方需要花费数百万美元的法律费用并投入大量的时间和精力[65]。可能会存在一个拒不和解并将案件进行到等待裁判结果的理由。假设确实和解了,则必然省略了一开始阻止交易发生的任何因素(各方间的竞争、对与其他被许可人交易的影响、对索赔价格的分歧及最重要的,专利权人有可能坚持其损失比被告因许可而获得的收益要多,因而导致非理性交易)[66]。它还会通过向更易和解的主体提供折扣优惠以阻碍专利权人建立其许可费率[67],并且实际上鼓励相反操作——通过在早期谈判中设定高许可费率记录试图为后续诉讼建立许可费率[68]。第二,*Georgia-Pacific* 因素假定各方知悉专利是有效并被侵犯的[69]。这并不无道理,因为当笔者确定损害赔偿额时,笔者知悉专利有效且被侵犯。但这是高度反事实的。正如笔者曾经解释过的,专利是一种盖然性权利[70]。有近一半的专利在诉讼中被无效,未构成侵权的则更多[71]。诉前甚至在诉讼期间发生的任何交易都将反映出专利最终被无效或被告并不侵权的极大可能性。因此,在适当适用 *Georgia-Pacific* 规则时,法院裁决的许可费

---

[64] 参见 Nickson Indus., Inc. v. Rol Mfg. Co., 847 F. 2d 795, 798 (Fed. Cir. 1988)(将既有的市场许可费作为许可费为合理的最有力证据);另参见 Blair & Cotter, 前注 14, 第 228—229 页(注意, 法院仅关注了少数 Georgia-Pacific 因素, 尤其是行业内其他许可费率)。

[65] 参见 Am. Intellectual Prop. Law Ass'n, Report of the Economic Survey 2005, 第 22 页 (2005 年)(2005 年报告称, 在涉及 2500 万美元以上的专利诉讼案件中, 各方花费了 450 万美元的法律费用)。

[66] 关于该最后的可能性, 见 Blair & Cotter, 前注 14, 第 211—232 页。一个例子是 *Golight, Inc. v. Wal-Mart Stores*, 355 F. 3d 1327, 1338 (Fed. Cir. 2004), 该案中, 法院维持了超过侵权者从产品所获利润的合理许可费。另参见 *Monsanto Co. v. Ralph*, 382 F. 3d 1374, 1384 (Fed. Cir. 2004)(维持了超过原告利润损失和被告获利数倍的合理许可费)。显然, 各方在此情况下没有任何达成交易的余地。

[67] 这是好是坏尚不清楚。要求那些使得专利权人花费巨大时间和金钱以收取许可费的主体比那些迅速同意专利许可的主体支付更高许可费率是有一定道理的。另一方面, 这种分层的制度可能会鼓励更多的主体接受和解, 从而导致无效不良专利的公共利益的不足。关于此公共利益, 参见例如, Farrell & Merges, 前注 28; Farrell & Shapiro, 前注 11, 第 18 页。

[68] 关于版权仲裁类似行为的证据, 参见 Thomas Nachbar, Monopoly, Mercantilism, and Intellectual Property, 第 67—70 页 (Berkeley Ctr. for Law & Tech., Paper No. 9, 2005), 参见 http://repositories.cdlib.org/bclt/lts/。

[69] 参见 Blair & Cotter, 前注 14 第 229—230 页。

[70] 参见 Lemley & Shapiro, 前注 25。

[71] 参见 John R. Allison & Mark A. Lemley, Empirical Evidence on the Validity of Litigated Patents, 26 AIPLA Q. J. 185, 205 (1998),(经诉讼至获得判决的专利中有 46% 被宣告无效); Kimberly A. Moore, Judges, Juries, and Patent Cases-An Empirical Peek Inside the Black Box, 99 Mich. L. Rev. 365, 390 tbl. 4 (2000)(经诉讼至获得判决的专利中有 35% 未被侵权)。因为专利权人必须在所有问题上胜出才能赢得诉讼, 所以他们最终只在少数案例中获得胜诉, 在联邦巡回法院中的胜诉率仅为 24%。Paul M. Janicke & LiLan Ren, *Who Wins Patent Infringement Cases*?, 34 AIPLA Q. J. 1, 8 tbl. 1 (2006)。

率将系统地超过双方当事人在法院外协商的费率[72]。法院已经认识到这一问题,并明示或默示地通过增加"去除因素(kickers)"来定期修改基于市场的许可费数额[73]。

B. 法院确定许可费率的现实问题

专利损害赔偿法理论上认为,许可费应基于专利特征的价值,而非包含该技术特征的产品的全部价值,这可通过将许可费与发明人所作贡献的重要性程度进行校准而实现。覆盖较大发明中一个小部件的专利应获得的许可费率比覆盖整个产品的专利获得的许可费率更低,其是作为下游销售价格的一小部分予以计算的[74]。事实上,Georgia-Pacific 检验包括法院在考虑受专利保护部件相对侵权产品的相对价值时可考虑的若干因素[75]。并且,美国联邦最高法院早就意识到,多个发明人均贡献于同一产品时,法院基于整个产品确定专利权人应获得的损害赔偿额是有问题的。法院解释道,"向陪审团指示无论专利覆盖整机亦或是对机器的改进均适用同一规则来计算损害赔偿是非常严重的错误"[76]。

该基本原理反映在笔者上面介绍的合理许可费的基准水平 $B \times V$ 中,其是基于专利特征的价值,而不是整个下游产品的价格 P,或可能会大得多的该产品获得的毛利 M。在笔者的一个案例中,产品价格为 $P=40$ 美元,专利特征的价值为 $V=1$ 美元。在具有同等的谈判技巧时,合理许可费的基准水平为每单位 0.50 美元。然而,在实践中,法院难以知悉专利特征的价值 V,许可费率通常报价为含该专利特征的产品价格的一小部

---

[72] 参见 John J. Barnhardt, III, Revisiting a Reasonable Royalty as a Measure of Damages for Patent Infringement, 86 J. PAT. & TRADEMARK OFF. SOC'Y 991,第 1001—1002 页(2004)(在假设的"合理许可费"谈判中讨论由后续事件的知识产生的影响); Edward F. Sherry & David J. Teece, Royalties, Evolving Patent Rights, and the Value of Innovation, 33 RES. POL'Y 179, 183(2004)("相比于有效性和侵权问题尚未解决的"相同"专利,经证实有效且被侵权的专利是不同的,并且是更有价值的经济商品")。

[73] 联邦巡回法院拒绝肯定地使用乘数以增加损害赔偿。参见 Mahurkar v. C. R. Bard, Inc., 79 F. 3d 1572, 1580 - 1581(Fed. Cir. 1996)(拒绝使用"去除因素"来提高合理的许可费损害以考虑诉讼费用)。但是,有理由相信,法院通过控制他们对合理许可费的认定进行这种改进。参见 Monsanto Co. v. Ralph, 382 F. 3d 1374, 1382 - 1384(Fed. Cir. 2004)(确认使用乘数以提高费率); Landers,前注 59,第 307 页;另参见 King Instruments Corp. v. Perego, 65 F. 3d 941, 951 n. 6(Fed. Cir. 1995)(批准许可费率"酌情增加"); Stickle v. Heublein, Inc., 716 F. 2d 1550, 1563(Fed. Cir. 1983)(考虑到"增加"合理许可费率以确保损害赔偿足以补偿专利权人)。Landers 对此感到不解,但在笔者看来,其补偿市场和司法许可费设定情况之间的差异有时是适当的。

[74] 参见 Donald S. Chisum, Reforming Patent Law Reform, 4 J. Marshall Rev. Intell. Prop. L. 336, 347(2005)("如果许可费是基于整个产品而不是部分,适当的许可费率应相应较低")。

[75] 参见 Georgia-Pacific Corp. v. U. S. Plywood Corp., 318 F. Supp. 1116, 1120(S. D. N. Y. 1970)(讨论因素 6(产生衍生产品或关联产品销售的发明创造的价值),9(相对于旧模式和装置的专利的优点)和 13(发明创造产生的利润部分))。

[76] Seymore v. McCormick, 57 U. S. 480, 491(1853);另参见 Westinghouse Elec. & Mfg. Co. v. Wagner Elec. & Mfg. Co., 225 U. S. 604, 614 - 615(1912)("发明创造可能与侵权者的有价值的改进或其他合适的专利结合使用,而且每个可能是共同地但是不平等地对利润有贡献。在这种情况下,如果原告专利只创造了部分利润,他只有权获得那部分净利润的赔偿")。

分。这种做法从数学的角度将每单位的使用费与整个下游产品的价格联系起来。尽管"仅仅"为产品价格的2%或3%的许可费对于专利特征来说似乎是"合理"的,但在前述案例中,这相当于每单位的许可费为0.80美元或1.20美元。这约为基准水平的两倍。

通过司法救济抵消发明创造中存在的与不受专利保护的特征,在理论上和实践上都存在诸多困难。这些困难会导致许可费率上涨,超过基准水平,并导致法院在涉及部件的专利案件中过度补偿专利权人。

第一个问题来自对行业许可费率的依赖。虽然法院致力于模拟市场,这似乎并无不妥[77],但实际上依赖私人许可交易存在一定程度的循环,因为这些交易中的许可费率本身就是根据专利权人在法院诉讼后才能获得的损害赔偿数额来设定的[78]。笔者之前的劫持分析通过假设侵权损害是基于 B×V 基准水平确定的合理许可费而避免了该问题。当法院将合理的许可费基于各方私下协商(即使各方在诉讼的影响下进行私下许可费协商,并由此受到法院确定的合理许可费水平的影响)确定的许可费时的后果[79]。这种循环带来的结果是,合理的许可费被提升至高于基准水平,而之前确定的劫持问题会"传染"法院确定的合理许可费水平。由于谈判达成的许可费反映出基于劫持的溢价,法院确定的合理许可费也是如此。这反过来又使专利持有人以自我强化的方式获得更多的谈判力量,最终放大劫持对许可费率谈判的影响[80]。

第二个问题是关于可获得的行业许可费率信息的来源问题。基于显而易见的原因,笔者依靠专家证言来确定某给定行业的实际许可费率。这些专家反过来又必须收集行业内无诉讼争议的交易的许可费数据。但大多数这样的交易是秘密的。因此,专家经常会寻找启发式的或特殊的交易,这些交易可能碰巧有可在法院上披露的信息[81],或更常见的做法是,他们转向已确定的可公开获得的许可费率的数据集合[82]。这些来源反过来

---

[77] 参见 Lawrence M. Sung, Patent Infringement Remedies 281(2003)(称该证据为"合理许可费的最强措施之一")。

[78] 在一定程度上,法院确定许可费率的裁决是基于本行业中其他法院设定许可费率的裁决的,当然,因为任何法院设定的第一个费率将最终影响所有后续的许可费率,使得这一循环更加明显。

[79] 理论上,这个循环是用既定的自我实现平衡的概念来解决的。逻辑上,考虑到法院确认的合理许可费水平,即可计算谈判的许可费率。使用法院确认的与合理许可费相关的决定以确定自愿谈判的许可费率,即可解决相互一致或者自我实现的均衡许可费率和合理许可费水平。

[80] 如果专利诉讼在剩余的专利有效期内占用大部分时间,这种放大影响是巨大的。由于诉讼所需的时间接近剩余的专利有效期,因此谈判的许可费率与法院确定的合理许可费水平之间的循环就达成了。

[81] 例如,Amy Landers 记录了在专利损害赔偿专家中有 25% 是根据"经验法则"(rule of thumb)。Landers,前注59,见第332—333 页;另参见 Ted Hagelin, Valuation of Patent Licenses, 12 Tex. Intell. Prop. L. J. 423, 425 – 429 (2004)(讨论了25%规则的局限性和专利许可评估方面的问题)。对于将该规则适当的特征视为"不合理",参见 Gregory K. Leonard & Lauren J. Stiroh, A Practical Guide to Damages, in Economic Approaches to Intellectual Property Policy, Litigation, and Management 27, 49 fig. 5, 50 – 52(Gregory K. Leonard & Lauren J. Stiroh eds. , 2005)。

[82] 这些数据的一个主要来源是 Royalty Source, http://www.royaltysource.com。

从他们唯一的可获得数据的地方——对大众开放的许可交易的二级数据库获得数据。但该二级数据库不是随机的。公开的专利许可的最重要来源是依据联邦证券法律披露的文件,如果专利许可或和解结果对任何一方的底线都是重要的,则其要求披露该专利许可或专利和解结果[83]。不足为奇的是,涉及支付大笔资金的许可协议与涉及支付小额资金、可轻易进行的许可,或交叉许可的许可协议相比,前者可能更重要,因此其更有可能在公共数据库中出现。由此看来,实际上,专家证词高估了许可费率,因为报告的许可费往往高于平均许可费。这也往往使得法院确定的许可费在基准水平之上。上述循环进一步促使了专利和解中较高的许可费率。

第三个问题在于,部件的合理许可费的确定不是依据部件销售额的百分比,而是依据部件所属的整个产品的销售额的百分比。显然,这个问题在部件行业最为突出,其中 P 和 V 在数值上差距会非常大。有时,如果专利部件的价值可以单独确定,前述问题在这些行业中也可以避免[84]。但是,在许多案例中,使用基于整个产品销售额的许可费计算得到的专利损害赔偿额并无明显的替代方案[85]。理论上说,这不是一个问题;事实认定者可以简单地确定整个产品中可归因于可专利部件部分的价值,并相应地降低许可费百分比[86]。然而在实践中,事情更复杂。首先,从利润损失案例中得出的"整体市场价值(entire market value)"规则有时会允许专利权人不仅可以获得专利部件的价值的赔偿,而且可以获得产品的其他非专利部分的价值的赔偿,如果对专利部件的需求推动了整个产品的销售的话[87]。只要专利部件确实是这个产品价值的归因部分(即如果 V 确实是 P 很重要的一部分,从而促使消费者购买该产品),那么这个规则就是合理的[88]。但是,法院有时在前述情境之外也应用了整体市场价值规则,认定只要专利部件与其他部件在功

---

[83] SEC 规则 10b-5,17C. F. R. § 240.10b-5(2007)。

[84] 例如,在 *Railroad Dynamics, Inc. v. A. Stucki Co.*, 727 F.2d 1506, 1518-1520(Fed. Cir. 1984)中,铁路货车的专利部件是单独出售的,因此虽然它是较大发明的一个部件,但法院可以将许可费定为独立销售的百分比。

[85] 参见 Blair & Cotter,前注 14,见第 215—217 页(讨论分配问题并引用了使用整体市场价值规则计算合理许可费的案例)。

[86] 例如,上述讨论的适用 *Westinghouse* 标准的法院多年来一直是这样做的。参见 Velo-Bind, Inc. v. Minn. Mining & Mfg. Co., 647 F.2d 965, 972-973(9th Cir. 1981)。

[87] 整体市场价值规则的主要案例是 *Rite-Hite Corp. v. Kelley Co.* 56 F.3d 1538, 1549-50(Fed. Cir. 1995)(其认为整体市场价值规则要求产品的非专利部件与产品的专利部件共同发挥作用以产生期望的最终结果);另参见案例 King Instruments Corp. v. Perego, 65 F.3d 941, 950 n.4(Fed. Cir. 1995)(其解释道,整体市场价值规则认识到专利的价值可能高于单独销售专利部分的价值);Hem, Inc. v. Behringer Saws, Inc., No. 00-CV-0331, 2003 WL 2321378, at *3(N. D. Okla. July 30, 2003)(应用整体市场价值规则,发现非专利的锯与受专利保护的进料台一起工作以产生期望的最终结果)。

[88] 参见案例 Fonar Corp. v. Gen. Elec. Co., 107 F.3d 1543, 1552(Fed. Cir. 1997)(认为整体市场价值规则只适用于"专利特征是客户对整机需求的基础"时)。

能上是相互关联的并且其对整个发明的价值作出了重大贡献,就足以认定其可适用该规则[89]。这一标准是错误的,因为它允许一个专利权人获得了发明的全部价值,而那些价值实际上还可能会由其他专利权人的权利要求所覆盖,或者这些价值还包括销售产品的企业的其他投入、投资或者创新产生的价值[90]。

大多数有关部件的案例都会有这个特点:该专利的价值只是大产品的一个小部分。在这种情况下,为了确定整体产品价值的正确比例,并确定作为下游产品价格一部分的适当的许可费率,法院必须确定产品中除了专利部分是否还有其他的要素和这些要素对整个产品的价值有多大贡献[91]。这样做至少需要经济学上的证据或证明人们如何评估产品的特定属性的消费者调查,以及有关专利部件替代品的证据。实际上,各方是否有能力或动机提供证据证明其他专利部件也对产品的成功有所贡献尚不明确。当然,很少看到实际案例中引入了这些证据。专利权人不会引入此类证据,因为这只会降低许可费率。被控侵权人通常也不会引入,因为该公司并不希望承认其有可能侵犯其他发明创造[92]。即使被控侵权人试图那样做,法院也不希望认可这种证据,因为这需要在损害赔偿阶段对并未被诉争的专利覆盖的产品部件的存在和价值进行附带的诉讼。在缺乏这些证据的情况下,有理由预期,名义上依靠法律对多部件产品的处理而调整许可费率将受到严重阻碍,并且部件产品的许可费率不会明显低于传统发明的许可费率。如果陪审团从来没有听说过产品总价值的其他贡献者,那么他们愿意给予他们所知的一个部件的专利相当高的许可费率也就不足为奇了。笔者在下一部分会验证这个假设。

总而言之,这些与合理许可费相关的影响加剧了笔者在第二部分和第三部分讨论的劫持问题。禁令赋予了部件行业的专利权人索要整体产品中不成比例的份额的能力。

---

[89] 参见案例 Bose Corp. v. JBL, Inc., 274 F. 3d 1354, 1361 (Fed. Cir. 2001)(解释道,当专利相关特征是客户需求的基础时,适用整体市场价值规则是适当的)。

[90] 美国联邦巡回上诉法院承认,许可费堆叠可能会影响到案例 *Integra Lifesciences I, Ltd. v. Merck KGaA*, 331 F. 3d 860, 871-72 (Fed. Cir. 2003) rev'd on other grounds, 545 U. S. 193 (2005) 中各方之间的假设谈判。对于整体市场价值规则的批评,参见 Brian Love, *Patentee Overcompensation and the Entire Market Value Rule*, 60 STAN. L. REv. (forthcoming 2007)。

[91] 法院有时进行分摊分析。参见案例 Riles v. ShellExploration & Prod. Co., 298 F. 3d 1302, 1312 (Fed. Cir. 2003); Slimfold Mfg. v. Kinkead Indus., 932 F. 2d 1453, 1458-59 (Fed. Cir. 1991); Procter & Gamble Co. v. Paragon Trade Brands, 989 F. Supp. 547, 612-613 (D. Del. 1997)。但这在现代损害赔偿判例法中是罕见的。Blair 和 Cotter 主张放弃在部件行业案件中有关分摊损害赔偿的努力,转而支持稍加改动的因果关系测试。Blair & Cotter, 前注 14, 第 232—234 页。虽然在理论上,在完备信息下完成的因果分析将考虑除了专利部件之外的部件对产品成功的贡献,笔者担心的是,消除任何非侵权部件的直接考虑将使其比现在更难准确计算专利发明的贡献。因果分析也将导致分配不公平,因为可能只有一项专利是产品成功的原因。该专利权人将获取该产品的全部价值,其他作出较少贡献的专利权人将一无所获。

[92] 标准制定背景下,可能存在一些例外情况,即一些专利持有人可能已经声明其专利为标准必要专利;请参见下文五(A)中的案例研究。

存在许多不同专利权人的事实加剧了这个问题,并导致无效率的过高的总价格。专利权人可以获得超过其对产品贡献价值许可费的事实使得专利权人在和解谈判中仍然具有更多的议价能力。这也意味着单纯解决禁令问题是不够的。即使没有禁令的威胁,损害赔偿计算中的问题也会造成劫持。

五、许可费堆叠的实证分析

本部分从理论转向实证证据。首先笔者记载在标准制定机构的新技术开发过程中,诉讼背景外的许可费堆叠问题方面的例子。然后,笔者调查法院如何确定合理的许可费以及现有法律措施在多大程度上能够解决许可费堆叠的问题。

A. 案例研究

（1）3G 蜂窝技术——针对下一代蜂窝电话的几项标准正在制定中。一个重要的标准就是 3GPP[93],更多的被人们称为宽带码分多址（Wideband Code Division Multiple Access,WCDMA）,其涉及全球移动通信系统（Global Systems for Mobile Communications,GSM）的演进。第二个重要标准是 3GPP2[94],更多的被人们称为 CDMA2000,其涉及 CDMA 的演进。

Goodman 和 Myers 仔细研究了围绕这些标准的专利情况。他们根据欧洲电信标准化协会（the European Telecommunications Standards Institute ,ETSI）和两个日本标准组织日本电波产业协会（ARIB）和电信技术委员会（TTC）的网站,审查了声称对 3G 技术必要的专利和专利申请[95]。

对于 WCDMA,根据欧洲电信标准化协会（ETSI）的报告,他们在 2004 年年初确认了 6,872 项必要专利和专利申请[96]。他们将这些专利归于 732 个"专利族"（patent families）,其中每一族成员均是 2004 年 1 月 1 日前在不同国家就同一发明所获得的专利[97]。对于 CDMA2000,根据 ARIB 和 TTC 的报告,他们确定了在 2004 年 2 月 5 日之前授权的 924 项必要专利[98]。他们将这些专利归于 527 个专利族[99],其中,有 327 个专利族同时适用于 WCDMA 和 CDMA2000[100]。这些相关专利归属于 41 个不同的公司,Qualcomm、

---

[93] 3GPP 主页,http://www.3gpp.org。
[94] 3GPP2 主页,http://www.3gpp2.org。
[95] Goodman 和 Myers,前注 4。
[96] 同上,见第 2 页。
[97] 同上,见第 3 页。
[98] 同上。
[99] 同上。
[100] Goodman 和 Myers,前注 4。

Ericsson、Nokia 和 Motorola 这四家公司拥有的专利占这些必要专利的四分之三[101]。

问题的整个范围可能比这些数字所显现的更为糟糕,这些数据仅包括加入 SSO 的企业所声明必要的专利[102]。例如,Nortel 已经向美国通信工业协会(the U. S. Telecommunications Industry Association,TIA)表明,它拥有对 CDMA2000 必要的专利,但尚未向欧洲和日本的 SSO 申报专利[103]。同样,Lucent 还没有确定其必要专利。此列表也不包括对早期标准(GSM,TDMA,CDMA)必要同时也对 WCDMA 或 CDMA2000 必要的专利[104]。另一方面,并不是所有这些专利都是真正的必要专利;一些可能只是商业上有价值,另一些可能是商业上无关紧要的[105]。

这些堆叠的许可费的总成本尚不清楚。笔者已经看到,估计其高达每部手机总价的 30%,但是其是在交叉许可谈判开始前所要求的许可费之和。Bekkers 表明,经交叉许可抵消后,手机互联网功能的专利许可成本在整个手机价格的 20% 的范围内[106]。当然,互联网功能只是构成手机成本和价值的一个特征而已。Nokia 未能成功地将互联网功能的使用费上限控制在手机价格的 5%[107]。Thelander 表示,WCDMA 技术的实际使用费可能会达到 22.5%,如果手机是双频,则还要另算 15%—20% 的 GSM 技术的使用费[108]。最重要的是,他还指出,这些只是向确定了必要专利的企业支付的许可费,并未将向重要的专利持有人(如 AT & T)的预期付款计算在内[109]。

(2)Wi-Fi——表示无线局域联网技术的电气和电子工程师协会(IEEE)802.11 系列标准。这项技术通常被称为 Wi-Fi。在这里,笔者提供一些有关声称对 Wi-Fi 必要的专利的信息。

笔者关于 Wi-Fi 的信息主要来源于 IEEE 802.11 工作组。根据 IEEE 的专利政策,IEEE 要求成员提供"专利保证书"。该保证书必须表明,该成员不会强制执行相关标准所需的任何现有或将来的专利,或者,该成员将以合理、非歧视性的条款许可任何此类专

---

[101] 同第 209 页脚注④,见第 4 页。
[102] 同上,见第 6 页。
[103] 同上。
[104] 同上。
[105] Goodman 和 Myers 在 Fairchild Resources International 的技术研究中针对所要求保护的专利是否在狭义上是必要的,即"必须实施至少一个权利要求中的每一个要素才能实施标准"进行了报告。同上。使用这一定义,约 20% 的声称必要专利被判定为真正的必要专利。同上。在本研究中的必要专利涉及 20 家企业,19 家与 WCDMA 相关,13 家与 CDMA2000 相关,12 家公司同时拥有两项标准的必要专利。同上,见第 4—5 页。
[106] Rudi Bekkers & Joel West,*The Effect of Strategic Patenting on Cumulative Innovation in UMTS Standardization* 22(Dynamics of Insts. & Mkts. in Eur.,Working Paper No. 9,Mar. 2006),参见 http://ipr.dime-eu.org/node/144。
[107] 同上。
[108] Michael W. Thelander,Michael W. Thelander,*The IPR Shell Game*,SIGNALS AHEAD,June 6,2005,第 1 页和第 7 页。
[109] 同上。

利。虽然可能存在不参与 IEEE 标准流程的必要专利的持有者，但是这些专利保证书提供了对 802.11 标准声称必要专利的最小数量和持有此类专利企业的最小数量的概念[110]。

截至 2006 年 3 月 14 日，以下公司在其保证书中列出了具体的专利或专利申请：Agere Systems（至少 8 个），Aironet Wireless Communications（1 个），Apple Corporation（2 或 3 个），AT&T（20 个），CSIRO，Cisco Systems（至少 14 个），France Telecom（很多），Golden Bridge Technology（2 个），Hitatchi（1 个），IBM（至少 1 个），Intersil（至少 4 个），Japan Radio Co.（11 个），Nokia（至少 7 个），Norand（2 个），Proxim（3 个），Spectrix（至少 1 个），TDF（很多），Toshiba（1 个），the University of California（3 个）和 VDG[111]。此外，以下大公司提供了保证书，但尚未列出具体专利号：AMD，Broadcom，Ericsson，KDD，Lucent，Motorola，NEC，Novell，Philips Semiconductors，Qualcomm，Samsung，Sanyo，Sharp，Symbol Technologies 和 Texas Instruments[112]。后列出的公司的规模表明，为实施 802.11 标准，必须许可的专利可能有几百个甚至几千个之多。

除了这些公司，Speedus 公司声称其拥有 MIMO（多输入多输出，multiple in，multiple out）的必要专利（专利号为 5,949,793），这是 802.11n 的核心技术[113]。据 Speedus 称："我们认为，任何无线通信公司都难以在不使用一项或多项我们专利技术的情况下构建系统"[114]。有报道显示，关于 MIMO，有 634 项美国专利申请，同时，美国专利商标局（USPTO）授权了 255 项专利[115]。此外，至少有一起涉及该技术的已决诉讼。该案中，Symbol Technologies 在与 802.11 标准相关的单一专利的陪审团裁决中获得了 6% 的许可费率[116]。

为了处理 802.11 产品的专利堆叠问题，Dolby 实验室的子公司 Via Licensing 一直致力于构建一个专利池，该专利池包含对 802.11 系列标准必要的大量专利。2005 年 4 月，Via Licensing 宣布，可以对 France Telecom，Fujitsu，Japan Radio Company，LG Electronics，Philips Electronics 和 Sony 拥有的必要专利进行联合许可[117]。该许可的许可费为：

---

[110] IEEE Standards Ass'n，802.11 Patent Letters of Assurance（Feb. 21，2007），http://standards.ieee.org/db/patents/pat802_ll.html（列出了 802.11 标准及其几项修正下有关专利和专利保证书的信息）。

[111] 同上。

[112] 同上。笔者不知道这些企业声称了多少 802.11 标准下的必要专利。在同一类别中也有十几家小企业。

[113] 美国专利第 5,949,793 号（1999 年 9 月 7 日提交），参见 http://www.speedus.com/patents/（参见 "View Patent Documentation" 的超链接）。

[114] Speedus Corp.，Speedus-Initiatives & Products（2006）。

[115] Ed Sutherland，WiMax，802.11n Renew Patent Debate，http://www.wifiplanet.com/columns/article.php/3495951。

[116] Symbol Techs.，Inc. v. Proxim，Inc.，No. Civ. 01 - 801 - SLR，2004 WL 1770290，at *1（D. Del. July 28，2004）。

[117] Via Licensing Corp.，Via Licensing Announces Availability of Joint Patent License for IEEE 802.11 Standard.

对每前 50 万单位的产品,每许可产品许可费为 0.55 美元;对每 1000 万到 2000 万单位的产品,每单位的许可费下降至 0.20 美元;对每 4000 万单位以上的产品,每许可产品许可费为 0.05 美元[118]。但是,当然,该许可并未涵盖该技术下的所有专利。

(3)其他例子——这些例子虽然极端,但绝非多部件产品的特例,特别是在信息技术产业。仅再列举三种情况:7 家不同的公司拥有 177 项涉及可记录 DVD 媒体的专利池[119],该专利池之外另有 5 家公司拥有其他 110 项专利[120]。当然也可能有很多其他公司。第二,多方声称拥有 MP3 音频格式的所有权,甚至那些已向看似合法的发明者方支付了许可费的公司仍被其他方起诉。最值得注意的是,虽然已经获得其他专利权人的技术许可,Miorosoft 仍因侵犯某 MP3 专利而被法院要求支付 15.2 亿美元[121]。最后,可能有多达 4000 项专利涉及射频识别装置(RFID 芯片)[122]。在后两种情况下,就像在 Wi-Fi 案例中一样,人们都力图建立专利池来聚集生产这些设备的权利,尽管 RFID 专利池本身只拥有少量必要专利的权利。而且,由于并没有要求专利权人参与这样的组织,所以无法保证一个专利池实际上可以找到并涵盖全部或者绝大部分涉及新技术的专利。例如,Layne-Farrar 和 Lerner 调查了 9 个不同的专利池,这些专利池绝大部分都是为了制定标准而存在的。他们发现,这些专利池有覆盖标准所需的相关专利的 5% 至 89% 的许可,企业参与率范围为 1% 至 58%[123]。专利池可以起到帮助作用,但显然不能单独覆盖某堆叠行业所需的所有权利。

问题比这些例子所显现的更为糟糕。笔者在本文中提及的每个案例研究所涉及的技术不是本身作为产品销售给客户。而是,这些技术本身只是较大产品的一个组成部分。人们不买 Wi-Fi 性能或 RFID 芯片;他们购买有这种功能的电脑或产品。真正衡量堆叠问题必须包括所有这些专利,并添加覆盖终端产品其他部件的所有其他专利。例如,Bruce Perens 表明,使用万维网可能涉及三十种不同的标准,每种标准都可能有各自

---

[118] ViaLicensing Corp. , IEEE 802. 11 Licensing Fees ,http://www. vialicensing. com/licensing/IEEE80211_fees. cfm(显示不同单位每年的标准许可费)。

[119] DVD 6C Patent Pool,(最后修改于 2007 年 3 月 14 日)。

[120] Layne-Farrar & Lerner,前注 51,见第 32 页表格 1。

[121] 参见如 Douglas Heingartner, Patent Fights Are a Legacy of MP3 's Tangled Origins, N. Y. TIMES, Mar. 5, 2007, at C3。该案例还说明了确定复杂产品(Windows 操作系统)中的一个部件(Windows Media Player 中使用的某些 MP3 专利)的合理许可费率的问题。

[122] 参见 Barnaby J. Feder, Consortium to Pool Radio-Tag Patents, N. Y. TIMES, Aug. 10, 2005, at C3(宣称存在超过 3,000 个 RFID 专利)。Doug Lichtman, Defensive Suspension in Standard-Setting Organizations 8(Nov. 15, 2005)(未发表的手稿),参见 http://www. law. uchicago. edu/files/lichtman/def-susp. pdf。

[123] Layne-Farrar & Lerner,前注 51,见 32 页表格 1。

要考虑的专利包[124]。这个"超堆叠问题"(met stacking problem)需要整合大量不同的标准,每个标准都有多项专利,这显然加剧了笔者讨论的许可费堆叠的问题。

B. 法院判定许可费的实证分析

笔者的第二个实证研究是对所有法院裁决所设定的合理许可费率的分析。目标是确定许可费率在行业间的差异程度,或者许可费率多大程度上取决于发明创造是否为多部件产品的一部分。通过这些数据的适用,笔者至少可以感受到,通过减少用以考虑产品其他部件的贡献而支付的许可费率,专利案件中的合理许可费规则在多大程度上成功解决了部件专利问题。笔者试图通过两种方式来解决这个问题:直接方式,即通过将某些专利划分为盖部件而不是整个系统;间接方式,即通过技术领域对专利进行分类,并注意到,某些行业与其他行业相比更有可能拥有基于部件的产品。

笔者收集了1982—2005年中期Westlaw*报告中实际上向专利权人支付了合理许可费的所有案例[125]。结果数字小得惊人,只有58例案件。这有几个原因。第一,虽然专利诉讼量明显增大,但每年进入法院的专利诉讼却相对较少,只有约100例[126]。约80%的案件以和解结案[127],另外10%—15%的案件未通过审判程序解决,通常是认定未侵权或被宣告无效[128]。对专利权人的索赔进行和解结案和预审驳回的案件未包括在笔者的数据集中。第二,在进入审判的许多案件中,专利权人败诉,因为专利被无效[129]、不可执行或未被侵权[130]。第三,专利权人胜诉的许多案件是在没有判赔损害赔偿金的情况下和解的,特别是在法官将责任审判和损害赔偿审判分开时。第四,在产生损害赔偿金的案例中,损害赔偿金通常是基于利润损失,而不是合理许可费,因此被排除在笔者的数据之

---

[124] Bruce Perens, The Problem of Software Patents in Standards, in 3 The Standards Edge: Open Season 173, 174 (Sherrie Bolin ed., 2005).

* Westlaw 为全球最大的法律出版集团汤森路透下属的专业法律数据库。——编者注

[125] 案例研究方法的描述参见本文附录 B。

[126] Moore,前注71,见第374页。

[127] Kesan & Ball,前注32,见第259页。Kesan & Ball 发现每年大约90起案件反映侵权判决。同上,见第275页。其中许多是初步裁决,其有效性或可执行性有待考证。每年只有30到50例案件产生损害赔偿。同上,见第278页。

[128] 同上。见第271页;William M. Landes, An Empirical Analysis of Intellectual Property Litigation: Some Preliminary Results, 41 HOus. L. REv. 749, 761 (2004)(注意,5.38% 的专利案件进入诉讼程序)。

[129] 所有经诉讼获得判决的专利中有46%被宣告无效。Allison & Lemley,前注71,见第205页。诉讼中,数字比这略小但仍然显著。同上,见第212页。

[130] 对于进入诉讼的案件,Kimberly Moore 发现涉及有效性问题的案件中33%的案件认定专利无效,其中涉及可执行性问题案件中27%的案件不能强制执行,涉及侵权行为的案件中35%被认定为不侵权。Moore,前注71,第390页。Moore 的数字不同于 Allison 和 Lemley,因为 Allison 和 Lemley 测试了所有报告的情况,包括即决判决和法律问题的判决,而 Moore 只测试了报道的和未报道的进入诉讼的案件。Allison & Lemley,前注71,第194—197页;Moore,前注71,第380页。

外。实际上,实际进入审判的案件中,利润损失的案件数量过多,因为这些案件涉及专利权人试图将竞争对手从市场中排除,与只寻求许可费相比,这种类型的案例更难通过和解结案。值得注意的是,为了避免偏颇,笔者在分析数据时也排除了不能清楚决定判决的依据是利润损失还是合理许可费。这进一步减少了案例的数量。最后,笔者无法评估纯粹的判决。相反,笔者的数据集仅限于法院已写明观点、公开判付许可费的部分案件,无论这些观点是作为法官审判裁判的一部分,或是陪审团审判后的的对法律问题的裁判,亦或是作为上诉法院审查损害赔偿裁判的判决。最后一个事实尤其产生了偏见,不可避免地偏离陪审团裁决并偏向法院意见[131],并且导致在笔者的数据中进入上诉程序的案件过多。这也导致了在一些书面判决中,不可能确定许可费百分比,这或许是因为裁判中没有提及,抑或是因为许可费是以每单位美元计算,因而无法确定每单位的价格[132]。笔者也排除这些情况,将可评估的案件数量从58个减至47个。

结果如下表所示。

表 裁决中的合理许可费

	数量	平均值	中位数	标准差	平均值的置信区间					
					90%		95%		99%	
总案件	47	13.13	10.00	10.63	10.59	15.68	10.09	16.17	9.15	17.12
产品分类	29	14.71	10.00	12.17	11.00	18.41	10.28	19.14	8.90	20.52
过程分类	7	11.57	11.20	5.05	8.44	14.70	7.83	15.32	6.66	16.48
部件分类	11	9.98	10.00	8.32	5.86	14.09	5.06	14.90	3.53	16.43
机械组[133]	29	15.55	15.00	11.39	12.08	19.01	11.40	19.69	10.11	20.98
电子/IT 组	8	6.49	6.47	4.65	3.79	9.19	3.27	9.72	2.26	10.72
化学/生物组	15	11.30	8.00	9.09	7.45	15.15	6.70	15.90	5.27	17.33

---

[131] 事实上,笔者数据集中的60条意见中只有8条涉及陪审团决定,这一比率远低于最终由陪审团决定的所有案件的百分比。陪审团决定中,平均许可费率为13.7%,这与所有案件的平均使用费率几乎一样。这至少提供了一些证据表明,不考虑陪审团决定可能不会明显影响本文的观点。

[132] 在可以根据每单位的当前销售价格计算许可费率时,笔者就这样做了,参见本文附录B。

[133] 由于存在符合多个类别分类标准的发明创造,本节中的数字相加超过了总数47。

续表

				平均值的置信区间			
声学	1	15.00	15.00				
汽车	3	17.50	20.00				
生物技术	2	9.60	9.60				
化学	13	11.98	8.00				
通信	1	5.94	5.94				
电脑相关	2	5.50	5.50				
电子	2	7.50	7.50				
能源	0						
力学	17	16.55	10.00				
医疗器械	7	11.36	10.00				
光学	2	10.00	10.00				
药物	0						
半导体	2	8.25	8.25				
软件	1	1.00	1.00				

所有合理许可费案件中判付的平均许可费率是侵权产品价格的13.13%。这个数字在很多专利律师看来会认为高得惊人。在没有诉讼的情形下（甚至在没有诉讼和解程序下）进行谈判的专利许可极少有接近如此高的许可费率[134]。对于经诉讼的许可费会高于谈判，有一些结构性的原因。在合理使用费的确定中，法院假设专利有效且被侵犯；现实世界中的谈判并非如此。笔者认为这种差距是对笔者在他处讨论的专利权的概率属性的实例验证[135]。在所有获得裁判的案件中可假定排除了争议标的额极小的案件，因为考虑到诉讼成本，这样的案件进入审判程序通常会不划算。这可能会推高向法院提起诉讼的案件的许可费率。尽管如此，笔者认为这些因素尚不能完全解释笔者发现的高许可费率。许可费率的差异也反映了笔者前面讨论的经济学现象[136]。

---

[134] 遗憾的是，许可通常是保密的，平均许可费没有可靠的来源。参见前注81—83及其附文。Licensing Economics Review 的一份估计显示，平均使用费率为6.7%，这低于经诉讼的许可费率的一半。*Industry Royalty Rate Data Summary*, Licensing Econ. Rev., Dec. 2005, 第6页和第7页。由于这些数据是基于对公开许可协议计算得出，因此笔者已经解释了这些数据的平均值可能远高于实际的许可费平均水平。

[135] Lemley & Shapiro, 前注25, 第95页。

[136] 它还表明，就像笔者的模型预测的一样，笔者上面确定的循环并不完整。

针对法院是否成功地给予了部件案件许可费折扣的问题，笔者对每个专利进行了评估，以查看发明是针对单独销售的整个产品还是较大集成产品的一个单独部件。这项工作需要大量的判断。相对来说只有较少的专利明确地将自己仅认定为覆盖较大产品的部件。有些在这个问题上保持沉默。另一些专利是为覆盖整个系统而撰写的，但新颖性部分仅限于本来为旧系统中的特定部件。笔者将这些权利要求归类为部件发明，以避免由于权利要求撰写的方式导致的人为差异[137]。并且，笔者只将那些许可费基础以较大产品的一部分进行计算的产品归为部件，并排除了那些单独销售的产品，因为在本文中讨论的许多许可费问题在产品单独出售时不存在。

如上表所示，事实认定者实际上判付的部件发明的许可费率较低。相比于所有发明的许可费的 13.1% 和整个产品的许可费的 14.7%，部件的许可费约为 10.0%。但这些差异是非常适当的。为了明确这些差异的适当性，考虑部件发明的许可费的降低就相当于一个多部件发明中平均少了 1.5 个部件的结论一样。显然，这未反映商业现实，至少在电信和电脑行业是这样。即使每个经诉讼的部件发明都是简单双部件产品的一部分，如果该系统按预期工作，笔者应该能够看到许可费下降得更多[138]。由于笔者知道在许多部件案例中，对产品的许多不同的发明贡献被包括在许可费基础中，因此可以合理地得出结论，为使合理许可费反映专利贡献实际价值而设计的法律原理并不奏效，至少并未完全发挥作用。

笔者还根据行业类别划分了数据集，在理论上，这可能是分析问题的另一种方式。通常认为在电子和信息技术行业中普遍存在部件发明，而在化学和生命科学方面却相对不常见，而且如果损害赔偿制度运行良好，那么在化学和生命科学领域的许可费率应显著高于前者。

笔者首先将法院判决的许可费分类至由 Allison 和 Lemley 创建的 14 个行业类别

---

[137] 这个问题在专利改革中已被证明是有争议的。2005 年秋季，两份旨在处理部件发明问题的竞争性法律草案被提交给美国国会。H. R. 2795 草案通过要求法院确定产品"创造性贡献"的价值来解决这个问题。参见 H. R. 2795, 109th Cong. § 6(1)(B)(2005)。生命科学行业的替代版本的打印件做了一个很小的变动，从"创造性贡献"改为"源自声称的发明的贡献"。Coalition for 21st Century Patent Law Reform, Coalition Draft Mark-up of Amendment in the Nature of a Substitute to H. R. 2795)(Sept. 1, 2005), http://www.fr.com/news/2005–09 14_CoalitionDraft. pdf。然而，这种变化可能会导致专利权人通过改变其对发明的诉讼请求的方式以操纵他们的损害赔偿。例如，间歇式挡风玻璃刮水器的发明者可以单独地主张刮水器，或者，可以选择主张包含间歇式挡风玻璃刮水器的汽车。发明是一样的，专利权人不应该以第二种方式而不是第一种方式提出索赔以获取更多的赔偿额。但是，药品草案可能产生这样的效果，因为"主张权利的发明"从字面上看是整个车，而不仅仅是挡风玻璃刮水器。为了避免这种形式主义，笔者已经对每个主张进行了评估，以确定创造性的部件。

[138] 虽然可以想象，这种适度的减少反映了一个合理的结论：在每一个案件中，超过所有其他部件，专利部件是专利价值最重要的体现。但笔者怀疑这并非是事实，尤其是在许多案例中，相同产品的几个不同部件均获得专利。

中[139]。这些类别比基于 PTO 分类系统划分的行业部门更有用,因为 Allison 和 Lemley 已证明后者的分类系统存在重大错误。不幸的是,笔者研究的案例数量并不大,这使得笔者无法在统计学上得出有意义的结论,因为笔者归入各类别的专利屈指可数。作为替代方案,笔者将许可费率判决大致地分为机械发明类、化学发明类和电气发明类的大组。通过统计,笔者确实发现不同的大组中判付的许可费率是有显著差异的。电子(包括信息技术)发明的平均许可费率(6.5%)最低,不到总平均水平的一半。有趣的是,化学和生物技术发明也低于平均值,平均许可费仅为 11.3%。机械发明的许可费最高,平均为 15.6%。虽然笔者需要采取一定的谨慎态度来解释这些数据——以大规模的分组串联起大量非常不同的行业——但这些数据确实表明,在多部件产品最常见的行业也具有最低的平均许可费率。正如对部件技术的直接分析一样,这些差异在一定程度上是适当的,此处仅代表任何给定产品中平均只有两个部件的情况。

因此,诉讼数据表明合理许可费规则确实适用于部件产品,但仅在有限的程度上适用。基于这些被认为很不完善的数据,该适用似乎无法在理论上和实证上彻底解决笔者前面提出的问题。特别是,高绝对许可费率和部件发明与非部件发明之间适当的差异表明,通过现有法律规定尚未完全解决与专利劫持和许可费堆叠有关的问题。事实上,为了对这一问题有所认识,考虑到过去二十五年所有行业的平均利润率为 8.3%[140]。即使部件或电子行业的"低"许可费率也已经足够高,足以使得为一项专利支付许可费有时就可以实质上拿走该产品的所有预期利润[141]。

六、政策建议

A. 限制禁令和施行暂缓

笔者已经强调了专利权人拥有的劫持能力,因为专利权人可以威胁申请禁令。虽然

---

[139] John R. Allison & Mark A. Lemley, *Who's Patenting What? An Empirical Exploration of Patent Prosecution*, 53 Vand. L. Rev. 2099, 2110 – 12 (2000).

[140] Vitaliy Katsenelson, The Profit Margin Paradigm, The Motley Fool, Mar. 1, 2006, http://www.fool.com/investing/value/2006/03/01/the-profit-margin-paradigm.aspx.

[141] 虽然利润率因行业而异,但就此相信 IT 或其他部件行业的利润率系统性的高(于其他行业)是没有道理的。以 2002 年的下述例子说明:电子/电气设备,业界营业额的领导者通用电气(GE)公司的利润率为 11.3%,利润率居最高之列。该行业内营业额位列第二的公司西门子股份公司(Siemens AG)在 IW 1000 中位列第 13 位,利润率为 2.4%。日立(Hitachi)有限公司位列第 16 位,为 1.2%。该行业内利润率最高的公司为台湾联华电子(United Microelectronics)公司。该公司在 IW 1000 中位列第 551 位,营收达 32 亿美元,利润率为 44.7%。联华电子是领先的半导体合约制造商,并与 IBM Corp. 和 Infineon Technologies AG 等其他 IW 1000 合作伙伴建立了联盟和合资公司。Richard Osborne, Industrial Strength, Indus. Wk., June 2002, at 38,42,人们不应该想的太多。首先,这些数字说明了会计利润(而不是经济利润)的一些衡量标准。此外,IT 行业的其他子集,特别是软件,可能会有更高的会计利润率。个别产品的会计利润与企业利润总额不一样,但企业利润当然只是个别产品的利润总和减去一般费用。

笔者坚持认为,这种劫持威胁给予了专利权人,特别是部件行业的专利权人过多的回报,但是,笔者认为,禁令救济的推定权利是专利法的重要组成部分。在大多数情况下,专利权人享有禁令权利是毫无问题的。

笔者强调本文中的分析明确地限于如下情况:即专利持有人在专利侵权案件中的主要商业利益是获得许可收入。笔者在此的政策建议仅与这种情况相关,即专利持有人可以要求合理的许可费而非利润损失,但并不涉及如下情形,即由于下游企业涉嫌侵权活动造成专利持有人遭受重大利润损失,并且,由此专利持有人试图利用该专利将竞争对手从市场中排除以保持其利润率。在涉及重大利润损失的情况下,笔者赞成专利持有人获得永久禁令的推定,或许可以通过暂缓执行禁令来让侵权公司重新设计它的产品。在这些情况下,永久禁令的推定是合理的,部分原因是出于公平,部分原因是出于与基于持续的基础计算和分配利润损失相关的严重困难。类似地,专利权人将其专利转让或排他许可给与侵权公司强烈竞争的人,这样的专利权人通常也应享有禁令。即使这些条件都不成立,一些禁令也不会导致劫持的风险,所以,可能的情况是,在暂缓执行禁令以允许侵权公司重新设计其产品后,即使没有达到上述任何标准的专利权人也经常会有权获得禁令。这是公平裁量权的优点:法院可以在被担保的情况下给予禁令,而不会在禁令导致的问题比解决的问题多的时候必然给予禁令。

历史上来看,美国联邦巡回上诉法院有效率地利用了专利侵权的禁令,而不考虑专利权人是否需要禁令或者基础产品禁令可能对被告造成的困难。但美国联邦最高法院在 eBayInc. v. MercExchange, L. L. C. 案中认为,地方法院有权在适当的情况下拒绝禁令[142],而一些地方法院已经对此做出反应,拒绝给予非制造专利权人禁令[143]。笔者认为,法院应考虑,当被禁令的产品包括多个部件而只有一个部件属于涉案专利的对象时拒绝发布禁令——或者至少延迟禁令的执行[144]。

拒绝禁令的另一个前提应该是被告独立开发技术,而不是从原告处抄袭技术[145]。虽然专利救济的目的应该是使得对原告的救济与其技术贡献的实际价值相匹配,但也存在一些风险,因为限制损害赔偿和禁令会鼓励不道德的公司窃取他人的技术,原因在于,如

---

[142] eBay Inc. v. MercExchange, L. L. C., 126 S. Ct. 1837, 1841 (2006).

[143] 参见例如 Paice LLC v. Toyota Motor Corp., No. 2:04 – CV – 211 – DF, 2006 WL 2385139, at * 4 (E. D. Tex. Aug. 16, 2006) (运用传统的四因素检验, 以公平的方式解救并认定不得给予禁令); z4 Techs., Inc. v. Microsoft Corp., 434 F. Supp. 2d 437, 444 (E. D. Tex. 2006) (在应用四因素检验后拒绝禁令)。

[144] 法院明确地考虑到了这个因素,拒绝禁令救济。z4, 424 F. Supp. 2d, 第 441 页。

[145] 笔者承认这有时会产生证明问题。但是在笔者的模型中,大多数感兴趣的案件中,被控侵权者在采用其技术时甚至不知道专利或专利权人,所以抄袭不会是问题所在。其他情况下,特别是涉及 FDA 批准的情况,可能会接受抄袭。

果他们被抓到,他们只需要事后支付不得不事先支付的许可费用(其被调整为以反映有效性和侵权的认定,以及可观的诉讼费用)[146]。根据现行法律,故意原则有助于阻止这种行为,但是还存在专利改革者可能会修改甚至淘汰该原则的众多问题[147]。最值得注意的是,即使被告独立开发产品,并不知晓原告专利的相关知识,在现行法律中也可能被视为故意侵权行为[148]。

如果专利持有人的权利主张是基于合理的许可费,笔者首选解决劫持的办法是让法院采取以下程序。

法院应先评估侵权企业为了避免侵犯专利权而重新设计产品的费用[149]。如果这项费用比专利技术为侵权公司产品增加的价值高,则不应发出永久禁令[150]。在这种情况下,赋予专利持有人获得禁令的权力很可能导致许可费超过专利技术的固有价值,这一结果既不公平也毫无效果。在这种情况下,如果各方不能就许可费费率达成协议,法院应计算合理的许可费费率,并确保侵权公司向专利持有人支付这些许可费。几乎所有情况下,无论如何都必须确定合理许可费费率以计算侵权企业对专利持有人的损害赔偿,这样就不会对法院或当事方造成额外的负担[151]。或者,如果重新设计成本相对于专利技术给侵权企业产品带来的价值而言不大,则法院应发布永久禁令,主要是强制各方自愿进行产品许可协商,而不是依赖法院确定适用于侵权企业未来销售的合理许可费。

然而,即使重新设计费用不高,法院也应评估侵权方重新设计产品以避免侵犯该产品一个部件的专利所需的时间延迟。如果侵权企业声称可以对专利进行规避设计,法院应当暂缓执行永久禁令,该暂缓时间应足够长以允许侵权企业有效、及时地完成重新设计,如果该重新设计存在的话。当然,侵权方需要向专利持有人就暂缓执行禁令期间销售的产品支付合理的专利许可费。有了这样的暂缓执行,基于专利产品的较大价值和与专利特征相关的较小价值之间的差距的劫持将大幅减少或消除[152]。这也消除了即使证

---

[146] 参见 Fromson v. Western Litho Plate & Supply Co. ,853 F. 2d 1568,1574 – 1576(Fed. Cir. 1988)(详细说明了这一反对意见,但似乎从中得出结论,合理的专利税率费率本身应该是提高);Panduit Corp. v. Stahlin Bros. Fibre Works,575 F. 2d 1152,1158 – 1159(6th Cir. 1978)(得出相同的结论)。

[147] 参见例如 2005 年专利法 H. R. 2795 修正案,2005 年(提议对该原则的使用施加重大限制);Lemley & Tangri,同前面注释 27(讨论了这些问题并提议对缺乏废除机制的故意原则进行限制)。

[148] 参见 Lemley & Tangri,同前注 27,第 1089—1094 页(描述了法院适用故意侵权推定的情形)。

[149] 为了评估重新设计所需的费用和时间,法院可能会有效地依赖双方就合理许可费水平做出的声明,特别是如果原告认为设计方案很困难或消耗时间或被告持有其相反的观点。

[150] 自最初设计产品时起,专利技术的价值就应该一如既往地与次佳替代方案相比而测量。重新设计成本与专利技术价值的比是笔者分析中的变量 C。

[151] 这种方法的优点之一是合理许可水平可以根据历史信息来设定,不需要根据市场状况的变化进行调整,就像专利许可通常规定许可费费率不会随着市场变化而变化一样。只有在特殊情况下才有可能精确地给予未来的利润损失,而无须用以评估随时间变化的市场条件的机制。

[152] Shapiro 探讨了暂缓执行命令在正式模型中的影响,前注 7,第 18—21 页。

明专利会被无效但下游企业需要提前重新设计产品并由此发生重新设计的成本的劫持。最终的结果是,经协商的许可费与反映了专利持有人贡献的真实价值的基准水平之间的差距缩小了。这对消费者来说是有效且有利的,并且有利于专利持有人获得至少与基于专利持有人对产品的实际贡献的保证一样大的回报。

笔者承认,在专利诉讼未解决的情况下,颁发此类暂缓执行命令将减少专利被告重新设计产品的热情。笔者认为这是好事。如果专利后来被证明无效,这样的重新设计成本将完全浪费,因此社会期望避免这种情况的发生,特别是在涉及劣质专利的情况下,确实极有可能会浪费重新设计的成本。的确,在发现专利有效和侵权之后,暂缓执行命令将会导致侵权方在一段时间内持续侵权,但笔者并不认为这对专利持有人是非常不公平的,因为侵权方将对那些侵权销售支付合理的使用费。因此,对专利持有人的不利影响并不大于在诉讼未决期间侵权造成的影响。

正如上面强调的那样,专利权人在侵犯该产品中单一部件的基础上能够获得针对整个产品的禁令,这往往会使协商的许可费费率高于专利的创造性所保证的价值。只要一直存在劫持问题,更改损害赔偿计算规则将最多只能是解决许可费堆叠问题的部分解决方案。将部件行业的专利权人的权利救济限制在其贡献的价值基础上,这样不仅要求改革损害赔偿原则,而且还要求法院至少有权拒绝或限制部件案件的禁令救济。

B. 规避设计替代方案

如果法院将其对合理许可费的估计基于对专利部件相比次优的用于制造该部件的非侵权替代方案的价值的评估,便将能够大大降低部件侵权案件中合理许可费过高的危险。毕竟,即使消费者高度评价所述部件,但如果可以使用其他非侵权性方式来制造同样好或质量基本相同的产品(非侵权产品),则专利持有人所作出的实质性贡献仍然很小。合理许可费的基准费率主要取决于相比次优替代方案的专利部件的价值[153]。在上面的分析中,产品整体的价格和利润率与专利特征的评估无关[154]。

在以利润损失作为赔偿计算标准的情况下,专利权人的损失赔偿长期以来受到非侵权替代方案可行性的限制[155]。然而,令人惊讶的是,在合理许可费情形下,使用非侵权规

---

[153] 当然,次佳技术方案也可能获得专利。适当的比较是专利权人部件成本和价值与备选方案的成本和价值之间的比较,包括在适当情况下备选方案中必须支付的专利许可费。

[154] 理论上,产品整体的价格和毛利可能与专利特征的估值相关,但只有当专利特征(与最佳非侵权性替代品相比的专利特征)加入到产品整体的单位销售时才是相关的。这可能是复杂产品所有次要部件的二阶效应,甚至是主要部件的二次效应,如果存在几乎等同的非侵权性方式来制造该部件的话。

[155] 参见 Grain Processing Corp. v. Am. Maize Prods. Co.,185 F. 3d 1341,1356(Fed. Cir. 1999)(认为在侵权期间不在市场上流通的非侵权替代品的证明仍可以限制利润损失赔偿)。

避设计来设定许可费费率的方法并未明确建立⑭。但是,这种非侵权替代方案的存在应该毫无疑问地限制专利部件的合理许可费,就像其在以利润损失作为计算标准的情形中一样。实际上,如果法院不允许在合理许可费案件中使用规避设计原则,就会导致合理许可费"最低值"高于侵权造成的实际利润损失这一不合理的结果⑮。笔者强烈建议法院,在为了确定合理许可费而对专利特征或部件进行估价时,对在产品最初设计时可以使用的非侵权规避设计方案进行考虑。特别是,联邦巡回法院应该明确指出,能够影响原告可以主张的专利许可费率的重要因素之一便是不侵权替代方案存在与否。

C. 考虑非专利部件

解决专利损害赔偿中的许可费堆叠问题的第二个关键步骤是确保事实认定者具有必要信息来评估部件发明对主张许可费基础的整个产品的价值的贡献。理论上,Georgia-Pacific 在第十三条中允许此项评估,但它并没有对此做出明确要求⑯。国会正在考虑修改专利损害赔偿法规以明确要求法院在面对部件发明时考虑销售的产品中未被涵盖在专利范围内的其他部件的重要性⑰。笔者支持此类修正案,是因为它向法官和陪审团强调专利许可费必须基于存在涉案产品的其他部件的情形下专利部件的贡献所在,而非泛泛地基于发明价值。即使它不通过,法院也拥有并应该行使在现有法律下考虑这些部件的权力。

相对于整个产品价值的其他贡献而言,关注专利部件的创造性贡献,将有助于制止专利权人因主张其部件发明属于一种更为宽泛意义上的系统发明而操纵法院调查。如果创造性贡献是一个间歇性工作的挡风玻璃刮水器,那么给予的许可费不应取决于发明人主张的是雨刷自身还是带有刮水器的汽车。在当前实践中,这两种专利主张可能会产生不同的专利许可费。这并不合理。

---

⑭ 一个似乎允许这种使用的案例是 Riles v. Shell Exploration & ProductionCo.,298 F. 3d 1302(Fed. Cir. 2002)。法院认为:Shell 还极力主张合理许可费不得超过其提议的非侵权替代安装方案和专利方法之间的成本节约……在发回重审后,地方法院为重新确定损害赔偿金,可以接受各方关于此事实问题所提交的补充证据。审判法院还可以考虑任何与非侵权替代方案相关的其他证据。同上,见 1313 页。

⑮ 诚然,没有规定说明合理许可费不能超过可证明的利润损失。参见 Monsanto Co. v. Ralph,382 F. 3d 1374,1384(Fed. Cir. 2004)(支持陪审团决定的超过任何预期利润的合理许可费)。但是,笔者认为,许可费超出专利权人通过将被告完全排除出市场而获取的利润不可能是合理的。

⑯ 另见 Paymaster Techs.,Inc. v. United States,61 Fed. Cl. 593,613(2004)("当考虑到被控设备的合理许可费时,其他涉案专利的堆叠许可费……也必须考虑在内")。

⑰ 2005 年专利法 H. R. 2795 修正案,2005 年美国第 109 届众议院司法委员会法庭、互联网和知识产权二级委员会听证会。

然而,在法律中规定考虑多部件发明中其余部分的要求只是第一步。法院也必须找出方式来考虑其他贡献的价值并且不会过度扰乱审判程序,否则将是"无意义的调查"[160]。首先,笔者认为在这种情况下,被告应该有权提供证据说明覆盖该产品其他技术特征的在先许可案例或者法院判决。如果产品的利润率为10%,则决定可给予该产品一个部件许可费的陪审团有权知道另一个法院已经要求同一被告支付销售价格的6%(即利润的60%)来获取该产品另一部件的许可。同样,如果被告已经就其他专利部件的授权许可承担了许可费,也应有权出示该证据。

但是,涉及相同产品的在先判决非常少,因为大多数案件最终都以和解结案[161]。即便存在未经诉讼程序的先前许可交易,该交易也无法为被告面临的总经济成本和专利发明的实际贡献提供全面的描述。首先,很显然,只有对产品主张权利的专利是最后一个专利,这种方式才能完美地发挥效用。当有人首次对某一特定产品主张专利侵权时,将不会存在此种在先记录。其次,许可交易经常涉及纯粹的专利使用费支付之外的条款。当事人所选取的支付方式可能是取代/除了许可费费率的一次性支付。他们可能涉及转手产品的商业交易,甚至兼并或收购。许多专利许可针对不同的产品,涉及多项专利许可,通常双向运行("交叉许可")。所有的这些许可都涉及被许可人的经济成本,但并不全都对陪审团透明。最后,只有在基础产品的部件实际是从外部采购的并且基本考虑被告自身可能具有大部分技术贡献的情形下,承认向外部第三方的支付证据才具有意义。

关注未被专利权所覆盖的部件的成本的替代方案是关注这些部件对于买受人的价值。这在原则上来说是正确的;笔者上面提到的基准完全由专利部件对买家的价值而决定,根本不取决于其他部件或销售侵权产品的公司所贡献的价值[162]。关注专利部件或特征的价值与Georgia-Pacific准则的目标以及整体市场价值规则都一致,它允许专利权人在仅以其专利技术发挥效用的整体产品的基础上征收许可费。但实际执行该规则要求法院采用指标来确定归属于该专利的价值份额。至少,法院应考虑技术专家关于专利部件对于整体产品的价值贡献的证词。但笔者认为法院应该更进一步,考虑客户关于产品

---

[160] 参见 Blair & Cotter,前注14,第215页。
[161] 参见 Landes,前注128,第769页。
[162] 为了简单起见,笔者假设上述一个专利部件的贡献价值独立于其他专利部件。若各种专利部件在创造价值时互为补充,其增值贡献总和将超过全部贡献。在这种情况下,加上多个专利部件,如果每个部件的专利许可费费率被设定为增量值(考虑到其他专利部件的存在,并与所涉部件的次佳替代方案相比较),专利许可费费率的总和将超过各专利部件的综合价值。这就是为什么在专利许可费堆叠的情况下,尤为重要的是,在考虑一件专利的合理许可费费率时也考虑同一产品内其他专利技术创造的价值以及他们的许可费。

购买原因和他们发现的有用的产品属性的调查证据[163]。法院在商标案中在评估调查证据方面具有大量经验,在排除偏见或误导方面已经做得很好[164]。他们也采纳经济专家关于所谓的特征益处回归的证词,后者依赖于部件组成和产品定价的多样性来估计其特定特征的贡献。

D. 促进许可费的私有整合

虽然通过修改法律规则来在法院中减少许可费堆叠问题具有可行性,但这么做只能间接地解决大部分未进入司法救济程序的许可费堆叠问题[165]。解决这些问题的一个方法是允许甚至促进部件产品许可费的私有整合。就覆盖产品的一个部件的专利协商许可费的各方应理性地考虑所涉专利部件的贡献、其他部件的价值(来自公司内部及其他专利权人),以及制造产品的成本。随之而来的专利协议可能很复杂。或许生产者可以设定专利许可人所能够征收的许可费费率的上限,这会导致被许可人针对单个专利权人所支付的许可费费率的降低,因为其他专利权人皆主张其对产品中的相关专利部件享有权利,这实际上降低了每一个专利权人的相对贡献。或者如果这些不可行,生产商可能会协商一个"降级"的专利许可费,向每一个权利主张人支付相比反映其专利对产品贡献较低的百分比[166]。

各公司如今可以自由协商这类事情。但他们很少这么做。问题在于,私人解决方案只影响那些选择参与私人订购计划的人,并且专利权人并没有如此行事的动机。在某些情况下,交叉许可和专利池将有所帮助,但是在与非生产者的专利权人交易时,私人解决方案价值不大。这反映出了与古诺互补问题相关的潜在的紧张局势和外部因素。而且,正如笔者所看到的那样,当前的法律允许专利持有人获取与其贡献不成比例的利润份额,因此他们没有理由同意这种安排。但如果笔者寻求解决这个问题,即把专利发明的救济与贡献相匹配,而不是允许专利权人获取更多,那么,议价威胁点至少将会朝着减缓存在于多专利中固有的古诺互补效应的方向改变。

涵盖行业标准的专利面临着更加困难的问题。当一个行业的竞争对手聚在一起讨论

---

[163] 至少有一个法院采纳了这种证据。参见 Applera Corp. v. MJ Research, Inc., No. 3:98CV1201(JBA), 2004 WL 914253, at *1(D. Conn. Mar. 11, 2004)。有关这样的调查如何发挥作用的讨论,参见 Eugene P. Ericksen & Sarah M. Butler, *The Use of Surveys in Intellectual Property Disputes*, in Economic Approaches to Intellectual Property 125, 136-39(Gregory K. Leonard & Lauren J. Stiroh eds., 2005)。

[164] 关于商标法中调查的复杂性和使用情况,请参见 5 J. Thomas McCarthy, Trademarks and Unfair Competition § §32:158-:196(4th ed. 2006)。

[165] 这并不是说损害赔偿的改革对无诉讼判决的案件没有影响。正如笔者在上文第二部分中讨论的那样,专利许可协商中设定的许可费很大程度上是由专利权所有人可以通过审判获得的结果而获得的。所以改变这些救济办法将影响协商的许可费费率。

[166] 关于降级系统以及其他替代方案可能如何起作用的简要讨论,参见 Lemley,前注45,第160—167页。

他们将要生产的产品时,例如在 SSO 中,反垄断问题自然而然就出现了[167]。只有当组织中的参加者必须讨论专利许可的价格时,这些问题才会被重视。事实上,很多 SSO 出于反垄断担心甚至拒绝允许讨论专利许可费费率,而是依靠对于"合理、无歧视"条款做出模糊的许可承诺[168]。据笔者所知,没有 SSO 试图实行许可费上限或降级许可费制度,由于此两者不仅涉及价格讨论亦涉及价格协议,因此两者都可能会导致反垄断法的适用。

显然,如果 SSO 不知道专利技术的实行成本,那么便无法就专利技术的成本和效益做出明智的决策。除非拥有覆盖特定技术的专利中的每个专利权人都是 SSO 的参与者,否则即便 SSO 成员披露许可价格也不足以说明授权该技术所需的所有权利的真实成本。反垄断法至少应允许 SSO 确定哪些参与者拥有涵盖标准的专利以及他们为这些专利提供哪些许可条款。在某些情况下,反垄断法应进一步允许集体协商许可费费率。如果不这样做,技术会受到专利权和阻挡位置的严重阻碍,从而使得标准将很难在市场中推广,此时,此类谈判很可能会促进竞争。

E. 专利质量和授权后异议

笔者的分析提示人们注意那些未正确授权专利所引发的经济成本。提高专利质量将会减少在此提及的许多与劣质专利、劫持和禁令威胁有关的成本,简单来讲,是因为它将移除一些产生这些成本的专利。至少在以下程度上,改进后的授权后异议程序将也有所帮助:覆盖重要商业技术的劣质专利被用来威胁下游企业具有禁令风险时,防止该专利仍生效。但很重要的是,要认识到,没有任何预期的专利质量改革能彻底解决与专利有效性有关的不确定性问题或者是专利堆叠问题,因此此处所言的提高专利质量无法单独解决上文所提及的专利劫持和许可费堆叠问题。

七、结论

专利对创新是重要的。但是在一些过分受到专利扼制并且专利劫持成为严重风险的行业中,它们可能会阻碍创新。专利政策的目标应该是确保专利权人可以从他们的技术中获得回报,但专利许可费与专利权人的实际贡献应当有合理关系。本文中的谈判模型和实证调查均表明,根据现行法律,其专利仅仅是较大产品中的一个部件时,专利权人会被系统性地过度补偿。

---

[167] 关于标准制定中反垄断问题的一般性讨论,请参见 2 Herbert Hovenkamp et al., IP and Antitrust, at 35-1 to -71(2007));Joseph Farrell et al., *Standard Setting, Patents and Hold-Up*, 75 Antitrust L. J. (forthcoming 2007),可在 http://faculty.haas.berkeley.edu/shapiro/standards2007.pdf 获得;以及 Mark A. Lemley, *Intellectual Property Rights and Standard-Setting Organizations*, 90 Cal. L. Rev. 1889(2002)。

[168] 参见 Lemley,前注 167,见 1965 & n. 320(引用 IEEE 的例子)。

基于合理许可费来计算专利损害赔偿是用于赔偿专利所有人因侵权而遭受的损失，而不是惩罚或制止侵权行为，甚至是剥夺效率高的侵权者从侵权中获得的全部利润[169]。但计算合理许可费，尤其是计算部件发明的合理许可费的方式，已经使得它们成为一种工具，使专利权人获取超过其在被告利润率中的公平份额。为了使拥有专利的原告从事机会主义劫持的动机降低，将合理许可费计算与其补偿专利权人的目的相匹配，在这方面还有很长的路要走。

然而，为了更加有效地解决问题，损害赔偿制度的改革必须同时解决禁令产生的专利劫持问题。本文的模型表明，劫持问题在专利案件中可能会非常明显，但一个相对简易的步骤也将大大缓解该问题，即在涉及合理许可费而非利润损失的案件中，如果侵权者能够对专利进行规避设计，则中止禁令救济一段时间，以便允许侵权者进行该规避设计。美国联邦最高法院在 eBay Inc. 诉 MercExchange, L. L. C. 诉讼案中的判决也承诺通过减少常规或自动适用永久禁令来帮助解决专利劫持问题，但现在判断其影响如何还为时过早。这些改革将有助于重新平衡专利制度，并确保其提高而非阻碍包括信息技术领域在内的部件行业的创新。

附录 A：许可费堆叠与线性需求

笔者在此探讨了在每个专利持有人所收取的许可费受到较高的、按产量支付的许可费（running royalty）导致的产出下降的限制的情况下，许可费堆叠的影响。在正文中，分析了对每个专利持有人收取的许可费的限制源于下游企业的重新设计产品或对专利提起诉讼的威胁的情况，此处对正文中的分析进行了补充。

总的来讲，由较高的、按产量支付的许可费的产出减少所导致的对专利持有人的限制，取决于下游企业所面临的需求曲线。简明起见，为了说明起作用的主要经济因素，笔者在此假设下游企业面临一个线性需求曲线：$X = A + V - P$，其中 X 是下游企业的产出，P 是下游企业的价格。参数 A 反映了不包含专利特征的产品的价值。变量 V 代表由相关专利特征对产品添附的整体价值。在考虑任何许可费之前，下游企业的边际成本等于 C。

专利权人 i 拥有专利 i，其具有使产品添附了价值 v_i 的特征。为了简单起见，笔者做一个强假设，即专利特征在技术上是独立的，因此 $V = \sum_{i=1}^{N} V_i$，该产品已被设计为包括所有 N 个特征。

---

[169] 参见 Blair & Cotter，前注 14，第 12 页（注意到了这一事实，但仍质疑其是否有意义）。

第一个基准是,事后认为最好的结果。这涉及了下游价格等于边际成本 C,这意味着产出水平为:

$$X^F = A + V - C。$$

第二个基准是,产出将由一家掌握所有 N 个专利的一体化公司产生。这家公司拥有一定的市场支配力,最大化(P – C)(A + V – P),这意味着价格 P' = [A + V + C]/2 和"一体化公司"的产出为:

$$X' = [A + V - C]/2 = X^F/2$$

第三个基准来自,单一公司控制全部 N 个专利,但是和下游不是一体化的,而是设定简单的、统一的价格,即使用线性的按产量支付的许可费。如果单个专利持有人要收取集合的许可费率 R,并且如果下游企业愿意支付该许可费而不是重新设计其产品或进行诉讼,那么下游企业将使(P – C – R)(A + V – P)最大化,其中下游价格为 P(R) = [A + V + C + R]/2,相应的数量为 X(R) = A + V – P(R) = [(A + V) – (C + R)]/2。专利持有人在此情况下设定 R 以使 RX(R)最大化,这意味着集合的许可费率为 R^D = (A + V – C)/2,这导致"双重边际效应"产出水平为:

$$X^D = X(R^D) = (A + V - C)/4 = X^I/2 = X^F/4$$

笔者现在将考虑在专利持有人之间的许可费设定博弈。笔者将此种博弈模拟为同时运动许可费设定博弈,这是对于古诺互补的标准处理。将专利权人 i 的许可费率定义为 r_i,并且总计或"堆叠"许可费率为 $R = \sum_{i=1}^{N} r_i$。如上所述,如果下游企业支付总计许可费率 R 而不是进行诉讼,下游企业会将价格设定为 P(R) = [A + V + C + R]/2,并产生 X(R) = A + V – P(R) = [(A + V) – (C + R)]/2 的产出单位。

专利权人 i 设定 r_i 以最大化 $r_i X(R) = r_i[(A + V) – (C + R)]/2$。$r_i$ 的一阶条件由 (A + V) – (C + R) – r_i = 0 得出。为了简单起见,笔者采用对称形式,因此,对于所有 i,v_i v,并且 V = Nv。在对称公式中,对于所有 i,r_i = r,并且必然得出 R = Nr。因此,r_i 的一阶条件成为了(A + V) – (C + Nr) = r,这意味着 r = (A + V – C)/(N + 1),所以集合或"堆叠"许可费率等于 R^S = N(A + V – C)/(N + 1),其相应的产出水平为

$$X^S = \frac{A + V - C}{2(N + 1)} = \frac{2}{N + 1} X^D$$

当然,如果只有一项专利,N = 1,那么便只有一个专利持有人,并且这一产出水平与双重边际效应下的产出水平相同。然而,随着专利的增多,产出会下降,并且 $X^S < X^D$。例如,有三名专利持有人时,N = 3,则 $X^S = X^D/2$。一般来说,根据古诺互补理论,对于给定水平的 V,专利持有人数量增加时产出会下降。在这个特定的模型中,随着专利持有人数量增加,产出几近于 0。换句话说,当有大量的专利持有人时,集合的许可费将达到

一个点,使得下游企业开始受到威胁重新设计产品,从而回到笔者在正文中所考虑的情况。然而,即便在那种情况下,仍需要在专利持有者之间进行一些协调以避免堆叠的许可费率过高而导致下游企业破产的后果。

读者可能会好奇,假设每个专利持有人都贡献了有价值的技术,许可费堆叠为何会造成这么严重的问题:对于集合价值 V,每个专利 i 都向产品添附了价值 v_i。问题是,在劫持和机会主义存在的情况下,每个专利都能够收取超过其专利技术价值的许可费。在模型的参数方面,如果重新设计的成本昂贵,没有理由必须保持约束条件 $r_i ≤ v_i$。实际上,在上述使用的模型中,每个专利所有人都设定了许可费率 r = R^s/N = (A + V − C)/(N + 1)。将 V = Nv 代入,则 r = (A + Nv − C)/(N + 1),其可以很容易超过 v。实际上,当且仅当 A − C > v(相对较弱的条件,只需使非侵权产品的需求截距(demand intercept)减去边际成本 A − C 大于每个专利持有人的贡献价值)时,才会得到 r > v。如果有许多涉及产品的次要特征的专利,这一条件是容易满足的,因此 v 较小。

附录 B:案例收集方法

- 使用 Westlaw 关键词检索,笔者检索了引用 Georgia-Pacific v. U. S. Plywood,318 F. Supp. 1116(S. D. N. Y. 1970)的全部案例。

- Westlaw 关键词检索列出了截至 2005 年 2 月 25 日的有关 Georgia-Pacific 的 189 个案例。

- 在这最初的 189 个案例中,以下类型的案例被排除:

  - 与经过证据开示(discovery)的诉讼有关的案例,包括请求法院强迫对方给予配合的动议(motions to compel)、防止偏见的动议(motions in limine)等;
  - 被宣判侵权不成立的案例;
  - 破产、税收、商标等非专利案例;
  - 无最终结论的案例,例如,发回重审的案例;
  - 判定了责任但尚未确定损害赔偿额的案例;
  - 判定了利润损失而非合理许可费的案例;以及
  - 在 1983 年或 1983 年之前作出判决的案例。

- 因此,其余未被排除的案件为专利案件,其中:

  - 判定侵权成立;
  - 判定合理许可费;
  - 判决被维持或者未被上诉;以及

■ 于 1983 年之后作出判决。

• 最终数据集包括 58 件案例。

• 在这 58 件案例中,其中 11 件获得了合理的许可费,但并未将许可费表述为购买价格的百分比。

• 因此,"有效"数据集由 47 件案例组成,并从中进行了汇总统计。

禁令救济规则

标准必要专利：FRAND 承诺、禁令以及智能手机战[*]

Alison Jones[**]

关键词：费率的确定、专利价值、禁令救济、经济产业、许可费堆叠、行业累计费率、分摊原则、组合价值、披露义务、专利劫持、反向劫持、滥用市场支配地位、反垄断、华为规则

一、引言

在 2013 年的华为（Huawei）诉中兴（ZTE）一案中，杜塞尔多夫地方法院曾就案件相关问题向欧洲法院（ECJ）进行了咨询。[①] 其咨询的具体问题为，专利权人——即在本案中承诺按照公平、合理和无歧视（FRAND）条款向任何第三方许可其标准必要专利（SEP）的持有人——针对被控侵犯其专利权的潜在被许可人请求禁令的行为是否会违反《欧盟运行条约》（TFEU）第 102 条的规定，构成滥用市场支配地位。如果是，那么以上行为在何种情况下构成专利权人的滥用市场支配地位。本案在反垄断法和专利法交叉领域提出了大量有待解决的棘手问题。尤其是以下问题，即以竞争法来对排他专利权进行干预是否合理，如果合理，那么这种合理干预适用于何种情况。

本文第二部分和第三部分首先详细探讨了案件背景，案件背景对于理解相关问题及其解答至关重要。这两部分列出了引发"华为案"纠纷的因素，并探讨了一些核心案例，在这些案例中，欧盟对于受 FRAND 承诺约束的 SEP 持有人提出的禁令申请持非常谨慎的态度。由此可见，国家法院和欧盟委员会的动态显示它们均支持一个相当

---

[*] 本文原文载于《欧洲竞争杂志》（European Competition Journal）2014 年第 10 卷，第 1—36 页，4 月出版，中文译文已获得版权方授权。

[**] Alison Jones 为伦敦国王学院法学教授。作者感谢 Kirsten Edwards Warren、Liza Lovdahl-Gormsen 和 Brenda Sufrin 在本文初稿阶段提出的有益意见。

[①] C – 170/13（等待判决）。（作者成文时，该案尚未判决，欧洲法院于 2015 年 7 月 16 日对该案作出判决，判决书可参阅马一德主编：《FRAND 案例精选》（第二卷），第 24—35 页，科学出版社 2018 年版。——编者注）

— 259 —

广泛的共识,即通常情况下,对于已承诺按照 FRAND 条款许可其专利的 SEP 持有人,不应授予其针对愿意接受 FRAND 许可的潜在被许可人的禁令,以免损害 FRAND 承诺的目标。尽管如此,SEP 持有人还是可以利用德国更为有利的法院程序来获得禁令,以在德国保护其 SEP 并防止标准实施人进行专利侵权。上述核心案件对德国甚至整个欧洲的实施者都具有启示和影响。然而,杜塞尔多夫地方法院之所以向欧洲法院寻求帮助,却是基于对以下问题的担忧,即 SEP 持有人的行为是否符合《欧盟运行条约》第 102 条的规定。

基于第二、第三部分的案件背景,第四部分分析了"华为案"中被提交给欧洲法院的问题,并思考了欧洲法院会如何解答这些问题。第四部分提出,虽然欧盟的判例并没有对该问题给出明确的解决方案,但是可以用法理学中的一些指导原则来对相关问题做出解答。第五部分则得出以下结论:即使本案的争议问题得到了解决,其他紧迫且棘手的问题依然亟待解决。鉴于 FRAND 义务使 SEP 持有者和实施者在一些根本问题上产生了大量分歧,建立快速高效的 FRAND 争议解决机制从而实现 SEP 持有人和实施者之间的互利就显得至关重要。

二、背景

1. 设立标准的益处和风险

许多行业,特别是计算机、通信和电子类行业[②]的顺利运营均依赖于标准制定组织(standard-setting organisation,SSO)内的行业参与者制定、协商和约定的"技术或质量要求"[③]相关标准。因此,标准制定组织在若干层面提供了促进实现消费者福利目标的机会。[④] 通过确保不同制造商的产品或组件在系统内的兼容性和互操作性,它们允许并鼓励新产品和改良产品的开发,促进市场的扩大并提高所有产品的实用性。此外,标准的制定可以通过减少技术方面无谓的支出和降低消费者的成本的方式来优化生产商间的竞争。参与标准制定的公司不仅可以通过生产实施标准的商品获益,而且可以将专利技

[②] 许多制造商(如移动电话、CD、DVD、计算机存储器、计算机接口、USB 存储器、音频图像和视频压缩、蓝牙、半导体、汽车工业、生物医学、航空航天、航运业)依赖于对行业标准的遵循以获得其产品的生存力。事实上,标准的确"在市场上普遍存在",参见美国国家研究委员会:《全球经济中标准设定的专利挑战:信息和通信技术的经验》,美国国家学术委员会出版社 2013 年版。

[③] 欧盟关于横向合作协议适用《欧盟运行条约》第 101 条的指南[2011] OJ C11/01(Horizontal Cooperation Guidelines),第 257 段。

[④] *Broadcom Corp v Qualcomm Inc* 501 F 3d 297(3d Cir 2007),308-09.

术（对标准有贡献且必要）——SEP许可给实施者而受益。⑤

尽管具有促进竞争的潜力，但是近年来，这些组织及其参与者的实践活动已经成为反垄断领域的焦点。不仅标准化协议本身需要经过仔细审查以确定它们是否真的能够促进竞争，或者是否有可能限制竞争，例如排斥拥有竞争技术的竞争对手，⑥而且近来有人担忧企业参与具有立法性质的标准制定过程⑦可能引发反垄断问题。尤其是，标准制定过程的一个核心特征是，虽然实现互操作性能够满足公共利益，但同时它也会制造壁垒并且使一个或多个持有SEP的企业获得市场支配力并实现对标准的控制，⑧从而排除竞争技术⑨并使其落入旨在劫持和排除下游竞争对手的"专利伏击"或"后标准化"实践。例如，人们一直担心：

- 至少在过去，标准制定过程是受到控制的，或者有些公司在标准化过程中未对相关专利的存在进行披露或曾经有过某些不当行为（参见欧盟委员会和美国联邦贸易委员会诉Rambus案）；⑩和/或
- 持有一项或多项SEP的公司将其（新获得的或扩大的）市场支配力用作劫持实施者的机制，并且通过以下行为对下游市场产品/服务的创新和质量、种类及成本⑪施加不利影响，例如：

---

⑤ 实施者可能参与或可能没有参与标准制定。在智能手机领域，"较新的"参与者，如Apple和Microsoft，无法像老牌手机厂商（如Nokia、Motorola和Ericsson）一样在电信标准制定过程中将它们的技术纳入电信标准，见本文二.1部分。

⑥ 虽然他们提供了提高效率的机会，但从另一方面来讲他们也可以通过定义标准来消除替代技术的竞争，限制未来技术可能给他们带来的竞争约束，当然也可以为此类协议的缔约方提供排除或区别对待其他企业/技术的机会。参见 Horizontal Cooperation Guidelines，前注3，第264－268与273－276段；COMP／35.691，*Pre-Insulated Pipe Cartel*［1999］OJ L 24/1，para 147；Case 96/82 etc *IAZ v Commission*［1983］ECR 3369；*Allied Tube Conduit Corp v Indian Head*，*Inc* 486 US 492(1998)。

⑦ 可能与未参与标准制定过程的其他方或实施者有着不同的利益。

⑧ 标准制定过程可能会给相关技术市场中的大量SEP持有人带来可观的市场支配力，因为一旦标准定立，实施者就不可能从SEP转向竞争技术：如前注4中的高通（Quadcomm）案。相比之下，在标准制定以前，替代性竞争技术无法超过竞争价格，参见 P Chappatte，Frand Commitments—the Case for Antitrust Intervention，(2009) 5 *European Competition Journal* 319，325。

⑨ 案例COMP/38.636 Rambus，2009年12月9日（承诺裁定）；关于Rambus承诺裁定的FAQ新闻稿，MEMO IP/09/544；另参见G Piesiewicz and R Schellingerhour,"Intellectual Property Rights in Standard Setting from a Competition Law Perspective,"(2007) 3 *Competition Policy Newsletter* 36。

⑩ 欧盟的相关案例，可参见 Rambus 案 IP／09／1897与2010年1月15日 Hynix 诉状的驳回，Hynix 诉欧盟委员会的二审案件 T－149／10；时任欧盟竞争委员会委员 N Kroes 所做的讲话"开放地看待标准（Being Open about Standards）"，讲话08/317(2008年6月10日)。另见 Rambus FTC Docket No 9305(2 August 2005)，reversed Rambus v FTC 522 F. 3d 456(2008)，cert denied 129 S Ct 1318(2009)；FTC v Bosch Consent Order of 23 April 2013，Docket No C－4377。

⑪ 参见 Chappatte，前注8，第334页（对客户而言，过高的费率对消费者意味着价格上涨）。

- 拒绝许可实施者（这些实施者被锁定到标准[12]，并且为符合标准要求，可能已经做出具体且重大的沉没投资）；或

- 以不合理（超出"专利持有者的真正贡献"[13]）或歧视性条件[14]同实施者订立许可协议；和/或

- 许可费堆叠，这是因为一个产品或其中的一个组件上包含大量互补 SEP，并且每个 SEP 持有人都会收取许可费，当所有许可费累计在一起时大大超出了拥有所有相关专利（或标准）的单个所有者所收取的许可费以及/或超过了在下游市场运营的经济可行水平。

这些问题在移动电信行业尤为普遍，该行业涉及大量的专利（普通智能手机上估计至少有 250,000 项 SEP 与非 SEP[15]）、专利持有人和通信标准，[16]这些标准覆盖全球并且持续相当长的时间，而且转换到另一种标准的成本通常都高得惊人。[17]"一旦电信运营商投资建设了相关基础设施，便被锁定在了一个标准上"[18]。结果就是面对标准必要技术所有者的专利维权，即使该技术是标准中很小或很弱的一部分（即如果被提起无效诉讼，很可能会被判无效），它仍然可能威胁到下游市场实施者的成功运营，从而影响该市场上的价格、创新与选择。正如一位作者所指出的：[19]

"一个复杂多组件产品上的一个组件中包含的一个非重要专利的所有者得以针对整个产品的制造和销售寻求禁令，这就加剧了'古诺互补（Cournot Complement）'

---

[12] 一种技术被纳入标准之后，实施者通常无法规避该专利，因此，SEP 可以带来巨大劫持权力：见前注 8 以及下文四.1 部分。

[13] M Lemley, C Shapiro：Patent Holdup and Royalty Stacking, (2007) 85 *Texas Law Review* 1991, 1993。2009 年 11 月，欧盟委员会结束了对 Qualcomm 公司的调查，该调查针对 Qualcomm 公司现已成为行业标准一部分的专利技术所收取的不合理的高额使用费展开，请参阅 http://ec.europa.eu/competition/antitrust/cases/index/by_nr_78.html#i39_247；*Negotiated-Data Solution LLC* FTC No 051 0094 (2008)。

[14] 参见 M Mariniello, "Fair, Reasonable and Non-discriminatory (FRAND) Terms: A Challenge for Competition Authorities" (2011) 7 *Journal of Competition Law & Economics* 523；DW Carlton and AL Shampine, "An Economic Interpretation of FRAND" (2013) 9 *Journal of Competition Law & Economics* 531。

[15] 参见 J Kattan, "FRAND Wars and Section 2" (2013) 27 (3) *Antitrust* 30, 31。

[16] 一份报告显示，GSM 和 UMTS 标准已披露的专利超过 23,500 项。参见 R Bekkers, A Martinelli, "Knowledge Positions in High-tech Markets: Trajectories, Standards, Strategies and True Innovators" (2012) 79 *Technological Forecasting and Social Change* 1192, 1205。

[17] 参见 Chappatte, 前注 8，第 321 及 326 页。

[18] 同上，第 333 页。

[19] 参见 Kattan, 前注 15，第 31 页（事实上，迄今为止，在唯一一次针对 F/RAND 价格进行确定的司法判决中，SEP 所有者要求的 F/RAND 价格是法院为与 Wi-Fi 标准相关专利最终确定 F/RAND 价格的 100 倍）。该判决参考的案例是第 C10-1823JLR 号案，*Microsoft Corp v Motorola* (WD Wash, 25 April 2013)（F/RAND 价格裁决），也可参阅最新第 11 C 9308 号案 *Innovatio IP Ventures Patent Litigation* (ND Illinois, 27 September 2013)；下文第五部分；J Kattan, "C Wood, Standard Essential Patents and the Problem of Hold-Up", *An Antitrust Tribute Liber Amicorum*, Vol II (Institute of Competition Law, 2013)。

问题。因此，即使一个很弱的专利也可以利用被告人害怕其产品被陪审团判定为侵权的弱点而收取高额专利许可费。这可以从一些报道的 SEP 持有人费率要求中看出来，他们仅基于产品一两个组件上的少量 SEP 要求成品售价 2% 以上的许可费。"

2. FRAND 许可承诺

为了最小化上述风险，许多或者说大部分标准制定组织在竞争监管机构和竞争法的鼓励和/或强制约束下，要求参与公司披露 SEP，并且，作为参与标准制定的一个条件，要求公司承诺免费许可任何 SEP 或更普遍地按照公平、合理与非歧视（FRAND）或合理非歧视（RAND）[20]条款进行许可[21]。实际上，欧盟委员会[22]已经强调了公平和公开地获取和使用标准的重要性，并声明：

"为确保标准的有效使用，知识产权政策会要求那些想要将其知识产权纳入标准的参与者以书面形式做出不可撤销的承诺，注明他们将按照公平、合理和非歧视条款向所有第三方许可他们的必要知识产权（'FRAND 承诺'）……"

标准制定组织的成员整体上都会因下述保证而受益，即个体 SEP 持有人不会利用市场支配力来进行劫持或损害该标准的成功以及消费者对该标准的认同。因此，FRAND 承诺防止了 SEP 所有人的私人利益最大化，这些 SEP 所有人：

"可能会阻碍标准的成功，通过提高价格和降低产出来减少其他 SEP 所有者和实施者的利润并减少消费者盈余。因为许多 SEP 所有者都有私人动机收取总体上拉低 SEP 所有者与实施者等福利的专利许可费，这些有关方发现自己处于一个类似囚徒困境的战略形势，除非 SEP 所有者可以可靠地做出事前承诺以约束其事后机会主义行为，否则他们面临的情况可能会更糟。"[23]

个体 SEP 持有人也会受益，因为即使他们自愿同意"放弃他们作为专利所有人所应

---

[20] 可以说，"公平"一词没有要求条款必须是合理的；RAND 和 FRAND 都只是反映了专利权人应收取反映其所提供技术价值的专利许可费的要求。参见 J Farrell, J Hayes, C Shapiro and T Sullivan, "Standard Setting, Patents, and Hold-up" (2007) 74 *Antitrust Law Journal* 603。

[21] 请参阅前注 2 中对 SSO 与 IPR 问题区分方法的探讨。

[22] 参见 Horizontal Cooperation Guidelines，前注 3、第 279 与 285 段。另见后注 67；《欧洲电信标准化协会知识产权政策》(ETSI IPR Policy) 第 6 款确定，为确保 FRAND 承诺的有效性，参与标准制定并做出该承诺的知识产权持有人，必须确保任何其知识产权的被转让公司都受该承诺的约束；R Hesse, Six 'Small' Proposals for SSOs before Lunch，为 ITU-T 专利圆桌会议准备的发言，日内瓦，2012 年 10 月 10 日，就有益于竞争和减小 SEP 实施风险的 SSO 政策修改提供提案。

[23] JJ Ratliff, DL Rubinfeld, "The Use and Threat of Injunctions in the RAND Context" (2013) 9(1) *Journal of Competition Law & Economics* 1, 5。

有的某些法定权利"[24]，并以合理的专利许可费率许可他们的标准化技术，但可以预见的是，他们纳入标准的专利将会有更大的许可需求（标准用户都会被要求缴纳专利许可费）。

例如，欧洲电信标准化协会（ETSI）设立了标准，以确保信息和通信技术行业（包括 GSM、3G 或 UMTS 和 4G 或 LTE 标准）中的产品具备兼容性和互操作性，其知识产权政策[25]规定：每个成员均应通过合理努力告知 ETSI 其必要的知识产权或者其提案被标准采纳时哪项知识产权是必要的，并按照 FRAND 条款就所述知识产权授予不可撤销的许可。[26]

3. FRAND 许可承诺的局限性与标准制定组织的规则

虽然 FRAND 承诺对于保证标准的成功和最大程度降低被劫持风险具有重要意义，但众所周知的是，它们并未防止实践中出现的问题。目前，对于许多复杂问题，许多标准制定组织的规则并未给出确切的答案，其中包括：

- 如何识别有效专利并迅速清理无效主张；
- 如何检测与 SEP 组合有关的侵权行为（如何确定是否已经做出了过度的必要性声明）；
- 从一开始[27]或者在 SEP 转让给第三方以后，FRAND 承诺是否能够执行，以及如何执行；[28]
- 如何实现对 FRAND 许可费的精确评估（通常不是由标准制定组织确定的，并且专利权人和实施人——尤其是那些不拥有 SEP（或重要的 SEP 组合）的"纯"实施人可能会在这个问题上持有不同意见）；并且
- 当针对这些问题的谈判破裂时，会出现什么情况。谈判破裂的原因可以有以下几种：SEP 持有人要求过多的或"不公平"的条款；[29]实施者拒绝支付合理的专

---

[24] JJ Ratliff, DL Rubinfeld,"The Use and Threat of Injunctions in the RAND Context"(2013)9(1) *Journal of Competition Law & Economics* 1,5.

[25] 对于其他 SSO 的知识产权政策的探讨，可参见前注 2 和前注 8。

[26] 见《欧洲电信标准化协会知识产权政策》，第 4.1 与 6.1 款。

[27] 在 Microsoft 诉 Motorola 案中（见前注 19），Robart 法官认为实施者可以像合同受益人一样信任该合同。相比之下，德国法院会定期发布 FRAND 许可公告，这些公告不会导致合同义务的产生，但具有宣告性，并且不会颁发超出竞争法规定的义务范围的许可证。参见 *General Instrument Corp v Microsoft Deutschland GmbH* Regional Court of Mannheim,2nd Civil Division,2 May 2012,file no 2 O 240/11。

[28] 参见如 *In re N-Data*（FTC,2008 年 9 月 22 日）。另见 Google/Motorola 与洛 Rockstar consortium/Nortel 兼并的评估、US DOJ：Statement on its Decision to Close its Investigations of Google Inc.'s Acquisition of Motorola Mobility Holdings Inc and the Acquisition of Certain Patents by Apple Inc,Microsoft Corp and Research in Motion Ltd（2013 年 2 月 13 日），通过以下链接获取文章：http://www.justice.gov/opa/pr/2012/February/12 – at – 210.html（作者于 2013 年 12 月 24 日访问）；2012 年 2 月 13 日，COMP/M.6381 GoogleMotorola 移动技术公司。

[29] *Qualcomm Inc v Broadcom Corp* 539 F Supp 2d 1214(SD Cal 2007)。

利许可费;和/或各方仅就 FRAND 许可费无法达成一致。具体来说,即使 SEP 的所有者已自愿做出承诺按照 FRAND 条款向所有相关方许可其专利技术,在谈判进程停滞不前的情况下,SEP 所有人是否可以针对使用标准并因此对所述 SEP 构成侵权的实体寻求禁令,如果可以,何时寻求禁令是正当合法的。

这些突出的困难直接引发了一个重要问题,即单纯依靠 FRAND 承诺或是通过与反垄断法结合适用的承诺,会在多大程度上通过影响 SEP 持有人作为专利权人行使其对其新产品和创新产品或方法的专有权的一般权利来约束其行为,包括决定(i)是否将其发明许可给实施人,[30] 以及(ii)如果是,依据什么条款进行许可。知识产权法(通常向专利所有人提供一个独占期,以鼓励发明)应如何与合同法和反垄断法相互作用?

有个观点认为,标准制定组织自身应该进一步细化并阐明其政策以防止劫持情况的出现,关于这一观点目前还有争议。[31] 但实际上,至少在移动通信领域,到目前为止,相关的标准制定组织一直无法达到所需的必要共识,还没有形成能够处理主要科技公司之间争议的有效争议解决机制,而且也没有表现出这样做的意愿。因此,这些问题现在通常要以当事方之间民事诉讼的形式提交法院进行裁决,或者向竞争管理机构提交针对 SEP 持有人行为的投诉。

2009 年,Philipe Chappatte 在《欧洲竞争杂志》中写道,我们迫切需要明确的判例来确认 FRAND 承诺的性质。否则,"存在一个实际的风险……当必要专利的专利权被行使时,成员国法院将适用《欧盟运行条约》第 102 条而造成前后矛盾"。[32] 此后,关于 SEP 持有人是否有权获得禁令以保护其专有权并防止受 FRAND 承诺约束的这一 SEP 侵权问题,在多个司法辖区都能看到相关诉讼,并且以上问题也引发了许多竞争管理机关和评论家(包括在《欧洲竞争杂志》发表评论的 Nicolas Petit)的思考。[33] 然而,如何处理有效性和侵权问题,以及许可条款中的 FRAND 义务究竟是什么(特别是如何确定 FRAND 许可费率),仍然悬而未决。有迹象表明,法院已经准备干预 FRAND 争议并设立 FRAND 条款,[34] 不过这个领域中的许多关键问题仍然有待解决。由此就引发了一个热点问题:当争论发生并且 FRAND 谈判破裂时,是否应颁布禁令以防止实施者可能出现的侵权行为,以及竞争法是否能在这些问题上发挥作用。

---

[30] 《2004 年 4 月 29 日欧洲议会和理事会关于知识产权执法的 2004/48/EC 指令》9 条(1)款规定,专利侵权禁令可作为会员国法律的一个监管方向。

[31] 详见下文第五部分。

[32] 参见前注 8,第 335 页。

[33] 参见 N Petit, "Injunctions for FRAND-Pledged SEPs:The Quest for an Appropriate Test of Abuse under Article 102 TFEU" (2013) 9(3) *European Competition Journal* 677。

[34] 参见如 *IPCom v Nokia* [2012] EWHC 1446(Ch);*Vringo v ZTE* [2013] EWHC 1591(Pat);下文第五部分。

三、移动电话市场中的 SEP 许可:欧盟进程

1. 智能手机大战

最初,移动电话市场的专利诉讼相对较少,大多数核心参与者,例如 Samsung、Nokia、Ericsson、Motorola、Alcatel-Lucent 和 Qualcomm,都既是 SEP 持有人也是市场中的实施者,他们之间会交叉许可各自拥有的专利组合。

然而,在以下情况发生之后,地位发生了变化:(i)实施者进入该市场,如 Apple(iPhone)、Google(开发了 Android 操作系统[35])和 Microsoft(Windows Mobile)等,他们并没有像他们的竞争对手那样拥有对于 ETSI 标准[36]必要的专利网络(尽管 Apple 和 Microsoft 持有大量的非标准必要专利的设计和软件专利组合);(ii)原来的一些参与者将其专利组合廉价出售给专利主张实体(PAE)[37],在最终产品市场中的地位发生了变化或开始下降。这些发展和造成发展的诱因变化以及 SEP 持有人和实施者之间谈判地位的转变,导致全球范围内的专利纠纷和诉讼案件呈现爆发式增长,引发了大量的同非 SEP 和 SEP 侵权相关的合同、专利和反垄断问题,其中包括 SEP 持有人是否应通过在法庭上提出禁令来行使其专属权利的问题。

2. 各国诉讼

许多欧盟国家法院与美国法院所采取的做法一致,[38]即拒绝自动向受 FRAND 承诺约束的 SEP 持有人授予禁令。相反,在禁令所针对的实施者尚未拒绝支付符合 FRAND 要求的许可费的情况下,他们对永久禁令判决一直保持谨慎态度。例如,在荷兰,海牙地方法院驳回了 Samsung 请求阻止 Apple 在荷兰销售 iPhone 和 iPad 以及就其所遭受的损失进行赔偿的禁令申请。[39] 尽管 Samsung 声称 Apple 侵犯了其许多受 FRAND 约束的专

---

[35] 安卓(Android)操作系统(由 Android 公司开发,随后被 Google 收购)主要是为触摸屏移动设备而设计的,它是推进移动设备开放标准的更广泛项目的一部分。

[36] 尽管 Google 随后收购了 Motorola 及其专利组合,Apple、Microsoft、RIM 和 Oracle 也通过他们的 Rockstar 联盟对 Nortel 进行了收购,见前注 28。

[37] 公司的业务主要是购买和维护专利权,通常是针对向市场提供产品的经营公司。鉴于许多专利主张实体已为专利组合支付了高价,他们很可能期望获得高额的许可费。

[38] 参见 *eBay v MercExchange* 547 US 388(2006)(专利侵权的禁令不是自动作出的,而是根据指定的标准作出的);*Apple v Motorola*(ND of Illinois,2012 年 6 月 22 日)(Posner 法官认为,通过承诺以 FRAND 条款许可其专利,Motorola 致力于向愿意支付 FRAND 许可费的人授予"898 专利"使用权,从而间接地承认许可费是对专利使用权许可的充分补偿。如果 Apple 想做一部具有 UMTS 通信功能(如果没有这项功能,也就不再是手机了)的手机,怎么能够禁止其使用一项它认为 Apple 必须使用的发明呢?……如果证明"898 专利"确实受到了侵权,FRAND 许可费将对 Motorola 应享有的权利提供所有救济,因此无权发布禁令。这部分在判决中被重点强调)。此判决正处于上诉阶段。另见 Robart 法官对 *Motorola v Microsoft* 案的判决结果,参见前注 19 与后注 134。

[39] DC Hague,2012 年 3 月 14 日。另见美国法院的做法,参见前注 38 及后注 43。

利,所述专利均与 ETSI 在欧洲制定的 3G 标准的必要技术相关[40],但是法院基于以下理由否决了这一主张:(ⅰ)Samsung 只提供了一个要约——占 Apple 公司最终产品全价 2.4% 的许可费——而没有回应 Apple 的反要约或者针对其 UMTS SEP 组合另外声明的 FRAND 条款做出回应;及(ⅱ)Apple 并未表现出不愿意获得许可的意愿。法院支持已经同意进行 FRAND 许可的专利权人在某些特定情况可以下行使其专利权,但是法院认为,如果寻求禁令会违反 FRAND 义务(如在 FRAND 许可的谈判期间),并且会构成权利滥用或违反合同前诚信,则该禁令请求不应被允许。相反,法院认为,在这种情况下,禁令威胁将使 Apple 承受不正当的压力,迫使其在许可谈判期间同意非 FRAND 条件。

意大利和法国的法院[41]也同样拒绝了 Samsung 的禁令申请。在英格兰与威尔士高等法院受理的 IPCom 诉 Nokia[42] 的诉讼案中,Roth 法官拒绝了 IPCom 公司(PAE 或非贸易实体)就其 3G 标准必要专利寻求对 Nokia 在英国销售产品的禁令请求。鉴于 Nokia 已经声明自己愿意并有权利依照 FRAND 条款获得与有效专利相关的许可,并且 IPCom 承认其已经做出 FRAND 声明,法官并没有找到授予禁令的理由。

然而,一个特殊问题正在出现:欧盟的大量专利诉讼案件现在都发生在德国。德国不仅是欧盟移动电话产品的最大市场,德国的专利诉讼环境也使其通常对专利持有人(尤其是对 SEP 持有人)特别有吸引力。事实上,德国的诉讼程序有利于专利侵权案件以迅速、低成本并对专利持有人相对友好的方式解决。

例如,德国的法庭审理过程分为两部分,专利侵权案件由高等地方法院的专利专家室审理,其优先于并且独立于专利有效性问题的审判(由联邦专利法院审理)。此外,德国法院历来都有保障知识产权持有人利益的浓厚法律传统。因此,各高等地方法院都认为,德国法律不允许行使自由裁量权,并要求在认定专利权人的专利被侵权后[43],应该向专利权人授予禁令,除非:

(1)联邦专利法院有极大的可能认定涉案专利无效。这个事实可能鼓励边缘专利的申请和 SEP 的过度声明,但同时也有助于解决与它们相关的专利纠纷案件,即使较弱

---

[40] Apple 也对 Samsung 主张的多项专利的有效性提出了质疑。

[41] 参见 http://www.fosspatents.com/2012/01/italian-court-denies-samsung-motion-for.html; http://www.fosspatents.com/2011/12/french-court-denies-samsung-request-for.html(2013 年 11 月 1 日访问); BB Greenfield、H Scheider,JJ Mueller,"Beyond the Water's Edge:A Survey of Recent Non-US Decisions"(2013)27(3) *Antitrust* 50,52。

[42] 前注 34(英国法律规定,禁令的授予是一种自由裁量的救济方式。虽然通常禁令会在知识产权受侵害的情况下被授予,但在某些情况下,也可以用损害赔偿来替代禁令。参见 *Shelfer v City of London Electric Lighting Co* [1895] 1 Ch 287]。

[43] 参见 PatG,s 139(1)(德国专利法); TKörber, *Standard Essential Patents, FRAND Commitments and Competition Law*(Nomos,2013),186;与此形成鲜明对比的是,美国[见 *eBay Inc v MercExchange, LLC* 547 US 388(2006)]和其他一些欧盟成员国的法院所采用的方法更加微妙,授予最终禁令更加谨慎。请进一步参阅前注 38 和附文。

的专利被提起诉讼,最终也会被德国联邦专利法院撤销;㊹或者

(2)被告可以确定,原告因拒绝订立许可协议,滥用了其支配地位(因为反垄断法禁止的行为不得由州法院作出判令)。在橙皮书标准(Orange-Book-Standard)㊺案中,德国联邦最高法院(Bundesgerichtshof)认为这种滥用支配地位的行为只会在非常有限的情况下发生,在寻求许可的当事人做出与专利持有人订立许可合同的无条件要约并持续受其约束的情况下,如果专利持有人拒绝订立许可合同,就等于违反反垄断法(实施者必须像被许可人一样自愿支付,即将押金放入法院,并且提供账目)。

本案的背景是,专利(非受 FRAND 约束的 SEP㊻)的有效性已经被确定,侵权行为是没有争议的,很多许可已经以公开的 FRAND 费率被授予。但是,这个判决后来被地方法院用作审理涉及受 FRAND 约束的 SEP 纠纷的一个判例,并且是在涉诉专利的有效性尚未经过完全审查和对于 FRAND 费率还存在很大分歧的情况下。此外,那些法院对"橙皮书标准"的解释也不一致,但一般会使被告在专利侵权诉讼中很难提起 FRAND 辩护。为避免禁令,实施者通常需要:放弃关于该专利的任何辩护——如与 SEP 的有效性有关的辩护㊼——并在挑战其有效性的情况下,同意终止条款;无条件地向 SEP 持有人提供条款,拒绝则会明显违反《欧盟运行条约》第 102 条(即一个明显过高的许可费率);㊽就其过去对该专利的使用支付"超级 FRAND"的许可费㊾(该金额由 SEP 持有人通过其公正的自由裁量确定);并支付足够的赔偿保证金"由第三方保管"。相反,SEP 持有人没有义务与寻求获得许可的当事人就其提供的要约进行反要约或披露其与他人的许可条款。㊿

㊹ 根据德国专利法院在其年度报告(2006 – 2011)中公布的统计数字,德国联邦专利法院审议的专利中有 75% 以上是完全或部分无效的。

㊺ BGH,6 May 2009,KZR 39/06,GRUR 2009 694. 参见 J Straus,Patent Application,"Obstacle for Innovation and Abuse of Dominant Position under Article 102 TFEU?" (2010)1(3) *Journal of* European Competition Law & Practice 189。

㊻ 德国联邦最高法院法官 Bornkamm 教授的观点(橙皮书无法对案件作最终裁定,可能需要进行重新调整),参见 EU Court Review of Tech-patent Injunctions Shouldn't Delay Antitrust Cases,Top German Judge Says 原载 mlex 网站,2013 年 5 月 13 日。另见欧盟委员会的备忘录 13/403(德国联邦最高法院的[橙皮书]裁定与 SEPs 并无明确的相关性。欧盟委员会初步认为,对该裁定的解释认为情愿的被许可人基本上无权质疑涉案 SEP 的有效性和必要性,因而具有潜在的反竞争性)。

㊼ Motorola Mobility Inc v Apple Sales International,曼海姆地方法院第 7 民事分庭,2011 年 12 月 9 日,文件号 7 O 122/11 以及卡尔斯鲁厄上诉法院,2013 年 1 月 30 日,文件号 6 U 136/11。相反,委员会认为潜在的被许可方会质疑 SEP 的有效性、必要性或侵权行为,但这并不会使其成为不情愿的被许可人,如果它同意受 FRAND 许可条款的约束(由第三方确定),备忘录/ 13/403;详见本文第三部分及以下内容。

㊽ General Instrument Corp v Microsoft Deutschland GmbH.

㊾ Motorola v Apple,前注 47。

㊿ 参见 Mannheim Court Continues to Weaken the FRAND Defense—Bad News for Apple,Nokia,HTC,others,http://www.fosspatents.com/2012/02/mannheim-court-con-tinues-to-weaken.html。

最终的结果是,在实践中,德国地方法院很少愿意否决 SEP 持有人针对实施者寻求的禁令,即使后者已经做出支付 FRAND 费率的要约并声明其愿意按照经独立仲裁的 FRAND 条款获得许可。例如,在 Motorola 诉 Microsoft 案中,[51]曼海姆地方法院(Landgericht Mannhein)同意授予 Motorola 就其 SEP 针对 Microsoft 寻求的禁令,在 Motorola Mobility 诉 Apple 案中[52],它同样判令 Apple 停止并终止提供和交付包含原告的 SEP 的采用通用分组无线服务标准的移动设备,尽管 Apple 已经向原告提出了大量按照 FRAND 条款支付许可费的要约。这些案件通常不会被上诉到高等法院,因为最终实施者都会为了避免禁令对他们的业务造成潜在的破坏性影响而不得不同意许可。

德国下级法院的决定,在相当程度上削弱了德国以外的欧盟国家法院更加细致的方法。首先,SEP 持有人有时会寻求以德国诉讼的结果压制其他国家法院的法律原则适用,辩称被告人不得在该司法管辖区内的专利维权诉讼中提起抗辩。[53] 其次,德国法院向 SEP 持有人授予禁令的意愿,加上德国作为主要的商业市场的事实,已明显加大了 SEP 持有人的筹码,其中有些 SEP 持有人已将这些筹码成功应用到在欧盟范围内按照有利于其自身的条款许可其 SEP 组合中。为应对未来可能遭遇到的无法避免且永久地被禁止进入德国这样重要市场的风险[54],许多智能手机制造商已经同意按照 SEP 持有人的要求,在更广阔的市场上向其支付大量的许可费。例如,尽管 3G/UMTS 和相关标准中含有大量的其他专利,Motorola 能够收取的许可费率依然能够达到实施该标准的最终产品售价的 2.25%,而 Samsung 的许可费率更是高达 2.4%。

德国法院因此开始被视为解决全球专利纠纷的首选地点(具体参见下文对"华为案"[55]的探讨,该案涉及两个中国电子企业之间发生的专利纠纷)。

3. 欧盟委员会对 Samsung 和 Motorola 的调查

欧盟委员会目前正在调查 Samsung 和 Motorola,其可能违反了《欧盟运行条约》第

---

[51] *General Instrument Corp v Microsoft*,参见前注 48。但是,一个联邦地方法院禁止 Motorola 强制实行该禁令,直到确定合理的许可费,参见 *Microsoft Corp v Motorola, Inc*(2012),aff'd 696 F.3d 872(9th Cir 2012);另后注 145。

[52] *Motorola v Apple*,见前注 47。

[53] 欧盟成员国国内法院的法官可能会对其他司法管辖区内的判决结果表示尊重。既判案件的原则是否应适用于与德国的判决有关的情况,这一问题是在 *IPCom v Nokia* 案中提出的,参见前注 34。美国地方法院在 *Microsoft Corp v Motorola* 案中(前注 47),禁止 Motorola 执行德国法院的禁令其确定适当的许可费率直至其确定适当的许可费。

[54] 参见前注 19(在 *Motorola v Microsoft* 案中,法院发现该公司的 Wi-Fi SEP 以及 H.264 SEP 的合理许可费分别是每单位 0.03471 美元和每单位 0.0555 美元,33 每单位 6—8 美元的一个小分数,便得到了 2.25% 的许可费率;参阅下文第五部分)。

[55] C–170/13。

FRAND 文献精选

102 条——特别是通过德国法院的审理程序进行调查。[56] 这些调查表明,欧盟委员会关注的是确保 SEP 持有人履行 FRAND 义务,并且它认为 Samsung:

凭借其所拥有的移动电话标准必要专利(SEP),在德国寻求和执行针对 Apple 的禁令,这相当于欧盟反垄断法规所禁止的支配地位滥用。虽然寻求禁令对专利侵权是一个可能的补救措施,但是在涉及 SEP 并且潜在的被许可人愿意按照公平、合理和非歧视(即 FRAND)条款获取专利许可的情况下,这种行为属于滥用行为。在这种情况下,欧盟委员会认为占支配地位的 SEP 持有人在这个阶段不应该诉诸禁令(通常涉及禁止销售侵犯专利权的产品),因为这会破坏许可谈判并对专利被许可人施加不合理的许可条款。滥用 SEP 可能最终会伤害消费者。……初步的观点……并未质疑 SEP 持有人的禁令救济在本案以外情况(如被许可人不情愿的情况)下的有效性[57]。

在 Motorola 案中,欧盟委员会也阐明其初步的观点,认为根据橙皮书标准的解释,"如果善意被许可人根本无权挑战所涉 SEP 的有效性和必要性,那这就是潜在的反竞争行为"。[58] 尽管欧盟委员会还未明确说明其对这种滥用的"本质"的理解或者对上述两个案子中的一个做出最后决定,但是实际上,它正在 Samsung 案中履行市场检测的承诺[59],其最新阐明的初步观点似乎反映了"竞争监管当局共识",即受 FRAND 约束的 SEP,应将禁令救济作为最后的救济手段。[60]

---

[56] 《欧盟运行条约》第 102 条禁止在欧盟中占支配地位的主导性企业的任何专利权滥用行为,这种行为有相当一部分会对成员国之间的贸易造成影响。参见案例 COMP/ 39939 *Samsung—Enforcement of UMTS standards essential patents*(IP / 12/89)和案例 COMP/ 39985 Motorola(IP / 12/345)。一份反对声明于 2013 年 5 月 6 日送到 Motorola(IP / 13/406)。另见 J Almunia,"Abuse of Dominance—a View from the EU SPEECH/ 13 / 758,福特汉姆大学法学院竞争法研究所 2013 年 9 月 27 日纽约年会发表。

[57] IP/13/406;参见 J Almunia,"Competition Policy in Times of Restructuring",SPEECH/12/487,查塔姆研究 2012 年 6 月 22 日伦敦会议发布(在与标准有关的知识产权案件中,针对善意被许可人使用禁令来获取更有益的条款是潜在的滥用行为,并可能造成不相称合比例的损失)。

[58] 欧盟委员会于 2013 年 5 月 6 日向 Motorola Mobile 发出了其手机标准必要专利存在潜在滥用问题的反对声明,见前注 46。

[59] 现在,虽然有人担心欧盟委员会正在过于频繁地使用这些承诺程序来解决新的反垄断案件,这意味着它不需要以能够证明其情况或有助于澄清法律的方式进行法律分析(参阅,例如,P Marsden"The Emperor's Clothes Laid Bare:Commitments Creating the Appearance of Law,While Denying Access to Law",*CPI Antitrust Chronicle*,15 October 2013),但是华为(Huawei)案中向欧洲法院提出的问题可能意味着法律原则正在这些情况下发展。此外,在 Motorola 的诉讼过程中,还举行了一次口头听证会,参见"Motorola, Apple Sparover 'Willingness' in Patent Negotiations at EU Hearing",http://www. mlex. com/EU/Content. aspx? ID = 2158673。

[60] "Patent Challenges for Standard-Setting in the Global Economy",见前注 2,第 96 页;另参见 J Kanter,"What a Difference a Year Makes:An Emerging Consensus on the Treatment of Standard-Essential Patents,"*CPI Antitrust Chronicle*,2013 年 12 月 30 日;同意美国联邦贸易委员会的决定和 *Motorola Mobile* 和 Google 案(2013 年 7 月 3 日)的裁定和命令,以及 Robert Bosch GmbH 案的裁定和命令(2012 年 11 月 26 日,2013 年 4 月 24 日);见 R Knox 的文章"Hesse Suggests Antitrust Could be Useful in Addressing Patent Abuses"(2013)*Global Competition Review*,可在网址 http:// globalcompetitionreview. com/news/article/34237/hesse-suggests-antitrust 查阅(2013 年 12 月 24 日访问)。另见美国司法部和美国专利商标局的"关于自愿性专利承诺标准 F/RAND 专利补救办法的政策声明(2013 年)"。

4. "华为(Huawei)案"[61]

德国下级法院采取的做法似乎与其他欧盟司法管辖的法院所采用的方式完全不同,欧盟委员会目前所表达的意见[62]也认为,越来越多的人担心,在寻求和随后强制执行禁令违反《欧盟运行条约》第102条的情况下,德国法律可能允许禁令。如果这是真的,那么德国法院可能违反其真诚与欧盟合作的义务;[63]他们有义务保证对欧盟权利进行真正有效的司法保护[64],以及有义务不适用与欧盟法律冲突的国家法律条款。[65]

这种不确定性导致了杜塞尔多夫地方法院中止了 Huawei 和 ZTE[66] 的专利诉讼,并向欧洲法院提出了许多关于针对 SEP 持有人行为适用《欧盟运行条约》第102条的问题。所提问题基本涉及以下几点:

(1)对标准制定组织做出 FRAND 承诺的 SEP 持有人如果在以下情况下向法院提出禁令请求,是否属于滥用市场支配地位:(i)诉讼程序是针对已声明愿意进行善意谈判以达成许可的专利侵权人(如果属于这种情况,如何确定有谈判的意愿,是否必须确定具体的定性要求或时间要求);或(ii)诉讼针对的实施者已经向 SEP 持有人提出可接受的无条件要约以签订许可协议,除非专利权人不公平地阻挠专利侵权者或者歧视该侵权者,否则专利权人是无法拒绝所述许可协议的,而专利侵权人按照此种要约对于过往侵权行为采取了行动,期待在使用前被授予任何许可;

(2)如果侵权人履行其预期被授予的许可中的义务是专利权人滥用市场支配地位的前提,是否必须履行特定行为,或者是否必须披露过去的侵权行为,并为过去的使用行为给出交代。

所以,简而言之,其正在向欧洲法院询问,橙皮书标准"框架"(如之后被德国的下级法院所解释的)是否足以防止 SEP 持有人的滥用行为,或者是否需要更严格地适用《欧盟运行条约》第102条以限制知识产权所有者的普通权利(当所涉知识产权是受

---

[61] C-170/13。

[62] 以及美国法院与反托拉斯机构的意见,见前注38和60。

[63] 参见《欧洲联盟条约》第4(3)条,其中规定,欧盟和成员国在执行条约规定的任务时相互协助,"成员国应采取任何适当措施确保履行义务"和"应协助完成联盟的任务,避免任何可能危及联盟目标的措施"。

[64] 参见案件 14/83 *Von Colson and Kamann v Land Nordrhein-Westfalen* [1984] ECR1891,特别是第23段。案件 33/76 *Rewe-Zentralfi nanz eG and Rewe-Zentral AG v Landwirtschaftskammer für das Saarland* [1976] ECR 1989,第5段。

[65] 参见案件 C-453/99 *Courage Ltd v Crehan* [2001] ECR I-6297;案件 C-198/01 *Consorzio Industrie Fiammiferi (CIF) v Autorità Garante della Concorrenza e del Mercato* [2003] ECR I-8055(欧洲法院强调,欧盟法律的优先地位要求任何与欧盟规定冲突的国家法律条款都不应该适用,并且这项义务适用于国家所有机关,包括行政机关)。

[66] 杜塞尔多夫地方高等法院,2013年3月21日令令,文件编号4BO104/12,GRUR Int 2013年,547[Huawei 基于 ZTE 公司侵犯其专利向 ETSI 声明的4G/LTE 蜂窝通信标准 SEP(受 FRAND 义务约束)的指控]。

FRAND 约束的 SEP 时)。鉴于德国经济的规模和重要性,这个问题的回答是至关重要的。

四、解决"华为案"中向欧洲法院提出的问题:FRAND、禁令和《欧盟运行条约》第102条

1. 支配地位

本部分集中讨论了权力滥用问题——"华为案"的焦点。《欧盟运行条约》第102条仅在被控具有滥用行为的企业占据市场支配地位时才适用。然而,似乎毫无疑问的是,制定标准的进程可以赋予大量SEP持有人市场权力和支配地位。可以看到,众多的专利技术对于标准可能都是"必要的"。如果实施者不可能规避这些专利进行发明或设计,则这些专利的所有者很可能在该标准被采纳之后获得市场权力(由于商业上必须符合这项标准,该标准则构成进入市场的障碍)。在移动电话领域,3G或4G移动设备的制造商通常都被锁定并且无法规避标准进行设计,因为它们必须要保证其产品符合标准,以便在UMTS和LTE网络上运行。因此,在这些市场中,SEP持有者可能经常被认定为占有支配地位。[67]

2. 寻求或强制执行禁令是否构成滥用

(a)剥削和/或排他性行为

排他的权利和寻求获得对侵权人实施禁令的权利通常是知识产权不可缺少的部分,同时也是知识产权持有人的基本权利,目的是保护其创新的动力并阻止其专有权被侵犯。然而,"华为案"的反垄断问题是,如果标准化后允许SEP持有人依靠其知识产权来寻求并获得禁令,那么就是允许其使用从标准化过程中获得或增强的市场权力,通过拒绝许可或者仅按照不公平或者歧视性的条款进行许可来劫持被锁定的实施者——FRAND承诺旨在预防。欧盟各国的法院之前并没有专门审议这种行为是否构成支配地位滥用的问题。尽管如此,本案提出的问题确实与一些已确立的滥用议题有相似之处。事实上,欧洲法院以前不得不考虑知识产权所有人行使基本权利可能违反《欧盟运行条约》第102条的情况,并且欧盟委员会在其关于 Samsung 和 Motorola 案中的声明中,指

---

[67] 参见前注8,第333页;前注8—18及其附文;*Google/Motorola*,前注28,第54段。实际上,这是因为人们认识到,通过参与标准制定可以获得市场权力,对此,《欧盟关于横向合作协议专用〈欧盟运行条约〉第101条的指南》(前注3)规定,由于标准制定协议处于《欧盟运行条约》第101(1)条规定之外,SSO 的知识产权政策应确保标准必要专利持有人做出 FRAND 许可承诺(特别参见第269和285段以及前注22)。同样重要的是要考虑市场权力的行使是否受到买方权力的限制,例如实施者拥有阻碍专利的情况,参见 R O'Donoghue, JPadilla, *The Law and Economics of Article 102 TFEU*(哈特出版社,第二版,2013年),第703页。

出了这种行为的剥削性和排他性。[68]

虽然,确实存在一个重要的问题,即 SEP 持有人可能会寻求一项禁令,以此作为一种机制,通过要求实施者接受在一般情况下不会接受的"不公平"或"歧视性"的许可条款来劫持实施者,并且《欧盟运行条约》第 102 条明确禁止有支配地位的企业从事剥削行为,特别是通过"强加不公平的购买或销售价格或其他不公平的交易条件"(《欧盟运行条约》第 102 条 a 款)或从事歧视性行为"在同等交易中适用与其他交易方不同的条件,从而使对方处于竞争劣势"(《欧盟运行条约》第 102 条 c 款)但是,欧盟委员会与许多其他竞争监管机构一样,很少介入那些纯粹涉及不公平定价[69]或二线价格歧视*的案件。[70] 欧盟委员会除了进行此类干预的管制外,更多是在关注,何时需要进行这种类型的干预[71],以及解决确定销售价格是否不公平(或过度)等问题(详见下文 第五 部分)。而且,欧盟委员会一般倾向于优先将注意力集中在排他性行为上——即"通过其竞争力上的影响而导致消费者受到损害的做法"。[72] 事实上,可以说对于"华为案"中涉及行为的担忧,不仅仅是这种劫持可能使得 SEP 持有者获得关于创新的回报大大超出能够对消费者产生的真正价值,而且,如果 SEP 持有者能够在标准化后劫持实施者,建立标准化的信心和活动将被破坏,公开和有效地使用标准将十分困难,并且可能通过排

---

[68] "禁令威胁可以使专利权持有人协商远远超出专利权持有人实际经济贡献的许可费。过高的许可费如同针对包含专利技术的产品征收税费,从而阻碍了创新,而不是促进创新。"(Lemley & Shapiro,参见前注 12)另见 MA Lemley, C Shapiro, "A Simple Approach to Setting Reasonably Royalties for Standard-Essential Patents",斯坦福公共法律工作文件第 2243026 号(2013 年 3 月);美国联邦贸易委员会专员 Ramirez 向美国参议院司法委员会提交了《关于监督利用排除令执行标准必要专利对竞争的影响的声明》,2012 年 7 月 11 日(在禁令威胁下进行的费率谈判,……可能使专利持有人非常有利,这与 FRAND 许可承诺矛盾);Kattan & Wood,见前注 19;另见后注 69 和美国案例 *Microsoft v Motorola* and *Innovatio* 部分的讨论(前注 19),法院裁定的许可费水平明显低于标准必要专利持有人要求的水平。

[69] 有观点认为寻求禁止令应分析为剥削性滥用,参见 U Petrovcic, "Patent Hold-up and the Limits of Competition Law: A Trans-Atlantic Perspective" (2013) 50(5) *Common Market Law Review* 1363. 在案例 C-403 和 429/08,即 *Premier League Ltd v QC Leisure* 与 *Murphy v Media Protection Services Ltd* (2011 年 10 月 4 日)(第 108 – 109 段,欧洲法院明确表明知识产权的所有权不一定保证所有者有权要求尽可能高的报酬,只能要求适当报酬,它相对于所提供服务的经济价值而言必须是合理的。此外,在 Rambus 案中,欧盟委员会反对 Rambus 在专利伏击之后征收的过高许可费。此案已和解。然而,在 Rambus 承诺降低许可费之后,案件得到解决,见前注 9;另参见案例 238/87 AB *Volvo v Erik Veng* [1988] ECR 6211,后注 77。

* "二线价格歧视"英文为"second-line price discrimlnation",根据价格行为受害的竞争主体所在的不同市场,价格歧视损害可分为一线竞争损害和二线竞争损害,后者所遭受的即为"二线价格歧视"。——译者注

[70] 的确,在这方面,欧盟委员会认为,国家法院或仲裁员更有能力处理何谓合理的许可费的问题,并将注意力集中在寻求禁令是否构成滥用的问题上。但是,请参阅印度竞争委员会的初步命令,该委员会正在调查 Ericsson 的许可费是否过高,是否具有歧视性以及是否违反法定条款,本文第五部分,特别是后注 144 和附文。另见英国上诉法院对 *Attheraces Ltd v British Horseracing Board* 案的判决,[2007] EWCA Civ 38。

[71] 例如,三项主要的概念性挑战表明对过度定价案件采取谨慎的做法,可以说是因为市场可以自我修正,禁止措施等同于禁止滥用支配地位,而剥削做法则起着重要的能动作用,从而增加了社会利益。参见 M Gal, "Abuse of Dominance—Exploitative Abuses", *Handbook on European Competition Law: Substantive Aspects* (Edward Elgar, 2013)。

[72] 案件 C-209/10 *Post Danmark A/S v Konkurrenceradet* 2012 年 3 月 27 日,第 20 段。

他性行为消除、阻碍竞争,还可能阻碍下游产业的创新和新鲜血液的加入。这将造成价格上涨的压力,并阻碍二级市场的发展,损害消费者的利益。[73] 因此,如同在拒绝交易或挤压利润的情况下,反垄断相关的核心问题是寻求禁令可能会破坏下游市场的竞争。

(b)识别非法的排他行为

(i)区分基于绩效的竞争行为和非法排他行为

大多数欧盟法重点关注的是排他行为,其"在商业经营者交易的基础上,通过采用不同于产品或服务正常竞争的方式,阻碍了市场竞争程度的维持和竞争的增长。"[74]

因此,判例法针对基于绩效的竞争或正当竞争与滥用排他性行为之间做出了至关重要的区分。众所周知,这种行为之间的界线非常难以确定,因为它们经常看起来很相似,任一法域的竞争法体系都将面临制定法律规则或标准来确定排他性滥用行为的挑战,并且以足够清晰和准确的方式将其与竞争区分开来——从而避免第1类错误(谴责合法的进攻性竞争和潜在的极度鼓励竞争的行为)或第2类错误(允许反竞争行为逃脱反垄断限制)。欧盟趋向于通过特定的行为测试来区分这两种行为。尽管如此,从那些有助于理解滥用的概念以及理解如何在新的滥用指控案中适用"滥用"这个概念的案例中,正在形成一些原则,并在试图确保《欧盟运行条约》第102条不是形式上的适用,而是以连贯一致的方式适用,即以相同的方式对待经济上相同的行为。

在价格方面滥用支配地位的情况中,"同等效率的竞争对手"[75]等概念正在发展成为一个重要机制,以区分非法定价做法与强硬价格竞争。一个具有支配地位的公司做出对同等有效的竞争对手具有排他性影响的定价,通常会被谴责为滥用行为(若其实际或潜在的反竞争效应可以被证明)。[76]

此外,与"华为案"中所提出的问题特别相关的是在一些案例中确定的原则。这些案例均考虑过《欧盟运行条约》第102条是否可以限制知识产权持有人行使其专有权,如果可以限制的话,进行限制的条件是什么?这些案例证实,虽然《欧盟运行条约》第102条通常并不阻止知识产权持有人依靠其权利实质,因此对这种权利的依赖本身不构

---

[73] 见前注 22—23 和附文。FRAND 义务的目的在于通过取消奖励措施排除标准必要专利持有人在标准制定阶段从事排他行为,将竞争技术排除在标准之外。在没有 FRAND 义务的情况下,竞争技术可能被选中。如果可以证明这种做法具有排他性效果,则不必证明许可要求将构成《欧盟运行条约》第 102 条(a)款规定的"过高"定价。例如,在利润遭受挤压的情况下,不需要确定上游价格构成过度的、剥削性的行为:问题是整体定价是否会导致下游的反竞争效应。例如 Körber,前注 43,第 229—230 页。参见案例 t-201 /Microsoft,前注 78,第 643—653 段。

[74] 案例 85 / 76 *Hoffmann-La Roche & Co AG v Commission* [1979] ECR 461,第 91 段。

[75] 参见案例 C-62/86 *AKZO v Commission* [1991] ECR I-03359;案例 C-280/08P *Deutsche Telekom v Commission* [2010] ECR I-9555。

[76] 特别参见案例 *Post Danmark*,前注 72;案例 C-52/09 *Konkurrensverket v TeliaSonera Sverige AB* [2011] ECR I 527;后注 110—115 及附文。

成滥用市场支配地位的行为,[77]但是它在特殊情况下也可能会构成滥用市场地位。[78] 例如,可以确定,在以下情况中,拒绝许可,包括"推定的"拒绝许可("强加不合理的条件作为供给的回报"[79])可能构成滥用市场支配地位:分开的上游和下游市场得以确认;所涉及的知识产权对下游的竞争对手不可或缺(没有实际或潜在的替代品);拒绝授予许可可能消除二级市场上所有的有效竞争(即使不是立即消除);寻求许可的一方希望提供新的产品,而不是复制具有支配地位的公司提供的、存在消费需求的产品。或者,也可以确定,拒绝许可将会破坏下游市场的创新、产品的改进或多样化并阻碍二级市场的发展,从而损害消费者的利益;以及对于拒绝许可,没有任何客观的理由。[80] 在这种特殊情况下,允许:

"为了公众利益并维持市场上的有效竞争而侵犯知识产权持有人的专有权,要求其向寻求进入或留在市场上的第三方授予许可。"[81]

一种可能性[82]是,要么将禁令的申请视为拒绝许可的一种形式,[83]在发出禁令的情况下,随后的拒绝或推定的拒绝许可都将构成滥用[84],要么将该行为在法律上视为一种潜在的定价滥用(因为它影响了最终支付的水平或许可费)[85]。另一种情况是,由于寻求禁

---

[77] 案例 C-241-242/91 P *RTE & ITP v Commission* [1995] ECR I-743,第49段。另请参见案例53/87 *CIC-CRA v Renault* [1988] ECR 6039(欧洲法院强调汽车制造商拒绝许可不一定构成滥用,相反,这是知识产权权利人的权利,独家使用权的权利是专有权利的实质),但如果这样做,如果它引起了"某些滥用行为",例如任意拒绝向独立的维修商交付配件",第16段;案例238/87 *Volvo v Veng*,前注69。

[78] 特别参见案例 C-241-242/91 P *RTE & ITP*,同上;案例7/97 *Oscar Bronner v Mediaprint Zeitungs-und Zeitschriftenverlag GmbH & Co KG* [1998] ECRI-7791;案例 T-201/04 *Microsoft v Commission* [2007] ECR II-3601。

[79] 《欧盟委员会适用〈欧共体条约〉(EC Treaty)第82条现〈欧盟运行条约〉第102条查处占市场支配地位企业滥用排他性行为执法重点指南》[2009] OJ C45/2,第79段;参见案例34174 *Sealink/B&I—Holyhead*(临时措施)1992年6月11日。欧盟委员会也会将挤压利润视为类似于指导文件中所说的"拒绝处理"。

[80] 欧洲法院一直认为,这种行为将损害竞争结构,并可能通过清除下游市场的竞争对手而危害消费者的利益。

[81] 案例 T-201/04 Microsoft,前注78,第691段。

[82] 分析一些可能的测试,可以用来识别《欧盟运行条约》第102条所述的滥用,见前注33。

[83] 鉴于将寻求禁令作为拒绝许可的分析类似于美国法院在确定是否应酌情授予标准必要专利持有人禁令时进行的分析,见 Körber,前注43,第225页。

[84] 在标准制定的背景下,受 FRAND 约束的标准必要专利经常成为在下游市场竞争的实施者遵守标准而进行的必要投入,从而拒绝许可会消除和防止二级市场的发展并损害消费者。许可的义务不会对专利持有人或实施者的创新和投资激励措施产生不利影响,否则将不再需要 FRAND 许可承诺(见后注107和附文)。然而,一个重要的问题是,寻求禁令是否可以被定性为拒绝或"推定的"拒绝许可。在 FRAND 案件中,通常不存在无条件的拒绝许可,以此来为上游处于支配地位的知识产权持有人保留下游产品市场——相反,标准必要专利持有人已承诺授予许可,并在与侵权实体、潜在被许可方之间有关 FRAND 条款的谈判和谈判过程中启动了禁令。然而,如果标准必要专利持有人对一个善意被许可人提起诉讼(见后注97和附文),这可以被视为等同于拒绝交易。

[85] 与挤压利润的情况不同,很难证明单一的标准必要专利持有人不合理的许可费要求将会排除下游同等效益的竞争对手:下游的损害可能是由所有标准必要专利持有人不合理要求的累积效应造成的,而不是单靠占支配地位的公司的定价行为所致:见上文第二1部分。另见关于案件的讨论 T-111/96 *ITT Promedia NV v Commission* [1998] ECR II-2937,见下文第四2E部分。

令似乎并不完全属于这些类型滥用之中的任何一类,似乎更可取的是更多地依靠这些案例来表明,在确定滥用行为时,欧盟法院寻找证据证明:(i)有关行为是否属于范围内的良性竞争;如果不属于的话,寻找证据证明(ii)实际或潜在的反竞争效应是否可以被证实。事实上,在 AstraZeneca(AZ)案中,在必须认定欧盟法律界之前未予考虑的与滥用专利制度有关的具体行为是否违反了《欧盟运行条约》第 102 条时,欧盟法院采用了这种做法。[86] 在该案中,欧洲法院强调,《欧盟运行条约》第 102 条禁止占支配地位的企业"利用正当竞争范围以外的方法"[87]来消除竞争。然后接着发现,利用极具误导性的陈述以使公权力陷入错误(为其不正当地获得专有权利的目的),"显然违反了正当竞争以及该企业不应利用其行为妨碍公平有效竞争的特定责任"。[88] 然而,欧洲法院认为这本质上并不足以构成滥用。相反,反竞争行为带来的影响是被市场所需要的,即使"这种影响不一定必须是具体的,但应该是足以被证明存在着潜在的反竞争效应(类似情况参见 TeliaSonera Sverige,第 64 段)"。[89] 欧洲法院还确认,即使 AZ 有权要求撤回,AZ 撤销市场授权的行为并不是基于对正当竞争范畴内的投资的合法保护。[90]

"占支配地位的企业有特殊的责任……因此,在缺乏维护参与正当竞争的企业的合法利益相关的理由时,以及在没有客观正当理由的情况下,所述企业不能利用监管程序来防止或阻碍竞争对手进入市场。"[91]

因此,欧洲法院强调,行为的非法性与其遵守或不遵守法律规则无关,并且占支配地位的企业即使行使法定权利,也可能发生滥用行为。

(ii)依赖受 FRAND 承诺约束的 SEP 来获得禁令:正当竞争或非法的排他行为

何谓正当竞争? 在 SEP 案件中要确定的问题是,在判例法的意义范围内是否存在"例外情况",即对于竞争法来说,侵犯 SEP 持有人的专有权利是否合法,或者,寻求针对侵犯该 SEP(知识产权所有人的正常特权)的实施者的禁令是否基于对正当竞争范围内投资的合法保护。

这些类型案件的特点是:(1)SEP 持有人不是一个普通的专利持有人,其自愿承诺放弃部分专利权——特别是决定是否对其 SEP 进行许可的权利以及许可条款的自由决

---

[86]　案件 C-457/10 P *AstraZeneca v Commission*,2012 年 12 月 6 日。
[87]　同上,第 75 段。
[88]　同上,第 98 段。
[89]　同上,第 112 段。另见第 110 段。
[90]　同上,第 31 段。
[91]　同上,第 134 段。

定权——作为回报,其技术将被纳入标准;[92]并且(2)要求做出该承诺是为了确保标准制定过程符合竞争法规,特别是防止劫持行为损害竞争的风险。因此,如果评估表明 SEP 持有人寻求的禁令并非为保护其投资,并且可能造成劫持而违背其自愿做出的 FRAND 承诺的目标,这样就存在"例外情况"。这种行为不符合正当竞争以及有支配地位的企业(在这种情况下承诺的)不得损害公平有效竞争的特定责任。那么接下来的关键问题是,受 FRAND 约束的 SEP 持有人单纯寻求禁令的行为可否被认为是制造了劫持的风险,或者是否还要求其他认定。

一个答案可能是,通常没有更多的要求,除特殊情况外,受 FRAND 约束的 SEP 持有人提起禁令诉讼作为一般手段,将会打破谈判中的权力平衡,造成过高许可费和劫持。面对禁令后被排除在下游市场之外而遭受严重损失的后果,被锁定于标准的实施者将被迫同意非 FRAND 条款。[93] 事实上,如在 Motorola 对 Microsoft 的诉讼中,Motorola 的专家证人在曼海姆法庭上所承认的那样,对于行业标准必要的单个专利与该标准中的大量专利一样有价值,因为"杀人只需要一颗子弹"。[94] 因此,SEP 持有人应被视为不可撤销地放弃了其拒绝向实施者授予许可的一般权利,因此禁止对侵犯其 SEP 的实体寻求禁止令。寻求、获得及执行禁令都是不正当的,因为未侵权的反事实虚拟陈述不是(与普通专利一样)拒绝许可的权利,而只是进行 FRAND 许可的权利。因此,SEP 持有人应被视为已承诺针对任何侵权人都仅依靠寻求合理许可费的补救办法;[95]FRAND 承诺"间接承认 FRAND 许可费是许可使用该专利的适当补偿。"[96]特殊情况下,禁令可能是合理的,但是,这种特殊情况可能是:

(1)侵权实施人不是一个"善意被许可人":实施者不愿意按照 FRAND 条款进

---

[92] 参见上文引言部分。

[93] 特别参见前注 68 和 69;Kattan and Wood,前注 19("越来越多的报告案例表明,这些威胁是真实的,并提供经验证据驳斥认为劫持是无关紧要的或理论的观点")。

[94] 此承诺明确地承认,做出 FRAND 承诺的专利价值取决于它"杀死"他人的能力,与 FRAND 标准必要专利应该有的用处恰恰相反。参见:"Motorola Likens its Enforcement of FRAND Patents to Bank Robbery: 'It Only Takes One Bullet to Kill'",可在 http://www.fosspat-ents.com/2012/02/motorola-likens-its-enforcement-of.html 查阅(2013 年 12 月 24 日访问)。

[95] 参见 Farrell 等,前注 20;M Lemley, "Intellectual Property Rights and Standard-Setting Organisations"(2002)90 *California Law Review* 1889;J Mille, "Standard-Setting, Patents and Access Lock-in: RAND Licensing and the Theory of the Firm"(2007)40 *Indiana Law Review* 351;Hesse,前注 22;Kanter,前注 60。鉴于禁令通常会破坏 FRAND 制度,因此不应该在最特殊的情况下使用。参见 D Carlton & C Shapiro, "Economists' Roundtable on Hot Patent-Related Antitrust Issues"(2013)27(3) *Antitrust* 10,12;Carlton & Shampine,前注 14。

[96] Posner 法官,*Apple Inc v Motorola Inc* 869 F 2d 901,914(ND Ill 2012)。

行支付的这种非善意不能仅仅从标准案件中的侵权事实来进行假设。(97) 相反，应该要求双方进行善意谈判，实施者应该被认为是具有谈判意愿的，除非其拒绝按照约定的或者由法院或仲裁庭独立确定的 FRAND 条款接受许可。

(2)侵权实施人无偿付能力，无法支付许可费。

但是，另一个答案可能是，这种不灵活的规则是无根据的，除了仅简单寻求禁令外，我们需要其他行为用以认定是否创造了发生劫持的风险，特别是因为几乎没有证据表明发生了劫持或阻碍了对标准的投资及其成功。支持这种观点的人可能会主张说，即使是 SEP 持有人也必须能够行使他们的基本权利，通过针对侵权者的禁令来保护其专利的专属性，这就是标准制定组织规则没有明确禁止寻求禁令的原因。否则，SEP 持有人将无法阻止未获得许可而在市场上经营的实施者的专利侵权行为，也无法阻止那些通过拒绝善意谈判进行抵制的实施者（一些评论家认为这是"反向劫持"问题）。因此，有人主张，"SEP 持有人在任何情况下都无法有效获得禁令将增强潜在被许可人免费使用 SEP 能力和动力，(98)并将迫使专利权人进入处理专利有效性、必要性和侵权问题的高成本诉讼以迫使实施者获取可能数量巨大的有效 SEP 许可。(99) 因此，寻求禁令应被视为"在诉讼的情况下平衡 SEP 持有人和潜在被许可人动力的一个选择"，以及为实现谈判双方平衡的多阶段动态博弈中不可或缺的一部分——平衡 SEP 持有人劫持行为与潜在被许可方投机行为的潜力。(100) 这种平衡可以由法院逐案进行，判断是否授予禁令。因此，FRAND 承诺不应被视为暗示"放弃寻求禁令救济"，(101)也不应该将"寻求禁令……机械地视为拒绝许可"的决定。相反，它可能是一个"有效且必要的工具"，用来强制顽固的实施者进行善意许可谈判，并确保创新者继续参与标准制定流程。(102)

---

(97) 现实情况是，FRAND 许可一般不会事先协商（虽然应该这样），而且有许多实际原因。参见 JL Contreras, Fixing FRAND:"A Pseudo-Pool Approach to Standards-Based Patent Licensing"(2013)79(1) *Antitrust Law Journal* 47, 59－62。

(98) 参见 Camesasca、G Langus、D Neven & P Treacy,"Injunctions for Standard-Essential Patents: Justice is not Blind"(2013)9 *Journal of Competition Law & Economics* 285,289。

(99) 参见 JD Harkrider,"Seeing the Forest Through the SEPs"(2013)27(3) *Antitrust* 22,26（"如果企业没有遭受任何禁令或赔偿的风险而自由拒绝支付标准必要专利使用费，可能导致标准制定和相关创新投入不足"）。关于将美国反垄断法应用于"所谓专利劫持问题"的边际成本和利益的讨论，参见 BH Kobayashi & JD Wright,"Federalism, Substantive Preemption, and Limits on Antitrust: An Application to Patent Holdup"(2009)5 *Journal of Competition Law & Economics* 469; GS Cary, MW Nelson, SJ Kaiser & AR Sistla,"The Case for Antitrust Law to Police the Patent Holdup Problem in Standard Setting"(2011)77 *Antitrust Law Journal* 913; H Kobayashi & JD Wright,"The Limits of Antitrust and Patent Holdup: A Reply to Cary *et al*"(2013)78 *Antitrust Law Journal* 505。

(100) 参见 Camesasca 等，前注 98，第 287 页（反向劫持，在考虑行为对创新和下游竞争的影响时和劫持行为一样有效）。

(101) 参见 Ratliff & Rubinfeld，前注 23，第 9 页。

(102) 同上，第 24 页。

从欧盟竞争法的立法目的出发,建议采取更接近第一种答案的方法,在涉及受FRAND约束专利的案件中寻求禁令不应被视为正当竞争,除非专利权人可以证明自己是为了捍卫投资的合法利益,并且该行为具有正当理由,例如,实施者不是"善意被许可人"[103]或没有能力支付。这样的规则可以排除对专利权反竞争性的依赖,并避免第2类错误的风险,也不会造成第1类错误的过度风险。

第一,如果SEP持有人拥有不受限制的寻求(并随后执行)禁令的权利,那么劫持行为和2类错误的风险就会非常严重。在第三部分已经看到,事实上,在德国面临禁令之诉的实施者可以选择承受被排除在一个快速发展的主要市场之外的重大损失,或者支付专利权人以往侵权的赔偿金和未来的许可费(但是可能出现不合理情况)并且放弃所有关于有效性和必要性的主张(即使大量专利在实际测试中被证明是无效的)。[104] 德国下级法院的判决,使得潜在的被许可人在实践中很难抵抗禁令,即使他们愿意进行善意许可谈判。因此,认为国家禁令程序允许实施者提出FRAND和其他技术抗辩,就不需要对寻求禁令的反垄断限制,这是过于乐观的想法。[105] 此外,将禁令视为一种选择并非"必然使实施者被劫持,因为如果他们认为许可人违反承诺,他们将始终保留寻求FRAND许可的权利并寻求司法救济",这样的观点是不正确的。[106] 相反,欧盟的经验是,即使是愿意根据法院确定的FRAND条款获得许可的实施者也无法避免在德国的禁令。

第二,可以假定剥夺针对善意被许可人要求禁令(以及许可的义务)的权利不会对专利持有人或实施者(被锁定时,无法规避标准进行设计)的缔约自由、创新和投资动力产生不利影响;FRAND承诺的存在表明,由于"其计划通过基于合理条款的广泛许可而不是通过排他使用将其知识产权货币化",SEP持有人将不会受到难以弥补的损害。[107]

第三,取消寻求禁令的自由权利不会直接造成第1类错误的风险,也不会意味着实施者可以自由侵犯SEP并且反向劫持专利权人。如果双方当事人不能就FRAND条款达成协议,专利权人可以请求法院或仲裁机构责令侵权人就过去的侵权/使用支付

---

[103] FRAND许可承诺的目的是鼓励使用标准:标准必要专利持有人已经承诺向实施者许可,实施者可能无法事先协商许可实施标准。因此,只要专利许可人宣布愿意遵守FRAND许可条款,实施者应该是善意被许可人;如果不能达成协议,实施者应当支付法院或法庭判决的费率。见前注97和附文。

[104] *Google/Motorola*,前注28,第107段,这可能是禁令威胁,寻求禁令或实际强制执行一项针对潜在的善意被许可人的禁令,可能会严重阻碍有效竞争,例如,迫使潜在被许可人同意苛严的许可条款,这些条款可能包括支付高于预期的许可费。甚至会达到强制执行禁令的程度,如果产品被排除在市场之外,就可能进一步对消费者产生直接的负面影响。即使通过禁令将竞争产品暂时排除在市场之外(即在SEP持有人的对方同意要求的商业条款以前,只是相关产品的获取会有一定延迟),这也可能给诸如智能手机等日新月异的市场造成重创。

[105] 参见 *Camesasca* 等,前注98,第306页。

[106] 参见 *Harkrider*,前注99,第24页。

[107] 美国联邦贸易委员会(FTC)对独立贸易委员会的意见(2012),6.6;前注96。此外,在标准案例中,专利的支配性不一定是因技术的优越性而实现的,也可能是因为该技术被纳入标准之内造成的。

FRAND许可费(连同利息)并/或支付持续许可费以供未来许可使用。[108] 在第五部分中我们认识到,需要做更多的工作,以确保与FRAND条款有关的争议得到更有效的解决,使争议双方都得到利益和满足。如果实施者有拒绝善意或及时的谈判这样不合理的行为,那么专利权人可以收回成本。[109] 如果一个潜在的被许可人继续做出不合理的行为并拒绝按照由法庭或法院独立确定的FRAND条款进行支付,那么SEP持有人基于此事实寻求针对此类被许可人的禁令是合理的(见下文关于客观正当理由的讨论)。

反竞争效应。似乎还有争议的是,如果在允许劫持的情况下申请禁止令,那么就可以证明"有可能将竞争者排除在外"[110]和消除有效竞争的反竞争效应是可以成立的[111];如果授予禁令,则标准的可公开获得性和成功均不会实现,因为如果遵守标准是强制性的,实施者将被排除在下游市场之外。此外,即使通过谈判实施者根本不会接受的条款[112]来避免禁令的强制执行,也将发生劫持行为,并且存在这样的风险,即可能破坏对标准制定过程的信心,并且实施者在下游市场竞争的能力将受到阻碍,或在某些情况下甚至会被消除。

在战略性的反竞争效应被意识到之前,欧洲法院和欧盟委员会都意识到了按照《欧盟运行条约》第102条在新兴市场中迅速采取行动的重要性。[113] 因为即使将竞争对手从快速发展的技术市场中暂时排除也可能造成严重危害,[114]所以欧洲法院认为《欧盟运行条约》第102条仅在以下情况中不适用:

---

[108] *Microsoft v Motorola*(WD Wash,2012年11月29日),前注9(Motorola的观点没能让法院信服,Motorola认为,由于强制许可协议会鼓励他人违反Motorola的标准必要专利,它将会对其商誉和声誉造成不可弥补的损害。事实并非如此,法庭先前的裁决已经明确表示,Microsoft作为实施者必须接受RAND许可……正如法院解释的那样,在一项RAND许可的谈判中,如SEP专利持有人和实施者陷入僵局,法院也许是裁定专利权人权利和第三方受益人权利的唯一平台,当然,行使权利所产生的可轻易量化的诉讼费用并不构成不可弥补的伤害)。

[109] 见第2004/48号指令,前注30,特别是第9、13和14条(后者规定,胜诉方的合理且适当的法律费用和开销一般应由败诉方承担)。

[110] *TeliaSonera*,前注76,第64段。因此,欧盟法律并不要求证明实际的反竞争效应,也不需要证实产生这种影响的高概率。相反,为了确保请求人无需承担过重的举证责任,法院审查似乎要求请求人根据案件的具体情况和事实证明某一特定做法有可能阻碍竞争,因此在某种意义上具有限制竞争的"倾向性"。所以请求人必须使法院信服,这种做法损害了或者可能损害竞争。与案件具体情况无关的、抽象的、完全基于假设的、过度的推断或有关损害的理论不足以达到证明目的。"(*AstraZeneca*,前注86,Opinion of Mazák AG,第62—63段)。

[111] 排他性滥用案件通常涉及以下情形,即占主导地位的公司在主导市场或周边市场或下游市场中实施旨在排除竞争的行为。事实上,委员会已经声明,在执法方面,其将重点关注第102条中规定的可能导致消费者受损的反竞争排除行为:"指导文件",前注79,第19—20段,在许多欧盟的禁令案件中,SEP持有人通常是下游市场中与其他智能手机厂商进行竞争的实施者。这一因素能促进反竞争影响的认定,因为可以说,一个垂直整合的实体具有在下游市场实施阻碍竞争行为的动机。但是,如SEP归属某专利主张实体(PAE)或者某在下游市场经营的企业,则不存在上述动机;因此,在这些情况下,证明反竞争影响的挑战性更大。然而,即使SEP持有人不是垂直整合的,发挥市场支配力,实施后标准化和劫持实施者的能力可能会扭曲下游的竞争,从而造成潜在的反竞争影响。

[112] 参见前注68和附文。

[113] *TeliaSonera*,前注76,第108段。

[114] Google/Motorola,前注28,第107段。

"在市场上没有更多,或几乎没有更多的竞争的时候。如果欧盟委员会被要求等待竞争对手从市场上被淘汰,或直到它们即将被淘汰,才能够根据[第102条]采取行动,这显然违背了该条款的目的,即维护普通市场中的公平竞争,特别是维护相关市场上仍然存在的竞争。"[115]

(iii) 客观正当理由

虽然《欧盟运行条约》第102条中并未明确提出,但欧盟法院一致认为,一个占支配地位的企业应该为其可能被《欧盟运行条约》第102条禁止的行为提供客观正当的理由。从广义上讲,占支配地位的公司可能会通过如下做法来做到这一点:证明他们的行为具有客观必要性,或者滥用行为的影响被客观的经济理由(也有利于消费者的效率方面的优势)抵消。[116] 因此,SEP持有人可以为寻求禁令提供正当理由,要么(i)以技术或商业理由[117]——例如,如果实施者拒绝遵守独立裁决的FRAND决定(不是"善意被许可人"[118])或没有能力支付——要么(ii)以效率为理由[119]。似乎不能允许SEP持有人争辩说,强制令是为了保障创新和投资激励,或鼓励实施者接受其许可条款。

(iv) 国家层面上授权的行为

即使某个行为是国内法律允许或授权的,也不能构成对支配地位滥用的抗辩(例如,因为国内法规允许寻求和颁发禁令)。《欧盟运行条约》第102条适用于企业自发的行为——例如主动寻求禁令——而仅仅在国内法律要求该企业采取反竞争行为或者在国内法律建立了消除任何竞争性活动可能性的法律框架时才不适用。[120] 在国内立法并未排除竞争的可能性时,占支配地位的公司有一项特殊责任,即不得妨碍且其行为不得损害真正的公平竞争。

---

[115] 案例 T-201/04 Microsoft 前注78,第561段。
[116] *Post Danmark*,前注76,第41段;案例 C-95/04 P *British Airways v Commission* [2007] ECRI-2331,第86段。
[117] 案例 311/84 *Centre belge d'études de marché—Télémarketing v Compagnie luxembourgeoise de télédiffusion* [1985] ECR 3261,第26—27段。
[118] 参见前注97。
[119] 参见前注107和附文。
[120] 案例 C-280/08 P *Deutsche Telekom*,前注75,第80-85段(国家监管机构可能违反欧盟法律的事实并不影响德国电信的责任(第91段),另见上文第64—65页及其附文)。如果国家法律仅仅是鼓励或者为企业从事自主的反竞争行为提供更多便利,这些企业仍然受《欧盟运行条约》第101和102条的约束。参见前注65,第56段。另见 *TeliaSonera*,前注76,第52段(如某企业在其市场行为的选择上具有充分自主权,则适用《欧盟运行条约》第102条);案例 C-681/11 *Bundeswettbewerbsbehorde and Bundeskartellanwalt v Schenker & Co AG*,2013年6月18日。如限制竞争仅仅源自国内法,则将其归因于公司的自主行为,参见案例 T-191,212-214/98 *Atlantic Container Line v Commission* [2003] ECR II-3275,第1130段。另见案例 C-94 和 202/04 *Cipolla v Fazari* [2006] ECR I-11421。

(v)是否诉诸法院

在 ITT Promedia NV 和欧盟委员会的诉讼中[120]，常设法院（General Court）强调了诉诸法院的原则作为基本权利和保障法治的一般性原则的重要性。因此，常设法院支持欧盟委员会的观点，即《欧盟运行条约》第 102 条只能在以下例外情况下驳回提出诉讼的权利：(1)法律诉讼不能被合理地认为是试图确认有关企业的权利，因此只可用于骚扰对方，以及(2)该诉讼是在旨在消除竞争的计划框架内构思的。

然而，与普通的专利诉讼案件的一个重要区别是，正如已强调的那样，SEP 持有人已经作出了 FRAND 承诺——这意味着它将授予许可并且不会对已经同意接受 FRAND 许可条款的被许可人寻求禁令。在这种情况下，认为专利持有人在例外情况下寻求禁令构成滥用市场支配地位，似乎并没有剥夺专利权人诉诸法院或提起法律诉讼的权利。相反，它只是要求(1)当侵权人是"善意被许可方"时，SEP 持有人可以在法律诉讼中寻求其他补救措施，来维护其专利权（比如，过去的侵权损害赔偿和确定未来的 FRAND 许可条款）；而且，如果 SEP 持有人确实寻求禁令，则要求(2)国内法院考虑寻求任何禁令及其执行是否构成滥用，如果是的话，应放弃适用允许判予禁令的国内法规。（国内法院有义务放弃适用对欧盟法律所禁止的行为进行授权的国内法规，并且不得适用那些使得行使欧盟权利几乎不可能或过于困难的国内法规——有效性原则。[121]）

事实上，ITT-Promedia 的案例并没有排除之前的认定，即在特殊情况下，知识产权持有人的拒绝许可可构成滥用市场支配地位的行为，即使这样的认定本身阻止了知识产权持有人行使其知识产权的专有权以及通过寻求禁令来保护该知识产权。[122] 同样，它不应排除以下认定，即在特殊情况下，寻求禁令不是合法地行使知识产权，而是非法滥用行为。

而且相反，可以说，认为 SEP 持有人有权寻求禁令可能会导致实施者诉诸法院的权利被剥夺，例如在德国，为了避免禁令，实施人必须放弃对专利有效性和/或侵权和/或许可条款的善意质疑的权利。

五、《欧盟运行条约》第 102 条、FRAND 许可条款和结论

要求做出 FRAND 承诺是为了确保标准制定的公共利益不会因单个 SEP 持有人个人利益最大化而受到损害。美国和欧盟的反垄断执法部门和法院中似乎有一个相当一致的共识，即"SEP 持有人应该遵守他们的 FRAND 承诺，并且尽量避免对善意被许可方

---

[120] 案件 CT - 111 / 96 ITT Promedia NV v Commission [1998] ECR II - 2937。这类案件（滥用或没有确实根据的诉讼）提出了适用测试，以识别受 FRAND 约束 SEP 相关禁令请求的案件中的滥用行为，参见 Petit，前注 33。

[121] 参见前注 63—65 和附文。

[122] 参见前注 77—78 和附文。另参见 AstraZeneca 的讨论，前注 91 和附文。

寻求禁令救济"。[124] 在"华为案"中,欧洲法院有机会澄清欧盟竞争法是否支持该共识,如果支持,那么具体什么时候寻求禁令会违反《欧盟运行条约》第 102 条。

第四部分中的讨论表明,由于寻求禁令可能使 SEP 持有人在欧盟能够劫持愿意支付 FRAND 许可费的实施者,并以威胁竞争的方式强制其接受不合理的许可费条款,如果劫持的威胁是真实的,那么这种行为可能就是滥用行为。寻求禁令不仅可能导致不公平或歧视性的许可条款,而且可能危及标准制定过程的成功,并导致下游市场的反竞争效应,从而损害消费者的利益。如果反竞争效应确实存在,本文认为,除非专利权人可以证明禁令申请是正当的(例如因为实施者拒绝接受法院或仲裁庭独立确定的 FRAND 条款的许可、约定,或者没有能力支付许可费),否则应该认定受 FRAND 约束的 SEP 持有人申请禁令属于滥用行为。这样的结论将实现欧盟各国处理方式的协调统一,而且不会对技术上游的创新产生不利影响,只要有机制确保 SEP 持有人能够获得针对过去侵权的损害赔偿(连同利息)和针对未来许可使用的许可费,这些也符合《欧盟运行条约》第 102 条和 FRAND 承诺。

因此,比较迫切的问题是应该如何评估公平、合理[125]且无歧视的条款,特别是,这些概念是如何与《欧盟运行条约》第 102 条相关案例中所确立的原则相互关联,这些案子处理的问题就是占支配地位的企业是否强加了不公平的销售价格或者是否做出了被禁止的价格歧视行为。如果对此问题可以更加明确,争议的数量就会更少。如果不进一步明确,劫持和许可费堆叠所导致的费用将会有持续增加的风险,特别是"如果更多的专利所有人选择将专利权货币化"[126];而且,如果专权人不能保证使用专利的人承担相应责任,对标准的创新和贡献也将受到阻碍。

虽然目前还没有具体的欧盟司法先例解决 FRAND 有什么确切的含义以及 FRAND 许可费如何计算的问题,但是有一个案件正在德国曼海姆地方法院审理中,该法院有望为 Motorola 的一个涉及无线电信技术的 SEP 组合确立许可费率。[127] 但是,因为法院已经向欧盟委员会寻求指导以使用正确的方式评估 SEP 组合价值并确定 FRAND 费率,所以这些诉讼都中止了。[128] 待决定的关键问题还可能包括:

---

[124] Kanter,前注 60,第 2 页。
[125] 见前注 20。
[126] "Patent Challenges for Standard-Setting in the Global Economy",前注 2,第 57—58 页。
[127] *Motorola Mobility LLC v Apple Inc* 案,曼海姆高等地方法院,2013 年 11 月 8 日,文件编号 7 O 241/12。英国和威尔士高等法院也表示准备裁决 FRAND 费率,尽管尚未收到此类判决书。见 *IPCom v Nokia* 与 *Vringo v* ZTE,前注 34。
[128] 曼海姆地方法院提出的主要问题多数保密,因为它们涉及当事人之间的合同关系。见 Foss Patents 的文章 "German Court Stays Google-Apple FRAND Rate-Setting Case, Invites EU Commission to Participate",2013 年 11 月 7 日,http://www.fosspatents.com/2013/11/german-court-stays-google-apple-frand.html(2013 年 12 月 24 日访问)。

(1)技术价值应该如何评估,特别是,应该以标准化前还是标准化后的知识产权价值为依据;

(2)确定许可费的适当依据是什么,例如,是应该基于包含该标准的单个组件的价格还是应该基于包含该技术的最终产品的价格;

(3)如何解决许可费堆叠问题以及对标准的累积许可费可能超过最终产品的价值的担忧,还有如何解决使下游制造商无法开展业务的风险。

竞争监管机构一直以来都不愿去回答这些问题,这也可以理解。[129] 而且,有观点[130]认为,标准制定组织应当作出更多努力使合同条款与流程更加严格,特别是通过明确 FRAND 承诺的意义[131]及其约束对象,以及在寻求禁令之前通过纳入各方必须遵守的程序来确保专利许可相关争议得到解决——进行谈判,如果需要的话诉诸法院或仲裁程序。标准制定组织还可考虑更充分地使用专利池[132]或者许可条款[133]联合进行事前谈判在某些情况下是否是一个解决方案。由于标准制定组织发现难以满足这些要求,竞争监管机构和法院都似乎不可避免地需要对上文提出的问题以及费率在什么样的情况下符合竞争法的问题提供答案。事实上,对于这些问题,美国最近一些比较重大的案件[134]以及以前的欧盟法学理论和指南中开始出现一些可能答案。[135] 这些发展预示着,欧盟委员会

---

[129] 见欧盟委员会发出的异议声明,前注 58;也可见上文第四 2a 部分。

[130] 见美国司法部对促进标准制定组织政策的 6 个具体建议;Hesse 的发言,前注 22;MA Lindsay & RA Skitol, "New Dimensions to the Patent Holdup Saga" (2013) 27(2) *Antitrust* 34,参照了美国联邦最高法院意见,*American Society of Mechanical Engineers v Hydrolevel Corp* 56US556(1982),该意见表明了标准制定组织在没有采取适当措施防止其程序的滥用时,对于反竞争危害的反垄断责任,前注 95。

[131] 见"Patent Challenges for Standard-Setting in the Global Economy",前注 2。

[132] 鉴于"伪池"做法,将许可证条款预先披露与专利池(涉及每个标准的总许可费率建立)某些有益属性相结合,用来提升 FRAND 协定效率与效力,处理许可费堆叠问题,见 Contreras,前注 97。见 Shapiro, Economists' Roundtable,前注 95("标准制定组织无意涉入其他业务……但通过更多的专利池来处理标准相关许可费堆叠问题的想法很吸引人")。

[133] 美国司法部(DOJ)与美国联邦贸易委员会(FTC), "Antitrust Enforcement and Intellectual Property Rights: Promoting Innovation and Competition"(2007),第 2 章,第 50—57 页。

[134] 见 *Microsoft v Motorola* 案,前注 19;*Innovatio*,前注 19。在每一个案件中,意识到存在劫持与许可费堆叠风险,法官基于假定双方协商无法达成合理许可费,考虑下列具体事实因素,尤其是:(i)专利组合对标准的重要性(全部标准必要专利占专利组合的比例及其技术贡献);(ii)专利组合整体对被指控侵权产品的重要性;(iii)根据其他可比专利许可确定 RAND 费率。

[135] 此外,还有关于 FRAND 含义以及 FRAND 许可费计算的多卷新颖文献。如 O'Donoghue & Padilla,前注 67,(但需注意,文献的"主体"出现在有争议的诉讼或行政机关处理范围内,以此主张特定立场情形);DG Swanson & WJ Baumol, "Reasonable and Nondiscriminatory (RAND) Royalties, Standards Selection, and Control of Market Power" (2005) 73 *Antitrust Law Journal* 1;Chappatte,前注 8;D Geradin & M Rato, "FRAND Commitments and EC Competition Law: A Reply to Philippe Chappatte," (2010) 6 *European Competition Journal* 129;G Sidak, "The Meaning of FRAND, Part I: Royalties", http://idei.fr/doc/conf/sic/seppapers2013/sidakwebb.pdf(2013 年 12 月 24 日访问);Lemley & Shapiro,前注 68(向 SSO 建议履行 FRAND 承诺的最佳实践方法,"事实上,我们的建议旨在引导事后双边许可费费率的、反映事前技术竞争结果的谈判,……方法的关键是让专利权人与善意许可申请人就合理专利使用费参与仲裁,而不是在法庭上对专利提出诉讼");Mariniello,前注 14;Carlton & Shampine,前注 14。

在回答曼海姆地方法院提出问题的时候,可能认为,对技术价值的评估应基于标准化之前的技术价值,确定 FRAND 许可费的适当基础与标准化的功能(而不是最终产品价格)具有最密切的相关性,且应确定最高累积许可费以解决许可费堆叠的问题。

首先,欧盟委员会的《横向合作指南》建议,FRAND 许可费应符合《欧盟运行条约》第 102 条规定,即占支配地位的企业不应收取过高费用,也就是说,费用与该知识产权经济价值[136]并无合理关联性。

> "需要确定的问题……实际成本与实际收取的费用之间差额是否过大,如果答案是肯定的,那么是否强加了无论自身还是与竞争产品相比都不公平的价格。"[137]

确定成本和确立合适对比中所涉及的问题众所周知。在 SEP 背景下,欧盟委员会认为,基于成本的方法是不适当的,因为特定专利或专利组开发成本评估比较难。因此本文提出一份不详尽的方法清单,在某些情况下,可用于进行必要的评估,例如:

- 对比 SEP 持有者在行业被锁定到标准之前在竞争环境下收取的许可费和行业被锁定之后所收取的许可费;[138]
- 针对相关知识产权组合对标准的客观核心地位和必要性进行一个独立专家评估;
- 参考具体标准制定过程中披露的事前许可条款;
- 将许可费率与针对其他可比标准下相同知识产权收取的许可费率进行比较。[139]

这种方法似乎符合一个广泛接受的观点,即对于许可费公平合理的要求使得许可费必须基于专利持有人在与其他技术进行公开公平竞争中可以获得的收益——将合理回报与专利技术事前价值相关联,以提高该标准的价值并促进该标准的使用。[140] 尽管有些人支持相反的观点,在参与者被有效锁定为使用专利所涵盖的技术后,专利持有人应当能够根据事后价值(反映标准化后市场支配力的提升)收取许可费,但是尚不清楚这种方式是否符合 FRAND 承诺和《欧盟运行条约》第 102 条的目的:SEP 持有人不应利用和滥用因自己的技术被纳入标准中而获得的市场支配力。

其次,关于适当的许可费基础,尚不明确 FRAND 的非歧视规定是否的确要求针对

---

[136] 见案件 27/76 *United Brands Co v Commission* [1978] ECR207,第 250—252 段。
[137] 同上。
[138] 欧盟关于横向合作协议适用《欧盟运行条约》第 101 条的指南,[2011]OJC11/1,第 289—290 段。
[139] 同上。
[140] 见法官 Holderman 的观点,前注 19("专利劫持是 RAND 预防的重大问题",RAND 费率必须"只反映基础技术价值而非标准化的劫持价值")。

处境相似的被许可人的许可费率或许可条款不应存在歧视。[141] 但是,Rambus 公司在承诺决定中同意的许可费是基于单独出售的芯片价格,而非包含该芯片的最终产品的价格。[142] 在美国,Holderman 法官在评估 Innovatio 的 FRAND 基础时得出结论,适当许可费的基础是 Wi-Fi 芯片而非最终产品,因为 Innovatio 无法"可靠地将最终产品价值分摊到专利特征中"。[143] 近来正在对 Ericsson 行为进行调查的印度竞争委员会,也阐述了其初步的观点,即认为 Ericsson 基于实施者生产的最终产品价值收取的许可费过高,具有歧视性,违反了 FRAND 条款。[144]

最后,在美国,法官们注意到,需要为整个标准确定一个累积许可费上限,以避免下游创新者因不合理的累积许可费要求而被排挤出市场的风险。例如,在 Microsoft 诉 Motorola 一案中,法院表示,因为 Motorola 的要求不符合 FRAND 原则,如果答应其要求,那么"实施 802.11 标准(仅是 Xbox 产品的一个特征)的总许可费将超过产品总价"。法院据此得出结论,引起这种问题的许可费率不符合(F)RAND 原则,并且"不符合 RAND 承诺的中心原则——标准的普遍采用"。[145] 同样地,法院在 Innovatio 案中认为,要确定许可费,必须解决许可费堆叠风险;对于整个标准累积许可费,应有一个上限。相应地,法院认为"现有芯片的利润率很可能是 Innovatio 的 RAND 许可费的上限,因此也是计算许可费的适当起算点"。[146]

Huawei 和 Motorola 在德国的诉讼已经分别为欧洲法院和欧盟委员会提供了一个机会来澄清关于《欧盟运行条约》第 102 条适用中占支配地位的 SEP 持有人的行为与 FRAND 许可承诺的效果等许多重要问题。如果出台这样的指导,再结合美国的判例,那么当 SEP 持有者和实施者向欧盟成员国的法庭和国内法院提交 FRAND 争议并请求裁决时,可为所述法庭和国内法院提供非常宝贵的帮助。[147]

---

[141] 见 Carlton & Shampine,前注 14。
[142] 见 Rambus,前注 9,第 64—66 段。
[143] 见 Innovatio,前注 19,第 26 和 34 页。
[144] 见 http://www.cci.gov.in/May2011/OrderOfCommission/261/502013.pdf(2013 年 12 月 24 日访问)。中国竞争监管机构也正在调查 Qualcomm 涉嫌在与中国实施者进行许可谈判过程中滥用市场支配力,见 http://www.qualcomm.com/media/releases/2013/11/25/chinas-national-development-and-reform-commission-notifies-qualcomm(2013 年 12 月 24 日访问)。
[145] 见 Microsoft v Motorola,前注 19,第 456 段。
[146] 见 Innovatio,前注 19,第 17—19 页,第 73—76 页。也可见于 Contreras,前注 97。
[147] Samsung,前注 56,第 5 段。另见美国联邦贸易委员会在 Google/Motorola 案中谈判协商的承诺(2013 年 1 月)。

欧盟竞争法与标准必要专利的对接

——从橙皮书标准到"华为案"[*]

Björn Lundqvist[**]

本文根据欧盟及美国现行判例法讨论了最近欧洲法院(European Court of Justice,ECJ)对"华为案"的判决。"华为案"的判决让我们期待已久,学术界众多人士希望这一判决能最终回答如下问题——在欧盟反垄断法下基于何种原因、在何种情况下以及按照何种条件有权使用标准必要专利。但是,"华为案"是否适用该种情形?从表面上看,ECJ 裁决在"华为案"是否适用标准必要专利规则这一核心问题上给予了学界较大的思考空间,我们将在本文中探讨部分内容。

关键词:标准必要专利(Standard-essential Patent,SEP);标准化;公平、合理且无歧视原则(Fair,Reasonable And Non-Discrimnitary,FRAND);Huawei

引 言

"华为案"是欧盟有关信息与通信技术(Information and Communications Technology,ICT)行业中持续进行的"专利战"的最新案例。专利战在全球各地法院上演,但根本上仍是在处理相同或类似问题。这些案例共同关注的是,如果一项专利声称其包含对基础架构类型技术标准至关重要的技术细节,那么,作出 FRAND 承诺的该项专利的专利权人,是否可以通过寻求禁令救济的方式以将同一行业的竞争对手挤出相关市场。例如,用于移动手机通信的无线技术是一个技术标准,即所谓的 4G 或 LTE 标准,该标准由许多公司持有的若干项专利所覆盖。对于那些范围狭窄但却是必要的标准技术组成部分的专利,各公司可以拒绝签署覆盖这些 4G 或 LTE 标准组成部分的许可协议吗?他们

---

[*] 本文原文发表于《欧洲竞争杂志》(European Competition Journal)第 11 卷,第 367—401 页,2015 年出版,本中文译文已获版权方授权。

[**] Björn Lundqvist 为斯德哥尔摩大学司法学资深讲师,哥本哈根商学院欧盟竞争法副教授。

可以因此取得禁令措施,在不侵犯竞争法的前提下将其他竞争对手从智能手机市场中排挤出去吗?此外,如果 SEP 所有人对相关标准制定机构做出承诺,其将基于公平条款来许可其 SEP 专利,这会影响竞争法分析吗?

"华为案"被热议的焦点是,按照公平、合理且无歧视原则(FRAND 条款)使用国际标准与标准必要专利,是否涉及"劫持"或"反向劫持"问题。因此,该案的主要问题是:当某一标准制定组织(Standard Setting Organisation,SSO)采用的技术标准包括了反映特定专利(即标准必要专利,SEP)的技术时,该专利的所有人是否可以拒绝与想要按照该标准开展业务(出售产品)的公司签署许可协议,是否可以针对侵权者寻求禁令救济?特别是当某一标准必要专利已成为行业统一标准时,已向标准制定组织承诺将按照 FRAND 条款许可其标准必要专利的专利所有人是否可以采取上述拒绝或禁令措施?或者说,该拒绝许可的行为以及针对可能存在的被许可人采取的禁令措施,是否应该被判定为是《欧盟运行条约》(Treaty on the Functioning of the European Union,TFEU)第 102 条所规定的滥用市场支配地位?

一般而言,SEP 涉及的主要问题可以归结为两点:首先,SEP 持有人何时可以不拒绝他人使用 SEP 并对相应侵权者寻求禁令措施?其次,FRAND 原则的构成要素是什么,谁来承担许可协议中定义 FRAND 条款的风险,所有人还是潜在的被许可人?本文将对这些问题予以讨论。

本文分为五个部分。第一部分讨论了专利战的背景以及欧盟试图将德国联邦最高法院创新的橙皮书标准案例作为规范专利战规则的起点的做法。该案例解决了 SEP 持有人何时可以对侵权者侵权行为取得禁令的问题;或者更为准确的是,SEP 持有人应按照何种条款来拒绝他人使用其标准必要专利。第二部分通过美国联邦贸易委员会(Federal Trade Commission,FTC)发布的 Google 同意令简要地审查了美国相关判例法的发展历程。美国允许 SEP 侵权者按 FRAND 条款获得专利许可的程序是什么?第三部分分析了来自欧盟委员会针对 Samsung 与 Motorola 的两项调查。第四部分讨论了欧洲法院总法律顾问关于 SEP 的最新观点以及欧洲法院(ECJ)对于"华为案"的判决。根据 ECJ 的判决,在欧盟竞争法下,应该按照什么样的流程谈判并授权使用 SEP?最后一部分审查讨论了欧盟成员国国内法院的观点。如果欧盟机构与法院已经定义了按照 FRAND 条款使用 SEP 的流程,欧盟成员国国内法院仍然可以审查相关的重要细节,包括 SEP 持有人或潜在被许可人的邀约是否反映了 FRAND 条款,例如 FRAND 许可费费率与其他 FRAND 条款等。在确定这些条款时,欧盟成员国国内法院应该如何操作?最重要的是,这些国内法院应该如何确定许可费费率?在个案中,FRAND 许可费应如何具体判定?本文最后得出了相应结论。

一、橙皮书标准与其他欧洲案例

历史上有一个有趣的欧洲案例揭示了根据事实标准使用必要专利的根本性难度,即 2009 年德国联邦最高法院审查判定的橙皮书标准案例[1]。

在关于 CD-R 与 CD-RW 技术的橙皮书标准案例中,争议焦点是当侵权者试图以商业理由取得许可但专利权人拒绝时,专利权人是否能够在专利侵权诉讼后取得禁令救济措施。有趣的是,法院认为按照某一标准授权必要专利是一个市场行为,专利所有人是该市场唯一的供应者,亦因此是一个垄断者。德国联邦最高法院的结论是,如果专利权人拒绝按无歧视性、非限制性条款及相应条件与被告人签署专利许可协议,被告人可申诉专利权人滥用市场支配地位。但是,根据禁令救济规则,被指控的侵权者有义务提供关于已按照公平条款给予专利权人机会授予许可的证据。专利权人没有义务提供该许可,但是如果其拒绝来自"有意愿的"被许可人按照公平条款提出的要约,如果专利权人试图寻求禁令救济但"有意愿的"被许可人按照被许可人的方式行事(例如,向专利权人支付许可费或向托管账户支付并遵守许可条约,包括非挑战性义务)[2],专利权人就有滥用支配地位的嫌疑。

上述观点可能被视为对于潜在被许可人的狭义辩护。首先,被许可人必须定义(并且承担规定的义务)公平条款组成内容的界限,潜在被许可人还须出示许可建议书,表明如果专利权人拒绝该等款则其涉及滥用支配地位。这对潜在被许可人来说是一项比较沉重的负担义务。对于涉案专利,潜在被许可人可能不知道该专利的 FRAND 或市场条款应该是什么,并且,这会强迫潜在被许可人出示不等同于 FRAND 的条款,而是"FRAND + 条款"以遵守橙皮书标准。有可能专利权人更容易出示反映目前市场条款的许可协议,抑或,专利权人拥有一份包含可方便使用的许可费计算公式的标准合同。但是,如果由专利权人承担定义 FRAND 条款的义务,专利权人也可能产生困惑,因为确定 FRAND 条款可能产生大额交易费用,尤其是定义 FRAND 许可费费率。此外,根据欧盟分散的国内专利体系,起诉侵权者的费用成本巨大。其次,潜在被许可人可以出示什么条款、义务与规定并仍遵守橙皮书标准检验?潜在被许可人可以提出任何先决条件的建议吗(例如,建议公司获得许可,但前提是法院根据过去发展情形规定专利的有效性、

---

[1] 2009 年 5 月 6 日德国联邦最高法院(Bundesgerichtshof) - 第 KZR 39/06 号橙皮书标准案例。关于橙皮书标准案例与其他德国标准案例的冗长讨论,参见德国联邦最高法院 2004 年 7 月 13 日 - 第 KZR 40/02 号 Tight-Head Drum 案例。参见 Björn Lundqvist, Standardization under EU Competition Rules and US Antitrust Laws 与 The Rise and the Limits of Self-Regulation(Edward Elgar,2014),319 et seq。

[2] 同上。

公平性的许可费费率)？答案是否定的。根据德国联邦最高法院的观点,潜在被许可人只有两种选择:(i)向专利权人提供业内惯常使用的许可费费率;(ii)适用专利权人的"合理运用的判断力",提议待由专利权人确定的许可费费率。③此外,潜在被许可人不得对专利的有效性或必要性提出质疑,并应向任何事先未经授权使用 SEP 的行为支付损害赔偿。从表面判断,似乎橙皮书标准案例没有给潜在被许可人多少余地质疑标准必要专利的有效性、必要性或专利许可费费率,近期出现了更多的德国案例似乎验证了这一点。

仿效橙皮书标准案例的若干德国案例,十分恰当地揭示了潜在被许可人所面对的严格程度与困难。潜在被许可人的要求仅在少数案例中获得了法院支持,譬如在 Philips 诉 Sony Ericsson④ 案中,曼海姆(Mannheim)地方法院查明被告人以固定费率提供许可要约并将已计算的许可费存入托管账户,满足了橙皮书标准的要求,从而驳回了专利权人的禁令请求。然而,更多的案例表明了侵权者无法满足橙皮书标准的严厉要求。例如,2011 年 12 月,在位于曼海姆的卡尔斯鲁厄(Karlsruhe)高等地方法院,Motorola/Google 取得对 Apple 的禁令(基于与 GSM 相关联的 GPRS 标准的蜂窝 SEP)。在 2012 年 2 月审理案件上诉之前,该禁令被强制执行了一段时间,⑤此后双方同意,Apple 将按照法院判定的费率获得许可。法院认定,当 Motorola 接受 Apple 对许可的要约时,Apple 必须收回其申请 Motorola 专利无效的请求。实际上,Apple 的许可要约有义务包含非挑战性终止条款以满足橙皮书标准。此外,法院要求被许可人在其许可要约中必须承担对过去侵权的损害赔偿责任。⑥

这些德国案例可以用来解决橙皮书标准所未能解决的一些问题。例如,下级法院曾裁决 FRAND 承诺是专利所有人关于未来订立有约束性许可协议的意图声明,其履行了专利权人在反垄断法下的义务,但其没有向潜在被许可人授权使用专利的强制性义务。潜在被许可人仍须通过橙皮书标准检验以获得许可,从而表明其仍旧是"有意愿的被许可人"⑦。

尽管不倾向于推翻橙皮书标准的规定,欧盟委员会仍在 Google/Motorola 并购案⑧

---

③ 同上。Lawrence R Gabuzda 等,Standard-Essential Patents and Injunctive Relief(2013 年 4 月),Jones Day 律师事务所出版,http://www.jonesday.com/standards-essential_patents/ 2014 年 2 月 24 日。
④ 曼海姆地方法院,Philips v Sony Ericsson,2011 年 5 月 27 日,文件号 7 O65/10。
⑤ 卡尔斯鲁厄地方高等法院,Motorola v Apple,2012 年 2 月 27 日,文件号 6 U 136/11。
⑥ Lawrence R Gabuzda 等,Standard-Essential Patents and Injunctive Relief(2013 年 4 月)Jones Day 律师事务所出版,http://www.jonesday.com/standards-essential_patents/ 2014 年 2 月 24 日。
⑦ 同上。
⑧ 欧盟委员会判决案号 COMP/M.6381 Google/Motorola Mobility,2012 年 2 月 13 日。

和 Google SO 案中指出了对于橙皮书标准的一些意见。由于 Apple 的投诉,欧盟委员会根据橙皮书标准分析了德国判例法的发展,欧盟委员会似乎认为,涉嫌侵权者通常难以满足橙皮书标准的要求,尤其是在法律上设定标准的情形下。

根据欧盟法律,基于欧盟滥用支配地位规则下的"例外情形"规定(比较 Magill、IMS Health 与 Microsoft),侵权者有机会获取标准设定程序与结果(尤其是 SEP)或专利池[9]。这些情形需要三方面的检验:(i)侵权者想要营销的产品必须涉及知识产权持有人未提供的(新)产品的营销所需的不可或缺的投入,并且对该(新)产品存在需求;(ii)没有拒绝的合理理由;(iii)占据支配地位的公司为自己保留了消除有效竞争的第二市场。这些要求似乎与橙皮书标准条件不同且更容易满足[10]。此外,欧盟委员会可能认为,拒绝进入标准程序不仅意味着拒绝,还可能构成对标准制定程序的滥用,因此应该用升级的反垄断方式进行处理。这是一个独立的例外情形,脱离于 Magill 与 IMS Health 判例法准则。事实上,后来的"华为案"验证了这些反映新的"例外情形"的情形,但是并没有对标准制定程序使用"滥用"这一术语。

与规定"例外情形"的欧盟判例法比较,橙皮书标准与更早前的 Tight-Head Drum 案例[11]没有规定新产品要求,反而关注是否有替代竞争技术[12]。如果没有替代技术或标准可用(因此,存在失灵的市场),法院可能将拒绝使用专利(至少歧视性拒绝)确定为滥用。从根本上看,该检验不同于根据欧盟法院制定的新产品要求的"例外情形"测试[13]。

还存在一些案例,例如在 2014 年的 Motorola 与 Samsung 案例中,欧盟委员会有机会运用橙皮书标准准则,但其并不完全认同德国判例法的观点,在该案中欧盟委员会认为橙皮书标准对于 SEP 持有人太过友好[14]。

---

[9] 案件 241-242/91 RTE 与 ITP v Commission [1995] ECR I-743。案件 T-418/01 IMS Health Inc & Co v NDC Health GmbH & Co [2001] ECR II-3193。

[10] James Venit,"Article 82 EC:Exceptional Circumstances-The IP/Antitrust Interface after IMS Health",in Claus-Dieter Ehlermann & Isabela Atanasiu(eds),*European Competition Law Annual* 2005:*The Interaction between Competition Law and Intellectual Property Law*(Hart Publishing,2007),7 et seq.

[11] Hanns Ullrich,"Patents and Standards-a Comment on the German Federal Supreme Court Decision Orange Book Standard",41 IIC 337(2011)339 et seq.

[12] 同上。

[13] Josef Drexl,"Abuse of Dominance in Licensing and Refusal to License:A More Economic Approach to Competition by Imitation and to Competition by Substitution",in Claus-Dieter Ehlermann and Isabela Atanasiu(eds),*European Competition Law Annual* 2005:*The Interaction Between Competition Law and Intellectual Property Law*(Hart Publishing,2007),650 et seq.

[14] 2014 年 4 月 29 日欧盟委员会决定,案例 AT.39939 Samsung-UMTS 标准必要专利的执行[EB/OL][2014-09-28].http://ec.europa.eu/competition/elojade/isef/case_details.cfm? proc_code=1_39939,2014 年 4 月 29 日欧盟委员会决定,案例 AT.39985 Motorola GPRS 标准必要专利的执行[EB/OL][2014-09-28]http://ec.europa.eu/competition/elojade/isef/case_details.cfm? proc_code=1_39985。

同样地,在美国,基于 eBay[15] 准则,法官在此类情形下似乎不愿给出禁令救济。例如在一个最近的案例中,Posner 法官驳回了 Motorola 与 Apple 对于禁令的请求,该案似乎说明了只要有可能取得损害赔偿,法院很少向 SEP 专利权人提供禁令救济措施[16]。

然而在法律背景下,橙皮书标准的裁决规则不得被低估。实质上,这意味着如果侵权者满足了橙皮书标准的规定(例如,支付许可费并作为被许可人行事),SEP 持有人就不能取得针对侵权者的永久禁令。这种结果的影响是建立了专利强制许可制度。此外,从理论上而言,这是一项对知识产权的豁免或限制,在该等情形下,知识产权并未反映财产权利;相反地,竞争法将该等情形下的知识产权法律规定转变成了责任规定[17]。

但是,在我们讨论欧盟委员会的相关案例之前,先来讨论美国联邦贸易委员会 Google 同意令。

二、美国联邦贸易委员会 Google 同意令

在欧盟委员会就 Motorola 拒绝向 Apple 授予 SEP 许可的案件做出决定之前,美国联邦贸易委员会对 Google 指控 Motorola 使用其专利的调查于 2013 年 1 月达成和解[18]。在美国联邦贸易委员会提交的起诉书中,指控 Google 违反了其向标准制定组织做出的 FRAND 承诺,且寻求或威胁寻求针对需要使用 SEP 生产相关设备并愿意根据 FRAND 条款进行许可的公司的禁令。特别是,Google 曾向地方法院和美国国际贸易委员会(International Trade Commission, ITC)寻求禁令,以阻碍其他存在竞争关系的技术公司使用其标准必要专利[19]。

美国联邦贸易委员会指出,这种类型的专利劫持行为正是标准制定机构希望通过制定包含 FRAND 许可要求的知识产权(IP)政策而予以避免的情形。美国联邦贸易委员

---

[15] eBay Inc. v. MercExchange, L. L. C., 547 U. S. 388 (2006).

[16] 美国伊利诺伊州北区东部联邦地方法院,案号 1:11-cv-08540 Apple, Inc 等诉 Motorola Inc、Motorola Mobility Inc, 2012 年 6 月 22 日意见与文令。关于 eBay 准则的额外讨论以及美国国际贸易委员会(ITC)的案例,参见 Björn Lundqvist, Standardization under EU Competition Rules and US Antitrust Laws-The Rise and the Limits of Self-Regulation (Edward Elgar, 2014), 330 et seq.

[17] Annette Kur and Jens Scho vs bo, "Expropriation or Fair Game for All? The Gradual Dismantling of the IP Exclusivity Paradigm", 马克斯·普朗克知识产权研究所,竞争与税法研究论文 No 09-14 (2009)。参见 SSRN: http://ssrn.com/abstract = 1508330 或 http://dx. doi. org/10. 2139/ssrn. 1508330, 2013 年 11 月 4 日访问。

[18] 美国联邦贸易委员会,在 google 公司事项中的声明,美国联邦贸易委员会文件 No 121-0120, 2013 年 1 月 3 日,见 http://www. ftc. gov/os/caselist/1210120/130103googlemotorolastmtofcomm. pdf, 2013 年 7 月 11 日访问。对于涉及标准和竞争法的几个 FTC 案例的长期讨论,参见 Björn Lundqvist, Standardization under EU Competition Rulesand US Antitrust Laws-The Rise and the Limits of Self-Regulation (Edward Elgar, 2014), 334 et seq.

[19] 同上。

会认定,如果不对该类事件进行查证,那么该类型的专利劫持行为将导致更高的价格,因为其他公司在禁令的威胁下可能会为使用 Google 专利而支付更加高昂的许可费,最终这些多支付的价格成本将被转嫁到消费者身上。[20] 美国联邦贸易委员会还声称,这一情形可能导致技术行业的企业放弃标准制定流程,并减少甚至放弃对新技术的投资。根据美国联邦贸易委员会的多数意见,Google 的行为构成不正当竞争以及不正当行为和实践,违反了《美国联邦贸易委员会法》(FTC Act)第 5 节的相关规定。关于 Google 和解的新闻发布会指出,和解条款要求 Google 在全球范围内撤销对于受 FRAND 承诺约束的 SEP 所提出的禁令救济,并对希望获得 Google SEP 授权的任何企业授予 FRAND 许可。[21]

很明显,美国联邦贸易委员会 Google 同意令是委员会提出的一项要求,即潜在被许可人有权获得许可,且在 Google 获准任何禁令之前,潜在被许可人能够就可能达成的 FRAND 条款内容进行谈判。通常,美国联邦贸易委员会为当事人各方如何确立 FRAND 提供了四步测试方法:(i)当事方应当同意进行谈判,且谈判期不得短于 6 个月;(ii)在 6 个月之后,或潜在被许可人在 6 个月内提出请求时,Google 可以提供相关许可协议;(iii)随后,潜在被许可人拥有 60 天的时间考虑或者接受该类提议协议,或说明其认为哪些协议条款未能充分体现 Google 向相关标准制定组织所做出的 FRAND 承诺,并且在该情形下,潜在被许可人应当说明应当在什么范围和效果上就相关协议条款进行修改,以便充分反映 FRAND 承诺;(iv)随后,美国地方法院或仲裁小组将适用精细复杂的程序,确定上述许可协议应当包括的权利、义务和一般协议条款,即适用于特定双方合作的特定 FRAND 条款。[22] 目前,美国联邦贸易委员会似乎已制定了一项"FRAND 程序",通过该程序可逐案建立 FRAND 许可。

确实,在上述的程序中(或至少在最初 6 个月附加 60 天的期间内),在不存在违反《美国联邦贸易委员会法》第 5 节规定的前提下,Google 无权获得针对潜在被许可人的

---

[20] 美国联邦贸易委员会引用了案例 Microsoft Corp v Motorola Inc,696 F. 3d 872,885(9th Cir. 2012)[在这一全面承诺之中,十分明确的一项就是(至少可以论证)关于下述事项的担保,即专利持有人不得采取相关措施,阻碍潜在用户使用专利持有人获得专利保护的材料,例如寻求禁令等,并应按照其做出的承诺,提供相关许可];另请见 Judge Posner in Apple Inc v Motorola Inc,No 1:11 - cv - 08540,2012 BL 157789(N. D. Ill. 2012 年 6 月 22 日,45(Posner 法官根据委任进行审理)。Posner 法官认为:"根据 FRAND 条款,除非 Apple 拒绝按照 FRAND 要求支付许可费,否则我没有合法依据禁止 Apple 使用'898 专利'。在承诺根据 FRAND 条款规定进行专利许可之后,Motorola 即承诺向愿意支付 FRAND 许可费的任何人士授予'898 专利'许可。因此,这也暗中确认,对于许可他人使用专利的情形,支付相关许可费即可对 Motorola 进行充分的补偿。不然,还能采取什么措施呢?"

[21] 决定和判令。比较美国联邦贸易委员会在 Google 公司事项中的声明,美国联邦贸易委员会文件 No 121 - 0120,2013 年 1 月 3 日,http://www.ftc.gov/os/caselist/1210120/130103googlemotorolast mtofcomm.pdf,访问时间:2013 年 7 月 11 日。

[22] 同上。

禁令。在上述期限结束之后,Google 有权获得禁令救济。但是,一般而言,Google 应先行询问潜在被许可人是否同意通过仲裁方式确定许可协议(FRAND)。如果被许可人接受由仲裁者负责确定的许可协议,则 Google 在仲裁期间不得寻求禁令救济。[23]

对于争议的解决,如果潜在被许可人存在下述情形,则 Google 保留直接获得禁令救济的权利:(i)提供关于拒绝订立许可协议的书面文件;(ii)拒绝按照最终法院裁决或通过具有法律约束力的仲裁程序所确定的条款来订立许可协议;(iii)未能就 Google 发送的"FRAND 条款"做出书面确认,该机制使 Google 能够确保可基于 FRAND 条款获得另一合作方的自有的标准必要专利(互惠原则)。同时,还需注意的是,该同意令仅适用于位于美国地方法院司法管辖区域之内的潜在被许可人。

美国联邦贸易委员会 Google 同意令规定了逐案确定 FRAND 许可的程序。因此,根据该同意令,《美国联邦贸易委员会法》第 5 节的规定认为,FRAND 并非一种测试或等级,而是一种程序。如未能遵守该规定,SEP 持有人将面临违反该法第 5 节的风险。

但是,仍需明确指出的是,美国联邦贸易委员会和 Google 达成和解的基础是涉及不正当竞争的相关规定。美国联邦贸易委员会做出的声明称:"我们根据《美国联邦贸易委员会法》第 5 节规定的委员会授权采取本次措施,以便阻止不正当竞争行为的存在,议会和最高法院已明确认为其超出了《谢尔曼法》(the Sherman Act)"。这一声明表明,根据美国联邦贸易委员会委员的多数意见,在反垄断法的规定下 Google 并不承担向他人提供使用 SEP 的义务,但根据反不正当竞争法的规定,则须向他人提供。美国联邦贸易委员会做出的结论具有重要意义,具体理由如下:[24]首先,该案开创了在反垄断法适用范围之外适用《美国联邦贸易委员会法》第 5 节规定的先河;第二,更令人不安的是,通过明确声明专利劫持行为不受反垄断法的管辖,美国联邦贸易委员会间接取消了法院、司法机构和其他任何人士(除了美国联邦贸易委员会以外的)查明、判定专利劫持行为是否违反竞争法律规定的资格。确实,通过主张专利劫持行为仅违反了《美国联邦贸易委员会法》第 5 节规定的禁止不正当竞争的规定,美国联邦贸易委员会实际上表明由于《谢尔曼法》仅调整与反垄断法相关违法行为,而不涉及违反不正当竞争法规定的行为,因此专利劫持行为不应适用《谢尔曼法》的规定。《美国联邦贸易委员会法》第 5 节规定的适用范围大于《谢尔曼法》的适用范围。因此,美国联邦贸易委员会实际宣告了只有

---

[23] 同前页脚注[21]。
[24] 美国联邦贸易委员会在其 N-Data 和解中遵循前向推理的方法,参见美国联邦贸易委员会文件 No 051 0094,2008 年 9 月 23 日,http://www.ftc.gov/enforcement/cases-proceedings/051 – 0094/negotiated-data-solutions-llc-matter,2013 年 7 月 11 日访问。

美国联邦贸易委员会有权就相关专利劫持行为提起诉讼,且更重要的是,《谢尔曼法》规定的 3 倍赔偿规定将无法适用。该裁决本质上声明了专利劫持行为不是一项违反反垄断法的行为。[25]

在 Google 同意令中,美国联邦贸易委员会并未遵循其在部分现有案例中已经确立的原则。[26] 但是,由于该同意令规定了在仲裁程序中确立 FRAND 的程序,其仍然具有重要意义,根据该程序,禁令仍然是订立许可协议的最终威胁和动力,尽管美国联邦贸易委员会仍指出在特定情况下[27]可能构成违反《美国联邦贸易委员会法》第 5 节规定的行为。但是,相对于橙皮书标准,该同意令明显更"有利于有意愿的被许可人"。

三、欧盟委员会的调查

如上文所述,欧盟委员会已于 2014 年 4 月[28]针对 Google 以及 Google 使用 Motorola SEP 的行为作出了裁决。在欧盟委员会作出裁决之前,争议焦点集中于欧盟委员会是否将采用橙皮书标准的规定,是否会采用美国联邦贸易委员会 Google 同意令程序。[29]

欧盟委员会于 2012 年 4 月正式开始相关调查工作。当时,欧盟委员会签发了一份声明,声明将对 Motorola 开展法律程序(同时,针对类似情形在另一案件中向 Samsung 开展法律程序)。委员会对 Apple 和微软提交的起诉书进行了答复,且明确进行了一项调查任务,调查 Motorola 是否通过基于其宣布对于生产符合标准的产品必要的专利而针对 Apple 和微软各自的旗舰产品(包括 iPhone、iPad、Windows 和 Xbox 等)寻求和执行禁令,而未能遵守 Motorola 对于标准制定组织做出的不可撤回的 FRAND 承诺。委员会核查了 Motorola 的行为是否构成《欧盟运作条约》第 102 条明确禁止的滥用市场支配地

---

[25] 有趣的是,Kovacic 委员在类似案件 N-Data 案中持不同意见,其声称美国联邦贸易委员会以该方式使用《美国联邦贸易委员会法》第 5 条的原因在于防止私人诉求三倍赔偿。另见 Rembrandt 案,其中 AAI 已经通知美国联邦贸易委员会不同且双倍 FRAND 许可费的案例。www.ftc.gov/os/aai.pdf,2013 年 7 月 11 日访问。

[26] 参见 2012 年 6 月 6 日提交的关于公共利益的第三方美国联邦贸易委员会的声明,Re Certain Wireless Communication Devices Portable Music & Data Processing Devices,Computers & Components thereof,Inv. No 337 – TA – 745,www. ftc. gov/os/2012/06/ 1206ftcwirelesscom-pdf,2013 年 7 月 11 日访问;n the Matter of Robert Bosch GmbH Docket No C – 4377 File No 121 0081,决定和裁定,2013 年 4 月 23 日,http://www. ftc. gov/policy/public-comments/initiative – 462,2013 年 7 月 11 日访问。

[27] 这一内容与部分评论者主张为最佳理念的内容相一致。因此,FRAND 暗含了关于创建公平许可条款的程序机制。比较 Mark Lemley & Carl Shapiro,A Simple Approach to Setting Reasonable Royalties for Standard-Essential Patents,*Berkeley Technology Law Journal* 第 1135 卷。

[28] 请参阅涉及 Samsung 公司的新闻稿,http://europa. eu/rapid/press-release_IP – 12 – 89_en. htm? locale = en,发布时间 2012 年 1 月 31 日,访问时间 2013 年 7 月 10 日。

[29] 相关讨论内容,请参阅 Björn Lundqvis,Standardization under EU Competition Rules and US Antitrust Laws-The Rise and the Limits of Self-Regulation(Edward Elgar,2014),341et seq。

位的行为;同时,在强调橙皮书标准相关案例的同时,委员会也强调了部分特殊许可条款。[30]

2013 年 5 月,欧盟委员会针对 Motorola 与 Apple 之间的诉讼出具了一份针对 Motorola 的异议声明。[31] 委员会认为,如果潜在被许可人接受第三方(例如法院)在未来做出的具有约束力的判定内容(详细列明 FRAND 许可的条款),则在当事方未能通过双边协商获得理想结果的情况下,上述接受行为仍然清楚表明潜在被许可人"有意愿"订立 FRAND 许可。这一声明可以被解释为欧盟委员会不认可橙皮书标准规定的检验。因为在橙皮书标准案中,德国联邦最高法院指出,被指控侵权者必须实际确定许可费费率,并严格遵守执行(或接受专利权人所声称的 FRAND 的任何条款)。在该条款下,潜在被许可人几乎没有进行协商或诉讼的余地。但与此相反,委员会表示协商 FRAND 条款是一项确定为 SEP 持有人提供充分补偿费用的程序。因此,如果潜在被许可人承诺遵守 FRAND 条款协商程序,即便该类潜在被许可人未接受提供的每个条款或许可费水平,其仍然遵守了 FRAND 条款。确实,欧盟委员会似乎认可下述事实,即 FRAND 暗含了一种能够逐案确定许可条款的灵活程序。在该期间内,SEP 持有人不得强制执行禁令。

另外,根据欧盟委员会的观点,如果潜在被许可人同意接受由第三方(例如仲裁小组)[32]确定的 FRAND 条款,即便潜在被许可人对 SEP 的有效性、必要性或侵权性提出质疑,也不会导致该类潜在被许可人被认定为"不愿意"获得许可。在欧盟委员会之前的案例中,尽管 Apple 已同意接受由第三方所确定的 FRAND 条款的制约,Motorola 仍要求 Apple 做出"不得质疑"承诺,禁止 Apple 做出任何质疑意思表示。根据欧盟委员会的观点,被许可人应当能够对 SEP 的有效性、必要性或侵权性提出质疑,这符合社会公共利益需求。事实上,欧盟委员会的审查力度相对于德国法院的橙皮书标准更为宽松。因此,假定许可协议可能不包含"不得质疑条款",只要被许可人向该许可以及设立

---

[30] 同前页脚注[29]。请参阅欧盟委员会发布的关于 Motorola 公司的新闻稿(http://europa.eu/rapid/press-release_IP - 12 - 345_en.htm? locale = en,发布时间 2012 年 4 月 3 日,访问时间 2013 年 7 月 11 日),针对本案所作出的禁令救济系基于针对 H.264 视频编码的 SEP。Microsoft 已同意向 Motorola 支付为 MPEG LA 专利池费率 10 倍的特许权使用费,并提供额外 3 亿美元的担保,且具体金额仍有协商上涨的空间,前提是上述禁制令未在上诉期间得到强制执行。但 Google 拒绝上述条件,并推动针对 Windows 操作系统和 Xbox 游戏主机的禁制令的强制执行。这一举措并未成功,因为美国地方法院和上诉法院均禁止执行德国法院作出的禁令。而这一情形引起了欧盟委员会的兴趣。由位于华盛顿西区的地方法院(主审法官为 Robart 法官)提供了初步救济,出具了一份针对 Google/Motorola 公司的临时限制令。而现在,这一救济措施,将德国曼海姆地方法院作出的禁令也包含在内。

[31] Antitrust:Commission Sends Statement of Objections to Motorola Mobility on Potential Misuse of Mobile Phone Standard-Essential Patents-Questions and Answers". Reference:MEMO/13/403 Event Date:06/05/2013 http://europa.eu/rapid/press-release_MEMO - 13 - 403_en.htm,accessed 11 July 2013.

相关评论参见 Björn Lundqvist 的 Standardization under EU Competition Rules and US Antitrust Laws-The Rise and the Limits of Self-Regulation(Edward Elgar,2014),341 et seq。

[32] 同上。

FRAND条款的程序做出承诺,被许可人仍可能尝试获得更低的许可费费率。

欧盟委员会也提及橙皮书标准,并表示:"德国联邦最高法院所作出的裁决与SEP并无特定关联关系"。[33] 因此,我们可以清楚地看到,由于遵循橙皮书标准的德国案例并未将SEP与其他必要专利进行区分,因此欧盟委员会希望借助该事实情况,将调查与橙皮书标准案例进行区别。这一做法也与欧盟委员会对于上述判决的解释相统一:"如果有意愿的被许可人未被授权而就涉案SEP的有效性和必要性提出质疑,则该类做法将具有反竞争的嫌疑。"[34]

欧盟委员会似乎从美国联邦贸易委员会的Google同意令中获得了启示,欧盟委员会正在尝试认定,FRAND条款协商代表了与美国联邦贸易委员会类似的程序。如果专利权人同意FRAND许可,则表明专利权人已同意订立并设立与FRAND条款协商有关的程序,在该程序中,专利权人将遵守法院或仲裁小组作出的任何裁决结果,同时仍不得使用禁令。但是,欧盟委员会作出该类规定所依据的规则或理论是什么?

欧盟委员会在2014年作出了上述裁决。很明显,欧盟委员会使用了"拒绝许可"理论或例外情形(即IMS Health与微软之间的诉讼)作为依据,并重点关注使用标准必要专利或互用性必要专利的公平条款。实际上,欧盟委员会通过使用适合描述排他性和剥削性做法的论据来确定反垄断危害。另外,欧盟委员会似乎坚信,将"不得质疑条款"加入至许可协议可能导致专利权人滥用市场支配地位,该条款为不公平条款。因此,该条款是《欧盟运作条约》第102条(a)款项下的不公平交易条件。

欧盟委员会在Samsung案[35]和Motorola案[36](两案在同一天递交)中均强调了市场支配地位的问题。在上述两起案件中,欧盟委员会在开头均说明标准能够确保"兼容性和互用性",随后委员会进一步介绍了欧洲电信标准化协会(European Telecommunications Standards Institute,ETSI)和标准必要专利所扮演的角色。最后,欧盟委员会认定Samsung和Motorola分别在其类似但独立的相关市场中处于市场支配地位。欧盟委员会表示,上述标准的实施人在制造符合标准的产品时,应当使用受标准必要专利保护的技术,从而被锁定于相应技术之中。根据欧盟委员会的观点,相关产品市场包含对规定于Samsung UMTS SEP材料和Motorola Cudak GPRS SEP材料中的(UMTS或GPRS)标准技术规格参数所列明技术的许可。[37] 在上述两起案件中,并未提及需求方可替代性。

---

[33] 同前页脚注[31]。
[34] 同上。
[35] 详见2014年4月29日做出的委员会决定,案例编号AT.39939-Samsung,执行UMTS标准必需专利案。
[36] 详见2014年4月29日做出的委员会决定,案例编号AT.39985-Motorola,执行GPRS标准必需专利案。
[37] 地理市场至少覆盖欧洲经济区。详见如上所述。

FRAND 文献精选

两家公司均拥有其各自所在市场百分之百的份额(对标准中所列明的技术进行许可)。借助不断增长的市场渗透率并根据法律要求,上述标准的采用情况得到进一步的扩大,从而导致上述两家公司的市场支配地位进一步增强。

在上述两大案件中,欧盟委员会均认定,由于存在例外情形原理,针对"有意愿的"被许可人寻求临时和永久禁令是滥用市场支配地位。欧盟委员会在 Samsung 案中表示:"本案的例外情形包括:(i) UMTS 标准制定程序;(ii) Samsung 向欧洲电信标准化协会承诺,将根据 FRAND 条款和条件许可其 UMTS SEP。"欧盟委员会在其作出的 Motorola 案裁决中也指出,"有意愿的"被许可人仍可以:(i) 对于 SEP 的有效性提出异议,且专利权人(Motorola)不得借此终止协议;(ii) 潜在的有意愿的被许可人无须对过往侵权行为进行确认;(iii) 潜在的有意愿的被许可人亦可以不同意正当的 FRAND 等级。因此,主张不利条款的专利权人可被视为滥用其所享有的市场地位,是在寻求法院禁令这种更公开的竞争步骤之前的滥用。

另外,欧盟委员会对于 Samsung 案的裁决设立了一处安全港(即如下的一项程序,潜在被许可人如何在不面临任何禁令风险的基础上根据 FRAND 条款获得许可协议,同时 SEP 持有人也可避免违反《欧盟运行条约》第 102 条的规定)。该程序较为复杂,其基于 Samsung 提议的和解方案,并且明显是受到美国联邦贸易委员会 Google 同意令裁决的启发。该程序最主要的特征为 SEP 持有人(Samsung)承诺接受至多 12 个月的谈判期,如果在上述谈判期截止时,未达成许可协议、或未能约定关于确认 FRAND 条款和条件的变通程序,则该确认工作应交由仲裁机构或法院进行裁决,以便确定单方许可或交叉许可方式的 FRAND 条款及条件。

当下列两项条件均予实现时,Samsung 可基于其移动 SEP 寻求针对潜在被许可人的禁令:(i) 潜在被许可人已基于其拥有的一些移动 SEP,提出针对 Samsung 的禁令;(ii) 根据标准制定组织互惠规则的规定,Samsung 已同意接受与其自有移动 SEP 和部分潜在被许可人移动 SEP 有关的框架许可协议的约束。

Motorola 案和 Samsung 案的裁决内容过于偏向被许可人。最新发展的情况是,ECJ 从位于杜塞尔多夫的法院收到一份初步裁决请求,该请求是基于 SEP 的禁令考虑到竞争法和知识产权法之间的对接。这一申请为 ECJ 开发欧盟 FRAND 规则[38]提供了部分范围和机会。欧洲法院总法律顾问已就上述案件提供了自己的法律意见,对橙皮书标准案、Samsung 和 Motorola 调查工作进行了讨论;此外,ECJ 最近已经作出了判决。

---

[38] 详见 AG 法律意见书(案例号:C-170/13),Huawei 诉 ZTE 案,尚未公布。(此处指该案判决书在本文成文时尚未公布,但成文后已经公布,即"华为案",参见马一德主编:《FRAND 案例精选》第二卷,第 24—35 页,科学出版社 2018 年版。——编者注)

四、欧洲法院总法律顾问对"华为案"的意见

2013年春天,杜塞尔多夫地方法院就禁令救济和标准必要专利向 ECJ 发出了特定询问函。该地方法院清楚表示,国内法院需要获得相关解答,以便明确是应使用橙皮书标准检验,还是应使用 Samsung 安全港案中描述的欧盟委员会程序。华为(Huawei)案对 Huawei 公司产生了严重的影响,Huawei 是一家活跃于电信行业的大型跨国企业,也是专利号为 EP2090050B1 的欧洲专利所有人,该专利名称为"在通信系统中建立同步信号的方法和设备",由《欧洲专利公约》(European Patent Convention,EPC)缔约国德意志联邦共和国正式授权(下文简称"该专利")。

该专利对于基础电信标准、4G 或 LTE 标准之一是必要的。Huawei 于 2009 年 3 月 4 日通知欧洲电信标准化协会(ETSI),称该专利对于"长期演进"(LTE)标准是必要的。同时,Huawei 承诺按照 FRAND 条款向第三方授予许可。

在该案之前,已有逾 4700 项专利被登记为 4G 或 LTE 标准必要专利;同时,如果 Huawei 持有的专利对于上述标准是必要的,则意味着任何使用 LTE 标准的人士均不可避免地将会使用到该专利。

在 2010 年 11 月至 2011 年 3 月底,Huawei 和 ZTE 公司(一家活跃于通信行业的跨国集团公司,其在德国境内销售基站产品,该类基站产品配置有使用 LTE 标准覆盖技术的软件)一同就侵犯上述专利的行为进行了讨论,并就相关 SEP 产品基于 FRAND 条款达成许可的可能性问题进行了磋商。

在谈判过程中,Huawei 提出了其认为许可费的合理金额。对此,ZTE 公司寻求以支持某一最高金额许可费的方式来进行交叉许可。但是,最终双方并没有交换相关要约,谈判以失败告终,双方未订立任何许可协议。

但是,ZTE 公司仍然在德国销售使用该专利覆盖技术的基站,且未支付许可费。

2011 年 4 月 28 日,根据《德国专利法》以及《欧洲专利公约》的规定,Huawei 公司以 ZTE 公司为被告向德国法院提起侵权诉讼,请求法院作出禁止被告侵权行为的禁令,要求被告展示账目、召回产品并承担赔偿金。德国国内法院认为,主法律程序中对实质内容的裁决取决于 Huawei 所提起的诉讼是否构成滥用市场支配地位。最后法院认定,如果 Huawei 提起诉讼的行为构成滥用市场支配地位,则有可能依赖授予被告相关许可的强制性(特别是根据《欧盟运行条约》第 102 条的规定),从而驳回该申请禁令的诉讼行为。

欧洲法院总法律顾问 Wathelet 已提供其法律意见,他认为,首先,应当注意到橙皮书标准案和在杜塞尔多夫法院处理的案件(由欧盟委员会进行间接调查)所处理的事实情

况不同:"对于橙皮书标准,该案与在上述法院进行审理的案件之间存在的重要事实区别应得到关注。此处的涉案专利为 LTE 标准的必要专利,系根据由参与欧洲电信标准化协会标准化程序的承诺方(包括 Huawei 和 ZTE)所订立的协议开发而得,而在德国联邦最高法院审理的与橙皮书标准案有关的标准则是一项已存在的事实标准。在橙皮书标准案中,涉案专利的专利所有人也未承诺根据 FRAND 条款进行许可"。[39] Wathelet 进一步说明:"在上述情形下,专利所有人,相对于具有欧洲标准化机构成员资格的 SEP 所有人(例如许可申请人),将自然会拥有更具优势的谈判权力,并且仅在许可费明显过高时,专利所有人提出禁令救济才会被认定为滥用市场支配地位"。[40]

　　橙皮书所描述的特定 CD 技术是法律标准还是事实标准取决于如何解释。橙皮书就其自身而言,是由 Sony 和 Philips 创办人所约定的特定技术标准的书面描述。另外,橙皮书(CD-R 和 CD-RW 技术的组合)已在标准制定组织面前按照法律规定将其片段标准化。橙皮书衍生自两种 CD 标准:红色和黄色标准,均已在法律上予以标准化。通过区域性标准制定组织作业,橙皮书已得到国际标准化组织、国际电子委员会的认证,其开发者 Sony 和 Philips 的特别代表也积极参与了上述标准制定工作。[41] 另外,目前也存在已设立的专利池使用橙皮书来定义专利池技术的情况,其中的许可费费率能够反映按照公平条款与任何新加入专利池的参与人订立许可协议的做法。对于这些早期 CD-ROM 技术池,各协议方后期不得不取消相关技术池,并且委员会在 2003 年的调查工作中确实也对许可费费率水平进行了分析,当时的协议方似乎均表示仅会根据公平条款来授予许可。[42] 因此,有明确迹象表明,橙皮书应以垂直许可条款的形式被纳入到法定协议之中,且只能为了获得公平回报而进行许可(根据竞争法的规定)。即便如此,上述技术得到标准化的时间过于久远,当时协议各方及标准制定组织均未实施包括 FRAND 承诺的任何知识产权政策。因此,对于"华为案"而言,欧洲法院总法律顾问及欧洲法院认为 Hua-

---

[39] 同第 298 页脚注[38],第 48 段。

[40] 同上。

[41] 已获得 ISO/IEC、ECMA 和 TC31 光盘和磁片盒委员会(由 Philips 代表领导)。比较 Hanns Ullrich,"Patents and Standards-a Comment on the German Federal Supreme Court Decision Orange Book Standard",41 IIC,337(2011),fn 18,另请见 http://en. wikipedia. org/wiki/Red_Book_(CD_standard)#cite_note-3(2014 年 11 月 20 日访问)。

[42] 详见欧盟新闻稿 IP/03/1152,07/08/2003,Commission Clears Philips/ Sony CD Licensing Programme 和欧盟委员会新闻稿 IP/06/139,09/02/2006,Commission Closes Investigation Following Changes to Philips CD-Recordable Disc Patent Licensing。详见 ITC 案例 Notice of Commission on Determination of No Violation of Section 337,In the Matter of Certain Recordable Compact Discs and Rewritable Compact Discs,调查编号:337 – TA – 474。还可详见美国联邦巡回上诉法院"U. S. Philips Corp. v. International Trade Commission"案例,424 F. 3d 1179(Fed. Cir. 2005)。在上世纪八十年代,美国联邦贸易委员会还曾就 CD-ROM 池的相关许可协议进行过分析研究,详见 Carl Shapiro,"Navigating the Patent Thicket:Cross Licenses,Patent Pools and Standard Setting",Innovation Policy and the Economy MIT Press,2001,20。

wei 从未向标准制定组织做出过任何 FRAND 承诺这一情形,对于裁决此案关系重大。

欧洲法院总法律顾问明确希望将"华为案"和橙皮书案予以区别对待,可能的原因就是采用橙皮书标准原理将为 SEP 持有人提供过度保护。

另一方面,正如欧洲法院总法律顾问所述,使用 Samsung 案安全港原理难以为 SEP 持有人提供充分保护。Samsung 案涉及一项 SEP 争议,在该争议中,SEP 持有人已向标准化机构承诺,同意按照 FRAND 条款进行许可。但是,根据总法律顾问官的观点,仅仅是侵权人愿意以高度模糊且不具约束力的方式进行谈判不足以限制 SEP 持有人所享有的提起防止性禁令的权利。[43] 因此,欧洲法院总法律顾问在橙皮书标准案和 Samsung 安全港案之间寻求中间地带的做法是正确的。

欧洲法院总法律顾问还强调,根据一些调查结果,SEP 持有人事实上享有市场支配地位。根据其观点,市场支配地位必须基于支配地位的事实发现,并必须具有反驳这些案件中支配地位假设推定的可行性。[44]

据此,欧洲法院总法律顾问将注意力转向滥用问题之上,其对上述滥用行为的识别并非基于排斥效应,而是基于纯粹的法律分析,即"一方面,知识产权及 SEP 所有人(Huawei)所享有的向法院起诉的权利,另一方面,经济运营商(例如实施 LTE 标准的承诺方,ZTE)根据《欧盟基本权利宪章》(EU Charter of Fundamental Rights) 第 16 条规定所享有的自由开展业务的权利",[45]这些尤为重要。[46]

欧洲法院总法律顾问的观点支持进行商业活动的权利,且例外情形原理可用于使用 SEP。在例外情形下,进行商业活动的权利将优于诉诸法院甚至享有财产权的权利。欧洲法院总法律顾问将此作为进行滥用行为测试的基础,同时未使用任何经济理论。很明显,欧洲法院总法律顾问在以经济效果和效率理论为代价使用法律方法。

根据欧洲法院总法律顾问 Wathelet 的观点,如果侵权者在相关专利标准化之后对于该相关专利存在技术依赖性,且遭受到 SEP 持有人针对相关侵权者(该侵权者已客观证明准备就绪、有意愿且能够与 SEP 持有人订立许可协议)实施的与其做出 FRAND 许可承诺不一致的不公平或不合理行为,则 SEP 持有人提起防止性禁令的诉讼构成与调整普通竞争行为的方法不同的措施。该行为将对竞争产生不利影响,特别是损害消费者以

---

[43] 总法律顾问法律意见书(C-170/13),Huawei 诉 ZTE 案,第 50 段。
[44] 同上。第 53 段及后续内容。
[45] 同上。第 59 段。
[46] 随后,AG 以与欧盟存在/效果规则以及美国内在性规则的相似的方式进行了主张。AG 似乎希望传达下述观点,即知识产权权利的精华核心在于排他权利,因此对其进行解释时不得有相关限制。随后,AG 提供了部分提示,即通过比较根据 IP 指南而向 SSO 做出的承诺以及根据"权利许可"规则的规定向专利局做出的承诺,可实现相应类推。同上,第 59 段及后续内容。同上,第 65 段。

及为标准的准备、采用和适用进行投资的企业的权益。同时,根据《欧盟运行条约》第102条的规定,该类行为必须被认定为滥用市场支配地位。

在上述条款定义滥用行为之后,欧洲法院总法律顾问Wathelet明确了建立FRAND条款的方法,即旨在避免发现滥用行为的程序(有序治理)规则。该程序与美国联邦贸易委员会Google同意令以及欧盟委员会在Samsung案和Motorola案中所做决定的程序类似,但仍在一些方面存在差异:第一,除非能够证明被指控侵权者充分认识到其侵权行为,否则,SEP持有人应当将相关事实书面告知于侵权者,同时告知提出原因、列明涉及的SEP、载明侵权者侵犯SEP的具体方式。第二,在任何情况下,SEP持有人应向被指控侵权者提供一份基于FRAND条款的书面许可协议要约,该要约通常应当包含该行业许可通常包含的所有条款,特别是许可费的具体金额以及该类金额的具体计算方法。[47] 第三,对于SEP持有人提供的书面要约,被指控侵权者应当审慎、严谨地进行答复。对于该方面,欧洲法院总法律顾问优于欧盟一步,其亦认为潜在被许可人确实需要表现出希望订立协议的意愿。相对于Samsung案安全港原理,欧洲法院总法律顾问的法律意见在论证上更接近于美国联邦贸易委员会Google同意令。如果被指控侵权者不接受特定要约,应当针对其不接受的特定条款,立即向SEP持有人发出合理的书面反要约。但是,总法律顾问仍主张由SEP持有人承担定义FRAND许可费费率的初始责任。如果所有者或有意愿的被许可人均未提供符合FRAND条款的要约会产生什么后果?届时,各方将被迫参加仲裁。在案件由仲裁小组进行审查时,所有者不应在存在滥用风险的情况下提起获得禁令的诉讼。

相较于美国联邦贸易委员会和欧盟委员会对FRAND条款的谈判时间分别规定了6个月和12个月的要求,欧洲法院总法律顾问并未明确规定相关时间安排。要约和反要约的交换时间安排以及谈判时间,将根据SEP持有人可获得的"商业机遇窗口"进行评估,使得SEP持有人能够因其在相关行业中的专利获得回报。[48]

欧洲法院总法律顾问的法律意见书还关注,法院必须根据各协议方所提供的条款和费率来确定各协议方之间是否真的存在就FRAND条款进行谈判的可能性。就此问题,欧洲法院总法律顾问的观点是,上述法院必须评估确定相关提议是否真实,还是相关提议仅是潜在被许可人拖延诉讼所采取的战略手段。另外,如果各协议方未能开始谈判或谈判结果不理想,如果被控侵权人随后请求法院或仲裁庭对相关协议条款予以明确、固定的,则所被控侵权人的行为不得被视为拖延行为或缺乏真实协议意图。因此,在法院

---

[47] 同前页脚注[43],第84段及后续内容。
[48] 同上。

或仲裁庭作出裁决且潜在被许可人仍旧拒绝订立 FRAND 许可之前,SEP 持有人不得进行追索,不得寻求禁令救济。

但是,在由仲裁庭仲裁之前,SEP 持有人有权要求侵权者选择提供银行担保,以确保许可费的支付,或在法院或仲裁庭存入临时款项,用于支付侵权者因过去和未来使用 SEP 所应支付的费用。在谈判期间,如果在各协议方顺利订立许可协议之后,侵权者保留相关权利,向法院或仲裁庭就相关专利的有效性提出质疑,或因使用或将要使用受相关专利保护的相关构思方法而涉嫌违法(或存在该类情形的)提出质疑的,SEP 持有人仍可适用上述保护方法。[49] 如果善意被许可人未能提供银行担保或未能向托管账户存入款项,SEP 持有人即应当被允许提起诉讼或获得禁令保护。

对于 SEP 的有效性,错误授予专利可能阻碍经济活动的合法开展。另外,如果提供符合标准的产品和服务的主体无法对标准必要专利的有效性提出质疑,那么根据欧洲法院总法律顾问的法律意见,相关专利的有效性将无法证明,因为其他主体对于涉案专利并无利害关系。对于使用专利进行教学的行为,很明显,实施标准的主体无须对其未使用的知识产权进行付费。因此,被控侵权者可就其先前针对专利教导的使用行为,以及对于标准必要专利的性质提出质疑。

欧洲法院总法律顾问的法律意见在以下几方面比较有意思:(i)总法律顾问对适用《欧盟运行条约》第 102 条规定的行为提出争议意见。如果滥用行为测试的要求均得到满足,则其事实上将有损消费者和竞争者的利益。例如,SEP 持有人必须向被许可人提供订立 FRAND 许可的机会,无论已许可的被许可人数量,或 SEP 持有人或潜在被许可人在下游产品市场持有的市场比例为多少;(ii)关于就 FRAND 进行谈判的要求也意味着,不得使用无证据支持的限制规定(例如,SEP 持有人要求在许可协议中加入不得质疑条款);(iii)一般而言且更重要的是,总法律顾问提出的整个 FRAND 程序将受惠于法律、程序及监管框架。该程序在某种程度上不同于我们常见的反垄断法规定,即能够识别反竞争行为及其效果的明确测试。

事实上,欧洲法院总法律顾问 Watherel 及 ECJ 在最终裁决中已经明确(详见下文内容),为了创设《欧盟运行条约》第 102 条项下的小型集体豁免,根据各协议方需要遵守一些程序规则,他们规定了安全港程序。确实,正如下文所述,结论(i)至结论(iii)适用于欧洲法院判决以及总法律顾问提供的法律意见。在程序性规则中设定可能导致滥用行为发生的特定行为黑名单,如果 SEP 持有人实施了违反黑名单所规定的程序性行为,该程序性规则为标准必要专利创设了安全港。

---

[49] 同第 301 页脚注[43],第 93 段及后续内容。

欧洲法院总法律顾问的法律意见反映了 Samsung 案承诺裁决的思路,但其法律意见类似于美国联邦贸易委员会的 Google 案裁决的思路,美国联邦贸易委员会在 Google 案中是根据反不正当竞争法而非美国反垄断法来进行裁决的。但是,当比较美国联邦贸易委员会裁决和总法律顾问的法律意见时,美国联邦贸易委员会未根据反垄断法进行裁决的事实产生了明显的"混乱情形"。

五、欧洲法院关于"华为案"的判决

2015 年 7 月 16 日,欧洲法院就"华为案"进行了判决,评论家们对未引发像欧洲法院总法律顾问意见一样的大讨论非常失望[50]。实际上,ECJ 的判决表明法院不愿在跨国公司持续纠纷中进行过多的表态和不必要的干预。ECJ 只关注上诉中提出的最根本的问题,为进一步的探讨留下了空间。

欧洲法院总法律顾问有一段关于如何确定支配地位的有趣讨论,强调在这类标准必要专利(SEP)案件中必须根据相关市场来确定支配地位[51]。然而,ECJ 并未提及这一点:与总法律顾问意见形成对比,ECJ 并未说明如何在 SEP 案件中确定支配地位,其在"华为案"的判决中只关注 Huawei 公司是否存在滥用行为[52]。

当聚焦于滥用时,ECJ 似乎接受了事实标准与法定标准的二元论。法院认为其处理的争议仅仅涉及法定标准,即专利权人同意标准制定组织(本案为欧洲电信标准化协会)根据 FRAND 条款进行不可撤销的许可。ECJ 并未提及德国法院关于 SEP 的"橙皮书案"的判决先例[53],因而避免了讨论如何处理竞争法中的事实标准。这也强调了 ECJ 并未考虑欧盟成员国(德国)判例的情况。

因此,ECJ 尽力在提请法院请求的事项范围之内考虑相关问题。一方面,ECJ 选择了简单的解决方法,并给总法律顾问的意见和委员会在 Samsung 以及 Motorola 案中提出的争论留下讨论空间,但 ECJ 并未完全撇开橙皮书标准,声明其只适用于事实标准。

---

[50] Huawei 诉 ZTE 案(编号:C-170/13),2015 年 7 月 16 日。
[51] ECJ 总法律顾问 Wathelet 关于 Huawei 诉 ZTE 案(编号:C-170/13)的意见,2014 年 11 月 20 日。
[52] 同上,第 43 段。
[53] 2009 年 5 月 6 日,德国联邦最高法院(Bundesgerichtshof),橙皮书标准案,案件号 KZR39/06。关于橙皮书标准案与其他德国标准案例展开了冗长的探讨(如联邦最高法院于 2004 年 7 月 13 日判决的 Tight-head drum 案,案件编号:KZR 40/02),对比 Björn Lundqvist, Standardization under EU Competition Rules and US Antitrust Laws-The Rise and the Limits of Self-Regulation(Edward Elgar,2014),第 319 页及以下。

"华为案"与橙皮书标准之间如何调整将由德国法院自行解决㊴。

此外,ECJ 与总法律顾问达成共识,认为类似案件的裁决,法院需要权衡权利与获得权利回应的自由,但未提及经济问题,未讨论判定滥用是否需要确定排他性影响、反竞争影响或进行"高效竞争者"测试。相反地,ECJ 认为必须权衡竞争自由和知识产权的本质特征。但是,总法律顾问与 ECJ 关于该权衡什么存在分歧。总法律顾问认为,经营者在从事如应用 LTE 标准时,享有依据《欧盟基本权利宪章》第 16 条规定的经营自由,这一点应该被纳入到权衡范围中㊵。ECJ 则认为,"必须实现如下各项之间的平衡,在基本法律特别是《欧盟运行条约》第 102 条中关于禁止滥用支配地位方面保持竞争自由,捍卫知识产权持有人的权利以及《欧盟基本权利宪章》第 17(2)条和第 47 条规定的有效法律保护的要求之间取得相应平衡"㊶。ECJ 是否暗示该案中自由经营权并未受威胁,或者反垄断法中无须考虑经营自由? 若如此,那这就是 ECJ 的主要态度。

根据既定的判例法,ECJ 继续认定,行使与持有人的知识产权直接相关的侵权诉讼权利的排他性权利时,只有在特殊情况下才会被认定为滥用㊷。这一规定侧重知识产权人的排他权利,而非诉诸诉讼的权利,并未参考 ITT Promedia/ Protégé International 案,似乎确认了 Micro Business Leader 案判决的影响:㊸ ECJ 不认为 SEP 权利人的禁令使用就是滥用诉讼,而是侧重于在权利人同意按照 FRAND 条款许可却拒绝进行许可时,使用禁令将对产品市场产生潜在排他性影响㊹。

㊴ 德国法院可能基于 Tight-head drum 案的法定标准而判决橙皮书原则适用于事实标准(对比上述讨论)。关于橙皮书案与其他德国标准案例展开了冗长的探讨(如联邦最高法院于 2004 年 7 月 13 日判决的 Tight-head drum 案,案件编号:KZR 40/02),对比 Björn Lundqvist, Standardization under EU Competition Rules and US Antitrust Laws-The Rise and the Limits of Self-Regulation(Edward Elgar,2014),第 319 页及以下。

㊵ 参见 Huawei 诉 ZTE 案(案号 C-170/13)的 AG 意见,第 59 段。

㊶ C-170/13,Huawei 诉 ZTE 案,2015 年 7 月 16 日,ECLI:EU:C:2015:477,第 42 段。

㊷ Huawei 诉 ZTE 案的 ECJ 判决,第 46、47 段。

㊸ ITT Promedia 诉欧盟委员会案(编号:T-111/96),1998 年 7 月 17 日判决,ECLI:EU:T:1998:183(ITT Promedia)和微型企业领袖(Micro Business Leader)诉欧盟委员会案(编号 T-198/98),1999 年 12 月 16 日,ECLI:EU:T:1999:341(微型企业领袖)。关于 ITT Promedia 案的滥用诉讼,普通法院表示,原则上提起诉讼(属于采取诉讼的基本权利)不会被定义为滥用行为,除非占据优势的一方的起诉不能被合理地视为明确其权利的企图,而只是骚扰另一方,且这一行为被视作消除竞争的计划的一环。美国的案例法也有类似规定,即 Handgards Inc 诉 Ethicon 公司案(编号 743 F.2d 1282),第 1288 页及以下(1984)。专业房地产投资商公司(Professional Real Estate Investors)诉中哥伦比亚影视公司(编号 508 U.S. 47,113 S. Ct. 1920)(1993)。两大司法机构都要求原告/占据优势的公司展示其诉讼权不包含"侵权"嫌疑,不可能胜诉。这些并不真正适用于上述讨论的情形,或者一般的所谓的"专利挖掘"——尽可能多地利用他们的专利,比以往任何时候都更加强势地控诉潜在的侵权公司,即使不是竞争对手。参见 BH Hall 等,A Study of Patent Thickets(英国知识产权局,2013 年)。参见 AstraZeneca, where the Commission argued that a defence that prolongs a misuse of government procedure may constitute an abuse. COMP/37507 AstraZeneca,2005 年 6 月 15 日[1996] CMLR 287,第 736 段及以下。

㊹ Iva Svobodová,"Seeking Injunctions in SEPs' Infringement Proceedings as an Abuse of Dominant Position under Article 102 TFEU",Master's Thesis.

只有在特殊情况下,知识产权的本质特征才会受限,并且 ECJ 同意在提交法院的争端中有一项新的例外情形:所涉专利对标准制定组织确定的标准而言是必要的,对所有计划按照这条标准制造产品的竞争者而言该专利是必不可少的[60]。法院认为,专利"一般"不会阻碍第三方生产竞争产品,因为他们可以避开专利且"不破坏所涉产品的必要功能",但这并不适用于 SEP。据此,ECJ 似乎在暗示替代者的竞争可以被阻止[61]。其次,该案的特殊之处在于其涉及的专利获得 SEP 地位后,按照标准制定组织的规定,专利持有人必须承诺其准备好按照 FRAND 条款授权许可,且不可撤销该承诺[62]。这两类情形引发了特殊情况原则。此外,按照 ECJ 的观点,"承诺按照 FRAND 条款授权许可,使得第三方合理地期待 SEP 持有人将真正地按照这些条款授权许可,SEP 持有人拒绝按照这些条款授权许可的,根据《欧盟运行条约》第 102 条,原则上可被认定为滥用"。[63]

"特殊情况"的适用要求比较难以解释。我们应当注意,ECJ 在判决的起始部分中将侵权者视作"竞争者",在判决的第二部分则几乎全都严格地使用"侵权者"这一表述,即 ECJ 在拟定特殊情况原则时也会使用"竞争者"概念。这是否意味着判决只关注反竞争杠杆,即持有人试图使用禁令救济以排除下游市场的竞争对手这一情形?所以这种情况仅适用于垂直整合的企业?或者判决也适用于当权利人和侵权者不在同一上下游市场上活跃时、与第三方相关的禁令救济手段进行的排他性行为?这一问题显得尤为重要。如果"华为案"只涉及反竞争杠杆,则判决将显得十分狭隘,不适用于所谓的"专利流氓"(或专利行使实体 PAE),亦不适用于不再活跃于移动智能手机市场的网络供应商。实际上,网络供应商,如 Ericsson 和 Nokia,在智能手机市场上对侵权者采用禁令救济措施时不会受"华为案"原则的影响[64]。

随后,ECJ 制定了良好的管辖程序规则,涉事方必须遵循以下规定:一方面,不得滥用市场支配地位;另一方面,不得让国内法院同意颁布禁令并移除产品[65]。在这部分判决内容中,ECJ 遵循了总法律顾问制定的几项程序规定,而欧盟委员会关于 Samsung 案

---

[60] 同前页脚注[59],第 49 段。

[61] 关于替代者竞争,参见 Josef Drexl, "Anticompetitive Stumbling Stones on the Way to a Cleaner World: Protecting Competition in Innovation without a Market" (2012), 8 *Journal of Competition Law and Economics* 507。

[62] 同上,第 51 段。

[63] 同上,第 53 段。这似乎意味着对于事实标准,之前的特殊情况,例如 Magill, IMS Health 仍然适用。

[64] Nicolas Petit 认为华为(Huawei)案只涉及杠杆效应,即竞争者之间。参见 N Petit, "Huawee? v. ZTE: Judicial Conservatism at the Patent-Antitrust Intersection" (2015). 10(2) CPI 反垄断编年史, SSRN 网址:http://ssrn.com/abstract = 2681377。尽管欧盟委员会似乎认为华为(Huawei)案原则可供第三方使用,参见 Vestager 委员的演讲, 2015 年 9 月 11 日,September 2015,第 19 届国际律师协会大会,佛罗伦萨,网址:https://ec.europa.eu/commission/2014 - 2019/vestager/announcements/intellectual-property-and-competition_en。

[65] 同上,第 61 段及以下。

的判决以及美国联邦贸易委员会关于 Google 调解案的裁决很大程度上就反映了上述规定。专利持有人应根据 FRAND 条款提供许可,善意被许可人应尽职回复,并接受要约或提出反要约。不过,ECJ 的观点在某种程度上较之更为保守。

根据 ECJ 的观点,如果侵权者提出反要约后未达成基于 FRAND 条款的协议,当事人可以要求第三方来决定合适的许可费[66]。判决的措词表明,ECJ 与欧盟委员会及欧洲法院总法律顾问的做法不同,第三方确定的 FRAND 许可费应该是当事人自愿采取的措施,与竞争法评估是否存在滥用行为无关,竞争法评估完全基于要约和反要约,以及它们是否被接受。ECJ 是否因此废除了欧盟委员会和欧洲法院总法律顾问创建的 SEP 实施者的安全港程序——只要他们同意第三方确定的 FRAND 条款,就不能对潜在侵权者发出禁令[67]?情况似乎如此。如果国内的程序性规则和知识产权的相关规定允许这类情况,专利持有人可能会冒险申请禁令救济并同时就潜在许可的 FRAND 条款进行博弈。

尽管如此,根据 ECJ 的规定,被控侵权人可以质疑 SEP 的有效性。这类诉讼是否会触发安全港程序,专利权人是否会借助禁令滥用支配地位并不完全清楚。ECJ 似乎已经将这点从竞争法分析中移除,其总结陈述如下:

《欧盟运行条约》第 102 条必须解释为:若某一项专利是达到某一行业标准所必须使用的,其持有人已经对标准制定组织不可撤回地承诺其将基于公平、合理和无歧视(FRAND)条款授予第三方许可,不滥用其支配地位。在该条规定的解释范围内,专利持有人对侵权行为提起诉讼,寻求禁令手段来阻止专利侵权,或者召回使用该专利生产的产品,只要:

提起诉讼前,专利持有人已经:首先,已警告被控侵权者其侵犯专利,说明其侵权方式;其次,在被控侵权者表达有意向基于 FRAND 条款签署许可协议后,向其提供一份基于上述条款的具体书面要约,并具体列明许可费和计算方法;并且

被控侵权者继续使用专利且未尽职回应上述要约,尤其意味着不得使用任何拖延策略。根据该领域公认的商业惯例及诚信原则,诚信原则指的是必须建立在客观因素基础上的情况。

ECJ 上述观点的第二点并未提及反要约的情形,却指出了公认的商业惯例和诚信原则。ECJ 在考虑判决机构的讨论后,认为商业实践一般应当包括反要约。然而,ECJ 并

---

[66] ECJ 关于 Huawei 诉 ZTE 案的判决,第 68 段。

[67] "Enforcing Standard-Essential Patents-The European Court of Justice's Judgment in Huawei v ZTE", Cleary & Gottlieb, Alert 备忘录, 2015 年 8 月 3 日: http://www.cgsh.com/files/News/d23034e9 - 186e - 4b11 - a120 - b3acfb065e45/Presentation/NewsAttachment/cbc6c8d2 - 4f4a - 418c - a0ad - b54908830217/Alert% 20Memo% 20 (PDF% 20Version)% 202015 - 62. pdf ("Cleary & Gottlieb") 访问日期:2015 年 8 月 16 日。

未提到第三方仲裁或诉讼的有效性。那么,如果这类诉讼是行业公认的商业实践,是否能包含在安全港内?根据 ECJ 判决内容,这些情形并不完全清晰明了。

六、分析

一般而言,ECJ 的判决较为平衡、明确,但也比较保守,一般不会做出被迫放弃或者偏离既定的决定。ECJ 和总法律顾问及欧盟委员会在 Samsung 和 Motorola 案中的裁决已经着手划出一个"小型集体豁免区",或者划出了一个符合《欧盟运行条约》第 102 条中"特殊情况"的安全港。"华为案"比橙皮书标准案对"善意被许可人"更友好,比 Samsung 和 Motorola 案的欧盟委员会决定和美国联邦贸易委员会在 Google 案中的同意令对 SEP 持有人更友好,相比较 Posner 法官完全禁止 SEP 持有人寻求禁令救济的做法尤其如此。

当事人应遵守哪些监管或程序规则以免违反《欧盟运行条约》第 102 条的规定或免于禁令呢?显然,审理"华为案"的 ECJ 在这方面更受限制,"小型集体豁免区"范围较窄,为侵权者以及专利持有人创造的安全港较为狭隘。ECJ 通过起草这一狭隘的程序旨在大力鼓励当事人迅速解决争端。

在"华为案"发生之前,争议焦点包括:首先,当 SEP 持有人可能不拒绝接近并获得针对侵权者的禁时,FRAND 条款是否仍宣称为自愿许可?其次,FRAND 条款由什么组成,是权利人还是潜在被许可人来承担定义 FRAND 条款的风险?根据 ECJ 对"华为案"的判决,上述问题应改写为:应当按照什么程序使用 SEP,欧盟竞争法如何禁止禁令救济?通过就豁免程序的热门问题重新措辞这一手段,ECJ 没有对几大难题做出解答,但仍回答了一些突出问题。

首先,只有在专利持有人向标准制定组织或类似组织做出 FRAND 承诺后,禁令诉讼(禁令救济)和产品召回才可能构成滥用。针对损害和索赔提交的诉讼不构成滥用。法院在这方面亦明确表态,只要专利持有人能够证明其利润和成本损失大于 FRAND 的损失额,就不是滥用。其次,举一反三地看,该判决至少可以适用于专利持有人和侵权者(善意被许可人)并非竞争者的情形。遗憾的是,ECJ 在第 49 至 53 段中使用了可互换的"竞争者"和"第三方"的概念,并没有明确说明过高的 FRAND 许可费会造成反垄断危害。然而,ECJ 没有更明确地说明最初划分安全港或"小型集体豁免区"要求存在反竞争杠杆,但仍旧制定了程序规定,规范如何防止专利持有人定价过高而出现违规行为,这一做法实际上并不明智。ECJ 或许在暗示任何对获得许可有兴趣的人(即善意被许可人)至少是相关下游产品市场的潜在参与者,而 SEP 持有人至少是同一市场的潜在参与者。实际上,无论是否生产相关产品,SEP 持有人都不得自行保留二级市场,因此,善意被许可人和 SEP 持有人是潜在的竞争者。再者,定义 FRAND 许可费费率的责任似乎应由专利持有人承担。应当注意的是,判决书的第 66 段中提到了善意被许可人只有在其反要约中明确了 FRAND 许可费费率才可自称为滥用的受害者。然而,如果要约和反要约都未遵守 FRAND 条款,这种情况下的禁令救济诉讼是否构成滥用?这一较为普遍的情形用什么方法判定目前并不明了。然而,尽管 ECJ 明确说明了 SEP 持有人须提供 FRAND 许可费费率和计算方法,但似乎 ECJ 实际上仍在强调善意被许可人应提供 FRAND 反要约,或者说,被许可人如果不向可能提供了优于 FRAND 要约的持有人出示 FRAND 反要约,是否就意味着它并非善意被许可人?

比较可惜的是,ECJ 没有说明如果当事人都无法提供 FRAND 要约时应当如何判断。考虑到按照具体情况确定 FRAND 条款会比较困难,亦涉及较高的交易成本及诉讼成本(比较下述讨论),ECJ 更应当关注的是,如何明确每一步程序的责任方。的确,如果杜塞尔多夫地方法院判定 Huawei 的要约和 ZTE 的反要约并未反映 FRAND 条款,在这种情况下法院该如何作出裁定? Huawei 是否应该获得禁令救济?

根据该判决,一种可能的解释是,SEP 持有人需要制定数学公式,应用于任何潜在被许可人。对于"华为案",尽管潜在被许可人不符合善意被许可人的要求,尽管具体案例中的数学公式也许无法直接得出 FRAND 许可费费率,也应将上述数学公式规则运用于标准合同以满足 FRAND 程序的要求。如果"华为案"按照上述方式解读,SEP 持有人有权针对潜在被许可人中的"麻烦制造者"试图拖延或谋划规避许可及违反公认的商业实践的行为,在欧盟成员国管辖区内就其 SEP 专利提起诉讼[68],同时避免倒转或反向劫持情况。[69]

如果欧盟机构和 ECJ 已经明确何时可获得救济禁令,即获得 FRAND 条款的程序,欧盟成员国国内法院可能在最后裁决中被迫定义重要的细节,主要是 FRAND 许可费费率和 FRAND 条款。或者,根据当事人辩护的情况,国内法院至少必须在专利持有人和

---

[68] 假设几项 SEP 不由欧洲统一专利法院管辖十分合理,比较 Timo Minssen 和 Bjorn Lundqvist,"The 'Opt Out and 'Opt-In Provisions in the Unified Patent Court Agreement-Impact and Strategies for European Patent Portfolios" (2014)4 北欧知识产权法评论(NIR)340 – 357,网址:http://ssrn.com/abstract = 2597165。

[69] 几位大型的 SEP 持有人担心法院会移除禁令救济这一工具,而法院认为所有 SEP 持有人称许可费太高。大型的 SEP 持有人据称不会出许可费太高,他们面临的问题是所谓的"FRAND 劫持":"非善意"的公司拒绝支付 FRAND 许可费,即使他们已经侵犯了 SEP。这些公司可能签署了延期的许可协议,但现在拒绝签订新的许可协议或者直接拒绝支付许可协议规定的许可费。这一行为的出现是因为欧盟和美国关于禁令和侵权赔偿的法律不断变动,这些公司等着美国和欧洲法院是否会调节平衡并通过 eBay 案授予它们专利使用权,现在华为(Huawei)案的判决以及正在制定的 FRAND 判例法下的低"许可费费率"。参见 Nokia 等,美国联邦巡回上诉法院的法庭之友意见书,编号 12 – 1548,2013 年 5 月 6 日提交,Ericsson 和 Samsung 案间接帮助 Apple 对抗 FRAND 滥用行为,http://www.foss-patents.com/2012/11/new-ericsson-lawsuits-against-samsung.html,访问日期 2013 年 7 月 11 日。

潜在被许可人所认定的 FRAND 条款定义之间做出抉择。这一问题现在也会反映出是否存在滥用行为,法院是否应就此颁布禁令。但是,要实现这一目标,法院需要对 FRAND 条款进行定义。逻辑上而言,法院必须了解什么是 FRAND 条款,才能判断要约或反要约是否反映了 FRAND。

另外,根据"华为案",欧盟各国国内法院或仲裁庭也可能面临双方当事人提出按照"华为案"的特殊情况来原则上定义 FRAND 的诉求。那么,法院或仲裁庭如何制定这些条款并确定正确的 FRAND 许可费费率呢?在具体个案中,FRAND 许可费又该如何判断?ECJ 对"华为案"的判决对这些法院后续案件的裁决并没有太大的帮助。反而,"华为案"的理念似乎是当事人遵守相关程序并同意 FRAND 条款,进而不采取诉讼手段。但是,我们不能将由当事人定义 FRAND 条款视为理所应当,有些当事人无法达成共识,最终必须由欧盟各国国内法院确定 FRAND 条款。

七、欧盟各国国内法院该如何处理 FRAND 条款

上述讨论的案件的结构性法律结果似乎是第三方可能依赖专利持有人向标准制定组织提交的 FRAND 声明。欧洲法院总法律顾问和反垄断机构发现:标准必要专利的持有人向标准制定组织承诺基于 FRAND 条款进行许可时,旨在为标准制定组织和实施该标准的第三方成员提供便利。因此,根据 FRAND 条款,这些推定的被许可人具有从占据支配地位的专利持有人处获得真正的 SEP 许可的权利。这是一种近期才出现的特殊情况,类似于欧盟法院(Court of Justice of the European Union, CJEU)在 Volvo 案中的判决,在特定情况下使用禁令相当于滥用支配地位,不论侵权者是否生产新产品,并冒着裁决反竞争效应的风险[70]。

根据欧洲法院总法律顾问 Wathelet 和 ECJ 的说法,橙皮书标准检验(如果未丧失资格)至少仅限于 SEP 不包含法定的 FRAND 承诺的情形。这类情况有一项程序,与"小型集体豁免区"类似,以供专利持有人寻求禁令救济,旨在让当事人同意基于 FRAND 承诺的许可条款。当然,当事人亦应当遵守必要的程序。SEP 持有人需发送许可协议的初

---

[70] 参见 Volvo 案(编号:238/87),[1988] ECR 477,第 9 段。参见 Microsoft Corp v Motorola Inc,864 F. Supp. 2d 1023,1030 – 1033(W. D. Wash. 2012);Microsoft Corp v Motorola Inc,854 F. Supp. 2d 993,999 – 1001(W. D. Wash. 2012);Microsoft Corp v Motorola Inc,696 F. 3d 872,884(9th Cir. 2012)[维持地方法院的结论:Motorola 向国际电信联盟做出的 RAND 声明使得 Microsoft 作为第三方受益人必须履行合同(Motorola 同意),该合同在某些方面规定了 Motorola 要达到国际电信联盟标准的必要专利(包括德国诉讼中涉及的问题)这一点在法律上没有错误];Apple Inc v Motorola Mobility Inc,F. Supp. 2d,No. 11 – cv – 178bbc,2012 WL 3289835,at ﹡21 – 22(W. D. Wis. 2012 年 8 月 10 日);Apple Inc v Motorola Mobility Inc,No 11 – cv – 178bbc,2011 WL 7324582,at ﹡7 – 11(W. D. Wis. 2011 年 7 月 10 日)。

稿,而潜在的善意被许可人如果不同意基于 FRAND 条款的协议,需以适当的反要约回应。但是,如果双方仍然无法达成 FRAND 要约,也不同意 FRAND 条款的内容,就需要法院或仲裁庭来决定 FRAND 条款,从而判定禁令救济措施是否构成滥用支配地位。这类第三方如何就 FRAND 条款达成共识?如果采纳《欧盟运行条约》第 102 条项下的 FRAND 条款测试是否有滥用行为,毫无疑问将会导致某些案例由国内法院确定 FRAND 许可条款(遵照竞争法)的情形出现,最终国内法院变成了定价部门。实际上,如果当事人无法达成共识,将由国内法院或者仲裁庭决定 FRAND 许可费费率。尽管这一点饱受争议,但最终仍需将其纳入良治或程序规则之中作为判定滥用行为的界线。此外,我们在建立法定 SEP 侵权赔偿制度时,应该遵守诚信原则并承认必须同时判定 FRAND 条款。那么欧盟各国国内法院对此应该如何处理呢?处理时应该考虑什么呢?对这类情形,我们可以寻求学术界以及美国法院的一些指导意见。

如何定义 FRAND 条款一直饱受争议。几位经济学家投入了大量的时间来设计可行的 FRAND 测试[71]。值得关注的有,Swanson 和 Baumol 曾试图根据提出的标准制定一项测试[72];Geradin 和其他评论家也试图设计一些制定 FRAND 的测试[73]。此外,关于是否有 25% 的经验法则存在巨大争议[74]。几位美国评论家指向 Uniloc 和 Microsoft 案,美国联邦巡回上诉法院驳回了 25% 的经验法则。[75] 2013 年 11 月,德国曼海姆地方法院向欧盟委员会提出了一些与 Motorola 和 Apple 之间的 SEP 争端中 FRAND 费率的设定问题。欧盟委员会已经表示将在适当的时候在其网站上公布对这些问题的回应。另外,欧洲几种法律体系也包含了如何评估和估算侵权的许可费和相关的侵权赔偿原则。

此外,FRAND 水平显然也能触发关于意识形态的讨论,譬如开源运动就受到一些支

---

[71] Mark A. Lemley & Carl Shapiro,"A Simple Approach to Setting Reasonable Royalties for Standard-Essential Patents"(November 5,2013),斯坦福公法工作文件 No. 2243026,SSRN 网址:http://ssrn.com/abstract = 2243026 or http://dx.doi.org/10.2139/ssrn.2243026,访问日期 2015 年 11 月 15 日。

[72] Daniel Swanson & William Baumol,"Reasonable and Nondiscriminatory(RAND)Royalties,Standards Selection, and Control of Market Power",(2005)73 Antitrust Law Journal 1.

[73] Damien Geradin," Standardization and Technological Innovation: Some Reflections on Ex-ante Licensing, FRAND,and the Proper Means to Reward Innovators",(2006)29 World Competition 511;Doug Lichtman," Understanding the RAND Commitment",(2010)47 Houston Law Review 1023;Anne Layne-Farrar et al,"Pricing Patents for Licensing in Standard-Setting Organizations:Making Sense of FRAND Commitments",(2007)74 Antitrust Law Journal 671; Mark Lemley & Carl Shapiro,"Patent Holdup and Royalty Stacking",(2007)85 Texas Law Review 1991;Mark Lemley, "Intellectual Property Rights and Standard-Setting Organizations",(2002)90 California Law Review 1889;Joseph Farrell et al,"Standard Setting,Patents,and Hold-up",(2007)74 Antitrust Law Journal 603,Carl Shapiro,"Setting Compatibility Standards:Cooperation or Collusion?",Rochelle Dreyfuss et al. (eds),Expanding The Boundaries of Intellectual Property (Oxford University Press,2001),81.

[74] 更多参考资料和评论,参见 Ove Granstrand and Marcus Holgersson,"The 25% Rule Revisited and a New Investment-based Method for Determining FRAND Licensing Royalties",(2012)47 Les Nouvelles,3,188。

[75] Uniloc U. S. A v. Microsoft Corp. 632 F 3. d 1292(Fed. Cir. 2011).

持。某种程度而言,信息技术行业倾向于就几项小创新而实现增量开发,开放而免费的标准有助于行业更好的发展[76]。实际上,一些从事竞争法的官员也曾表态,如果专有技术可被非专有技术替代,选择专有技术会增加整个行业的成本[77]。

美国有一些关于 FRAND 条款的案例值得讨论。在伊利诺伊州北区联邦地方法院东部分院的 Posner 法官判决之前,Apple 和 Motorola 都曾寻求过 SEP 侵权赔偿,申请对另一方实施禁令。正如上文所讨论的,Posner 法官拒绝颁发禁令救济,驳回了双方的索赔及整个案件,主要是因为当事人无法提供足以佐证索赔的相关证据。尽管如此,Posner 法官仍然讨论了该案 FRAND 赔偿及 FRAND 许可费费率相关问题。他提到了 Swanson 和 Baumol 的观点,并提出了应当依照事前而非事后模型来对赔偿进行判定,基于 FRAND 条款的专利价值应当依据创新本身的价值而非成为标准之后的价值判定[78]。此外,Posner 法官还讨论了几种不同的方法,讨论了赔偿、FRAND、强制许可或"持续的许可费"之间的关系[79]。他提到了 Kennedy 法官在 eBay 案中的观点,并表示该案正如 Kennedy 法官所述:专利发明只是公司寻求生产的产品的一小部分,采用禁令的威胁作用只是在谈判中获得非正常的议价优势[80]。

Posner 法官随后讨论了美国基于判例法来判定 FRAND 的方法,即 Georgia-Pacific 因素,即关于专利的合理回报应考虑哪些因素[81]。Posner 法官明确表示 Georgia-Pacific 因素也不准确。他将自己的观点建立在事前和事后模型中,赔偿应基于专利成为标准必要专利之前的创新价值,Posner 描绘了这类分析应当成为持续 FRAND 许可费的基础,即 eBay 案规则下的事实持续赔偿规则[82]。

几家跨国公司批评了 Posner 法官的观点,表示 Posner 法官暗示了 SEP 持有人无法使用禁令,却可能获得赔偿。Nokia 决定干预上诉法院的案件,特别评论了 Posner 法官

---

[76] Marcus Glader, "Standards, Competition and Intellectual Property Rights—An Overview of Current Controversies", in Hans Henrik Lidgard (ed) Nordic Perspective on Competition in Innovation Markets (Maria Magle Publishing, Lund, 2013), 89, 98.

[77] 参见 Neelie Kroes, Former European Commissioner for Competition Policy, "Setting the Standards High", speech before the Harvard Club of Belgium, Brussels, 2009 年 10 月 15 日, 2011 年 10 月 13 日访问。

[78] Daniel Swanson and William Baumol, "Reasonable and Nondiscriminatory (RAND) Royalties, Standards Selection, and Control of Market Power", (2005) 73 Antitrust Law Journal, 1.

[79] 参见 Apple v Microsoft, 伊利诺伊州北区联邦地方法院东部分院, No. 1:11-cv-08540, Apple Inc 等 v Motorola Inc 和 Motorola Mobility Inc, 意见和裁定, 2012 年 6 月 22 日, 第 26 页及以下。

[80] eBay Inc v MercExchange, L. L. C., 547 U. S. 388, 400 (2006).

[81] Georgia-Pacific v. United States Plywood Corp 318 F. Supp. 1116, 1120 (S. D. N. Y 1970).

[82] 参考 Apple v Microsoft, 伊利诺伊州北区联邦地方法院东分院, No 1:11-cv-08540, Apple Inc 等 v Motorola Inc 和 Motorola Mobility Inc., 意见和裁定, 2012 年 6 月 22 日, 第 26 页及以下。

讨论的后果。Nokia 声称,按照 Posner 法官的说法,禁令救济将不再适用任何 SEP 持有人[83],Posner 法官创造了一条明确的规则,在标准必要专利情形中禁止禁令。按照 Nokia 的观点,Posner 法官似乎认为,对于拒绝协商 FRAND 许可条款的企业不得使用禁令,只有在企业直接拒绝签订许可协议时才可使用。这为试图阻碍标准制定流程的企业创造了机会,导致 SEP 专利持有人必须不断地上庭。Nokia 强调,Google 与美国联邦贸易委员会的和解表明,在特定情形下允许专利持有人寻求禁令,eBay 案也没有禁止禁令,而是倡导根据具体案件分析是否应该提供禁令救济[84]。

因此,Nokia 侧重于强调潜在被许可人的"善意"。善意被许可人得以享受禁令保护的最低标准必须是潜在被许可人不会滥用"善意"这一概念来拟定许可协议。应针对 Posner 法官额外提出的特殊情况提高要求,必须明确潜在被许可人在享受永久的禁令诉讼豁免之前确实善意地和 SEP 持有人拟定许可协议。

近期,美国司法部联合美国专利商标局向国际电信联盟发布声明支持了 Nokia 的观点,即不得禁止 SEP 持有人的禁令救济[85]。声明内容如下(脚注省略):

> 某些情况下,禁令仍然是适当的补救措施,例如以下两种情况:推定的被许可人不能或拒绝接受 FRAND/RAND 许可,或者超出专利持有人按照 FRAND/RAND 条款授权许可的承诺范围。比如,如果推定的被许可人拒绝支付既定的 FRAND/RAND 许可费,或拒绝进行谈判来确定 FRAND/RAND 条款,则适用禁令。这种拒绝可能是以建设性的方式拒绝谈判,例如坚持其条款明确超出 FRAND/RAND 条款的范围,试图规避推定的被许可人应公平支付专利持有人的义务。如果推定的被许可人不受可裁定赔偿的司法管辖权约束,禁令也可能适用。这个列表并未穷尽所有情形[86]。

针对潜在被许可人不参与许可谈判但并未拒绝达成基于 FRAND 条款的许可协议的情况,这些监管机构似乎为禁令留下了空间。因此,"善意被许可人"这一概念意味着需要实际参与到 FRAND 谈判中去。

Nokia 也反对 Posner 法官关于 FRAND 侵权诉讼中判定赔偿的观点,其认为,Posner 法官根据最小的可销售单元计算赔偿而限定了上限。判定赔偿(或许可费费率)时应考

---

[83] Nokia 和 Google 反对 Posner 法官和 Apple 事项涉及 FRAND 条款的意见,网址:http://www.fosspatents.com/2013/04/nokia-sides-with-google-against-judge.html,访问日期 2013 年 7 月 11 日。Ericsson 明确支持 Nokia 的观点。SEP 持有人应定期可使用禁令救济。比较 Ericsson 针对 Samsung 间接地帮助 Apple 反击 FRAND 滥用的新的诉讼,网址:http://www.fosspatents.com/2012/11/new-ericsson-lawsuits-against-samsung.html,访问日期 2013 年 7 月 11 日。
[84] Nokia 等,美国联邦巡回上诉法院的法庭之友意见书,编号:12-1548,2013 年 5 月 6 日存档。
[85] 美国司法部和美国专利商标局关于自愿遵守 FRAND/RAND 承诺的 SEP 救济政策声明,2013 年 1 月 8 日,网址:http://www.justice.gov/atr/public/guidelines/290994.pdf,访问日期 2013 年 7 月 11 日。
[86] 同上,第 7 页。

虑到专利的所有增值特征,包括被许可人销售的系统或产品的价值[87]。

上诉法院后来发现 Posner 法官误用了 eBay 案的判决要旨来禁止 SEP 持有人的禁令救济[88]。然而,上诉法院发现 eBay 案原则下的"不可弥补的伤害"的要求亦并未得到满足,Apple 也不是非善意被许可人。事实上,一些有争议的 SEP 被许可人认为,即使原则上可以针对非善意潜在被许可人取得禁令救济,在这些情况下通过诉讼获得损害赔偿,确实会更加符合 SEP 持有人的利益。

因此,Posner 法官似乎对 SEP 持有人非常不友好。但是,Posner 法官面对的是美国联邦专利制度和有效而完善的索赔法律制度,损害赔偿额有时甚至是专利法相关规定下的三倍赔偿。欧洲如今既没有欧盟专利制度,也没有完善的索赔及计算制度,因此欧洲的 SEP 持有人在欧洲各个专利管辖区确定侵权者时需要承担巨大的交易成本。此外,Posner 法官并未就如何判定 FRAND 给予较多指导意见,但提出了事前及事后模型。然而,一家美国法院近期尝试判定详细的 FRAND 许可费。2013 年,Robart 法官判处了 Microsoft 和 Motorola 的 FRAND 合同案[89],该案的核心问题在于 FRAND 的判定。Robart 法官认为,如果不彻底了解 FRAND 的含义,很难甚至不可能了解 Motorola 是否违反了基于 FRAND 条款而产生的许可专利义务。

Robart 法官在上述案件中做出决定,应当利用 Georgia-Pacific 因素判定 FRAND 费率,同时,Robart 法官也制定了 FRAND 许可费的基本原则[90]:

(ⅰ)FRAND 许可费的设定应符合标准制定组织推动标准被采纳的工作目标;

(ⅱ)采用合适的方法在考虑许可费叠加的基础上解决叠加风险,可适用于 SEP 持有人要求实施者支付许可费的情形;

(ⅲ)从根本上看,FRAND 承诺应解释为:限制专利持有人根据其专利技术的经济价值制定合理的许可费,而不是根据专利技术融入标准的附加价值。换言之,事前及事后模型测试应在不考虑任何专利变成 SEP 后的劫持价值或标准的价值的情况下才能进行;

(ⅳ)是否就 FRAND 支付许可费的争端,确定 FRAND 许可费的合适方法应识别并降低 FRAND 承诺规避的专利劫持风险。与此同时,确定 FRAND 许可费应基

---

[87] Nokia 等,美国联邦巡回上诉法院的法庭之友意见书,编号:12 – 1548,2013 年 5 月 6 日存档。
[88] Apple v Motorola,757 F. 3d. 1286,110 U. S. P. Q. 2d 1695(2014)。
[89] 西雅图华盛顿西区地方法院,Microsoft V Motorola(编号 C10 – 1823 JLR),法律事实研究和总结,2013 年 4 月 25 日。更多讨论,参见 Björn Lundqvist, Standardization under EU Competition Rules and US Antitrust Laws-The Rise and the Limits of Self-Regulation(Edward Elgar,2014),349 et seq。
[90] 同上,第 25 页及以下,第 100 段及以下。

于较为充分地了解标准制定组织为了制定有价值的标准而采纳的技术的基础之上。为了得到有价值的标准,FRAND 承诺必须确保有价值的知识产权持有人会获得该产权的合理许可费[91]。

据此,法院采纳了修正版的 Georgia-Pacific 因素[92]来重建"当事人之间的假设谈判",侧重分析其结论:"当事人进行假设谈判来制定 FRAND 许可费费率时会考虑 SEP 对标准的重要性以及标准和 SEP 对所涉产品的重要性"[93]。Robart 法官就 Georgia-Pacific 因素及修正版展开了冗长的讨论。有些因素似乎不相关,但有些因素挺有意思[94]。Robart 法官侧重专利发明的性质及其许可人所持有和生产的产品所体现的商业特征。因此,专利对标准及实施者的重要意义才应当是需要关注的重点[95]。

问题是,如果上述问题现在成为欧盟各国国内法院确定禁令诉讼是否构成滥用行为的程序的一环,那么国内法院是否需要定义 FRAND 以确定 SEP 持有人发出的要约或善意被许可人的反要约是否反映 FRAND? 据此,我认为欧盟各国国内法院需要解决 Robart 法官提出的问题,还需要确立相关行业的商业行为标准,这需要由标准制定组织来完成,他们要为判定 FRAND 提供相关指导意见。

另外,正如 Robart 法官的做法,定义 FRAND 的责任也将按照 FRAND 程序由专利持有人和潜在被许可人承担。按照"华为案"的判决,两者最先明确 FRAND 的判定必须进行与 Robart 法官的观点类似的测试,但这一程序成本较高且不够精确。

最终,Robart 法官判决支持了 Microsoft 的主张。法院发现 Motorola 的几项专利对标准的贡献非常小,对 Microsoft 产品的整体功能贡献微小。除此之外,Robart 法官总结道,因为 MPEG LA H. 264 专利池(Microsoft 和 Google 都是其成员,也包含 Motorola 的专利)的特征"密切地符合 RAND 承诺的所有目的,专利池费率也贴切地反映了 Motoro-

---

[91] 同前页脚注[89],第 113 段。
[92] Broadcom v. Qualcomm, S01 F. 3d 297, (3rd Cir. 2007).
[93] 西雅图华盛顿西区地方法院,Microsoft v Motorola(编号 C10 - 1823 JLR),法律事实研究和总结,2013 年 4 月 25 日,第 25 页及以下,第 113 段及以下。
[94] 参见 McDermott Will & Emory, "A First for FRAND: Federal Court in Microsoft v. Motorola Sets FRAND Royalty Rates for Standard Essential Patents",2013 年 5 月 8 日,比较 www. mwe. com/A - first-for-FRAND-Federal-Court-in-Microsoft-v-Motor-ola-sets-FRAND-Royalty-Rates-for-Standard-Essential-Patents - 05 - 08 - 2013,访问日期:2013 年 7 月 11,参见西雅图华盛顿西区地方法院,Microsoft v Motorola(编号 C10 - 1823 JLR),法律事实研究和总结,2013 年 4 月 25 日,第 100 段及以下。
[95] 参见美国华盛顿西区联邦地方法院,Microsoft v Motorola(编号 C10 - 1823 JLR),事实认定与法律结论,2013 年 4 月 25 日,第 100 段及以下。参见 McDermott, Will & Emory 提供的表格,"A First for FRAND: Federal Court in Microsoft v Motorola Sets FRAND Royalty Rates for Standard Essential Patents",2013 年 5 月 8 日,比较 www. mwe. com/A-first-for-FRAND-Federal-Court-in-Micro-soft-v-Motorola-sets-FRAND-Royalty-Rates-for-Standard-Essential-Patents - 05 - 08 - 2013,访问日期:2013 年 7 月 11 日。

laH. 264 专利组合的 RAND 许可费费率"[96]。

Robart 法官支持 Microsoft 一方,坚称 FRAND 年许可费费率应高于 Microsoft 提出的 56 万美元但也应低于 Motorola 索赔的 40 亿美元[97]。这一案件已进入上诉程序,可能需要很长的时间才能得以解决,主要原因在于,无论付出再多努力,法院也不是制定专利技术价格的最佳地点。然而,欧洲国家的法院很快也会面临 Robart 法官在 Microsoft 和 Motorola 案中所面临的难以抉择的局面。

八、结论

笔者认为,目前标准化、知识产权及竞争法之间的对接正朝着国内法院和仲裁庭间接成为定价部门的方向发展,这让人感到非常遗憾。FRAND 问题应尽可能被处理成贸易问题、知识产权的实施问题或者欧盟法规下的不公平竞争问题,而不是反垄断问题。我们需要承认的是,标准设定的流程意味着标准制定组织成员在一定程度上变成了立法者。这也说明现有的标准化制度存在问题,从该制度建立的一开始便出现了错误理解。法律制度行不通,因为标准化正成为全球自我调节的战场,专利太容易使用,而《欧盟运行条约》第 101 条项下的竞争法和其他同类法律并未起到推动创新和竞争的作用。本文篇幅有限,不再就这一点进一步论证[98]。但鉴于现有制度的失败,FRAND 程序要求专利的使用必须通过国内法院最终设定许可费,这一做法仍然是"最佳的"选择,只因目前其他替代方案比之更加糟糕。

此外,我们可以思考新的特殊情况原则能为未来的优势技术持有人创造何种激励政策。按照现行的欧盟判例法,专利持有人如果不涉及标准制定组织或基于 FRAND 条款做出许可的不可撤销承诺,其可以拥有更多专利权利或延伸权利。财富的最优来源应是获得事实 SEP 而非法定 SEP。要防止这类激励机制变成"恶制度",如演变成"专利流氓",我们的目标应设为推广标准制定组织的工作,并保护标准设定程序的完整性。ECJ 表示,争端涉及的专利因其做出基于 FRAND 条款许可的不可撤销承诺才获得了 SEP 地位。但情况并非总是如此,大型专利的持有人也可能获得激励,朝着让整个市场倾向其技术的最佳目标,即让整个市场采纳其技术。那会造成整个技术市场和下游产品市场的垄断,而标准制定组织和标准设定路线通常会创造或者旨在创造技术市场的寡头垄断和下游竞争。

---

[96] 同前页脚注[95]。
[97] 同上。
[98] 这一点在 Björn Lundqvist, Standardization under EU Competition Rules and US Antitrust Laws-The Rise and the Limits of Self-Regulation(Edward Elgar Publishing 2014)中有所讨论。

清除专利法中的"私法"救济[*]

Ted Sichelman[**]

关键词：促进创新、完全损害赔偿、禁令救济、司法衡量救济、公共监管机制

本文驳斥了专利法救济的基本"私法"前提，认为在发生侵权的情况下法院不应当始终尝试对专利权人进行"完全"的损害赔偿救济，其原因在于专利法的首要目标是推动创新，而非对私人错误行为进行补救。具体来说，当涉及转换成本较高的复杂产品的小元件时，完全的损害赔偿将会对消费者产生巨大的无谓损失，导致在研发过程中产生大量的重复性费用，或者使得专利的交易成本远远大于专利价值，在这种情形下，完全损害赔偿制度将不利于实现专利法的首要目标——创新激励。另外，有些情形下，专利权人获得的损害赔偿救济应当不仅仅限于完全损害赔偿，对于那些无法带来丰厚利润但对社会有较大价值的创新专利——譬如治疗罕见疾病的药物专利和服务于残疾人的技术专利，专利权人在这些专利被侵权时，他们需要的不仅仅是完全损害赔偿。

一般而言，专利法的法定救济条款是建立在有缺陷的基础上的。与其纠正当事人的私人错误行为，不如修正专利法的补救方法，在考虑到管理费用和试错成本的同时，促进和提高最能造福社会的创新类型和创新水平。因此，专利体系及其相关的救济措施应被视为旨

---

[*] 本文原文发表于美国《德克萨斯法律评论》(Texas Law Review)第92卷，第517—572页，2014年出版，本中文译文已获得版权方授权。

[**] Ted Sichelman 为美国圣地亚哥大学(University of San Diego)法学院教授。本文得益于 Michael Abramowicz、Olufunmilayo Arewa、Kenneth Ayotte、Scott Baker、Avi Bell、Bob Brauneis、Dan Burk、T. J. Chiang、Kevin Collins、Chris Cotropia、Tom Cotter、Shari Diamond、Peter DiCola、Gerrit De Geest、John Golden、Richard Gruner、Christi Guerrini、Jonathan Handel、Paul Heald、Scott Kieff、Josh Kleinfeld、Amy Landers、Peter Lee、Mark Lemley、Lydia Loren、Ed Manzo、Mark McKenna、John McGinnis、Neil Netanel、Michael Risch、Betsy Rosenblatt、Josh Samoff、Henry Smith、James Speta、Sam Vermont、John Whealan 及参与 2011 年 Samsung-Stanford 专利权救济会议、2011 年 IP 学者会议、Lewis & Clark 法学院 "IP in the Trees" 研讨会、2012 年 UCLA 媒体、娱乐和知识产权研讨会、2012 年 University of San Diego 关于专利法救济的会议以及 DePaul University 法学院、George Washington University 法学院、Northwestern University 法学院和 Washington University in St. Louis 法学院的教师座谈会和研讨会的与会者提供的非常有帮助的评论和探讨，同时承蒙 Gunjan Agarwal、Alan Chang、April Sun 和 Dan Tasakalos 提供宝贵的研究援助，作者在此一一鸣谢。

在进一步实现社会目标的公共监管机制的一部分,而不是保护个人利益的私法体系。

引　言

侵权法、物权法及合同法等私法,通常会为对个人和私人实体实施的错误行为提供救济措施[1]。举一个例子,如果您在酒吧静静地啜饮马提尼时,被一个粗暴的顾客一拳打在鼻子上,您可以基于侵权责任起诉这个顾客的殴打行为,通过责任条款对您已经承受的伤害获得赔偿,通过产权条款颁布禁令来杜绝未来可能发生的损害[2]。侵权法为您提供这类救济措施是因为我们相信在一个社会中,世界的最佳状态是能够让您继续安静地小口啜饮饮料,而免受粗暴顾客的干扰和身体伤害。也就是说,至少从传统意义上讲,侵权法倾向于假定个人或私人实体免受干扰,拥有"自治领域"的世界是理想状态[3]。因此,侵权法通常寻求通过损害赔偿或禁令的方式(或这两种方式兼而有之)使受到伤害的当事人恢复原状[4]。

然而,专利法的目标并非旨在救济私人错误行为,其首要目标在于促进创新[5]。尽管如此,对专利的救济还是通过试图使专利权人恢复原状,也就是说,恢复到之前没有被

---

[1] 参见 ERNEST J. WEINRIB, The Idea of Private Law 143 (1995)(当采取给予损害赔偿的形式进行救济时,一笔赔偿对于被告的所作所为和原告所遭受的损失来说都可以消除不公);Ezra Ripley Thayer, *Public Wrong and Private Action*, 27 HARV. L. REV. 317, 326–27 (1914)(探讨侵权行为中的私人民事诉讼权利)。

[2] 参见 DAN B. DOBBS, LAW OF REMEDIES 8.10节, 692页(1993年第二版)(观察到个人伤害案件中,禁令如何禁止可能伴随侵权损害赔偿的持续冒险行为);Guido Calabresi 和 A. Douglas Melamed, *Property Rules*, *Liability Rules*, *and Inalienability*: *One View of the Cathedral*, 85 HARV. L. REV. 1089, 1092 (1972)(提出财产—责任法规的区别);另请参见威廉·布莱克斯通,《英国法释义》(认为私法救济"通过恢复[受害人]的权利"或提供足够的报酬来对违法行为进行补偿的方式来对民事权利的侵害作出补救)。

[3] 参见 Donald P. Judges, *Of Rocks and Hard Places*: The Value of Risk Choice, 42 EMORY L. J. 1, 63 (1993)(侵权法通常寻求通过补偿和阻止被告强行侵入的侵权行为来保护原告的自主权利)。当然,在一些特殊案例中,故意侵入个人的自治领域会被认为是可原谅或者是正当的,比如自卫、胁迫等。请参见,例如 Restatement (Second) of Torts § 65 (1965)(阐明确定为自卫的因素)。

[4] 参见 Aaron Xavier Fellmeth, *Civil and Criminal Sanctions in the Constitution and Courts*, 94 GEO. L. J. 1, 60 (2005)("在侵权法中,在补偿性损害赔偿的救济不足以恢复原状时授予禁令");Karen E. Sandrik, Reframing Patent Remedies, 67 U. Miami L. Rev. 95, 102 (2012)(此外,专利和侵权救济在很大程度上是相同的,因为这两种救济结构的目的同样都是使受损害的一方恢复原状);另请参见 Restatement (Second) of Torts § 936 (1979)(阐明何时适合下达禁令的因素)。

[5] 参见 U.S. CONST. art. I, § 8, cl. 8 ("为了促进科学和实用艺术的进步……");Sears, Roebuck & Co. v. Stiffel Co., 376 U.S. 225, 229–31 (1964)(专利并非作为惠赠而给予,就像都铎王朝的君主所赋予的垄断一样……而是为了通过赋予发明者权利的方式来鼓励发明……避免他人利用该发明者的发明);Peter S. Menell, Intellectual Property: General Theories, in 2 ENCYCLOPEDIA OF LAW AND ECONOMICS 129, 130–33 (Boudewijn Bouckaert 和 Gerrit De Geest 编著, 2000年修订版)("美国宪法明文规定,授予国会在实用主义的基础上制定专利法和版权法的权利……")。通过使用术语"创新",我打算不仅接受发明,而且接受发明的商业化及推广。例如,请参见 Jan Fagerberg, Innovation: A Guide to the Literature, in THE OXFORD HANDBOOK OF INNOVATION, 1, 4 (Jan Fagerberg 等编著, 2005年修订版)(发明是产生新产品或新工艺的第一个想法,而创新是将其付诸实践的第一次尝试)。

侵犯专利权时的状态来反映传统侵权法的救济方式[6]。当包括竞争对手在内的第三方在没有实施专利或支付许可费而被允许实施专利时（若不支付则为侵权行为），则不存在侵权行为[7]。从历史上来看，专利法通常为过去的侵权行为提供损害赔偿，并基于放眼未来的角度提供禁令，以求恢复原状[8]。追溯过去的损害赔偿补偿专利持有人由于第三方的侵权行为所造成的利润损失，或在专利持有人没有实施专利的情况下，对放弃的许可费进行补偿（或者，在某些情况下，许可费可能会导致比损失的利润更大的损害赔偿）[9]。面向未来的禁令使专利持有人恢复专利刚授权时的原状，为专利持有人提供防止第三方侵犯专利权的绝对权利[10]。

在 eBay 起诉 MercExchange 的案件中[11]，美国联邦最高法院转变了赔偿的算法，认为禁令不是强制性的，而应当根据一组公平的因素来进行裁决[12]。在一个具有影响力

---

[6] Mark A. Lemley, *Distinguishing Lost Profits From Reasonable Royalties*, 51 WM. & MARY L. Rev. 655, 674 (2009)（专利损害赔偿应该补偿专利所有者的损失，使其重新回到没有侵权的世界）；另请参见 Thomas F. Cotter, *Four Principles for Calculating Reasonable Royalties in Patent Infringement Litigation*, 27 Santa Clara COMPUTER & HIGH TECH L. J. 725, 727 (2011)（对普遍的专利所有者而言，所得到的补基准损害赔偿的金额应该能够使其恢复到没有发生侵权时其本应享有的地位）。

[7] 参见 35 U. S. C. § 271 (a) (2006)（在专利权的有效期限内，在美国境内未经授权地制造、使用、许诺销售或销售任何专利发明，或将任何专利发明进口到美国的任何人，均被视为侵犯专利权）。同时，对于专利侵权还有一个相当有限的"实验性使用"的例外情况，不视为侵权行为。请参见 5 DONALD S. CHISUM, CHISUM ON PATENTS § 16.03[1] (2012)（收集处理实验使用原则的案例）。

[8] 参见 Richardson v. Suzuki Motor Co., 868 F. 2d 1226, 1247 (Fed. Cir. 1989)（重申向成功的专利权所有人发布禁令的长期实施规则）；Connell v. Sears, Roebuck & Co., 722 F. 2d 1542, 1548 (Fed. Cir. 1983)（专利权是产权的一种形式，专利权中公认的排除权利是财产理念的本质）；另请参见 Smith Int'l, Inc. v. Hughes Tool Co., 718 F. 2d 1573, 1577–1578 (Fed. Cir. 1983)（经推断，如果没有禁令救济的权利，从事研究的诱因将会减弱）；Ben Depoorter, *Property Rules, Liability Rules and Patent Market Failure*, 4 ERASMUS L. Rev. 59, 61 (2008)（禁令的衡平救济已经主导了知识产权法）。

[9] 参见 35 U. S. C. § 284 (2006 & Supp. V 2012)（提供"不低于侵权人使用发明的合理许可费"）；Lemley，同前注 6，第 655 页（专利损害赔偿的目的是补偿专利权所有人的损失，而不是惩罚被控侵权人或逼迫其交出利润）；同上，657 页（给予专利权所有人在未被侵权时本应获得的利润，有效地将其置于同等的地位，就像其始终都享有禁令一样）；另请参见 ROGER D. BLAIR & THOMAS F. COTTER, INTELLECTUAL PROPERTY：ECONOMIC AND LEGAL DIMENSIONS OF RIGHTS AND REMEDIES 12 (2005)（指出侵权的损害赔偿"可包括裁定因侵权而造成原告损失的利润的赔偿；已确定的许可费的金额；或合理许可费"）。

[10] 参见 Osborn v. Bank of U. S., 22 U. S. (9 Wheat.) 738, 749 (1824)（指出，基于"损害是间接性的，而不是直接的，以及即使并非不可能但也很难对损害赔偿进行评估的原则"，专利所有者可获取防止他人使用专利的禁令）；Rite Hite Corp. v. Kelley Co., 56 F. 3d 1538, 1562 (Fed. Cir. 1995)（"禁令可保留专利权人将其专利技术在市场上推广的排他权"）。

[11] 547 U. S. 388 (2006).

[12] 参见同上，第 391—392 页（认为，衡平救济的既定原则"对专利法引起的争端具有同等的效力"）；Carl Shapiro, *Injunctions, Hold-Up, and Patent Royalties*, 12 Am. L. & ECON. REV. 280, 282 (2010)（"美国联邦最高法院一致裁定，地方法院有权根据传统的公平原则，通过使用四因素试验，自行决定是否颁布或拒绝颁布禁令救济）。

的通说意见中[13],Kennedy 大法官认为,通常情况下,不实施其专利的实体(所谓的非专利实施实体或"NPE")为了进行专利许可业务而放弃制造和销售产品,在其专利被侵权时不应向其授予禁令,因为禁令将会为其提供越过第三方的"不当影响",特别是在专利涵盖复杂产品中的"小组件"时[14]。Kennedy 大法官的推理隐含了侵权法"恢复原状"的基本原理:因为根据定义,非专利实施实体可颁发专利使用许可,而侵权法在面向未来的基础上提供了损害赔偿,假设该赔偿能够充分反映市场上的许可费率,这样,非专利实施实体就能够完全恢复到其遭受侵权前所处的状态[15]。相反地,Kennedy 大法官认为,通常情况下,专利实施实体不会通过许可他人使用其专利来获得利润,而是通过在市场上销售产品和服务以获得超额利润的方式来利用专利[16]。重

---

[13] 参见 eBay,547 U. S. ,395 – 397(Kennedy 大法官,并存意见)。意见中的很多内容具体引用了 Kennedy 大法官的赞同意见。参见 Robert Bosch LLC v. Pylon Mfg. Corp. ,659 F. 3d 1142,1150(Fed. Cir. 2011);Salinger v. Colting,607F. 3d 68,82(2d Cir. 2010);N. Am. Med. Corp. v. Axiom Worldwide, Inc. ,522 F. 3d 1211,1228(11 th Cir. 2008);ATCS Int'l LLC v. Jefferson Contracting Corp. ,807 F. Supp. 2d 516,519(E. D. Va. 2011);i4i Ltd. P'ship v. Microsoft Corp. ,670 F. Supp. 2d 568,600(E. D. Tex. 2009);Hynix Semiconductor Inc. v. Rambus Inc. ,609 F. Supp. 2d 951,966(N. D. Cal. 2009);Amgen,Inc. v. F. Hoffman-La Roche Ltd. ,581 F. Supp. 2d 160,211(D. Mass. 2008);MGM Studios,Inc. v. Grokster,Ltd. ,518 F. Supp. 2d 1197,1215 – 1216(C. D. Cal. 2007);Commonwealth Sci. and Indus. Research Org. v. Buffalo Tech. Inc. ,492 F. Supp. 2d 600,605(E. D. Tex. 2007);MPT,Inc. v Marathon Labels,Inc. ,505 F. Supp. 2d 401,419 – 420(N. D. Ohio 2007);z4 Techs. ,Inc. v. Microsoft Corp. ,434 F. Supp. 2d 437,441(E. D. Tex. 2006)。此外,一项著名的实证研究表明,Kennedy 大法官的意见比首席大法官 Roberts 的意见更具影响力,该意见建议遵循具有代表性的授予禁令救济的历史惯例。请参见 eBay,547 U. S. ,394 – 395(首席大法官 Roberts,并存意见)("在 19 世纪早期,法院在绝大多数专利案件中发现侵权行为时,开始授予禁令救济……在涉及辨别和应用这些标准的时候,与其他领域一样,在这个领域中,历史上的这一页值得以丰富的逻辑进行描绘")(省略内部引号));FTC,The Evolving IP Marketplace:Aligning Patent Notice and Remedies with Competition app. B,256 – 59(2001 年),访问 http://www. ftc. gov/sites/default/files/documents/reports/evolving-ip-marketplace-aligning-patent-notice-and-remedies-competition-report-federaltrade/110307patentreport. pdf 可获取该信息(显示了 Steven Malin 对 eBay 案件后的调查结果,发现地方法院在超过 50% 的情况下拒绝向非专利实施实体授予禁令)。

[14] 参见 eBay,547 U. S. ,396 – 397(Kennedy 大法官,并存意见)("当专利发明只是产品中的一个很小的组成部分时……禁令的威胁仅仅是用于调节谈判中不当影响(undue leverage)作用,法律损害赔偿可能足以对侵权行为进行补偿,禁令可能不符合公众利益")。

[15] 参见 eBay,547 V. S. ,396("对于非专利实施实体来说,一项禁令,以及因违反禁令而产生的潜在严重制裁,可作为一种讨价还价的工具,向那些寻求许可并实施专利的公司收取高昂的费用")。据推测,Kennedy 大法官认为禁令所产生的费用是"过高的",请参见同上,因为,对于非专利实施实体,而不是专利实施实体,其是为了广泛地授予其专利的使用许可,而不是为了实施(或独家许可)其专利。非专利实施实体既不是为了寻求防止他人在市场上实施其专利,也不会生产涉及被控侵权人专利的产品。请参见 FTC,To PROMOTE Innovation:The Proper Balance of Competition and Patent Law and Policy,章节 3,3839 页(2003 年),可通过访问 http://www. ftc. gov/os/2003/10/innovationrpt. pdf 获取该信息。("潜在的专利劫持会导致彼此同归于尽,这意味着公司会积极参与该行业。专利实施实体(PPE)不太可能采用这种劫持策略来彼此对抗……然而,被称为非专利实施实体(NPE)……能够成功地采用该专利劫持策略,而不用担心会遭到报复")。引用自 eBay,547 U. S. ,396(Kennedy 大法官,并存意见)。因此,从这个观点上来看,非专利实施实体通过诉讼救济的禁令来限制此类活动的威胁,其所获得的影响是"不当的"。eBay,547 U. S. ,396 – 397(Kennedy 大法官,并存意见)。

[16] 参见 eBay,547 U. S. ,396(Kennedy 大法官,并存意见)("一个行业发展起来了,其中企业使用专利不是作为生产和销售商品的基础,而是主要为了获得许可费")。重

要的是，eBay 案[17]适用的现有规则和修订规则都认为，从法院无须付出代价且准确执行的程度上来说，维持原状实际上是最理想的救济[18]。换句话说，法院和基本上整个学术文献体系，都认为将专利权所有人视为享有传统私法救济的私权持有人能最好地促进创新[19]。

然而，笔者在本文中指出，传统观点至少在三种情形下是错误的。首先，顺着 Kennedy 大法官所建议的方向，如果一项专利涵盖一种复杂产品的小组件，而第三方已经实施了该产品，在涉及更换专利组件时，会产生较高的转换成本。因此，在面向未来的基础上，向任何专利权所有人（无论是否为专利实施实体）提供禁令通常会产生远远超过创新组件社会价值的市场回报（或结算费）[20]。专利权人的这种意外收益导致专利制度为整体产品的独立组件提供了过大的组件激励和渐进式创新激励[21]。确实，Mark Lemley

---

[17] Thomas 大法官和首席大法官 Roberts 在 eBay 案中的意见没有对专利实施实体和非专利实施实体进行明确区分。请参见同上，390—395 页（大多数意见和 Roberts 大法官，并意见）。然而，低级法院遵循了 Kennedy 大法官的意见，即例行公事地向专利实施实体授予禁令，但拒绝向非专利实施实体授予禁令。请参见 FTC，前注 13（结果显示，在区别专利实施实体和非专利实施实体的情况下，地方法院根据 eBay 的要求，在 85% 的情况下向专利实施实体授予禁令，而仅在 45% 的情况下向非专利实施实体授予禁令）。

[18] 参见 Aro Mfg. Co. v. Convertible Top Replacement Co. ,377 U. S. 476,507（1964）（认为在确定损害赔偿时，问题是"如果侵权人没有侵权，专利持有人－被许可方将如何？"）；Pall Corp. v. MicronSeparations, Inc. ,66 F. 3d 1211,1223（Fed. Cir. 1995）（"补偿性损害赔偿的目的不是罚侵权人，而是为了使专利权所有人保持完整"）；另请参见 Amy L. Landers, *Patent Valuation Theory and the Economics of Improvement* ,88 TEXAS L. REV. 163,166（2009）（"专利损害赔偿是一种整体补偿救济，其目的在于使专利权所有人恢复到遭受侵权前的原状"）。

[19] 参见 General Motors Corp. v. Devex Corp. ,461 U. S. 648,633－655（1983）（"当美国国会希望限制专利侵权行为中的恢复因素时，它明确表示……美国国会的主旨是对专利所有人给予完全补偿"）；John Gladstone Mills III 等人, *Patent Law Fundamentals* , § 20:65（2013 年，第二版）（"只有通过采取禁令救济的手段，专利权所有人才会意识到排他的权利……"）；Roger D. Blair Thomas F. Cotter, *Rethinking Patent Damages* ,10 TEX. INTELL. PROP. L. J. 1, 4（2001）（"我们建议，将传统的侵权法原则的事实因果关系和近因应用到专利问题中，并普遍拒绝专利侵权在实质上各不相同的观点……"）；Frank H. Easterbrook, *Intellectual Property Is Still Property* ,13 Harv. J. L. 和 PUB. POL'Y 108,109（1990）（"专利赋予了排他的权利，就像侵权法律处理不动产一样"）；Paul J. Heald, *Optimal Remedies for Patent Infringement: A Transactional Model* ,45 HOUS. L. REV. 1165,1171（2008）（"在确定是什么构成了侵权，以及应采取何种补救措施时，专利法的第二职能似乎就像侵权法一样"）；Amy L. Landers, *Liquid Patents* ,84 DENV. U. L. Rev. 199,252－53（2006）（主张专利实施实体和非专利实施实体之间的专利救济应有所区别，因为它们会招致不同类型的"害处"）；Mark A. Lemley 和 Carl Shapiro, Patent Holdup and Royalty Stacking,85 TEXAS L. REV. 1991 页，2036 页（2007 年）（主张保留专利实施实体的禁令"部分出于公平的原因,是公正的"）；另请参见 Megan M. La Belle, *Patent Law as Public Law* ,20 GEO. MASON L. REV. 41,41（2012）（"专利诉讼历来被视为是私法诉讼，指的是私人各方之间有关权利方面的争议"）。

[20] 参见下文第二 B 部分。

[21] 例如，这种差别激励可能会不适当地增加软件行业相对于制药行业的创新激励，或者至少为合理的创新寻求专利保护。请参见 Julie E. Cohen Mark A. Lemley, *Patent Scope and Innovation in the Software Industry* ,89 CALIF. L. REV. 1, 26 n.94（2001）（文章指出，与整个制药产品相比，一项专利发明通常涵盖软件产品的一个小组件）。与之相关的是，大公司倾向于增量式创新，而小公司倾向于激进式创新，因此，这可能会给大公司提供低效的优势。请参见 Jonathan M. Barnett, *Is Intellectual Property Trivial?* ,157 U. Pa. L. Rev. 1691,1736－1737（2009）（"大公司倾向于从事低风险、增量式的创新项目以寻求保持市场份额，而小公司则倾向于从事高风险、激进式的创新项目以寻求抢占市场份额"）。

和 Carl Shapiro 令人信服地论证了不应当向非专利实施实体提供禁令救济措施;[22]但是,由于 Lemley、Shapiro 和 Kennedy 大法官都陷入了同一个误区,认为专利救济应当反映出传统的私法救济措施,他们错误地得出了禁令仍然普遍适用于专利实施实体的结论[23]。与之相反,以下也将述及,他们反对对非专利实施实体颁发禁令的理由通常亦可适用于专利实施实体[24]。

其次,在许多情况下,专利制度为促进研发需求和商业化活动提供了过多的激励[25]。例如,软件行业的发明和商业化成本远远低于制药行业,[26]软件专利和药品专利的专利期限却是完全相同的(实际上,在实践中,软件专利持续的时间更长);[27]而且,至少在普通观念中,软件专利的范围通常超过了药品专利的范围。[28] 如果软件专利广泛的保护范围和较长的保护期限不是激励该行业创新所必需的,那么专利制度为该行业提供的激励

---

[22] 另参见 Lemley 和 Shapiro,前注 19(探讨有关向专利权所有人提供禁令救济的一些问题。)作为一个重要的澄清点,Lemley 将有效地将独家许可专利的非专利实施实体作为专利实施实体对待,因为从市场的角度来看,非专利实施实体在本质上是站在单一专利实施实体的立场上。Lemley,前注 6,第 673 页。

[23] 参见下文第二 B—C 部分。

[24] 参见下文第二 B—C 部分。

[25] 参见 Mark A. Lemley, *Property, Intellectual Property, and Free Riding*, 83 TEXAS L. Rev. 1031, 1058 – 1065(2005)(文章表示,为专利提供发明的全部社会价值经常会导致过度补偿);另请参见 Vincenzo Denicolo, *Do Patents OverCompensate Innovators*? 22 ECON. POL'Y 679,713(2007)(提出一个模型,通过比较利润率与发明供给的弹性来确定专利权人是否过度补偿);请参阅 Peter S. Menell, *The Challenges of Reforming Intellectual Property Protection for Computer Software*, 94 COLUM. L. REV. 2644,2646(1994)("对第一代创新的过度保护会阻碍后期的发展,从而逐渐削弱知识产权强有力的保护的某些有益的影响")。

[26] 参见 Dan L. Burk 和 Mark A. Lemley, *Policy Levers in Patent Law*, 89 Va. L. REV. 1575,1581 – 1582(2003)(指出,软件的研发成本要比制药的研发成本低得多);Gregory N. Mandel, *Will America Reinvent Itself? Patent Reform in 2011*, BUS. L. TODAY,2011 年 8 月,("按照惯例,开发一种新药或生物制剂需要十年甚至更长的时间,要花费数亿或数十亿美元,而且经常需要测试数百种替代品或化合物……新的软件应用程序可在极短的时间标度内生产出来,所需的投资要远低于药品投资……")。另请参见 PETER TOLLMAN ET AL, The Bost. Consulting Grp., *A Revolution in R & D:how Genomics and Genetics are Transforming the Biopharmaceutical Industry*, 12(2001)(据估计,发现、开发和商品化每一种专利药物的成本约为 8.8 亿美元);Shanling Li 等, *Why Do Software Firms Fail? Capabilities, Competitive Actions, and Firm Survival in the Software Industry from 1995 to 2007*, 21 INFO. SYS. RES. 631,642,643 表 1.1(2010)(通过对 870 家软件上市公司的调查,发现每家公司每年的平均研发支出约为 2700 万美元)。

[27] 参见 Emily Michiko Morris, *The Myth of Generic Pharmaceutical Competition Under the Hatch-Waxman Act*, 22 FORDHAM INTELL. PROP. MEDIA 和 Ent. L. J. 245,266 – 267(2012 年)(指出,药品的有效专利期,即使加上 Hatch-Waxman Act 规定的专利恢复期也才是 14 年,而非药品专利的有效专利期是 18 年半);另请参见 Daniel R. Cahoy, *An Incrementalist Approach to Patent Reform Policy*, 9 N. Y. U. J. LEGIS. & PUB. POL'Y 587,648(2006 年)(认为软件专利的有效专利期过长,而药品专利的有效专利期过短)。

[28] 参见 Emily Michiko Morris, *Res or Rules? Patents and the(Uncertain) Rules of the Game*, 18 Mich Teleomm. & Tech L. Rev. 481,498 – 499(2012)(文章指出,软件专利的范围与其说是由物理或功能结构定义的,不如说是由概念所定义的,这与化学专利不同,化学专利的范围只对应于数量有限的化学结构);另请参见 Robert P. Merges, Richard R. Nelson, *On the Complex Economics of Patent Scope*, 90 COLUM. L. REV. 839, 843(1990)(解释有效的专利范围取决于该专利的技术类型)。

就是过度的。㉙这一结果会给创新者创造额外的收益,但反过来又会对消费者产生不必要的无谓损失,尤其是在以下两种情况下更加明显:(1)当专利持有人拥有在超过竞争价格之上为其专利产品定价的能力时㉚,或者(2)当多方为"竞争"过高的专利价格,而投入不必要的重复性研发时㉛。

再次,在对某一专利是否被侵权、是否有效或是否可强制执行等方面的合理意见出现差异时,对于第三方来说,放弃在许可谈判中付出的大额交易成本而选择侵权,从经济上来看更为有效率㉜。就像合同法中的"效率违约理论"㉝,我认为,当谈判的交易成本超过了所述创新的价值时,会发生"效率侵权"的情况,这种情形会在所述专利权的不确定性因素较大以及仅当专利的经济价值极低的时候发生㉞。在上述情况下,为了促进"效率侵权"行为,最好的做法是取消禁令㉟。

另一方面,笔者认为,尽管在上述三种情况下,完全损害赔偿也许有点过度,但至少还有另外两种情况,专利权所有人需要得到比补偿性损害赔偿更多的补偿,以产生最优的创新激励㊱。首先,如果侵权行为很难被发觉,则应当加重损害赔偿,以对权利人未被发现的侵权行为(即被控侵权人获得利润但没有向专利权所有人支付报酬的活动)受到

㉙ 参见 Burk 和 Lemley,前注 26,第 1687—1688 页("尽管大多数生物技术和化学发明都需要广泛的专利保护,因为其成本较高,开发过程中的不确定因素较多,但对于软件开发,情况恰恰相反。软件开发往往速度快,成本低,发明后的开发周期非常明确");Linda R. Cohen, Roger G. Noll, *Intellectual Property, Antitrust and the New Economy*,62 U. PITT. L. REV. 453,469(2001)(认为,软件专利提供了过多的保护);Richard R. Nelson, *Intellectual Property Protection for Cumulative Systems Technology*,94 COLUM. L. REV. 2674,2674(1994)(主张实行适度的保护方案,以满足软件行业的保护需要)。

㉚ WILLIAM D. NORDHAUS, INVENTION, GROWTH, AND WELFARE: A THEORETICAL TREATMENT OF TECHNOLOGICAL CHANGE,76(1969)(文章描述了一个确定最佳的专利期的模型,即通过平衡增长的创新激励力度以避免更大的无谓损失的方式);Jonathan M. Barnett, *Private Protection of Patentable Goods*,25 CARDOZO L. Rev. 1251,1269(2004)[文章指出,专利的社会成本包括"专利持有人所行使的独占性定价权(或者,更具体地来说,无谓损失是由专利持有人的产出限制所造成)"]。

㉛ 参见 SUZANNE SCOTCHMER, INNOVATIONS AND INCENTIVES,112–13(2004)(探讨广泛的知识产权如何能激发专利的"竞争",从而导致不同的发明人花费时间和资金为实现低效的同样目标花费重复成本);Partha Dasgupta, Joseph Stiglitz, *Uncertainty, Industrial Structure, and the Speed of R & D*,11 BELL J. ECON. 1,11–14(1980)(文章描述了各方如何在垄断控制市场中进行重复的研发,以竞争获得垄断定价权);Mark F. Grady, Jay I. Alexander, *Patent Law and Rent Dissipation*,78 Va. L. Rev. 305,308(1992)("该体系中的缺陷在于,如果多个发明人在争夺专利垄断的竞争中消耗资源,那么拥有这项发明的社会利益将被大量的、冗余的开发成本所消耗");另请参见 Kenneth W. Dam, *The Economic Underpinnings of Patent Law*,23 J. LEGAL Stud. 247,252 n. 14(1994)("另一方面,除了不必要的重复性研发支出外,专利的竞争将会导致研发支出以快于最优速率的速度流出")。

㉜ 参见下文第二 C2 部分。

㉝ 参见 Ian R. Macneil, *Efficient Breach of Contract: Circles in the Sky*,68 VA. L. REV. 947,950–953(1982)(文章提出,当重新谈判合同的交易成本超过了违约的交易成本时,"效率违约"是有效的)。

㉞ 参见下文第二 C2 部分。

㉟ 参阅 Ted Sichelman, *Commercializing Patents*,62 STAN. L. Rev. 341,345–347(2010)(提出一项新的"商业化"专利,该专利将授予一项可能侵犯传统"发明"专利的肯定性公平权利,用以制造和销售产品)。

㊱ 参见下文第二 C2 部分。

的损害进行补偿[37];无论侵权人是否"故意",该条件都应该适用,除非这种故意在某种程度上增加了不被察觉的概率。其次,对于一个专利权人而言,如果一项专利发明的私有经济价值远远低于该发明的社会价值,以至于不足以激励专利权人投资于该专利产品的研发和商业化生产,则在发生侵权行为的情况时,除了单纯的补偿性赔偿外,专利权人还需要更多的奖励[38]。然而,和专利权人一样,侵权人通常也享受不到该种创新带来的更大的社会利益,则这种对专利权人的奖励不应该由侵权人而是由作为整体的社会(如政府)来承担[39]。

通常来讲,我认为,我们不应该把争议焦点放在实体性规则上,而是应该关注如何识别专利侵权行为,政策制定者和学者也应该研究如何调整执法方式、司法程序和救济措施从而实现有效的实质性目标[40]。当特定的实体性规则的制定成本高昂时,像专利法的制定一样[41],特殊执行、诉讼和救济措施可能为实现最佳结果提供更好的途径[42]。然而不幸的是,修改执法方法作为一种弥补主要实体法缺陷的手段,通常受到忽略[43]。大多数对执法的分析性处理均强调执法成本较高的特性,关注在维持或降低管理成本的同时增

---

[37] 参见 Michael Abramowicz, *A Unified Economic Theory of Noninfringement Opinions*, 14 Fed. CIR. B. J. 241, 254 (2004)("如果侵权人支付全部损害赔偿,其行为将得到最优化,因此,如果专利权所有人只在某些时候行使其权利,那么加重损害赔偿是适当的,加重损害赔偿的倍数等于发现概率的倒数"); Roger D. Blair, Thomas F. Cotter, *An Economic Analysis of Damages Rules in Intellectual Property Law*, 39 WM. & Mary L. Rev. 1585, 1591(1998)(文章认为,可能需要加倍赔偿,以补偿较低的发现概率)。

[38] 正如我在下文中所言,大多数专利权所有人不需要其发明的全部社会价值来得到适当的激励。请参见下文第二部分(B)。当然,肯定有一些情况并非如此。请参阅 Suzanne Scotchmer, *Standing on the Shoulders of Giants: Cumulative Research and the Patent Law*, J. ECON. PERSP., 1991(认为,所研究出的确保社会理想创新的唯一方式,就是让研发公司"将其所创造的所有社会价值作为收入收取"); Steven Shavell, Tanguy van Ypersele, *Rewards Versus Intellectual Property Rights*, 44 J. L. & ECON. 525, 529(2001)("对研究进行投资的激励是不够的,因为垄断利润低于创新所创造的社会盈余")。

[39] 参见下文第二 C2 部分。

[40] 参见下文第二 C2 部分。

[41] 专利法在创新激励的经济学中充斥着行业的多样性,但国会和法院难以从实质上区分适用于具体行业的法律。Alan Devlin, *Patent Law's Parsimony Principle*, 25 BERKELEY TEch. L. J. 1693, 1707 – 1708(2010)["由于很难确定为什么特定的发明者会创新,专利法通常都不愿将发明者甚至是特定行业的原则纳入其学说中,通常是在"通用"的基础上进行操作,试图通过提供基本一致的奖励结构来刺激产生最优的创新水平"(注释省略)]。Lemley 和 Burk 认为,专利法在应用中具有有效的差异化。参见 Dan L. Burk, Mark A. Lemley, *Is Patent Law Technology-Specific?*, 17 BERKELEY TE CH. L. J. 1155, 1156 – 1157(2002)(讨论了一般的法律标准在不同的技术领域,例如,软件和制药产生了不同的结果的问题); Burk 和 Lemley,前注 26,第 1577 页("尽管专利法的外表是一致的,但它实际上和它想要培育的行业一样是多样化的")。不过,这种差异最终受到专利法的文本一致性的制约,不能实现完全有效的差异化。参见 Clarisa Long, *Our Uniform Patent System*, Fed. LAW., Feb. 2008, at 44, 48("目前,专利法规确实提供了一些针对特定技术的变通,并免除了某些群体的责任,但这些只是少数例外,而非规则")。

[42] 参见 Leandra Lederman Ted Sichelman, *Enforcement as Substance in Tax Compliance*, 70 WASH. & LEE L. Rev. 1679, 1747 – 1749(2013)主张根据行业和产品市场调整执行率,相比于修改实体税法,有时可以减少因税收而产生的无谓损失和其他社会成本是更有效的)。

[43] 参见前注 42,第 1681 页("学者们常常认为,法律的完美执行虽然不现实,但却是理想的,并且重点在于以最低成本实现最高的合规水平")。

加守法概率的各种机制。[44] 在这些模式中,如果执法是无成本的,理想的做法就是对行为人的所有违法行为进行惩罚,以确保百分之百守法。[45]

然而,Ian Ayres 和 Paul Klemperer 提供了一种替代模式,[46]笔者在其他著作中扩展了该模式[47],在该模式中执法的目标是低于百分之百的守法。[48] 具体而言,不完美、概率性地专利执法可能产生超过铁腕执法的福利成果。[49]当适用的实体性规则引起大量不必要的成本(例如无谓损失和重复开发),且这些成本在立法层面不能轻易得到救济时那这种和直觉相反的目标就是合理的。[50] 在这些情况下,修改司法或执行领域的执法措施可能会大大降低实体性规则所造成的成本。[51] 如果这些修改成本相对较低,则"衡量"执法或救济措施从而改变实体性规则的效果可能是相比于直接通过法律或法规来修改实体性规则的更优选择。[52]

大体而言,我认为,法院和学者的全面假设是有缺陷的,该假设认为传统的私法救济对于专利法上的侵权行为是最佳的救济措施。本文将通过以下几个部分展开论述。

第一部分描述了专利法的目的,普遍认为,专利制度的首要目标是促进创新而不是维护个体和私有权利。在这部分论述中,我借鉴了对过度融合传统的合同和私有财产法概念的专利原则进行批判的学术著作,但我主张,因为没有对将传统的侵权法原则纳入专利法进行批判,这种学术研究的界限是不完整的。[53]

---

[44] 参见 Gary S. Becker, George J. Stigler, *Law Enforcement, Malfeasance, and Compensation of Enforcers*, 3 J. LEG. STUD. 1,1(1974 年)("规范和积极的立法途径……一般来说,将法律实施视为理所当然的,并未包括对不同法律的成本进行系统分析")。

[45] Lederman 和 Sichelman, 前注 42, 第 1690—1693 页;也参见 Blair 和 Cotter, 前注 37, 第 1619 页("为了制止侵权行为,我们必须制定一套使侵权行为不能赢利的规则。");Blair 和 Cotter, 前注 19, 第 9 页(假设侵权行为必然会将"激励创新"水平降低至最优水平以下)。

[46] Ian Ayres, Paul Klemperer, *Limiting Patentees' Market Power Without Reducing Innovation Incentives: The Perverse Benefits of Uncertainty and Non-Injunctive Remedies*, 97 MI L. Rev. 985, 988 - 89(1999)("本文表明,一个有不确定性和延迟的制度能够比法律实施是瞬时的和确定的制度更有效率地产生回报")。

[47] 参见 Ted Sichelman, *Quantum Game Theory and Coordination in Intellectual Property* 5(San Diego Legal Studies, 工作论文编号 10 - 035, 2010), 获取网址: http://ssm.com/abstract = 1656625(将 Ayres 和 Klemperer 的模式扩展到专利竞争的环境中)。

[48] 参见 Ayres 和 Klemperer, 前注 46, 第 994—1000 页(探索专利制度的潜在益处, 在该制度中, 只在一小部分时间获得对侵权的救济);Sichelman, 前注 47(用量子博弈论的一种变型来扩展和分析 Klemperer 和 Ayers 的模型)。

[49] 参见 Ayers 和 Klemperer, 前注 46, 第 994—1000 页(论证"不确定性和延迟如何能产生比理想的专利制度更好的福利");Sichelman, 前注 47, 第 14—20 页。

[50] 参见 Burk 和 Lemley, 前注 26, 第 1635 页("为每个行业重写专利法, 将涉及大量的行政成本和不确定性。");下文第二 C1 部分。

[51] 参见下文第二 C1 部分。

[52] 参见 Lederman 和 Sichelman, 前注 42, 第 1685 页(提出一种"度量执法"的制度, 即政府有意地实施不完善的执法, 以减少税收带来的无谓损失)。

[53] 参见, 举例来说, Lemley, 前注 25, 第 1032 页(认为不应通过物权法的视角来看待知识产权, 但将知识产权侵权作为侵权行为的种类归类时可以忽略类似问题)。

第二部分更详细地解释了专利法救济现有模式存在缺陷的原因。特别是,与主流观点不同,我认为至少在四种情况下,禁令和完全损害赔偿不仅对于非专利实施实体而且对于专利实施实体也可能不是最优的:(1)专利覆盖复杂产品中的小组件且转换成本高昂;(2)创新成本和风险相对较低;(3)效率低下的寻租行为,产生了大量重复性研发费用;(4)议价成本远远高于所述专利的创新价值。相反地,我认为,当难以发觉侵权行为或创新的私人回报率远低于产生最佳社会回报所需水平之时,即使没有故意侵权行为,也可能给予多于补偿性的损害赔偿。

第三部分讨论我提出的模型中可能存在的限制并提出批评。首先,我认为允许法官制定救济措施以便有效修改实体法的论点对传统的权力分立和民主制度产生了威胁。我的结论是,虽然国会需要向法院提供额外的自由裁量权,以全面消除完全损害赔偿,但长期以来法院一直保持相当程度的衡平裁量权来形成不威胁民主制度的救济。其次,我解决了潜在的问题,即从完全赔偿措施中脱离的系统将会增加总体不确定性从而提高创新成本。相应地,我检视了法官缺乏足够的能力和知识来施加前瞻性损害赔偿以代替禁令的问题。假如部分地同意这一批评意见,我倡导建立一个近期制度,其中传统的救济措施在大多数情况下都是保持不变的,但在那些明显导致低效率结果的情况下则会被抛弃。但是,我提出建立一种长期制度,其中所有侵权行为的救济措施都是着眼于优化创新激励机制而形成的。

第四部分讨论了这一长期方法,认为现行《美国专利法》(Patent Act)的救济框架存在根本缺陷。更普遍地,我最后主张,专利制度的目标应该是培养裁判者足够的能力和知识,以便完全放弃帮助专利权人恢复原状的观念。相反地,在每一种情况下都应定制专利法救济措施,以产生最有利于社会的创新类型并提升创新水平。在这方面,我借鉴了 Shubha Ghosh[54] 的文章,简要提出了一个概念模型,完全将专利法视为公共监管机制,而不是私法权利义务和救济措施的体系。

一、专利法的目的是促进创新而非保护私人损失

在美国,专利法的首要目标是促进技术创新。[55] 在这方面,美国联邦最高法院已经有力拒绝了"专利是一种旨在保护发明人在自由、安全或人格方面的个人权利的自然权

---

[54] Shubha Ghosh, *Patents and the Regulatory State: Rethinking the Patent Bargain Metaphor After Eldred*, 19 BERKELEY TECH L. J. 1315(2004)(提出一种公共的专利法的管理模式)。

[55] 参见 U. S. CONST. , art. I, § 8, cl. 8("为了促进科学和实用技术的进步……"); Bilski v. Kappos, 130 S. Ct. 3218, 3234(2010)(Stevens 法官, 并行意见)("专利制度旨在保护和促进科学技术的进步")。

利"的观念。正如法院1917年在 Motion Picture Patents 案[56]中充分说明的那样:

> 自从 Pennock v. Dialogue 案在1829年判决以来,本法院一直认为,我们的专利法的主要目的不是为专利所有者创造私人财富,而是推动科学和有用技术的进步……

回到该话题,30年后,该法院在 Kendall 诉 Winsor 案中再次尖锐而清楚地说明:

> 不可否认的是,授予发明人的有限和暂时的垄断从来不是为了使其获得垄断利润或排他优势;公共或整体社会的利益……无疑是给予和确保该垄断的首要目标。

> 本法院从未修改过关于每一项专利授权涉及的公共和私人利益的相对重要性的声明……[57]

> 自从 Motion Picture Patents 案判决以来,该法院从未动摇过上述立场。[58]

此外,学者们普遍同意,不论是在学理层面还是在政策层面,专利法的基础都应该是实用主义。[59] 该普遍观点利用了 Thomas Jefferson 的适应哲学,在 Graham 诉 John Deere Co. 案[60]中最高法院得以表述出来,"专利垄断的目的并不是使发明人基于其发现获得自然权利,而是对带来新知识的一种奖励和激励。"[61] 由于专利制度建立在实用主义的基础上,正如法院在 Kendall 诉 Winsor 案[62]中解释的那样,发明人从专利中获得的任何私人利益只是一种终止向"广大公众或社区"提供利益的手段。[63] 因此,向专利权人提供的任何

---

[56] Motion Picture Patents Co. v. Universal Film Mfg. Co., 243 U.S. 502(1917).

[57] 同上,第510—511页。当然,专利法的某些方面会牺牲实用目来促进个人利益。一般参见 generally Tom G. Palmer, *Are Patents and Copyrights Morally Justified? The Philosophy of Property Rights and Ideal Objects*, 13 HARV. J. L. 和 PUB. POL'Y 817(1990)(提出将一种洛克的劳动理论方法来用于专利法)。然而,美国专利法的主要目标和主导解释在方法上是实用主义的。参见 Menell,前注5,第130页("美国宪法明确规定国会有权在实用主义基础上制定专利和版权法"),参见后注59和附文。

[58] 参见 Quanta Computer, Inc. v. LG Elecs., Inc., 553 U.S. 617, 626−628(2008)(在无条件出售专利产品后,将电影运用到专利权用尽); Kewanee Oil v. Bicron, 416 U.S. 470, 480(1974)(注意,专利法通过在有限期间提供排他的权利作为激励发明人冒着在时间、研究和开发方面付出巨大成本的风险促进"进步,并通过经济引进新产品和生产工艺产生,通过增加就业发散积极效果和为公民提供更好的生活"); Mercoid v. Mid-Continent Inv., 320 U.S. 661, 665(1944)("在专利制度中占主导地位的是公众利益");参见 Mazer v. Stein, 347 U.S. 201, 219(1954)("版权法,就像专利法一样,对所有者的奖励是次要的考虑")。

[59] 参见 Menell,前注5,第130页("主要的哲学理论应用于实用主义的保护,也就是,技术发明是实用主义");同时参见 Alan Devlin, Neel Sukhatme, *Self-Realizing Inventions and the Utilitarian Foundations of Patent Law*, 51 WM. & MARY L. REV. 897, 901(2009)("几乎所有的评论家和法官认为,实用主义的考虑在专利法中享有主导地位,因此专利制度的目的是诱导技术的创造和商业化,否则这些技术很容易被盗用")。

[60] 383 U.S.1(1966).

[61] 同上,见第9页;同时参见 Devlin 和 Sukhatme,前注59("由于专利垄断带来潜在的巨大社会福利成本,因此只有在必要激励创造和传播那些不成比例的有价值的信息的时候才会被宽恕")。

[62] 62 U.S.(21 How.)322(1858).

[63] 同上,第327—328页。

形式的私法权利应当完全附属于专利法促进创新的目的。[64] 这表明,通过诉讼保护专利法权利并不意在救济发明人遭受的个人不公正。[65]

因此,专利法权利与传统的私法权利,例如不动产、合同或民事侵权行为的权利形成鲜明对比。[66] 至少在历史上,传统私法通过维护这些私法权利来保护个人利益,而产生这些权利的传统私法不太关注实用主义价值,[67]其更为关注的是个人自主和自由[68]。因此,当一个入侵者入侵业主的土地时,该业主在一定程度上拥有布莱克斯通学说上财产权,该财产权赋予他在他的土地上[69]拥有"独一无二的统治"权利,该业主有权在任何情况下驱除入侵者,以维护他的个人所有权权益。[70] 这种规则的任何例外,例如,如果入侵

---

[64] 参见 La Belle,前注 19,第 50 页("简而言之,专利是一种实现目的的手段。也就是为公共事业促进创新,这是最重要的。");参见 Wendy J. Gordon, *Of Harms and Benefits*: *Torts*, *Restitution*, *and Intellectual Property*, 21 J. LEGAL STUD. 449,450(1992)("取之不尽用之不竭的价值的无偿使用值得劝阻,只作为一种实现目的的手段来:其目的为使其最初的生产和维护得到充分的激励")。

[65] 当然,有人可能会说专利法应该作为一种规范来保护私人利益。参见 ROBERT P. MERGES, JUSTIFYING INTELLECTUAL PROPERTY,14 – 19(2011)(引用洛克的劳动理论和康德的道义论来支持知识产权理论);Adam D. Moore, *A Lockean Theory of Intellectual Property*, 21 Hamline L. Rev. 65,66(1997)(他认为"基于动机的实用主义规则的论证无法证明任何接近现代英美版权、专利和商业秘密机构的正当性");也参见 Justin Hughes, *The Philosophy of Intellectual Property*, 11 Geo. L. J. 287,296 – 330(1988)(根据洛克的劳动理论来描述知识产权)。当然,这些方法通常会给予利于保留整个救济措施的建议。然而,与绝大多数法院和学者的观点包括我自己的观点一致,我在此只考虑实用主义的方法。参见 ROBERT P. MERGES, PETER S. Menell 和 Mark a. Lemley, INTELLECTUAL PROPERTY IN THE NEW TECHNOLOGICAL AGE,11(2010 第 5 版)[在下文中 MERGES ET AL, INTELLECTUAL PROPERTY](他评论说实用主义是"分析和证明各种形式的知识产权保护的正当性的主要范例");John M. Golden, *Principles for Patent Remedies*, 88 Texas L. Rev. 505,509(2010)("出于简单性的目的,在很多方面似有道理,我通常假设在现代解释中一个实用的目标是标准的:专利制度应该采取行动促进新技术的发展、披露和使用,最好是采用最大化社会福利的方式");Sichelman,前注 35,379(解释美国专利法的基础在本质上是实用主义的)。

[66] 甚至 Merges 也承认了同样的问题。参见 ROBERT P. MERGES 等人,INTELLECTUAL PROPERTY,前注 65,第 133—134 页(注意到专利权是在实用主义原理上建立模式的,而不是义务论的原理)。

[67] 参见 Francis H. Bohlen, *Voluntary Assumption of Risk*, 20 HARV. L. REV. 14,14(1907)(注意"普通法的个人主义倾向...从人民的角度出发,维护他们的自由");参见 Roscoe Pound, *Do We Need a philosophy of law?* 5 COLUM. L. REV. 339,346(1905)("人民已经改变了他们关于个人以及社会的相对重要性的观点;然而普通法还未…我们不再认为社会完全是为了个人的利益而存在的。然而,普通法是关于……个人权利的")。

[68] 参见威廉·布莱克斯通,《英国法释义》("相当棒的…是私有财产的法律,其不会允许最小程度的违反;甚至是为整个社会的整体利益也不…");Thomas Merrill, *Property and the Right to Exclude*, 77 Neb. L. Rev. 730,752(1998)("财产的标志……是一种基于国家法律的个人权利,除发生特定原因否则不能被解除")。

[69] 威廉·布莱克斯通,《英国法释义》("没有什么如财产权一样,激发人的想象力和情感;或者是一个人声称的唯一的专制统治世界的外部事物,完全排除了其他个体的权利……");也参见 Oliver WENDELL HOLMES, Jr., THE COMMON LAW 222(Harv. Univ. Press 2009)(1881)("所有者被允许排除一切,并且对任何人都没有责任")。杰里米·边沁是功利主义的主要创始人,明显批评布莱克斯通学说的方法。边沁写道,"普遍的不准确和混乱,这似乎是我对整个世界的理解"。边沁,《政府论》(J. H. Bums 和 H. L. A. Hart 编辑,牛津大学出版社 1988 年版)。

[70] 参见 Carl J. Circo, *Does Sustainability Require a New Theory of Property Rights?*, 58 U. Kan. L. Rev. 91,105(2009)("布莱克斯通著名的对业主绝对主权的提及一般符合作为普通法原则的财产的个人权利");Shyamkrishna Balganesh, *Demystifying the Right to Exclude*: *Of Property*, *Inviolability*, *and Automatic Injunctions*, 31 Harv. J. L. 和 PUB. POL' Y 593,598(2008)["在相当长的一段时间里,在有形和无形财产的背景下排除的权利与排他权(禁令)救济的权利相关联。因此,对所有者利益的干扰被认为可以使所有者获得永久的禁令来抑制这种干扰"]。

者跨越所有者的土地以避免死亡㉛,通常是对基本权利的个人主义本质的狭隘解释。㉜

最近,特别是在法律和经济领域,私法学者已经接受了合同、财产和民事侵权法方面更加强调公众导向和实用主义的改变。㉝ 然而,正如我将描述的那样,专利法奇怪地依赖于更多私法的布莱克斯通学说概念。奇怪的是,不同于最近对私法的法律和经济学的解释,从宪法起源的美国专利法确实是实用主义的。㉞ 在这个意义上,专利权人通过行使其权利来获得其让公众获益的报酬,更像是一个私人检察官,而不是自己私有权利的维护者。㉟ 正如许多学者正确认识到的,公共奖励制度,至少在理论上同样可以起到促进创新的作用,在公共奖励制度下,创新者通过国家获得与其努力相匹配的报酬,而不是获得授予的发明人私权。㊱ 基于经济原因,而非保护个人利益,美国认为专利制度通常比奖励制度、赞助或类似手段在鼓励创新方面更为有效。㊲

㉛ 参见 Eduardo Moisés Peiialver & Sonia K. Katyal, *Property Outlaws*, 155 U. PA. L. REV. 1095, 1172 (2007) ("必要原则允许非所有者非法侵入,甚至在某些情况下盗用其他人的财产以便避免严重的伤害");也参见 william B. Stoebuck 和 Dale A. Whitman, *The Law of Property* 411 (第3版,2000 年) ("有些人可能会经合法的占有人的许可进入,但在某些情况下也有一些人违背他的意愿")。

㉜ 参见 Penalver 和 Katyal, 前注71, 第1173 页 ("许多法院……以一种将其限制在极其不寻常的情况下的人为的狭隘的方式解释了必要性的辩护,....")。参照 Adam Mossoff, *The Trespass Fallacy in Patent Law*, 14 – 16 (George Mason Law & Econ. Reseavch Paper NO. 12 – 54, 2012), 获取网址 http://ssm.com/abstract = 2126595 (注意,历史上的侵权和相关的纠纷有时会有很大的不确定性)。

㉝ Abraham Bell, Gideon Parchomovsky, *A Theory of Property*, 90 CORNELL L. REV. 531, 542 (2005) ("今天大部分学者们将他们对财产的理解建立在一个模式上,在这个模式中,财产是由实用主义所证明正当性的以及由制定法定义的,而不是基于自然权利理论")。

㉞ 参见 Tun-Jen Chiang, *Fixing Patent Boundaries*, 108 MICH. L. REV. 523, 553 – 554 (2010) (论证了分析权利要求修正问题以及决定谁来承担损失的责任的适当机制,都是建立在在专利法的实用目的基础上);Devlin 和 Sukhatme, 前注59, 第897 页 ("与其他形式的知识产权不同,专利仅在实用主义的基础上是普适的");John F. Duffy, *Inventing Invention: A Case Study of Legal Innovation*, 86 TEXAS L. REV. 1, 5 (2007) ("与其他许多领域诸如侵权法和刑法不同,专利制度长期以来都是基于实用主义的考虑,而不是公平或正义的考量");Adam Mossoff, *Rethinking the Development of Patents: An Intellectual History*, 1550 – 1800, 52 HASTINGS L. J. 1255, 1315 (2001) ("对十八世纪的专利原则的一种通用解释是,专利是根据一个实用主义框架进化而来的,其中发明人以被授予了一种奖励作为交换而让公众得到利益");David S. Olson, *Taking the Utilitarian Basis for Patent Law Seriously: The Case for Restricting Patentable Subject Matter*, 82 TEMP. L. REV. 181, 182 – 183 (2009) ("人们普遍认为,我们拥有一个专利制度的是为了利用它来解决市场失灵问题。因此,一项精心制定的专利法应该提供足够的而不是更多的产权来激励社会理想(高效)的创新水平")。

㉟ 参见 Olatunde C. A. Johnson, *Beyond the Private Attorney General: Equality Directives in American Law*, 87 N. Y. U. L. REV. 1339, 1347 (2012) (解释说,私人总检察长模式使"国会能够通过授权私人个人提起诉讼来维护重要的公共政策目标");同时参见 Daniel Guttman, *Public Purpose and Private Service: The Twentieth Century Culture of Contracting Out and the Evolving Law of Diffused Sovereignty*, 52 ADMIN. L. REV. 859, 917 – 18 (2000) ("虽然第三方政府的传统可以追溯到20世纪初,但有一种更古老的传统,即使用私人总检察长或赏金猎人来维护公共权利,以国王或君主的名义行动")。

㊱ 参见例如 Michael Abramowicz, *Perfecting Patent Prizes*, 56 VAND. L. REV. 115, 236 (2003) ("在精心设计的奖项制度中,即使个人决策者在计算奖励时犯了错误或受到政治考量的影响,这些缺陷也不会影响到那些在预期最终政府奖时做出的决定");Joseph E. Stiglitz, *Economic Foundations of Intellectual Property Rights*, 57 DUKE L. J. 1693, 1721 (2008) ("在有明确需求的领域,……奖励制度和专利制度都可以提供类似的激励来进行研究")。

㊲ 参见下文第二 A 部分。

然而，法官和学者开始将手段视为目的。现在专利不仅仅被视为用来激励创新的机制，而且被认为是"发明人与公众之间的合同"，为发明人或签约人提供私人权利和救济。[78] 类似地，不同于将专利视为类似财产权而由发明人从社会收取报酬以刺激其创新行为，专利从根本上被视为财产权。[79] 最后，专利侵权不仅仅是列出哪些第三方应该向发明人提供赔偿以保证适当的研发和商业化激励水平的一种模式，更是一种传统私法上的侵权行为。[80] 法官 Frank Easterbrook 概述了这种观点，他认为："专利所赋予的排他权利，正如侵权法对不动产的作用一样。"[81]

将专利权及其随之而来的救济从根本上具体化为一项私人法律权利，不仅在概念上存有缺陷，而且会导致有害结果。几位学者也承认了很多专利的合同模式和不动产法模式：Shubha Ghosh 质疑将专利视为专利权人与美国的合同的正确性。[82] 具体而言，他主张"专利法规范的不仅仅是发明人和美国之间的契约，也规范其他主体，如发明的消费者、后续发明人、学习创新所创造知识的学生以及发明通过市场和非市场过程的传播者。"[83] Mark Lemley 令人信服地驳斥了专利法对不动产的依赖，特别是专利权人应该能够通过禁令救济来任意排除侵权者的观念。[84]

尽管有 Ghosh、Lemley 等所作的批判，学者们尚未（至少未以任何系统的方式）认识

---

[78] Davis Airfoils v. United States, 124 F. Supp 350, 352 (Ct. Cl. 1954)（"专利是发明人和公众之间的合同，其中的条款是由美国专利局制定的。在这样的合同中，考虑到公众，发明者提供一种新的有用的技术、机器或物质的构成；而反过来，考虑到发明者，公众提供由法规限制时效期的专利的权利要求所表达的垄断……"）；也参见 Ghosh，前注 54，第 1316 页（"专利通常被认为是发明者和政府之间的一种假想合同，这就产生了排他性创新的交换条件"）。

[79] 参见 Festo v. Shoketsu Kinzoku Kogyo Kabushiki, 535 U.S. 722, 730 (2002) [专利法通过以临时垄断奖励创新来"促进科学和有用艺术的进步"。垄断是一种产权……（引用 U.S. CONST., art. I, § 8, cl. 8)]; Zoltek Corp. v. United States, 58 Fed. Cl. 688, 696 (Fed. Cl. 2003)（联邦巡回上诉法院，它的前身法院上诉法院和美国联邦最高法院都一再承认专利权是财产权）；John F. Duffy, Comment, *Intellectual Property Isolationism and the Average Cost Thesis*, 83 TEXAS L. REV. 1077, 1078 (2005)（"我和其他人一样，认为知识产权应该被当作一种财产来对待"）；Adam Mossoff, *Exclusion and Exclusive Use in Patent Law*, 22 Harv. J. L. 和 TECH. 321, 322 (2009)（"专利的地位是无可争议的：专利是财产"）；Adam Mossoff, *Patents as Constitutional Private Property: The Historical Protection of Patents Under the Takings Clause*, 87 B. U. L. REV. 689, 690 (2007)（"专利是财产"）；Mossoff，前注 74，第 1255—1258 页（追溯私有法律概念的起源，如财产和合同，进入专利法）。

[80] Mars, Inc. v. Coin Acceptors, Inc., 527 F. 3d 1359, 1365 (Fed. Cir. 2008)（"专利侵权是民事侵权行为"）。

[81] Frank H. Easterbrook, Intellectual Property Is Still Property, 13 Harv. J. L. & PUB. POL'Y 108, 109 (1990)；也参见 Orin S. Kerr, *Rethinking Patent Law in the Administrative State*, 42 WM. & Mary L. REV. 127, 132-53 (2000)（制定专利法的"私法理论"）。

[82] 参见 Ghosh，前注 54，第 1339 页。

[83] 同上，也参见 La Belle，前注 19，第 43 页（"专利有效性挑战是关于政府行为的投诉，这些行为牵涉到重要的公共利益，可能会影响许多非法院之前的当事人。因此，有效性纠纷符合公共法律诉讼的范式"）。

[84] 参见 Lemley，前注 25，第 1046—1065 页（结论是，授予知识产权会带来复杂的经济成本，而这在提供创新激励的必要程度上是合理的）；同时参见 Daniel A. Crane, *Intellectual Liability*, 88 TEXAS L. REV. 253, 253-254 (2009)（认为知识产权不应被视为法律的真正财产）；Mark A. Lemley, *Romantic Authorship and the Rhetoric of Property*, 75 Texas L. Rev. 873, 895-896, 902 (1997)（描述了知识产权产权观念的出现并反对知识产权的产权化）。

到,将专利侵权归类为传统侵权行为与将专利视为私人合同或一种形式的不动产一样有问题。[85]事实上,法院和学者们一直提倡将专利侵权作为一种民事侵权行为对待。[86] 一个示例性的例子就是美国联邦最高法院在 1915 年的 Dowagiac Manufacturing Co. 诉 Minnesota Moline Plow Co. 案中对专利所持的观点[87],在该案中,美国联邦最高法院评论道:"因为专利所赋予的专有权属于财产,而专利侵权就是侵权性地取走该财产的一部分,所以损害赔偿的正常衡量标准就是被取走的价值"。[88]

正如我在第二部分中所详述的,将专利侵权视为民事侵权行为的一个主要问题是,与侵权法有关的私法上的救济措施(禁令和补偿性损害赔偿)对于如何更好地促进创新来说并不总是合理的。相反,我发现,在许多情况下,拒绝给予禁令救济——甚至对已实施其专利的专利权人——并将损害赔偿限制在完全赔偿金额以下的水平反而可以更好地促进专利法的实用主义目的。[89] Lemley 驳斥专利是一种允许其所有人将发明的全部社会价值内在化为不动产这一观点,[90]与此类似,我认为专利并不必然允许其所有人针

---

[85] Lemley 反对将民事侵权法作为知识产权的模式,不是因为其补偿目的,而是因为担心其会导致重点集中在被控侵权人而不是知识产权持有人的返还性救济。他解释说:"从某种意义上说,将知识产权作为民事侵权法的一种形式与以前部分的经济经验是一致的。着重关注对知识产权所有人造成的伤害,而不是侵权人获得的利益与最优的知识产权政策相一致……[但]我担心,过多强调与民事侵权体系的类似之处会鼓励法院把注意力集中在被告如何获利,而不是对知识产权所有人的赔偿上。"Lemley,同前注 25,第 1072 页。因此,Lemley 本质上接受民事侵权法的传统补偿目的,因为它适用于专利侵权救济,这与他后来的作品中的观点是一致的。见下文第二部分(B)。事实上,他反对知识产权公共监管模式。Lemley,前注 25,第 1074 页("监管已过时了,那些谈论知识产权监管的人通常只是在贬低它")。

[86] 参见,Cambridge Biotech,186 F. 3d 1356,1371(Fed. Cir. 1999)("专利侵权被恰当地归类为民事侵权……");Blair 和 Cotter,前注 19(认为最好将专利侵权定性为民事侵权,因此近因是确定损害赔偿的适当方式);Roger D. Blair 和 Thomas F. Cotter,*Strict Liability and Its Alternatives in Patent Law*,17 BERKELEY TECH. L. J. 799,800(2002)("专利侵权通常被定性为严格责任下的侵权行为……");Kenneth W. Dam,*The Economic Underpinnings of Patent Law*,23 J. LEGAL STUD. 247,255(1994)("除少数例外情况以外,专利侵权救济适用于财产");Heald,前注 19("在确定什么构成侵权以及那些救济适用方面,专利法的次要功能与民事侵权法相似");Christopher M. Newman,*Patent Infringement as Nuisance*,59 CATH. U. L. REV. 61,67 – 68,115 – 18(2009)(专利侵权和传统滋扰在经济方面的比较);Michael L. Rustad,*Torts as Public Wrongs*,38 PEPP. L. REV. 433,514(2011)("专利和版权长期以来一直被视为联邦法规的产物,但侵权历来被认为是民事侵权。例如,专利侵权被归类为民事侵权,即间接侵害之诉");Sandrik,前注 9,第 99 页(提出"侵权作为侵害框架"作为了解专利侵权的基础);参见 Dan L. Burk,*The Trouble with Trespass*,4. SMALL 和 EMERGING BUS. L. 27,53(2000)(认为滋扰是解决某些网络空间纠纷的一个适当的框架);Avihay Dorfman & Assaf Jacob,*Copyright as Tort*,12 THEORETICAL INQUIRIES L. 59(2011)(提出了一个理解版权侵权的民事侵权框架);Mossot,前注 72,第 11—12 页(反对将侵权比作纯粹的侵入,但提出了一个基于侵犯各种不动产利益的复杂类比)。

[87] 235 U. S. 641(1915)。

[88] 同上,见第 648 页。

[89] 参见下文第二 C1 部分。

[90] Lemley,前注 25,第 1046 页("知识产权所有人应有权获取其发明的全部社会剩余这一假设与我们在其他各经济部门的经济直觉背道而驰。我们不允许生产者获取其产出的全部社会价值,也不允许甚至不动产的所有人使与其财产有关的全部正外部性内在化")。

对侵权人所造成的损害获得完全赔偿[91]。但在其他情况下,如当发明的整体社会价值远远超过其对市场上的私人参与者的经济价值时,我认为将专利权人享有的救济仅限于完全损害赔偿可能是不够的[92]。在这些情况下,超出完全损害赔偿(部分由公共财政提供)可能是一个更合理的优化创新激励的手段。[93] 为了得出这些结论,我首先批判了专利制度当前的救济方案。

二、重新配置专利法救济措施以促进创新

专利法救济措施的标准做法遵循了专利法乃私法形式这一主流观点。[94] 因此,专利权人的"排他权"历来被法院视为类似于土地所有人阻止入侵者进入的权利,导致法官理所当然地给予禁令救济,以阻止正在发生的专利侵权行为。[95] 与此相关的是,像对待侵权受害方一样,国会已经立法规定,且法院已经判定,专利权人有权就过去的任何侵权行为获得完全损害赔偿,以充分补偿侵权人给它们造成的"伤害"。[96] 因此,根据现行法律,进行制造的专利权人有权获得全部的"失去的利润",进行许可的专利权人有权获得"合理的许可费",以补偿它们在未受到侵权的市场情况下本可以获得的报酬。[97]

在过去 10 年中,使专利持有者有权获得禁令救济这样一种将专利权作为绝对财产

---

[91] 参见下文第二部分 C1。
[92] 参见下文第二部分 C2。
[93] 参见下文第二部分 C2。
[94] 参见 Carbice Corp. of Am. v. Am. Patents Dev. Corp. ,283 U. S. 27,33(1930)(无论是直接侵权还是共同侵权,本质上都是民事侵权,都意味着对专利权人的某些权利的侵犯"),Pall v. Micron Separations,66 F. 3d 1211,1221(Fed. Cir. 1995)("专利侵权是一种持续的侵权……");Rite-Hite v. Kelley,56 F. 3d 1538,1578(Fed. Cir. 1995)(Newman 法官,部分同意,部分反对)("专利侵权是一种商业侵权,救济应能够补偿侵权行为造成的实际经济损失")。
[95] 参见 Richardson v. Suzuki Motor,868 F. 2d 1226,1246 – 1247(Fed. Cir. 1989)("如果侵权成立,拒绝给予专利权人阻止他人使用其财产的权利有违与专利法相互交错的物权法");Easterbrook,前注 81("专利赋予排他权,正如侵入法就不动产赋予排他权一样。知识产权是无形的,但排他权原则上与通用汽车阻止福特使用其装配线的权利并没有什么区别……")。
[96] 参见 Landers,前注 18("专利侵权损害赔偿是一种完全救济,旨在将专利权人恢复到侵权之前的状态。");John W. Schlicher, *Measuring Patent Damages by the Market Value of Inventions—The Grain Processing*, Rite-Hite, and Aro Rules,82 J. PAT. & TRADEMARK OFF. SOC'Y 503,503(2000)(专利损害赔偿应给予专利权人因侵权而无法获得的发明的市场价值或经济利益")。
[97] 参见 Aro Mfg. v. Convertible Top Replacement,377 U. S. 476,507(1964)("问题主要是:如果侵权人没有实施侵权行为,专利权人 – 被许可人会获得什么呢?");Yale Lock Mfg. v Sargent,117 U. S. 536,552(1886)(说明专利权人获得的损害赔偿是"侵权后他的经济状况与如果没有发生侵权他本该处的经济状况之间的差额")。可以肯定的是,在确定合理的许可费的过程中有一些循环性。见 Shapiro,同注释12,第 308 页("出现循环性是因为合理的许可费通常以在诉讼阴影下双方谈判议定的许可费为基础,而这些谈判议定的许可费取决于在双方无法达成许可协议,转而诉诸专利诉讼的情况下法院预计判定的损害赔偿金额")。

权对待的做法一直受到诟病。[98] 在很大程度上,这种反应是由于非专利实施实体(NPE)的兴起,特别是由于针对被认为"弱"的专利提起的诉讼激增而引起的,之所以被认为"弱",是因为这些专利很有可能被认定为未被侵犯、无效或无法执行。[99] 尽管这些专利的性质看似可疑,但批评者认为,由于对被告来说诉讼成本高昂且诉讼风险高,许多此类诉讼导致了以支付相对大额的滋扰费而终止的和解。[100] 评论家认为,如果非专利实施实体(根据定义,它们不生产和销售产品)只在市场上许可其专利,那么只需通过补偿它们失去的许可费这一专利侵权救济即可将其恢复到原状。[101] 因此,从这一观点来看,给予禁令救济以阻止正在发生的针对非专利实施实体的侵权行为这一标准救济,对于实现私法视角下的"使专利权人恢复原状"的专利侵权救济是没有必要的。[102] 基于这个理由,在 eBay 一案中,大法官 Kennedy 亦认为非专利实施实体通常不应该享有禁令救济。[103]

这个被广泛赞同的观点导致给予非专利实施实体的禁令救济大量减少。[104]然而,正如我前文所述,大法官 Kennedy 依赖的是私法上的完全救济能够最有效地促进创新活动这一错误的假设。[105] 正如我在本部分中所详述的,在许多情况下,完全救济可能会阻碍创新效率。[106] 例如,当一项专利只涵盖一个较大产品的一部分并且侵权人的转换成本较

---

[98] 参见 eBay Inc. v. MercExchange,547 U. S. 388,392 – 393(2006)(拒绝"以确定版权被侵犯后自动签发禁令这一规则取代传统的衡平考量因素的请求");Landers,前注 19(认为给予专利实施实体的专利侵权救济和给予非专利实施实体的专利侵权救济应有所不同,因为各自产生的伤害不同);Lemley & Shapiro,前注 19(认为当只有组成侵权产品的许多不同组件中的一个组件是涉诉专利的主题时,法院应考虑拒绝给予非专利实施实体禁令救济)。

[99] eBay,547 U. S.,第 397 页(Kennedy 大法官,并行意见)(描述了一些"商业方法领域的专利数量不断增加"的"潜在的模糊性和可疑的有效性");另参见 Patent Quality Improvement:Hearing Before the Subcomm. on Courts, the Internet, and Intellectual Prop. of the H. Comm. on the Judiciary,108th Cong. 21(2003)(英特尔公司首席专利律师 David Simon 的证词)(将非专利实施实体分类为"仅为起诉合法企业而从陷入困境的企业购买轻率授权的专利"的"专利制度的捡荒者")。

[100] 参见 James Bessen & Michael J. Meurer Essay,*The Direct Costs from NPE Disputes*,99 CORNELL L. REV. 387,388 – 391(2014)(认为在 2011 年非专利实施实体给被控侵权人造成约 290 亿美元的直接费用);Brian J. Love & James C. Yoon,Expanding Patent Law's Customer Suit Exception,93 B. U. L. REV. 1605,1607 – 09(2013)(讨论提起"滋扰价值专利诉讼"的"捡荒者"非专利实施实体);Michael J. Meurer,*Controlling Opportunistic and Anti-Competitive Intellectual Property Litigation*,44 B. C. L. REV. 509,512 – 516(2003)(认为非专利实施实体利用禁令和高昂的诉讼成本的威胁来榨取高额和解或许可费)。

[101] 参见下文第二 B 部分。

[102] 参见 Lemley,前注 6,第 661 页["如何完全赔偿原告遭受的损害很大程度上取决于专利权人只是想许可他人使用其专利还是只是想排除竞争并维持垄断价格。"(内部引号省略)];FTC,前注 15,第 38—40 页(指出非专利实施实体不生产和销售产品,因此不容易受到反诉,从而对被控侵权人构成潜在的"劫持"威胁)。

[103] 参见 eBay,547 U. S.,第 396 页(Kennedy 大法官,并行意见)(一个行业已经出现,其中的公司使用专利主要为获得许可费,而不是作为生产和销售商品的基础……对于这些公司来说,禁令以及违反禁令可能产生的严重制裁可以用作为讨价还价的工具向寻求购买专利实施许可的公司收取高额费用")。

[104] 同上(指出之前的案件已经建立了给予禁令救济"几乎是理所当然的"这样一个模式);FTC,前注 13(认定自 eBay 案以来,在约 45% 的给予救济并提及当事方实施性质的案件中,非专利实施实体被给予禁令救济)。

[105] 前注 11—19 及附文。

[106] 参见下文第二 B 部分。

高时,我认为不仅对非专利实施实体,而且对专利实施实体也应该通常拒绝给予禁令救济。[107] 因此,为了彻底从专利法上的救济中消除私法的影响,不仅要从理论组合中去除不动产概念的影响,还要去除民事侵权概念的影响。

在本部分中,我首先介绍专利法救济的传统模式,再介绍了最近针对这一融合合同和不动产概念模式的挑战,最后,我认为,为了完成这次挑战,有必要反驳专利法对普通法上的侵权行为的依赖。

A. 专利法上的救济的标准模式

传统理论认为,发明人或其雇主寻求专利保护的原因在于专利权人可能通过阻止他人制造、使用、销售其专利产品[108]来产生高于专利产品平均水平的利润这一假设。[109] 根据这一理论,社会从专利中获益是因为这些超常回报弥补了一个市场缺陷,即他人往往可以廉价而快速地复制并销售创新产品,[110]从而严重阻碍创新。[111] 通过专利行使排他性权利和随之而来的侵权责任会让复制成本高昂。[112] 因此,专利赋予的排他性权利,通过为

---

[107] 参见下文第二 B 部分。最近,在 Apple v. Motorola,869 F. Supp. 2d 901(N. D. 111. 2012)中,法官 Posner 拒绝给予专利实施实体 Motorola 禁令救济。同上,第 904、913—915 页。然而,他这样做是因为 Motorola 已经同意在公平、合理和无歧视(FRAND)条款下许可他人使用涉诉专利,作为其标准制定组织(SSO)成员资格的一部分。同上,见第 911、913—914 页。因此,拒绝给予 Motorola 禁令救济不会阻碍其恢复原状,因为 Apple 具有在事前在市场上实施 Motorola 专利,以缴纳公平、合理的许可费为交换的权利。同上,第 914 页("通过承诺在 FRAND 条款下许可他人使用其专利,Motorola 承诺许可愿意支付 FRAND 许可费的任何人使用 898 专利,从而暗示地承认许可费是对获得该专利的使用许可的足够补偿");比较 Crane,前注 84,第 289 页("例如,规则可能是,参与 SSO 自动导致放弃排他权")。我的建议远远超出了 FRAND 情形,因为我主张即使侵权人没有权利实施专利,也应拒绝给予禁令救济。

[108] 更具体地说,专利也可以涵盖方法、过程和服务。35 U. S. C. § 101(2006)。文中对"产品"的引用是说明性的。

[109] 同上,§ 271(a)(2006)(禁止制造、使用和销售专利产品和方法);WILLIAM M. LANDES & RICHARD A. POSNER,THE ECONOMIC STRUCTURE OF INTELLECTUAL PROPERTY LAW,294—300 页(2003 年版)("专利法的标准理论基础是它能够有效地使研发成果内在化,从而促进创新和技术进步");F. M. SCHERER 和 DAVID ROSS,INDUSTRIAL MARKET STRUCTURE AND ECONOMIC PERFORMANCE,621—624 页(第三版,1990 年)(解释称专利保护妨碍竞争,并允许发明人收回投资)。

[110] Kenneth J. Arrow,Economic Welfare and the Allocation of Resources for Invention, in THE RATE AND DIRECTION OF INVENTIVE ACTIVITY:ECONOMIC AND SOCIAL FACTORS,609,615(1962)("在没有特殊的法律保护的情况下,所有人不能简单地在公开市场上出售信息。任何一个买家能够摧毁垄断,因为可以对信息进行低成本或无成本复制");Douglas Gary Lichtman,The Economics of Innovation:Protecting Unpatentable Goods,81 MINN. L. REV. 693,701 – 702(1997)(描述了传统的知识产权假设,即在没有知识产权保护的情况下,新的发明可被轻易复制)。

[111] 参见 Rebecca S. Eisenberg,Patents and the Progress of Science:Exclusive Rights and Experimental Use,56 U. CHI. L. REV. 1017,1024 – 1025(1989)("发明激励理论认为,在没有专利保护的情况下,只会有很少的发明被创造出来,因为一旦被创造出来,发明会很容易被未曾承担任何发明费用的原发明人的竞争对手占有");Edmund W. Kitch,The Nature and Function of the Patent System,20 JL & ECON. 265,276 – 277(1977)(认为专利制度允许发明人投资研发,而不用担心其发现在未经许可的情况下被复制,从而促进创新);Lichtman,前注 110(指出如果其他人可以轻易地复制发明,"那么很少会有人愿意创新,人们更愿意等待别人想出好点子,然后坐享其成")。

[112] Lichtman,前注 110,第 700—702 页(解释说,在传统观点下,排他性权利通过使得复制者无法避免原创者在创新过程中产生的开发成本,从而增加复制成本)。

创新者发明、推广和销售创新产品[113],以及以公开的专利文献揭示这些创新背后的知识,提供了更多的激励措施来促进创新水平的提升。[114] 重要的是,"这种传统观念要求排他性;因此,专利价值与专利控制的市场或市场利基的价值相称。"[115]

这一标准观点只是停留在专利法的传统解释的表面,认为专利侵权损害赔偿应当将专利恢复到如果没有发生侵权时专利权人本可达到的假设状态。[116]在诉讼之前,唯一可能的侵权救济当然是足以"赔偿专利权人所受的损失"的某种形式的金钱给付。[117] 诉前损害赔偿分为两类:损失的利润和合理的许可费。[118] 损失的利润是如果没有发生侵权,制造型专利权人本可以取得的销售业绩和相关利润。[119] 当专利权人未实施其专利或损失的利润不能被证明时,就可以使用合理许可费。[120] 在 eBay 一案中,为了防止出现诉讼

---

[113] SCHERER & Ross,前注 109,第 622—623 页(使用经济模型来说明专利保护的缺点是如何导致创新者减少创新的社会效益的内在化的);Kitch,前注 111,第 265—267 页(赞同专利为发明的销售和传播提供专利后的激励这一观点)。

[114] Martin J. Adelman, *Property Rights Theory and Patent-Antitrust: The Role of Compulsory Licensing*, 52 N. Y. U. L. REV. 977, 982(1977)(评论说保密使得公众无法享受发明的全部利益,还可能会导致重复的研发工作);Jason Rantanen, *Peripheral Disclosure*, 74 U. PITT. L. REV. 1, 4 (2012)("鉴于信息在发明中的关键作用,专利制度一直以其鼓励公开为由而证明其正当性,也就不奇怪了……")。

[115] Lemley,前注 6,第 657 页;另见 David W. Opderbeck, *Patent Damages Reform and the Shape of Patent Law*, 89 B. U. L. REV. 127, 185(2009)("专利权人对于方法或过程所拥有的市场支配地位是衡量专利权人凭借专利可以控制的潜在租金的标准")。

[116] Lemley,前注 6("专利侵权损害赔偿金应该能够弥补专利权人的损失,将他们恢复到如果没有发生侵权他们本可以达到的状态。");另见"BLAIR & COTTER",前注 9,第 113—114 页("无论侵权人是否采取了避免专利侵权措施,如果他侵犯了一个有效专利,他将承担侵权造成的全部经济损失。原则上,专利权人将就因侵权而受到的任何损失得到完全赔偿");Blair 和 Cotter,前注 19,第 44—70 页(倡导"如果没有"的专利侵权救济标准)。

[117] Lemley,前注 6,第 655 页(引用 Pall Corp. v. Micron Separations, Inc, 66 F. 3d 1211, 1223(Fed. Cir. 1995));另见 35 U. S. C. § 284(2006)("法院应判给原告足以弥补其侵权损失的损害赔偿")。

[118] 35 U. S. C. § 284;Lemley,前注 6,第 655 页("法院在解释这一规定时将专利侵权赔偿分为两类——损失的利润和合理的许可费")。追缴侵权人的获利是另一个可行的救济,但是由于确定获利数额难度大、费用高,国会在 1946 年取消了这一救济。参见 35 U. S. C. § 70(1940),经 1946 年 8 月 1 日颁布的法令章节 726, 60 Stat. 778 修改(编入 35 U. S. C. § 70(1946));H. R. Rep. No. 79-1587 第 1—2 页(1946)。有趣的是,由于专利权人在没有侵权的情况下的获利可能远远低于侵权人的获利,因此追缴侵权人的获利不会使专利权人恢复至原状。

[119] Panduit Corp. v. Stahlin Bros. Fibre Works, Inc., 575 F. 2d 1152, 1156 (6th Cir. 1978) (Markey, C. J.)["(损害赔偿)是构成'侵权后他的经济状况与如果没有发生侵权他本该处的经济状况之间的差额'"]。(引自 Aro Mfg. Co. v. Convertible Top Replacement Co., 377 U. S. 476, 507(1964)[引用 Yale Lock Mfg. Co. v. Sargent, 117 U. S. 536, 552(1886)])。

[120] 同上,第 1157 页("当实际损害赔偿,如损失的利润不能被证明时,专利权人就有权获得合理的许可费");另见 Lemley,前注 6,第 671 页["所遭受的损害是缘于市场排他性方面的损失(即如果没有发生侵权,本可以取得更多的销售额或更高的销售价格),专利权人应有权获得弥补其损失的利润的损害赔偿。如果专利权人所遭受的损害为许可收入的损失,但不能令人信服地主张其销售损失系因侵权导致的,那么专利权人应有权获得合理的许可费……"]。

后侵权,在最高法院作出判决之前,[121]标准做法是颁布禁令[122]。因此,虽然非专利实施实体在市场上许可他人使用其发明,但它们这样做是迫于在发生侵权时颁布禁令的威胁。[123]

B. 去除不动产:部分修改的专利法救济模型

随着 21 世纪初非专利实施实体诉讼数量的增多,几位权威学者对专利救济标准模式进行了抨击,指责这一模式使那些典型的既不从事研发、也不进行任何专利商品化的专利权人也将获得一笔"意外之财"。[124] Mark Lemley 在《财产、知识产权及搭便车》(*Property,Intellectual Property and Free Riding*)这篇被广泛引用的文章中,对于不动产基础理论隐性地蕴含于专利法排他性原则中进行了批判。[125] 具体而言,Lemley 通过回归专利法的根本目的——"给予尽可能少的保护以鼓励创新"——来开始他的批判。[126] 据此,他反对"知识产权仅是一种不动产而非一种旨在处理公共物品问题的独特方式这一概念给'绝对保护或完全价值观'提供的理论支持"。[127] Lemley 尤其排斥专利权人应将发明的全部社会价值内化,因为专利发明人无须获取所有社会价值来更好地激励创新。[128] 相反,只要发明人在研发投入中获得适当的回报,就会有足够的动力。[129]

然而,奇怪的是,在具体的救济方面,Lemley 实质上将其批判限制到那些非排他地许可其专利的实体,例如非专利实施实体。[130] 例如,他总结到:"如果法律的基准构想是知识产权所有者有权获得发明的全部社会价值,那这就是推动任何许可谈判的基准。"[131] 他常否定给涉及复杂产品小组件(所谓的"组件专利")和高转换成本的非专利实施实体

---

[121] eBay Inc. v. MercExchange,L.L.C.,547 U.S.388,394(2006)(认为禁令并不是必需的,其颁布应以一系列衡平考虑因素为依据)。

[122] 参见上文第394—395 页(Roberts 首席法官,一致意见)(注意到历史上大多数专利案件都涉及给予禁令救济);Lemley 和 Shapiro,前注 19;参见 Smith Int'L, Inc. v. Hughes Tool Co.,718 F.2d 1573,1577-78(Fed. Cir. 1983)(指出如果不能颁布禁令,专利所赋予的排他权将会减弱,宪法和国会的促进实用技术发展的明确目标将会受到严重动摇)。

[123] 前注 100—103 及附文。

[124] 例如 Amy L. Landers,*Let the Games Begin:Incentives to Innovation in the New Economy of Intellectual Property Law*,46 SANTA CLARA L. REV.307,308—309(2006)("在最糟糕的情况下,专利流氓发动毫无依据的诉讼来威胁公司,以达到产品停产和获取大量经济赔偿的目的")Lemley & Shapiro,前注 19,第 2009 页("这些公司正支付劫持金以避免侵权威胁,这不是专利价值的合法部分;对于专利权人来说,这是一笔意外之财,遭受损失的不是肆无忌惮的抄袭者,而是合法进行研发的公司")。

[125] Lemley,前注 25,第 1031—1032 页。

[126] 同上,第 1031 页。

[127] 同上,第 1031—1032 页。

[128] 同上,第 1065 页("经济理论表明,如果要实现效率,必须平衡这些权利,适当授予发明者们知识产权使他们能够支付平均固定成本,而过度则是伤害")。

[129] 同上,第 1046 页("在市场经济中,我们只关心生产者获得足够的回报来支付其成本,包括合理的利润")。

[130] 同上,第 1045—1046 页。

[131] 同上,第 1046 页,着重强调部分。

颁布禁令,但是对于专利实施实体,他认为禁令性救济通常是合适的。[132] 然而,正如我在下文所述,Lemley 提出的基准构想和相关批评,坚持认为专利发明人有权获取价值,因为第三方会根据在法庭上支付的预期损害赔偿来衡量侵权的财务成本以及遵守禁令的相关费用。[133]

在《专利劫持和许可费堆叠》(Patent Holdup and Royalty Stacking)*这篇由 Lemley 和 Shapiro 所著的极具影响力的文章中,这些概念性限制更加明显。Lemley 和 Shapiro 在分析之初就提出了有说服力的观点,认为向非专利实施实体颁布组件专利禁令可能给专利权人提供意外之财,从而扭曲理想的创新激励。[134] 具体来说,Lemley 和 Shapiro 确定了一个"基准许可费",它代表了非实施许可者可通过"理想的专利制度"获得最佳水平的许可费。[135] 虽然不需要重新叙述准确计算基准许可费的全部数学细节来说明我的观点,但许可费是发明相对于被许可人的经济价值的一部分(尽管有人可能将许可费重新定性为基于发明对社会的价值)。[136]

和 Lemley 早期的著作不同,如今 Lemley 和 Shapiro 认为,基准许可费不应该是被许可人为激励专利权人发明创造而定的最低额的分配比例。[137]可是由于基准许可费通常是发明相对于被许可方的全部经济价值的一部分,所以我们预计它将大致接近这样的数额。相反地,如果专利权人能够给被许可方创造更多经济价值,我们预计这一数额通常会远远大于激励发明所需的数额。因此,虽然 Lemley 和 Shapiro 本身并不反对完全损害赔偿假设,但他们提出的"禁令有时可能为专利权人带来大量意外之财"的理论分析却隐然支撑了"禁令可以挫败最佳创新激励"的论点。

举个例子,[138]假设专利使得制造商通过降低产品某一特定组件的成本,使其每件产

---

[132] Mark A. Lemley, *Patenting Nanotechnology*, 58 STAN. L. REV. 601, 630 (2005)("专利权人的能力……以禁令威胁整个产品即使发现小组件侵权,这一现象促使了'专利流氓'活动的猖獗。这些专利流氓钻制度的空子,不仅攫取了发明的价值,还有被告的互补性资产和不可逆转的投资的价值")。

[133] 下文第二 C1 部分。

* 见本书第 208—256 页。——编者注

[134] Lemley 和 Shapiro,前注 19,第 2009 页("这些公司正支付劫持金以避免侵权威胁,这不是专利价值的合法部分;对于专利权人来说,这是一笔意外之财,遭受损失的不是肆无忌惮的抄袭者,而是合法进行研发的公司")。同样的分析适用于覆盖某一整件复杂产品的专利的权利要求,其产品的组件是其唯一新颖的元素。Mark A. Lemley, Essay, *Point of Novelty*, 105 Nw. U. L. REV. 1253, 1260 (2011)("我们不区分权利要求的新颖元素和已经存在的元素")。

[135] Lemley 和 Shapiro,前注 19,第 1999 页。

[136] 同上[使用专利发明的价值向下游企业(被许可人)确定基准许可费率的基础]。

[137] 同上,第 1999—2000 页。

[138] 我在这里提供几个数值实例来证明我的情况。这样做并不是想要表明传统分析在每种情况下都是不正确的;相反,我这样做是为了说明在一些实践中,传统分析是不完整的。尽管举了数值实例,但我依然遵循 Lemley 和 Shapiro 的形式代数模型,其适用于各种情况。同上,第 1996—2005 页。

品的生产成本都降低 1 美元。[139]那么，这 1 美元就包含了 Lemley 和 Shapiro 的所提出的基准许可费。[140]简单来说，如果我们假定被许可方是该产品唯一可能的生产者，[141]并且每年销售一百万个产品，则该创新产生的总经济价值为每年 100 万美元。此外，假设在技术创新之前，被许可人以 100 美元出售该产品（每年销售额达到 1 亿美元），其中每次销售有 9 美元的现金利润（从而获得了 900 万美元的年利润）。这种利润可能来自被许可人的专利、专有技术、营销或其他竞争优势。[142]因此，通过使用专利的方法，扣除给专利权人任何款项，被许可人可提高其利润至每年 1000 万美元。

通过下述例子，你能够相对更加直接地了解禁令是如何系统地影响许可费率或和解费。假设被许可方（销售方）自主发明了节约成本的技术并实施，之后却被专利权人起诉侵权。[143]如果专利权人能证明，产品采用了侵权的生产方法和由此生产的组件[144]，通

---

[139] 重要的是，标准必要专利——那些为了执行全行业标准而实施的专利——通常涵盖复杂产品的小组件。正如 Suzanne Michel 所说："最近，专利诉讼判赔大额损害赔偿金，部分原因是数百项专利覆盖了一个复杂产品的一个特征，以及 IT 行业专利诉讼的增加。这引发了关于损害赔偿法是建立在经济之上的问题，至少在这些案例中，发明只是复杂 IT 产品的一个组成部分。当然，这些是最可能涉及专利标准的类型。"Suzanne Michel, *Bargaining for RAND Royalties in the Shadow of Patent Remedies Law*, 77 Antitrust L. J. 889, 899(2011)。

[140] Lemley 和 Shapiro，前注 19，第 1999 页。具体来说，他们发现在理想的专利制度和具同等谈判能力的当事人的前提下，基准许可费率将是使用发明收益的一，并根据专利强度调整。同上。因此，如果专利有 80% 的概率有效、可实施和被侵权，使用专利发明的价值为 1 美元，则基准许可费为 0.4 美元（1 美元 X 80% 侵权概率所得结果的一半）。见上文。

[141] 例如，被许可人可拥有涵盖该产品其他组件的专利，因此第三方（包括许可人）将不能制造该产品。Sichelman，前注 35，第 354 页（"许多专利产品含有侵犯早期专利的组件"）；Robert P. Merges, *Intellectual Property Rights and the New Institutional Economics*, 53 Vand. L. REV. 1857, 1859(2000)["多组件的复杂产品在许多行业（例如汽车和消费性电子产品）是常态，单个专利通常仅涵盖单一组件或子组件"]。

[142] Lemley，前注 6，第 663 页（"即使没有其他相关专利，被告人的专有技术、材料和营销工作总是贡献一些价值，且往往是侵权产品最有价值的部分"）。另参见 Brian J. Love, *Patentee Overcompensation and the Entire Market Value Rule*, 60 STAN. L. REV. 263, 278(2007)。

[143] 近期实证工作表明，侵权者在侵权过程中往往不会"复制"专利权人的专利。Christopher A. Cotropia & Mark A. Lemley, *Copying in Patent Law*, 87 N. C. L. REV. 1421, 1424(2009)（其发现，在所有案件中，指控侵权人"复制"的诉讼不到 11%，而证实了"复制"专利的诉讼不到 2%）。这些数字很可能低估了市场上"复制"案例的数量。首先，复制更多的可能是他人产品而非专利，而 Cotropia 和 Lemley 所调查的诉讼文件中通常不可能发现仅为产品复制。Golden，前注 65，第 589 页 n. 456（有此类例子）。其次，根据我个人的经验，直接复制的书面证据通常很少，而诉讼律师往往在准备证据的时候需要做大量工作，避免在证词中披露任何抄袭行为。尽管如此，还是有许多独立发明的案例。此外，正如我在下面所论证的，在适当的条件下，这里的分析适用于被指控的侵权人复制专利技术的事件。因此，尽管我不同意缺少复制行为本质上暗指独立发明的缺乏，但大体情况如此。此外，我认为禁令可能会扭曲创新激励机制，即便是在复制的情况下。参考后注 149。

[144] 专利权人通常就本发明的生产工艺、据此生产的组件甚至整个产品等可被侵权的内容起草专利权利要求书。见 Landers，前注 124，第 360 页（"提出改进要求的专利权人可能就产品其他的组件提出改进要求。例如，一名专利权人要求改进计算机网络系统的一个组成部分，也可能提及该系统的其他组件，以便支撑后期许可费应包含整个系统'的论点"）。即使只有该组件申请了专利，但针对该组件的禁令在许多情况下导致对整个产品都有效。见 Michael A. Carrier, *Innovation for the 21st Century: A Response to Seven Critics*, 61 ALA. L. REV. 597, 619(2010)[引用 z4 Technologies 起诉 Microsoft 为例，其中 Microsoft（因为）"非常小的组件"而侵权……与 Windows 的'核心功能'无关，否则禁令性救济将要求 Microsoft 以超过 40 种语言、600 种变体发行新版本的 Windows 软件"]。

— 338 —

常能够阻止所有侵权产品的销售,则销售方将面临以下两种情况:[145]首先,销售方可在不侵权的前提下重新设计产品,比如采用之前的生产技术和组件。如果重新设计成本高昂——因为需要重组大量制造流程——假设产品销售每年摊销 200 万美元(包括在重新设计期间产品的销售损失),销售方将协商出一个远超每个产品 1 美元的最优水平许可费率。特别是,销售方推论,如果重新设计,每年赚取 700 万美元的利润(最初 900 万美元的年利润减去 200 万美元的年重组成本);可如果什么也不做而导致专利方法被禁止使用,就会失去所有利润。此外,销售方还推论如果继续使用专利生产方式,除去许可或和解费后,每年将盈利 1000 万美元(原来的 900 万美元加上 100 万美元的节省费用)。

如果所涉专利是"稳定的"(ironclad),指的是肯定会被认定侵权、不会无效或不可执行的专利[146],且当事人双方具有同等谈判能力,则被许可人将支付因使用专利生产技术而预计获得的边际利润的一半,这是相对于旧技术而言。[147] 在这里,边际差额为 300 万美元,即每年 1000 万美元(使用新技术获得的利润)减去 700 万美元(使用旧技术获得的利润)所得。因此,在平等谈判能力的情况下,专利权人每年可以获得 150 万美元或每件产品 1.5 美元的许可费。当然,这个数额高于授予专利的发明降低成本的总体价值。换句话说,禁令的威胁加上高转换成本可以使专利权人从潜在专利使用人那里获取超过其发明社会价值的费用。[148]

如果销售方不规避专利,情况更糟。例如,销售方刚刚开始业务,却得知某一重要产品组件已被授予了专利。[149]由于专利权人可以完全阻止销售方的经营活动,若双方具有同等谈判能力,而且专利是稳定的,那么边际差异就是营业潜在利润(每年 1000 万美元)减去停业期间的利润(当然利润可能为零甚至为负)。在这种情况下,销售方必须放弃

---

[145] 在以下的论述中,我略微修改了 Lemley 和 Shapiro 的分析。Lemley 和 Shapiro,前注 19,第 2001—2005 页。
[146] Lemley 和 Shapiro,前注 19,第 1999 页(意味着"稳定的"专利是清楚地被侵权的、有效的、可执行的)。
[147] 前注 140 和附文。
[148] 在此,假设专利的社会价值等于其总节省成本的可能性。当然,专利的社会价值可以大于其私人经济价值。在这种情况下,我们可证明专利权人能获取更大的回报。然而,在标准的完全救济办法中,法院认为是足够补偿专利权人损失的利润或许可费,即专利权人获得的私人市场价值。作为切入口,我将同样在下面对此假设进行解释。见本文第二 C 2 部分。
[149] 对于标准必要专利,通常不可能规避专利设计,且会继续实施标准。Patrick J. Flinn, *Why FRAND Matters*, INTELL. PROP. & TECH. L. J., Feb. 2013,at 8,11(解释"当专利是标准必要专利时,现在的问题是探讨是否进入市场,因为需要获得每个标准必要专利的许可")。因此,即使在没有 FRAND 承诺的情况下,即在被告侵权者直接复制的情况下,根据本文提出的理由,即使侵犯了复杂产品的小组件的专利权,通常也应当拒绝向专利实施和非专利实施实体颁布禁令。Joseph Scott Miller, *Standard Setting, Patents, and Access Lock-In: RAND Licensing and the Theory of the Firm*, 40 IND. L. REV 351,378(2007)("如果标准必要专利权人可以禁止(或以威胁的方式禁止)潜在用户执行标准,采用标准的企业就无法达到其基本目的");比较 Colleen V. Chien 等人, *RAND Patents and Exclusion Orders: Submission of 19 Economics and Law Professors to the International Trade Commission* 2(Santa Clara Univ. Sch. of Law Legal Studies Research Paper Series, Paper No. 07 - 12,2012),可访问 http://ssm.com/abstract = 2102865(根据 FRAND 承诺,建议美国国际贸易委员会在所有关于必要标准诉讼的过程中拒绝颁布禁令)。

1000万美元的潜在利润,并支付每年500万美元或每件产品5美元的许可费,这与最优许可费率的差距更大。

在前面的例子中,只有被许可方(销售方)制造和销售相关产品。然而,Lemley和Shapiro提出的所有论点和数学模型同样适用于与侵权者直接竞争的专利实施实体。例如,如果实施专利的专利权人和非专利实施实体一样被颁布禁令,如Lemley和Shapiro认为的那样,侵权公司"不能出售侵权产品,必须从市场撤出,直到公司能够重新设计一个不含此专利特征的专利,或者直到专利过期。"[150]

为了说明这一观察结果,以与上述示例相同的授权发明为例,但假设现在专利权人也出售该产品。由于双寡头市场比垄断市场更具竞争力,假设在授权发明之前,该产品的售价为98美元而不是100美元。[151]在这种情况下,侵权者从每件产品获利7美元(因为成本节约型发明之前产品的边际成本为91美元)。进一步假设侵权者每年卖出原产品数量的一半(50万美元,而非原来的100万美元)。也假设专利权人的年利润和年产品销售数量和侵权人相同。[152]与前例类似,当事方拥有的其他专利或其他进入壁垒都将导致双头垄断。[153]

如果取得专利权的成本节约型组件出现,且如果双方都使用——简单假设市场边际竞争激烈[154]——那么产品价格从98美元降到97美元,导致每年消费者盈余增加100万美元。如果专利权人获得禁令性救济,将会出现两种选择。首先,可以完全阻断竞争对手的产品销售直到其重新设计。[155]在此期间,由于专利权人是市场上唯一的销售方,它可

---

[150] Lemley & Shapiro,前注19,第1996页。

[151] 与前面的示例一样,此例可以跨越多个变量进行泛化。George Symeonidis, *Comparing Cournot and Bertrand Equilibria in a Differentiated Duopoly with Product R & D*, 21 INT'L J. IND. ORG. 39(2003)(提供了研发背景下存在的双寡头垄断行为的一般模型)。

[152] 因为这些公司销售产品的特点略有不同,见后注154,在Bertrand差异化产品模式下,企业通常会选择以高于边际成本的价格进行定价。David BESANKO & RONALD BRAEUTIGAM, MICROECONOMICS 563(2011年第4版)("在Bertrand差异产品均衡模式下,均衡价格通常超过边际成本")。

[153] Harold Demsetz, *Barriers to Entry*, 72 AM. ECON. REV. 47, 47–57(1982)(一般性讨论进入经济市场的各种壁垒);前注142和附文。

[154] 例如,由于各自拥有独立的专利,产品功能有差异,各方每个产品获利5美元,从而导致市场差异化,而成本节约功能则只能让卖家将产品价格降低1美元。Greg Vetter, *Patenting Cryptographic Technology*, 84 CM. -KENT L. REV. 757, 774–775(2010)(注意,通过使用专利进行产品差异化)。

[155] 在 Apple Inc. v. Samsung Electronics Co., 695 F. 3d 1370(Fed. Cir. 2012)案中,由于专利权人未能证明被控侵权人销售整个产品而造成的不可弥补的损失与对特定的授权组件的侵权之间的"因果关联",因此,美国联邦巡回上诉法院(Federal Circuit)拒绝了该制造型专利权人对被控侵权人的产品包括授权组件所申请的临时禁令。同上,第1374—1375页。换句话说,因为"很可能被诉产品在不具备专利特征的情况下依然会卖得很好",因此联邦巡回上诉法院认为临时救济是不必要的。同上。在对同一案件后来的裁决中,联邦巡回上诉法院认为,因果关联规则适用于永久禁令(Apple Inc. v. Samsung Elecs. Co., 735 F. 3d 1352, 1361(Fed. Cir. 2013)。尽管如此,在上述案例中,该规则并不会妨碍专利权人通过禁令申请,因为在没有侵权的情况下,专利权人的成本削减专利特征将使其获得100%的专利产品销售额。Apple, 695 F. 3d 1375(说明当专利权人"证明侵权能够增加消费者对被告产品需求"时,便满足因果关联要求)。因此,尽管Apple起诉Samsung案件中采用了"关联"要求原则改善了在多元产品的背景下禁令的一些有害影响,但并没有完全纠正过度制止问题。

以以垄断价格（这里为 100 美元）出售产品，从而导致增加无谓的损失（例如每年 300 万美元），这远超授权发明的社会价值。若竞争对手重新设计其生产工艺，如前例所示，每年须花费 200 万美元，远高于专利的价值，从而造成了社会净损失。当然，为了即避免停业和零利润，竞争对手有重新设计的经济动机。

第二，专利权人一旦知道侵权行为，就可决定对竞争对手进行专利使用许可，这种情形同样适用于上述非专利实施实体示例中的类似分析。也就是说，专利权人认为侵权者有两个可行性选择：（1）重组，每年赚取 150 万美元的利润（350 万美元的毛利润减去 200 万美元的摊销成本）；（2）获取专利许可，扣除许可费用后每年将赚取 350 万美元的利润（或者，如果许可允许双方有效定价，可能利润更多）。如果专利稳定，且双方具有同等谈判能力，则许可方将要求每年缴纳超过 350 万美元到 150 万美元之间差额的一半（比如至少 100 万美元）的年许可费，这种情况下将涵盖本发明的社会价值。[54]

因此，就像非专利实施型专利权人一样，根据 Lemley 和 Shapiro 的深刻分析，当转换成本非常高的时候，有禁令威胁的制造型专利权人可以有效地从最佳利润或指定发明的支付金中提成或致使其发生系统性偏差；当侵权者无法对专利进行规避设计，或这种设计需要较长时间，就会增加消费者的无谓损失。但是 Lemley 和 Shapiro 对制造型实体的情况没有进行必要的分析。反而，他们在没有进一步讨论的情况下主张：

> 我们强调，我们在本条中的分析明确限于专利权人对专利侵权案件的主要商业利益是获得许可收入的情况。我们的政策建议仅涉及这种情况，即专利权人可以要求合理的许可费，但不会损失利润，而不是由于下游公司涉嫌侵权活动造成专利权人遭受重大损失，并试图利用该专利将竞争对手从市场中排除，以保持其利润率。在涉及利润大幅度下降的情况下，我们赞成，假设专利权人获得永久禁令，可能无需进行任何行动即能使侵权公司重新设计产品。在这些情况下，永久禁令的推定权是有理由的，部分是出于公平原因，部分是由于持续不断出现的、与计算和衡量利润损失相关的严重困难。[55]

Lemley 和 Shapiro 并没有从经济角度论证对许可实体和制造实体的类别区分。具体来说，他们不进行任何行动以使得侵权者重新设计产品的建议，并不总能解决专利劫持问题。如前所述，重新设计的成本可能会超过专利组件的价值，显然将导致社会净损失，还可能存在无法重新设计专利产品的情况。实质上，Lemley 和 Shapiro 诉诸"公平原

---

[54] 参见 Heald，前注 19，第 1184 页（"事实上，如果侵权公司的转换成本足够高，可能会同意导致净亏损的许可"）。

[55] 参见 Lemley & Shapiro，前注 19。

因"论证制造型专利权人推定禁令的理由与侵权法中的理由相同,因为它"只有在补偿性损害赔偿救济不足以恢复现状时"提供禁令。[158] 但是,作为纯粹的经济学问题,上述简单的例子很容易泛化,这表明传统的侵权法补救措施并不总能在专利法语境中得到最佳结果。

评论家们还提出了一个论点以区分专利实施实体诉讼与非专利实施实体诉讼,即在专利实施实体诉讼中,被控侵权者通常会通过主张自己的专利,向实施的专利权人提起反诉或者单独诉讼,从而防止专利劫持。[159] 虽然许多直接竞争对手在面临潜在的反诉时会进行互相的交叉许可或和解,但在很多争议中,被控侵权者仍然无法真正地威胁到阻止实施其专利的专利权人。[160] 具体而言,被控侵权人可能并不拥有任何足以对专利权人提出主张的专利,也可能拥有比作为原告的专利权人少得多的适用专利,对专利权人造成的威胁不足。[161]

另一个简单的假设说明了为什么非专利实施实体和专利实施实体的类别区分是有问题的——至少如果我们从专利法中占主导地位的回报理论(补偿理论)表面来看,这种区分是有问题的,回报理论允许发明人以合适的利润收回成本,从而使得授予排他权具有正当性。[162] 譬如,发明者 A 花费 100 万美元进行研发、设计、制造和测试一个特定的发明,然后,发明者制造该发明并出售了 100 万个产品,每个产品售价 100 美元,赚取利润 10 美元,其中 1 美元归属于该获专利权的发明(如前面的例子)。

进一步假设,与专利的回报理论一致,产品的制造和商业化不会产生巨额成本或风险,因此需要额外的专利保护来确保最佳投资投入水平。[163] 在这方面,Kennedy 法官在 eBay 案中显然没有采用专利商业化理论,即非专利实施实体应该因为未进行专利实施活动而受到惩罚。[164] 而且,他不采用专利商业化理论是因为他认为,非专利实施实体在与侵权者谈判中凭借潜在禁令救济获得了"不当筹码",因为非专利实施实体只能在市

---

[158] 参见 Fellmeth,前注 4。

[159] 参见 FTC,前注 15("劫持导致可导致同归于尽的可能性意味着积极参与行业的专利实施实体(PPE)的企业不太可能采用这种劫持策略来相互对抗")。

[160] 参见如 Ted Sichelman, *The Vonage Trilogy: A Case Study in "Patent Bullying"* 7,(San Diego Legal Studies,文献号 11-057,2013),可访问 http://ssrn.com/abstract=1856703["Vonage 缺乏专利组合(根据定义),从而无法实行通过声明其专利来对 Sprint 进行防御性诉讼的优选策略"]。

[161] 同上。

[162] 参见 Sichelman,前注 35,第 357—358 页(讨论回报理论);Mark A. Lemley, *Ex Ante Versus Ex Post Justifications for Intellectual Property*,71 U. CHI. L. REV. 129,129(2004)("知识产权的传统经济论证是众所周知的,想法是公共商品:任何知道他们的人都可以自由复制,并被任何人使用,而不会剥夺他人的使用")。

[163] 参见 Lemley,前注 162,第 148—149 页(认为至少有一个知识产权的事后理由主张发明商业化将倾向于在发明阶段之后有效地继续进行)。

[164] 参见前注 11—16。

场上获取经济赔偿而不可能在侵权诉讼中被反诉。[165] 所以尽管商业化的目标在专利法中可能发挥重要的作用——我也在其他地方主张过该观点[166]——但从 Kennedy 法官和绝大多数学者观点的表面意义来看,[167]我认为在这种情况下,商业化不是一个关注点。

在侵权的情况下,使用与前述示例相同的基础假设,进一步假设专利权人的销售额下降了一半(从 100 万个产品减少到 50 万个产品),且其利润下降了一半以上(从每个产品 10 美元到 4 美元),导致年利润只有 200 万美元(50 万个产品每个 4 美元)。在现行法律下,发明人有权对损失的利润主张权利,并能就过去的侵权获得每年 800 万美元的赔偿,使其总利润返回到每年 1000 万美元。[168]最终的结果是,专利权人每年可从专利发明中获得 100 万美元的额外利润。然而,在另一种情况下,如果专利权人决定将其专利许可他人使用,但是潜在被许可人拒绝该要约而决定实施侵权行为,最终专利权人在法庭上胜出,从而收取合理的许可费。这种情况下,即使假设一个高费率,譬如专利发明产生的额外利润的 25%,[169]专利权人也只能获得每年 25 万美元的赔偿。[170]

因此,专利实施发明者每年花费 100 万美元的研发费用,每年收益达 100 万美元;而非专利实施发明者则花费了 100 万美元,每年却只能收取 25 万美元的许可费。按照普遍接受的专利法是为了提供最佳奖励以鼓励发明而不是商业化的观点来看,这种差异是没有经济基础的。至少对于这个假设来说,这两位发明者应该就他们的努力获得完全相同的回报。正如 John Golder 在回应 Shapiro 和 Lemley 的文章时正确地提出,"基于对专利持有人商业模式的固有歧视可能会对创新市场的效率和竞争力产生不利影响。"[171]在答复 Golden 时,Lemley 和 Shapiro 没有进行经济分析,而是再次回到了专利损害赔偿上

---

[165] 同前页脚注[164]。

[166] 参见 Sichelman,前注 35,第 354 页(认为商业化努力通常需要超常的成本和风险,独立地证明事后知识产权保护的某些形式的正当性)。

[167] 同上,第 344 页("主要的专利'奖励'理论在今天的法律中占据了很大的份额,但很少察觉到几乎没有必要保护冒险的和昂贵的发明后发展和商业化努力")。

[168] 为简单起见,假设 800 万美元中的 700 万美元是对其他专利相关的损害赔偿。然而,如下所述,专利权人通常由于单一的专利组件而有权对产品的整个市场价值主张损害赔偿。在这里,节省成本的组件将使专利权人在市场上处于占有 100% 产品销售额的地位,因为在没有侵权的情况下,它可能会低于所有竞争对手的价格。因此,专利权人可能会显示组件和消费者产品购买之间的关联,证明实施整个市场价值规则的正当性。见后注 183 及附文。

[169] 根据现行法律,合理的许可费通常被分摊以反映专利组件价值的许可费。见 *Lucent Techs*,*Inc. v. Gateway*,*Inc.*,580 F. 3d 1301,1339(Fed. Cir. 2009)[认为"当专利发明是更大的商业产品的小组件"时,许可费基数可以是整个产品的销售价格"只要(许可费)乘数占由侵权组件或特征所代表的基数的比例"]。所以,在这里,专利权人只会收取归属于专利发明的 100 万美元的 25% 的利润。

[170] 直到美国联邦巡回上诉法院最近对 *Uniloc USA*,*Inc. v. Microsoft Corp.*,632 F. 3d 1292(Fed. Cir. 2011)的裁决,在合理的许可费决定中,专利权人通常享有被控侵权人的 25% 的利润,这被视为"经验法则",今天这个数字相对更像一个上限而非下限。同上,1312—1318 页(认为依据 25% 的经验法则的证据通常是不可接受的)。

[171] John M. Golden,Commentary,"*Patent Trolls*" and Patent Remedies,85 TEXAS L. REV. 2111,2117(2007);另见 Golden,前注 65,第 512 页(主张专利法救济措施中的"反歧视"原则)。

——343——

有缺陷的侵权责任法概念模型:"这里没有不合理的歧视,在这两种情况下,专利救济的目标是确保专利所有者就其他人未经授权的使用行为获得赔偿。"[172]

在答复中,Lemley 和 Shapiro 进一步争辩:

> 虽然利润损失案件中颁发的禁令仍然可能引起专利劫持问题,但在向专利持有人提供适当的侵权赔偿时,我们并未找到避免劫持问题的一般实用办法。在涉及合理许可费和涉及利润损失的案件之间存在根本区别。在合理许可费案件中,专利持有人和侵权企业的联合利润因侵权企业使用专利发明而增加,因此,假设事前协商的概念从经济角度来说是非常有意义的。在利润损失案件中,专利持有人和侵权企业的联合利润因侵权企业使用专利发明可能会下降。在这种情况下,假设事前协商的概念对评估损害赔偿没有帮助,并且不可能找到可以让下游企业接受并能充分补偿专利持有人的许可条款。[173]

虽然 Lemley 和 Shapiro 的以下观点正确,即在利润损失的案件中,侵权公司的使用可能减少联合利润,但我们并不需要依靠假设事前协商来计算持续损害赔偿的适当水平。相反,就像前面提到的简单数值例子一样,这时候的问题变更为:在基于激励机制的模式中,何种程度的金钱奖励可以适当地奖励专利权人的发明创新行为。因为,正如 Lemley 在其他地方所认识到的那样,专利权人不需要获取发明的整个社会价值来获得足够的激励,所以不必假设一套假设性的"商业上可接受的……并且可以充分补偿专利持有人的许可条款。"[174]相反,法院只需要授予专利权人可以从侵权行为中获得足以激励其发明创新的利润。[175]

最后,回到原来的文章,Lemley 和 Shapiro 试图通过推测持续损失的利润难以计算来逃避辩论。[176]然而,持续利润损失的计算和裁定过程中的困难同样也困扰着持续合理

---

[172] 参见 Lemley & Shapiro,Reply,*Patent Holdup and Royalty Stacking*,85 TEXAS L. REV. 2163,2171(2007)。在后来的文章中,Lemley 认为,对非专利实施实体的赔偿"应以专利发明实际上作为被告产品的一部分的价值为依据,同时考虑到其他专利、专有技术、原材料和也有助于该产品的价值的劳动力以及专利技术的可能替代品的存在。Lemley,前注 6,第 670 页。这种更为微妙的补偿观点应该同样适用于专利实施实体。

[173] 参见 Lemley & Shapiro,前注 172,第 2173 页(省略强调)。

[174] 同上。

[175] 下面我主张也需要考虑对商业化的激励。见后注 196—200,240 及其附文。

[176] 参见 Lemley & Shapiro,前注 19("在这些情况下,永久禁令的推定权利具有正当性,部分是出于衡平法的原因,部分是因为在持续不断的基础上计算赔偿损失利润的严重困难")。

许可费的计算。[177] 事实上,在 Lemley 之后的一篇文章中,他认为,计算损失的利润通常比计算合理许可费更直接:

> 但是,如果问题在于计算损失利润的不精确性,那么务必要记住,否认利润损失换来的是一个更不精确和更加失真的合理许可费的计算……但是,按照严格区分的方法,如果一个专利权人可以证明侵权人的销售额很可能使自己的销售额减少,则该专利权人应该有权获得法院对其损失利润的最大评估。该评估可能不完美,但至少与可替代的合理许可费计算一样准确……
>
> 实际上,有些讽刺的是,法院坚持严格遵守主张利润损失的举证要素,因为可替代的合理许可费至少涉及同样程度的不确定性和粗略性。[178]

与持续合理许可费一样,法院可以假定,持续损失的利润通常类似于历史利润,在未来销售量的增加或减少的基础上作出调整。[179] 因此,Lemley 和 Shapiro 声称持续损失的利润太难计算是值得怀疑的。无论如何,专利法不应向从事制造的专利权人授予持续的损失利润。核心问题应该是,应授予多大程度的损害赔偿以充分激励专利权人进行创新。因此,如我在下面进行的更全面论证,法院在确定适当的赔偿额时,不必仅仅依赖侵权赔偿,即损失的利润或合理的救济措施。[180]

总之,推进现状的前提是应该放弃将专利法补救措施作为基本宗旨。除了在认定损害赔偿的费用(包括因错误认定带来的误差成本)超过批准禁令的费用的情况下,非专利实施实体和制造实体通常均不应享有作为衡平法救济的禁令(我会在下一个小节阐述更多细节)。[181] 的确,按照同样的理由,专利权人不应该最终有权获得足够的损害赔偿,以充分补偿侵权行为对专利权人造成的"损害"。相反地,如在我的下一节中所解释的

---

[177] 参见 Paul M. Janicke, *Implementing the "Adequate Remedy at Law" for Ongoing Patent Infringement After eBay v. MercExchange*, 51 IDEA 163, 166 – 167(2011)("在从损害赔偿的先例偏离到司法强制定期支付的过程中,法院给自己、诉讼人和专利制度带来了一些困难……强制性的持续许可费方式削弱了整个专利制度,至少在一些观察家看来,这对整个国家的经济福祉至关重要");Stephen M. Ullmer, Note, *Paice Yourselves: A Basic Framework for Ongoing Royalty Determinations in Patent Law*, 24 BERKELEY TECH. L. J. 75, 98(2009)("美国联邦巡回上诉法院在 Paice 和 Amado 的决定显示了持续的许可费确定所涉及的不确定性。虽然法庭在每一案件都承认了持续的许可费的潜在效力,但是这两个决定都没有为下级法院提供一个全面的框架")。

[178] Lemley, 前注 6, 第 672 页。

[179] 参见 Mark A. Lemley, *The Ongoing Confusion over Ongoing Royalties*, 76 Mo. L. Rev. 695, 701 – 02(2011)("法院在认定侵权之后设置的一个持续的许可费不是写在空白的石板上。陪审团已经为过去的损害设定了合理的许可费");Ullmer, 前注 177, 第 95 页("合理许可费应作为法院的基准值,然后法院可以根据其他重要的 Georgia-Pacific 因素来改变合理的许可费")。

[180] 参见下文第二 C 部分。

[181] 参见 Golden, 前注 65, 第 512 页("专利救济的具体定制必须限制并且只能在保证有与成本相称的利益时才有具有正当性")。

那样,专利权人只能享有促进最佳创新激励的损害赔偿水平,这样的损害赔偿在没有发生侵权的情况下往往会比市场上赚取的利润或许可费更少,有时则会更多。

C. 完全抵制专利法中的侵权法救济措施

在这一小节中,我拓展了我的论点,即侵权法原则应该从专利法救济中剔除出去。正如上文所述,侵权法概念导致专利法对授予制造实体和非专利实施实体的救济措施进行了区分,而这种区分通常在经济上是不合理的。在这一点上,当专利实施实体针对复杂产品的组件主张其专利权并被授予禁令,而转换成本又比较高时,会引发劫持问题,而侵权法概念使得法院和评论员忽视了这类劫持问题。在这一节中,我主张的是,禁令和完全损害赔偿可能在导致大规模的消费者无谓损失的同时阻碍最佳的创新激励效果,导致在发明前的研发过程中产生大量的重复性成本,或使交易成本远超发明本身的价值。另一方面,当侵权难以察觉或当完全损害赔偿对个人的创新激励不足以从创新中获得最优社会效益时,专利权人获得的仅有的完全损害赔偿,可能处于系统性的补偿不足状态。[182]

(1)纠正对专利权人的过度赔偿——在上一节中,我提出当禁令涉及的是复杂产品组件专利时,这种禁令通常应该被拒绝——至少在转换成本过高时应当如此,另外,不仅针对非专利实施实体,针对专利实施实体也应该如此。在这一节中,我参考了其他领域的情况,在这些领域中完全损害赔偿可能导致对专利权人的过度赔偿。

第一,基于与上述拒绝组件专利禁令相似的理由,对专利实施实体的完全损害赔偿不一定能反映专利权人因侵权而遭受的全部利润损失。假如专利权人每卖出一件售价为 100 美元的产品能获得 2 美元的边际利润,这就反映出了竞争者想要在相应产品市场立足需要获得的最小利润;换句话说,竞争者通过生产其他产品可以赚取略少于 2% 的毛利率。另外,如果有一项发明能够使专利权人在制造产品组件时减少 1 美元的成本,而竞争者不能使用这种节约成本的专利方法或相似的能节约成本的规避设计,那么专利权人就能将产品价格降至 100 美元以下,从而将竞争者们排挤出该产品市场。

---

[182] 在接下来的内容中,我将我的讨论局限于对专利权人的禁令性和货币性救济的标准模式——向专利权人颁布(或拒绝颁布)禁令救济和给予(或不给予)货币损害赔偿的一些措施。在最近一篇文章中,Dan Burk 提出了一组新颖的、几乎令人眼花缭乱的非标准救济,这些救济主要是法院向专利权人或被告侵权人判决救济的各种"实际选项"。Dan Burk, *Intellectual Property in the Cathedrain*, in ACCESS TO INFORMATION AND KNOWLEDGE: 21ST CENTURY CHALLENGES ININTELLECTUAL PROPERTY AND KNOWLEDGE GOVERNANCE 95(Dani Beldiman 编辑,2013 年)。例如,Burk 描述了一种"投放"规则,在这种规则下,"所谓的侵权人继续使用知识产权,但是可以选择停止侵权并接受知识产权所有人的损害赔偿金要求"。同上,第 106 页。这种规则可能提供出一种更加有利的选择而不是仅仅拒绝禁令救济或判决比损失利润更少的赔偿。然而,为了简化此处的阐述,我把这些思考放在了以后的作品中。

如果竞争者侵权,在"整体市场价值"这一现行法律原则之下,专利权人有权获得全部损失利润的赔偿,因为如果没有侵权,竞争者的客户应该会购买专利权人的产品,由于专利保护的生产方法使得组件价格降低是产品价格降低的唯一原因。[183] 如果有九个竞争者,他们在专利发明之前每人每年销售 10 万件产品,假设他们都侵权,即对于每个竞争者来说侵权组件的价值为 10 万美元每年(即每件产品 1 美元),那么专利权人每年可以从每个侵权竞争者那儿获得略少于 30 万美元的赔偿金(即每件产品的利润略少于 3 美元:原本每件产品有 2 美元的利润加上专利产生的额外 1 美元利润)。这种过度的损害赔偿是该发明社会价值的三倍,这种赔偿水平仅在基于侵权法针对侵权导致的"损害"而提出时才具有正当性。与分摊合理许可费损害赔偿的观点一样,[184]全部的损失利润对于那些仅涵盖了复杂产品组件的专利来说有些不适当。

第二,在许多情况下,除了组件专利,现行专利救济制度会产生过度创新激励。尤其是因为在某些行业中的研发和商业化成本及相关风险比其他行业高得多。例如,软件行业的发明成本通常远远低于医药行业的发明成本。[185]然而,软件和医药专利的有效期是完全相同的(实践操作中,软件专利有效期更长),并且软件专利涵盖的有效范围通常比医药专利所涵盖的范围广。[186] 如果赋予软件专利较宽的保护范围和较长的保护期限不足以充分激励该行业的创新,那么专利制度提供的奖励就过度了。[187]即使一项发明的社会价值远远超过生产相应专利产品所需的研发成本,也同样如此,因为社会只能向发明人支付产生该创新所需的最小金额。[188]正因如此,在研发和商业化成本较低的情况下支

---

[183] 举个例子,美国联邦巡回上诉法院根据整体市场价值原则,对减少录像机(VCRs)生产成本的专利维持损失利润判决,因为"审判中的证据描述了该行业需要更小、更便宜、更快和更可靠的VCRs,并且[专利权人]提交了专利技术能够推动这些目标的证据"Funai Elec. Co. , v. Daewoo Elecs. Corp. ,616 F. 3d 1357,1362,1375 – 1376(Fed. Cir. 2010)("专利发明被描述为降低 VCRs 生产成本同时又保持产品质量的改进");也见 Garretson v. Clark,111 U. S. 120,121(1884)("专利权人……必须表现出……利润和损害赔偿金是在完整机器价值的基础上计算的,因为作为一件可销售的物品,完整机器的整体市场价值取决于专利特征是恰当且合法的");LaserDynamics,Inc. v. Quanta Computer,694 F. 3d 51,67(Fed. Cir. 2012)("如果不能证明专利特征衍生出完整的多组件产品的需求,那么法院判决给专利权人的损害赔偿金将相当于整个产品收入和利润的一部分");TWM Mfg. Co. v. Dura Corp. ,789 F. 2d 895,901 (Fed. Cir. 1986)("当专利特征继续作为消费者需求的基础时,整体市场价值规则允许损害赔偿基于包含几种特征的整个仪器的价值")。

[184] 参见 Lemley 和 Shapiro,前注 19,第 2023—2024 页(表明合理的许可费损害赔偿只能基于专利组件所增加的价值,且总的损害赔偿金应相应地分摊)。

[185] 参见 Burk 和 Lemley,前注 26,第 1581—1583 页(注意到软件研发成本大大地低于制药业的研发成本)。

[186] 参见 Morris,前注 27(注意到制药业的有效专利期,即使是《美国药品价格竞争和专利期修正案》(the Hatch-Waxman Act)规定下的专利期恢复,也只有 14 年,而非制药业的有效专利期为 18 年半)。

[187] 参见 Burk 和 Lemley,前注 26,第 1687 页("当大多数生物技术和化学发明由于自身高成本和不确定,其开发过程要求广泛专利保护时,软件开发行业的情形却恰恰相反。软件发明倾向于迅速、廉价和非常明确的发明后开发周期")。

[188] 参见 Lemley,前注 25,第 1031 页(认为专利法的基本目标是"给予尽可能少的与鼓励创新一致的保护")。

付全部的损害赔偿为创新者们创造了"意外之财"。[189]

另外,颁布禁令救济和授予全部的损害赔偿金可能造成无谓损失。这种无谓损失来自于:①专利权人可以使其专利产品的定价远超竞争价格[190]以及②当多方为"竞争"过高的专利奖励,而投入不必要的重复性研发时所产生的过度费用。[191] 因此,当研发成本和风险较低并且无谓损失和寻租成本较高之时,如果潜在错误成本较低,则应拒绝颁发禁令并且减少损害赔偿。[192]事实上,Ian Ayres 和 Paul Klemperer[193] 的文章以及笔者的一篇论文[194]已经论证,在上述这些情况下,允许专利的不完全维权带来的福利成果优于完全维权。[195]

第三,在涉及较高的专利许可谈判交易成本的商业形势下,传统的禁令救济可能会弱化专利发明的商业化和改进。[196]特别是当专利权人和进行商业化或改进的第三方就特定专利是否遭到侵权、是否有效或是否可进行维权方面的意见相左时,第三方放弃专利许可谈判中的巨大交易成本转而选择侵权是更有经济性效率的。正如合同法中的效率违约理论所述,[197]效率侵权发生在谈判的交易成本高于所涉创新的价值时,而当潜在的专利权利存在巨大不确定性时[198]或只是在创新的经济价值非常小的时候,谈判的交易成本会高于创新价值。[199]在这种情况下,即使是对专利实施实体来说,拒绝禁令也是一个更

---

[189] 参见 Cohen & Noll,前注 29,第 458 页("如果知识产权保护太过于强大,这就会通过禁止一些技术改变和过度激励与知识产权保护较弱而带来的进展相关的其他类型,从而减少经济福利");参见 Tun-Jen Chiang,*A Cost-Benefit Approach to Patent Obviousness*,82 ST. JOHN's L. REV. 39,73(2008)("专利可以创造如此巨大的激励使得那些本可以更有效地用来投资社会的资金用来投资了专利……")。

[190] 参见 Lemley,前注 25,第 1059 页("根据定义……知识产权制度允许产权所有人将价格提高至边际成本之上,通过提高消费者的价格创造无谓损失")。

[191] 参见 Grady & Alexander,前注 31("这种制度的缺陷就是:如果许多投资者在专利垄断竞争中耗费了资源,那么发明给社会带来的利益将被会大量的、多余的开发成本浪费掉")。

[192] 参见 Lederman & Sichelman,前注 42,第 1685 页(提出一种经过衡量的执行办法,由此税收执法者为了减少无谓损失可以有意实施不完全执行)。

[193] 参见 Ayres & Klemperer,前注 46,第 993 页。

[194] 参见 Sichelman,前注 47。

[195] 减少整体损害赔偿不仅可以通过减少有关专利涉及的产品销售的损害赔偿来实现,还可以通过限制就相关产品的"随同"销售提出的损害赔偿。见 Lemley,前注 6,第 660 页(讨论随同销售法律体系)。

[196] 参见 Sichelman,前注 35,第 384 页("像事前许可内容一样……强有力的、类似产权的权利通过增加侵权风险加大战略性、事后诉讼的影响,使专利权人获得的损害赔偿或禁令价值与商品化的社会价值相比起来非常高而毫无效率")。

[197] 参见 Richard A. Posner,ECONOMIC ANALYSIS OF LAW,119—121 页(第 7 版,2007);Macneil,前注 33。

[198] 参见 Depoorter,前注 8,第 67—70 页(描述了"创新不确定性"是如何阻碍许可交易的)。

[199] 参见 Jeffrey L. Harrison,*A Positive Externalities Approach to Copyright Law:Theory and Application*,13 J. INTELL. PROP. L. 1,49(2005)("当交易成本高同时公平使用者将更大的价值归因于作品的使用而不是原作者遭受的损失时,允许公平使用就可以是有效率的")。

— 348 —

好的选择。[200]

（2）纠正对专利权人的补偿不足——消除侵权法对于应使专利权人保持完满状态的推论，不仅仅只需要消除禁令和减少整体赔偿。在此，我描述了两种情形，在这两种情形中，专利权人可能需要的不只是禁令救济和补偿性损害赔偿，更需要的是创新激励。

第一，侵权往往很难察觉。[201]比如，如果一个竞争者在制造过程中使用了专利方法，那么就很难甚至是不可能判断出一个产品是否是通过该专利方法制造而成的。[202]即使是在侵权法的完全损害赔偿领域中，当侵权不易被察觉时，标准的法律和经济学分析要求，必须实施察觉的可能性越小则损害赔偿额越大这一原则，才能达到最优威慑的效果。[203]因此，如果侵权难以察觉，应该提高损害赔偿来提供最优的创新激励。[204]正如 Roger Blair 和 Thomas Cotter 所说，"一个仅仅认定侵权人并没有因为侵权而获利的判决也许是一个没有威慑力的判决，因为在所有可能的侵权行为中只有一小部分是容易被察觉的。这一现象表明要达到足够的威慑效果是需要巨大的损害赔偿数额的。"[205]因为不管侵权人如何实施侵权行为，察觉侵权都会很困难，所以无论侵权人是不是故意侵权，这一条件都适用，除非这种故意增加了回避察觉的概率。

一个潜在的反对理由就是，法院自身都难以判定什么时候侵权行为是难以察觉的。对于法院来说，一种可行的行政解决方法就是评估被控侵权产品或方法是否公开售卖或使用；如果没有，那么法院可以推定被控侵权产品或方法是难以察觉的。假设这一推定有效，那么问题就是，有多难察觉呢？这个问题甚至更加棘手些。有趣的是，正如 Paul Heald 的观点，常常不足信的"归入权"救济——通过这种救济，被控侵权人需要赔付不少于其因侵权而赚取的利益金额——可能会变为一种有效救济，因为它实现了对数倍于

---

[200] 参见 Sichelman，前注 35（提倡在专利权人没有将专利发明商品化时，为专利权人减少有效救济是有效率的）；Katherine J. Strandburg, *Patent Fair Use* 2.0, 1 U. C. IRVINE L. REV. 265, 299 – 300 (2011)（当交易成本和其他事物相比防止了许可一项专利技术的失败时，提出公平使用抗辩）；Julie S. Turner, *The Nonmanufacturing Patent Owner: Toward A Theory Of Efficient Infringement*, 86 CALIF. L. REV. 179, 204 (1998)（仅针对"未使用过的"专利提倡"效率侵权"）。

[201] 参见 Stuart J. H. Graham & Ted Sichelman, *Why Do Start-Ups Patent?* 23 BERKELEY TECH. L. J. 1063, 1086 n. 101 (2008)（"最初察觉侵权的能力……本身的代价可能会很高"）。

[202] 参见，例如 Jochen Pagenberg, *The WIPO Patent Harmonization Treaty*, 19 AIPLA Q. J. 1, 14 (1991)（注意到了察觉侵权的困难）。

[203] 参见 Richard Craswell, *Deterrence and Damages: The Multiplier Principle and Its Alternatives*, 97 MICH. L. REV. 2185, 2186 (1999)["理想的惩罚（就威慑而言）等同于违法造成的伤害乘以惩罚的可能性"]。一般参见 Gary S. Becker, *Crime and Punishment: An Economic Approach*, 76 J. POL. ECON. 169 (1968)（描述了惩罚乘数理论）。

[204] 参见 Heald，前注 19，第 1182 页（"个人可以证明损害赔偿金的增加是正当的，以便说明侵权行为不被发现的可能性"）。

[205] 参见 Blair & Cotter，前注 37。

普通损害赔偿数额的赔偿,但执行起来的成本却少于执行准确倍数损害赔偿救济的成本。[206]当然,对于法院来说,实行大致确定合适倍数损害赔偿的低成本救济,是一个理想办法。

第二,完全损害赔偿有的时候太低而无法产生足够的正面激励来鼓励私人投资者对特定发明的研发和商业化进行投资,但是该特定发明的社会净福利非常高,整个社会都渴望做出这项发明并将其商业化。[207]或者,该发明可能仅在分配的基础上才具有合理性,比如罕见疾病的治疗药物并不是那么有利可图。[208]在这种情况下,侵权人、政府或其他实体可能需要用额外资金来补充完全损害赔偿所未能覆盖的成本投入。

据推测,除了利润可能被追缴,侵权人不应赔付上述额外金额,因为评估这种责任会导致资源配置出现问题,从而使潜在侵权人持过度谨慎的态度。[209]我之前也解释过,在很多情况下,侵权可以是一种有效率的违约,可以减少因专利而带来的无谓损失。[210]这样的情况中,如果我们提高了侵权的成本,我们就会降低其他效率侵权产生的利益。相反地,对于部分由于专利救济导致的侵权成本,政府需要采取更合适的办法来介入并判定当前的研发和商品化激励是否足以鼓励和促进特定种类的发明活动。如果激励效果不好,那么政府可以在发明前后——和现行做法一样——对一些发明活动进行补贴(例如,罕见疾病的治疗药物、残疾人辅助装备以及可再生能源技术)。[211]

三、司法衡量救济的一些潜在成本和问题

在论证支持司法衡量救济以向专利权人提供与完全损害赔偿救济金额差不多的赔偿时,我通常忽略了这个提议中存在的几项潜在成本和问题。第一,正如我之前所说,改变救济可能会有效地改变专利法的基本实质——不仅向发明者和专利商业化者,还向潜在的侵权者提供了激励。如果法官在某种程度上赋予自己能够有效违背制定法或监管法的权力,那么有人就会认为这样做是在不经许可地践踏宪法上的权力分立原则和相关

---

[206] 参见 Heald,前注 19,第 1197—1198 页("这表明了侵权人的利润有时是专利侵权救济的一部分(正如商标和著作权侵权救济一样),支持恢复这种救济的观点")。

[207] 参见 Shavell & Ypersele,前注 38("对研究的投资的激励是不足的,因为垄断利润少于创新所创造的社会剩余")。

[208] 参见 Sichelman,前注 35,第 385—388 页(讨论了专利法中分配价值)。

[209] 参见 Daniel A. Crane, *Optimizing Private Antitrust Enforcement*, 63 VAND. L. REV. 675, 715 (2010) ("例如,给予三倍损害赔偿……是威胁……创新的一个严峻风险,这正是反垄断和专利法共同试图促进的一点")。

[210] 参见前注 196—200 和附文。

[211] 参见,例如《罕见病药品法》(Orphan Drug Act), Pub. L. No. 97-414, 96 Stat. 2049 (1983) (作为修正案编入美国法典第 21、26 和 42 编中)(提供类似于专利权的短期、7 年市场独占权利,向开发罕见疾病治疗药物的公司补贴临床试验;捐税鼓励;以及免除食品药品监督管理局登记费用)。

民主原则。第二,偏离完全损害赔偿的基准可能增加总体的不确定性并可能威胁到未来的创新。与此相关地,陪审团和法官除了裁定向原告进行完全赔偿以外,没有能力准确地判定损害赔偿和确定禁令救济。在这种情况下,建立考量救济制度(通过这种制度法官和陪审团有重大的自由裁量权来决定偏离侵权法基准的救济)可能只会放大现有的错误,导致更差的结果。我将在下文中依次解释这些关注点。

A. 违反民主和分权

现有专利救济方案的基本宗旨是使专利权人在被侵权时得到完全救济,因此,试图偏离这个基准(即使是为了获得合理的许可费或公平合理的救济[212])将会违反立法权。[213]相反地,在下文的讨论中,国会对现有法律框架的修改对实施我的提议是有必要的。即使如此,难道国会授权的司法自由裁量权在某种程度上会让步于分权与制衡或民主原则吗?[214]具体而言,因为国会"制定"法律,而法院"解释"法律,所以有人可能会认为基于经济因素从司法上"提高"或"减少"救济滥用了实体法的概念以致其不合乎宪法从而阻碍了国会立法的权力。[215]尽管这种观点有一定的说服力,但是相同的观点

---

[212] 近来,在 Apple 诉 Motorola 案中,法官 Posner 拒绝了 Apple 的禁令救济,部分原因是:很可能成本施加在了被控侵权人身上,而侵权获利和对侵权受害者的伤害不成比例,因此,专利权人会获得一笔意外之财,而侵权人则会遭受惩罚性而不是补偿性的损害赔偿。禁令可以迫使 Motorola 从市场上清除利润丰厚的产品,只要它同时从它的产品中去掉侵权特征(复杂设备中的微小特征,其中大多数都不被控告侵权)或围绕侵权特征重新发明。见 Apple v. Motorola,869 F. Supp. 2d 901,917(N. D. Il1. 2012)。尽管法官 Posner 的判决与这里所表达的观点不一致,但他们都不可能在上诉中通过司法召集。尤其是,尽管法官 Posner 认为禁令会衍生出不成比例的救济的这一观点表明了对于不可弥补伤害的不关注,见同上,一般来说,法院在恢复现状的同时,也解释了无法弥补的伤害,见上文第一部分。因为 Apple 使用了争议中的专利(不像 Motorola,没有任何事前许可承诺,前注 107),这里的原状可能会阻碍 Motorola 使用 Apple 的专利。因此,在专利法的规定下,尽管 Apple 将获得一笔巨大金额,但不可弥补的伤害是不存在的。例如,在 Robert Bosch v. Pylon Manufacturing,659 F. 3d 1142(Fed. Cir. 2011)案中,美国联邦巡回上诉法院驳回了对禁令救济的拒绝,理由在于当事双方都是直接竞争者以及面临市场份额损失的专利权人。同上,第1152—1154页。尽管在 Apple 起诉 Samsung 案中联邦巡回上诉法院宣布驳回对预先禁令的拒绝,但法院判定"Apple 没有提交证明其将消费者对[侵权产品]的需求与被控侵权特征联系起来的证据"(Apple v. Samsung 695 F. 3d 1370,1375(Fed. Cir. 2011))。因此,在 Apple 起诉 Samsung 案中,无需禁令来恢复原状,因为即使是该产品没有包含侵权组件,也会卖出同样数量的产品。见同上,第1377页(判定没有发生不可弥补的伤害,因为 Apple 没有在被控侵权特征和消费者需求之间建立起因果关系);又见 Apple Inc. v. Samsung Elecs. Co. ,735 F. 3d 1352,1364 – 1365,1375(Fed. Cir. 2013)(在决定禁令的背景下,为了进一步判定消费者需求而将案件发回重审)。因此,美国联邦最高法院或美国联邦巡回上诉法院判例法几乎没有支持法官 Posner 在规范上值得赞扬但在司法上存在疑问的方法。

[213] 参见 Gen. Motors Corp. v. Devex Corp. ,461 U. S. 648,653 – 655(1983)("当国会希望在专利侵权诉讼中限制赔偿元素时,这即是说……国会的首要目的给予专利所有人完整的赔偿")。

[214] 参见 Jack M. Beerman,*An Inductive Understanding of Separation of Powers*,63 ADMIN. L. REV. 467,472 – 481(2011)(描述了权力分立原则)。

[215] 参见 Lederman 和 Sichelman,前注 42,1739 n.268("理论上,仔细斟酌过的执法制度,尤其是在联邦环境中,可能引起关注,即这种执法制度会推翻国会意图、违反权力分立原则或者违背正道程序要求");又见 BLAIR & COTTER,前注9,第6页("更根本地是,……通过用法官认为专利制度具有优势这一独特观点代替国会在实施专利法案过程中表达的观点,这一观点破坏了法治");同上("我们认为,一般来讲,法院应该在决定如何计算出最佳损害赔偿金时,像知识产权体现适当的平衡一样来运作……并将这一问题留给其他政府分支以决定基本假设是真还是假")。

也可以用在其他法律领域中实施法律的行政自由裁量权和判定法律责任的司法自由裁量权上（例如刑法）。任何宽泛的自由裁量权都可能强烈地影响法律行为人实施或避免特定行为的动机，并且进而从实质上影响经济领域。[216]实际上，专利法救济制定的自由裁量权与在制定宪法前后存在的其他法律领域的自由裁量权并无区别。[217]照此，只要国会向法院提供了这样的自由裁量权，就不存在违法权力分立和民主原则的问题了。[218]

B. 不确定的成本

当然，伴随着自由裁量权的扩大，随之而来的是更大的不确定性。整体上来说，法律不确定性可能导致在遵守法律和依据该法律的交易中产生大量的公共成本和私人成本。[219]然而，不确定性是相对的，它所产生的成本必须以让法院做出经济上明智的救济决定所能避免的成本来衡量。尽管现行制度围绕在侵权时实现对专利权人进行完全救济的这一基准上，但判定救济不是一门精准的科学。[220] 在考虑激励发明和创新的经济动机（并避免重复性成本和无谓损失）的基础上，对现行损害赔偿计算方法进行适当修改，从长期来看不太可能产生额外的、重大的不确定性；而且在一种情况下更是如此，即这种适当修改限于我在下文中提到的完全赔偿救济明显存在经济劣势的情况。

更令人关注的是，应该给予法院更大的自由裁量权拒绝对那些已获得经济赔偿的专利权人授予禁令。我之前解释过，eBay 案消除了几乎不能反驳的禁令救济推定。[221] Scott Kieff、Henry Smith、Richard Epstein 和其他人在介绍大量不确定性时都已经严厉地批评了这种模式，这种模式增加了潜在的误差成本，由此降低了诉讼外达成交易的

---

[216] 参见 Lederman 和 Sichelman，前注 42，第 1739—1740 页（"现实是机构已经拥有强制执行实施裁量权"）。

[217] 参见 Emily Sherwin, *Introduction : Property Rules as Remedies*, 106 YALE L. J. 2083, 2085 (1997)（产权规则的很大一部分由法院通过诸如禁令和特定履行一类的衡平法救济来执行——在历史上被一堆司法裁量权包围的救济）; Michael Barone, Jr., Comment, Delegation and the Destruction of American Liberties : The Affordable Care Act and the Contraception Mandate, 29 TOURO L. REV. 795, 804 n. 72 (2013)（"法院允许国会对行政机构授权自行决定权来确定是否符合国会模糊标准的历史已久"）。

[218] 参见 Mistretta v. United States, 488 U. S. 361, 412 (1989)（宣布了刑事判决方面的司法裁量权）; Wagner Seed v. Daggett, 800 F. 2d 310, 316 (2d Cir. 1986)（"根据司法裁量权实施处罚是不违背宪法的……"）。

[219] 参见 Richard E. Levy & Robert L. Glicksman, *Agency-Specific Precedents*, 89 TEXAS L. REV. 499, 574 (2011)（"对于私诉当事人，法律不确定性增加了信息成本，需要额外计划并产生了风险……对于法院，法律不确定性导致了诉讼的产生并使得解决变得更加困难，因为当事双方可能对诉讼的可能结果抱有完全不同的估计"）。

[220] 参见前注 176—180 和附文。

[221] 参见前注 11—19 和附文。

动机。㉒尽管我同意这些成本可能会很高,但是在许多情况下,在拒绝经济上不公允禁令的过程中所付出的成本有可能更高。㉓另外,尽管私人当事人有时可以就低效率的禁令救济订立合同,㉔但是高交易成本和信息不对称通常阻止了这类交易的发生,从而留下大量残余的低效案件。㉕最终,这类案件中成本的相对平衡将体现在法官识别这些特定情形的能力,在这些情形中拒绝禁令在经济上是合理的,这一点我在下文中将会提到。

C. 法院和法官制度及认知上的局限

显然,不管如何计算损害赔偿金,法院会发现对不断发展中的经济赔偿设定一个合适水平是有难度的,㉖而且我们有理由相信法院可能系统地对专利权人补偿

㉒ 参见 F. Scott Kieff & Henry E. Smith, *How Not to Invent a Patent Crisis*, in REACTING TO THE SPENDING SPREE:POLICY CHANGES WE CAN AFFORD,55,67(Terry L. Anderson 和 Richard Sousa 主编,2009 年)("禁令迫使侵权人面向市场的投入和产品,停止并将估值问题委托给专利权人及其合同伙伴而非官员、法院以及聘请的专家");又见 Richard A. Epstein, *The Disintegration of Intellectual Property? A Classical Liberal Response to a Premature Obituary*,62 STAN. L. REV. 455,488(2010)(认为禁令救济"一直向自愿交换开放渠道");F. Scott Kieff, *Removing Property from Intellectual Property and(Intended?) Pernicious Impacts on Innovation and Competition*, 19 SUP. Ct. ECON. REV. 25,41(2011)("伴随责任规则的一个核心和未探究的问题是当专利权人保留终止谈判的选择使有利于与另一方达成协议时,他们严重地阻碍了专利权人吸引和保持潜在缔约方注意力的能力,这种在实现目标过程中在产权原则下产生的比较效果成为了一种机制,通过这种机制,产权原则同时促进了创新和竞争");Sandrik, 前注 4,第136 页("侵权法中的产权原则鼓励当事双方相互影响并达成一项互利的交易");参见 BLAIR 和 COTTER, 前注 9,第40 页("鉴于资产的特殊化属性和有效利用资产所处的多变复杂的商业环境,设立交换条款的法院可能做不到如此迅速和便宜");Blair 和 Cotter, 前注 19,第 48 页(认为产权法则"激励"专利发明的准使用者与专利所有人协商谈判,有关这些私人谈判结果的理论比政府设立强制性许可费用更加准确地反映出了发明的价值);Robert P. Merges, *Contracting into Liability Rules:Intellectual Property Rights and Collective Rights Organization*,84 CALIF. L. REV. 1293,1299(1996)[以下简称为 Merges, *Contracting into Liability Rules*]("私人志愿组织……可能优于国家授权的强制性许可");Robert P. Merges, *Of Property Rules, Coase, and Intellectual Property*,94 COLUM. L. REV. 2655,2662(1994)[以下简称为 Merges, *Of Property Rules*](认为在产权原则制度下,通过修改"订立责任原则而产生的知识产权下的强大产权原则基准,知识产权所有人将有强有力的动机来组建旨在简化产权交换的机构")。

㉓ 即使 Smith 认为在一些情况下,经济赔偿更加合适。见 Mark P. Gergen, John M. Golden 和 Henry E. Smith, *The Supreme Court's Accidental Revolution? The Test for Permanent Injunctions*,112 COLUM. L. REV. 203,249(2012)(注意到了拒绝禁令救济有时可以实现"安全价值"功能,这一功能"既预防了事后浪费,更加重要的是抑制了机会主义")。

㉔ 参见 Merges, *Contracting into Liability Rules*, 前注 222(注意到了私人集体权利组织可以很好地协调特定行业需要并以相对较低的交易成本为围绕强制性许可和禁令救济提供稳健的制度)。

㉕ 同时,当事双方也可以围绕低效的责任原则订立其他原则。Mark A. Lemley, 参见 Contracting Around Liability Rules,100 CALIF. L. REV. 463,464(2012)。

㉖ 参见 Janicke, 前注 177(认为在不断发展的许可费方式下引入了许多不确定性);Stewart E. Sterk, *Property Rules, Liability Rules, and UncertaintyAbout Property Rights*,106 MICH. L. REv. 1285,1313(2008)(主张纯粹损害赔偿制度导致"丧失对主观价值的所有保护,同时增加对损害赔偿的司法评估的需要");Thomas F. Cotter, *The Comparative Law and Economics of Standard-EssentialPatents and FRAND Royalties*,31(Univ. of Minn. Law Sch. Legal Studies Research Paper Series, Paper No. 13-40,2013)("授予永久禁令在专利侵权案件中主要的经济理由是信息成本:即假定当事人……在更好的位置相比于法院或机构来决定专利的价值");参见 PHILLIP E. AREEDA 和 HERBERT HOVENKAMP,3 ANTITRUST LAW:AN ANALYSIS OF ANTITRUST PRINCIPLES AND THEIR APPLICATION,第 293 页(2008 年第三版)(声称专利"价值几乎是不可能确定的,除了一个明显的例子,作为一个改进的过程,降低每个人的生产成本,例如 10%")。

不足。㉗另一方面,禁令有效地迫使当事人进行私下谈判以确定价格条款——当然,前提是他们可以达成某种协议。㉘更具体来说,当确定损害赔偿的最低司法成本和错误判决带来的误差成本超过给予禁令的最低成本(相对于判决损害赔偿)时,禁令(即财产规则)比损害赔偿(即责任规则)更为理想。㉙

作为一个实证问题,我们难以估量出司法判决和误差成本超过给予禁令(和完全损害赔偿)的成本的频率。㉚当然,在任何情况下,法官确定潜在的误差成本可能会更麻烦。㉛例如,在上面的假设中,我假设许多变量很容易测量,但是实际上,即使仅仅估计专利技术的私人经济价值(相关的收入、利润和成本)往往也是非常困难的,更不用说专利技术的社会价值了。㉜

然而,我们可以在现行损害赔偿制度下获取对于确定社会价值所需的同种证据,㉝利用这类相关证据,法院至少能够论证性地确定禁令和完全损害赔偿带来的社会成本与专利发明的社会效益孰高孰低。例如,法庭可以听取这样的证据:关于研发、测试和商业化成本(包括失败成本)、技术和市场风险、增加利润与基准利润、其他专利组件的价值、非侵权替代品的价值等,通过这些证据来确定何时禁令和完全损害赔偿可能会导致过度赔偿。㉞经过这样的审查,法院经常不需要太多的劳动或试错就会发现,由于前面提到

㉗ Blair & Cotter,前注19,第69页(认为从完全水平上降低损害赔偿可能会导致太少的发明);Peter Camesasca 等,*Injunctions for Standard-Essential Patents*:*Justice is Not Blind*,9 J. COMPETITION L. & ECON. 285,288,290(2013)(认为禁令可以防止"反向劫持"的风险,即潜在被许可人的机会主义行为"提出明显低于公允[市场]价值的利率");Einer Elhauge,Einer Elhauge,*Do Patent Holdup and Royalty Stacking Lead to Systematically Excessive Royalties*? 4 J. COMPETITION L. & ECON. 535,557(2008)(认为事后的偏见、不准确的损害赔偿估算技术以及与陪审团沟通所遇到的困难通常会导致赔偿损失);Richard A. Epstein,*A Clear View of The Cathedral*:*The Dominance of Property Rules*,106 YALE L. J. 2091,2093(1997)("在这种情况下补偿不足的风险是普遍的……")。

㉘ 参见 Merges,*Of Property Rules*,前注222,第2664页("因为知识产权所覆盖的每一项资产在某种意义上是独一无二的。侵权案件的法庭难以正确评估权利人的损失。因此,双方应该自行交易")。

㉙ 参见 Mark A. Lemley & Philip J. Weiser,*Should Property or Liability Rules Govern Information*?,85 TEXAS L. REV. 783,840(2007)("最终,决策者必须评估依靠法院执行的财产统治制度的相对成本和收益,并对法院或机构监督的责任规则制度进行反垄断监督")。同样的理由也适用于当确定小于完全损害赔偿的成本,以及相关的误差成本的成本超过完全损害赔偿的成本时。

㉚ 参见 Cotter,前注226,第34—37页(解释在确定"劫持"中的社会危害是否大于"反向劫持"造成的社会危害方面发挥作用的复杂因素的多样性)。

㉛ 参见 Blair & Cotter,前注19,第69页(批评 Ayres 和 Klemperer 的部分损害赔偿理论,在实践中提出"令人生畏的实证问题")。

㉜ 参见 Golden,前注171,第2115—2116页(质疑专利的经济价值是否可以精确定义)。

㉝ 参见 Roy J. Epstein,*The Market Share Rule With Price Erosion*:*Patent Infringement Lost Profits Damages After Crystal*,31 A1PLA Q. J. 1,32 - 33(2003)(回顾某一专利案件中审查的"复杂证据"的类型,包括"专利权人的市场份额、数量折扣政策、降低产品有效价格的策略通过增加……但不增加价格的特点;被告侵权人的市场份额、销售额、利润、增长和销售成本;不同产品型号的价格和竞争;新竞争者的进入和专家证言")。

㉞ 有关法庭应考虑的相关证据类型的更全面的清单,见下文第四 A 部分。

的原因,在某些情况下给予禁令和完全损害赔偿可能导致不当结果。[235] 这些情形包括涉及高转换成本的组件专利、高交易成本的低价值发明,以及低研发成本、低商业化成本、低风险的行业。[236] 至少在这些情况下,专利法的救济办法通常应该修改为拒绝禁令并减少完全损害赔偿。在类似的案件中,在考虑到历史实践并更加符合 Kieff 和 Smith 的建议的基础上,在我们对裁判者的能力很有信心之前,禁令救济和完全损害赔偿的默认规则似乎更合适。

四、作为公共监管机制的专利法

在本文的最后一部分,我认为之前的分析意味着,根据《美国专利法》所规定的救济措施的现行结构是有着根本性缺陷的,因为它通常以不能最优化地推动创新的完全损害赔偿概念为基础。相反地,我建议不应将专利法的救济措施视为救济私人这种错误的手段,而应将其纳入到以公法概念为基础的更大的监管机制之中。

A. 专利法救济条款根本性缺陷基础

在第二部分中,我已经阐释过,完全损害赔偿往往太高或太低使得无法激励最优水平的创新。正如我在第一部分所解释的那样,法院实施完全损害赔偿的原因是因为《专利法》本身授权他们这样做。首先,《美国法典》第 35 编第 29 章第 284 条规定:"对于原告而言,法院应当判决赔偿原告足够补偿侵权行为的损害赔偿,但在任何情况下均不得少于侵权人使用本发明的合理许可费和法院裁定的利息和费用之和。"[237] 亦即,《美国专

---

[235] Ben Depoorter 已经明确指出:"以产权为导向的学者,传统上认为涉及专利许可谈判的交易费用与法院对专利实施强制许可(责任规则保护)所涉及的信息费用相比可以忽略不计。因此,财产规则而法院不对创新提出价格为专利领域的自愿协议提供了更好的基础。这种传统的智慧已经过时了。"Depoorter,前注 8,第 66 页。

[236] Kieff 和 Smith 批评这样一个观点,即"理想的基准将是一个全能的计划者,他们会将确切的最低数量的支票提取出来,以诱使有关的发明——无论如何不超过发明的社会价值",这忽视了专利的协调功能,最终导致商业化。Kieff 和 Smith,前注 22,第 62 页("专利可以帮助实现这一社会建设性协调……各种参与者彼此像一个大的系统模块互相连接")。尽管 Kieff 和 Smith 正确地将商业化的更大目标纳入专利法的范围,但责任规则并不一定会导致商业化程度降低。事实上,禁令的救济措施不仅有利于协调,而且还会导致有害的交易成本,从而阻碍商业行为者之间的谈判,特别是涉及多个组件的产品。见 Sichelman,前注 35,第 382—388 页(解释过度强大和广泛的专利保护造成的交易成本的变化);Bell 和 Parchomovsky,前注 73,第 590 页(这表明责任规则可能有助于克服成功谈判的战略障碍);Depoorter,前注 8(认为财产规则产生的"边际成本、分散成本和捆绑必需品的成本""大大增加了专利许可市场的负担");又见 Ian Ayres & Eric Talley,*Solomonic Bargaining: Dividing a Legal Entitlement to Facilitate Coasean Trade*,104 Yale L. J. 1027,1036 – 72(1995)(表明责任规则往往诱使行为者公开更多的信息,否则在财产规则制度下被扣留,从而增加交易成功的可能性)。因此,Kieff 和史米斯宣称"执法不力的恐惧为一开始就一起工作的必要当事人制造了挫折"不是普遍事实。Kieff 和 Smith,前注 222,第 63 页。相反,真相在中间的某个地方,它会随着每个案件事实的事实裁判者可以有所不同,应该考虑采取适当的补救济措施。

[237] 35 U.S.C. § 284(2006).

利法》将侵权法的赔偿理由纳入到专利侵权损害赔偿的法定框架之中。[238]

根据之前的分析,这种做法是误导的,因为它在许多情况下并没有提供最优化的救济办法。相反,《美国专利法》赋予法院自由裁量权,在基于完全损害赔偿的基础上上下调整损害赔偿额,以鼓励更多的最优水平的创新,特别是当:(1)本发明的新颖性方案仅仅是复杂发明的一个组件而且转换成本高时;(2)全部损害赔偿大大超过或低于激励研发、发展以及商业化成本和发明风险所需的费用(包括机会成本)时;(3)侵权行为十分难以发觉时。[239] 当然,很可能还有很多其他情况也需要对损害赔偿额做出调整;最终,在激励创新的基础上确定救济措施的一般方法更为理想。

正如我之前提到的,这样的考查会考虑多种影响因素,如研发总成本、测试成本(包括监管部门的批准)、商业化成本、增加利润与基准利润、相对许可费、其他专利组件的价值、发明风险、商业风险、竞争风险(包括"搭便车"的风险)、使用或许可获得的利润、潜在的研发重复性成本、潜在的消费者无谓损失、发明相对于非侵权替代品的社会效益、发现侵权的缓解、其他的进入壁垒(包括其他形式的知识产权)等,以便恰当地估量对专利侵权行为的救济方法。[240] 制定这样的考查规则是一个雄心勃勃的工程,已经超出了本文的范围。然而,在这一点上,法院显然不应该坐视传统救济在某些案件中走得过远。[241]

相关地,我们应当针对《美国法典》第 35 编第 29 章第 283 条规定的禁令救济条款做出相应修改。《美国法典》第 35 编第 29 章第 283 条规定:"法院……可以按照公平原则颁布禁令,以法院认为合理的条件防止侵犯通过专利保护的任何权利。[242] 另外,这一规定不应旨在"防止侵犯通过专利保护的任何权利",而只应作为促进最优创新激励的措施。这种转变意味着,对适用于暂时和永久禁令的现行四因素考查(four-factor tests)应

---

[238] 参见 Aro Mfg. Co. v. Convertible Top Replacement Co. ,377 U. S. 476,507(1964)(描述损害赔偿分析问题,"如果侵权者没有被侵权,专利权人会做什么?"); Brooktree Corp. v. Advanced Micro Devices, Inc. ,977 F. 2d1555, 1579(Fed. Cir. 1992)("在专利案件中,与其他商业侵权行为一样,损害赔偿金是通过询问来衡量的:如果侵权者不承认错误,那么该人不合法的财务状况会怎样")。

[239] 参见本文第二部分。

[240] 参见 Anna B. Laakman, *An Explicit Policy Lever for Patent Scope* ,19 MICH. TELECOMM. & TECH. L. REv. 43,77(2012)("美国联邦巡回上诉法院应将内容因素明确纳入其专利范围确定。这包括研发成本、研发成本与仿制成本的比例、技术风险以及获得非专利替代品以获取发明的社会价值")。

[241] John Golden 认为以成本为重点的救济办法将面临评估困难。参见 Golden,前注 65,第 538 页。然而,目前的做法也充满了这样的困难。前注第 176—180 及其附文。因此,适当的判断是比较的,而今天的大多数情况并不能证明偏离基准,许多人都会这样做。见上文第三 C 部分。

[242] 35 U. S. C. § 283.

予以适当修改。㊽考查中的完全损害赔偿、不可弥补的伤害、不足的补偿以及困难方面只关注于对当事人的私人伤害,然而只有一个方面,即公共利益因素,才会涉及整个社会。根据专利救济的适当模式,即使专利权人可能遭到的损害无法通过经济赔偿弥补,相应地,也不能造成超过侵权人所承受的任何负担,禁令仍可能对社会造成不利影响。最终,禁令只应该是启动对于公共利益的分析,该公共利益不仅仅是公众利用发明的利益,也是在发明的创造性和商业化中的公共利益。㊾

最后,故意侵权的概念似乎不符合推动创新理念。在美国侵权法中,惩罚性赔偿通常是用于赔偿故意的(intentional)、蓄意的(willful)侵权行为,以便对有害行为产生更大的威慑。但侵犯专利权本身并不是有害的,侵权只会损害到专利权人无法获得足够促使其从事创新活动的机会而获得的补偿金额的程度。㊿正如我刚才所说,在很多情况下,一些侵权行为会提高整体社会福利。㊶在其他情况下,只要专利权人可以在诉讼中追回适当的损害赔偿,侵权行为是否故意均无调查意义。

相反地,故意侵权只能在以下两种确定损害赔偿的情形下发挥作用:(1)增加专利权人发觉侵权的难度;(2)(即通过相对于创新价值创造了成本高昂的诉讼需要)大幅度提高专利权人为其创新活动收取合适补偿的成本之时。在构建"不合法(wrongful)"行为方面的侵权条款中,美国国会和法院不合理地完全杜绝了一些以别的方式服务于有益目的第三方活动。㊷基于此,根据专利原则应该取消对"不合法"行为单纯施加作为"惩罚"的故意损害赔偿。相反,应该鼓励专利侵权行为达到以非最优方式降低创新激励的水平。

B. 支持专利法救济的监管模式

到目前为止,我认为所有的私法概念——合同、不动产和侵权,对专利权和专利救济办法都无法起到基础的作用。㊸更合适的模式应当是借鉴David Rosenberg对侵权制度

㊽ 参见 eBay Inc. v. MercExchange, L. L. C., 547 U. S. 388, 391(2006)[当下列因素受到重视时,认定禁令救济适用于专利权人:"①它遭受无法弥补的伤害;②法律上可用的救济办法(如金钱损害赔偿)不足以补偿这种损害;③鉴于原告与被告之间平衡的困难,因此保证公平的救济;以及④公共利益不会受到永久禁令的影响"];PHG Techs., LLC v. St. JohnCos., 469 F. 3d 1361, 1365(Fed. Cir. 2006)(注意到暂时禁令的因素是"①实体审判中专利权人成功的可能性;②不给予禁令的不可弥补的损害;③双方之间的困难平衡;④公共利益")。

㊾ 当然,"公共利益"当然不应该假设给予禁令会促进创新,因为美国联邦巡回上诉法院(Federal Circuit)一直不愿意这么做。参见 Celsis In Vitro, Inc. v. CellzDirect, Inc., 664 F. 3d 922, 931(Fed. Cir. 2012)["我们早已认识到专利制度在鼓励创新方面的重要性引用 Sanofi-Synthelabo v. Apotex, Inc., 470 F. 3d 1368, 1383(Fed. Cir. 2006)案"]。

㊿ 参见上文第二 C2 部分。

㊶ 参见上文第二 C2 部分。

㊷ 参见上文第二 C2 部分。

㊸ 在提出这一主张时,我并不否认历史上专利制度依赖于私人法律框架的观点。见 Kerr, 前注 81(提出专利法的"私法理论");参见 John M. Golden, *Patent Privateers: Private Enforcement's Historical Survivors*, 26 HARV. J. L. & TECH. 545, 第 547—550 页(2013)(提出"专利私有化"执法模式,"专利……是利用私法执法推动公共政策的手段,即"促进科学和实用技术的进步"的宪法制裁目标)。相反,我的观点是规范性的。

目标的"公法视野"所表达的观点。[249] 在公法模式下,不应当将专利视为授予专利权人的私人权利,而将专利视为赋予给专利权人一种私人检察官般的地位,使专利权人可以代表社会收取款项,然后立即单独地全额交付给专利权人,以便优化整个社会的创新激励。[250] 实际上,就公法模式而言,可以想象政府或政府与私人专利权人一起招致的专利侵权行为,亦应当向专利权人交付损害赔偿。[251] 然而,由于专利权人通常在任何特定情况下都能提供事实证据发挥积极作用,而且享有判决的直接利益,可以说是专利权成本最低的执行者。因此,专利权人通常会比政府(或某些第三方)更有效地代表社会收取损害赔偿。但是,重要的是,之所以将专利权人作为收款者,并不是因为专利权人对其遭受的损害有权获得私人权利补偿。[252]

在这方面,Shubha Ghosh 提供了一个有见地的专利法公共监管模式。在 Ghosh 看来,专利制度不应该以社会契约或私人财产为基础,而应该以"监管制度"为基础。[253] 换句话说,"专利是管理和组织市场的一种方式"。[254] 然而,Ghosh 就专利制度的结构得出了特别的结论,在我看来不一定符合监管模式。具体而言,他所提出的监管方法建议将知识产权法视为一种"保证博弈(assurance game)",即其中"每一个参与者都可以独立地被保证其他人不会模仿"。[255]

然而,没有一个先验的理由解释为何监管模式应接受任何专利法的博弈论观点而不是私法模式。无论我们通过何种透镜来看待解决这些问题的权利和救济办法,与专利法相关的潜在经济问题同样存在。相反,监管方法的目的应当更加普遍,需要考虑减少后续发明、重复性开发和寻租的潜在成本以及消费者的无谓损失和分配利益,来优化发明和商业化的激励措施。[256]

---

[249] 参见 David Rosenberg, *The Causal Connection in Mass Exposure Cases: A "Public Law" Vision of the Tort System*, 97 HARV. L. REV. 849(1984)(提出以管理目标为基础的侵权法的"公法"方法)。

[250] 参见 Golden,前注 248,第 612 页(专利法中的"私人检察官"概念对有效性挑战的限制);La Belle,前注 19,第 50—51 页(提出专利有效性挑战而不是作为一个整体的专利诉讼的"私人检察官"公法模式)。

[251] 参见 William Kingston, DIRECT PROTECTION OF INNOVATION,第 20—27 页(William Kingston 主编,1987)(这表明政府在某些类型的案件实施了侵权行为)。

[252] 当然,我们不妨将实质公平和分配正义的原则纳入公法体系,例如保护毕生的事业被盗用的独立发明人,而不必赋予传统的私人权利来充分推动这些目标。见 LOUIS KAPLOW 和 STEVEN SHAVELL, FAIRNESS VERSUS WELFARE,第 43—44 页(2002)(讨论道义上的"公平"约束如何对其他纯粹的后果主义制度施加限制)。

[253] Ghosh,前注 54,第 1387 页。Lemley 拒绝公共监管模式,理由是"规则过时,谈论知识产权作为规则的人通常这样做是为了诋毁它"。Lemley,前注 25,第 1074 页。在这里,我不建议将监管模式作为政治改革的手段,而是将知识产权视为适当的理论透镜。

[254] Ghosh,前注 54,第 1350 页;又见 LANDES 和 POSNER,前注 109,第 35—36 页(阐述国家在知识产权法律管理中的作用)。

[255] 参见 Ghosh,前注 54,第 1335—1336 页。

[256] 事实上,Ghosh 认识到"从专利法的角度来看,相关利益包括先驱发明家、后续发明家、营销人员、消费者以及研究与开发过程中反映的无数其他利益。"同上,第 1355 页。

五、结论

专利法救济的基本前提源于侵权法,这就意味着法院在侵权行为中应始终尝试对专利权人进行完全损害赔偿。在本文中,我已经驳斥了这个前提,认为专利法更根本的目标——促进创新——有时候要求对完全损害赔偿救济做出适当调整。具体来说,当专利仅涉及专利产品的组件,以及侵权者的转换成本过高的情况下,无论专利权人是否实施专利,更理想的救济措施是拒绝禁令救济并减少完全损害赔偿。此外,当禁令让消费者产生大量的无谓损失,导致在发明前的研发过程中出现大量重复性成本,或产生远远超出发明价值的交易成本时,禁令可能有碍于最优的创新激励。具体来说,在这些情况下,一些侵权行为可能是有益的;在其他情况下,譬如很难发觉的侵权,将损害赔偿提高到超出完全损害赔偿的水平,效果可能更加理想。

更一般地,我认为应使专利权人的权利恢复原状的概念是一项私法概念,其在确定专利法最优救济方面不应发挥重要作用。在此基础上,《专利法》的法定救济措施建立在了一个有缺陷的基础上。专利法救济措施不应该纠正私人当事人施加的"不合法",而应考虑到专利申请的各种社会成本来最优化创新激励。这种专利制度的公法视野本质上是监管性的,通过完全移除专利法救济的私法基础,专利制度将更好地发挥其推动创新的根本作用。

革新专利和反垄断交叉领域：
来自行为经济学的洞见[*]

Daryl Lim[**]

关键词：经济学、禁令救济、反垄断、专利劫持、反向劫持

一、引言

反垄断法适用起来十分棘手，在涉及创新时更是如此。在非专利案件中，法院已面临着一项很艰巨的任务，即消化市场数据，权衡相互对立的经济证据，以弄清企业的价格—产量决策的市场影响。[①] 专利案件带来了进一步的挑战。法院必须在相互冲突的叙事之间做出选择，而它们知道其判决会对多个行业的创新产生影响。[②]

限制专利权人的权利，可以使得专利技术更加便宜，还能促进专利技术的传播。然而，这也会有削弱创新激励的风险。相反，赋予专利权人不受限制的自由，会使得技术投资的风险较低且更为有利可图，但是被许可人和消费者将会为有关技术付出更多的代价而得到更少的回报。法院要在这两种叙事之间做出裁断，就必须想象一个不存在专利权人所指控之违法行为的虚拟世界，而将其与另一种情景进行比较。

---

[*] 本文原文发表于《贝勒法律评论》(Baylor Law Review) 第 69 期，第 125—193 页，2017 年出版，本中文译文已获版权方授权。

[**] Daryl Lim 为约翰·马歇尔法学院知识产权、信息和隐私法中心副教授、主任。感谢 Darren Bush、Peter Carstensen、Kristen Chang、Allen Kamp、Mike Jacobs 以及约翰·马歇尔法学院进修研讨会教师工作参与者所提供的见解。2017 级法学博士 Adam Ernette 和 2016 级法学博士 Ben Lee 对本文的编辑提供了重要的帮助。感谢副院长 Julie Spanbauer 批准了支持本文写作的暑期津贴。最后，同样重要的是，感谢 Abby Aldrich、Kyle Beckrich、Kate Fulkerson 以及所有那些促成本文付梓的《贝勒法律评论》工作人员。笔者对本文所有的错误和遗漏负责。

[①] Ill. Brick Co. v. Illinois, 431 U. S. 720, 731 – 732 (1977)（本案裁判强调了"'在实际经济世界而不是经济学家的假设模式中'对价格和产量决策进行分析的不确定性和困难"）。

[②] 例如，标准必要专利相关的争议不仅会对智能手机领域，而且会对"物联网"产生影响。参见 Kenie Ho, Internet of Things: Another Industry Patent War? Landslide (2015), http://www.finnegan.com/resources/articles/articles-detail.aspx? news = 1031eb8f-a92a-4dca-9664-0e6169ae819a。

人们普遍认为,United States 诉 Microsoft 案是开创性的知识产权和反垄断案件裁判。[3] 然而,即使是在该案中,哥伦比亚特区联邦巡回上诉法院也坦率地指出,"在被告没有实施排斥性行为(exclusionary conduct)的世界,原告和法院都不能信心十足地重现产品的假想技术发展情况"[4]。首席法官 Roberts 最近在 FTC 诉 Actavis 案的反对意见中提到,"从长远来看,专利政策包含了一系列关于竞争与激励创新之间恰当权衡的裁判",而"反垄断法的合理性规则(rule of reason)并非为了这些裁判而制定,也不适合用以作出这些裁判"[5]。在法官不确定他们是否有能力胜任就关于专利权人之行为对创新之影响相互冲突的叙事作出裁断的情况下,法院往往会顺从专利权人。[6]

法院受到了新古典经济学(neoclassical economic)思想的影响,认为市场会自动调节,而高科技行业发展得太过迅速,以至于反垄断法不能对之进行有效的监管。[7] 新古典经济学贯穿于现代反垄断事业,认为决策者可以准确地估量其决策的效用并将效用最大化。[8] 垄断利润激励创新,法院应提防低效率、失败的竞争者用反垄断法妨碍成功的专利权人。[9] 毫无疑问,如今"反垄断法对人的理性顶礼膜拜"[10]。

然而,新古典经济学的批评者认为这种看法"不切实际"[11],他们认为,相信自主调节

---

[3] 253 F.3d 34,79(D. C. Cir. 2001).

[4] 同上;Intel, Apple, Google, Microsoft, and Facebook: Observations on Antitrust and the High-Tech Sector, 2 ECKSTROM's LICENSING IN FOR. & DOM. Ops. Appendix 8E – EE,Microsoft 公司将其 IE 浏览器与 Windows 操作系统整合在一起。Microsoft,253 F.3d at 65,74,Microsoft 公司被指控进行掠夺性的设计变更,以让它能够在将其在个人电脑操作系统市场的优势应用于浏览器市场,同时还能抵御 Java 浏览器对 Windows 的威胁。

[5] FTC v. Actavis, Inc. ,133 S. Ct. 2223,2246(2013)(Roberts, C. J. , dissenting).

[6] 参见下文第二部分,同时参见 Rita Coco,Antitrust Liability for Refusal to License Intellectual Property: A Comparative Analysis and the International Setting,12 MARQUETTE INTELLECTUALPROPERTY L. REV. 1(2008)("尽管存在有利于知识产权的明显倾向,各法院给予了知识产权所有人不同程度的反垄断执法豁免,这包括从绝对豁免到不给予任何豁免之间的不同程度的豁免");Christopher R. Leslie,Rationality Analysis in Antitrust,158 U. Pa. L. Rev. 261,342(2010)("如今,反垄断判例法不恰当地对被告有利")。

[7] Ronald A. Cass,Antitrust for High-Tech and Low: Regulation, Innovation, and Risk,9 J. L. Econ. & Pol'y 169,169 – 170(2013)("传统的一般监管问题和具体反垄断执法问题,在高科技行业被夸大了。在该行业中,反垄断执法者了解和预测行业发展的能力十分有限,执法行动最有可能是以关于特定行为所产生的影响的未决断言为依据")。新古典经济学反映了芝加哥学派、后芝加哥学派和哈佛学派的影响,他们以理性人假设作为展开分析的核心原则。参见 William E. Kovacic,The Intellectual DNA of Modern U. S. Competition Law for Dominant Firm Conduct: The Chicago/Harvard Double Helix, 2007 Colum. Bus. L. Rev. 1,14 – 15(2007)("芝加哥/哈佛学派的双螺旋结构为如今的美国反垄断判例法提供了基本的知识 DNA,并且,它通过塑造法律规则,限制了反垄断机构的执法选择")。

[8] Gary S. Becker,THE ECONOMIC APPROACH TO HUMAN BEHAVIOR14(1976)(本文指出,人们"从一套稳定的偏见中最大限度地发挥其效用,并在各种市场上积累最优数量的信息和其他投入物")。

[9] Novell, Inc. v. Microsoft Corp. ,731 F. 3d 1064,1071(10th Cir. 2013)。

[10] 参见 Leslie,前注 6,第 265 页;Herbert Hovenkamp,The Antitrust Enterprise 134(2005)("全部反垄断事业都专注于企业理性行为这个命题")。

[11] Andreas Heinemann,Behavioural Antitrust: A "More Realistic Approach" to Competition Law,European Perspectives on Behavioural Law and Economics 2(Klaus Mathis 编辑,2015 年版)(本文建议,以行为经济学作为"专注于常常脱离市场实际之理论模型的芝加哥学派方法"的"急需"替代方案)。

的市场,而对反垄断执法持怀疑态度,会束缚法院处理专利滥用行为的能力。⑫ 神经科学和行为心理学的最新进展表明,法院可能会不愿意干预,部分原因为,相较于可能获得的收益,它们对于其裁判可能会造成的创新激励方面之损失的厌恶,尽管基于现有的法学方法这两者在很多案件中都具有不确定性。⑬

美国联邦最高法院最近在审理 FTC 诉 Actavis 案时作出的裁判,凸显了法院阐明专利应如何受到反垄断法监管的需要。美国联邦最高法院否定了一些下级法院采用的"专利权范围"方法,即如果有关行为在专利权的范围之内,专利权人则免于反垄断审查。⑭ 相反,当专利权人的权利对市场竞争造成反竞争性危害时,最高法院要求下级法院在界定专利权人的权限时,对专利政策和反垄断政策都予以考虑。⑮ 这一转变反映了最高法院的成熟和自信,它愿意要求各法院对专利权进行更仔细的反垄断分析,而它知道解决这个问题殊非易事。⑯

反垄断法规措辞简短,而美国联邦最高法院意识到,反垄断法具有以"新理念"进行革新的"活力"。⑰ 事实上,美国联邦最高法院在作出 Actavis 案裁判的两年后,在审理 Kimble 诉 Marvel 案时确认了国会托付给法院的以下责任,即积极地发展同样适用于专利和反垄断交叉领域的一般性反垄断法。⑱ 在法院拥有更多裁量权的"后 Actavis 案时代",专利和反垄断案件裁判结果的偏颇所造成的影响将会扩大。

本文主张,法院应当运用行为经济学(behavioral economics)的理念发展专利和反垄断交叉领域的判例法。行为经济学教导包括法官、专利权人、被许可人和消费者在内的

---

⑫ 参见下文第二部分。
⑬ 参见下文第二部分,同时参见 Matthew Sipe, *Patents, Antitrust, and Preemption*, http://papers.ssrn.com/sol3/papers.cfm?abstract_id=2743701("专利法与反垄断法之间仍有不协调之处,尽管人们在一个世纪以来进行了各种尝试以使得二者相协调"); Herbert Hovenkamp, *Antitrust and the Patent System: A Reexamination*, 76 Ohio St. L. J. 467, 511-512(2015)("总的来说,现有的文献对于特定专利或反垄断规则对经济绩效的影响几乎没有提出任何见解"); Benjamin Kern, *Innovation Markets, Future Markets, or Potential Competition: How Should Competition Authorities Account for Innovation Competition in Merger Reviews?* 37 World Competition: L. and Econ. Rev. 173, 173(2014), http://papers.ssrn.com/sol3/papers.cfm?abstract_id=2380130("法律工作者和经济学家对于创新的重要性有着广泛的共识,而对于到底应当如何把创新考虑在内仍存在争议")。
⑭ F. T. C. v. Actavis, Inc., 133 S. Ct. 2223, 2242(2013)。
⑮ 同上,第 2231 页。
⑯ 同上,第 2237—2238 页(指出最高法院裁判所带来的"难题",并将这留给下级法院去处理以建立有关规则)。
⑰ F. T. C. v. Actavis, Inc., 133 S. Ct. 2223, 2242(2013),同时参见 Joshua D. Wright, *The Antitrust/Consumer Protection Paradox: Two Policies at War with Each Other*, 121 YALE L. J. 2216, 2233(2012)("由于现代法规异常简短,国会给予了法院塑造反垄断规制的充分自由")。
⑱ 135 S. Ct. 2401, 2418(2015)。

人们以不完全信息应对世事,并且依靠启发法(heuristics)指引他们的行动。[19] 我们的很多行为都体现了启发法,它主要是帮助我们只用联想记忆来即时地理解这个世界。[20] 这些思考捷径绕过了对事实、价值和概率的费力计算。[21] 同时,计算和执行方面的偏见有时可能会把这些启发法引入歧途,[22]这既可以由个人造成,也可以由企业造成。[23]

计算方面的偏见会使得人们更愿意维持现状,从而更厌恶损失而不是渴望获得收益。[24] 维持现状的偏见让被许可人和消费者转向替代方案的意愿受到了影响。[25] 损失厌恶(loss aversion)会造成消费者对涨价的反应比对降价的反应更大。把这些偏见考虑在内的法院将能更准确地判断企业是否具有市场势力,这使得它们能够更好地就诸如专利劫持等主张作出裁决。[26] 损失厌恶也会降低法院在当事人诉称具有反竞争性危害的情况下进行干预的意愿。[27]

执行方面的偏见会对专利权人排斥性行为的合理性、该行为的实际竞争效应产生影响,最终也会影响法院的干预意愿。[28] 认为很少会发生不当排斥行为的法院可能会接受以下主张,即被指控的行为在垄断市场方面起不了作用,[29]而专利权人的辩护理由能促进竞争。[30] 举例而言,法院可能低估了消费者易受双曲贴现(hyperbolic discounting)影响的事

---

[19] 行为经济学可以追溯到诺贝尔奖得主 Herbert Simon 在 20 世纪 50 年代从事的关于"有限理性"的研究,它在 20 世纪 70 年代被确认为一门经济学学科,当时诺贝尔奖得主 Daniel Kahneman 和 Amos Tversky 提出了试错法,并提出了理性选择理论的一种替代模型。参见 Daniel Kahneman, Thinking, Fast and Slow 20 – 24(2011)(将人的行为分为无意识行为,非自愿行为,以及努力行为、故意行为、有意识行为和主动、故意、有意识和内省行为)。

[20] 同上,见第 416 页。

[21] 例如,有研究表明,1000 人中只有 1 个人会阅读网络购物条款及细则;不同于线下购物,人们可以非常精确地对此进行研究。参见 David Currie, Homo Economicus and Homo Sapiens: The CMA Experience of Behavioural Economics, New Zealand Commerce Commission Public Lecture, https://www. gov. uk/government/speeches/david-currie-speaks-about-the-cma-experience-of-behavioural-economics)(文章指出,这些条款的字数可以达到 29000 个单词。此外,移动电话消费者通常会低估或者高估他们的数据用量。大约 15% 的消费者有过度自信的倾向,他们须支付额外的流量费,而一半消费者却过于保守,他们会选择一个流量超过需求的套餐)。

[22] Samuel Issacharoff, *Can There Be a Behavioral Law and Economics*? 51 Vand. L. Rev. 1729,1732(1998)("行为研究表明,人类使用基本上有着缺陷的启发法以使得他们在不确定性条件下做出的选择简单化");EDWARD CARTWRIGHT, BEHAVIORAL ECONOMICS 27(2d ed. 2014);同时参见 David Berreby, Emonomics, N. Y. TIMES, http://www. nytimes. com/2008/03/16/books/review/Berreby-t. html.

[23] 参见 Heinemann,前注 11,第 4 页。

[24] Joshua D. Wright & Judd E. Stone II, *Misbehavioral Economics: The Case Against Behavioral Antitrust*,33 Cardozo L. Rev. 1517,1530 – 1531(2012)。

[25] 参见下文第四 D 部分。

[26] Matthew Bennett et al. , *The Jevons Colloquium: Behavioral Economics in Consumer Protection and Competition Law: What Does Behavioral Economics Mean for Competition Policy*? ,6 Competition Pol'y Int'l 111,111,114 – 116,120 (2010)。

[27] 参见下文第二部分。

[28] 参见下文第四部分。

[29] 参见下文第四 A1 部分。

[30] 参见下文第四 B3 部分。

实,双曲贴现相较于长期成本更偏向即时回报,而促使消费者做出最终对他们有害的决策。双曲贴现会影响人们对搭售、独占交易和其他类型的限制性许可条款的分析。[31]

金融界已经接受了行为经济学,政府也对之予以了贯彻。[32] 在知识产权法领域,学者们主张它可以影响对非显而易见性(non-obviousness)的分析,弄清专利侵权损害赔偿的数额,为激励创新展开更为细致的叙事。[33] 在反垄断法领域,学者们更普遍地主张行为经济学应在反垄断法领域发挥更重要的作用。[34] 但迄今为止,还没有人考虑过行为经济学在专利和反垄断交叉领域的作用。

在对这一问题进行开创性的研究时,本文阐释了启发法和偏见在专利和反垄断交叉领域所发挥的作用,确定了法院可以将启发法和偏见考虑在内的具体方法。如果将建立在新古典经济学基础上的反垄断法比作一个应用程序(App),那么,行为经济学就是一个补丁,而不是对现状的彻底检修。[35] 了解专利权人、被许可人、消费者和执法者如何做出决策的法院,可以更准确地将相互冲突的叙事置于具体情境中去理解并加以评判,从而给出更有效的救济措施。[36] 换句话说,行为经济学可以帮助法官更好地领会如何适用合理性规则以作出更为动态高效的裁判。

通过专利的视角,第二部分追溯了法院在适用合理性规制时被赋予裁量权,使得它们根据反垄断法对专利先是轻视、然后尊崇的情况。这种转变发生于知识产权产业对国

---

[31] 参见下文第四部分。

[32] Michael A. Salinger et al. ,*Economics at the FTC:Pharmaceutical Patent Dispute Settlements and Behavioral Economics* 17 (2007), https://www.ftc.gov/sites/default/files/documents/reports/economics-ftc-pharmaceutical-p ent-dispute-settlements-and-behavioral-economics/salingerschragippolito_rio2007.pdf;参见 RICHARD BREALEY & STEWART MEYERS, PRINCIPLES OF CORPORATE FINANCE 333–336(10th ed. 2011)(本文阐明了"有效市场假设"的不合理之处)。

[33] William Hubbard, *The Debilitating Effect of Exclusive Rights:Patents and Productive Inefficiency*, 66 Fla. L. Rev. 2045, 2051(2014)("因此,专利法学者并没有意识到,企业和个人往往不会使其利润最大化,而这个被忽视的经济学洞见与位于现行专利政策核心的基本假设相矛盾"); Thomas F. Cotter, *Patent Damages Heuristics*, 24 Texas Intell. Prop. L. J. (forthcoming,2017)("相较于要求专利权人拿出严谨的证据来证实他们主张的损害赔偿数额的方方面面,采用损害赔偿数额启发法可能会更好地服务于公共政策"); Cynthia M. Ho, *Drugged Out:How Cognitive Bias Hurts Drug Innovation*,51 San Diego L. Rev. 419,426(2014)(本文认为,"制药公司和某些学者持有特定的理论模式,它们被确认偏误加强,并通过不断重复被传播给政策制定者等人")。

[34] Allan L. Shampine, *The Role of Behavioral Economics in Antitrust Analysis*, 27 Antitrust Aba 65, 67–70(2012)("即便是通过秘密的方式,行为经济学已经进入了反垄断分析,而这种现象似乎还会持续");参见 Amanda P. Reeves & Maurice E. Stucke, *Behavioral Antitrust*, 86 Ind. L. J. 1527, 1544(2011)(英国竞争主管机关报告说,行为经济学"能够提供更为优质的竞争评估,能够为反垄断法律标准带来更多的基于经验的假设,还能带来更有根据的反垄断执法。");一般参见 Currie, 前注 21。

[35] 参见 Bennett, 前注 26 第 129 页(该文指出,虽然偏见会影响市场进程,但是它们并不会破坏当前的分析机制,而是一种市场失灵的形式)。

[36] Christopher R. Leslie, *Can Antitrust Law Incorporate Insights from Behavioral Economics?*, 92 Tex. L. Rev. 53, 61(2014))("行为经济学路径承认,有时会出现与理性相背离的情况,而为了在具体案件中解读证据,弄清出现这种情况的原因非常重要")。

民经济的重要性凸显、新古典经济学兴起的同时。该部分还指出,在向反垄断政策对专利权人的顺从能促进创新这个观念提出三项质疑观点之前,追求动态效率会导致反垄断方面的懈怠。这些质疑观点是:(1)顺从小看了(专利权人行为的)反竞争性危害,低估了从干预中得到益处的价值;(2)法院对于通过反垄断法管制创新的不安感相互矛盾:它们担心在处理排斥性滥用行为时会出错,但是在处理纵向限制和经营者集中分析时却出人意料的信心十足;(3)从专利政策的角度看,对专利百依百顺很有问题。

第三节指出,Actavis 案裁判提出的以合理性规则对法律准许之专利行为进行审查的要求,也会对形成连贯、可预测的审查框架构成挑战。笔者认为,Kimble 案裁判使得法院能够吸收来自行为经济学的洞见。法院这么做时,能更加意识到它们自己和当事人的认知偏见,这使它们有机会作出更为动态高效的裁判。

第四节回应了人们对专利和反垄断交叉领域最为相关的行为经济学提出的三种批评:(1)非理性行为与反垄断分析无关;(2)行为经济学不能提供具有可预测性的反垄断分析;(3)行为经济学的实验是传闻逸事,不能为反垄断提供具有普适性的组织原则。继而,第四部分指出,行为经济学在以下四个方面可以帮助法院作出更好的裁判:(1)对比哥伦比亚特区联邦巡回上诉法院在审理 Microsoft 案时和审理 Rambus 案时分别采用的判定标准,对比最高法院在审理 Actavis 案时和审理 Kimble 时分别采用的判定标准,分析(专利权人行为)的反竞争性危害和促进竞争的正当理由;(2)吸取 Aspen Skiing 案、McWane 案和 Intellectual Ventures 案等判例的经验教训,提高意图的作用,进而赋予法官相应的裁量权;(3)吸取 Kodak 案和 FRAND(公平合理、无歧视)诉讼的经验教训,判定是否存在市场势力和售后市场(aftermarkets)的锁定效应(lock-ins,亦称套牢效应);(4)借鉴欧盟 Microsoft 案判决,构建更精密的救济措施。我们探讨了过去的、最近的和正在审判中的案件,以阐明前述各方面的内容。第五部分指出了未来的研究方向,并给出了本文的结论。

二、"理性之光"是否在知识产权案件中起作用

在专利和反垄断交叉领域,反垄断法的宗旨是降低消费者的成本,其手段是禁止出现或者纠正专利权人以危害企业间活跃竞争的方式取得、增强或者维持市场势力的局面,而不论这是发生在专利权人的授权许可或者诉讼活动中,还是发生在他的企业并购活动中。[37] 利益的争夺难免会产生赢家和输家,而法院需要分辨哪种损失应该得到尊

---

[37] HERBERT HOVENKAMP ET AL., IP AND ANTITRUST: AN ANALYSIS OF ANTITRUST PRINCIPLES APPLIED TO INTELLECTUAL PROPERTY LAW § 1.01 – .03[A](3d ed. 2017).

重,哪种损失应该予以矫正。未来竞争过程的不可预测性,使得法院很难适用反垄断法进行这种区分。[38]

法院试图以"理性之光"[39]暨"合理性规则"对上述问题作出裁判。[40] 合理性规则在谴责降低消费者福利之限制行为的同时,免除了具有净促进竞争效果之限制行为的责任。[41] 限制产量或者提高价格的被告,必须证明这会产生抵消功效才能为自己开脱。[42] 在理论上,法官在每种效果间进行权衡,就像 Benjamin Franklin 运用"审慎代数"对其决定的利弊进行权衡一样。[43] 令人惊讶的是,法院在实践中几乎从未进行过这种权衡。[44] 相反,法院审理案件依靠的是"预感、信念和直觉"。[45]

如果原告未能提供可证明有反竞争性危害的可信的归责证据,或者被告给出了可证明有促进竞争效果的可信的免责证据,法院会对有关指控进行处理。[46] 基于合理性规制作出的判定变化很大,这是因为,"可以用许多方式建立经济模型,而它们的结论往往更多地取决于这些模型的基本假设,而不是取决于通过实际调查活动得出的数据。"[47] 法院从规范的视角看待专利权,这种规范视角具有决定性,而以下几个因素会扭曲这个视角。

第一,法院对创新是否受到危害做出的风险评估必然是主观的。风险有助于法官在

---

[38] William E. Kovacic, *Antitrust in High-Tech Industries:Improving the Federal Antitrust Joint Venture*,19 Geo. Mason L. Rev. 1097,1100(2012)("即使内行的裁判者以最快的速度行动,传统的反垄断法庭发现,很难对诉讼发生时出现的产生变革做出解释,也很难准确地预测具体的救济措施会对将来的竞争造成什么影响")。

[39] Standard Oil Co. of N. J. v. United States,221 U. S. 1,63 – 64(1911)("通过确定不能免受处罚而逾越的隐蔽边界(清楚地确立一个标准),而将特定行为或者合同是否属于专利法的调整范围这个问题,留给法院在具体案件中凭借理性之光进行判定,而这理性之光受到了法律原则、适用和实施反垄断法所体现之公共政策的义务的引导")。

[40] 同上,第 66 页。

[41] Rebel Oil Co. v. Atl. Richfield Co.,51 F. 3d 1421,1433(9th Cir. 1995)("竞争的减少不会触犯《谢尔曼法》,除非这会损害消费者福利")。

[42] United States v. Microsoft Corp.,253 F. 3d 34,59 – 60(2001)。

[43] Letter from Benjamin Franklin to Joseph Priestley(1772), http://www. procon. org/view. background-resource. php? resourceID = 1474;同时参见 Albert A. Foer, *On the Inefficiencies of Efficiency as the Single-minded Goal of Antitrust* 39(The American Antitrust Institute, Working Paper No. 14 – 02,2014), http://www. antitrustinstitute. org/sites/default/files/WorkingPaper14 – 02. pdf.

[44] Herbert Hovenkamp, *Implementing Antitrust's Welfare Goals*,81 Fordham L. Rev. 2471,2496(2013)("反垄断政策几乎从不进行权衡考量,除非是没有什么可以放在天平的一侧,或者是权重差异是如此巨大、而使得权衡平衡的结果简单明了");Adriaan Ten Kate, Sr., Hundred Years Rule of Reason versus Rule of Law 9, http://papers. ssrn. com/sol3/papers. cfm? abstract_id = 2795797(本文指出,"过去 15 年里,美国联邦法院适用合理性规则作出裁定的近 300 个案件中,只有 6 个案件是由法院采用对促进竞争的效果和反竞争性效果的权衡方法作出裁定")。

[45] Robert Pitofsky, *The Political Content of Antitrust*,127 U. Pa. L. Rev. 1051,1065(1979)("遵循经济方针的反垄断执法业已包含了大量的预感,信念和直觉");参见 Kate, Sr., 前注 44 第 9 页("因而我的结论是,实际上没有一个案件是由法院采用书本里的权衡方法作出的裁判")。

[46] ANDREW I. GAVIL, WILLIAM E. KOVACIC & JONATHAN B. BAKER, ANTITRUST LAW IN PERSPECTIVE:CASES, CONCEPTS AND PROBLEMS IN COMPETITION POLICY(2d ed. 2008)(该书指出,法庭实际上不会在促进竞争辩解和反竞争性效果之间进行权衡)。

[47] 参见 Kate, Sr.,前注 44,第 6 页。

相互冲突的叙事之间作出裁断时认识和应对不确定因素。相应地,它们对风险的评估取决于它们所选择的衡量标准,而"有关选择很有可能会受到对某种结果之偏好的影响"。[48] 例如,损失厌恶就是一种"强大的保守力量",这使得人们不愿意进行干预。[49] 较之于干预正确时决策者可得到的未来收益而言,他们更看重他们的错误所造成的未来损失。[50]

第二,法院会下意识地用简单的答案代替更难的答案。允许专利权人对被许可人施加专利回授或者独占交易的要求是否会损害创新,面对这个问题,法院必须消化复杂的定性证据和定量证据。这种强力关注可能会促使它们转而试图回答一个更简单、更相关的问题 ——"我怎么看待专利权?"[51]这种把难以回答的问题替换为简单问题的情感启发法,可以让决策者在干预的收益和风险之间进行难以置信的、高水平的相关性(比对)分析。[52]

行为学专家 Daniel Kahneman 指出,情感启发法"创建了一个比现实世界更井然有序的世界,这让我们的生活更简单。在这个我们栖居的想象世界中,好的技术成本很低,不好的技术不会带来任何收益,所有的决策都很容易。"[53]在面对专利技术具有优势这种主张时,对相应技术有好感的人会认为收益大、风险小,而即便不存在任何有关这些风险的证据,他们的风险评估也会改变。[54]

同样地,那些面对专利技术风险很低这种主张的人,也会对相应技术的益处产生更有利的看法。"当然,我们在现实世界中经常会面临在收益和成本之间进行痛苦的权衡取舍的问题。"[55]Kahneman 所说的"收益和成本"无疑是反垄断合理性规则的核心。然而,行为经济学认为法院很少采用了这种权衡方法,哥伦比亚特区联邦巡回上诉法院在审理 Microsoft 案时对此予以承认,这更证实了这种看法。要想找到这个理论谜图的缺失部分,"一页历史抵得上一大堆逻辑"。[56]

---

[48] 参见 Kahneman,前注 19,第 141 页。
[49] 同上,第 305 页。
[50] 同上,第 302 页("对于未能实现目标的厌恶感,远远强于超出目标的欲望")。
[51] 同上,第 12 页(本文给出了以下事例,某位企业高管被问到是否应当投资福特公司的股票时,这位高管将该问题替换为他是否喜欢福特汽车这个问题)。
[52] 同上,第 139 页。
[53] 同上,第 140 页。
[54] 同上,第 139 页。
[55] 同上,第 140 页。
[56] N. Y. Trust Co. v. Eisner,256 U. S. 345,349(1921)。

A. 摇摆不定的专利权

反垄断法在顺从和怀疑知识产权之间来回摆动。[57] 这方面表现最为明显的,是反垄断法对专利权的态度。[58] 最早自 1641 年以来,专利权已经成为了美国创新的代名词,在那一年,马萨诸塞州议会授予 Samuel Winslow 对一种新的制盐工艺为期 10 年的专有权。[59] 美国独立后,专利权与国会管理贸易、设立邮局和宣战的权力一道被载入了宪法。[60]

专利权通过界定专利技术的保护范围、明确侵害该范围的情形以促进创新。[61] 能够禁止他人未经授权使用有关技术的专利权人,可以在一定期限内运用他们的专利技术,从而收回对其发明进行开发和商业化时所投入的时间和精力。[62] 受到获利保证的驱使,发明人会开发新的产品和方法,而这会推动现有技术的发展。[63] 如果不存在专有权,宝贵的商业创意及其实施方案立即会被抄袭,从而导致"自由竞争的市场失灵"。[64]

美国联邦贸易委员会前主席 Bill Kovacic 指出,专利技术"不仅带来了非常棘手的、由核心反垄断问题演变的新问题,而且提出了周密的挑战,这对现有反垄断规则的关键处施加了极大的压力。"[65] 之所以会出现这种困境,是因为限制专利权的竞争效果还不明

---

[57] 参见 Jeffrey I. D. Lewis & Maggie Wittlin, *Entering the Innovation Twilight Zone: How Patent and Antitrust Law Must Work Together*, 17 VAND. J. ENT. & TECH. L. 517, 523–539(2015)。

[58] 参见 Hovenkamp,前注 13,第 468 页("自从颁布《谢尔曼法》以来,联邦反垄断法一直在关于竞争政策与专利制度间关系的极端立场之间循环往复")。

[59] U. S. Const. art I., § 8, cl. 8.

[60] America's Founding Documents, National Archives, http://www.archives.gov/exhibits/charters/constitution_transcript.html.

[61] Robert Taylor, *A Short History Lesson on Patent Policy*, IP WATCHDOG, http://www.ipwatchdog.com/2015/06/21/a-short-history-lesson-on-patent-policy/id = 58833/("可强制执行的专利权对开发这种产品所需的资金,时间和精力投入提供了唯一可行的解释");同时参见 William E. Kovacic, *Intellectual Property Policy and Competition Policy*, 66 N. Y. U. ANN. SURV. AM. L. 421, 424(2011)("专利保护对于从资本市场吸引资金、促进授权许可和合营关系而言至关重要")。

[62] 35 U. S. C. § 154(a)(1)(2012);参见案例 Kewanee Oil Co. v. Bicron Corp., 416 U. S. 470, 480(1974)("通过授予发明人一定期限内的专有权,以激励他承担在时间、研究和开发方面往往巨大的成本风险",专利法促进了科学进步")。

[63] Verizon Commc'ns, Inc. v. Law Offices of Curtis V. Trinko, LLP, 540 U. S. 398, 407(2004)("有机会收取垄断价格,至少是在短时间内如此,从一开始就是吸引"商业才智"的地方;这促使人们从事会产生创新和促进经济增长的冒险行为。为了保障创新激励,我们不能将某人拥有垄断权认定为违法,除非他在此之外还从事了反竞争性行为")。

[64] Rudolph J. R. Peritz, *Taking Antitrust to Patent School: The Instance of Pay-For-Delay Settlements*, 58 ANTITRUST BULLETIN 159, 162(2013)。

[65] 参见 Kovacic,前注 38,第 1100 页。

确,支持宽松或者严格标准的主张都尚无定论。⑥⑥ 在这种情况下,法官的偏见会使结果偏向与法官的世界观相一致的理论模型,以及他或她认为有说服力的证据。⑥⑦

美国联邦最高法院指出,法院在20世纪早期对专利权毕恭毕敬,这建立在以下假设的基础上,即由于"专利法的客体就是垄断权",专利权赋予了权利人"行使或者出让专利法规定的权利方面"的"绝对自由"。⑥⑧ 这段时期,反垄断法也遭人看轻,它被用以管制劳动联合组织而不是资本方。⑥⑨

从20世纪30年代起,法院对专利权怀有敌意,而对专利权的反垄断敌意在1970年达到顶点,这一年,美国司法部反垄断局发布了会引发反垄断质疑的专利许可方面的"九不准"行为。⑦⑩ 法院还将专利权视为市场竞争的麻烦障碍,而对专利法规定的权利做限缩解释以支持反垄断法的适用。⑦① 随着新古典经济学在20世纪70年代后期的兴起,钟摆开始朝顺从专利权的方向摆动,专利权范围这个标准被重新启用,以保护专利权免受反垄断法的规制。⑦② 在新古典经济学的兴盛期,有三个重要因素加强了它的影响。

第一,新古典经济学深切关注反垄断干预的成本。⑦③ 应该说,新古典经济学的以下做法值得赞赏,它引导反垄断执法远离了本身违法规制(per se illegality)的民粹主义和

---

⑥⑥ Bonito Boats, Inc. v. Thunder Craft Boats, Inc., 489 U.S. 141, 148, 151(1989)(法院指出,专利法对"自由使用思想"这个通则创建了一个"例外",它投身于以下"艰苦工作",即在那些对公众而言应当设立排他性专利权障碍的东西与那些不应当如此的东西之间划定界限")。

⑥⑦ Marina Lao, *Ideology Matters in the Antitrust Debate*, 79 Antitrust L. J. 649, 653(2014).

⑥⑧ Bement v. Nat'l Harrow Co., 186 U.S. 70, 91(1902).

⑥⑨ Daniel A. Crane, *The Unrealized Congressional Vision for the FTC and Its Historic Performance as a Law Enforcement Agency*, Competition Pol'y Int'l(2014), available at https://www.competitionpolicyinternional.com/assets/Uploads/CraneMAY-141.pdf.

⑦⑩ Bruce B. Wilson, Deputy Ass't Atty. Gen., Antitrust Div., Dep't of Justice, Patent and Know-How License Agreements: Field of Use, Territorial, Price and Quantity Restrictions, Remarks Before the Fourth New England Antitrust Conference 9(Nov. 6, 1970).

⑦① 参见美国贸易委员会,To Promote Innovation: The Proper Balance of Competition and Patent Law and Policy 18, http://www.ftc.gov/os/2003/10/innovionrpt.pdf;另见 Hovenkamp,前注13,第476—479页("诚然,这种做法在20世纪70年代初还有些道理,当时……反垄断政策对很多行为,尤其是对我们如今视为在经济上无害的纵向行为,都持有不合理的敌意。封闭的花园保护了专利权免于反垄断法的过分扩张。但是,如今局面发生了转变,过分扩张走向了另一个方向")。

⑦② WARD S. BOWMAN, JR., PATENTS AND ANTITRUST LAW(1973)(本书中,作者将专利权想象为保护其范围内一切的封闭花园);同时参见关于 Ciprofloxacin Hydrochloride Antitrust Litig., 544 F. 3d 1323, 1333(Fed. Cir. 2008)(法院承认,"属于'444号专利范围内的任何负面的反竞争性效果,都不能通过反垄断法予以纠正");abrogated by F.T.C. v. Actavis, Inc., 133 S. Ct. 2223(2013)。

⑦③ Verizon Commc'ns, Inc. v. Law Offices of Curtis V. Trinko, LLP, 540 U.S. 398, 414-15(2004).

形式主义,而转向更为细致精密的"以效果为准"的判定标准。[74] 在新古典经济学的影响下,法院摒弃了专利权赋予市场势力的推定。[75] 在反垄断案件中,原告必须证明被告在相关市场拥有垄断势力,且后者犯有以下恶行,即"故意取得或者维持垄断势力,而这不同于因优质产品、商业才智或者历史偶然而造成的垄断势力的增长或者发展。"[76]对于专利和反垄断交叉领域而言,重要的是,"为了保障创新激励,我们不能将某人拥有垄断权认定为违法,除非他在此之外还从事了反竞争性行为。"[77]

同时,受新古典经济学影响的判例还警告人们当心误报(false positives)以及由此产生的对有效率行为的寒蝉效应,[78]它还警告说,适用合理性规则可能很棘手,因为"与合法竞争的方式一样,非法排斥竞争的方式也是无穷无尽的"[79],而"推断以及由此产生的错误责难'代价很大,因为它们恰恰抑制了反垄断法旨在保护的行为。'"[80]这可能会导致"任意武断,效率低下和严厉高压",而且会"侵害财产权和贸易自由,进而抑制个性、主动性和创造性"。[81] 明智的选择是什么都不做,但如果必须做些什么,人们应该慎之又慎,因为"竞争性行为和排斥竞争的行为看起来很像"。[82]

第二,法院试图控制它们眼中的私人反垄断诉讼祸患。[83] 法院为反垄断诉讼的原告设置了许多障碍,这使得被告更容易在简易判决中、在后来的请求驳回起诉阶段,消灭原

---

[74] Douglas H. Ginsburg & Derek Moore, *The Jevons Colloquium: Behavioral Economics in Consumer Protection and Competition Law: The Future of Behavioral Economics in Antitrust Jurisprudence*, 6 COMPETITION POL'Y INT'L 89,89(2010); James C. Cooper & William E. Kovacic, *Behavioral Economics and Its Meaning for Antitrust Agency Decision Making*, 8 J. L. ECON. & POL'Y 779,779(2012)("在美国的所有监管领域中,反垄断法最为依赖经济学以指导法律规制的创设和适用"); Stefan Buehler, *Common Errors and Misunderstandings in Competition Law: An Economist's View* (2012), available at https://papers.ssrn.com/sol3/papers.cfm? abstract_id = 2206317("如今人们普遍认为,竞争法在许多市场中的正确适用,需要对应用微观经济学、尤其是产业组织理论和应用计量经济学有充分的了解"); Edward D. Cavanagh, *Antitrust Law and Economic Theory: Finding A Balance*, 45 Loy. U. Chi. L. J. 123,127 - 28(2013)("如今,经济学和计量经济学位于反垄断分析的前线和中心,一旦当事人动用了律师,首先召唤的就是经济学专家")。

[75] Ill. Tool Works Inc. v. Indep. Ink, Inc., 547 U. S. 28,45(2006)。

[76] United States v. Grinnell Corp., 384 U. S. 563,570 - 571(1966)。

[77] Verizon Commc'ns, 540 U. S at 407。

[78] 同上,第399—400页。

[79] 同上,第414—415页,引用 United States v. Microsoft Corp., 253 F. 3d 34,58(D. C. Cir. 2001)。

[80] 同上,第414页。

[81] Eleanor M. Fox, *The Battle for the Soul of Antitrust*, 75 Calif. L. Rev. 917,917(1987)。

[82] Frank H. Easterbrook, *When Is It Worthwhile to Use Courts to Search for Exclusionary Conduct?* 2003 Colum. Bus. L. Rev. 345,345(2003)。

[83] See Gregory G. Wrobel et al., *Judicial Applications of the Twombly/Iqbal Plausibility Standard in Antitrust Cases*, 26 Antitrust8,8(2011)(作者发现,从2007年法院作出 Towmbly 案裁判到2011年,在美国联邦巡回上诉法院或者联邦地区法院审理反垄断案件时被告提出的驳回起诉的申请作出的278份裁决中,法院在其中74%的裁决中驳回了一项或者多项反垄断诉讼请求)。

告的诉讼请求。[84]反垄断诉讼不仅进度缓慢,而且花费颇巨,这使得反垄断执法在限制真正的反竞争性行为方面不起作用。[85]

第三个因素不仅与前两个因素同样重要,而且可能是影响专利和反垄断交叉领域的最强力量。动态效率,或者通过技术进步提高社会福利,是反垄断政策的圣杯。[86]动态效率是大部分经济增长和消费者福利提高的主要原因。[87]因奖励创新而带来的收益,很容易超出因增强价格竞争而实现的静态效率(所带来的收益)。[88]反过来说也成立:抑制创新对经济造成的伤害更甚于抑制价格竞争的伤害。因此,有一种信念认为,我们最好通过顺从专利权来实现动态效率。[89]

B. 通过顺从专利权实现动态效率:号召不作为

在具有动态效率的市场,在激励创新所需要的程度上,专利权人因其投资风险和天赋而获得奖励。[90]那些想要维持超越竞争性回报的企业,必须开发具有商业价值的新产品或方法。如此一来,竞争会促成更有效率的资源配置,促使企业降低成本,并且促进创新。

找出最佳平衡需要实现价格和创新的权衡,这是一项很困难的任务,因为产品和方法变化很快,而对相关市场界定、市场势力和竞争效果的分析,需要了解这些市场是如何运作的。[91]例如,很难弄清是哪些因素使得企业具有了市场支配地位,哪些因素影响了支配地位的持久性,以及哪些因素会削弱这种支配地位。[92]

---

[84] 参见案例 Bell Atl. Corp. v. Twombly,550 U. S. 544,554(2007),同时参见 Cavanagh,前注 74,第 127—128 页。("有些反常的是,美国联邦最高法院似乎是通过以下方式来解决这个问题,即倡导初审法院从一开始就驳回这些案件,而不要冒着作出错误裁判的风险,进行昂贵而漫长的审判。显然,讽刺的是,一方面,最高法院鼓励初审法庭接受经济方面证据;而另一方面,法院又认为这种证据过于复杂,法官和陪审团难以处理")。

[85] 参见 David J. Teece & Mary Coleman, *The Meaning of Monopoly: Antitrust Analysis in High-Technology Industries*, 43 ANTITRUST BULL. 801,810(1998)(本文认为,科学进步会使得涉案技术过时)。

[86] Richard M. Brunell, *Appropriability in Antitrust: How Much Is Enough*? 69 Antitrust L. J. 1,39(2001)(本文指出,"虽然'静态效率'是新古典经济学的传统范畴",但是"承认动态效率比分配效率对经济福利更为重要这个事实,会大大降低后者的标准地位")。

[87] Bill Baer, Assistant Attorney General Antitrust Division, U. S. Department of Justice Remarks as Prepared for the Chatham House Conference on "Politicization of Competition Policy-Myth or Reality?"(June 18,2015)("经济学家早就已经意识到,这些类型的创新是大部分经济增长和消费者福利提高的主要原因")。

[88] ELEANOR M. Fox, THE EFFICIENCY PARADOX, HOW THE CHICAGO SCHOOL OVERSHOT THE MARK 77(Roberts Pitofsky ed. 2008)。

[89] 美国司法部与美国联邦贸易委员会,《知识产权许可反垄断指南》(1995 年 4 月 6 日),http://www.justice.gov/atr/public/guidelines/0558.html("知识产权法和反垄断法拥有促进创新、提高消费者福利这个共同目标")。

[90] United States v. Line Material Co. ,333 U. S. 287,320(1948),(Douglas 法官,并行意见)("[宪法]使得公共利益成为专利制度中的首要关切")。

[91] 参见 Kovacic,前注 38,第 1100 页("当反垄断执法机关或者法院必须判断现有技术和有取代现有技术之势的新技术相比谁更重要时,界定相关市场、衡量市场势力可能会极其困难")。

[92] 参见 Cass,前注 7,第 194 页。

— 371 —

过去几十年里，民主党和共和党政府都在努力将动态效率纳入反垄断分析，这致使反垄断政策在没有证据表明专利顺从会带来态效率收益的情况下，认定高额售价和市场进入限制正当合法。[93] 这种政策认为"最大限度地运用手段能够最大限度地实现目的，更高的知识产权保护程度自然会促成更多的创新，进而促成更多的进步。"[94]事实上，大型的制药、软件和电子消费品企业推销的一贯叙事即为，"必须对专利进行最大化保护，因为这代表了美国在全球市场中仅剩的竞争优势。"[95]

虽然法院偶尔会尝试去明确新古典经济学范式与干预模式之间的平衡，但是，这都没有得到广泛的应用。[96] 法院从本身违法规则转向了以下叙事，即专利赋予的财产权是对努力、冒险行为和聪明才智的奖励，应当通过反垄断法的顺从对这种财产权予以尊重。[97] 法院的假设是，垄断势力和收取垄断售价吸引了促进创新和经济增长的商业才智和冒险行为，从而维持了自由市场。[98] 具有市场势力的企业能更好地投资和引导技术进步，而更能确保产生动态高效的结果。[99] 相反，竞争会使得价格降低，但也会抑制创新。[100]

法院对拒绝许可的看法，为其他类型的许可限制定下了基调。原因在于，如果专利权人拥有与不同被许可人进行交易的绝对权利，那么，任何限制性条件，不论它有多繁重，都只不过是反映了专利权人拥有的决定专利技术使用条件的特权。法院赋予该特权的自由度，也取决于它在多大程度上赞同专利权和创新之间的线性关系。举例而言，Gorsuch 法官在审理 Novell, Inc. 诉 Microsoft Corp. 案时指出，"迫使企业互相帮助，也会有降低双方的创新、投资和扩张动力的风险，这种结果还是与反垄断的目标不一致。如果垄断企业知道它创造的任何东西都可能会被强制对外分享，那么，这可能让它对于投

---

[93] 参见 Ronald A. Cass, *Antitrust and High-tech: Regulatory Risks for Innovation and Competition*, 14 ENGAGE 25, 30 (February 2013), 一般参见 Thomas Cheng, *Putting Innovation Incentives Back in the Patent-Antitrust Interface*, 11 NW. J. TECH. & INTELL. PROP. 385 (2013)。

[94] Rudolph J. R. Peritz, *Competition within Intellectual Property Regimes—The Instance of Patent Rights Intellectual Property and Competition Law: New Frontiers*, 5 (2011), http://papers.ssrn.com/sol3/papers.cfm? abstract_id = 2084236.

[95] 参见 Peritz, 前注 64, 第 163 页。

[96] 参见 Michael A. Carrier, *Refusals to License Intellectual Property After Trinko*, 55 DePaul L. Rev. 1191, 1209 (2006) (本文指出，法院对拒绝知识产权许可采取了不同的态度，而美国联邦最高法院对拒绝知识产权许可的顺从趋势，往往会"对下级法院作出的为拒绝许可提供绝对或者近乎绝对豁免权的裁判提供支持")。

[97] 参见 Peritz, 前注 64, 第 161 页 ("出现的是一种强大的意识形态，即专利权是天才的应得回报，是对最高水平智力竞争获胜的商业奖励。有鉴于此，对专利权保护的任何扩张，都被赞颂为是对绝对天赋权利的更全面保护")。

[98] Verizon Commc'ns, Inc. v. Law Offices of Curtis V. Trinko, LLP, 540 U.S. 398, 407 (2004).

[99] JOSEPH A. SCHUMPETER, CAPITALISM, SOCIALISM, AND DEMOCRACY 106 (George Allen & Unwin 1976) (1943).

[100] Jennifer E. Sturiale, *Compulsory Licensing of Intellectual Property as Merger Remedy: A Decision-Theoretic Approach*, 72 LA. L. REv. 605, 610 (2012).

资、创新或者扩张(甚至一开始进入市场)望而却步;在小企业知道它有权攀附利用其大型竞争对手的情况下,它也会对此望而却步。"[101]

这种叙事进而认为,允许专利权人限制他人对其技术的使用,而要求竞争对手开发他们自身的竞争性技术,能够促进竞争。这很可能扩大之前讨论的损失厌恶偏好。如果在法院进行干预时没有避免危害动态效率的适当方法,那么,反垄断会越来越无所作为。[102] 只有超出专利权范围的行为才会受到反垄断审查,例如那些利用专利权在附属市场创建另一种垄断的行为,[103]而不论专利权人是通过欺骗取得了该专利权,还是通过虚假诉讼主张该专利权。[104]

行为经济学指出了这种无所作为的另一个原因。法官和政府官员预料到了他们的裁决会受到人们后见之明的审视,这使得他们"极其不情愿冒风险。"[105]我们往往会因好的决定事后证明很差且忽略了事后看来很明显的证据而责怪决策者。[106] 人们往往会在重建以前的观念时修正当前的观念,而不认为他们曾经有不同的想法或者感受。[107] 因此,后见之明的偏见,使得观察者根据结果好或不好,而不是据之作出裁判的方法是否合理,来评价限制专利权人行为的裁决的质量。[108] "(决策事后的)结果越糟糕,后见之明的偏见就越大。"[109]科技是国家最重要的经济引擎,审理专利—反垄断案件的法院会担忧其作出的裁判可能会对科技产生的影响。[110]

试图通过顺从专利权人而在反垄断领域实现动态效率存在一个主要问题,那就是无

---

[101] 731 F. 3d 1064,1073(10th Cir. 2013).

[102] Maurice E. Stucke, *Money, Is That What I Want?*: *Competition Policy and the Role of Behavioral Economics*, 50 SANTA CLARA L. REV. 893(2010);参见 Cass,前注 93,第 30 页["政府机关大量的(动态)分析工作,都致力于阐明对表明市场具有竞争性的静态指标予以质疑的理由,而不是确定动态变化会以何种方式增加竞争和纠正感知到的扭曲"]。

[103] 参见 Mercoid Corp. v. Mid-Continent Inv. Co.,320 U. S. 661,666(1944)("专利权人有权拒绝许可这一事实,并不会使得他能够通过对使用其专利附加条件的方式而扩大专利垄断权")。

[104] Indep. Serv. Orgs. Antitrust Litig.,203 F. 3d 1322,1326(Fed. Cir. 2000).

[105] KAHNEMAN,前注 19,第 204 页。

[106] 同上,第 204—205 页。

[107] 同上,第 203 页("人们根据实际发生过的事事后修改个人过往看法的倾向,会产生强烈的认知错觉")。

[108] 比较同上,第 203—204 页。

[109] 同上,第 204 页[作者列举了以下事例,2001 年 7 月 10 日,中央情报局收到情报,基地组织可能正在谋划一次针对美国的重大袭击,中情局并没有把这则消息传达给总统乔治·W. 布什,而是告知了国家安全顾问康多莉扎·赖斯(Condoleezza Rice)。2001 年"911"袭击后,《华盛顿邮报》编辑 Ben Bradlee 评论道,"如果你对即将主宰历史的事件有所了解的话,也许就有机会直接登上总统宝座了,我认为就是这么简单。"但事实是,没人事先会知道这则情报的重要性]。

[110] 参见美国经济统计局与美国专利商标局,《知识产权与美国经济》(2016),https://www.uspto.gov/sites/default/files/documents/IPandtheUSEconomySept2016.pdf("创新和创造性活动是驱动经济增长和维持美国经济竞争性优势的必要因素。在 20 世纪,由于实现了医学领域的科技创新和多个领域的突破性科学进展,全体美国民众的健康、经济福利和整体生活质量得到了前所未有的改善")。

法证明这么做的效益。⑪ 任何人想要量化有关收益,就必须将发明的未来值折现为现值,而将后者与专利权人行为所带来的成本进行比较。⑫ 此外,法院若想判断有关裁判的结果是否动态高效,就必须沿着目前的技术发展轨迹,进行反事实(counterfactual)推理,并且对创新激励进行预估。对反竞争性独占交易许可协议的反事实推理的代价是什么? 该协议的排他性消除了竞争性价格的参照标准。然而,只有知道了这个参照标准,才能判定是否存在反竞争性效果。

Herbert Hovenkamp 教授以辉瑞公司(Pfizer)的明星降胆固醇药立普妥(Lipitor)为例,说明了反垄断干预如此棘手的原因。⑬ 立普妥刚进入市场时,它的售价较高,但消费者并没有受到损害,因为早先的其他降胆固醇药仍在销售,且由于很多消费者以立普妥替换这些药物,这些药物还变得更便宜。⑭ 购买立普妥的人们认为其价值至少和其价格相当,而降胆固醇药的总产量也增加了,这都是反垄断法有效率的结果。这是在垄断定价的立普妥和没有立普妥的市场之间进行比较,而不是在竞争性定价的立普妥和垄断定价的立普妥之间进行比较。因此,就专利权对专利权人予以高额的报偿是必要的,但是,多高的报偿才算是过多呢?

还存在其他的复杂问题。例如,对创新活动进行预测,取决于人们认为创新具有累积性还是具有次第性。如果创新是按次序产生的,那么,限制他人对专利技术的使用更为可取,因为专利权人的成功转而会引导其后继者从事创新。⑮ 如果创新是累积产生的,那么,专利权人对相应技术主张专有权,会阻碍创新。⑯ 此外,专利权对生物制药行

---

⑪ 美国第85届国会专利、商标和版权司法二级委员会,《专利制度的经济分析》(1958年国会印刷)("基于目前的知识,没有经济学家能够确定地声明现行的专利制度会赋予社会净效益或者让社会遭受净损失");另参见Peritz,前注64,第162页("虽然进行了一个世纪的学术研究,美国的许多学者、政策制定者和法官仍然坚信,最大限度地扩张专利权,会起到最大程度地激励创新进而推动经济发展的作用。这些力量促使人们形成了专利权(更一般而言即知识产权)的最大限度主义观点,尽管专利保护和公开竞争之间的经济相持局面,是推动创新和经济增长的更好动力");参见Cass,前注7,第197页["问题不在于(执法人员)对以下问题的疏忽,即动态分析可能会产生监管机构难以看到的对市场领先者的限制,而在于对市场势力会产生何种动态效果进行严肃分析相对而言是不可行的"]。

⑫ 参见Peritz,前注64,第164页("专利保护的排他性权利和公开竞争的自由获取之间的分析性相持局面,出现这种相持局面,是因为这两者都会促进经济增长,但是它们都是在不能确定的程度上促进经济增长");另参见Kate, Sr.,前注44,第6页("当行为的促进竞争效果和限制竞争效果被看作是行为对竞争产生的影响时——在我看来,这是看到这种影响的唯一方法——人们肯定能够衡量竞争,而这已经超出了竞争社会迄今为止的能力");同上第7页("为此,必须对反事实性行为以及其他人对变化做出反应的方式进行假设。这些假设大多具有任意性")。

⑬ Herbert Hovenkamp, *Consumer Welfare in Competition and Intellectual Property Law*, 9 Competition Pol'y In'l 53, 60(2013)。

⑭ 同上。

⑮ Gregory K. Leonard, *Reflections on the Debates Surrounding Standard-Essential Patents*, THE ANTITRUST SOURCE(Aug. 2015), http://www.americanbar.org/content/dam/aba/publishing/antitrust source/aug 15_leonard_7_2 if.authcheckdam.pdf。

⑯ 同上("在一个假设仅有一个潜在创新的经济模型中,专利制度通常会增进社会福利,而在一个假设创新具有累积性的经济模型中,专利制度可能会损害社会福利")。

业的创新活动影响较大,而对高科技行业影响较小。[117] 企业对特定分子和化学制剂提出的权利要求,使得它能够把竞争对手排除在外,从而攫取利益以补偿花费甚巨的投资。[118] 与此相反,由于软件、电子通信和微电子科技行业的创新是累积产生的,而不是相互独立的,故而创新的动力在于进行交叉许可而不是排除他人对技术的使用。[119]

问题清单难以详尽。其他应考虑的因素有:(1)专利权的最佳存续期限[120];(2)专利劫持(patent holdups)是否比专利反向劫持(patent holdouts)更为抑制创新;[121](3)专利侵权的抗辩事由和例外的恰当范围;[122](4)特定行业的创新是处于最优水平还是最优水平以下;[123](5)即便专利权人对他人使用专利技术的限制减少,创新的节奏会不会因为先发优势、商业秘密或者机缘巧合参与了推动创新,而持续不间断。[124] 新古典经济学没有直面已知的未知事件,而是提出假设以支持它对无所作为的偏好。不幸的是,这些假设都站不住脚。[125]

第一,现有研究成果已经动摇了市场自我纠正的理论。研究表明,垄断行为对竞争造成的损害,会在反垄断执法后持续超过10年之久。[126] 例如,网络效应会使得具有市场

---

[117] JAMES BESSEN & MICHAEL MEURER, PATENT FAILURE: How JUDGES, LAWYERS, AND BUREAU-CRATS PUT INNOVATION AT RISK(2008);另参见 Richard C. Levin, *Appropriability, R &D Spending, and Technological Performance*,78 AM. ECON. REV. 424(1988)(一项对130个行业中负责研发的650位高管的调查表明,专利权在医药和化工行业最具有影响力);同时参见 Ho,前注33,第426—427页("毫无疑问,专利对于制药公司很有价值甚至必不可少,而这不同于诸如软件等其他技术领域,在这些领域,诸如先发优势等其他问题更为重要")。

[118] 参见 Ho,前注33,第433页。

[119] Wesley M. Cohen et al., *Protecting Their Intellectual Assets: Appropriability Conditions and Why U.S. Manufacturing Firms Patent(or Not)* 22(Nat'l Bureau of Econ. Research Working Paper No. 7552,2000), http://www. nber. org/papers/w7552.

[120] Richard Gilbert and Carl Shapiro, *Optimal Patent Length and Breadth*, 21 THE RAND JOURNAL OF ECONOMICS 106,106(1990).

[121] Joseph Farrell, John Hayes, Carl Shapiro & Theresa Sullivan, *Standard Setting, Patents, and Hold-Up*,74 ANTITRUST L. J. 603,603 – 604(2007).

[122] Daryl Lim, *Misconduct in Standard Setting: The Case for Patent Misuse*,51 IDEA 559,573(2011).

[123] 参见 DAN L. BURK & MARK A. LEMLEY, THE PATENT CRISIS AND HOW THE COURTS CAN SOLVE IT 86(2009)("有些行业比其他行业更为依赖专利以从创新中攫取回报")。

[124] F. M. Scherer, *First Mover Advantages and Optimal Patent Protection* 2(Harvard Kennedy Sch. Faculty Research Working Paper Series, RWP14 – 053), https://research. hks. harvard. edu/publications/getFile. aspx? Id = 1191.

[125] Benjamin R. Kern et al., *Empirical Analysis of the Assessment of Innovation Effects in U.S. Merger Cases*, 16 J. OF INDUS., COMPETITION AND TRADE 2,1(2016), https://www. unimarburg. de/FB02/makro/forschung/magkspapers/50 – 2014_kerber. pdf("虽然存在竞争政策也应当保护创新竞争的共识,但是,仍然很不清楚的是,竞争主管机关是否应当以及应当如何考虑创新效应考虑")。

[126] 参见 Margaret C. Levenstein & Valerie Y. Suslow, *What Determines Cartel Success*? 44 J. ECON LIT. 43,53 tbl. 9(2006)(本文表明,一些卡特尔已经持续了至少40年);Ariel Ezrachi & David Gilo, *Are Excessive Prices Really Self-Correcting*? 5 J. Competition L. & Econ. 249,7(2008)(只有在过高定价代表明潜在市场进入者进入市场后的价格会很高或者在位企业的成本很高的时候,过高定价才能吸引潜在市场进入者进入市场,而即便在那个时候,进入市场也可能不会成功地将这些价格竞相压低到竞争水平);Jonathan B. Baker, *Responding to Developments in Economics and the Courts: Entry in the Merger Guidelines*,71 Antitrust L. J. 189,194 – 195(2003)(即便企业合并将价格提高到竞争水平以上,潜在市场进入者进入市场所产生的降价效应会阻止新的竞争)。

支配地位的软件公司的地位变得更巩固,使得这些公司能够对其他产品或者地理市场施加影响,[127]从而把消费者拉入专利权人的势力范围。[128] 此外,新古典经济学未能解释否认专利权人的权利主张为何会产生创新收益。例如,禁止专利权人向潜在的仿制药挑战者支付费用,会促使药企开发新药,以凭借新专利技术确保未来的收入流。[129] 实际上,"在反垄断违法行为造成显著的消费者损害之前,竞争对手往往是早早发现和控告反垄断违法行为的最佳人选。"[130]

第二,新古典经济学选择性地不信任法院的能力,尽管 Michael Salinger 指出了以下事实,"事实证明,很难对法院错误免责、错误归责的相对成本作出可靠的估量。"[131]此外,莫名其妙的是,对于解释反垄断法的法官而言,解决纵向限制[132]和企业合并会危害竞争的指控,似乎不成问题,这两种行为也可能有效率而具有合理性。[133]但是,他们却怀疑自己有能力判定垄断行为是会危害还是有利于竞争。[134] 这显得很奇怪,特别是考虑到以下事实,即反垄断执法机关有内部机构制衡和外部司法审查,[135]而法院可以过滤掉毫无根据的诉讼请求并施加制裁,以威慑其他机会主义行为。[136]

第三,按照专利政策,专利权不是对发明人作出努力本身的奖励,而不过是通过发明的创造、公开和传播而推动技术进步的手段。[137] 美国联邦最高法院"一贯认为,专利法的

---

[127] Mark Lemley & David McGowan, *Legal Implications of Network Economic Effects*, 8686 Calif. L. Rev. 479 (1998).

[128] Jonathan B. Baker, *Taking the Error Out of "Error Cost" Analysis: What's Wrong with Antitrust's Right*, 80 Antitrust L. J. 1, 14(2015)("在瞬息万变的高科技市场或者情况相反的市场,以一家企业对竞争而言足够为由放松反垄断规则,会在保护创新激励的幌子下破坏创新激励")。

[129] 参见 Hovenkamp,前注 13,第 512 页。

[130] 参见 Hovenkamp,前注 10,第 70 页。

[131] Joshua Wright, *Abandoning Antitrust's Chicago Obsession: The Case for Evidence-Based Antitrust*, 78 Antitrust L. J. 301, 308(2012)(引用 Michael Salinger, *Section 2 Symposium: Michael Salinger on Framing the Debate*, *Truth on the Market* (May 4, 2009), http://truthonthemarket.com/2009/05/04/section-2-symposium-michael-salinger-on-framing-the-debate/)。

[132] Leegin Creative Leather Prods. V. PSKS, Inc., 551 U. S. 877, 916 – 917(2007)(Breyer 法官对判决持反对意见)(持反对意见的 Breyer 法官指出,法院在评估市场势力和转售价格维持所带来的净效益方面面临着困难)。

[133] 和动态效率一样,即便在作出权衡之前,也必须对未来的效率作出预测。反竞争性效果或者效率越被认知,承担证明责任的当事人越有可能败诉。美国司法部与美国联邦贸易委员会,《横向合并指南》(Horizontal Merger Guidelines,1992 年出台,1997 年修订)("企业合并的主要益处,是它们有可能产生这种效率")。

[134] 参见 Baker,前注 128,第 30 页("反垄断保守主义者对法官进行事实认定所持有的奇怪的选择性怀疑态度,似乎反映了他们对排斥竞争案件的本能敌意,而不是对法院体制能力限制的冷静应对")。

[135] Jonathan B. Baker, *"Continuous" Regulatory Reform at the Federal Trade Commission*, 49 ADMIN. L. REV. 859, 861(1997)(本文描述了以下现象,即美国联邦贸易委员会经济局"做出每个决定时都会把重点放成本和效益分析之上")。

[136] 美国司法部与美国联邦贸易委员会,《横向合并指南》(描述了竞争对手之间合并方面的个体客户和竞争企业的利益与公共利益相一致或者不相一致的情形)。

[137] 参见 Peritz,前注 64,第 162 页("虽然自然权利观盛行于世,但是,宪法权利观主导了美国的学术和政策辩论,这种观点认为,专利权是推进创新对经济增长之公共利益的私人手段")。

宗旨不是为专利权人创造个人财富,而是'推动科学和实用技术的进步。'"[138]专利权既不是奖励,也不是自然权利,而是附带的激励,是实现公共目的的私人手段。[139] 相对于公开和传播有关技术所体现的公共利益而言,专利权处于附带、从属的地位。[140] 在具有动态效率的市场,在激励创新所需要的程度上,专利权人因其投资风险和天赋而获得奖励。[141] 在反对力量不明确的情况下,这会使得形势有利于对专利技术的使用,而不是对专利技术的控制。

也许,专利权最典型的教义体现是"专利权的范围"标准,这甚至会让人们不再考虑专利权人的行为可能产生的反竞争性效果。[142] 根据这种观点,专利权建立了一个"专利权人可以不承担反垄断责任的区域。"[143]问题在于,正如指责专利权运用行为而不考虑这些行为之市场效应的反垄断形式主义会导致对专利权人的意识形态迫害一样,[144]形式主义也会导致司法监督的让位。[145] 例如,专利权的盲目推崇者会认真地讨论以下问题,即鉴于在位企业的新产品最终还是会与其旧产品竞争,在位企业是否真的没有什么动力去创新。[146]

美国联邦贸易委员会警告称,"竞争政策和专利政策被创新经济学及试图平衡这两种政策的复杂法律网络捆绑在一起。对其中一种政策的规制进行解释或者适用方面的错误或者系统性偏见,可能会对另一种政策的效果产生不利影响。"[147]美国联邦最高法院作出的 Actavis 案裁判,会使得每个对专利和反垄断问题作出裁断的法院,都不得不直接

---

[138] Motion Picture Patents Co. v. Universal Film Mfg. Co. ,243 U. S. 502,511(1917).

[139] Kendall v. Winsor,62 U. S. 322,327 – 328(1858)("授予发明人的有限、暂时的垄断权,其目的从来不是赋予发明人独占利润或者优势;公众或者整个社会的利益,是授予、确保发明人这种垄断权的另一个目的,而这无疑是主要目的")。

[140] 同上,第 328 页。

[141] United States v. Line Material Co. ,333 U. S. 287,320(1948)(Douglas 法官,并行意见)("[宪法]使得公共利益成为专利制度的主要关注点")。

[142] FTC v. Actavis Inc. ,133 S. Ct. 2223,2225(2013)。

[143] 同上,第 2238 页(Roberts 法官对判决持反对意见)。

[144] 参见本文第二 A 部分。

[145] Tim Wu,*Intellectual Property Experimentalism By Way Of Competition Law*, Competition Pol'y Int'l(Dec. 20,2013), available at https://www. competitionpolicyinternational. com/intellectual-property-experimentalism-by-way-of-competition-law["有选择性地对这种权利(运用行为)进行事后审查的观念,威胁到了整个制度所珍视的确定性和明确性"]。

[146] Kenneth J. Arrow,*Economic Welfare and the Allocation of Resources for Invention*, THE RATE AND DIRECTION OF INVENTIVE ACTIVITY:ECONOMIC AND SOCIALFACTORS,620(1962).

[147] Susan DeSanti et al. , FED. TRADE COMM'N, TO PROMOTE INNOVATION:THE PROPER BALANCE OF COMPETITION AND PATENT LAW AND POLICY 1(2003),https://www. ftc. gov/sites/default/files/documents/reports/promote-innovation-proper-balance-competition-and -paten-law-and-policy/ innovationrpt. pdf.

面对这个平衡问题。[148]

三、美国联邦最高法院的两次发声

美国联邦最高法院在 2012 年审理 Actavis 案时,推翻了专利权可以使得专利权人免除反垄断审查的范式。美国联邦最高法院适用合理性规则对专利权行使行为进行了分析,这促使各法院构建一个更为合理的框架,以对专利和反垄断交叉领域的相互冲突的叙事作出裁断。两年后,美国联邦最高法院在审理 Kimble 案这个专利案件时指出,法官在根据新的经济学知识革新反垄断分析方面发挥着核心作用。Kimble 案为诉讼当事人和下级法院提供了先例,使得他们能够利用普通法的演进潜能对反垄断分析进行微调改进,以认清预言性裁判的偏见,从而设法更好地应对它们。

A. Actavis 案:走向统一的整体

Actavis 案涉及原研药厂商和仿制药厂商之间订立的所谓"反向支付"(reverse payment)的许可协议,之所叫作"反向支付",是因为双方当事人达成诉讼和解协议时,资金流向与被许可人和专利权人之间的典型交易相反。[149] 它不从属于任何的联合生产或者技术共享行动。[150] 法院担心的是,双方当事人以消费者的利益为代价,将专利权作为分割市场、分享可能无效或者未遭受侵害之专利权的收益的托词。[151] 这些专利权可能很脆弱或者无效,原告却收买其指控的侵权人,让后者不要对有关专利权的效力提出质疑。[152]

更重要的是,正如 Hovenkamp 所言,法院推翻了以下观念,即"一旦认为某个领域受到了监管机关充分的监管,反垄断法在该领域即无立足之地。"[153]专利权人与其潜在仿制药竞争对手之间订立的和解协议应受到反垄断审查,而不论他们是否在专利权的范围内行动。[154] 在专利权行使行为可能造成反竞争性危害的情况下,"对于确定'专利垄断权的

---

[148] 参见 Hovenkamp,前注 13,第 477 页("Actavis 案裁判表明,美国联邦最高法院可能不会再采用"专利权的范围"判定标准所反映的封闭花园标准");同上,第 478 页["超出(专利权的)范围"的提法,是一种过时的反垄断和规制路径的遗物"]。
[149] Actavis,133 S. Ct. at 2227.
[150] 同上,第 2229 页。
[151] 同上,第 2231 页;参见 Wu,前注 145,第 37 页["由于这种(反向支付)和解协议屡见不鲜,它们作为一类协议,是专利制度中应修正的缺陷"]。
[152] Actavis,133 S. Ct. at 2236 – 37.
[153] 参见 Hovenkamp,前注 13,第 478 页。
[154] 同上,第 477 页("Actavis 案中待裁决之明确的市场分割协议,不论是否超出专利权的范围,都不为专利法所允许")。

范围',进而确定反垄断法豁免而言,专利政策和反垄断政策都具有意义。"[153]

美国联邦最高法院声称,它的做法"毫无新奇之处"。[154] 它只不过是老调重弹,采用了其在反垄断豁免时代之前所采取的判定标准。[155] Hovenkamp 在介绍"专利权范围标准"的历史背景时表示,"'超出(专利权的)范围'的提法,实际上肇始于颁布反垄断法之前,出现在一些 19 世纪的判例中,这些案件牵涉溯及既往地就已购买产品延长专利权期限的问题。之后,它被用于证明法官创设的首次销售原则(first sale doctrine)的合理性,该原则能够对抗那些试图对其已出售的产品行使专利权的专利权人。"[156]

美国联邦最高法院在解释首次销售原则时指出,"一旦(对发明)授予了专利权,应当对该专利权进行从严解释。不能用专利权获得超过有关专利权内容的垄断权,当专利权人售出有关产品时,专利权人对该产品的控制即受到了严格的限制,他不能置反垄断法于不顾而行使专利垄断权。"[159]

Hovenkamp 批评"专利权范围"标准时指出,该判定标准建造了一个"封闭花园",后者既庇护了应当受到审查的行为,又在竞争危害可忽略或者不存在的情形下不当地推定有关行为造成了危害。[160] 实际上,"在这种专利法语境之外,某个协议可能会构成本身违法,甚至还可能会构成犯罪。"[161]

先前,哥伦比亚特区联邦巡回上诉法院在审理 Microsoft 案时,也驳斥了专利权赋予反垄断豁免的观点,法院把知识产权比作棒球棍,法院认为,如果有人用棒球棍造成了侵

---

[153] Actavis,133 S. Ct. at 2231. Actavis 案中持反对意见的法官和美国联邦第十一巡回法院对专利权的范围做出了不同的界定,这表明了该定义的任意性。持反对意见的法官将专利权的范围界定为,"专利授权的确切措辞明确了专利权人拥有之垄断权的界限,以及专利权人免受竞争影响的领域。"相反,美国联邦第十一巡回法院和 Actavis 案中持多数意见的法官都以专利权的有效期限界定"(专利权的)范围"。

[154] 同上,第 2233 页。

[155] 同上,第 2231—2232 页。

[158] 参见 Hovenkamp,前注 13,第 476 页。

[159] Sears,Roebuck & Co. v. Stiffel Co.,376 U. S. 225,230(1964).

[160] 参见 Hovenkamp,前注 13,第 477 页["'超出(专利权的)范围'的提法致使各法院产生两种不同的意见,而这两种意见都缺乏概念或经验方面的支持。一种意见认为,任何'超出专利权的范围'的专利运用行为都会危害竞争。另一种意见认为,没有'超出专利权的范围'的专利运用行为,是无害的或者不可处罚的行为。根据竞争政策,'超出(专利权的)范围'的提法毫无意义"]。

[161] Herbert Hovenkamp,The Rule of Reason and the Scope of the Patent,52 San Diego L. Rev. 515,518(2015),同时参见 J. Thomas Rosch,"Intel,Apple,Google,Microsoft,and Facebook:Observations on Antitrust and the High-Tech Sector,"the ABA Antitrust Section Fall Forum(Nov. 18,2010),http://www.ftc.gov/sites/default/files/documents/public_statements/intel-apple-google-microsoft-and-facebook-observations-antitrust-and-high-tech-secto / 101118fallforum. pdf("若我们将发明人从事的任何交易或者行为都认定为本身合法,那我们是不负责任。这就像是授予了专利权人超级豁免权")。

权损害,拥有这个棒球棍并不意味他能逃脱责任。[162] 确定任何财产权的适当范围,都应当考虑一系列的相关规则。《美国专利法》也支持以下观点,即必须在反垄断法语境下考量专利权。该法第 211 条规定,"不得认为本章各条款赋予了任何人反垄断法上的不承担民事或刑事责任的豁免权,也不得认为本章各条款创设了反垄断法上的诉讼抗辩事由。"[163] 法院在审理 Actavis 案时,采用了与审理非专利案件同样的标准以对专利权人行为进行反垄断审查,从而得出了扎实的结论。

另外,适用合理性规则审查专利权运用行为的各法院发现,落实该规则所面临的挑战,阻碍了他们在实现动态效率时对精确性的追求。Maurice Stucke 教授指出,合理性规则采用了"反垄断方面最为模糊和开放的原则,这让当事人想要满足其要求变得非常困难。"[164]当法院沿着非线性且不确定的轨迹权衡技术的功过和成本是个难题时,[165]预言性裁判更多是"定性的和演绎性的裁判,而不是定量的和严格根据法律的裁判。"[166]这使得案件的裁判结果容易受到决策者偏见的影响。[167]

在联邦最高法院作出 Actavis 案裁判后的 3 年里,各法院继续面临反向支付适用合理性规则所带来的问题。联邦最高法院在审理 Actavis 案时直截了当地倡导,"初审法院应当精心地组织反垄断诉讼,其目的是,一方面避免太过简略地运用反垄断原理,以至于不能进行恰当的反垄断分析,另一方面避免把每个可能的事实或者理论都纳入考虑,而不论它是在多么小的程度上阐明了基本问题。"[168]然而,律师们抱怨道,"缺乏评判潜在反向支付是否触犯反垄断法的具体方案,加上很少有处理有关因果关系和损害赔偿的判例法,使得(律师)很难对这个领域提供咨询。"[169]幸运的是,法院事实上提供了判例法路径,以使得有关方案的制定更为容易。不过,法院必须改变胆小犹豫的作风,更加大胆进取,

---

[162] United States v. Microsoft Corp. ,253 F. 3d 34,63(D. C. Cir. 2001)("Microsoft 公司提出的的主要版权主张近乎可笑。该公司主张它拥有按照自己的意愿行使其知识产权的绝对且不受限制的权利:该公司声称,'如果知识产权系合法取得',那么,'对这些知识产权的后续运用行为不会产生反垄断责任。'这比以下观点正确不了多少,即使用某人拥有的诸如棒球棍等个人财产不会产生侵权责任")。

[163] 35 U. S. C. § 211(2012)。

[164] Maurice E. Stucke, Does the Rule of Reason Violate the Rule of Law? 42 U. C. Davis L. Rev. 1375,1379(2009)。

[165] Alan Devlin & Michael Jacobs, Anticompetitive Innovation and the Quality of Invention, 27 Berkeley Tech. L. J. 1, 14 – 15(2012)("然而,确定新技术的"优劣",构成了以下法律中最为棘手的方面,该法律既对一般性的反竞争性创新,也对具体的哥伦比亚特区联邦巡回上诉法院所采用之权衡标准予以指导")。

[166] Douglas H. Ginsburg & Joshua D. Wright, Dynamic Analysis and the Limits of Antitrust Institutions, 78 Antitrust L. J. 1,19(2012)。

[167] 参见 Devlin & Jacobs, 前注 165, 第 14 页("这个问题,反过来,可能会导致法院基于他们对有关变化之技术优劣的看法作出裁判")。

[168] FTC v. Actavis, Inc. ,133 S. Ct. 2223,2238(2013)。

[169] Brian Sodikoff, James J. Calder & Thomas Maas, Reverse Payments After Actavis, Bloomberg BNA, 2 (Mar. 31, 2017)("虽然人们已经对反向支付和解协议进行了大约 20 年的反垄断责难,但是,有关法律仍在不断发展,而且正在以令人沮丧的缓慢步伐发展"),同时参见 Actavis, 133 S. Ct. at 2238。

B. Kimble 案裁判：跳出套套逻辑

美国联邦最高法院在审理 Kimble 案时，必须决定是否推翻禁止专利权人收取专利过期后使用费（post-expiration royalties）的先例。[170] 美国联邦最高法院判定，在专利法领域，遵循先例原则具有"超级强权。"[171] 对于有反竞争性效果的专利案件而言，Kimble 案裁判启动了专利期限届满、使用费支付义务即终止这个"绝对原则。"[172]

奇怪的是，美国联邦最高法院指出，本身违法规则"很容易适用"，而与合理性规则形成鲜明对比，后者"会使得法律比现在的可操作性更低而不是更高。"[173] 而就在两年前，美国联邦最高法院审理 Actavis 案件时，还在为合理性规则辩护，认为它具有可操作性。[174] 在第四 B2 部分中，本文通过行为经济学的视角探讨这种分裂。

美国联邦最高法院还指出，法院在反垄断案件中拥有"不同寻常的法律塑造权力"，而法院"随着经济学知识的发展，能比较自由地修正他们的法律分析，从而推翻那些对行为的竞争后果认定错误的反垄断先例。"[175] 国会意图通过《谢尔曼法》的一般性规定，赋予法院确认或者纠正反竞争性行为的权力。[176] 法院通过普通法这么做。[177] 但是，如果正是为有关法律注入活力的经济学理论本身导致法律缺乏效率，应该怎么办呢？

新古典经济学因其简洁性而受到吹捧，这在假设消费者和企业理性行为的基础上才成立。当人们基于价格和产出做出决策的时候，这千真万确。[178] 动态效率使得人们更难以衡量市场势力、评估竞争效应、制定救济措施。市场份额和集中程度是评估实际和潜在竞争水平的误导性指标，因为市场支配地位可能会被新的技术平台摧毁，就像流媒体音乐取代 CD、4G 网络取代 3G 网络一样。这种分析方法，要求法院找出那些拥有资产

---

[170] Kimble v. Marvel Entm't. LLC, 135 S. Ct. 2401, 2405 (2015).

[171] 同上，第 2410 页。

[172] 同上，第 2413 页。在其他文章中，笔者探讨了以下问题，即分离 Actavis 案的竞争意义，会引起对联邦巡回法院基于"反竞争性效果"对专利滥用原则之重新阐述的怀疑。一般参见 Daryl Lim, *Patent Misuse and Antitrust: Rebirth or False Dawn?*, 20 Mich. Telecomm. & Tech. L. Rev. 299 (2014).

[173] Kimble, 135 S. Ct. at 2411.

[174] FTC v. Actavis, Inc., 133 S. Ct. 2223, 2236 (2013).

[175] Kimble, 135 S. Ct. 2412 – 13.

[176] Herbert Hovenkamp, *Brulotte's Web*, 17 J. COMPETITION L. & ECON. 3, 16 (2015), https://papers.ssrn.com/sol3/papers.cfm?abstract_id=2626758.

[177] 参见 Hovenkamp，前注 176，第 16 页；Max Huffman, *Commissioner Wright and Behavioral Antitrust*, 12 Antitrust Source 10, 15 (2013) （"反垄断发展所凭借的普通法的、以证据为基础的方法，非常适合于随着新知识的出现而逐步调整规则"）。

[178] Henry C. Su, *Thinking, Fast, Free, and Fashionable: Competition and Consumer Protection in A Mobile Internet World*, 27 Antitrust 82, 83 (2012) （"假定消费者和企业理性行为的经济学模型，在他们是基于价格或者产出做出判断或者决策时运作效果最好，因为这些判断或者决策保留了有关模型的简单性和数学严谨性"）。

FRAND 文献精选

和动机向专利权人施加竞争压力的竞争对手。

新古典经济学进一步"假设消费者能够完全、对称地获取信息,消费者能够绝对地实现效用的最大化。"[179]然而,它没有指导大家如何应对相互冲突的叙事。例如,哥伦比亚特区联邦巡回上诉法院在审理 Microsoft 案时指出,"网络效应和技术的动态性所产生的经济后果会相互抵消,而这使得在没有对特定市场进行具体分析的情况下,很难制定绝对的反垄断规则。"[180] 研究表明,即使有专家证词,法院也会在技术复杂的案件中得出武断的结论。[181]

因此,新古典经济学在这里产生了一种悖论,反垄断在追求效率的同时,也封死更有希望获得效率的路径。在新古典经济学未经修正的情况下,"随着时间的推移,[新古典经济学]会威胁到整个反垄断制度的合法性和良好表现……"[182]要想继续发挥影响,反垄断必须把新的知识考虑在内,从而调整其规则。[183] 正如 Kimble 案裁判所示,法院必须推动这项工作。

法院革新专利和反垄断交叉领域的合理性规则的第一步,是既要认识到它们自己的认知偏见,也要认识到诉讼当事人的认知偏见。Kahneman 在其开创性著作《思考,快与慢》(*Thinking*, *Fast and Slow*)中指出,人类思维在两条轨道上运作。[184] 系统 1 运行速度快,由习惯、情感和直觉驱动。系统 2 的特点是审慎、反思和理性。

使用启发法的系统 1 思维有助于我们做出复杂的选择,以防止出错而做出更好的决策。[185] 同时,启发法可以有效地对头脑清醒者掩饰那些显而易见、危险或者荒谬的事情。在其所著《盲目心理学:日常生活中荒诞行为的心理学解读》(*Willful Blindness*: *Why We Ignore the Obvious at Our Peril*)一书中对以下现象做出了解释,即当我们面对涉及风险和不确定性的决策时,我们会承认证实了我们信念的信息,而过滤掉令人不安的或者与任务不特定相关信息。[186] 当我们得到更多的信息时,我们认为我们会了解更多。事实却

---

[179] Alan Devlin & Michael Jacobs, *The Empty Promise of Behavioral Antitrust*, 37 Harv. J. L. & Pub. Pol'y 1009, 1058(2014).

[180] United States v. Microsoft Corp.,253 F.3d 34,50(2001).

[181] Scott Brewer, *Scientific Expert Testimony and Intellectual Due Process*, 107 Yale L. J. 1535,1539(1998).

[182] 参见 Baker,前注 128,第 37 页。

[183] 参见 Huffman,前注 177,第 12 页;另见 Kovacic,前注 7,第 16 页("美国竞争政策制度的思想史具有以下特点,即根据经济学和法律知识的变迁不断修正、完善和改写反垄断理念")。

[184] 一般参见 Kahneman,前注 19。

[185] Gerd Gigerenzer & Wolfgang Gaissmaier, *Heuristic Decision Making*, Annu. Rev. Psychol. 62:451-82,473(2011), http://citrixweb.mpib-berlin.mpg.de/montez/upload/PaperOfTheMonth/gigerenzer_gaissmaier_2011-1-2.pdf.

[186] MARGARET HEFFERNAN, WILLFUL BLINDNESS: WHY WE IGNORE THE OBVIOUS AT OUR PERIL,1,15(2012)("这个温暖、安全的圈子之外的一切事物都处在我们的盲区")。

恰恰相反。

不要低估偏见的重要性,也不要低估那些故意对相反证据视而不见者的倾向。例如,确认偏见(confirmation bias)会让决策者对那些与他们世界观相反的证据视而不见,就像伽利略很久以前在试图揭穿亚里士多德地心说的真相时所了解到的一样。[187] Mark Lemley 教授透露,在专利和反垄断法语境中,"本人身为法学教授在二十多年来经历的最尖酸刻薄的攻击,所针对的都是那些看似无关痛痒的文章,这些文章出示了相应的数据,这些数据揭露了一些关于现状的令人不安的事实。"[188] Lemley 教授指出,为了应对认知失调(cognitive dissonance),"虽然人们会质疑、无视或者不在乎他们不同意的政策论据,但是,当相应数据与他们的观点不一致的时候,他们会感到非常愤怒。"[189]他举例道,美国联邦贸易委员会在 2003 年发布的一份建议对专利制度是否正常运行做进一步研究的报告[190]是"最有争议的",因为"如果你喜欢现状,那么,你最不想做的事,似乎就是仔细考察它是否正常运行。"[191]

另一方面,由于故事视而不见是有意为之的,我们也可以学会看得更清楚,这不是因为我们的大脑发生了变化,而是因为我们有意这么做。在后 Actavis 案时代,本来各说各话的专利律师和反垄断律师,将不得不以顾及另一方,以对方更熟悉之世界观的方式来提出他们的主张。对于行为经济学能够为专利和反垄断交叉领域提供什么这个问题,本文将在下一节予以说明。

四、行为经济学、专利和反垄断法

本节首先回应了有人针对在专利和反垄断交叉领域贯彻行为经济学提出的三种反对意见。当然,还存在其他反对意见,比如,当个人和企业应该承担他们的决策所产生的后果、而不论这后果是好是坏的时候,行为经济学是否相当于家长式管理。[192] 其他人已经回应了这种反对意见,本节不再赘述。[193]

---

[187] Galileo Affair, Wikipedia, https://en.wikipedia.org/wiki/Galileo_affair.
[188] Mark A. Lemley, *Faith-Based Intellectual Property*, 62 UCLA L. Rev. 1328, 1335 (2015).
[189] 同上,第 1335 页。
[190] 同上,第 1336 页;Susan DeSanti et al., FED. TRADE COMM'N, To PROMOTE INNOVATION: THE PROPER BALANCE OF COMPETITION AND PATENT LAW AND POLICY 2 (Oct. 2003), http://www.ftc.gov/reports/promote-innovation-proper-balance-competition-paten-law-policy.
[191] 参见 Lemley,前注 188 第,1336 页。
[192] 参见 CASS R. SUNSTEIN, WHY NUDGE?: THE POLITICS OF LIBERTARIAN PATERNALISM 5 (2014) [该书认为,(政府)不干预主张在很多方面是失败的,其中包括以下事实,即它"会排斥许多如今正在实行的合理做法,会阻止许多潜在有益的改革措施"]。
[193] 同上。

可以这么说,在反垄断法中纳入行为经济学的洞见,可以帮助决策者做出更准确的判断和更好的决策。其目标不是限制个人自由,而是让大家首先认识到,当决策者做出错误的选择时,自由会让决策者和社会付出代价,而法律的作用是减少这些负面的外部效应。然后,本部分会对四个方面的情况予以详述,在这四个方面,行为经济学有能够改进专利和反垄断交叉领域的分析方法,从而提高法院实现动态高效结果的可能性。

A. 对批评者的回应

对行为经济学的三种最有力的批评是:(1)市场主体的行为是理性的;[194](2)行为经济学会产生无穷无尽的潜在结果,其中有些结果还相互矛盾,这使得它在预测市场行为方面一无是处;[195](3)行为经济学也许揭示了一些奇闻轶事,但是不像理论那般具有普适性。[196] 相反,"标准的反垄断分析已经通过诸如市场势力、假定垄断者测试和需求弹性等概念,将消费者行为纳入其分析中,这些概念衡量了消费者对价格和其他市场条件变动的敏感性(有或没有认知偏见)。"[197]第四 A 部分驳斥了有人对行为经济学的三种主要批评。第四 B 至 E 部分详述了新古典经济学不足以作为处理专利和反垄断交叉领域问题的工具的原因。

1. 非理性和故意视而不见

受新古典经济学影响的法院可能会陷入一种误区,认为某些形式的单方行为和共谋行为是非理性的,因而必然不会发生。[198] 按照 Avishalom Tor 教授的说法,"新古典经济学的广泛应用,培养了反垄断界对简化假设的依赖心理,"特别是其对"理性人假设的高度依赖。"[199]这些假设可能会导致法院无法得出正确的结果。联邦最高法院的法官已经明确警告大家不要采取这种目光狭隘的做法。作为对表明维持最低转售价格可能会促进竞争、故而应当基于合理性规则对之进行裁判的经济学证据的回应,Breyer 法官、Ste-

---

[194] 参见 Maurice E. Stucke, *Behavioral Economists at the Gate: Antitrust in the Twenty-First Century*, 38 Loy. U. Chi. L. J. 513, 514 (2007)("虽然理性选择理论在其他地方遭受抛弃,但是,在反垄断这片安静的水域,这种理论基本上没有受到质疑")。

[195] Joshua D. Wright & Douglas H. Ginsburg, *Behavioral Law and Economics: Its Origins, Fatal Flaws, and Implications for Liberty*, 106 Nw. U. L. Rev. 1033, 1040 (2012)("如果行为经济学想要做得比价格理论更好,那么,它必须通过它更为出色的预测能力,而不是仅仅通过声称它的基本假设更为'务实'来证明自己的优越性")。

[196] 参见 Issacharoff,前注 22,第 1734 页["(行为经济学)所发现的各种效应必须具有普适性,而不是仅限于个别的偏离理性模式预期的特定情形"]。

[197] 参见 Wright & Stone II, 前注 24, 第 1549 页。

[198] 参见 Leslie, 前注 36, 第 55 页["(某些法官的)这种拒不承认所谓的非理性行为在现代经济中普遍存在的态度,扭曲了法院在个案中的事实认定"]。

[199] Avishalmon Tor, *Understanding Behavioral Antitrust*, 92 Tex. L. Rev. 573, 606 (2014)。

vens 法官、Souter 法官和 Ginsburg 法官在他们有说服力的(判决)反对意见中,警告大家不要在反垄断法中盲目依赖经济学理论:"诸如本法院(美国联邦最高法院)作出裁判所依赖的有关研究成果等经济学论述,有助于提供对这些问题的答案,而在这种情况下,经济学可能且应该会影响反垄断法。但是,反垄断法不能也不应该精确地复制经济学家们的(有时相互矛盾的)观点。这是因为,法律与经济学不同,它是一种制度,而只有当法院的法官和陪审团、向客户提供咨询的律师都会适用规则和先例时,它的效力才取决于这些规则和先例的内容。这意味着,法院经常会适用他们自己的行政裁判……"[200]

行为经济学完全不会对法院适用的"行政裁判"产生不利影响,它帮助法院了解现实世界的行为,从而使得法院能作出更好的裁判。[201] 从 Matsushita 诉 Zenith 案这个 5 比 4 的分歧裁判中,可以看出故意视而不见的危险。美国联邦最高法院在该裁判中维持了地方法院作出的简易判决,联邦最高法院判定,就被上诉人(Zenith)提出的"上诉人构成《谢尔曼法》第 1 条禁止的竞争对手之间关于掠夺性定价的横向共谋"这个主张而言,双方当事人对案件中的主要事实不存在真正的争议。[202]

Matsushita 案涉及在美国从事集体掠夺性定价的日本电视制造商。[203] 法院认定,掠夺性定价是非理性的,因为弥补损失将会要求共谋者参与到以非法价格固定为基础的弥补损失的行动方案。[204] 当有关方案失败的时候,美国联邦最高法院断定,该方案从未存在过。[205] 由于美国制造商 20 年后仍然在美国市场经营,日本制造商不可能共谋实施掠夺性定价方案。[206] 美国联邦最高法院将非理性等同于未发生,法院还警告道,错误执行反垄断法的"代价很高,因为这会阻吓反垄断法旨在保护的行为。"[207] 然而,经验证据表明,实际上确实发生了这样的共谋。[208]

下级法院认为 Matsushita 案裁判表明,掠夺性定价方案是非理性的,而"理性的商人

---

[200] Leegin Creative Leather Prod., Inc. v. PSKS, Inc., 551 U.S. 877, 914–915 (2007) (Breyer 法官对判决持反对意见)。

[201] Christine Jolls, *Behavioral Economics Analysis of Redistributive Legal Rules*, 51 Vand. L. Rev. 1653, 1654 (1998) (本文指出,行为经济学"在改善了对人们实际行为模式的解释的基础上,提供了法律方面更好地预测和对策")。

[202] 475 U.S. 574, 574 (1986)。

[203] 同上,第 577—578 页。

[204] 同上,第 591—592 页。

[205] 同上,第 592 页。

[206] 同上,("被指控的(掠夺性定价)共谋在其实施的 20 年间未能实现其目的,这是表明实际上不存在有关共谋的有力证据")。

[207] 同上,第 594 页。

[208] 参见 Tor,前注 199,第 595 页。

不可能从事这种行为"[209],因此,他们往往会作出有利于被告的简易判决。[210] Matsushita 案裁判的理性人要求,从简易判决胜诉的条件,变成了反垄断法的实质性要求。[211] 不久之后,在反垄断案件中,原告必须在大体上证明垄断者从事的诉称反竞争性行为是理性的。[212] 这为原告设置了一个难以克服的艰巨障碍。[213]

虽然 Matsushita 案不是专利和反垄断案件,但这有力地提醒人们,"法院不得对反垄断被告或者企业通常追求的各种目的予以评价。"[214] Matsushita 案裁判"颠倒了法官一直以来指示陪审团进行的、从实证数据到最终事实的传统归纳过程。"[215]

Max Huffman 教授主张,行为经济学应当发挥更大的作用,他指出,"行为经济学带给反垄断思想的最直接好处,是培养了对个人行为的直觉,而这会提升人们对现实世界市场事件的证据展示的热情。"[216] 行为经济学警告道,反垄断被告未必能正确地估计其策略性决策的预期值。过度自信、喜爱冒险或者目光短浅的被告,可能会从事掠夺性定价行为,即便预期值为负数。[217] 至少还有其他两个原因,说明了为何 Matsushita 案裁判强加的理性要求,可能会在法院试图判定反垄断责任的时候,对法院造成误导。

---

[209] Stearns Airport Equip. Co. v. FMC Corp. ,170 F. 3d 518,528(5th Cir. 1999).

[210] 参见案例 Nat'l Parcel Servs. ,Inc. v. J. B. Hunt Logistics,Inc. ,150 F. 3d 970,971(8th Cir. 1998)[美国联邦第八巡回法院认为,"NPS 公司不能证明 J. B. Hunt 公司有收回(其在低于成本售价方面之投入)的危险可能性……地方法院正确地驳回了 NPS 公司提起的掠夺性定价反垄断诉讼"];C. B. Trucking, Inc. v. Waste Mgmt. ,Inc. ,944 F. Supp. 66,69(D. Mass. 1996)(马萨诸塞州地区法院认为,"断定 Waste Management 公司有收回其在低于成本售价方面之投入的危险可能性,在经济上还是不合理……法院应当通过简易判决驳回 C. B. Trucking 公司提起的掠夺性定价诉讼,而判 Waste Management 公司胜诉"),美国联邦第一巡回法院在二审[137 F. 3d 41(1st Cir. 1998)]中维持该判决。

[211] Brooke Grp. Ltd. v. Brown & Williamson Tobacco Corp. ,509 U. S. 209,227(1993)(法院将理性人要求纳入掠夺性定价的构成要件);Weyerhaeuser Co. v. Ross-Simmons Hardwood Lumber Co. ,549 U. S. 312,319(2007)(法院将理性人要求纳入掠夺性出价的构成要件)。

[212] Clark v. Flow Measurement,Inc. ,948 F. Supp. 519,526(D. S. C. 1996)(法院认为,"原告证明被告故意获取或者维持垄断势力的唯一途径,是提供证据表明,被指控触犯反垄断法的企业具有在经济上可行的方案")。

[213] 参见 Tor,前注 199,第 583 页("美国联邦最高法院依据理性人假设,使得原告基于《谢尔曼法》第 2 条提出的掠夺性定价非法垄断指控所面临的法律门槛,几乎不可逾越")。

[214] 参见 Leslie,前注 6,第 295 页。

[215] Eugene Crew,*The Chicago School Teaches the Supreme Court a Dubious Lesson*,Antitrust,1,11(1986).

[216] 参见 Huffman,前注 177,第 16 页。

[217] Avishalom Tor,*Illustrating a Behaviorally Informed Approach to Antitrust Law*:*The Case of Predatory Pricing*,Antitrust 52,54(2003)("由于损失厌恶会导致人们在面对可能损失的前景时有风险追求的倾向,市场参与者在面对不利形势时,往往会抓住诸如掠夺性定价策略等高风险的机会,希望于赢得期望值为负的赌博,消除令人痛苦的损失")。同时参见 Kahneman,前注 19,第 87 页("每个人对自身想法的自信程度,主要取决于他们对亲眼所见之事的讲述效果,即使他们几乎什么都没有看到也没有关系。我们经常考虑不到以下可能性,即自己有可能尚未掌握对我们的判断起决定性作用的证据,却总是认为眼见即为事实。此外,我们的联想系统往往会选定已被激活的连贯模式,抑制怀疑和歧义")。

第一，被告可能会试图消灭竞争对手，而稳妥地长期阻止竞争对手进入市场。[218] 一旦被告确立了可信的排斥竞争的势头，他就可以通过对市场的持续性垄断控制来弥补损失。[219] 这么做的一个原因，是企业将市场份额看得比利润更重。[220] Matsushita 案裁判认为，日本企业仅仅是根据盈利预期做出他们的出口和定价决策。[221] 文化规范（cultural norms）会发挥作用。日本企业执行了其国家的产业政策，[222]这使得企业因成功排斥竞争对手而带给国内经济的溢出效益是理性的，即便他们的短期利润会受损。因此，Matsushita 案中的日本企业可能在决定其定价策略时用了更长的时间。[223] 他们的策略将有助于他们实现身为先行者带给他们的、在生产和累积经验方面的规模经济。专利权人也很容易受过度自信偏差的影响，而企图阻止竞争对手。

第二，被告可能会希望树立强硬的名声。陷入可得性偏差（availability bias）的竞争对手，如果最近受到了相当激进之策略的影响，往往会高估专利权人的低成本运行的可持续性；这种可得性偏差，使得上述掠夺性定价的理由很有说服力。[224] 例如，作为"私掠船船长"的专利权人，可能拥有不同于威斯康星校友研究基金会（Wisconsin Alumni Research Foundation, WARF）等公共资助研究机构的从事创新活动的盈利动机。[225]

行为经济学表明，法院作出裁判时，应当着眼于实证证据，而不是依靠诸如受保护程

---

[218] 参见 Patrick Bolton et al., *Predatory Pricing: Strategic Theory and Legal Policy*, 88 Geo. L. J. 2239, 2297 – 2298 (2000)（本文描述了以下事例，一家有线电视公司只花费了 100 万美元就击败了新的市场进入者，这让它避免了每年 1650 万美元的损失）。

[219] 参见 Leslie, 前注 6, 第 299 页（"如果在过去实际上发生过类似的掠夺性定价威胁，那么，现在的掠夺性定价威胁更为可信"）。

[220] 参见 Leslie, 前注 6, 第 294 页; 同时参见 JAMES C. ABEGGLEN & GEORGE STALK, Jr., KAISHA, THE JAPANESE CORPORATION 276 – 277 (1985)（该书指出，日本企业"不断追求增长……它们对市场份额和竞争地位的关注，与西方企业的投资回报目标形成对比。领先的市场份额最终会带来高利润"）。

[221] Matsushita Elec. Indus. Co. v. Zenith Radio Corp., 475 U. S. 574, 582 – 83 n. 6 (1986)。

[222] Oversight and Authorization of the Antitrust Division, U. S. Dep't of Justice: Hearings Before the Subcomm. on Econ. and Commercial Law of the H. Comm. on the Judiciary, 101st Cong. 27, 27 (1989)（前商务部长日本事务顾问 Clyde V. Prestowitz Jr. 的发言）(Clyde V. Prestowitz Jr. 指出，"差不多所有领域的日本工业活动的重点，都是首先在国内市场成长发展，保持国内市场的封闭性，进而进入国际市场，而为了实现以上目的，日本工业活动通常会采用某种倾销或者掠夺性定价的方式，这种竞争关系往往涉及美国法律认定为非法的共谋"）。

[223] Steven F. Benz, Note, *Below-Cost Sales and the Buying of Market Share*, 42 Stan. L. Rev. 695, 714 (1990)（本文指出，"从策略层面考虑，长期的市场份额购买活动在经济上具有可行性"）。

[224] Avishalom Tor & William J. Rinner, *Behavioral Antitrust: A New Approach to the Rule of Reason After Leegin*, 2011 U. Ill. L. Rev. 805, 825 – 826（"以可得性为准做出的判断，对生产商们进行评估产生的影响显而易见：只要他们掌握的信息提供了一个关于降价活动及其生动显著的负面影响的偏差样本，生产商们就很可能会过多地回想起这些事情，从而过高地估计了降价的可能性及其有害表现的发生率"）。

[225] Daryl Lim, *Unilateral Conduct and Standards*, in JORGE L CONTRERAS ED., THE CAMBRIDGE HANDBOOK OF TECHNICAL STANDARDIZATION LAW, VOL. 1 – ANTITRUST ANDPATENTS (forthcoming 2017)（"专利主张实体（Patent Assertion Entities, PAEs）在和解协议方面的强硬名声，提高而不是损害了专利主张实体的声望"）。

度更高的专利权会推动创新、看似非理性的专利权人不构成反垄断威胁这种格言之类的假设。[226] 受行为经济学影响的合理性规则,只会认定有关事实确有其事,从而将关注点集中于这些事情发生的原因、被告行为对竞争结构的影响上,而不会因为被告的行为具有偶然性且不明智而对之不予理会。[227]

进一步而言,以效果为准的合理性分析,不应陷入非理性的专利权人无论在任何情况下均应该如何举止这种不相干的讨论,而仅仅应当考虑,专利权人在诉争案件中运用其市场势力时是否造成了危害。[228] 当理论和数据相冲突时,这并不意味着理论有误。这仅仅说明,相关数据表明,需要改进相应的理论。实际上,法官在构建垄断行为实体规则的过程中,如果他们像在 Matsushita 案中那样,在被告申请法院作出驳回(原告)起诉的简易判决的情况下,对表面上非理性的行为予以审查,那么,他们至少应当同意启动披露程序。[229]

2. 可预测性

批评者认为,行为经济学饱含各种偏见,会产生"无穷无尽的潜在结果。"[230]此外,它"不能提供连贯一致的替代性人类行为模式,而该模式能够在各领域生成可验证的预测和政策结论。"[231]相反,行为经济学"具有事后解释现象的相当普通的功能。"[232]这使得行为经济学不足以成为指导法律分析的理论。[233] 相比之下,新古典经济学"聚焦于多数市场中大部分企业可能会首先考虑的因素:利润。这个焦点使得它能够以方便且有效的方式展开反垄断分析,模拟和预测未来的行为。"[234]对此,本文做出以下几点回应。

---

[226] Walter G. Park & Douglas C. Lippoldt, *Technology Transfer and the Economic Implications of the Strengthening of Intellectual Property Rights in Developing Countries* (2008), http://fs2.american.edu/wgp/www/park_lippoldt08.pdf ("更高水平的专利权保护与高科技产品的流入……和研发支出呈明显的正相关")。

[227] 参见 Leslie,前注 36,第 63 页(本文作者认为,"整个诉讼过程在许多方面都旨在解决偏离正常状态的问题——抢劫银行的男子,杀死配偶的妇女,以及垄断市场的企业。人们通常不会从事反常行为的事实,绝不意味着法律程序应当对确实发生的反常行为视而不见,相反,法律应当在人们违法时对他们予以处罚")。

[228] 参见 Leslie,前注 36,第 64 页("在判定反垄断诉讼的合理性时,被告不是否定某些研究者的无效假设的数据点或者机会点。制定政策需要理论;查明事实则不需要理论")。

[229] Bell Atl. Corp. v. Twombly, 550 U.S. 544, 556–57 (2007)。

[230] Jon D. Hanson & Douglas A. Kysar, *Taking Behavioralism Seriously: Some Evidence of Market Manipulation*, 112 Harv. L. Rev. 1420, 1427 (1999) ("行为研究展现了太多的相互冲突和相互重叠的偏见,以至于不能对消费者的认知做出有把握的总体预测"); Wright, 前注 17, 第 2257 页 ("无疑,不确定的预测至少是不愿在法律中采用行为经济学的一个原因")。

[231] Jennifer Arlen, Comment, *The Future of Behavioral Economic Analysis of Law*, 51 VAND. L. REV. 1765, 1777 (1998)。

[232] Devlin & Jacobs,前注 165,第 1051 页。

[233] Wright & Stone II,前注 24,第 1527 页。

[234] Devlin & Jacobs,前注 165,第 1063 页。

第一,行为经济学告诉我们,偏见是系统性的,可以进行模拟。[235] 这使得法律分析能够更好地预测人们对市场刺激的反应。[236] 但是,法律分析做到这一点,可能出乎一些读者的意料。临床预测的相关研究表明,受过训练的专业认识的主观评估,比按照某种规律整合各种变量所得出的统计预测更不准确。[237] 通过简单的统计数据就可以获知这种规律。普林斯顿大学的经济学家 Orley Ashenfelter 设计了一种方法,能根据波尔多葡萄酒酿造当年可获得的信息,预测它们的未来价值。[238] 像反垄断干预一样,葡萄酒需要时间才能产生佳酿,而且像参差不齐的技术一样,用同一种葡萄酿造的葡萄酒,因酿造年份不同而价格相差很大。

引人注目的是,较之通过新葡萄酒的现价预测未来几十年后的酒价,Ashenfelter 的公式能做出更准确的预测。[239] 更值得注意的是,这意味着,专家可能不如算法,而且,跟新古典经济学的假设相反,市场结算价格可能不会完全反映被出售或被许可技术的价值,或者其价值的缺乏。[240] 专家可能表现得更糟糕,因为据 Kahneman 所说,他们"在进行预测时,会试图耍聪明,打破条条框框去思考,并且考虑各种因素的复杂组合。"[241]他指出,"复杂化在少数情况下可能会起作用,但是它在多数情况下会降低(预测的)有效性。"[242]另一个原因是,"人们在对复杂信息做出简要判断时很难达成一致。如果要求他们对同一信息进行两次评估,他们往往会给出不同的答案。"[243]

Ashenfelter 的研究表明,在"(预测的)有效性很低的情况下",公式能提高预测的准

---

[235] RICHARD H. THALER, THE WINNER's CURSE: PARADOXES AND ANOMALIES OF ECONOMIC LIFE 5 (1992)("已经被观察到的许多对理性选择的偏离是系统性的——偏差往往往往往出现在同一个方向。如果大多数个体往往会在同一个方向出现偏差,那么,假设他们为理性人的理论在预测他们的行为是也会犯错误")。

[236] Jeffrey J. Rachlinski, *The "New" Law and Psychology: A Reply to Critics, Skeptics, and Cautious Supporters*, 85 Cornell L. Rev. 739, 739 (2000)(本文指出,这种新理论"有可能比法律经济学和传统法学更为准确地预测人们对法律的反应")。

[237] Paul Meehl, "Causes and Effects of My Disturbing Little Book," 50 Journal of Personality Assessment 370 (1986),前注 19 引用,参见 Kahneman,前注 19,第 222 页(Paul Meehl 在文章中指出,60% 的研究试验表明,采用统计算法的统计预测明显比(心理学)临床预测更为准确,而其他的研究试验表明,二者在准确性方面达成平局)。同时参见 Kahneman,前注 19 第 222 页(Kahneman 指出,"统计预测和临床预测在准确性方面达成平局,相当于统计规则获胜,因为它比临床预测所采用的专家判断的成本更低")。

[238] 参见 Kahneman,前注 19,第 223 页。

[239] 参见 Kahneman,前注 19,第 224 页。

[240] 同上。

[241] 同上。

[242] 同上。

[243] 同上,第 224—225 页("一个经验丰富的放射科医师在两个不同的场合看到同一张片子,这两次检查结果在'正常'与'异常'之间会有 20% 的偏差")。

确性。㉔ 法院应当采用哪一种运算法则？常用的统计方法是赋予不同的预测变量相应的权重，从而进行所谓的多元回归分析（multiple regression）。㉕ 然而，有研究表明，选取一组对于预测结果而言有效的数值，进而调整有关数值以使得它们具有可比较性（使用标准数值或者是等级），也可以做得一样好。㉖ 研究表明，简化的公式在预测方面与多元回归分析公式一样准确，甚至比后者更优越，因为它们不会受到抽样误差的影响。㉗ Kahneman 指出，"均等加权方法（equal-weighting schemes）的成功出人意料，具有重要的现实意义：可以在不做任何事前统计研究的情况下，开发出有用的算法。基于现有统计数据或者常识的简单均等加权公式，往往能很好地预测重要的结果。"㉘ 例如，Apgar 检验法（Apgar test）能根据 5 种变量和 3 种数值系统地对婴儿做出评估。㉙ 这为产房工作人员提供了他们所需的统一标准，以发现处于危险中的婴儿，从而降低婴儿死亡率。如今每个产房仍然在使用这种方法。㉚

这是否意味着，应当由算法而不是专家对专利和反垄断案件做出裁判？答案似乎是肯定的，但是算法只能作为一种指引，就像健身应用程序（App）可以追踪人的步数而制定健康目标一样，这是因为，很难想象目前的法治社会能适应一款决定其合法权利的软件程序，不论这种方案的吸引力是多么合乎逻辑。对于算法在做出预测方面能胜过技能这个观点，Agpar 检验法也面临着来自临床心理学家的反对和怀疑。㉛ 考虑到他们在治疗期内具有的预感往往会被证实，这转而验证了他们的临床技能，他们的反对态度是可以理解的。Kahneman 指出，问题在于，"正确的判断涉及治疗会谈情形的短期预测，这是治疗专家拥有多年实践经验的技能。他们失败的工作任务，通常会需要对病人的将来进行长期的预测。这种长期的预测更为困难，即使是最好的公式也只能做得不错，而且

㉔ 同前页脚注㉓，第 225—226 页（"对新葡萄酒的质量予以评估、以预测其未来价格的专家们，拥有一个几乎肯定会适得其反的信息来源：他们可以品尝这些新葡萄酒。此外，毫无疑问，当然，即便专家们很清楚天气对酒质的影响，他们也无法保持公式的一致性"）。

㉕ 同上，第 225 页。

㉖ 同上，第 226 页［引用 Robyn M. Dawes, *The Robust Beauty of Improper Linear Models in Decision Making* 34 American Psychologist 571 – 82（1979）］。

㉗ 同上，第 225 页［引用 citing Jason Dana and Robyn M. Dawes, "The Superiority of Simple Alternatives to Regression for Social Science Predictions," Journal of Educational and Behavioral Statistics 29（3），317 – 31（2004）］。

㉘ 同上，第 226 页，同时参见 ATUL GAWANDE, A CHECKLIST MANIFESTO: HOW TO GET THINGS RIGHT（Metropolitan: Holt 2009）（也介绍了一些其他案例，以说明列清单以及简单原则的优点）。

㉙ 这些变量是心率、呼吸、反应、肌肉强度和颜色，以及相应的数值（0、1、2 分别代表各个变量的稳健度）。得到 8 分以上的婴儿往往健康情况良好。得分低于 4 分的婴儿一般需要立即救治。参见 Virginia Apgar, *A Proposal or a New Method of Evaluation of the Newborn Infant*, 32 CURRENT RESEARCHES IN ANESTHESIA AND ANALGESIA 4, 260 – 261（1953）; Mieczyslaw Finster and Margaret Wood, *The Apgar Score Has Survived the Test of Time*, 102 ANESTHESIOLOGY 855（2005）。

㉚ 同上，第 227 页。

㉛ 同上。

临床医生从未有过机会充分地学习这些任务,他们必须等待多年才能得到反馈,而不是得到临床诊断期间的即时反馈。但是,临床医生能做得好的事情与做不好的事情之间的界限并不明显,而且对他们来说当然也不明显。他们知道其技术娴熟,但他们也不一定知道自己能力的界限。"[252]

这也适用于对相互冲突的叙事进行裁判时,必须做出类似的短期预测的法官和政府官员。他们无法对未来做出准确的预测,因为这些是他们从未充分学习过的任务。跟治疗专家一样,在判定不干预(non-intervention)是更好的选择时,他们知道尽管自己技术娴熟,但是未能认识到这种技能的界限。

在其著作的一个脚注里,Kahneman 结束了他提到的关于 Agpar 检验法的轶闻,这个脚注给了专利和反垄断裁判的未来以希望。他预计,"随着算法的作用在日常生活中继续扩张,人们对算法的反对态度可能会缓和。当我们在寻找我们可能喜爱的书籍或者音乐时,我们会重视软件生成的推荐。"[253]他列举的例子有,网站基于过去的购买选择给出的音乐和书籍推荐,没有人工干预情况下对我们设置的信用限制,例如有益胆固醇和有害胆固醇之间的比例、专业足球队应当向新队员支付的薪酬等指标。[254]当我们在许多其他更世俗的生活方面运用法律分析的时候,法律分析早就应该利用算法性裁判工具了。在专利和反垄断交叉领域,由于人类决策者在每次对案件作出裁判时通常都必须进入未知领域,人们应该很有动力这么做。

这种算法会是什么样的呢? Kahneman 提议选择一些属于反垄断干预成功的先决条件的特征,而这些特征尽可能地彼此相互独立。他建议选择不超过 6 个特征,并且这些特征可以通过询问事实性问题而进行可靠的评估。接下来,应当就每个特征列出一系列问题,并且在 1 到 5 之间进行打分,而每个分值代表了从"非常弱"到"非常强"之间的某种程度。然后坚持这一结果,即便存在决策者可能喜欢的另一种结果。专利和反垄断语境中的算法可能会是什么样的呢? 它应该是用户友好型的,并且契合诉争行为和有关产业的创新结构。这种算法的具体细节,远远超出了本文的讨论范围,合适的多学科小组将能更恰当地进行具体细节的论述。

第二,为了体现行为经济学在反垄断分析中的重要性,行为经济学不必具有预测功能。[255]它提供了一个解释人们如何做出决策的规范框架,从而阐明了专利权人行为的环

---

[252] 同前页脚注[249],第 228 页。

[253] 同上,第 229 页。

[254] 同上。

[255] Avishalom Tor, *The Fable of Entry: Bounded Rationality, Market Discipline, and Legal Policy*, 101 Mich. L. Rev. 482, 502 – 503 (2002).

境和市场效果。[249] 同时,通过经验的积累,基于合理性规则的预测性决策方法会得到改进。[250] 路过街边棋局时无须驻足思考即宣布"白棋在三步后将死对方的王"的国际象棋大师,与接电话时听到第一个词就能感知对方怒气的我们这些普通人之间的区别在于,我们的这种能力大多数人都拥有,但是,这种能力(较之国际象棋大师的洞察力)并不逊色。[258] 不过是经验让国际象棋大师能认出他熟悉的棋路,从而妥当、迅速地采取行动。国际象棋大师的记忆中包含了他通过毕生训练而习得的全部国际象棋路数(技能),这为国际象棋过招提供了即时且大致准确的解决方案。Kahneman 指出,要想习得这种技能,国际象棋大师需要"稳定的环境、充分的练习机会,并且能得到关于其想法和棋路正确与否的迅速、明确的反馈"。[259]

普通法是那些对专利和反垄断纠纷予以裁判的法院的集体记忆。各审级法院(从地区法院到联邦巡回上诉法院,再到联邦最高法院)对于诸如专利纠纷中的反向支付是否触犯反垄断法等问题的多番审理,恰好提供了这种环境。各巡回法院和上下各审级法院的反馈,发挥了另一个重要的作用。想要从众多(反馈)来源中获取最有用的信息,这些反馈必须是相互独立的,而且所犯的各种错误之间应该是不相关联的。[260]

研究型心理学家 Gary Klein 博士提出了以下理念,即当某个团体即将做出一项决策但还没有明确表态时,用"事前验尸法"(premortem)来抑制群体思维。[261] 这个团体可以设想有关决策产生的后果与该团体所倾向的后果相反,而这在法律语境中指的就是少数法官的反对意见(如果有的话)。[262] 有研究表明,当法律鼓励法官考虑相互冲突之假设的时候,偏见会降低。[263] 美国联邦贸易委员会、联邦巡回上诉法院和联邦最高法院等拥有多个决策者的裁判机构,通过在进行任何讨论之前对某个问题分别作出裁判,可以去除各种谬误之间的相关性。随着时间的推移,根据在新古典经济学和行为经济学影响下的合理性规则而确立的判定标准,能够更好地权衡专利和反垄断交叉领域相互冲突的叙事。

---

[256] Daryl Lim, *Living with Monsanto*, 2015 Mich. St. L. Rev. 559, 623 – 24.
[257] 参见 Kahneman, 前注19, 第35页("当你对执行一个任务越来越熟练时,大脑需要的能量就会减少。对大脑的试验研究表明,随着熟练程度的加强,与行动相关的活动模式会发生变化,而更少的大脑区域会参与其中。天赋会产生同样的效果。通过观察瞳孔变化和大脑活动,我们发现高智商的人往往需要较少的努力便可解决同样的问题"),参见同上第11页(Kahneman 指出,"专家们的直觉往往很准确,这种准确性与其说是启发法在发生作用,还不如说是长期实践的结果")。
[258] 同上,第11页。
[259] 同上,第416页。
[260] 同上,第84页。
[261] 同上,第264页。
[262] 同上,第84页。
[263] 同上,第264页[引用 J. Edward Russo and Paul J. H. Schoemaker, *Managing Overconfidence*, 33 Sloan Mgmt. R. (1992)]。

由于美国各联邦巡回法院会对诉争问题进行逐级审理,普通法提供了一个良好的栖息地,以更好地推广对行为经济学洞见的运用。因此,美国联邦最高法院在审理 Actavis 案时,会命令下级法院就反向支付问题制定合理性规则的分析框架。[264] 美国联邦最高法院在审理 Kimble 案时指出,法院拥有基于新的经济学知识塑造反垄断法及重新审议先例的"特别权限"。[265]

第三,由于世事难料,任何关乎将来的决策都难免会有一定程度的不确定性。除了企业合并案件之外,法院对所有反垄断案件都是进行的"事后"裁判。[266] 新古典经济学并没有提高法院预测创新轨迹和动态高效结果的能力。相反,它的格言是"清静无为"。而且,正是新古典经济学运动鼓动法院抛弃了具有可预测性的、本身不构成违法的规则,转而支持难以捉摸的合理性规制。[267]

(追求)精确性让合理性规则付出了代价,合理性规则"几乎没有为市场参与者提供可预测性。它会让诉讼当事人和初审法院遭受'杂乱无序、成本巨大且极为耗费时间'的披露程序的折磨。"[268] 这项工作要求法院把查明事实和计量经济学结合在一起。[269] 想要落实合理性规则,必须在复杂的定性和定量层面评估这么做的负面影响。[270] 法官需要进行价值判断,才能对合理性规则中的"合理性"标准予以解释。[271] 法官必须在备选方案之

---

[264] FTC v. Actavis, Inc., 133 S. Ct. 2233, 2238 (2013).

[265] Kimble v. Marvel Entm't, LLC, 135 S. Ct. 2401, 2405 (2015).

[266] Saint Alphonsus Med. Ctr. -Nampa Inc. v. St. Luke's Health Sys., Ltd., 778 F. 3d 775, 783 (9th Cir. 2015) (("对企业合并案件的司法分析")"不仅需要评估企业合并对竞争产生的直接影响,而且需要预测它在将来对竞争环境产生的影响;所谓《克莱顿法》第 7 条旨在限制竞争势头初露头角之时遏制它们的说法,表达的就是这个意思")(引用文献省略)。

[267] 参见 State Oil Co. v. Khan, 522 U. S. 3, 4-5 (1997) ["本法院(联邦最高法院)对以《谢尔曼法》为裁判理论基础且受到严重质疑的案件进行了重新审议"][联邦最高法院在审理本案时推翻了 Albrecht v. Herald Co., 390 U. S. 145 (1968) 判决,该判决判定维持最高限额转售价格本身不构成违法];Leegin Creative Leather Prods., Inc., v. PSKS, Inc., 551 U. S. 877, 907 (2007) [联邦最高法院在审理本案时推翻了 Dr. Miles Med. Co. v. John D. Park & Sons Co., 220 U. S. 373 (1911) 案裁判,判定维持最高限额转售价格本身不构成违法];Cont'l T. V., Inc. v. GTE Sylvania Inc., 433 U. S. 36, 47-49 [联邦最高法院在审理本案时推翻了 United States v. Arnold, Schwinn & Co., 388U. S. 365 (1967) 案裁判,判定纵向的非价格限制本身不构成违法]。

[268] 参见 Stucke, 前注 164, 第 1384 页。

[269] 参见 Kate, Sr., 前注 44, 第 5 页("很少有人能充分认识到评估影响大小所涉及的困难。人们往往认为这只是一个查明事实、雇用计量经济学家的问题")。

[270] 参见 Kate, Sr., 前注 44, 第 4 页("采用合理性规则的后果,是商界丧失了可预测性,同时也丧失了法律确定性……我严重怀疑我们沉闷枯燥的科学(经济学)是否具有精确评估营业行为的促进竞争效果和反竞争性效果的能力。在我看来,认为情况恰恰相反的反垄断经济学家,不够事实求是")。

[271] V. K. Rajah, Op-Ed, *Interpreting the Constitution*, THE STRAITS TIMES (Singapore), May 30, 2015, http://www.straitstimes.com/opinion/interpreting-the-constitution ["(法官解释法律的过程)会涉及某种程度的法官造法,这发生在成文法的缝隙处……"]。

间做出选择,而每种方案都有它自己的得失权衡。[272] 在专利和反垄断案件中,"法官或者学者关于是否应当对反垄断和知识产权案件中的'创新'进行事后品评,这是一个本能反应,很大程度上取决于个人对另一方(反垄断或者知识产权)利益重要性的惯常认知。"[273]

也许有人会问,由于行为经济学对市场自我纠正的特质和干预会弊大于利,并对这一假设提出了质疑,它是否不出所料会倾向反垄断执法。答案是"不"。(受行为经济学影响的)良好架构的目标,是促进而不是遏制竞争。通过提供关于风险的信息,或者使用默认规则,这种架构将会增强而不是减少竞争。[274] 行为经济学的目的,只不过是在现有法律框架内为决策制定提供更可靠的依据。Andreas Heinemann 教授总结道,"作为一种方法工具,行为经济学在结果方面是中立的。"[275]但是,新古典经济学在反垄断领域对动态效率的追求,似乎造成了天平朝着有利于专利权人的方向摆动,因此,重新校准天平,更仔细地考虑有关事实,以让更多的案件能够经受(被告/专利权人提出的)驳回(原告)起诉申请或者简易判决申请而继续成立,将会是一个可喜的变化。

3. 普适性

批评者认为,行为经济学的实证结果从来没有走出实验室环境,也没有为现实世界决策制定的"高峰期"做好准备。[276] 相反,新古典经济学的简单假设提供了"一种组织原则",因而政策制定者可以基于分析而不仅仅是基于描述做出决策。[277] 可是,这些批评者也承认,"虽然现代经济学理论和计量经济学对复杂商业现象的市场影响有很强的洞察力,但是,解决某些反垄断问题所必需的大部分信息仍然不为人知且难以获得。"[278]

第一,有大量且不断增多的现场证据,都证明了现实市场中消费者的行为偏差。[279] 如果人们必须在开车时系好安全带,那么,这个规则将会增加净福利,尽管存在个体差异(population heterogeneity)。[280] 第二,行为经济学的价值不在于大体上预测非理性行为,

---

[272] 同前页脚注[271][法院具备作出裁判的有利条件,"只要法官以恰当阐述的(法律)文本讨论为依据,他作出的(法律)解释即是合法的解释,尽管其他法官可能会合法地得出不同的认定结论"]。

[273] Stacey Dogan, *The Role of Design Choice in Intellectual Property and Antitrust Law*, 15 Colo. Tech. L. J. 27, 30 (2016).

[274] 参见 SUNSTEIN,前注 192,第 113 页。

[275] 参见 Heinemann,前注 11,第 30 页。

[276] 参见 Wright & Stone II,前注 24,第 1548 页["行为(经济学)反垄断的黄金时代尚未到来"]。

[277] 参见 Devlin & Jacobs,前注 165,第 1060 页。

[278] 参见 Devlin & Jacobs,前注 165,第 1062 页。

[279] 参见 Valerie P. Hans, *The Jury's Response to Business and Corporate Wrongdoing*, 52 Law & Contemp. Probs. 177, 196 (1989)("社会学家和其他学者都展示了大量的企业违背理性人原则的事例");Michael D. Grubb, *Behavioral Consumers in Industrial Organization*, 47 REVIEW OF INDUS. ORG. 247, 253 (2015).

[280] 参见 Sunstein,前注 192,第 97 页。

而在于让法院认识到那些有违理性行为所产生的反竞争性效果。通过探究人的潜意识,行为经济学使得当事人能够帮助法院更好地理解动态市场的运作方式。[281] 第三,法院只会关注原告提起的被告之行为造成了反竞争性危害的指控,而不会把被告的行为纳入某种理论。[282] 由于创新激励具有异质性(heterogeneity),实行"一刀切"的解决方案将会减少净福利。[283] 在这种情况下,为特定行业或者许可协议制定的默认规则可能会更为有效。

批评家们也忽视了法律滞后于理论这个事实。新古典经济学成为主流的反垄断经济学理论,"是水滴石穿的过程,而非一蹴而就。"[284] 连行为经济学的批评者也承认,"行为经济学可能会慢慢地适应和变革,做出重要的发现,并且聚焦于新问题。"[285] 像其他追求实际运用的理论一样,行为经济学也会经历类似的法律滞后问题。相对论得到改进而被应用于智能手机的全球定位系统,需要一些时间。但是,这并不意味着有必要拒绝接受相对论,转而支持牛顿物理学。[286] 反垄断法的生命力最终取决于,它是由法官自己创造并且为法官服务的。如果想要成功地革新反垄断法,那么,法官必须通过试错法来发展反垄断法。

即使在这一发展的相对初步阶段,行为经济学也早已能够帮助法官在判定反竞争性协议或者垄断行为是否合理时辨认证据。[287] 行为经济学推出了责任转移机制和反竞争性危害或者促进竞争效益的替代指标,以实现更为动态高效的结果,从而有助于法院避开基于合理性规则展开的难以捉摸的权衡过程。笔者将在下文对这些理念予以探讨。

B. 反竞争性危害和促进竞争辩护

反垄断原告必须证明,有关行为危害了竞争过程,造成了对消费者而不仅仅是竞争对手的损害。[288] 被告则必须为其行为做出它具有促进竞争的效果的辩护。[289] 有些法院将

---

[281] 参见本文第四 C—E 部分。

[282] 参见 Leslie,前注 36,第 64 页("法官的职责不是让被告的行为适应更大的理论架构……制定政策需要理论;查明事实不需要")。

[283] 参见 Sunstein,前注 192,第 97 页。

[284] Huffman,前注 177,第 12 页。同时参见 Wright,前注 17 第 2224 页("《谢尔曼法》的演变,是一个谨慎地将新古典微观经济学分析融入《谢尔曼法》的模糊轮廓的故事");Richard A. Posner, *The Chicago School of Antitrust Analysis*, 127 U. Pa. L. Rev. 925, 926(1979)(本文明确描述了逐步在法律中采用现代反垄断经济学的过程)。

[285] 参见 Wright & Stone II,前注 24,第 1549 页。

[286] 参见 Richard W. Pogge, *Real-World Relativity: The GPS Navigation System*, http://www.astronomy.ohio-state.edu/pogge/Ast162/Unit5/gps.html.

[287] 参见 Baby Food Antitrust Litig., 166 F. 3d 112, 122(3d Cir. 1999)["'附加因素'指的是'需要证明的额外的事实或者因素,它们是认定并行活动构成共谋的前提条件'……附加因素往往包括表明以下情况的证据:(1)被告的行为违反了他们的经济利益,且(2)被告积极地达成价格固定共谋"]。

[288] Brunswick Corp. v. Pueblo Bowl-O-Mat, Inc., 429 U.S. 477, 489(1977).

[289] United States v. Microsoft Corp., 253 F. 3d 34, 58–59(2011).

促进竞争抗辩(procompetitive justification)表述为"(垄断者提出的)非托词性主张,声称其行为基于案情实质实际上是一种竞争方式,因为它会带来更高的效率或者对消费者来说具有更强的吸引力。"[290]原告则必须反驳这种主张,或者证明反竞争性危害大于促进竞争的效益。[291] 本节表明了行为经济学如何有助于解释法院在审理专利和反垄断交叉领域主要案件时作出有关推理和判决结果的原因,进而从相关论述中吸取经验教训。

1. Microsoft 案和 Rambus 案

Microsoft 案和 Rambus 案表明,哥伦比亚特区联邦巡回上诉法院如何在这两个标志性案件中采用截然相反的判定标准,以在面对不确定的后果时实现动态效率。在 Microsoft 案中,哥伦比亚特区巡回法院表达了对以下问题的关切,即 Microsoft 公司的搭售行为可能会排斥来自运行 Java 语言程序之网页程序的新兴竞争,这种网页程序将使得应用程序开发者能够绕开 Windows 系统。[292] Java 语言程序作为竞争对手的可行性是不确定且不可靠的,人们也难以获得基于证据的答案。法院把时间往前回溯,根据市场集中度、竞争市场结构、与开源系统相比通过封闭系统获得的能接受的专用(独占)程度,作出裁判。[293]

哥伦比亚特区巡回法院避开了价格提高和产量降低这些常用指标,而准备"在排斥性行为针对的是新兴竞争技术生产商的情况下,推定(被告 Microsoft 公司的反竞争性行为和被告维持垄断地位之间)存在因果关系",这是因为,"原告和法院都没有把握重现在被告没有从事排斥性行为的情形、产品的假想技术发展情况。"[294]该法院判定,不应给予 Microsoft 公司"任意压制新兴而未经证实的竞争对手的绝对自由,而在技术进步迅速、范式转变频繁的行业,尤其应该如此。"[295]相反,Microsoft 公司应当"承受其自身不当行为造成的不确定后果。"[296]认定责任的关键是 Microsoft 公司从事了"不当"行为,这损害了新兴竞争对手的利益,而没有带来诸如提供更好的产品等明显对消费者利益有益的结果。法院在审理 Microsoft 案时,拒绝施加反垄断原告必须证明(在被告没有从事排斥性行为的情形、原告的产品构成相关市场的真正竞争这一)反事实推理的要求,法院认为这种因果关系的判定标准"没有牙齿",法院指出,"给予垄断者任意压制新兴而未经证

---

[290] 同前页脚注[289],第 59 页。
[291] 同上。
[292] 同上,第 79 页。
[293] Devlin & Jacobs,前注 165,第 36—37 页。
[294] Microsoft,253 F. 3d at 79.
[295] 同上。
[296] 同上。

实的竞争对手的绝对自由,有悖于《谢尔曼法》的宗旨。"[297]

Stacey Dogan 教授指出,"法院在审理 Microsoft 案时也对司法干预创新的问题表示认同,但是,它认为这个问题具有警示性,而不是一成不变的。"[298]法院在审理 Microsoft 案时可能已经像 Stacey Dogan 教授那样认识到,"不干预原则(non-interference)不论是在静态意义上(豁免产生净社会成本的行为),还是通过它对激励和行为规范产生的影响来看,都有其自身的成本和风险。"[299]在 Microsoft 案中,法院在被告行为后果不确定的情况下,首先认识到它必须作出促进创新的判决结果。[300] 但是,法院没有选择新古典经济学所建议的不作为,而是决定将被告行为后果不确定时的证明责任转移给被告,让被告提供解决有关争议所需的信息。[301]

由于专利权人拥有对解决争议而言最有用的信息和动机,转移证明责任是合理的。[302]专利权人位于提供促进竞争抗辩之证明文件的优势地位,如果不转移证明责任,反垄断法将会要求某种事实的支持者去证明相反的事实。法律早有定论,"公平意味着诉讼当事人不应承担关于对方当事人知悉之事实的举证责任。"[303]实践窍门在于,找出公司领导者视为该公司或者所属行业之威胁的技术或者企业目标,找出其他公司的领导者表示有可能取代诉争产品或者服务的相应产品或者服务。法院"应该认真地对待这些担心和期望;它们往往最后被证明自身比根据行业趋势和已公布的预测而精心斟酌地推断更具有启发性。"[304]

我们应该把 Microsoft 案和 Rambus 案做个对比,同一法院在 7 年后作出了 Rambus 案的裁判。[305] 美国联邦贸易委员会对 Rambus 公司启动调查的理由是,后者未能披露其对标准化工作相关的专利拥有的权利,这违反了标准制定组织(SSO)政策所规定的披露义务;联邦贸易委员会指出,"Rambus 公司所做的披露具有误导性。"[306]哥伦比亚特区巡回法院认为,"当某个合法垄断者的欺骗行为产生了提高价格的后果,而对市场竞争结构

---

[297] 同上。
[298] 参见 Dogan,前注 273,第 127 页。
[299] 同上,第 129 页。
[300] Microsoft,253 F. 3d at 58 – 59.
[301] 同上,第 59 页。
[302] Lim,前注 172,第 367 页。
[303] 参见 Adobe Sys. Inc. v. Christenson,809 F. 3d 1071,1079(9th Cir. 2015);同时参见 United States v. N. Y.,New Haven & Hartford R. R. Co.,355 U. S. 253,256 n.5(1957)("基于公平的考虑,通行的规则不会让诉讼当事人承担证明只有对方当事人了解的事实的责任")。
[304] 参见 Cass,前注 7,第 198 页。
[305] Rambus Inc. v. FTC,522 F. 3d 456(D. C. Cir. 2008).
[306] 同上,第 461 页。

没有影响的时候,不能认定其违反了《谢尔曼》法。"[307]美国联邦贸易委员会一定是认为,JEDEC(标准制定组织)根本不会采用专利技术。[308] Rambus 案的判决结果是被告获胜,这不是因为被告提供的证据具有说服力,而是因为法院未能考虑最有能力提供证据一方当事人的证据,这导致法院认定,被告的行为不具有反竞争性危害,因为法院把证明反事实推理(如果 Rambus 公司向 JEDEC 披露了其专利权,JEDEC 就不会采用 Rambus 公司的技术)这一难以完成的任务强加给了原告。

"由于 Rambus 案裁判的反垄断分析,从公共政策的角度看,Rambus 案裁判受到了批评,因为它没有对被普遍指责为具有欺骗性的行为予以制裁。"[309]正如 Jay Kesan 教授和 Carol Hayes 所言,法院(对 NYNEX Corp. 诉 Discon,Inc 案裁判)的解读"可能足够宽泛,以限制或者排除反垄断法在标准专利案件中的适用。"[310]此外,与新古典经济学的观点一致,这个结果反映了对法院管制(专利)埋伏能力的制度性怀疑,而这是新古典经济学反垄断的特征。[311] Rambus 案裁判还忽略了 Micosoft 案裁判对"必要条件"因果关系判定标准的拒绝,而认同那些"有可能对垄断发挥重大作用"的行为。[312]

如果美国联邦贸易委员会没有提供充分的证据证明 JEDEC 将会采用其他技术标准,那么,哥伦比亚特区巡回法院本应基于证据原因驳回有关诉讼。[313] 相反,该法院采用了一种因果关系判定标准,这种标准即便在知识产权政策明确的情况下,实际上也排除了对 Rambus 欺骗行为予以反垄断回击的可能性。[314] 谁掌握了垄断势力,他们以何方式获得垄断势力,对于哥伦比亚特区巡回法院而言似乎也无关紧要。关键在于,一旦将有关技术纳入了标准,企业仍然可以自由地收取垄断租金。[315] 欺骗行为对市场没有任何影响,因为标准实施者和消费者必须向某个专利权人或者其他专利权人支付使用费。应当审查的不是高额使用费本身,而是专利权人以何方式获得对有关行业进行勒索之能力。[316] "向消费者隐瞒其为了判断相应购买物在成本上是否合理所需要的信息的行为,

---

[307] 同上,第 466 页。

[308] 同上。

[309] Jorge L. Contreras, *Implementing Procedural Safeguards for the Development of Bioinformatics Interoperability Standards*, 39 N. Ky. L. Rev. 87, 105(2012).

[310] Jay P. Kesan & Carol M. Hayes, *FRAND's Forever: Standards, Patent Transfers, and Licensing Commitments*, 89 Ind. L. J. 231, 269(2014).

[311] 同上。

[312] Ankur Kapoor, *What Is the Standard of Causation of Monopoly? Antitrust*, Summer 2009, at 38.

[313] M. Sean Royall, et al., *Deterring "Patent Ambush" in Standard Setting: Lessons from Rambus and Qualcomm*, Antitrust, Summer 2009, at 35 – 36.

[314] 同上,第 35 页。

[315] Jonathan Hillel, *Standards x Patents ÷ Antitrust = ∠: The Inadequacy of Antitrust to Address Patent Ambush*, DUKE L. & TECH. REV. 17 § 56(2010).

[316] Lim,前注 122,第 582—583 页。

很可能会扰乱市场定价机制的正常运作,因而会受到反垄断法的谴责。"[317]

Microsoft 案和 Rambus 案展现了法院是如何把证明责任转移作为实现动态高效结果的代替物使用的情况,也展现了法院不这么做会发生的后果。代替物发挥了启发法的功能,可用以解决复杂的已知事项和未知事项。在接下来的讨论中,Actavis 案和 Kimble 案也展现了启发法和偏见是如何影响美国联邦最高法院的反垄断分析的。

2. 重新审视 Actavis 案和 Kimble 案

美国联邦最高法院在审理 Actavis 案时判定,基于合理性规则分析,数额巨大且没有正当理由的反向支付可能会触犯反垄断法。[318] 将仿制药厂商自双方当事人达成和解协议之日起延缓进入相关市场、同数额巨大且原因不明的反向支付捆绑在一起的协议,可能是双方当事人在专利无效或者可能无效的情况下达成的延缓进入市场、分享他们原本可能会缔结的维持专利垄断之不正当协议。[319] 法院应当在有关和解协议的反竞争性效果与"可避免的诉讼费用或者仿制药厂商承诺提供服务的公平价值"等正当理由之间进行权衡。[320] 事实上,在后一种情况下,"不存在专利权人利用其垄断利润来规避专利无效或者不侵权判决的风险这些问题。"[321]

美国联邦最高法院指出,"有关支付(如果在其他方面原因不明)可能是为了防止出现竞争风险。而且,正如我们所说,这个后果构成了相应的反竞争性危害。"[322] 反垄断法的快速审查(quick look approach)将证明有关协议合理性的责任转移给了被告。这造成了同样的后果,即原告只需要表明,伴随有关协议而来的还有一笔数额巨大的付款,就会把证明责任转移给被告,后者应当解释该笔付款的原因。[323] 因此,法院采用"数额巨大且没有正当理由的付款"作为代替横向市场分割协议证据的指标。

这不是合理性规则分析的失败。相反,这意味着启发法的胜利。全面的权衡将会非常复杂,在分析方面含糊不明并且具有主观性。有关分析框架将证明责任施加给最有条件履行该责任的当事人,这与 Microsoft 案相似,兼顾了精确性和效率。[324] 美国联邦最高

---

[317] FTC v. Ind. Fed'n of Dentists,476 U. S. 447,461 – 62(1986).
[318] FTC v. Actavis,Inc. ,133 S. Ct. 2223,2236(2013).
[319] 同上。
[320] 同上。
[321] 同上。
[322] 同上。
[323] 同上["在反向支付(款)可能体现的是传统和解协议的对价(例如,原研药厂商节省的诉讼费用、仿制药厂商向原研药厂商承诺提供经销后者专利药或者帮助后者开发该专利药市场之服务的公平市价等)的情形,不存在专利权人(原研药厂商)利用其垄断利润而规避法院判定其专利权无效或者判定仿制药厂商不构成专利侵权的风险这样的问题"]。
[324] Lim,前注 256,第 565 页("在适当的情况下,法院可以将证明责任转移给专利权人,让他对他的行为做出解释,从而简化法院的调查过程。这会推动最适合向法院提供信息的当事人向法院提供信息")。

法院的做法是,在有关行为更有可能造成危害的情形下,将证明责任加之于被告,让后者对其自身的行为予以解释。

在"后 Actavis 案"时代,下级法院发展了这种启发法,为反垄断责任的外延边界提供了一些指导。第一,在专利有效性、侵权或者不正当行为(inequitable conduct)的争论方面落败的专利权人,可能会"在随后对反向支付和解协议之反垄断诉讼的裁判中遭受严重和急剧的冲击。"[325]第二,非金钱对价也相当于反向支付,其中包括,专利权人同意在首个提交简略新药申请(Abbreviated New Drug Application, ANDA)的仿制药厂商的专属销售期内(exclusivity period)不推出授权仿制药(authorized generic product)。[326] 第三,即便反垄断私人诉讼原告能够证明反向支付具有反竞争性,他可能仍需证明"如果没有发生某件事情"情形的有关事实,例如仿制药的推出、监管部门的批准、或者其他因素。[327]然而,正如第三 A 部分所述,这些基准点不足以给予律师为客户提供恰当咨询服务所需的确定性。

Kimble 案裁判展现的不是启发法,而是关于合理性规则的偏见。在法院作出 Kimble 案裁判的两年前,美国联邦贸易委员会在 Actavis 案中主张,法院应当进行快速审查,因为这些协议基本上相当于原研发药厂商和仿制药厂商之间达成的分割市场的共谋。[328]审理 Actavis 案的法院不认同该主张,法院认为,应当基于合理性规则判定反向支付是否合法,而合理性规则具有"行政上的可行性"特点。[329]

美国联邦最高法院在两年后审理 Kimble 案时,没有采用合理性规则作为判断专利过期后使用费条款的竞争效果的工具,法院把该规则当作"产生极高诉讼成本和不可预测结果的'详细调查'"而置之不理。[330] 相反,持多数意见的法官更倾向于"容易适用"的

---

[325] Brian Sodikoff, James J. Calder, Thomas Maas, Reverse Payments After Actavis, Bloomberg BNA (Mar. 31, 2017), 参阅案例 Modafinil Litigation, 06-cv-1797, 06-cv-1833, 06-cv-2768, 08-cv-2141 (E. D. Pa.); 153475 (3d Cir.)。

[326] King Drug Co. of Florence, Inc. v. SmithKline Beecham Corp., 791 F. 3d 388, 403 – 406 (3d Cir. 2015). Lidoderm Antitrust Litig., 14 – md-2521 (N. D. Cal.); *In re* Opana ER (Oxymorphone Hydrochloride) Antitrust Litig., MDL No. 2580, Case No. 14-cv-10150 (N. D. Ill) (including Value Drug Co. v. Endo Health Solutions Inc., 14-cv-2630 (N. D. Cal.); *In re* Lamictal Direct Purchaser Antitrust Litig., 12-cv-995 (D. N. J.); *In re* Loestrin 24 Antitrust Litig., 13-md-2472 (D. R. I.).

[327] United Food & Commercial Workers Local 1776 & Participating Emp'rs Health & Welfare Fund v. Crosby Tugs, LLC (In re Actos End-Payor Antitrust Litig.), 848 F. 3d 89, 93 – 94 (2d Cir. 2017); Am. Sales Co., LLC v. Astrazeneca LP (In re Nexium (Esomeprazole) Antitrust Litig.), 845 F. 3d 470, 476 (1st Cir. 2017); In re Asacol Antitrust Litig., No. 15 – 12730 – DJC, 2017 U. S. Dist. LEXIS 952 at *12 – 13 (D. Mass. Jan. 4, 2017); In re Actos End Payor Antitrust Litig., No. 13 – CV – 9244 (RA), 2015 U. S. Dist. LEXIS 127748 at *57 – 58 (S. D. N. Y. Sep. 22, 2015); In re Nexium (Esomeprazole) Antitrust Litig., 968 F. Supp. 2d 367, 390 (D. Mass. 2013).

[328] Actavis, 133 S. Ct. at 2237.

[329] 同上,第 2236 页("在反垄断诉讼中,反垄断被告应当证明其行为具有合法正当的理由,从而说明了订立诉争协议的原因,进而表明了该协议在合理性规则下的合法性")。

[330] Kimble v. Marvel Entm't, LLC, 135 S. Ct. 2401, 2411 (2015).

本身违法规制。[331] 值得注意的是,在 Actavis 案和 Kimble 案中都持反对意见的 Roberts 首席法官和 Thomas 法官,在 Actavis 案[332]中批评合理性规则"不受控制",而在 Kimble 案中却欣然接受该规则,这真是非同寻常的回心转意。[333]

我们应该对这种态度的转变作何解释? 行为经济学给出了答案—— 替代偏差(substitution bias)。这些法官在心中已经有了结论,而去寻找最能让他们支持该结论的说理。这些法官会寻求与其既有(认知)模式一致的信息,而不采纳否定该模式的证据。我们往往会修正记忆里我们过去的观念。正如 Kahneman 解释所言,"很多心理学家曾经研究过以下问题,即当人们改变想法时,会发生什么事情。实验人员选了一个尚无定论的话题,比如死刑,来仔细检测受试者的态度。接下来,受试者们会看见或听见一则颇具说服力的信息,这则信息对所选话题持赞同或者否定的态度。然后,实验人员再次检测受试者的态度,受试者往往倾向于他们看到或听到的那个观点。最后,受试者要说出自己在实验前所持的观点。这项任务也许很难。受试者被问到之前的观点时,说的往往就是现在的观点,这便体现了替代偏差,而且很多人都无法相信他们曾经有过不同的观点。你无法重构过去的观念,这不可避免地会导致你低估自己对过去事件感到惊讶的程度。"[334]

在同一案件中,也可能会产生偏差。虽然有批评意见认为,有关专利在专利过期后不会赋予专利权人市场势力,而且,由于被许可人支付的使用费是有关专利在许可期间的价值总和,如何安排使用费支付期限并不影响被许可人所支付的使用费总额,但是,Kimble 案裁判中持多数意见的法官坚持遵循先例原则。[335] 持多数意见的法官认为,专利法中的遵循先例原则具有"超级强权。"[336]持多数意见的法官认为有关案件是根植于专利法的案件,故而,法院作出 Kimble 案裁判依据的是使用费支付义务在专利期限届满后终止这一"明确原则",而不是以专利过期后使用费条款的竞争效果为准作出的裁判。[337] 相反,Kimble 案裁判中持反对意见的法官认为,有关先例"声称适用的是专利法,而实际上依据的却是政策考量。"[338]虽然法院审理的不是反垄断问题,但是,持反对意见的法官坚

---

[331] 同前页脚注[330]。
[332] Actavis,133 S. Ct. at 2245.
[333] Kimble,135 S. Ct. at 2416.
[334] 参见 Kahneman,前注 19,第 202 页。
[335] Kimble,135 S. Ct. at 2409(法院指出,遵循先例原则建立在以下理念的基础上,即"确立可适用的法律规则往往比确立正确的法律规则更为重要")(引用文献省略)。
[336] 同上,第 2410 页。
[337] 同上,第 2405 页。
[338] 同上,第 2418 页。

称,指导性先例是法院以"被证明有误的"经济学理论为前提[339]作出的"披着专利案件外衣的反垄断裁判。"[340]法院还指出,遵循先例原则不要求法院维持"毫无根据且有害的先例。"[341]这种法官意见的分歧,也可以用确认偏误予以解释,存在确认偏误的情形下,双方遇到的是同一个问题,但是对该问题的提法却不同。[342]

Actavis 案和 Kimble 案中法官对合理性规则的意见分歧,以及 Microsoft 案和 Rambus 案中法院面对不可预测的创新轨迹时对证明责任的转移,都说明了同一法院会在不同的案件中采取明显不同的立场,这揭穿了新古典经济学理论家所宣称的可预测性的真相。这些案例表明,更加重视阐明法院到底为什么会认为它的干预或者放任不管将会增进动态效率,具有重要的意义。

3. 谈谈促进竞争辩护

在协调反垄断和专利政策方面,Actavis 案裁判使得各法院不得不面对以下问题,即适用合理性规则会让专利权人进行创新时付出什么代价。当涉及要求获得专有权以确保创新之回报的时候,制药公司无疑拥有支持他们那方的最佳理由。[343]然而,Cynthia Ho 教授指出,制药公司歪曲了公众认知,让人们以为每种药品都需要上十亿美元的研发成本,"而事情却是,大多数新药只需要该数额一小部分的研发成本。"[344]同样地,制药公司也过度抬高了新药的创新性,"而事情却是,他们生产的大多数'新'药只有些许的改进,而这些改进往往没有什么治疗价值。"[345]这些认知偏差强化且维系了以下观念,即为了促进创新,需要实施绝对的专利保护。[346]

问题在于,这些观念所依据的是有缺陷的证据。举例而言,Ho 教授查出,10 亿美元的研发金额溯源于一份媒体反复报道的新闻稿,这份新闻稿还被《华尔街日报》和《福布斯》杂志"陈述为毫无争议的事实"。[347]同样地,国家健康管理研究院(National Institute

---

[339] 同前页脚注[333],第 2415 页。

[340] 同上。

[341] 同上。

[342] 参见 Kahneman,前注 19 第 413 页("个人决策的架构——Thaler 和 Sunstein 称为选择架构——对结果有着很大的影响")。

[343] 参见 Ho,前注 33,第 426—427 页("毫无疑问,专利对于制药公司很有价值甚至必不可少,而这不同于诸如软件等其他技术领域,在这些领域,诸如先发优势等其他问题更为重要")。

[344] 同上,第 426 页["显然,即便是 10 亿美元(研发成本)的一小部分都成本很高,但是,夸大的数字对于政策制定者和学者们思考应当如何调整专利法以促进创新,有着重要的影响"]。

[345] 同上["虽然小幅度的创新好过完全没有创新,但是,(创新图式提出的)大多数新药都有高度创新性的假设,也会对专利法和政策产生影响"]。

[346] 同上,第 429 页("目前的专利法和政策,连同现有的认知偏差,导致了药品在某些(疾病)领域的重复研发,而在其他领域却发展不足")。

[347] 同上,第 453 页。

for Health Care Management)发布的一份报告指出,"只有15%的新药具有高度创新性,而且,具有高度创新性的新药比例在逐渐下降,而制药公司研发的大多数药品都是对既有药品的渐进性改善。"[348]因此,我们在采纳立足于促进竞争之创新的任何主张的实证依据之前,都应当仔细地审查这些实证依据,对它们适当地予以"去偏误"。

C. 意图:重视主体的意识

在反垄断分析中,意图(目的)早就具有相当的重要性。[349]法院作出的 Aspen Skiing Co. 诉 Aspen Highlands Skiing Corp. 案裁判,是体现这一原理的非知识产权案件。[350] Aspen 滑雪场由 4 个山区组成。[351]被告拥有其中的 3 个山区,原告拥有余下的那个山区。[352]他们合作了多年,共同发售全山区多日滑雪联票。[353] 在被告多次未能同原告达成增加其售票收益份额的协议的情况下,被告终止了联票合作。[354]原告担心滑雪者在不提供联票的情形会不光顾他的滑雪场,因而原告向被告提出以零售价购买对方缆车票的要约。[355]被告拒绝向原告销售缆车票。[356]

美国联邦最高法院判定,"被告选择放弃这些短期收益,是因为它对损害其较小的利益、从长远看减少竞争更有兴趣。"[357]法院判决原告胜诉,法院认为,被告拒绝以零售价向原告销售缆车票的行为,"表明被告有在以后提高其垄断零售价的打算。"[358]

要想更好地理解被告如何做出决策,意味着调查被告从事诉争反竞争性行为的意图,这具有重要的作用。意图提供了围绕可理解的标准统一有关规则的背景和锚点。这与 Maurice Stucke 教授的以下主张一致,即"反垄断法应该把规则和基本原则结合起来,以在提高普通案件的可预见性的同时,保持对新型限制竞争行为予以规制的灵活性。"[359]

---

[348] 同前页脚注[343],第 459 页。
[349] 参见如 Chi. Bd. of Trade v. United States,246 U. S. 231,238(1918)(法院指出,"了解当事人的意图,可能会有助于法院弄清事实进而预测有关限制可能产生的后果");United States v. Grinnell Corp.,384 U. S. 563,570−71(1966)(法院认为,《谢尔曼法》第 2 条禁止的垄断行为的构成条件之一,是在相关具有垄断势力的企业"故意取得或者维持垄断势力,这不同于企业通过优质产品、商业才智或者历史偶然而增进或者发展垄断势力");Spectrum Sports,Inc. v. McQuillan,506 U. S. 447,456(1993)(法院认为,被告构成图谋垄断的条件,是被告从事了掠夺性行为或者排斥性行为,而且被告具有明确的垄断意图)。
[350] 472 U. S. 585(1985)。
[351] 同上,第 587—588 页。
[352] 同上,第 589 页。
[353] 同上,第 590—591 页。
[354] 同上,第 592—593 页。
[355] 同上,第 593—594 页。
[356] 同上,第 593 页。
[357] 同上,第 608 页。
[358] Verizon Commc'ns,Inc. v. Law Offices of Curtis V. Trinko,LLP,540 U. S. 398,409(2004)(法院在审理本案时,对 Aspen,472 U. S. 585 案裁判进行了探讨)。
[359] 参见 Stucke,前注 164,第 1479 页。

这种"机制会降低法院采用本身违法规则所产生的错误成本,而不会提高采用合理性规则的诉讼成本和错误裁判的风险"。[559]

1. 意图的更大作用

当前的准则是,针对竞争对手的严苛意图,甚至是想"消灭"竞争对手的想法,在反垄断法中通常都是合法的。[560]法院分析道,"竞争是一个残酷的过程"[561],反垄断法的"目的不是成为良好行为守则。"[562]法院关心的是,如果"损害竞争对手利益的意图本身即可成为反垄断责任的标志,法律将会有阻吓激烈竞争进而降低消费者福利的风险,最终只会惩罚那些还没有认识到不应该写下这些表明意图的东西(比如邮件等)的不听从指导之人,尽管他们无疑在许多"反垄断合规"研讨会中接受了相关的指导。"[563]

其他法院能更加宽容地看待意图的作用。例如,美国联邦第十一巡回上诉法院在审理 McWane, Inc. 诉 FTC 案时判定,"明显的限制竞争意图……支持了 McWane 公司危害竞争的推论。"[564]法院指出,"关于意图的证据具有很强的证明力,这'不是因为好的意图将会拯救(被告订立的)本来不良或者良好的交易规则;而是因为,对于意图的了解可以帮助法院弄清事实和预测后果。'"[565]在对待知识产权许可限制时,"法院通常应当考虑以下因素:被告对之施加限制的交易所特有的情况;该交易在施加限制前后的状况;有关限制的性质以及该限制实际或可能的影响。有关限制的历史,企图实现的目的或结果,都是相关的情况。这不是因为好的意图将会拯救(被告)本来不良或者良好的交易规则;而是因为,对于意图的了解可以帮助法院弄清事实和预测后果。"[566]

对于垄断行为指控而言,特别是涉及"诉争行为是否明确具有'排斥性'或者'反竞争性'这个问题时……人们一致认为,'没有垄断者在从事垄断行为时不知道他在做什么。'"[567]法院在审理 McWane 案时认定,基于相关事实,表明限制竞争意图的证据具有"很强的证明力。"[568]被告的独占交易方案是阻止其竞争对手实现投资和获利所必需的临

---

[559] 参见 Reeves & Stucke,前注 34,第 1582 页。
[560] United States v. Microsoft Corp., 253 F. 3d 34, 58 (D. C. Cir. 2001).
[561] Ball Mem'l Hosp., Inc. v. Mut. Hosp. Ins., Inc., 784 F. 2d 1325, 1338 (7th Cir. 1986).
[562] Novell, Inc. v. Microsoft Corp., 731 F. 3d 1064, 1078 (10th Cir. 2013);同时参见 Olympia Equip. Leasing Co. v. W. Union Tel. Co., 797 F. 2d 370, 379 (7th Cir. 1986).
[563] Novell, Inc., 731 F. 3d at 1078.
[564] 783 F. 3d 814, 840 (11th Cir. 2015).
[565] 同上(引用文献省略);同时参见 Microsoft, 253 F. 3d at 59 ("垄断者行为背后的意图,只有在帮助我们弄清垄断者行为可能会产生的影响方面具有意义")。
[566] Major League Baseball Props., Inc. v. Salvino, Inc., 542 F. 3d 290, 316 (2d Cir. 2008) [引用 Chi. Bd. of Trade v. United States, 246 U. S. 231, 238 (1918)].
[567] Aspen Skiing Co. v. Aspen Highlands Skiing Corp., 472 U. S. 585, 602 (1985).
[568] McWane, Inc., 783 F. 3d at 840.

界市场规模的"蓄意计划"。⑩这让法院得以推定,"所发生的(被告提高价格的)定价行为是被告的独占交易方案意图实现的结果",尽管"不是本案当事人列出的所有证据都不利于被告 McWane 公司"。⑪

同样地,马里兰州地区法院在审理 Intellectual Ventures 诉 Capital One 案时判定,专利权人的意图在解决反垄断问题时具有相当重要的意义。⑫ 在被告申请法院驳回原告起诉的阶段,法院认定,专利权人可能故意购买了"一个庞大的专利组合",其中包含了 3500 项涉及金融服务行业的专利,"因而专利权人能够劫持那些对现有产品设计进行大量投资的银行"。⑬ 专利权人"从人们广泛采用的现有技术出发",而"以现有产品的设计作为定制的专利组合的目标"。⑭ 因此,专利权人利用了诉争侵权人对现有产品设计进行的"巨额沉没投资"而获利。⑮ 如此,专利积聚的目的在于劫持有关银行,而不是寻求其发明的报偿。⑯

Aspen Skiing 案、McWane 案和 Intellectual Ventures 案等判例让我们认识到,意图有助于法院评判反竞争性危害的可信性。激励创新的目标,并不阻止法院作出不利于具有非法动机的当事人的裁判。如有证据表明专利权人意图排斥竞争对手,那么,谴责这些专利权人,并不会打消新生代发明人从事研发活动并且把创新成果商业化的念头。只有那些意图通过其行为排斥竞争对手的人们才需要担心。如此,在事实表明有必要的情形,法院可以在确保加强执法的同时,减少误判。

2. 意图如何使得法院更容易作出裁判

美国联邦第七巡回法院的首席法官 Diane Wood 坦率地警告道,使用经济学术语的当事人将会"自担风险"。⑰ 对于法官而言,驾驭新古典经济学反垄断的合理性规则,就像"漫步于经济学理论的荒野"。⑱ 反垄断律师 Richard Steuer 指出,"在很大程度上,公众对反垄断执法的强烈抵制,是对(反垄断分析的)复杂性以及由此造成之混乱的反应,这种复杂性和混乱助长了糟糕的政策决定、执法决定和司法裁判"。⑲ 造成这种复杂性

---

⑩ 同前页脚注⑨。
⑪ 同上。
⑫ 99 F. Supp. 3d 610,626(D. Md. 2015).
⑬ 同上(引用文献省略)。
⑭ 同上(引用文献省略)。
⑮ 同上(引用文献省略)。
⑯ 同上。
⑰ 参见 Diane P. Wood, *Generalist Judges in a Specialized World*,50 SMU L. Rev. 1755,1767(1997)("虽然经济学的呓语在反垄断领域已经大行其道,但是,律师们在一个没有对反垄断投入大量精力的法官面前,谈论无谓损失"三角形"和收入转移之间权衡的问题,要自担风险")。
⑱ United States v. Topco Assocs. ,Inc. ,405 U. S. 596,609 – 10 n. 10(1972).
⑲ Richard M. Steuer, *The Simplicity of Antitrust Law*,14 U. Pa. J. Bus. L. 543,557(2012).

的原因,是新古典经济学"无法将合理性规则转化为简单的(行为)准则"。[280]

反垄断判例法所确立的技术专家统治路线,使得法院不理睬关于意图的证据,而更愿意指出原告未能戳穿被告行为的推定合法性(presumptive legality)。法官对于某协议是否会保持有关卡特尔的稳定,或者站在专利权人那边是否会最优化创新等市场经济学问题,知之甚少。市场经济学提倡的合理性规则分析的不干预主义(non-interventionist),也没有对以下问题提供多少确定性,即法院是否会判定被告的行为总体而言是合理的。[281]

美国联邦贸易委员会前委员 Thomas Rosch 指出,如果能"以通才(generalist)能够理解的方式出示经济学证据,且经济学证据和其他证据相契合",那么,没有接受过经济学训练的法官也会认定有关经济学证据更具有说服力。[282] 这包括采用诸如意图证据等非价格证据。通过加强对被告意图的认识,法官可以以他们在通常审理的其他类型案件中已经使用的技能为基础作出裁判。行为经济学注重定性分析而不是定量分析,而且提供解释性叙事,这会简化反垄断分析。在法官需要采纳定量证据的程度上,第四 A2 部分阐明了为什么能够开发算法以帮助法院处理数据和避免偏误,以及应该如何开发算法以实现该目标。

加深我们对行为经济学的理解,会使得法官能够运用启发法以兼顾反垄断裁判的高精密性和简便性的好处。以禁止"联合串通"和"恃强凌弱"作为底线,法院和反垄断执法机关可以确立那些指向更具体的反竞争性行为模式的其他子类型(反竞争性行为)。[283] 将相关法律简化为科技企业的主管能够内化于他们日常营业行为的准则,也会有助于培

---

[280] 参见 Stucke,前注 164,第 1422 页;同时参见 Cavanagh,前注 74,第 125 页("虽然反垄断法的法律规定很简单,但是,将反垄断法适用于企业的日常营业行为,一直不是个轻松的任务")。

[281] FTC v. Actavis, Inc. ,133 S. Ct. 2223,2238,2245(Roberts 首席大法官,对判决持反对意见)(在本案中,持反对意见的法官把合理性规则形容为"难以驾驭""难以捉摸"的规则);Stucke,前注 164 第 1422 页("合理性规则根本不会给予市场参与者足够的确定性")。

[282] 美国联邦贸易委员会前委员 J. Thomas Rosch 在美国律师协会反垄断秋季论坛(the ABA Antitrust Section Fall Forum)上的讲话(2010 年 10 月 18 日):"Intel, Apple, Google, Microsoft, and Facebook: Observations on Antitrust and the High-Tech Sector",http://www. ftc. gov/sites/default/files/documents/public_statements/intel-apple-google-microsoft-and-facebook-observations-antitrust-and-high-tech-sector/101118fallforum. pdf("像我这样的专家都实在难以理解那些复杂的经济学理论,更不用说一个通才了")。

[283] 参见 Steuer,前注 379,第 557 页("律师、执法官员和法官明白以下这点就足够了,即反垄断和竞争法的方向不仅仅是最大限度地提高消费者福利和经济效率,而是通过执法限定于禁止对竞争造成严重威胁的恃强凌弱和联合共谋行为、以实现这个目标。如果决策者将反垄断军火库里的武器瞄准其他行为,他们会有既做出错误的决策,又失去公众支持的风险。当他们瞄准正确的目标时,每个人的情况会更好")。

养"竞争文化。"[384]

最后,简化合理原则分析也将推动人们更好地寻求司法公正,并且推动司法的管理。对于不具备专业知识的陪审员或者非专家型法官而言,简单易懂的规则会让双方当事人和裁判者更加确信法院作出了公正的裁判。这么做,将会减少法院为防止原告滥用诉讼而对其设置的障碍。双方当事人可以确定他们各自的主张。如果他们未能对此达成一致意见,那么,法官可以在被告申请法院驳回原告起诉阶段时或者一方当事人申请法院作出简易判决时,确定双方当事人各自的主张。这也会降低诉讼的成本和复杂性。

D. 市场势力和售后市场

市场势力反映了专利权人"提高价格、减少产量、减少创新或者以其他方式损害消费者利益的能力,而这是竞争性约束或者竞争动力减少的结果。"[385]分析企业合并的竞争效果的第一步,是界定相关地域和产品市场。[386]相关市场界定往往对案件的裁判结果具有决定意义。[387]这些市场包含了"买方可以转向其他供应来源的'有效竞争领域'"。[388]

1. 市场势力

药物和电子设备等产品往往已经取得了专利权,这些产品的差异缓和了价格竞争。[389]专利产品具有非同质性,而即便是在竞争性市场中,它们的定价也会使得有限理性的决策更加恶化。受到过度自信偏见(overconfidence biases)影响的被许可人和消费者,会在估算产品价格和质量方面犯系统性的错误。虽然各企业争相利用可从它们的消费者处获得的大数据,但是,消费者本身却不具备跟得上销售商的能力和成熟度,从而能

---

[384] 参见 Stucke,前注 164,第 1423 页("但者没有简单明了的行为准则,合理性规则会让企业在黑暗中摸索");同时参见 Thomas A. Piraino, Jr. , *A New Approach to the Antitrust Analysis of Mergers* ,83 B. U. L. Rev. 785 ,807(2003)(该文作者认为,合理性规则"变得如此扑朔迷离,以至于妨碍了反垄断从业人员在具体行为合法与否方面向他们的客户提供建议")。

[385] 美国司法部与美国联邦贸易委员会,《知识产权许可反垄断指南》2010 年版,第 1 条,第 2 页。

[386] United States v. Gen. Dynamics Corp. ,415 U. S. 486,510(1974).

[387] 参见 Stucke,前注 164,第 1426 页("关于相关市场界定的争论不必要地消耗了诉讼资源,以至于诉讼结果往往取决于法院是采用了原告还是被告所提出的市场界定主张")。

[388] Morgan, Strand, Wheeler & Biggs v. Radiology, Ltd. ,924 F. 2d 1484,1490(9th Cir. 1991)[引用 Oltz v. St. Peter's Cmty. Hosp. 861 F. 2d 1440,1446(9th Cir. 1988)].

[389] Tamer Boyaci & Yalgin Akgay, *Pricing when Customers have Limited Attention* 40(ESMT, Working Paper 16 - 01, 2016), http://static.esmt.org/publications/workingpapers/ESMT - 16 - 01.pdf("提高消费者辨别产品的能力的好处,是能减轻企业之间在价格方面的竞争程度,由于消费者难以了解产品的真实品质,这加剧了企业之间的价格竞争程度")。

够解读大数据以帮助他们更有效地做出决策。[389] 客户不会基于反映质量的信息而做出回应,而是主要会"基于先入之见做出决策"。[390]

吊诡的是,在一个产品信息相当丰富的时代,专利权人和被许可人之间的信息不对称却前所未有的大。企业有天然的领先优势,因为他们"对产品有更多的经验,清楚产品的确切质量。"[391]行为经济学强调了非价格变量在影响消费者对专利技术认知方面的重要作用。免费的商品或服务,将会消除以消费者对其估值衡量该产品或服务的必要,而且会影响消费者对其质量评估的准确性。[392]因此,行为经济学改进了反垄断法实施,以防止专利权人利用信息不对称造成"需求曲线的短期移动,这会在长时间内改变消费者对其自身效用函数的看法,而足以诱使他们对有关交易做出不利的(合同)承诺"。[393]

2. 售后市场

几乎每种知识产权产品都有一个售后市场,而该产品所有人可以把其对该产品的销售和售后市场捆绑在一起。关键的问题在于,即便在初级市场(primary market)存在有效的竞争,对售后市场进行反垄断干预是否合理。新古典经济学主张,"如果在初级市场存在有效的竞争,那么,售后市场的限制竞争行为是无害的"。[394] 这种主张认为,消费者在初级市场购买产品时,会考虑售后零部件的价格和质量。[395] 对次级市场(secondary market)的交易不满意的客户,可以径直选择初级市场中的其他竞争产品。各种初级产品和售后市场间的全面竞争才是关键。否则,反垄断可能会受到操控,以逃避消费者不小心订立的合同。

然而,当消费者低估了他们需要售后产品的频率或者他们在初级市场产品的生命周期内所花费的总成本的时候,可能会出现售后市场的扭曲。[396] 如果来自精明的客户的竞争压力还不够,那么,行为经济学为支持反垄断干预提供了更多的理由。例如,在 East-

---

[389] 同前页脚注[389],第 2、第 5 页("在大部分默认情况下,消费者不仅时间和精力有限,而且处理所获得的信息的能力也有限……消费者面临信息成本所产生的影响,可以转化为企业相应的信息提供策略。");同时参见 Currie,前注 21 第 6 页("精明老练的公司能够且愿意利用这些可预测的消费者偏差,大数据的兴起以及如今可以运用的超级计算能力,提高了这些公司在这方面的能力。这会导致糟糕的市场结果一直存在下去,而在这种市场结果里,消费者的利益会低于他能够获得的利益")。

[390] 参见 Boyaci & Akgay,前注 389,第 40 页。

[391] 同上,第 4 页。

[392] Su,前注 178 第 83 页("产品或服务缺乏明确的价格,这消除了以下问题带给消费者的认知压力,即消费者不得不判断产品定价在多大程度上符合他自己对有关产品或服务真实价值的认识,从而会改变消费者对产品或服务的最初认知和态度")。

[393] Max Huffman, *Marrying Neo-Chicago with Behavioral Antitrust*, 78 Antitrust L. J. 105, 133 (2012).

[394] 参见 Heinemann,前注 11,第 13 页。

[395] Eastman Kodak Co. v. Image Tech. Servs. Inc., 504 U.S. 451, 465-66 (1992).

[396] 参见 Heinemann,前注 11,第 13—14 页。

man Kodak 诉 Image Technical Services 案中，Kodak 公司除了销售复印机之外，还会提供维修服务和零部件。[398] 独立的服务机构控告 Kodak 公司把维修服务和复印机捆绑在一起销售，而后者受到知识产权的保护。[399] 搭售相关的法律规定，原告应当证明被告在搭售（维修）市场拥有市场势力，这转而取决于复印机产生的锁定效应是否赋予了被告市场势力。[400]

美国联邦最高法院在一个颇具超前性的案件裁判中指出，"基于形式主义的特征而不是实际的市场现实做出的法律推定，在反垄断法中通常不受欢迎。"[401] 即便在设备市场（初级市场）竞争激烈的情况下，专利权人也可以在通过其专利权控制的售后市场拥有市场势力。[402] 法院指出，信息不对称和（设备）转换成本（switching costs）会降低设备市场和售后市场的需求交叉弹性（cross-elasticity），而使得专利权人能够在售后市场运用市场势力。[403]

Kodak 公司掌握了有关信息，但是没有动力向其客户透露这些信息。潜在的客户不了解有关信息，而且很难获取这方面的信息，因为"买方可获得的关于这些成本（服务成本等在售后市场承担的成本）往往是传闻，而服务提供者缺乏透露他们所掌握的数据的动力"。[404] 因此，买方会基于产品的竞争性广告价格而不是产品整个生命周期的成本做出购买决定。在像 Kodak 案这样的情形，消费者很容易受到双曲线贴现的影响，这时，未来效用会严重折现，但是，新古典经济学却预测消费者是全知全能的，故而后者能够衡量有关产品从购买到废弃这整个生命周期的效用。[405] 消费者可能会错误地预期，他们将会更换一台新的复印机，但实际上他们不会这么做。购买产品之后才被告知应支付额外的、未公开的费用的买方，会比决心购买产品之前知道这件事的买方，更倾向于支付这笔费用。"行为经济学指出，在存在消费者惰性、禀赋效应和默认选项偏差的情况下，即便是很小的（产品）转换成本，也会对消费者行为产生重大影响。这转而会使得搭售和捆

---

[398] 504 U. S. at 455.

[399] 同上，第 455—456 页。

[400] 同上，第 464 页。

[401] 同上，第 466—467 页。

[402] 同上，第 471 页。（"设备市场会对售后市场的产品或服务价格施加约束的事实，根本不能表明企业在售后市场不具备市场势力"）；同时参见同上，第 466—467 页（"依据形式化特征而非实际市场情况做出的法律推定，在反垄断法中往往得不到重视。本法院更倾向于在个案的基础上解决反垄断诉讼，而把重点集中于'诉讼记录披露的具体事实'"）。

[403] 同上，第 473—478 页。

[404] 参见 Huffman，前注 394，第 137 页。

[405] Avishalom Tor, *Understanding Behavioral Antitrust*, 92 Tex. L. Rev. 573, 588 (2014)（"虽然完全理性的消费者在初级市场应该能够阻止 Kodak 公司运用其售后市场势力，但是，这点不一定适用于有限理性的消费者，后者可能会系统性地低估或者未能考虑到有关零部件的预计成本"）。

绑销售更有可能产生排斥竞争的效果"。[406]

转换成本来源于沉没成本（sunk costs）。新古典经济学假设，人们一旦决定投资于研究和开发，就会忽略沉没成本，而人们之后将会围绕边际损失和收益做出决策。[407] 然而，行为研究表明，消费者确实会在意沉没成本，而有一项实验表明，如果体育迷已经买了门票，那么，他们更有可能冒着暴风雪去观看比赛，[408]另有一项实验表明，人们为购买季票支付的价格越高，他们就越有可能去观看每一场演出。[409] 由于消费者的懒惰迟钝，他们可能会被"锁定"（套牢），这增强了专利权人的市场势力。[410] 这个问题的解决方案，是以容易理解的方式公开有关信息、从而鼓励消费者寻找更好的交易，并且敦促消费者考虑转向更好的交易，以应对消费者惰性。虽然做出了这些努力，但是，非经常性购买可能会限制人们对有关信息的了解，而每个人遭受的损失都很少，尽管这些损失加在一起很大。

在解决关于专利权人承担之以"公平、合理、无歧视"（FRAND）使用费授权许可他人使用其专利之义务的纠纷的诉讼中，也会出现同样的问题。[411] 在有关专利技术符合相应标准，而标准实施者制造的产品采用了该专利技术的情形，专利权人会拥有标准必要专利（SEP）。[412] 标准必要专利的权利人可以利用有关技术应当符合相应标准的必要而增强他们的市场势力，进而可以因为由此产生的（技术）转换成本而向标准实施者收取超过其技术价值的费用，从而"劫持"这些标准实施者。[413] 标准制定组织（SSO）可以通过以下方式降低劫持的风险，即要求标准必要专利的权利人基于 FRAND 条款（条件）做出授权许可，而以此作为将他们的技术纳入相应标准的条件。[414] 虽然标准必要专利的权利人持有其许可条款（条件）的账目，但是，标准实施者无权查阅这些账目，而且保密协议往往会禁止先前的被许可人公开这些条款。[415] 笔者在另一文中探讨了以下方案，即创设一

---

[406] Matthew Bennett, et al., *What Does Behavioral Economics Mean for Competition Policy?*, 6 Competition Policy International 111, 121(2010).

[407] 参见 Heinemann, 前注 11, 第 7 页。

[408] Richard H. Thaler, *Mental Accounting Matters*, 12 J. Behav. Decision Making 183, 190(1999).

[409] Hal R. Arkes & Catherine Blumer, *The Psychology of Sunk Cost*, 35 Organizational Behav. And Hum. Decision Processes 124, 127–28(1985).

[410] Currie, 前注 21, 第 7 页（"懒惰迟钝的消费者可能会让企业获得本地市场势力。如果多数消费者都不能或者不愿意转而达成更好的交易，那么，我们关于的竞争过程功效的一贯假设可能是错误的"）。

[411] Daryl Lim, *Standard Essential Patents, Trolls, and the Smartphone Wars: Triangulating the End Game*, 119 Penn St. L. Rev. 1, 4(2014).

[412] 同上，第 3—4 页。

[413] 同上，第 4 页。

[414] 同上。

[415] 同上，第 50 页。

种信息交流中心式的仲裁,作为解决这种信息不对称的方法。[416]

此外,行为经济学指出,法院可能会因为有关使用费条款的表述方式而产生偏见。虽然 100 美元的 10% 和 1000 美元的 1% 在数值上相等,但是,前者比后者看起来更大。因此,如果以整体市场价值(EMV)作为使用费计算基准,那么,法院会担心标准必要专利的权利人收取的使用费可能过高,因为法院会支持在认知层面更"合理"的使用费结果。行为经济学提醒我们,应当小心一种更细致的使用费分析方法。行为经济学并不打算对什么是"恰当的"使用费这个问题提供答案。以"最小可销售专利实施单元"(smallest salable patent-practicing unit,SSPU)作为使用费计算基准,也可能会导致专利权人获得的报偿过低。解决方法之一,是将使用费费率重新表述为对每 1000 美元(产品销售额)收取 1 美元的使用费,以简化有关分析方法,减缓相应的偏见。应当谴责专利权人从事的诸如搭售和独占交易等行为,这些行为利用了信息不对称和(人们的)认知局限,人为地限制了消费者的选择,降低了消费者和被许可人的价格敏感度,从而导致产品价格的提高。这种行为经济学理论,将会与现代反垄断法以效果为导向的分析路径的各方面都很契合。

E. 更明智的救济措施

行为经济学告诉我们,法院和反垄断执法机关应当在提供反垄断救济措施方面更有创造性。助推,就是一种这样的政策工具。[417]

判断法院提供的行为性救济措施(behavioral remedy)或者结构性救济措施(structural remedy)是否明智,牵涉与判断反垄断干预首先是否恰当时同样会涉及的、对于有关救济措施在相关市场会产生何种效果的不确定性。[418] 与自由市场力量和第三方创新相比,高科技行业案件中反垄断救济措施的缺陷被批评为"非常明显。"[419] Microsoft 案裁判对 Microsoft 公司施加了互操作性要求和其他要求,以削弱该公司在操作系统市场拥有的

---

[416] 同前页脚注[411],第 52 页。

[417] Della Bradshaw, *How a Little Nudge Can Lead to Better Decisions*, Financial Times, Nov. 15, 2015, https://www.ft.com/content/e98e2018-70ca-11e5-ad6d-f4ed76f0900a;同时参见 Peter Ong, *How the Right Nudge Can Lead to Constructive Social Behavior*, Today Online, June 26, 2015, http://www.todayonline.com/commentary/how-right-nudge-can-lead-constructive-social-behaviour(如果告诉大学生,90% 的同龄人在一夜之间只会喝不到 4 瓶酒,那么,这会减少酗酒的社会压力;同上[在每个申请步骤都必须签字的求职者,比控制组(实验对象)完成申请流程的成功率更高,这是因为,前者发现他们能更容易地完成申请工作]);P Press Release, Competition and Mkts. Auth., CMA Sets Out Case for Energy Market Reform (July 7, 2015), https://www.gov.uk/government/news/cma-sets-out-case-for-energy-market-reform(当能源监管机构用容易理解的账单取代复杂难懂的能源账单,并且使得消费者能更方便地更换能源供应商的时候,消费者会更清楚地认识到他们的能源选用方案所包含的成本,进而每年节省 19 亿美元的开支)。

[418] 参见 Sturiale,前注 100,第 609 页("如果想要评估包括强制许可在内的任何救济措施所带来的净值,那么,在有关救济措施今后对相关市场或者各市场产生的影响方面,存在很大的不确定性")。

[419] 参见 Devlin & Jacobs,前注 165,第 22—23 页。

市场势力。经济学家批评这些救济措施是"惨败。"[420]Google 公司和 Apple 公司侵蚀了 Microsoft 公司的市场份额,[421]而在智能手机大战中,Microsoft 公司加入了抱怨其他科技公司的反竞争性行为的行列。[422]

在欧洲,欧盟委员会裁定,Microsoft 公司在技术上将其 Internet Explorer(IE)网络浏览器、媒体播放器应用程序与其 Windows 操作系统捆绑在一起销售。[423] 行为经济学指出,消费者往往会继续采用默认选项,因为消费者将它看作是标准选项。偏离标准选项是一种需要精力的积极作为。[424] Cass Sunstein 教授指出,她所说的"选择架构"会对我们做出的决策有重大的影响。[425] 例如,当被打印机设置为双面打印而不是单面打印模式时,人们使用的纸张会大大减少。[426]

在欧洲的 Microsoft 案中,大多数用户(75% 的用户)没有下载其他浏览器。[427] 那么,相应的问题在于,消费者由于认知局限而无法做出经济上理性的选择,这个问题的重要性不亚于以下问题,即具有市场支配地位的专利权人通过搭售和捆绑销售而压迫客户。这意味着,罚款也许不是解决有关问题的最佳方法。相反,行为性救济措施将会是更好的选择。

欧洲委员会没有采用其处以罚款的一贯做法,而是作出裁定,命令 Microsoft 公司允许 Windows 系统用户通过屏幕勾选菜单而选择其他的浏览器。[428] 如此一来,欧盟委员会助推消费者远离了安于现状的偏误,以主动选择他们喜欢的浏览器,而在看到勾选菜单的消费者之中,有 25% 的消费者下载了其他浏览器。[429] Microsoft 公司在欧洲的浏览器市场份额从 47% 降至 17%,而在没有采用类似措施的北美的浏览器市场份额从 55% 降至 32%,两相对比,进一步表明了这种救济措施的效果。[430] 这种救济措施有效的原因,在于它解决了需求侧的问题,而在需求侧,消费者的行为是助长反竞争性危害的重要因素。

---

[420] 同前页脚注[419],第 23 页。
[421] *Microsoft: Middle-Aged Blues*, ECONOMIST, June 11, 2011, at 68.
[422] Steve Lohr, *Antitrust Cry from Microsoft*, N. Y. TIMES, Mar. 31, 2011, at B1.
[423] Emanuele Ciriolo, *Do Behavioural Insights Matter for Competition Policy?*, Competition Policy Int'l(July 2016), at 3.
[424] 参见 Kahneman,前注 19,第 413 页。
[425] 参见 SUNSTEIN,前注 192,第 15 页("影响我们选择的因素无处不在,而我们甚至可能不会看到它们")。
[426] 参见 Cass R. Sunstein & Lucia A. Reisch, *Automatically Green: Behavioral Economics and Environmental Protection*, 38 Harv. Envtl. L. Rev. 127, 133(2014)。
[427] 参见 Ciriolo,前注 423,第 3 页。
[428] 同上。
[429] 同上。
[430] 同上。

五、结论

调控创新需要做出艰难的抉择,但是,艰难的抉择也是法院阐述他们的理念、审视他们做出选择的理由的机会。反垄断分析需要找出界线区分可接受行为和应受谴责行为,而行为经济学提供了重要却渐进的修补来改进反垄断政策的制定和适用,以帮助法院和政府机关达到此目的。对决策者而言,第一步是要识别他们处于偏见雷区的迹象,放慢脚步,进而运用行为经济学提供的洞见。行为经济学把因果关系与理论联系起来。它更加重视定性证据,而不是主要依赖抽象的计量经济学数据。可以使得市场势力分析对表明被许可人被锁定(套牢)的证据、被许可人在参与产品生命周期定价行为方面的无能无力更为敏感。法院有权采用关于意图的证据,从而判断专利权人提出的促进竞争辩护是否仅仅是托词。

在专利和反垄断交叉领域发展行为经济学时,美国联邦贸易委员会和美国司法部将会是检验和完善行为经济学在卡特尔、垄断和企业合并场景各种应用的天然实验室。[431] 发展行为经济学反垄断的工作在以下机构进展地最为顺利,在该机构,"有可能反复地检验默认规则,并且弄清个人会如何对该默认规则做出反应"。[432] 美国联邦贸易委员会在消费者保护案件中运用了行为经济学。[433] 美国联邦贸易委员会的工作人员中包括有博士学位的经济学家,他们可以将他们的专长用于开发法院可能会考虑的裁断专利和反垄断纠纷的算法和选择架构机制,并且在适当的情况下对之提供支持。[434] 这两个机构在诸如医药和电子消费品等建立在专利基础上的复杂而重要的行业都具有专长。美国联邦上诉法院也起到了至关重要的作用,他们让地区法院和双方当事人检验行为经济学塑造的行为规则,看看他们能否成功地往正确的方向"助推"市场。就像对"一刀切"的医疗方法予以改进的个性化医疗一样,行为经济学反垄断不会取代新古典经济学反垄断分析。相反,行为经济学就像补丁一样,它可以对新古典经济学反垄断分析的实施进行微调改进。

---

[431] DANIEL A. CRANE, THE INSTITUTIONAL STRUCTURE of ANTITRUST ENFORCEMENT 27–48(Oxford Univ. Press 2011)(本书作者描述了美国两个联邦反垄断机构在塑造企业行为准则方面的重要作用)。

[432] Amanda P. Reeves, *Behavioral Antitrust*: *Unanswered Questions on the Horizon*, 9 THE ANTITRUST SOURCE 1,5(2010)("行为经济学在这些规则制定情景中很有用,因为它的个别性、具体事实性洞见与监管决策制定的个别性、具体事实性特征一致")。

[433] Kevin W. Christensen, *Interview with Howard Shelanski, Director*, FTC Bureau Of Economics, ANTITRUST SOURCE, Dec. 2012, at 12["在遭遇商家水滴式定价(drip pricing,亦即隐蔽式定价)的消费者了解他们所购为何物、计算商品总价格为多少的能力方面,行为经济学有很多可以讨论的话题"]。

[434] 参见 Salinger 等,前注 32,第 25—26 页。

欧洲法院关于标准必要专利的规定：
"华为案"背后的思考与启示[*]

Peter Georg Picht[**]

标准化的良好效果可能会因参与者的不必要行为遭到破坏,例如标准必要专利(SEP)持有人的专利劫持或标准实施者的专利反向劫持。在"华为(Huawei)案"判决中,欧洲法院(ECJ)试图制定针对 FRAND 争议的行为准则,以解决相关争议。尽管不无可能,但该判决仍引发了新的问题,同时遗留了许多尚未解决的问题。本文重点在于阐释与"诚实信用和公认的商业惯例"概念相关的合同法和竞争法的作用、欧洲法院对 FRAND 承诺的过度依赖、FRAND 的认定及遵守行为的实体和程序方面的问题、违反 FRAND 承诺的确切后果以及标准制定组织(SSO)今后将发挥的作用。

关键词:滥用市场支配地位、欧盟法、FRAND 条款、禁令救济、许可使用、移动通信技术、标准必要专利

一、引言:劫持、反向劫持和 FRAND 争议

技术标准化已经成为现代生活不可或缺的一部分,从智能手机的普及便可见一斑。一定程度上,这种成功令人惊讶——标准化是否意味着竞争者在标准制定组织中共享宝贵的技术和商业秘密?竞争者是否通过这种方式形成了需要竞争监管机构关注的某种形式的企业联合?答案是肯定的,然而由于标准化带来的种种积极价值,市场参与者与竞争管理机构对此不仅予以接受,甚至还参与其中。此外,标准化确保了符合标准的产品间的通用性,使其更便于消费者使用,同时有助于针对特定问题选择"最佳"的技术解决方案。

然而,标准化在发挥积极作用的同时也伴随着相当大的风险。其中包括标准和知识

---

[*] 本文原文发表于《欧洲竞争法评论》(European Competition Law Review)第 37 期,2016 年出版,本中文译文已获得版权方授权。

[**] Peter Geory Picht 为苏黎世大学法学教授,慕尼黑马克斯·普朗克创新与竞争研究所(Max Planck Institute for Innovation and Competition)高级研究员。

产权间的负面相互作用,如"劫持"和"反向劫持"的情况。在典型的劫持情况下,标准专利(标准必要专利——SEP)持有人将向标准实施者施加过度、非 FRAND① 许可条件②。帮助其实现这一行为的机制是"锁定",后者多发生在标准实施之后:如果放弃基于标准发生的业务活动,那么市场参与者为使其产品及其他商业活动符合标准所注入的投资,将会作为沉没成本损失掉。③ 更糟糕的是,如果消费者更喜欢符合标准的产品,这些非标准化产品的生产者可能不得不离开相关市场。这尤其可能发生在"网络效应"强的情况下,即产品或技术的价值分别会随着其用户人数的增加而增加。④ 电信标准是该效应最好的实例:其使得手持终端间可以发生交互,随着越来越多的用户通过该共享技术相互联系,其价值也与日俱增。与此同时,非标准设备的市场吸引力则会下降。尽管从理论上来说,受知识产权约束的标准可以由其他非约束标准所取代。然而,替代性标准的制定需耗费大量时间。整个市场从一个标准转换到另一个标准可能需要很长时间,而且不受知识产权约束的相关替代技术难以识别。总而言之,"锁定"使得 SEP 持有人占据优势地位,使其有能力"劫持"标准实施者,威胁禁止标准实施者使用其受保护的技术,甚至当标准实施者不遵守其规定的许可条件时,就迫使他们退出市场。上述情况引发的担忧是情有可原的。专利权人通过主张过高的许可费,可劫持占有标准的(部分)价值,而知识产权的保护范围似乎仅限于其受保护之发明的经济价值。⑤ 专利权人有针对性地设定其许可条件,可能会对某些标准实施者造成特别的损害,例如针对其基于标准设备的竞争对手。最终,该行为可能会阻碍市场参与者实施标准和在未来发挥其有利潜质。标准制定组织可以并且防止或尽量防止劫持发生,例如通过要求 SEP 持有人承诺按照 FRAND 条件许可其知识产权。⑥ 然而,先前案例已经证明该预防措施可能受到规避,例如知识产权持有人首先退出 SSO⑦ 或将其 SEP 转让给一个不曾做出 FRAND 承诺

---

① FRAND 指"公平、合理和无歧视"。在美国,"公平"往往被忽略,这却并未使""RAND"概念与"FRAND"概念在本质上截然不同;美国律师协会,《标准制定专利政策手册》,ABA 出版社,2008 年版。

② 许可费往往很重要,但并不一定是该许可条件唯一可能的组成部分。例如,SEP 持有人也可能要求过度的交叉许可。

③ 关于该争议点的更多信息,请参见 J. Farrell e. a. , "Standard Setting, Patents, and Hold-Up" (2007)74 Antitrust L. J. 603, 614 et seq. , 618 et seq. ; J. Scott Miller, "Standard Setting, Patents, and Access Lock-In: RAND Licensing and the Theory of the Firm" (2007)40 Ind. L. Rev. 351, 366 f.

④ D. Evans and R. Schmalensee, "A Guide to the Antitrust Economics of Networks" (1996)10(2)Antitrust 36, et seq.

⑤ M. Lemley and C. Shapiro, "Patent Holdup and Royalty Stacking" (2007)85 Texas L. Rev. 1991, 2009 et seq.

⑥ 关于包含 FRAND 义务的 SSO 政策的例子,请参见 Picht, Strategisches Verhalten bei der Nutzung von Patenten in Standardisierungsverfahren aus der Sicht des europäischen Kartellrechts(2013),第 189 页及以下。

⑦ 请参见 Rambus 案,在该案例中,SEP 持有人退出 SSO 以免被强制披露标准必要专利,参见美国联邦贸易委员会声明,案卷号 9302, http://www.ftc.gov/os/adjpro/d9302/index.shtm [2016 年 7 月 5 日访问](所有在线资源最后检查日期 2015 年 11 月 6 日)。

的实体。[8]

考虑到这一点,劫持问题会危及标准化的有益效果。但是,这并不意味着"坏人"总是知识产权持有人一方。在所谓的"反向劫持"中,市场参与者未获得许可或者未依照FRAND条件,进而使用了标准必要专利。在知识产权法理论上,SEP持有人当然有权通过申请禁令的方式阻止此类行为,并通过主张损害赔偿的方式弥补损失。[9] 然而在司法实践中,法庭往往不愿基于SEP持有人的申请而颁发禁令,或因全面执行禁令需耗费大量资源,从而使得未获许可的标准实施者得以不受约束。这实际上意味着标准实施者可免费使用SEP持有人的创新成果,进而违背知识产权保护的激励理论,最终使得知识产权人不愿将其技术用于未来的标准化。

统计数据显示,劫持和反向劫持等风险不仅仅是理论上的,实践中也引发了关于SEP的大量诉讼纠纷。[10] "智能手机大战"使这一问题出现在公共视野中。在此简单做一个粗略的分类[11],大致可分为以下三种:首先是在"专利伏击案例"(如Rambus案)中,持有人开始时并不声明其专利,以避免做出FRAND承诺,而是等到标准实施之后,再试图通过主张非FRAND许可条件以攫取劫持利益。[12] 其次,在典型的"专利组合转移案例"(如IPCom)中,[13]初始SEP持有人做出FRAND承诺。但随后其将SEP专利组合转移给并未做出FRAND承诺的受让人,并试图以此劫持标准的实施方。[14] 最后,在"FRAND争议"案例中,SEP持有人事先已声明其专利并做出FRAND承诺,同时未被发现具有"可疑"行为(伏击、专利组合转移等)。然而,SEP持有人和

---

[8] 请参见IPCom收购及SEP专利组合后续执行,http://europa.eu/rapid/press-release_MEMO-09-549_en.htm [2016年7月5日访问]。

[9] 请参见《德国专利法》第139条。

[10] 关于统计数据,参见欧盟委员会的研究,Patents and Standards, A modern framework for IPR-based standardisation,第125页及以下,http://ec.europa.eu/growth/industry/intellectual-property/patents/standards/index_en.htm [2016年7月5日访问]。

[11] 判例法中有其他规定,例如企图操纵标准制定过程;请参见Allied Tube & Conduit Corp v Indian Head Inc. 486 U.S. 492(1988)。

[12] 关于"伏击案"的另一实例,请参见Qualcomm v Broadcom 548 F.3d 1004(Fed. Cir. 2008)。

[13] 关于IPCom,请参阅http://europa.eu/rapid/pressReleasesAction.do?reference=MEMO/09/549&format=HTML&aged=1&language=DE&guiLanguage=en;http://www.ipcom-munich.com/IPCom_Frand_Declaration.pdf;http://www.zdnet.de/news/Wirtschaft_unternehmen_business_ip_com_verklagt_nokia_wegen_patentverstoessen_story-39001020-39161694-1.htm;http://www.ipcom-munich.com/100119_PressRelease_Bruessel_G.pdf [2016年7月5日访问]。美国的实例是N-Data案例,参见美国联邦贸易委员会,2008年1月23日关于Negotiated Data Solutions LLC的相关事项,案卷号051 0094。

[14] 当前大型专利组合持有人被指控"私有化",即通过"诱使"受让人实施其专利,因此专利组合转移设置重新吸引了人们的注意,请参见http://www.fosspatents.com/2015/05/nokia-and-ericsson-seek-to-justify.html?utm_source=feedburner&utm_medium=email&utm_campaign=Feed%3A+fosspatents%2FzboT+%28FOSS+Patents%29 [2016年7月5日访问]。

标准实施者最终却在具体案例中就 FRAND 条款的界定发生了争议。[15] 这里同时存在劫持与反向劫持,即标准实施者主张专利持有人的许可条款不符合 FRAND,而后者则指责标准实施者使用拖延战术。

目前,FRAND 条款争议是其中最突出的一类,可以说,欧洲法院公布的有关"华为案"的判决是欧洲迄今为止在 FRAND 争议方面最重要的判例。然而,该判决实际上并未解决所有相关问题,反而引发了新的争议。在分析了"华为案"的背景和核心声明(下文第二部分)后,本文旨在列明(下文第三部分)当前仍待讨论和解决的关键问题。

二、"华为案"

1. 案件事实

Huawei 和中兴通讯(ZTE)均为中国电信领域的领军企业,无论在中国市场还是欧洲市场两者都是竞争对手。[16] Huawei 声称其多项专利对 ETSI 4G/LTE 标准至关重要,并承诺按照 FRAND 条款许可。由于 ZTE 制造并销售基于 4G/LTE 标准的产品,双方便进行许可谈判,但无法达成协议。特别地,ZTE 提议签署交叉许可协议以替代支付许可费,但 Huawei 拒绝接受该提议——有人认为,这是由于 Huawei 认为 ZTE 在交叉许可中贡献的 SEP 专利组合比例过低的缘故。由于谈判失败,据称 ZTE 在未支付许可费的情况下仍继续使用 Huawei 的 SEP,Huawei 在德国杜塞尔多夫地方法院对 ZTE 提起侵权诉讼,请求法院禁止 ZTE 实施侵权行为、开立账目、召回产品并进行损害赔偿。然而,杜塞尔多夫地方法院认为德国联邦法院与欧盟委员会的立场存在潜在矛盾,因此中止诉讼程序并将有关问题提交欧洲法院。实际上,法院是想知道,已经做出 FRAND 承诺的 SEP 持有人是否可能以及在何种情况下,会违反《欧盟运行条约》(TFEU)第 102 条的规定,对原则上愿意接受许可条款的标准实施者提起诉讼并申请禁令。

2. 先前判例法

(a)橙皮书

在杜塞尔多夫地方法院向欧洲法院提交的一系列有冲突的判例法中,一个关键问题是由德国联邦法院有关橙皮书标准的判决[17]以及随后的一系列案例。关于事实标准(并

---

[15] 关于更多实例,请参见 Townshend v Rockwell International Corp 2000 WL 433505(N. D. Cal. 2000);以及最近发生的 Ericsson 与 Apple 之间的 FRAND 诉讼案,Ericsson v Apple NO. 2:15-cv-17(E. D. Texas 2015)。

[16] 以下为案例 Huawei Technologies Co Ltd v ZTE Corp(C-170/13)EU:C:2015:477;[2015]5 C. M. L. R.,关于本案政治和一般商业背景请参见 Drexl,Zugang zustandardessenziellen Patenten als moderne Regulierungsaufgabe,p. 5 et seq,http://papers. ssrn. com/sol3/papers. cfm? abstract_id = 2688023 [2016 年 7 月 5 日访问]。

[17] 参见德国联邦法院判决:BGHZ,180,312。

非法律标准),橙皮书指出,SEP 持有人针对标准实施者申请禁令仅在某些情况下构成滥用。尤其是,被告应当向申请人提出"无条件"要约以缔结许可协议,这意味着被告必须受该要约约束,且申请人有义务接受该要约,因为拒绝将不公平地有损被告(的利益)或违反无歧视原则。此外,如果被告在申请人接受该要约前使用了该专利,则必须遵守未来许可协议规定的义务,即说明使用行为并支付由此产生的款项。

橙皮书的判决受到了严厉且公正的批评,主要是由于其对标准实施者而言过于严苛。[18] 标准实施者不仅承担了明确和提供许可条件的义务,这些条件也必须在不给标准实施者留下谈判空间的前提下预先公开,在一定程度上满足 SEP 持有人的利益,使后者既无法拒绝也不构成滥用。[19] 此外,标准实施者必须立即开始履行这些条件,甚至是在不了解未来许可协议确切内容的情况下,开立账目并支付或存入许可费。问题在于,德国联邦法院在要求"无条件"要约时,是否有意排除了标准实施者质疑争议的 SEP 有效性或侵权行为的权利?[20] 下级法院至少给予了肯定的答复,[21]这无疑为标准实施者增加了额外且沉重的负担。如果 SEP 持有人可强加许可条款,以阻止对方质疑专利有效性或被指控的侵权行为,那么质疑对专利制度的"净化"作用也将难以实现。假设所有标准实施者都必须接受该许可协议,否则只能弃用标准,谁会继续攻击那些脆弱的 SEP?其他 SEP 持有人不太可能成为攻击者,因为他们要么正在使用标准,而且受到禁止挑战条款约束,要么他们害怕遭受会危及对所有 SEP 持有人都有利的"无和平挑战"(no challenge-peace)的强烈反击。

(b)欧盟委员会立场

尽管橙皮书的规定看起来对 SEP 持有人有利,欧盟委员会在对 Motorola 和 Samsung 的调查中的立场却与橙皮书相对立。在关于这些案例的两篇新闻报道中[22],欧盟委员会认为在 SEP 持有人已做出 FRAND 承诺且标准实施者愿意进行许可协商的情况下,诉求禁令的行为违反了《欧盟运行条约》第 102 条。对于标准实施者必须展现的"意愿"程度,则没有限定任何条件。在补充了对橙皮书的批判之后,部分学者[23]以及杜塞尔

---

[18] Ullrich,IIC 2010,337;Hotte,MMR 2009,686;De Bronett,WUW 2009,899;Barthelmes/Gaus,WuW2010,626.

[19] Ullrich,IIC 2010,337,344 et seq. ;Frohlich,GRUR 2008,205,213.

[20] 关于下级德国法院对橙皮书的过度诠释,参见 Drexl,"Zugang zu standardessenziellen Patenten als moderne Regulierungsaufgabe",第 20 页及以下,http://papers.ssrn.com/sol3/papers.cfm? abstract_id = 2688023,2016 年 7 月 5 日访问。

[21] 例如以下案例:LG Mannheim,9 Dezember 2011,Az. 7 O 122/11,MittdtPatA 2012,120;OLG Karlsruhe,23 January 2012,Az. 6 U 136/11,GRUR-RR 2012,124;LG Mannheim,2 May 2012,Az. 2 O 240/11,BeckRS 2012,11804。

[22] 新闻稿编号 IP/12/1448 和 2012 年 12 月 21 日的 MEMO/12/1021。

[23] Picht,GRUR Int 2013,1,29 et seq.

多夫地方法院[24]认为欧盟委员会的观点存在错误,因为后者将有利于专利反向劫持。事实上,由于"意愿"程度的规定并不明确,这将使得标准实施者极易通过延长或破坏许可协商的方式避免支付许可费。

3. 欧洲法院(ECJ)观点

欧洲法院首先指出,其根本目的是在维护自由竞争与保护知识产权及其司法救济的需求之间取得平衡,二者分别由《欧盟基本权利宪章》(Charter of Fundamental Rights of the European Union)第17条第(2)款和第47条确立。[25]

《欧盟运行条约》第102条首款规定——支配地位——因未在主要诉讼程序中受到质疑,故不由法院加以认定。[26] 关于滥用的认定标准,欧洲法院首先引用著名的霍夫曼－罗氏(Hoffmann-La Roche)公式:

滥用是指"在竞争程度已经由于相关承诺而受到削弱的市场上,通过在基于运营主体之间交易所衍生的产品与服务上采用不同于主流商业竞争的方法,以阻碍既有的竞争程度或限制竞争程度升级的支配行为"。[27]

随后,欧洲法院援引另一个判例法规定,即专有知识产权的行使,即使是占据支配地位的企业的行为,其本身也不构成滥用支配地位。[28] 然而,在"特殊情况"下,这一认定可能会有所不同,专有权的行使可能违反《欧盟运行条约》第102条的规定。[29]

欧洲法院将现有案例与使用(滥用)知识产权的现行判例法进行比较,认为标准化环境和FRAND承诺是Huawei/ZTE案中的争议焦点[30]:专利的标准必要性特点使得所有想要制造符合标准产品的竞争对手都必须使用该专利。因此,通过采取禁止令的形式,SEP持有人可阻止竞争对手制造的产品在市场上出现或继续存在,从而使自己制造的相关产品得以占据市场。欧洲法院从FRAND承诺中得出标准实施者的合理期待,即事实上授予FRAND许可。因此,拒绝授予该许可的行为原则上可能违反《欧盟运行条约》第102条的规定,而且标准实施者可以以此作为针对禁令申请的抗辩。

法院强调,这一规则在本案中被确立,SEP持有人Huawei原则上准备授予FRAND

---

[24] LG Düsseldorf,GRUR Int. 2013,第547页,第551页及以下,法院也明确表示认为市场上存在专利反向劫持的风险。
[25] Huawei [2015] 5 C. M. L. R. 14 at fn. 42.
[26] Huawei [2015] 5 C. M. L. R. 14 at fn. 43.
[27] Huawei [2015] 5 C. M. L. R. 14 at fn. 45 w. f. r.
[28] Huawei [2015] 5 C. M. L. R. 14 at fn. 46 w. f. r.
[29] Huawei [2015] 5 C. M. L. R. 14 at fn. 47 w. f. r.
[30] Huawei [2015] 5 C. M. L. R. 14 at fn. 48 et seq.

许可。但是,双方在本案中针对 FRAND 的具体构成要素产生了分歧。[31] 在这种情况下,欧洲法院要求双方当事人实施确保其间利益平衡的行为。

从对 SEP 持有人有利的角度而言,应适当考虑其有权行使知识产权的问题,尤其是欧盟 2004/48 指令和《欧盟基本权利宪章》第 17(2)条规定的权利。虽然这些行为旨在对知识产权予以高水平保护,但 SEP 持有人寻求有效司法救济的权利由《欧盟基本权利宪章》第 47 条确立[32]:

"高水平保护知识产权的需要意味着,原则上不得剥夺所有者诉诸法律程序的权利,以确保其有效行使专有权,而且原则上,非所有权人应在使用权利前获得许可"。[33]

另一方面,FRAND 承诺有利于标准实施者,并要求 SEP 持有人在针对被控侵权人提起禁令或召回产品的诉讼时,需遵守特殊要求。[34] 更具体地说,SEP 持有人在未事先通知或询问被控侵权人的情况下不得提起诉讼,即使被控侵权人已使用了 SEP。该通知必须明确告知被控侵权人被侵犯的 SEP 及具体的侵权行为。鉴于构成标准的 SEP 数不胜数,因此标准实施者是否意识到其侵权行为并不确定,故法庭认为这一通知是必要的。

第二,被控侵权人表示愿意接受许可条款后,SEP 持有人应按照向标准化机构做出的承诺,以 FRAND 条款提出具体的书面要约,特别是需要明确规定许可费的金额及计算方式。欧洲法院认为,在无公共标准许可协议以及已经与其他竞争对手就许可协议达成合意但尚未公开的情况下,SEP 持有人比被控侵权人更有资格确认其要约是否符合非歧视性条件。

反过来,标准实施者必须按照该领域公认的商业惯例和忠实勤勉义务回应 SEP 持有人的要约。[35] 该行为必须建立在客观因素的基础上,尤其意味着不允许采用拖延战术。如果被控侵权人不接受许可要约,只有在其立即以书面形式提交符合 FRAND 条款的具体反要约的情况下,才可提出 SEP 持有人的起诉构成滥用的抗辩。此外,如果被控侵权人在达成许可协议前使用了 SEP,其必须在其反要约被拒绝之后提供适当的担保,例如提供银行担保或必要的存款金额。该保证金的计算必须包括先前使用 SEP 的次数,且被控侵权人必须能够就这些使用行为开立账目。

如果被控侵权人提出反要约后,双方仍未就 FRAND 条款的细节达成合意,双方可以通过共同协商,要求许可费金额由独立第三方确定,不得延误。[36]

---

[31] Huawei [2015] 5 C. M. L. R. 14 at fn.54 et seq.
[32] Huawei [2015] 5 C. M. L. R. 14 at fn.57 w. f. r.
[33] Huawei [2015] 5 C. M. L. R. 14 at fn.58.
[34] Huawei [2015] 5 C. M. L. R. 14 at fn.59 et seq.
[35] Huawei [2015] 5 C. M. L. R. 14 at fn.65 et seq.
[36] Huawei [2015] 5 C. M. L. R. 14 at fn.68.

关于被控侵权人质疑有效性/侵权行为的问题,欧洲法院指出,欧洲电信标准化协会(ETSI)并不会核实专利是否对标准有效或必要。进一步参考《欧盟基本权利宪章》第47条规定的"标准实施者有权寻求有效的司法救济",法院的规定有些模糊——标准实施者不能因在谈判中质疑SEP或保留未来这样做的权利而受到追究。[37]

最后,欧洲法院在申请禁令、召回产品和开立账目和/或赔偿损失诉讼的主张间做出了非常重要的区分[38]:

"《欧盟运行条约》第102条应被解释为,在主要诉讼程序中,拥有市场支配地位的SEP持有人已向标准化机构承诺按照FRAND条款授予SEP许可后,不得禁止其就被控侵权人的侵权行为提起诉讼,也不得禁止其要求被控侵权人提供过去与SEP实施行为相关的账目或就该使用行为主张损害赔偿"。

三、后续判例

自"华为案"例以来作出的为数不多的法庭判决,可能有些令人惊讶——并非特别有利于标准实施者。相反,实施者已多次,[39]虽然并非一直[40]违反"华为案"标准下的行为准则。

这些判决中,曼海姆地方法院的某件案例时间持续尤其长而且特别有趣。[41] 法院因其侵犯国际专利评价协会(IPEC)公布的与ETSI标准相关的必要专利而颁发禁令,该专利现由一专利主张实体持有。虽然在标准制定过程中,该专利还未被认定为ETSI标准的必要专利,但法庭认为专利埋伏并未发生,因为被告(一些与基于标准的设备的生产和销售直接相关的公司)无法证明提议该技术纳入标准的公司在提议时已知专利申请。先前的专利持有人也没有违反披露义务——无论是以个人名义还是以标准化提案参与者为善意代理人(来披露必要专利)——因为只有在标准制定后其才可成为ETSI成员。目前的专利权人和原告并不是ETSI的成员。两个遗留问题是,SEP是否赋予原告以市场支配地位[42]以及当前的专利权人或原告是否受到先前专利权人做出的FRAND承诺的约束。法院根据《欧盟运行条约》第102条、《德国反限制竞争法》(Act Against Restraints of Competition)第19款及"华为案"的判例原则驳回了其强制许可要求,因为法

---

[37] Huawei [2015] 5 C. M. L. R. 14 at fn. 69.
[38] Huawei [2015] 5 C. M. L. R. 14 at fn. 74 et seq.
[39] 曼海姆地方法院,2015年11月27日,2 O/106/14;杜塞尔多夫地方法院,2015年11月3日,4a O144/14。
[40] 对实施者有利,例如杜塞尔多夫高等地方法院2016年1月13日,I-15 U 65/15, 15 U 65/15。
[41] 曼海姆地方法院,2015年11月27日,2 O 106/14。为简洁起见,以下摘要中不提及具体的页码数字。
[42] 非常有趣的是,法院(附带)提到,Huawei的行为要求可能适用《德国民法典》第242条所规定的诚信原则,即使缺乏市场支配地位也可能适用。

— 421 —

院认为被告不愿意接受许可条款。原告在提起诉讼后才通知被告之一其侵权行为,虽然通知是在损害赔偿申请送达之前,但法院仍认为有可能构成通知延迟,因此违反了"华为案"确定的原则。但是,在提起诉讼后一年内,被告从未声称其愿意接受许可。第二被告接到通知时,诉讼(在该诉讼中该被告最初不是当事人)已在进行中,但在收到通知3个多月后才十分不明确地表示愿意接受许可,而法庭认为3个多月的回复时间过长。另外,该第二被告从未按照"华为案"确定的原则提交具体的许可要约。特别是,被告的来函只载有由第三方确定的许可使用费或作为进一步谈判基础的许可费金额的提议,但对于具体的许可费用并未做出有约束力的明确要约。由于被告的行为不尽如人意,加之其未能为即将到期的许可费提供足够的担保,法院认为这不但与原告主张的许可费是否超出 FRAND 范围无关,也与尽管原告不是上述专利(在全球范围内)的持有人,却仍要求被告获得全球许可的行为是否违反 FRAND 原则无关。有趣的是,法院还提到,在不遵守"华为案"确定的原则的同时强制实施 SEP 也可能违反《欧盟运行条约》第 101 条的规定,但法院以其同时违反了《欧盟运行条约》第 102 条规定为由驳回了这一行为。在针对相同诉讼的先前判决中,如果符合标准的产品生产商愿意接受许可,而零售商不愿意接受许可,通常是与生产者而非零售商缔结许可协议的 SEP 持有人,为向生产商施压,会转而去与零售商进行接洽。卡尔斯鲁厄上诉法院认为这一行为可能违反《欧盟运行条约》第 102 条和《德国反限制竞争法》第 19 款规定。[43]

在另一个重要的类似"华为案"判决中,杜塞尔多夫地方法院也怀疑,SEP 持有人只在提起诉讼时才通知实施者所指控的侵权行为,是否遵守"华为案"要求。[44] 但是,由于诉讼在"华为案"作出裁决前就已经开始,法院认为 SEP 持有人的做法符合当时相关的判例法。至于实施者对 SEP 持有人发出的许可要约做出回应的义务,法院认为,无论 SEP 持有人的要约是否符合 FRAND,都应当做出答复。[45] 杜塞尔多夫地方法院认为,只要实施者的第一个[46]反要约被拒绝,不管 SEP 持有人的初始要约是否符合 FRAND,实施者都有义务开立账目并提供适当担保。由于上述实施者未能履行该要求,法院颁发了禁令并判决损害赔偿。但是,杜塞尔多夫高等地方法院已经中止执行下级地方法院的判决,直至对未决上诉作出裁决。[47] 实质上,高等地方法院认为,只有在初始要约符合

---

[43] 卡尔斯鲁厄高等地方法院(OLG Karlsruhe),GRUR-RR 2015,第 326 页。
[44] 杜塞尔多夫高等地方法院,2015 年 11 月 3 日,4a O 144/14,第 139 段。
[45] 如果 SEP 持有人的要约不符合 FRAND 条款法院只要求某种形式的回应,不一定是 FRAND 反要约。杜塞尔多夫高等地方法院,2015 年 11 月 3 日,4a O 144/14,第 149 段。
[46] 根据法庭规定,其他反要约不得免除实施者开出账目以及提供适当保证金的义务;杜塞尔多夫高等地方法院,2015 年 11 月 3 日,4a O 144/14,第 156 段。
[47] 杜塞尔多夫高等地方法院,2016 年 1 月 13 日,I-15 U 65/15,15 U 65/15。

FRAND 原则时,实施者才有义务对 SEP 持有人的要约做出回应。由于下级地方法院将这一问题留待解决——假设在任何情况下实施者都有做出回应的义务——高等地方法院认为,实施者是否违反了"华为案"判决规定的义务并不明确,因此无法确定 SEP 持有人是否有权获得损害赔偿与申请禁令。

四、"华为案"背后的若干争议点

1. 根深蒂固的反垄断规定

第一个问题涉及的突出问题是,该判决的作出是基于法律概念的界定,而非真正源于竞争法。在 Magill 案、IMS Health 案或 Microsoft 案等判决中,《欧盟运行条约》第 102 条及其与关于知识产权保护的相关规定共同构成了欧洲法院论证的核心,《欧盟基本权利宪章》条款[48]和一般民法的公正概念(诚信、公认的商业惯例)为双方的行为准则提供了重要的依据。然而事实上,竞争性损害理论并未妥善建立,甚至并未针对竞争法中的"排斥"与"剥削"进行周详的探讨。在某种程度上,法院采取的基于《欧盟基本权利宪章》的平衡似乎为法律推理创造了一个新的阿基米德支点。

这一欧盟法律框架中关于知识产权以及竞争的保护和互动的新思维将会至少在四个方面产生影响:首先,令人遗憾的是,其在某种程度上模糊了知识产权保护与竞争法相互作用的观点。当法院谈到"在维护自由竞争与《欧盟基本权利宪章》第 17(2)条确立的保护所有者知识产权的要求之间取得平衡"时,听起来竞争和知识产权保护是需要谨慎和解的冲突规定——实际上恰恰相反:知识产权需要竞争才能产生回报,而且二者旨在通过禁止模仿、替代竞争以及基于后续创新的竞争以提供激励。[49] 此外,上述引文似乎强调,知识产权的保护范围是固定的,是由诸如《欧盟基本权利宪章》和"财产"这一概念这样的基本规则预先规定的。从政策的角度来看,该叙述是危险的。诚然,一旦授予个人以知识产权,就不可能在不考虑财产保护概念的情况下实质性地限制或撤销知识产权。[50] 尽管作为抽象的法律概念,知识产权可以、一定,并在很大程度上是由其目的决定

---

[48] 引用《欧盟基本权利宪章》时,法院也应该提到第 16 条(经商自由)。

[49] 关于这种互补性理论的更详细内容,请参见 Josef Drexl, "Abuse of Dominance in Licensingand Refusal to License: A "More Economic Approach" to Competition by Imitation and to Competition by Substitution" in Ehlermann and Atanasiu(eds.), The Interaction between Competition Law and IntellectualProperty Law (Oxford/Portland Oregon: Hart Publishing, 2007), pp. 647, 647 et seq.

[50] Badura, "Privatnützigkeit und Sozialbindung des geistigen Eigentums" in Ohly and Klippel, GeistigesEigentum und Gemeinfreiheit" (Tübingen, 2007),第 45 页,第 56 页及以下。

的。[51] 立法者（主要）[52]将其作为促进市场动态效率的手段，并且在不受自然法中（智力的）"财产"概念的影响下，将其打造为一种合目的性的权利。

其次，在更实际的情况下，《欧盟基本权利宪章》——对所有成员国具有约束力——为欧盟法律优先于各国国内有关知识产权保护的规定提供了更为充分的理由。今后，成员国授予知识产权持有人以专有权可能会受到限制，这主要不是因为其违反欧盟竞争法，而是因为其与《欧盟基本权利宪章》的规定不符。为适用《欧盟基本权利宪章》，具体的案例当然必须遵守欧盟法律。但是，《欧盟运行条约》第102条并非实现该适用性的唯一法规。例如，"华为案"的裁决援引了欧盟的强制执法指令，但并没有真正适用，[53]其呼吁"公平、公正"和"适度"的救济措施，[54]并且基于《欧盟基本权利宪章》来对具体条款进行解释。

该假设引出了第三个建议，该建议与"华为案"行为准则与《欧盟运行条约》第102条规定的市场支配地位要求之间的关系有关。在其判决中，欧洲法院描绘了一幅在以标准为基础的市场中特定参与者之间公平互动的画面。这种公平是可能的，无须考虑市场支配力的存在，甚至无须考虑 SEP 持有人的专利劫持程度。此外，就标准实施者（以及被控专利侵权人）而言，行为准则通常不会涉及主要承诺。当然，《欧盟运行条约》第102条只有在市场支配地位存在的情况下，才能为确立行为准则和制裁违规行为提供法律依据。但《欧盟基本权利宪章》条款和"公平"概念的适用不取决于支配地位的存在，因此，基于这些条款的要求可能适用于所有市场参与者。[55] 从这个角度来看，《欧盟运行条约》第102条针对违反广泛适用的公平标准的行为构成了附加的、以支配地位的存在为前提的制裁。欧洲法院在其判决中并未被要求详细说明 SEP 的市场支配地位，尽管该判决可以很好地套用前述概念，欧洲法院却并未这么做。[56] 总而言之，"华为案"在真正的竞争法中远远不如预期或希望的那样根深蒂固。

第四个观察结果是第三个观点的直接后果：在竞争法影响力有限的情况下，其他法律概念有更多的空间来规范标准化领域。尤其是"诚信"和"公认的商业惯例"这两个术

---

[51] Badura, "Privatnützigkeit und Sozialbindung des geistigen Eigentums" in Ohly and Klippel, Geistiges Eigentum und Gemeinfreiheit（Tübingen, 2007）, pp. 45, 56 et seq.

[52] 当然还有授予知识产权保护的其他目的。至少对于"工业"产权来说，激励提高福利的改革创新和在市场上投入使用的目标至关重要；请参见 Drexl，前注49，第647页及以下。

[53] 该观察归功于 Josef Drexl。

[54] 欧洲议会和理事会2004年4月29日关于知识产权执法的2004/48/EC号指令第3条 [2004] OJ L157/45。

[55] 该想法归功于 Hanns Ullrich。

[56] 关于可能与 SEP 持有人的市场支配力建立有关的方面，请参阅 Picht, Standard essentialpatents—— Limiting exclusivity for the sake of innovation, EIPIN Series 2016（forthcoming）; Batista v Mazutti Case Note Huawei, IIC 2016（forthcoming）。

语,听起来更像合同法术语。在德国法律中,其无法适用合同规则,因为法庭裁决拒绝将 FRAND 承诺解释为第三人利益合同。[57] 另一方面,在美国,合同规则已被适用[58]而且可能——在 FRAND 承诺存在的情况下——也有助于解决欧盟案例。然而,在合同解决方案充分发挥作用前,有一些问题仍需解决,例如在特定 SSO 框架下建立的"基于 FRAND 的第三人利益合同"的法律适用问题。[59]

2. "FRAND 成瘾"与"欧盟 eBay 规则"

在该案中,FRAND 承诺不但已经做出而且是争议焦点。因此毫不奇怪的是,"华为案"的判决很大程度上基于该承诺,这可能会凸显存在于当前 SEP 案例讨论中的一项缺陷:如前所述,大部分讨论将焦点集中于 FRAND 承诺且大多数解决这类案件的方法均围绕该承诺展开。但如果专利权人并未做出该承诺,[60]例如因未参与标准制定,但却在之后获得了专利组合,此时问题又该如何解决?[61] 基于 FRAND(合同)的方法可能无法为 SEP 持有人和标准实施者提供行为准则。然而,竞争法仍然可以规制专利劫持以及专利反向劫持,[62]而专利法必须、并且应该能够发挥同样的作用。[63]

用合同加以规制的方法很容易失败,但竞争法或最好是专利法仍然能够规制专利劫持以及专利反向劫持。

相比之下,美国的方式似乎更为灵活,但这也意味着在一定程度上牺牲了法律的确定性。根据"eBay 标准",设定禁令并不一定需要 FRAND 承诺,虽然其存在当然在评估这些标准时具有重要作用。[64] 即使做出承诺,基于"eBay 案"的美国方式和"华为案"的方式在适用于同样事实时仍可能会得出不同的结论。例如在 Apple 诉 Motorola 案中,

---

[57] 曼海姆地方法院,GRUR-RR 2009,222;关于荷兰案例,请参阅 http://www.fosspatents.com/2011/10/samsung-loses-dutch-case-against-apple.html[2016 年 7 月 5 日访问]。

[58] 例如,在 Robart 法官审理的 Microsoft 诉 Motorola 案中,Motorola 甚至未质疑第三方利益合同的存在,相关法院命令在一小段时间内解决该问题。Microsoft 诉 Motorola 案例编号 10 - 1823JLR,法院命令截至 2012 年 2 月 27 日,Dkt. # 188。

[59] 由于 SSO 处于不同的国家,且依据不同的法律建立,并不属于同一法律;请参见 Picht, Strategisches Verhalten bei der Nutzung von Patenten in Standardisierungsverfahren aus der Sicht des europäischen Kartellrechts(2013),343 et seq. w. f. r.。

[60] Palzer,EuZW 2015,第 702 页,第 706 页,期望橙皮书的规则适用于该案例,该案例的结果将很糟糕。

[61] 欧盟委员会对 IPCom 的干预表明,这种情况确实存在;请参见 http://europa.eu/rapid/press-release_MEMO - 09 - 549_en.htm[2016 年 7 月 5 日访问]。

[62] Picht, Strategisches Verhalten bei der Nutzung von Patenten in Standardisierungsverfahren aus der Sicht des europäischen Kartellrechts(2013),p. 472 et seq.。

[63] 专利法可能是规范 SEP 持有人行为的最适当工具,但欧洲成员国的专利法尚未有效应对该任务,参见 Picht, Strategisches Verhalten bei der Nutzung von Patenten in Standardisierungsverfahren aus der Sicht deseuropäischen Kartellrechts(Berlin/Bern,2013),p. 367 et seq,同时参见 Hilty v Slowinski,GRUR Int. 2015,788,支持相关具体的、新的、欧盟立法。

[64] Apple Inc v Motorola Mobility Inc 886 F. Supp. 2d 1061,1085(W. D. Wsh. 2012),18 et seq。

Apple 似乎没有做出具体的反要约。⑥⑤ 这将使其"意愿"受到质疑,而 posner 法官却并未因此拒绝对 Motorola 的禁令。

3. 一些悬而未决的问题

"华为案"判决超出了力求在 SEP 持有人和标准实施者之间取得利益平衡⑥⑥的通常做法。因为该案试图以此为例,以解决日后的类似冲突。然而不可避免地,许多重要问题仍未得到解决。其中不仅包括专利组合许可和禁止质疑条款等问题,以上将会在本文独立的章节中加以讨论,此外还包括许多其他方面,以下将讨论一系列问题:"FRAND""意愿""诚信"和"公认的商业惯例"之间的关系。

"华为案"中多项法律概念之间的确切关系仍待解决。⑥⑦ FRAND 条款是否更多地关注许可条款的内容,而诚信和公认的商业惯例则更多地涉及许可谈判的过程? 还是 FRAND 概念涵盖了公平交易这些基本概念?

制定要约或反要约的详细许可条件:

SEP 持有人或许对其 SEP 的数量和内容最为了解。但他是否足够了解每个标准实施者的商业模式(产品、营业额和计算方法等),以确定针对特定被许可人的 FRAND 条款?⑥⑧ 而标准实施者,特别是如果他是一个"资历尚浅的实施者",是否充分了解市场以明确 FRAND 反要约从而保护其自身免受禁令的影响? 如果实施者缺乏该能力,当无许可使用时,他应如何确定其需提供保证金的适当额度?⑥⑨ 让双方自行决定 FRAND 许可条款对法庭而言是有好处的,如果双方经过合理认真的尝试后仍无法完全符合 FRAND 标准,法庭则不应过于严格。另一方面,他们应该严厉制裁那些未尽力制定符合 FRAND 条款要约的当事人,例如对设想的许可细节仍不明确,或是仅仅提出进一步谈判的依据,而非约束性的要约。

FRAND 作为一定的范围:

我们认为"FRAND"在大多数情况下构成一定的范围,而不仅仅是单一的无可置否的条件。⑦⓪ 显然,欧洲法院持有相同的意见,其设想 SEP 持有人和标准实施者均接受符合 FRAND 条款的要约。如果是这样,一旦双方的(反)要约均位于该范围内,哪一方有

---

⑥⑤ Apple 886 F. Supp. 2d 1061,1085(W. D. Wsh. 2012),20 et seq.
⑥⑥ AG Wathelet 的观点,参见 Huawei Technologies Co. Ltd. v ZTE Corp(C – 170/13)EU:C:2014:2391;[2015]5 C. M. L. R. 14 at fn. 52。
⑥⑦ Hösch GRUR 2014,745 et seq.
⑥⑧ 因此,判决 Körber WRP 2015,1167 对 SEP 持有人确定 FRAND 的能力显得过于自信。
⑥⑨ 关于该争议点,也请参见 Körber WRP 2015,1167。
⑦⓪ Similar T. Kühnen and C. Maimann, Die kartellrechtliche Zwangslizenz nach der EuGH – Entscheidung "Huawei Technologies/ZTE", slides of the presentation on file with the author, p. 86.

权决定？一种观点认为,SEP 持有人应当享有优先权,因为毕竟是其知识产权[71]受到了实施者的侵犯。但这种观点难以服众,因为 FRAND 承诺的做出,可以被认为是已经许可实施者使用专利和标准化技术。最好的解决方案当属双方协商达成合意[72],但法律不能强制双方达成共识。只有在未能达成共识的前提下,才能由法庭独立确定 FRAND 许可条件。[73] 由法院和仲裁法庭确定许可费的公开实践在任何情况下均有助于促成共识,因为如果双方提前预见到诉讼所带来的必然后果,那么双方为了节约诉讼成本则会努力在法庭之外达成合意。此外,正如复杂谈判一样,至少应允许双方的初始要约置于 FRAND 范围之外,以便在谈判过程中创造回旋余地。

谈判过程中违反 FRAND 承诺：

与上述情况相反,可能会发生任何一方均不按照 FRAND 条款提出要约的情况。此种情况下寻求禁令和(进一步)实施标准的后果是什么？曼海姆地方法院实际上解除了专利权人提出真正符合 FRAND 条款要约的义务,以防实施者公然拒绝接受许可。然而,这可能会驱使专利权人提交形式上的要约,以期实施者拒绝接受许可,然后通过申请禁令的方式迫使实施者接受高额许可费率。对需予以特别关注的是,实施者表示意愿的时间是有期限的——曼海姆地方法院设想的 3 个月就是如此。

我们认为,在任何情况下,欧洲法院允许专利权人在通知实施者其所谓的侵权行为前就提出禁令的做法是错误的。[74] 不管实施者是否愿意接受许可,都不应当允许专利权人通过首先起诉——可能——稍后谈判的方式赢得先机。这是因为(在此只陈述一种原因)在诉讼背景下进行的许可谈判,会受到预期的禁令和诉讼战术的影响,因此结果可能会失真。

特别是杜塞尔多夫法院目前正努力查明任何一方提出的非 FRAND 要约对另一方"华为案义务"的影响；如果 SEP 持有人的初始要约不符合 FRAND 条款,那么实施者是否必须做出反要约——或全然做出回应？[75] 而且如果实施者声称其不会接受自己的许可条件以外的条件,而这些许可条件不符合 FRAND 原则,那么 SEP 持有人是否仍需提

---

[71] 这一论点是德国法院作出"华为案"的 SEP 裁决前的核心。

[72] 例如,Apple 和 Ericsson 解决全球 SEP/FRAND 争议时解决一些了有争议的问题,这些问题将会在未来几年内成为法庭和律师关注的焦点；请参见 http://www.ericsson.com/news/1974964[2016 年 7 月 5 日访问]。

[73] Similar T. Kühnen 和 C. Maimann 观点类似,根据 ECJ 判决的反垄断执法"Huawei 技术有限公司/ZTE 通讯股份有限公司,作者演示的幻灯片文件,第 91 页及以下。

[74] 欧洲法院甚至认为有必要更正其判决的德文版本,以明确规定 SEP 持有人必须在提起诉讼之前通知实施者其指控的侵权行为,同时提交(FRAND)许可要约：http:// kluwerpatentblog.com/2016/01/08/frand-update-cjeu-corrects-the-german-version-of-the-huawei-vs-zte-judgment/ [2016 年 7 月 5 日访问]。

[75] 杜塞尔多夫地方法院持肯定态度,2015 年 11 月 3 日,4a O 144/14,第 139 段；地方高等法院持否定态度,2016 年 1 月 13 日,I–15 U 65/15,15 U 65/15。

交 FRAND 要约?[76] 在这种情况下最重要的似乎是,不要让双方通过指责谈判过错方("非 FRAND 方")以阻碍或逃避谈判。此外,由于无人知道特定情况下许可条件的确切 FRAND 水平,那么由谁来判断许可要约是否明显违背 FRAND 原则,进而不能引发回应的义务?因此,各方均有责任以进一步推动谈判的方式回应另一方要约。另外,如果法院或仲裁法庭认为要约不符合 FRAND 条款,不管对方的行为如何,各方均有义务及时提交一项具有约束力的许可要约并承担后果(参见下文)。

违反 FRAND 条款的后果:

当具体行为违反诚信和公认的商业惯例时确切结果会是什么,"华为案"的判决对此仍相当模糊。显然,Huawei 并非——也不像成员国法院认为的那样——能够完全禁止禁令,仅仅只是在一定程度上阻止禁令颁布——如果标准实施者行为不当,禁令依旧是可能的。此外,实施者必须就未经许可使用 SEP 的行为支付损害赔偿。另一方面,违反 FRAND 承诺的专利权人也应该受到严厉的惩罚。强制许可、法庭败诉以及承担不正当禁令诉讼责任便是明显的制裁,但是由于专利权人违反 FRAND 条款的行为,实施者主张的损害赔偿数额也可能很大。

关于实施者回应的"拖延"概念:

欧洲法院要求标准实施者"迅速"回应。"迅速"德语译为"in kurzer Frist",法语译为"bref délai"。但鉴于评估许可专利的有效性、必要性、侵权行为和 FRAND 条件的难度,实施者应当多快做出回应?是否每项延迟回应均构成"华为案"中的"拖延战术"?曼海姆法院 3 个月的时间规定应属过于严格。无论如何,一段固定的期间,无论是 3 个月、6 个月或 8 个月,均应当充分考虑许可安排的复杂性以及其他的特殊情况。

"有意愿的被许可人"的进一步行为要求:

如果标准实施者全然拒绝或拒绝在 FRAND 条件下接受许可,那么其便不是"有意愿的被许可人"。然而,低于这一标准,实施者的何种行为才能被认定为"有意愿",这还远不清楚。例如,SEP 持有人是否可以要求实施者在进行许可谈判之前签署保密协议?如曼海姆法院暗示的那样——专利权人的 FRAND 要约是否可以设想为在全球范围内的许可,尽管"华为案"的判例只对欧盟有约束力?而且在 SEP 持有人的要约(或者双方要约)不符合 FRAND 条款的情况下,是否能够要求实施者提供适当的担保?[77] 我们认为是需要的,但法庭对此仍未给出明确意见。这些以及其他细节会成为法庭和律师之后关注的焦点,而且其也将成为反垄断机构能够主动指导的领域,其中 SSO 将发挥极大的

---

[76] In the negative Kühnen and Maimann, Die kartellrechtliche Zwangslizenz nach der EuGH-Entscheidung "Huawei Technologies/ZTE", slides of the presentation on file with the author, p. 71.

[77] LG Düsseldorf,2015 年 11 月 3 日,4a O 144/14。

许可费的独立确定：

当欧洲法院慷慨地允许"独立第三方毫不拖延地做出决定"以确定许可费时，欧洲法院实际上提出了更多的问题——谁将作为"独立"方？其"决定"的约束力来自哪里？该判决是否仅限于许可费，还是可以确定所有相关许可条件？后者在我们看来是唯一合理的解读。[78] 至于"拖延"，认定"决定"结束和"拖延"开始的必要时间应当是多久？当事人（SEP 持有人和标准实施者）如何能够强制审判机构"无拖延"地采取行动？如果他们没有这样做，拖延是否会使延迟的 FRAND 判定失效？或者，欧洲法院是否确实要求——只是未作明确表示——双方的请求需要毫不延迟地做出？此外，允许双方当事人寻求独立确定许可费的裁决并不意味着他们一定能够得到相关判定。对我们来说，能否迅速且确定地获得大型 SEP 专利组合（非单个或少数专利）的 FRAND 条件目前仍不清楚。如果可能，是否会通过延长专利反向劫持的时间而改变 SEP 持有人[79]获得禁令的可能性？

除禁令之外的主张：

"华为案"中的诚信行为准则仅适用于禁止令情况下，而根据欧洲法院的说法，SEP 持有人可能总会主张损害赔偿。未来判例法应当明确这种做法是否可行，或（某些）与禁令相关的行为要求是否必须转移到损害赔偿领域。毕竟，针对 SEP 长期且大量存在的（所谓）侵权行为主张损害赔偿可能也会对潜在的被许可人施加相当大的压力。

4. 程序工具的重要性和 SSO 的作用

上述一些问题可以通过制定具有足够准确性和灵活性的具体法律规则加以解决，以便在大多数情况下取得适当的结果。然而，在某种程度上，SEP 案例如此复杂、多样且受具体案件事实的影响很大，以至于普遍适用的法律"公式"难以界定或必须保持模糊。例如，仅凭法律规则难以判定诉讼双方争议的 SEP 大型专利组合的质量。相反，需要详细的技术分析，因此其结果更依赖于案件事实。再举一个或许是最重要的例子，"FRAND"许可条件对于所有 SEP、所有基于标准的市场及所有标准实施者而言均不相同。即使针对单一许可关系，许多评论家有充分的理由怀疑是否存在精确确定 FRAND

---

[78] With the same view Kühnen and Maimann, Die kartellrechtliche Zwangslizenz nach der EuGHEntscheidung "Huawei Technologies/ZTE", slides of the presentation on file with the author, p. 94.

[79] Apple 886 F. Supp. 2d 1061, 1085（W. D. Wsh. 2012），Posner 法官在很大程度上依赖经济补偿作为禁令的适当替代方案——但是如果这种赔偿规定对整个专利组合而言并不现实该怎么办？

的具体条款。[80] 因此,虽然 FRAND 是 SSO 标准化的核心理念以及欧洲法院的"折中方式",但只是提供了并不稳固的基础。

然而,如果实体规则失效,程序工具可能会介入。公正的法定裁判机构运用适当的程序规则或许能够解决众多且复杂的 SEP 争议。因此,学者和法律工作者们应侧重于构思这类机构和程序。法院在这一领域无疑起到了重要作用。但诉诸司法程序对公众而言往往过于昂贵,法官往往不是标准化技术或标准化市场方面的专家。法庭上的事实调查过于烦琐,大量的证据调查和陪审团审判对当事人来说过于繁重。此外,法院可能(例如在 SEP 专利组合的质量和价值方面)不愿发布一种对行业参与者非常有帮助但同样容易引发上诉的简略评估。

面临复杂的 SEP 案件的激增,成员国的各级法院所展现的局限性引起了标准的管理者和制定者(标准制定组织)的关注。在 SEP 争议中,他们多大程度上能够充当仲裁者,例如通过建立某种形式的 SSO 仲裁小组? SSO 的特征决定了其应当谨慎。例如,这些组织并不一定对所有成员采取强有力的公正立场。大公司是标准制定过程的重要驱动力,其在标准制定后实施的市场行为对标准的成功而言不可或缺。这并不意味着 SSO 应摆脱大企业的参与——失去大企业参与,标准化将不会有很好的效果。但同时存在的风险是,如此强大的参与者将根据自己的利益制定 SSO 规则。[81] 就 SSO 相关的仲裁小组而言,有人认为市场参与者之间的利益冲突将以某种方式趋于平衡。特别是由于许多公司同时身为 SEP 持有人和标准实施者,因此很难预见在未来的诉讼中他们是侵权人还是原告。他们可能因此意识到公正的程序规则和裁决机构对其而言最为有利。然而,当 SSO 参与者中某一具有单边市场地位(如用户或非专利实施主体)的阵营在 SSO 中占据主导地位,或当大公司联合起来针对实力薄弱的标准实施者时,小组的构成或裁决可能会有失公平。

再举一个例子,SSO 在程序法上将要发挥的作用尚未确定。SSO 是私营实体而非国家权力机构,受各国法律约束,其适用性将通过冲突法规则加以确定。[82] 这些国家的法律可能不允许私营"协会"拥有类似法院的权力,除非当事人以成员身份、仲裁协议等方式受其

---

[80] Fischmann GRUR Int 2010,185,191;Valimaki,"A flexible approach to RAND licensing"(2008),E.C.L.R. 686,请参见上述关于将 FRAND 的本质作为一个范围而不是一个点的论述。

[81] 请参见,例如,在 ICT 领域相当重要的 SSO"IEEE"新知识产权政策的斗争;http://www.law360.com/articles/637457/inside-the-ieee-s-important-changes-to-patent-policy(2016 年 7 月 5 日访问);最近,并表明利益集团之间的斗争确有可能危及有效的标准制定,MLex,2015 年 10 月 26 日,Ericsson、Qualcomm 拒绝采用新的 IEEE 标准专利政策,可访问网址 http://mlexmarketinsight.com/(2016 年 7 月 5 日访问)。

[82] 例如由于位于法国 Sophia-Antipolis,ETSI 受到法国法律管辖;Picht,Strategisches Verhalten bei der Nutzung von Patenten in Standardisierungsverfahren aus der Sicht des europäischen Kartellrechts(2013),第 343 页及以下。

约束。同时,SSO 制定的标准通常具有跨国乃至全球范围的影响力。因此,SSO 的仲裁机构的裁决可能会影响既不是 SSO 成员也不同意受其管辖的公司和消费者。至少这表明了 SSO 仲裁机构受到某具体法律框架的约束,而且根据该法律框架,其决定(不一定是商业数据)可供公众查阅,并接受某种形式的公正审查。这一框架也必须解决各成员国法院面临的许多法律、经济和实际困难,例如诉讼费用和期限以及合格决策者的可得性。现有的基于 SSO 的仲裁方式[83]可能无法应对该挑战,[84]因为其到目前为止尚未有萌芽的迹象。[85]

尽管存在许多的问题,但让 SSO 处理标准化的影响似乎是一个不错的想法。例如,关于 FRAND 的确定,在 SSO 决策机构和各国法院之间建立分工机制是可行的,其中法院负责确定法律适用的范围,例如 FRAND 判定的适当基础,SSO 则可以将这些规则适用于特定案件事实。此外,还需要进行深入讨论以及仔细的概念性工作以减轻 SSO 授权的不利影响。SSO 自身可能不愿承担更积极的角色,但当有现实需求且法律共同体认为妥善的法律框架已经建立时,国家或超国家机构(如欧盟)也应强制其承担。

五、结论

与德国诗人弗里德里希·冯·洛戈(Friedrich von Logau)的诗句"在最大的危难中,中间道路确实走向灭亡"[86]相反,标准制定和欧盟关于 SEP 的法律规定并不处于紧急状态,"华为案"的判决也不会造成严重后果。然而,欧洲法院的"中间道路"需要更广泛的外延并更容易被识别才能避免滑坡。为此需要采取的重要措施包括:规范 FRAND 谈判过程和制裁滥用行为,以及赋予机构和裁决以强制力,以便为最棘手的 SEP 问题找到程序性解决方案。本文希望就这些问题展开进一步讨论。只有解决这些问题,标准化才能真正推动创新和竞争。

---

[83] 例如,SSO 组织 VITA 在其政策第 10.5. 条中确定了仲裁程序,http://www.vita.com/resources/Documents/Policies/vso-pp-r2d8.pdf (2016 年 7 月 5 日访问)。

[84] 迫切需要对这一方面进行更多的实证研究。

[85] 请参见 Michael Fröhlich 博士在"仲裁是否是解决标准必要专利争议的可行方式"的声明,第一届慕尼黑知识产权争议解决论坛会议,2015 年 11 月 10 日,与作者的会谈纪要。

[86] 德语原文为"In Gefahr und größter Not bringt der Mittelweg den Tod",意为"在需要危险和极端时,中间道路带来死亡",曾被德国导演亚历山大·克鲁格(Alexander Kluge)用作电影名称。请参见 http://wwwg.uni-klu.ac.at/fai/short.php3?ID=8847(2016 年 7 月 5 日访问)。

欧洲 SEP 案件中的禁令[*]

Georg Nolte[**] Lev Rosenblum[***]

本文讨论的内容是讨论在欧洲联盟法院(CJEU)对 Huawei 诉 ZTE 案[①]的判决后,德国的几个涉及标准必要专利(SEP)和公平、合理、无歧视条款(FRAND)[②]的已决公开案件。本文从德国的专利法制度和上诉可能性着手,简要解释了橙皮书案判决,列出了"华为案"判决的一些细节并解释了杜塞尔多夫地方法院所提出的问题,其中所述问题构成所述欧洲联盟法院判决的基础。本文还讨论了紧随"华为案"判决之后的来自杜塞尔多夫和曼海姆地方法院以及杜塞尔多夫和卡尔斯鲁厄地方高等法院地方高等法院的判决或命令。尽管仍然存在许多未决的问题,但"华为案"判决给德国的法院带来了相当清晰的态度,指明何时标准必要专利所有人可以获得禁令并同时为寻求保护以免受这一禁令影响的被许可人提供安全港。但是,对于双方当事人来说预测具体案件的结果仍然相当困难。

关键词: 费率基础、专利价值、禁令救济、最小可销售专利实施单元(SSPPU)、组合价值、滥用市场支配地位、反垄断

---

[*] 本文原文于 2007 年发表于 SSRN 网站,该网站是是博士生、教授和机构科研人员在学术期刊发表论文之前,发布早期科研成果的在线数据库,主要专注于社会科学领域,包括经济学、法律、公司治理和人文学科。本中文译文已获得版权方授权。

[**] Georg Nolte 是松下研发中心(德国)有限公司(PRDCG)的专利代理人。Georg 于 2000 年在 PRDCG 开始担任研发工程师,但是自 2002 年起在知识产权部门工作,同时也成为 DVB 项目知识产权模块的成员。自 2016 年 3 月起他担任 DVB 知识产权模块的首席官员。除 DVB 之外,在过去几年中 Georg 也积极为欧洲电信标准化协会(ETSI)和国际电联(ITU)的知识产权组织作出了贡献,并且已经参与了他们 FRAND 背景下的有关禁令、合理和无歧视的广泛讨论。他也活跃于其他各种标准开发(SDO)和标准制定组织(SSO)中。所有表达的观点均仅仅是他自己的观点,本文中的任何过失也是如此。对于本文美利坚大学(华盛顿)的兼职法学教授 Carter Eltzroth 进行了详细的审阅,杜塞尔多夫 HOYNG ROKH MONEGIER 律师事务所的律师 Klaus Haft、Tobias Hessel 和 Eva Thörner 进行了详尽的审阅和精彩的评论,以及纽约 Morgan Lewis 律师事务所的 Richard S. Taffet 给出了建议和评论,对此 Georg 谨致以诚挚的谢意。

[***] Lev Rosenblum 是美国德汇律师事务所的知识产权律师。Lev 就范围广泛的知识产权事务和战略决策(包括专利和商标的准备、流程和相关咨询)与各种客户进行合作。他在许多技术领域的专利事务方面协助客户,例如医疗设备、机械和机电技术、传感器、微机电系统(MEMS)、材料以及软件。他还在品牌管理和品牌策略方面帮助客户。

[①] 案件号"C-170/13",日期 2015 年 7 月 16 日,在 2015 年 12 月 15 日修订,在本文中称为"华为案判决",参见 http://curia.europa.eu/juris/documents.jsf? num=C-170/13。

[②] 公平、合理和无歧视,"FRAND"或"RAND",参见例如 https://en.wikipedia.org/wiki/Reasonable_and_non-discriminatory_licensing。

一、引言

撰写本文过程中的一个障碍是,除了公开进行的法庭诉讼外,德国法院的判决是不公开的。并且法院文件通常是无法获得的。有一种例外是:如果法院认为该案件也对其他案件具有某种"重要的"相关性,那么法院将会公布该判决的经过编辑的匿名版本。本文中讨论或引用的所有案件均是可公开获得的。但是在德国有未知数量的只有有关当事人才知道的未公开案件。尽管这些案件可能提供有用的见解,但我们不能并且也不会参考这些案件。

通常以其他方式匿名公开的判决并未被完全编辑:他们没有隐瞒当事人的身份;这使得至少有可能识别原告(专利所有人)。例如,如果提及具有特定日期的欧洲电信标准化协会(ETSI)声明,那么在欧洲电信标准化协会知识产权数据库[3]对该日期进行检索则可能显示原告的名称(例如,有时在当天只有一家公司做出了声明)。即使有多项声明,浏览它们以获得专利号——这为你提供权利要求书和附图——并将该结果与案件相匹配从而可能查到原告的名称。

有时法院甚至不会隐去欧洲专利的专利号;那么对德国专利登记簿[4]进行的检索将会揭示原告的名称。此外,有时一方当事人可能会制作新闻稿。并且通常双方当事人(甚至可能是原告和/或被告的支持方)均与案件号一同被公开。最后,当然如果德国法院要求对来自欧盟法院的选定的问题做出回答,那么当事人和基本的事实会在欧盟法院的判决中公布。

但是,尽管有这样的调查工作,对于德国的案件来说,很难了解案件的所有方面。

二、欧洲还是德国

虽然本文题目为"欧洲 SEP 案件中的禁令",但德国是迄今为止欧洲专利侵权案件中最受青睐的司法管辖区域[5]。并且,当考察德国时,只有三个相关的地方法院[6]:依次是杜塞尔多夫地方法院、曼海姆地方法院和慕尼黑地方法院。相对应的地方高等法院是

---

[3] https://ipr.etsi.org/.
[4] https://register.dpma.de/DPMAregister/pat/einsteiger.
[5] 在提交本文前不久我们收到了关于以下可公开获得的案件的通知:UK:*Unwired Planet v. Huawei & Ors*,[2015] EWHC 1198(PAT),具有数个在"华为案"[HP–2014–000005]之后的决定日期 UK:*Unwired Planet v. Samsung*,[2016] EWCA(Civ)489,27 May 2016。
[6] 参见 Cremers,K 等,Invalid but Infringed? An Analysis of Germany's Bifurcated Patent Litigation System(2014 年 8 月)15,可在 http://www.law.berkeley.edu/files/Helmers_Christian_IPSC_paper_2014.pdf 网址获得(大约 80%的案件是在这三个法院中处理)。

杜塞尔多夫地方高等法院、卡尔斯鲁厄地方高等法院和慕尼黑地方高等法院。最后有可能向德国联邦法院（Bundesgerichtshof,BGH）提起上诉（详情请参见下图1）。BGH中有专利案件的特别分庭（10号，即X号）。

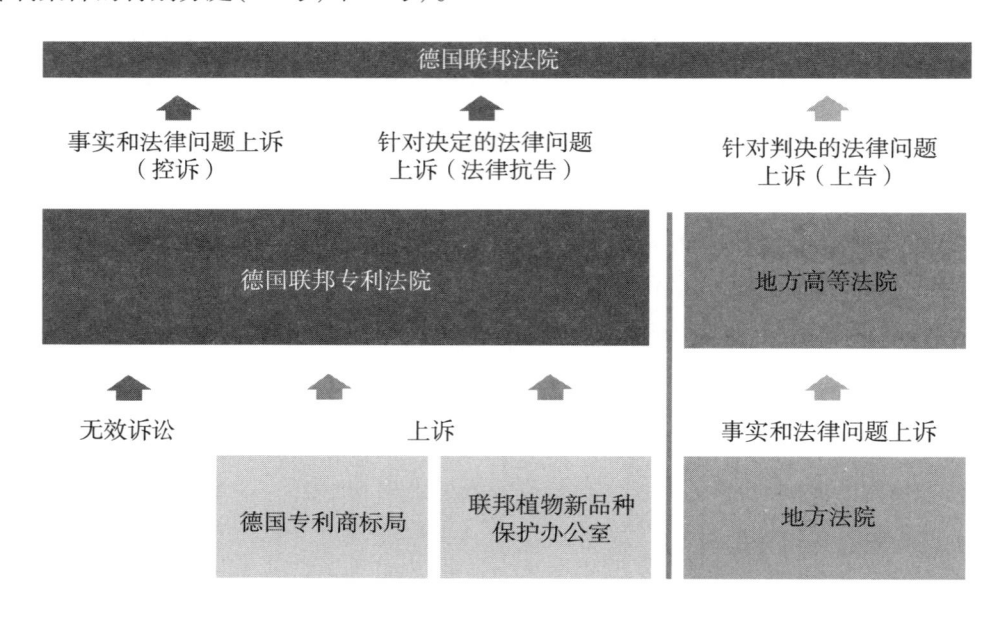

图1 德国法院以及专利事务的上诉可能性[7]

虽然地方法院处理专利侵权案件，但是无效诉讼是由德国联邦专利法院（Bundespatentgericht,BPatG）处理。这种法院和诉讼的分离被称为"二元体系"。因为对侵权和有效性的判定是相互独立的，所以该体系经常会被批判[8]。尤其是，地方法院的判决通常先于专利法院作出，这会导致以（有效的）专利为基础作出的禁令在之后归于无效。然而，我们对这些案件的回顾表明，法院正在按照各自的标准来处理案件，而禁令未被中止的情况是很少见的。

类似于Huawei诉ZTE案，德国（以及所有其他欧盟成员国）的法院可以向欧盟法院提出问题，欧盟法院将会解决这些问题。那些欧盟法院的决定并非对原始案件的判决，而仅限于对所提问题涉及的欧盟法的解释。提出所述问题的法院再根据欧盟法院的指导来裁判该原始案件。请注意，被移送至欧盟法院的案件是相当罕见的。

在Huawei诉ZTE案中，杜塞尔多夫地方法院向欧盟法院询问了SEP的反垄断问题。由于可以获得很多关于"华为案"的英文文献，所以我们在此不讨论细节。我们只

---

[7] https://www.bundespatentgericht.de/cms/media/Oeffentlichkeitsarbeit/Veroeffentlichungen/Informationsbroschueren/infobroschuere_en.pdf.

[8] 参见https://www.law.berkeley.edu/files/Helmers_Christian_IPSC_paper_2014.pdf.

讨论欧盟法院在其裁决中所决定的关键方面。

三、在"华为案"之前:橙皮书案判决

在欧盟法院就"华为案"作出判决(将在下文中进行讨论)之前,德国联邦最高法院判决了一起案件,所述案件中原告(可重写光驱相关专利的所有人)寻求对正在侵犯专利权的被告的禁令。所述案件引起了所谓的橙皮书案判决[9],该判决明确了具有垄断力量的专利所有人可以获得禁令并避免被认定为已滥用其支配地位的情形。

具体来说,根据所述橙皮书案判决,如果被告没有在 FRAND 条款下做出无条件的要约以取得许可,那么专利所有人就不能被认定为滥用其市场支配地位。此外,该法院给出了原因,既然在许可协议下被告不得不支付许可费,那么被告为了避免禁令,必须为过去和正在进行的侵权支付许可费(总额在反垄断法下无争议)。并且,如果原告拒绝被告的要约,那么为了取得禁令,原告必须做出在 FRAND 条款下的反要约。

四、欧盟法院对 Huawei 诉 ZTE 案的判决

2011 年, Huawei 在德国杜塞尔多夫地方法院提出针对 ZTE 的专利侵权诉讼[10]。Huawei(专利所有人)正在设法阻止 ZTE 的进一步侵权,呈送账目,召回所有侵权产品,以及获得损害赔偿[11]。

Huawei 向欧洲电信标准化协会(ETSI)[12]通报了涉案专利。值得注意的是,欧洲电信标准化协会的规章声明:"当一项知识产权被提请欧洲电信标准化协会[13]注意,而该知识产权对于某项标准来说是必要的时,那么欧洲电信标准化协会的总干事必须立即要求该权利的所有人在 3 个月内给出不可撤销的保证,保证其准备好在公平、合理和无歧视条款(FRAND 条款)下准予与该权利有关的许可。"[14]无论如何,虽然欧洲电信标准化协会不核查该专利是否真的是"必要的";[15]但是,杜塞尔多夫地方法院裁定该涉案专利对"长期演进"(LTE)标准是必要的[16]。

---

[9] 也称为"橙皮书标准"。
[10] 案件号"4b O 104/12",日期 2013 年 3 月 21 日,参见 https://www.justiz.nrw.de/nrwe/lgs/duesseldorf/lg_duesseldorf/j2013/4b_O_104_12_Beschluss_20130321.html。
[11] 案件号"C-170/13",日期 2015 年 7 月 16 日,在 2015 年 12 月 15 日修订,参见 http://curia.europa.eu/juris/documents.jsf? num = C-170/13 第 21-27 段。
[12] 同上。
[13] 同上,第 23 段。
[14] 同上,第 15 段。
[15] 同上,第 20 段。
[16] 同上,第 23 段。

2013 年,杜塞尔多夫地方法院在考虑是否发出禁令时,向欧盟法院[17]提交了以下五个问题。

(1)如果一个 SEP 的所有人愿意在 FRAND 条款下准予任意第三方许可,即使专利侵权人已经表明其愿意就这一许可进行协商,但是该所有人还是通知标准化组织针对该侵权人发起禁令,那么 SEP 的所有人是否构成滥用其市场支配地位?

或者,是否只有在以下情况下:侵权人已向 SEP 所有人提交一份可接受的、无条件的要约以达成一份许可协议,在没有不公平地阻碍侵权人或违反无歧视原则并且该侵权人因期待被授予许可而已经通过使用行为履行了其合同义务的情况下,专利权人无法拒绝该要约,(但 SEP 所有人仍然针对该侵权人发起禁令)才应该推定为滥用市场支配地位?

(2)如果已经被推定滥用市场支配地位来作为侵权人愿意进行协商的结果:《欧盟运行条约》(TFEU)[18]第 102 条是否规定了与协商意愿(willingness)有关的特定的性质上和/或时间上的要求?特别是,当专利侵权人只是以一般方式(口头)表明其准备好进行协商,还是该侵权人必须已经通过如提交其准备好达成许可协议所依据的具体条件的方式进入协商时,才可推定进行协商的意愿?

(3)如果提交可接受的、无条件的要约以达成许可协议是滥用市场支配地位的先决条件:《欧盟运行条约》第 102 条是否规定了与该要约有关的特定的性质上和/或时间上的要求?该要约是否必须包含通常被包括在涉案技术领域的许可协议的所有规定?特别是,是否可以在该 SEP 实际被使用和/或显示为有效的条件下做出要约?

(4)如果侵权人履行源于将被准予的许可而产生的义务是滥用市场支配地位的先决条件:《欧盟运行条约》第 102 条是否规定了关于这些履行行为的具体要求?侵权人是否被特别要求为过去的使用行为呈送账目和/或支付许可费?如有必要,是否可以以存入保证金的方式来免除支付许可费的义务?

(5)SEP 的所有人滥用支配地位的条件是否可以被推定为同样适用于因为专利侵权而产生的其他要求(呈送账目,召回产品,赔偿损失)的诉讼?[19]

为回应杜塞尔多夫地方法院提出的问题,欧盟法院进行了一项测试来确定 SEP 所有人是可以获得禁令,还是已通过寻求阻止竞争对手的产品进入市场,滥用了其市场支

---

[17] 同前页脚注[11],第 39 段。

[18] Treaty on the Functioning of the European Union,参见 http://eur-lex.europa.eu/legal-content/EN/TXT/? uri = celex%3A12012E%2FTXT;第 101 条和第 102 条以前被编号为 81 和 82;全文请参见附录。

[19] 案件号"C-170/13",日期 2015 年 7 月 16 日,在 2015 年 12 月 15 日修正,参见 http://curia.europa.eu/juris/documents.jsf? num = C-170/13,第 39 段。

配力而不能得到禁令[20]。下面的流程图阐明 SEP 所有人和被控侵权人的义务,并显示各项义务何时生效。

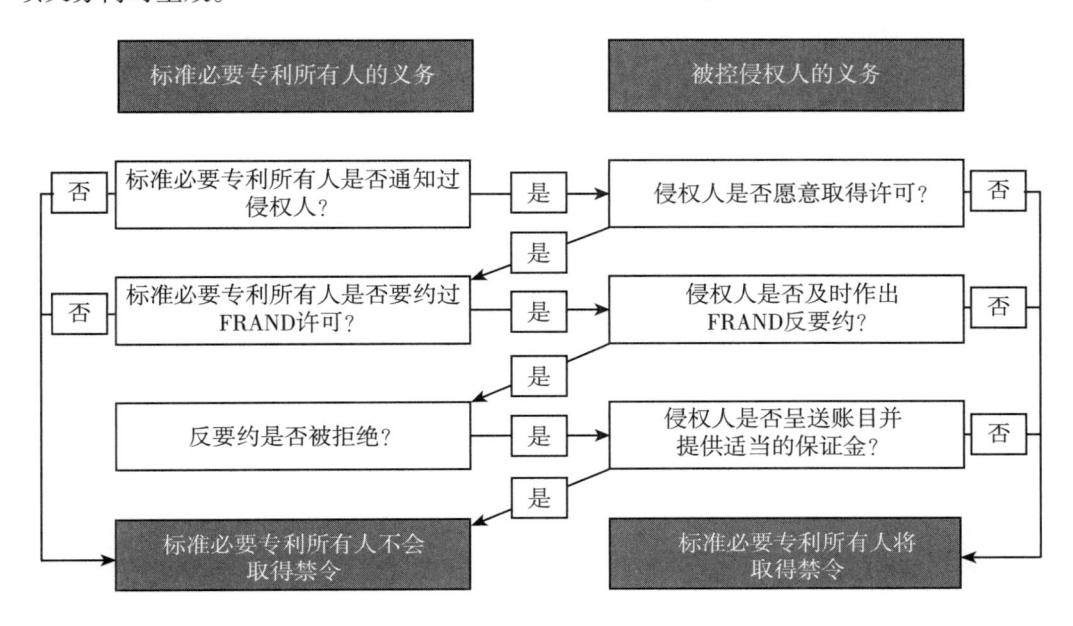

图 2 "华为案"采用的 CJEU 程序[21]

欧盟法院得出结论,除非 SEP 所有人满足"华为案"判决中所示的程序性的(以及实质性的)要求,否则寻求禁令的 SEP 所有人就被推定为滥用其市场支配力。具体来说,欧盟法院指明,一个 SEP 所有人同意在 FRAND 许可下提供其 SEP,使那些使用侵权技术的人产生了期望[22]。正因为如此,欧盟法院裁决要求 SEP 所有人向侵权人就该 SEP 的存在以及该侵权人侵犯该 SEP 的方式提出警告。没有这第一步,SEP 所有人将被视为已经滥用其市场支配力并将无法获得禁令[23]。

受到警告后,该侵权人必须及时表明愿意取得对该 SEP 的 FRAND 许可[24]。然而,如果该侵权人没有表明这种意愿,则该 SEP 所有人的行为不会被视为滥用并可以获得禁令[25]。

---

[20] 欧洲联盟法院从潜在的德国法律角度考虑禁令的可用性,该法律规定:"如果有再次发生的风险,受害方可以针对任何违反第 9 条至第 13 条使用取得专利的发明的人提出禁令。"C-170/13,第 10 段。

[21] 改编自 Nicolas Petit, Huawei v ZTE: Judicial Conservatism at the Patent-Antitrust Intersection(Judicial Conservatism at the Patent-Antitrust Intersection)(2016 年 10 月),可在 https://papers.ssrn.com/sol3/papers.cfm? abstract_id = 2681377 网址获得。

[22] 同上,第 61 段。

[23] 同上,第 60 和 71 段。

[24] 同上,第 65 段。

[25] 同上,第 71 段。

如果该侵权人愿意取得 FRAND 许可,该 SEP 所有人必须在 FRAND 条款下做出具体的要约[26]。没有这个要约,该 SEP 所有人会被视为已经滥用其市场支配力并将无法获得禁令[27]。欧盟法院没有解释符合 FRAND 原则的要约应该包含或绝不能包含哪些条款和条件[28]。

如果 SEP 所有人在 FRAND 条款下做出了许可要约,则不愿接受该要约的侵权人必须及时做出 FRAND 反要约[29]。没有来自侵权人的 FRAND 反要约,SEP 所有人将能够获得禁令[30]。

而且,如果所述 SEP 所有人不希望接受该反要约,该侵权人必须为已发生的所有侵权行为提供保证金并呈送账目[31]。并且如果该侵权人不提供保证金或账目,则该 SEP 所有人将能够获得禁令[32]。

总而言之,首先,所述"华为案"判决似乎只适用于已经同意在 FRAND 条款下许可其 SEP 的 SEP 所有人。例如,如果对于实施标准而言碰巧是必要的专利的所有人没有义务在 FRAND 条款下许可所述专利,那么所述"华为(Huawei)案"判决(显然)不会适用于这样的所有人。

其次,所述"华为案"判决提出了诉讼当事人必须遵守的程序。其实质上要求当事人在提起 SEP 侵权诉讼时以善意行事。如上所述,欧盟法院并未提出 FRAND 许可的实质性要求。尽管如此,值得注意的是,SEP 所有人必须向被控侵权人提供 FRAND 许可,并且据推测,该许可的条款可能会得到实质审查,以确定该许可是否满足 FRAND 条款要求。

五、"后华为案时代"德国判决的概述

下表列出了我们在下面讨论的案件。截至 2017 年 3 月 10 日我们了解的所有公开案件清单,则请参阅附录。

---

[26] 同上,第 63 和 65 段。
[27] 同上,第 63 和 71 段。
[28] 同上。
[29] 同上,第 66 段。
[30] 同上,第 66 和 71 段。
[31] 同上,第 67 段。
[32] 同上,第 67 和 71 段。

编号	日期	案件号	法院	当事人
1	2015-11-03	4a O 144/14	杜塞尔多夫地方法院	Sisvel 诉 Haier 案
2	2016-01-13	I-15 U 65/15	杜塞尔多夫地方高等法院	Sisvel 诉 Haier 案上诉
5	2016-11-17	I-15 U 66/15	杜塞尔多夫地方高等法院	Sisvel 诉 Haier 案上诉 II（第二次裁定）
6	2015-11-27	2 O 106/14	曼海姆地方法院	St. Lawrence 诉 Deutsche Telekom 和 HTC 案
7	2016-03-04	7 O 96/14	曼海姆地方法院	Pioneer 诉 Acer 案
8	2016-05-31	6 U 55/16	卡尔斯鲁厄地方高等法院	Pioneer 诉 Acer 案上诉
9	2016-01-19	4b O 120/14	杜塞尔多夫地方法院	Unwired Planet 诉 Huawei 和 Samsung 案
12	2016-01-29	7 O 66/15	曼海姆地方法院	NTT DoCoMo 诉 HTC 案
13	2016-03-31	4a O 126/14	杜塞尔多夫地方法院	St. Lawrence 诉 Vodafone 和 HTC 案
14	2016-05-09	I-15 U 35/16	杜塞尔多夫地方高等法院	St. Lawrence 诉 Vodafone 和 HTC 案上诉
17	2016-07-01	7 O 209/15	曼海姆地方法院	Philips 诉 Archos 案 I
18	2016-08-29	6 U 57/16	卡尔斯鲁厄地方高等法院	Philips 诉 Acer 案上诉
19	2016-09-08	6 U 58/16	卡尔斯鲁厄地方高等法院	Sony 诉 Acer 案上诉
20	2016-11-17	7 O 19/16	曼海姆地方法院	Philips 诉 Archos 案 II
21	2016-12-14	I-2 U 31/16	杜塞尔多夫地方高等法院	保密（当事人未知）
22	2017-01-17	I-2 U 31/16	杜塞尔多夫地方高等法院	-''-（第二次裁定）

值得注意的是，各个案件都是被独立考虑的，即法院始终对所有方面进行非常彻底的逐案分析，并最终权衡所有因素来作出判决。这就是为什么即使是违反"华为案"判决的普通释义的案件也会发出对潜在被许可人的禁令。

A. Sisvel 诉 Haier 案

由杜塞尔多夫地方法院于 2015 年 11 月 3 日（"华为案"判决之后不到 4 个月）对 Sisvel 诉 Haier 案作出判决，这是第一个遵循"华为案"判决的公开案件。该案件是在"华为案"判决之前提交的，因此是所谓的过渡期案件。（请注意，除两起 Philips 诉 Archos 案外，本文中的其他所有案件也均是过渡期案件。）要注意的要点是，该地方法院授予了对 Haier 的禁令，因为 Haier 没有做出适当且及时的反要约，并且在 Sisvel 拒绝了 Haier

的反要约后,Haier 没有呈送账目也没有及时提供保证金,这些被视为拖延战术。

根据该地方法院的说法,因为当前的案件开始于"华为案"判决之前,并且当时橙皮书案判决在德国是有效的,不需要专利所有人在立案前采取行动,所以虽然 Sisvel 未能在采取行动之前通知 Haier,但 Sisvel 被免除了这一义务。Sisvel 只向母公司提供了许可(并非该被告本身),但法院裁定这不是一个问题,因为对母公司的许可也适用于被告。该法院甚至表示,即使是 Sisvel 的非 FRAND 要约,也至少会引发 Haier 回应 Sisvel 的要约的义务,并且由于 Haier 正在实施该涉案专利,其还有做出 FRAND 反要约的义务。根据该地方法院的说法,在 Haier 的反要约被 Sisvel 拒绝后,Haier 有义务及时呈送账目并提供保证金。相反,Haier 仅仅在该案件相当晚的阶段——言辞预审期间,才呈送了账目并且提供了保证金。因此,该法院否定了这种事后行为的做法,并认为其不充分,甚至裁定该行为是一种拖延战术,从而驳回了基于《欧盟运行条约》第 102 条(滥用支配地位)的抗辩。

虽然欧洲电信标准化协会的知识产权政策要求专利所有人披露其专利,但该法院并没有将 Nokia(涉案专利的先前所有人)的逾期披露裁定为对请求禁令的一般障碍。根据该法院的看法,不披露仅仅导致了在 FRAND 条款下进行许可的义务。该法院基于先前的判决[33],考虑该事实是否保证了无许可费的许可,但发现该情形与较早的案件不同。另外,随着 Sisvel 稍后做出了 FRAND 声明,Haier 和其他公司现在处于相同的处境中,就好像诺基亚从一开始就已经披露了该专利一样。Haier 所辩称,如果诺基亚已及时披露了该专利,那么公司将选择其他技术,这一点被法院否定,因为没有证据显示会如此。

Sisvel 诉 Haier 案上诉

在该地方法院送达判决后不久,Haier 向该地方高等法院提起上诉,地方高等法院判决中止禁令。然而,该地方高等法院只中止了关于产品的销毁和召回的禁令的执行,而没有中止呈送账目的要求的执行。该地方高等法院作出这一中止的原因是由于地方法院没有充分考虑 Sisvel 的要约,因此对于地方高等法院来说,尚不清楚事实上该要约是否是符合 FRAND 条款。该地方高等法院认为,如果其不是 FRAND 要约,那么基于"华为案"判决,Haier 将没有回应该要约的义务。为了实际地中止该禁令,Haier 不得不向法院交 45 万欧元的保证金。我们不清楚其是否发生了,但我们假定其发生了。同时,该地方高等法院于 2016 年 11 月 17 日(即第一次判决后的 10 个月)发布了上诉程序中的第二个判决。该判决指示 Sisvel 和 Haier 去做以下"工作":Sisvel 需要在 2016 年 12 月 19 日前(即仅在大约 1 个月内)提供 FRAND 要约,如果 Haier 选择拒绝 Sisvel 的要约,那么

---

[33] 杜塞尔多夫地方法院,2012 年 4 月 24 日,4b O 274/10。

Haier 则需要在 2017 年 1 月 19 日之前（即仅在其后 1 个月内，甚至包括德国的圣诞季）以 FRAND 反要约做出答复。虽然这些 1 个月的期限看起来很短，但是需要考虑到双方当事人已经用了至少两年的时间联络和交换要约，所以他们应该已经准备好在最后期限前完成。

但有一个方面需要密切关注。该地方高等法院对 Sisvel 的命令不仅仅是"做出 FRAND 要约"，该地方高等法院同时实际上对于要约中应当包括的内容做出了相当多的评述。例如，该地方高等法院要求 Sisvel：

a. 指定计算许可费的方式，即提供计算因子；

b. 提供信息表明要约既不歧视也不剥削；

c. 提供其他许可以表示无歧视（但是针对第三方的保密义务不会免除 Sisvel 表示无歧视的责任）；

d. 使用例如权利要求对照表来表示侵权（但是地方高等法院已经表示对于 400 多项专利的组合来说 3 组权利要求对照表是不够的）；

e. 提供一份带有权利要求对照表的 10 至 15 个专利的"荣耀名单"（proud list）[34]（因为这通常是开始协商的商业惯例）；

f. 详细解释"荣耀名单"中专利的选择；

g. 如果专利族中存在不同的权利要求以及那些不同的专利不会受到侵犯，但是这可能导致所有可获得许可的行为的范围发生明显变化，则提供进一步解释；

h. 在可适用于没有任何设备权利要求的专利的法律下，不仅针对设备权利要求，而且针对不保护设备的方法和系统权利要求，所受到的（直接的或间接的）侵权，都要做出解释；

i. 增加一项调整条款，使得在出现涉及专利有效性的明显变化时（尽管 3 年期限不能对调整的价格进行补偿），可以（双向）调整价格；

j. 表明与专利池相比较，其许可费是正当的（只有当专利组合具有相似的性质和范畴时才是这种情形）；

k. 提供一份辩解声明，声明某些专利的有效性之所以还未被挑战只是因为 Sisvel 没有对潜在的侵权人提起诉讼；

l. 证明任何被起诉的侵权人的选择是正当的（因为如果只有选定的侵权人被起诉，那么可能会存在歧视）；

---

[34] 所述地方高等法院实际上使用英文表述"荣耀名单"（proud list），其在美国可能被称为"皇冠之珠"（Crown Jewels）。

m. 如果该专利组合的所有专利族应得的相同许可费也同样适用于在只有一项专利有效和被侵权的国家中的使用（但是有可能用"行业惯例"来对此进行争辩；否则可能需要将许可费与已使用的专利数量相结合），解释其为什么符合 FRAND 原则；

n. 对过期的专利同样解释这一点；

o. 假使 SEP 所有人做出进一步的许可请求，保护被许可人免受过高负担（如果缺少这一点，则需要提供原因）。

用一个月来回答地方高等法院的所有这些请求和问题似乎非常短暂。

在同一判决中，该地方高等法院要求 Haier 解释他们在该案件期间已经作出的详尽指控。并且该法院指出，对于 Haier 的不可接受的整体许可费负担并不明显，因为只有第三方实际要求的许可费才能被考虑用于此类指控。

地方高等法院的另一个评论是，不能只因为 Sisvel 被 Haier 描述为"NPE（非专利实施实体）"，对 Sisvel 的处理方式就与其他原告不同。

在 2017 年 2 月 16 日（即 Haier 做出反要约之后 4 周），地方高等法院进行了进一步的口头审理，但并未得出最终判决。虽然该法院最终将对 FRAND 要约作出判决，但在以上审理中法院表示，通常 SEP 所有人在 FRAND 要约的条款和条件方面拥有很大的灵活性。地方高等法院有可能在 2017 年 3 月 30 日（在本文提交日期之后）作出本案的最终判决。

B. St. Lawrence 诉 Deutsche Telekom 和 HTC 案

在杜塞尔多夫地方法院的 Sisvel 诉 Haier 案判决之后甚至不到 4 周，曼海姆地方法院在 St. Lawrence（SLC）控告的一审中作出判决。有一起案件号为"6 U 220/15"的上诉，但其尚未公开。正如杜塞尔多夫地方法院一样，曼海姆地方法院授予禁令，因为与其一部分供应商相比，Deutsche Telekom（DT）并没有表示出任何协商 FRAND 许可的意愿。这一案件是特殊的，因为 DT 主要依赖于 HTC 作为其供应商的意愿以及 SLC 对 HTC 的滥用行为。该法院发现，SLC 向 HTC 提出了几项全球性 FRAND 要约，但 HTC 以只涉及德国的要约进行答复，甚至在英格兰和威尔士高等法院对它们进行设限来设立许可费。HTC 在"华为案"判决公布后（并且在其自身的反要约后 5 个月）才存入不充足的保证金。欧盟委员会对可能的限制竞争行为进行调查时要求 DT、HTC 和另一家公司提供信息。因为这一悬而未决的调查没有必要中止诉讼，杜塞尔多夫地方法院案件继续进行。（而且，据我们所知，欧盟委员会还没有作出任何判决。）曼海姆地方法院认为，正如 Sisvel 诉 Haier 案一样，即使是专利伏击也仅仅会导致 FRAND 许可义务，而不会导致专利的无法执行。并且法院认为，此处 SLC 给 DT 的通知逾期，但是，由于在任何情况下

DT 都不愿意达成许可,所以该逾期通知是无关紧要的。

法院认为 HTC 对 SLC 邀约的 3 个月的答复时间跨度太长了。除此之外,法院认为来自 HTC 的反要约是不充足的。再者,和 Sisvel 诉 Haier 案一审一样,曼海姆地方法院认为,SLC 没必要去做出符合 FRAND 原则的要约来引发 DT 做出反要约。虽然杜塞尔多夫地方高等法院在 Sisvel 诉 Haier 案上诉案件中推翻了这一点,但是我们不知道卡尔斯鲁厄地方高等法院是否已经做出了同样的判决。法院还表明,正如"华为案"[35]中欧盟法院总法律顾问 Wathelet 在其"意见陈述书"中所表明的,有 FRAND 义务的标准必要专利所有人应该在该 SEP 授权的时候准备要约。

C. Pioneer 诉 Acer 案

正如 SLC 诉 DT 和 HTC 案一样,Pioneer 诉 Acer 的案件也由曼海姆地方法院判决。在这一点上,法院声明,在过渡期案件中,任何由"华为(Huawei)案"判决而产生的义务均可以在提起诉讼之后得到修正。后面您将看到,在该案的上诉中,卡尔斯鲁厄地方高等法院证实了该声明,然而在 Philips 诉 Archo I 案中(该案并不是过渡期案,参见下文),曼海姆地方法院的判决与此不同。

法院认为如果原始要约是全球性的,并且侵权者也在欧洲其他国家进行销售,则仅涵盖德国和诉讼中的专利的反要约并没有遵守相关行业惯例,因此不符合 FRAND 原则。地方法院还认为专利持有人可以对侵权部件的供应商或者整个产品的销售者提起诉讼。法院的声明还明确表示,没有关于侵权部件供应商应该单独成为控告对象的规定。由于这些原因,同时也因为法院认为 Acer 的反要约并不充分,并且 Acer 并没有呈送账目,构成拖延时间的战术。因此,法院批准对 Acer 的禁令。

该案件中止期间为 2014 年 11 月到 2015 年 7 月/8 月,以等待"华为案"判决的结果。曼海姆地方法院判决 Pioneer 给出了没有明显不符合 FRAND 原则的要约。但是,卡尔斯鲁厄地方高等法院彻底推翻了这一尝试(参见下文)。

Pioneer 诉 Acer 案上诉

和大多数案件一样,该案向地方高等法院上诉。在中止禁令的命令下,地方高等法院给出了一些指导:

— 在过渡期案件中,即使专利持有人仅在起诉时通知侵权人侵权行为,并且当侵权人没有根据商业惯例和善意地对专利持有人在诉讼期间对做出的书面 FRAND 要约予以回应时,《欧盟运行条约》第 102 条的抗辩也是不适用的。

---

[35] 参见 http://curia.europa.eu/juris/documents.jsf? num = C - 170/13,2014 年 11 月 20 日,第 86 节。

——在核查专利持有人的要约是否事实上符合 FRAND 原则时,(下级)法院需要做的不仅仅是"简略核查",还应进行以及"证据核查"。

——但是可以允许专利持有人在 FRAND 条款和条件下具有相当的灵活性来定义许可。

考虑到以上这些原则,地方高等法院拒绝遵循地方法院判决的主要结论,因此地方高等法院中止了针对 Acer 的禁令。地方高等法院不接受以下观点:即使是"不完全 FRAND"要约也是可以认可的,并且只有"滥用"的要约是不符合 FRAND 原则的和反竞争的。地方高等法院进一步认为,地方法院在"华为案"判决中的决定是不合理的,因为只有 FRAND 要约才能触发被指控的侵权者做出 FRAND 反要约的义务。另外,地方高等法院还指出,根据《欧盟运行条约》第 267 条,欧盟法院的判决具有溯及既往的效力,因此即使在过渡期案件中也需要遵循。

D. Unwired Planet 诉 Huawei 和 Samsung 案

Unwired Planet(UP)在杜塞尔多夫地方法院针对 Huawei 和 Samsung 提起了三起平行诉讼。这三起平行诉讼均是在同一天判决和公开。不完全清楚这三件判决是否均涉及所有被告(并且专利可能不同),但是这些判决的实质是相同的。

这三起诉讼案与我们在此文中讨论的大多数其他诉讼案是不同的,因为 UP 起初并没有寻求禁令。被告仍是依据《欧盟运行条约》第 101/102 条辩护,但法院没有支持该辩护。因为 Ericsson 最初持有 UP 专利,因此,Ericsson 在这些诉讼案中作为第三当事人。法院裁定要求被告呈送账目并提供各种信息(例如关于广告、产品成本等的信息)。法院认为 Ericsson 和 UP 之间的"主销售协议"并没有违反《欧盟运行条约》第 101 条。

法院认为,因为并没有超出德国的营业额阈值,所以不存在会阻碍涉案专利转让的反垄断理由。Ericsson 试图在其专利上得到公平报酬的目的并没有违反反垄断法,并且反垄断法也没有全面禁止销售 SEP。除了要遵守 FRAND 原则以外,专利持有人甚至没有义务和过去一样继续授权其 SEP。将专利组合拆分销售给不同公司是被允许的(除非拆分销售专利的目的是抽取过多的、尤其是高于 FRAND 原则的许可费,或者是为了区别对待潜在被许可人)。专利组合拆分之后较高的但是仍然符合 FRAND 原则的许可费是可以容许的。

法院考虑了总计的许可费超出了 FRAND 原则的论点。法院认为被告必须披露关于可应用于案件产品的其他许可协议的信息以及所要求的许可费,以确定所有费用组合在一起是否仍然符合 FRAND 或者由于其总量而可能需要降低。并不是每一项 SEP 均会导致市场支配地位,但是在该案中,由于涉案技术对于网络运营商以及终端用户而言是必要的,所以法院认为其具有市场支配地位。

FRAND 声明本身并没有赋予任何潜在侵权者达成 FRAND 许可的权利。

E. NTT DoCoMo 诉 HTC 案

在杜塞尔多夫 UP 案判决 10 天之后,曼海姆地方法院对 NTT DoCoMo 诉 HTC 案作出了判决。法院强调以下几项原则:

> 如果权利要求对照表能够使得侵权者评估被控的侵权行为,则专利持有人通过向侵权者提供这些对照表则视为履行了通知义务。

> 法院并不需要客观地判断 FRAND 要约。如果专利持有人能证明其要约符合 FRAND 原则且被控的侵权者并没有表明该要约明显地违背了 FRAND 原则,这就足够了。

> 即使被控的侵权者认为该要约不符合 FRAND 原则,其也需要照常对该要约做出回应。

因为 HTC 并没有立即回复 NTT DoCoMo 的要约,基于那些以上原则,法院批准了禁令。实际上,HTC 在收到首次要约之后等待了约 18 个月,并且在诉讼案提起 6 个月之后才做出首次反要约。此外,在 NTT DoCoMo 拒绝接受其提出的反要约之后,HTC 并没有立即提供保证金,并且一直到口头审理结束 HTC 也没有履行其所有义务。

法院通过例证的方式指出,6 项专利的权利要求对照表即便是对于专利组合许可而言,它提供的信息也是足够多的。因为 HTC 和 NTT DoCoMo 只是对许可费计算时,是应当考虑以最小可售单元为计费基础,还是以专利的价值,而非仅仅是其专利在 W-CDMA 和 LTE 专利池中所占的份额为计费基础这一事项存在意见分歧,所以根据"华为案"判决的规则,NTT DoCoMo 的要约是充分的。而且,双方在其要约及反要约中提出的费用曾相差过 33 倍。

F. St. Lawrence 诉 Vodafone 和 HTC 案

除了在曼海姆地方法院起诉 Deutsche Telekom 和 HTC,SLC 也在杜塞尔多夫地方法院起诉了 Vodafone 和 HTC。正如将在以下上诉中所见,虽然有好几个平行案件,但是该案不同。实际上,即使涉案专利与曼海姆 DT 诉讼案涉案专利为同一件专利,因为 Vodafone 并没有及时声明其意愿,也没有做出反要约,所以地方法院也还是批准了禁令。

地方法院注意到,其他手机制造商已经取得了对诉讼中的专利的许可。另外,HTC 在此提供了(仅)涵盖整个德国专利组合的许可协议,而许可费应该由英国法院来确定。正如 SLC 诉 DT 和 HTC 案一样,欧盟委员会也调查了该案。

尽管 Vodafone 为网络运营商,但是 Vodafone 也在其自有品牌下销售手机。更让人吃惊的是,Vodafone 认为它并不知道产品是否执行了移动电话标准,而且内部核查并没有提供任何信息。

杜塞尔多夫地方法院给出了涉及 SLC 通知 Vodafone 侵权的时效性的意见,我们只在该案中见过这样的意见。在 Huawei 诉讼案中,欧盟法院并没有考虑"鱼雷"风险,"鱼雷"风险指的是被控的侵权者在欧盟另一国家针对否定性宣告救济(针对涉案德国专利)提起诉讼的可能性。按照地方法院所说的,原告可以通过提起诉讼但是延迟支付诉讼费来降低该风险。

地方法院认为,为符合"华为案"判决的要求,即使对于非过渡期案件,也可以在提出控告之后,但是必须在支付诉讼费之前,给出侵权警告。

另外,因为该案为过渡期案件,因此法院判决 SLC 的逾期通知没有任何后果。由于本案提起诉讼时,适用橙皮书判决,SLC 没有理由提前通知 Vodafone 侵权。所以,形式化地适用"华为案"规则并不合适。"华为案"判决并不禁止 SLC 在诉讼期间纠正通知的疏漏。并且侵权的详细通知缩短了核查要约和声明愿意取得许可的意愿的时间。因此,法院认为 Vodafone 5 个月之后才答复,这个时间太长。从上面 DT 案可以看出,曼海姆地方法院甚至认为 3 个月太长了。

法院指出,存在一种强假设,如果 SEP 所有人已经达成具有类似情况的大量许可协议,则其要约的费用符合 FRAND 原则。还存在这样一种强假设,如果那些许可包含了全球范围的专利组合许可,则这样的许可实践也符合 FRAND 原则。那么,(HTC 所提供的)德国的单一专利许可可能导致歧视。SLC 发布了 55 篇关于电子移动行业中的许可协议的新闻稿,其中有 53 篇涉及全球许可。即使一项德国专利仅仅在德国给予专利持有人权利,FRAND 反要约仍然必须遵守可能要求全球许可的商业惯例。

由于在许可协议中针对所支付的许可费的补偿并不常见,因此即使无效诉讼未决,专利使用者也需要支付许可费。在 SLC 的要约中,选择由法院审核许可费防止了专利使用者支付过高的费用。如果 SLC 没有根据反垄断法针对 HTC 履行其义务,则 HTC 手机也不会遭受禁令;但是由于是 Vodafone 而不是 HTC 被起诉,因此该基本原理在本案中并不适用。

法院也认为,在平行案件的口头审理之后才做出反要约似乎是一种拖延时间战术,并且因为市场上接受了更高的费用,0.033 美元的许可费似乎太低,这样会造成歧视。基于这些情况,SEP 所有人可以执行禁令直到达成 FRAND 许可为止。

最后,法院指出,反垄断法并不限制专利所有人选择针对谁执行专利的权利。杜塞尔多夫地方法院的该论点不同于杜塞尔多夫地方高等法院对 Sisvel 诉 Haier 案上诉案的判决,后者明确要求 Sisvel 解释其为何起诉特定的潜在侵权者而没有起诉其他人,因为这可能暗示着歧视。

如果原告攻击网络运营商,则法院认为存在压迫问题,但是并不认为这是问题的真正所在,因为"由于专利持有人对制造商负有相同的反垄断义务,并且制造商同样也有获得涉案专利许可的权利,因此该问题被抵消了。如果 SEP 所有人拒绝给予许可,则制造商可以依赖许可授权的强制性,该强制性保护任何下级分销层"(即分销链中较晚的参与者可以要求权利用尽)。

St. Lawrence 诉 Vodafone 和 HTC 案上诉

大约一个月之后,作为上诉法院的杜塞尔多夫地方高等法院判决不中止禁令,因为其没有在一审判决中发现明显错误。这是我们迄今为止知道的唯一维持了下级法院禁令的地方高等法院判决。(当然,如前文所述,我们获得的公开案件有限)。

根据案件细节,在审判过程中任何疏忽应该都是可以纠正的,所以有意愿的被告在诉讼期间总是有机会履行其义务,从而避免禁令。(杜塞尔多夫地方高等法院的说明与曼海姆地方法院的判决相反,后者在 Philips 诉 Archos I 诉讼案(参见下文)中作出的判决不允许这样的纠正。但是,Philips 诉 Archos I 诉讼案是非过渡期案件)。由于德国的侵权案通常持续至少一年,因此对于所有当事人均有足够时间来履行其义务。

杜塞尔多夫地方高等法院也注意到,截止今天仍然存在一些未解决的棘手的法律问题,因此需要在地方高等法院的进一步审理中详细地加以讨论[36]。(然而,截至今天,并没有发布该案中的任何额外判决。)这些法律问题之一涉及如下事项:当 SEP 所有人寻求针对侵权设备的供应商(Vodafone)的禁令时,SEP 持有人是否需要以及在何种条件下需要同样针对制造商(HTC)履行其"华为案"义务。因此,尽管杜塞尔多夫地方法院表示"制造商可以依赖许可授权的强制性,该强制性保护任何下级分销层",但是杜塞尔多夫地方高等法院并没有对该问题发布其最终意见。

G. Philips 诉 Archos 案 I

在我们的案件列表中,这是第一个非过渡期案件。而且,Philips 是第一个被否决针对 Archos 的禁令的原告,因为 Philips 没有对其许可费率做出解释。曼海姆地方法院发现通用移动通信系统(UMTS)许可程序的一般表述并不包含本应满足解释 1 美元许可费率的要求的信息。

因为呈送账目和损害赔偿的要求并不会受到成功的 FRAND 抗辩的影响,所以 Ar-

---

[36] 本文中引用的所有地方高等法院决议均是初步指令;最终决议在初步指令之后 12—18 个月发布。

chos 仍需要呈送包括有关生产成本和利润的信息的账目。

Archos 请求法院中止该案,直到荷兰海牙的平行案件[37]被判决,但是法院拒绝了该请求。就在几个星期前(2017 年 2 月 8 日),荷兰法院证实 Archos 没有证明 Philips 的要约不符合 FRAND 原则。但是曼海姆地方法院认为计算许可费率的简单"因素"并不充分,并且驳回了 Philips 的禁令请求。(这也是卡尔斯鲁厄地方高等法院在 Pioneer 诉 Acer 上诉案中所采用的方法。详见上文。)

因为 Archos 使用的是 Philips 授权的高通(Qualcomm)芯片,所以 Archos 做出了权利用尽指控。但是因为 Archos 也使用"M"公司的芯片,所以法院驳回了该指控。

与杜塞尔多夫地方高等法院在 SLC 诉 Vodafone 和 HTC 上诉中的判决(详见上文)相反,曼海姆地方法院认为,在诉讼未决期间的进一步信息太迟了。因此,必须明白哪种解释最后会占据上风。但是似乎从长远来看曼海姆地方法院的意见具有优势,因为非过渡期案件(即在"华为案"判决之后提起诉讼的案件)在这方面可能要求比较严格。

H. Philips 诉 Acer 案上诉

请注意,曼海姆地方法院判决是非公开的,而公开的仅仅是卡尔斯鲁厄地方高等法院的上诉判决。该 Philips 案,以及上述 Pioneer 诉 Acer 案和下述 Sony 诉 Acer 案,均涉及 RedOne 专利池。这里,所涉及的是 DVD 字幕技术(而不是在本文中作为大部分其他案件基础的电信技术)。

法院阐述了以下几个指导原则:

— 尚未决定《欧盟运行条约》第 101 条辩护是否可用于基于 SEP 的诉讼请求。

— 另外,尚未决定 FRAND 声明是否以及在何种情形下能够限制对损害赔偿的要求以及对确定 FRAND 许可费所需的账目信息的需求。

— 经由专利池对专利的开发利用并不直接导致禁令的排除。

在这些原则之外,卡尔斯鲁厄地方高等法院判决不能通过支付保证金来中止曼海姆地方法院判决的执行。从目前来看,曼海姆地方法院仅仅是对关于提供信息而不是关于禁令作出判决。或者,该法院拒绝了禁令请求。

法院注意到,一些文献要求对 SEP 实施禁令,但是这些学术观点仅仅涉及禁令而没有涉及损害赔偿或者对信息的请求。SEP 所有人要求侵权人提供关于生产成本和所获得的利润以及已发布的广告的信息,这是合理的。

---

[37] 案件号 C/09/505587/HA ZA 16 – 206,https://uitspraken.rechtspraak.nl/inziendocument? id = ECLI:NL:RBDHA:2017:1025。

I. Sony 诉 Acer 案上诉

再强调一次,作为下级法院的曼海姆地方法院的判决是非公开的。关于该案的信息来自卡尔斯鲁厄地方高等法院的上诉判决;但是曼海姆地方法院提供的一些判决理由也可以在卡尔斯鲁厄地方高等法院的判决中找到。曼海姆地方法院认为 Acer 不愿意成为被许可方,所以批准禁令。地方高等法院仅仅在产品的召回和撤市问题上批准了 Acer 中止禁令的请求;但是该法院拒绝了中止禁令请求的其他方面,如在德国停止提供、销售或使用侵权设备,呈送账目以及支付损害赔偿。中止禁令的主要原因在于曼海姆地方法院仅仅核查了来自 Sony 的要约是否明显地"并非不符合 FRAND 原则"且没有详尽地检查要约。这一推理与上述杜塞尔多夫地方高等法院对 Sisvel 诉 Haier 案上诉的推理和卡尔斯鲁厄地方高等法院对 Pioneer 诉 Acer 案上诉的推理相同。关于 SEP/FRAND 案件的这一方面,至少德国的这两家地方高等法院观点是相同的。遗憾的是,目前我们还无法找到慕尼黑地方高等法院的任何公开案例。

卡尔斯鲁厄地方高等法院提出了一项指导原则,在 FRAND 案件中,即使是为计算损害赔偿而要求侵权者提供所获利润的信息,也没有理由中止侵权者提供信息的强制执行。但是涉及信息请求的范围和呈送账目的问题需要由地方高等法院作出最后判决。

法院也指出,在许可中的旧专利的到期并不会对决定许可费是否合理造成显著的影响。

Sony 和 Acer 已经协商了 3 年。

J. Philips 诉 Archos 案 II

该案与 Philips 诉 Archos I 一致:由于 Philips 并没有解释其许可费率所以法院没有授予禁令。由于除了所涉及的专利不同,该判决与 Philips 诉 Archos I 案大部分完全相同,所以不再重述该判决。

K. 杜塞尔多夫地方高等法院关于保密义务的裁定

杜塞尔多夫地方高等法院发布了两条不涉及禁令的裁定。法院在那些指令中解释了,针对 SEP 所有人被要求做出 FRAND 要约而提供的、被标记为"绝密"(SC)的资料,可采取的安全措施。在第一条裁定中,法院驳回了 SEP 所有人不让被告[38]和任何中间当事方获取绝密资料的所有细节的保密性请求。SEP 所有人有两个选择,要么让被告充分获得绝密资料,要么法院仅仅基于被告可获得的信息给出判决。法院给予 SEP 所有人 3 周时间做出决定并且指定了涉案资料。

---

[38] 上述两条指令在关于被告的数量上是不一致的;有时是复数,有时是单数。

但是法院也注意到,一般商业惯例的做法是申请针对绝密资料的保密协议(NDA)。并且被告有义务促成 FRAND 协商,包括同意 SEP 所有人的保密请求。另外,被告被给予 3 周时间就该事项提供意见。

杜塞尔多夫地方高等法院的第 2 条裁定声明,因为第三人在该案早期已经同意了这样的程序,所以只有第三人的律师可以审阅绝密资料。法院认为被告也需要同意达成保密协议,该保密协议仅仅允许被告的四名指定雇员获得该保密资料。一旦违约,被告必须支付 100 万欧元的罚金。法院给予被告三周时间向 SEP 所有人提供保密协议要约,然后再给予 SEP 所有人两周时间同意该要约。

六、结论

本文讨论了在欧盟法院对 Huawei 诉 ZTE 诉讼案的判决之后近来由德国法院判决的、涉及 SEP 的公开案件。除了 Philips 诉 Archos 的两案件以外,上述讨论的所有案件均是在"华为案"判决之前提交、但在"华为案"判决之后作出判决(即所谓的过渡期案件)。在所有案件中,被告主张《欧盟运行条约》第 101 条或第 102 条,寻求拒绝禁令或者甚至是寻求专利之不可执行或免费许可。

德国的地方法院通常对待欧盟法院所做的规定没有更高一级地方法院("地方高等法院")那么严格。因此,在地方法院寻求禁令的大部分案件中,法院通常会批准禁令。相反,在更高一级地方法院中,除了特定案件以外,其他所有案件会导致禁令的中止。如果专利所有人没有完全履行其立案前的义务(例如没有做出符合 FRAND 原则的要约),则更高一级地方法院会中止禁令。然而,按照更高一级地方法院的意见,如果潜在被许可方明显地不愿意接受 FRAND 许可,尽管专利所有人只在该案中履行了"华为案"确定的义务,则禁令会被批准。

通过对可公开获得的案件的回顾可知,德国法院根据"华为案"判决而显著地改变了对于 SEP 的态度。尽管在"华为案"判决之前不必通知被告,也可以基于 SEP 提出诉讼,但现在很有可能会被认为是违背反垄断(《欧盟运行条约》第 102 条)而导致禁令被拒绝。对于专利持有人的(至少明显地)不符合 FRAND 原则或没有详细解释如何计算许可费的要约也是如此。而且,因为潜在侵权者对来自 SEP 持有人的任何 FRAND 要约做出反应的时间是有限的,所以潜在侵权者应该为任何潜在侵权赔偿做好准备。如果侵权者的反应太迟,则侵权者可能被认为不愿意获取 FRAND 许可并且再也不能有效地使用 FRAND 辩护。

截至本文(完成)的时间,没有来自更高一级地方法院的公开的最终判决或者任何来自德国联邦法院的判决,且仍然有一些欧盟法院没有解决的问题。

法院认为 SEP 持有人对于许可费的解释需要多么详细才足够？

潜在被许可人花 3 个月时间（我们甚至在非公开判决中见过 2 个半月时间）用 FRAND 反要约来回复，被认为太久。但是回复的时间表最长是多久？

通常，法院认为 SEP 持有人的要约是在 FRAND 范畴内的，即使潜在被许可人认为其并不是。但是，当没有及时用反要约回复时，什么时候潜在被许可人可以确信是安全的？（例如，似乎潜在被许可人应该"咬紧牙关"，并且为任何过去的侵权行为存储合理的保证金，从而能够防范潜在的禁令。）

因此，预测具体案件的判决结果仍然非常困难。例如，如果潜在被许可人尝试达成一个符合 FRAND 要求的理想的解决方案，在不向 SEP 持有人做出过多让步的情况下，将哪些行为和要约归类在 FRAND 范畴内也存在困难。另外，如果 SEP 持有人解释要约时漏掉了某一方面，SEP 持有人可能被驳回禁令。

但是，总而言之，"华为案"判决为双方开创了一个公平竞争的环境。在对方没有相应行动的情况下，只有双方善意并且反应及时，他们才能确保或者不会遭受禁令（针对潜在被许可人）或者获得禁令（针对 SEP 持有人）。这个结果将我们带回到了起点，在有意愿的双方之间所进行的善意协商往往会达成许可，并且会使双方不至于对簿公堂，这才是欧盟法院在 Huawei 诉 ZTE 案判决中的意图。

七、附录

已知公开案件列表（截至 2017 年 3 月 10 号）

编号	日期	案号	法院	当事人
1	2015－11－03	4a O 144/14	杜塞尔多夫地方法院	Sisvel 诉 Haier 案
2	2016－01－13	I－15 U 65/15	杜塞尔多夫地方高等法院	Sisvel 诉 Haier 案上诉
3	2015－11－03	4a O 93/14	杜塞尔多夫地方法院	Sisvel 诉 Haier 案 II
4	2016－01－13	I－15 U 66/15	杜塞尔多夫地方高等法院	Sisvel 诉 Haier 案上诉 II
5	2016－11－17	I－15 U 66/15	杜塞尔多夫地方高等法院	Sisvel 诉 Haier 上诉 II（第二次裁定）
6	2015－11－27	2 O 106/14	曼海姆地方法院	St. Lawrence 诉 Deutsche Telekom 和 HTC 案
		在卡尔斯鲁厄地方高等法院上诉，6 U 220/15（非公开）以及在卡尔斯鲁厄地方高等法院的"旧"上诉，6 U 44/15，日期 2015 年 4 月 23 日（"华为案"之前）		

续表

编号	日期	案号	法院	当事人
7	2016-01-08	7 O 96/14	曼海姆地方法院	Pioneer 诉 Acer 案
		还有 7 O 107/14 和 7 O 108/14（非公开）		
8	2016-05-31	6 U 55/16	卡尔斯鲁厄地方高等法院	Pioneer 诉 Acer 案上诉
9	2016-01-19	4b O 120/14	杜塞尔多夫地方法院	Unwired Planet 诉 Huawei 和 Samsung
10	2016-01-19	4b O 122/14	杜塞尔多夫地方法院	Unwired Planet 诉 Huawei 和 Samsung 案
11	2016-01-19	4b O 123/14	杜塞尔多夫地方法院	Unwired Planet 诉 Huawei 和 Samsung 案
12	2016-01-29	7 O 66/15	曼海姆地方法院	NTT DoCoMo 诉 HTC 案
		还有 7 O 99/15 和 7 O 100/15（非公开）		
13	2016-03-31	4a O 126/14	杜塞尔多夫地方法院	St. Lawrence 诉 Vodafone 和 HTC 案
		还有 4a O 127/14（Huawei 之前）和 4a O 128/14，4a O 129/14，4a O 130/14（非公开）		
14	2016-05-09	I-15 U 35/16	杜塞尔多夫地方高等法院	St. Lawrence 诉 Vodafone 和 HTC 案上诉
15	2016-03-31	4a O 73/14	杜塞尔多夫地方法院	St. Lawrence 诉 Vodafone 和 HTC 案 II
16	2016-05-09	I-15 U 36/16	杜塞尔多夫地方高等法院	St. Lawrence 诉 Vodafone 和 HTC 案上诉 II
17	2016-07-01	7 O 209/15	曼海姆地方法院	Philips 诉 Archos 案 I
18	2016-08-29	6 U 57/16	卡尔斯鲁厄地方高等法院	Philips 诉 Acer 案上诉
		基于 7 O 23/14，2016 年 3 月 4 日（非公开）		
19	2016-09-08	6 U 58/16	卡尔斯鲁厄地方高等法院	Sony 诉 Acer 案上诉
		基于 7 O 24/14，2016 年 3 月 4 日（非公开）		
20	2016-11-17	7 O 19/16	曼海姆地方法院	Philips 诉 Archos 案 II

续表

编号	日期	案号	法院	当事人
21	2016-12-14	I-2 U 31/16	杜塞尔多夫地方高等法院	保密(当事人未知)
22	2017-01-17*	I-2 U 31/16	杜塞尔多夫地方高等法院	-''-(第二次裁定)
	均基于4b O 49/14(非公开) *注意:法院错误地表述为"2016"			

所有案件的链接

1. http://www.justiz.nrw.de/nrwe/LGs/duesseldorf/LG_duesseldorf/j2015/4a_O_144_14_Urteil_20151103.html

2. http://www.justiz.nrw.de/nrwe/OLGs/duesseldorf/j2016/I_15_U_65_15_Beschluss_20160113.html

3. http://www.justiz.nrw.de/nrwe/LGs/duesseldorf/LG_duesseldorf/j2015/4a_O_93_14_Urteil_20151103.html

4. http://www.justiz.nrw.de/nrwe/OLGs/duesseldorf/j2016/I_15_U_66_15_Beschluss_20160113.html

5. http://www.justiz.nrw.de/nrwe/OLGs/duesseldorf/j2016/I_15_U_66_15_Beschluss_20161117.html

6. http://lrbw.juris.de/cgi-bin/laender_rechtsprechung/document.py?Gericht=bw&nr=20078

7. http://lrbw.juris.de/cgi-bin/laender_rechtsprechung/document.py?Gericht=bw&nr=20517

8. http://lrbw.juris.de/cgi-bin/laender_rechtsprechung/document.py?Gericht=bw&nr=20808

9. http://www.justiz.nrw.de/nrwe/LGs/duesseldorf/LG_duesseldorf/j2016/4b_O_120_14_Schlussurteil_20160119.html

10. http://www.justiz.nrw.de/nrwe/LGs/duesseldorf/LG_duesseldorf/j2016/4b_O_122_14_Schlussurteil_20160119.html

11. http://www.justiz.nrw.de/nrwe/LGs/duesseldorf/LG_duesseldorf/j2016/4b_O_123_14_Schlussurteil_20160119.html

12. http://lrbw.juris.de/cgi-bin/laender_rechtsprechung/document.py?Gericht=bw&nr=20430

13. http://www. justiz. nrw. de/nrwe/LGs/duesseldorf/LG_duesseldorf/j2016/4a_O_126_14_Teil_Verzichts_und_Schlussurteil_ 20160331. html

14. http://www. justiz. nrw. de/nrwe/OLGs/duesseldorf/j2016/I_15_U_35_16_Beschluss_20160509. html

15. http://www. justiz. nrw. de/nrwe/LGs/duesseldorf/LG_duesseldorf/j2016/4a_O_73_14_Teil_Verzichts_und_Schlussurteil_ 20160331. html

16. http://www. justiz. nrw. de/nrwe/OLGs/duesseldorf/j2016/I_15_U_36_16_Beschluss_20160509. html

17. http://lrbw. juris. de/cgi-bin/laender_rechtsprechung/document. py? Gericht = bw&nr = 21580

18. http://lrbw. juris. de/cgi-bin/laender_rechtsprechung/document. py? Gericht = bw&nr = 21272

19. http://lrbw. juris. de/cgi-bin/laender_rechtsprechung/document. py? Gericht = bw&nr = 21385

20. http://lrbw. juris. de/cgi-bin/laender_rechtsprechung/document. py? Gericht = bw&nr = 21539

21. http://www. justiz. nrw. de/nrwe/OLGs/duesseldorf/j2016/I_2_U_31_16_Beschluss_20161214. html

22. http://www. justiz. nrw. de/nrwe/OLGs/duesseldorf/j2016/I_2_U_31_16_Beschluss_20160117. html

《欧盟运行条约》第 101 和 102 条：

《欧盟运行条约》第 101 条（原《建立欧洲共同体条约》第 81 条）：

1. 由于与内部市场不相容,以下应被禁止:可能影响成员国之间的交易以及以阻碍、限制或破坏内部市场竞争为目的或效果的企业之间的所有协议、企业联合组织的决定和协同做法,特别是以下情形:

（a）直接或间接地固定购买或出售价格或者任何其他交易条件；

（b）限制或控制生产、市场、技术开发或投资；

（c）共享市场或货源供应；

（d）以不同条件与其他交易商进行等价交易,从而使他们在竞争中处于劣势地位；

（e）订立合同时,要求其他各方接受在性质或商业用途上与此类合同标的无关的补充义务。

2. 依据该条约被禁止的任何协议或决定自动无效。

3. 然而,第一段的规定可能被宣布为不适用于以下情况:

企业之间的任何协议或协议类别,

企业联合组织的任何决定或决定类别,

任何协同行为或协同行为的类别,

这些情况对改进生产或产品分配或推广技术和经济进步作出贡献,同时允许消费者公平分享由此产生的利益,并且没有:

(a)给企业强加对目标的实现是非必要的相关限制;

(b)给这些企业提供消除涉及所述产品的相当一部分的竞争的可能性。

《欧盟运行条约》第102条(原《建立欧洲共同体条约》第82条):

因为与内部市场不相容以致可能影响成员国之间的交易,所以在内部市场或很大一部分内部市场中占主导地位的一个或多个企业的任何滥用均应该被禁止。

尤其是,该滥用可能在于:

(a)直接或间接施加不公平购买或销售价格或者其他非公平交易条件;

(b)因为对消费者的歧视而限制生产、市场或技术开发;

(c)以不同条件与其他交易方进行等价交易,从而使他们在竞争中处于劣势地位;

(d)订立合同时,要求其他各方接受在性质或商业用途上与此类合同标的无关的补充义务。

美国专利案件中的禁令救济[*]

Jorge L. Contreras[**]

关键词：禁令救济、永久性禁令、临时性禁令、无法弥补之损害、eBay 四要素检验标准、标准必要专利、FRAND 承诺、排除令

在美国专利诉讼案件中，禁令救济制度的适用呈现出了令人费解的差异化现象。一方面，它立足于几世纪以来受法院所尊崇的普通法的衡平原则；另一方面，它反映了大规模多组件产品和先进技术标准的独特复杂性。本文从一般性和特殊性两个维度概述了适用于标准必要专利的美国专利禁令制度。此外，本文还简要提出了围绕美国国际贸易委员会（ITC）发布排除令的相关考虑因素，美国国际贸易委员会（ITC）近年来已成为审理专利诉讼的重要准司法性质联邦机构。

一、美国法律规定的衡平救济和禁令救济

1. 普通法下的衡平救济

在 14 世纪形成的英国普通法体系下，存在两种不同类型的法院：普通法法院，解决包括发生在普通公民之间的法律纠纷；衡平法院（或大法官法院），根据诉状执行"国王正义"。这些向王室法官提起的申诉，最初交予国王大法官审理，大法官通常由主教或其他教会高级官员担任，他们被赋予广泛的自由裁量权，决定和准予赔偿，从而达到实现正义的目的。最终，大法官的角色在与普通法法院并存的衡平"大法官"法院的独立体系中被制度化。在普通法与衡平法并行的制度下，不同法院往往对相同案件具有管辖权，有时会导致判决相互冲突和矛盾。由于衡平法院逐渐被撤销并扮演补充管辖的角色，这

---

[*] 本文为犹他大学法学院（University of Utah College of Law）第 183 号研究论文，原文于 2017 年 3 月 15 日发表于 SSRN 网站，该网站是博士生、教授和机构科研人员在学术期刊发表论文之前，发布早期科研成果的在线数据库，主要专注于社会科学领域，包括经济学、法律、公司治理和人文学科。原文地址为 https://ssrn.com/abstract = 2845036，本中文译文已获得版权方授权。

[**] Jorge L. Contreras 为犹他大学法学院副教授，美国大学华盛顿法学院信息公平与知识产权项目（PIJIP）高级政策研究员。Jake Sherkow 和 Norman Siebrasse 对本文提出了宝贵的意见和建议，作者在此表示感谢。

些冲突在某种程度上得以解决,对于原告的诉请,可以通过普通法法院得到充分解决的案件,衡平法院通常拒绝对之行使管辖权。

在18世纪,美国从英国那里继承了这种普通法与衡平法并行的法律制度。然而,美国宪法的制定者,尤其是亚历山大·汉密尔顿和反联邦党人,对赋予"大法官"和"大法官法院"以广泛的自由裁量权表示质疑。因此,美国衡平法的管辖范围被有意识地局限于通过普通法无法获得充分救济的特殊事项。这种填补式的管辖权规定确保了衡平法院无法取代更加符合宪法规定的普通法院的管辖范围。具体而言,如果某些实体权利已经被普通法(例如合同法、财产法或侵权法)所规定,并且除非普通法的救济不足以纠正错误,衡平法院将不会对此予以救济。

在多数情况下,普通法院有权作出给予受害方金钱赔偿的判决,来补偿受害方所受的损害。但是,对于能够通过采取其他各种救济方式的衡平法院而言,其能够在更加有效的范围内通过非补偿性救济方式来维护案件审判的公正。上述救济方式一般可分类为:恢复原状[将一方的财产(包括资金)转移给另一方];宣告性救济措施(提出明确的法律意见,例如,对相关合同条款做出合理的解释);或者最常见的强制性救济措施(裁定一方为或不为一定行为)。强制性补救措施也是当下通常所说的禁令救济。禁令救济(有时候被称为"限制令")能够要求被禁止方做出任何下列行为:停止侵权行为、停止商业活动、消除侵权影响、履行合同服务、撤销法律文书、停止滋扰行为、恢复雇员职务、通过单一法律程序(被称为"交互诉讼")加入多方诉讼,或者与本章最相关的,停止制造、使用或者销售侵权产品或者侵权方法。

2. 普通法与衡平法的融合

从19世纪中叶开始,美国的许多州和联邦政府,都废除了普通法院与衡平法院并列的双轨制,进而允许设立统一的法院体系,来审理普通法和衡平法都管辖的诉讼请求。[①] 1938年随着对《联邦民事诉讼规则》(FRCP)的采用,联邦法院开始在普通法和衡平法的诉讼中采用同样的程序性规定,从而形成了单一形式的"民事诉讼法"。这种诉讼程序的统一,通常被称为"普通法与衡平法之间的融合"。

尽管普通法和衡平法的诉讼程序被统一,但普通法和衡平法仍存在一个重要的程序性区别,即陪审团制度。尽管衡平诉讼源于英国的普通法,但执行君主正义的大法官法院并没有采用陪审团制度,而普通法法院则采用了该制度。虽然英国已经废除了民事案

---

① 美国纽约州于1848年统一了法院体系,是采取这种做法的第一个州(Dobbs 1993,148)。尽管从总体上实现了统一,但有些州仍然保留了独立的衡平法院。其中最引人注目的是特拉华州,该州至今仍保留了一个独立的大法官法院,该法院在公司法和其他事务中的作用仍不可小觑。

件中当事人申请陪审团审理的权利,但美国宪法第 7 修正案规定了该权利。因此,在当前的民事案件(包括专利案件)中,依然存在陪审团制度。然而,同英国大法官法院一样,美国法院从未在衡平法诉讼案件中采取陪审团制度进行审理。衡平法问题仍由法官,而不是由陪审团裁定。②

3. 无法弥补的损害与衡平救济的给予

如上所述,在历史上,拥有衡平法管辖权的美国法院只有在可用的普通法救济不足以纠正错误的情况下才有权给予救济。这个原则被称为"无法弥补之损害"或"无法弥补之损失"规则:针对违反普通法赋予的权利,除非原告遭受无法弥补的损害时,法院不会给予衡平救济。无法弥补之损害通常存在于下列情况:争议涉及某个独特物件(例如土地或动产继承物);宪法赋予的权利(例如言论自由或投票权)被剥夺;被告的重复性行动需要通过多个诉讼方参与才能解决;或金钱赔偿很难执行或评估。

是否存在"无法弥补之损害",通常由法院根据案件事实予以确定;但在某些情况下,法律也规定了对"无法弥补之损害"的推定。例如,传统上存在这样的推定,与独特资源枯竭有关的案件,③侵占不动产的案件,④或侵犯公民权利的案件⑤。

法院对衡平案件的调查不以确定"无法弥补之损害"为最终目的。此外,法院必须对衡平救济所产生的公平效果(equity)和对当事人带来的困境(hardship)进行比较衡量。在这种情况下,公平的考量因素包括双方各自的过错、主观道德立场(例如,善意或恶意)和诉讼迟延。"困境"的考量因素,既包括如果不给予禁令救济,将对原告产生的不利影响;也涉及如果给予禁令救济,将对被告产生的不利影响。

除了"公平"与"困境"情形的考量之外,执行衡平救济的法院通常还考虑所请求的救济对第三方或公众的影响。例如,如果有滋扰行为的原告试图关闭被告造成污染的工厂,则法院会考虑关闭工厂对环境造成的正面影响,及其对当地经济和就业造成的负面影响。在衡平法案件中,法院考量的其他公共利益因素,涉及公共卫生和安全、消费者混淆和欺诈、公民权利和环境影响。

---

② Cotter 曾提出将专利损害赔偿的确定"更改"为衡平的赔偿问题,以便将这些问题从陪审制度中移除。
③ 参见 Pardee v. Camden Lumber Co. ,73 S. E. 82(W. Va. 1911)(禁止非法伐木)。
④ 参见 Vestal v. Young,82 P. 381,382-83(Cal. 1905)(关于防止有可能成为侵占地役权的禁令)。
⑤ 参见 Jolly v. Coughlin,76 F. 3d 468(2nd Cir. 1996)(推定因对方涉嫌违反第八修正案中的"避免残酷和异常的刑罚"而受到"无法弥补之损害"),Deerfield Med. Ctr. v. Deerfield Beach,661 F. 2d 328(5th Cir. 1981)(推定因对方涉嫌违反第四修正案中的"隐私权"而遭受"无法弥补之损害"),Paulsen v. County of Nassau,925 F. 2d 65(2nd Cir. 1991)(推定因对方涉嫌违反第一修正案中的"宗教信仰自由"而遭受"无法弥补之损害")。

二、美国专利案件中的永久性禁令救济

根据美国法律,针对专利侵权的救济可以是普通法上的救济(包括金钱损害赔偿的判定)或衡平法上的救济(包括禁令救济以防止侵权行为的继续)。⑥ 在某些情况下,损害赔偿和禁令救济可能被法院同时采用。《专利法》第283条还专门规定了专利的禁令救济:

> 依据本条法律规定,拥有诉讼管辖权的法院可以根据"衡平原则",在合理的条件下授予禁令救济,来防止他人侵犯受专利法保护的任何权利。⑦

因此,在专利案件中给予禁令救济时,此种救济必须要符合"衡平原则"。然而,最高法院已警告,禁令是"极端和异乎寻常的"救济,"不应当认为授予此种救济是理所当然的"(Monsanto Co. v. Geertson Seed Farms, 130 S. Ct. 2743, 2761(2010))。因此,在授予禁令救济之前,法院必须进行精细且复杂的分析和论证。

1. "eBay案"之前:无法弥补之损害的推定

如上所述,普通法下的衡平救济一般要求,若不授予此种救济,原告将受到无法弥补之损害。然而,也正如上文所述,某些形式的损害,例如侵占财产和侵犯公民权利,通常都会被推定为无法弥补之损害。多年以来,专利法中一直存在此种推定。

在专利诉讼案件中,对"无法弥补之损害"的推定,主要是基于专利权的财产属性。根据《美国专利法》第154(a)(1)条的规定,专利权赋予其所有人"排除他人未经许可的制造、使用、许诺销售、销售专利产品的独占权利"。同样,《美国专利法》第261条还规定,"专利应具有个人财产的属性"。上述法律规定也使得法院,尤其是联邦巡回上诉法院,将专利视为与不动产同类的特殊财产。因此,这类财产应该受到永久性禁令的自动保护,以防止其被侵权使用。联邦巡回上诉法院于1987年做出如下解释:

> 在涉及专利权的案件中,在专利有效性和专利侵权得以清楚证明的情况下,可推定发生了无法弥补之损害。这种推定部分源于专利授权的期限性,由于诉讼不会推迟专利的失效期限,因此时间的推移将会造成专利权人无法挽回的损害……因此,专利权的性质也使得专利权人所获得的损害赔偿并不总是足够的,因为专利的主要价值是其法定的

---

⑥ 《1819年美国专利法》首次将衡平管辖权授予审理专利案件的联邦法院。《1870年美国专利法》授权联邦法院在有人提出衡平索赔时同时给予损害赔偿和禁令救济。

⑦ 35 U.S.C. § 283.

排他权。⑧

因此,美国联邦巡回上诉法院采纳了这一基本规则,即在没有特殊情况下,一旦专利有效且侵权成立,法院可以直接采取永久性的禁令救济。⑨ 由于该规则的影响,与大多数其他类型的诉讼相比,禁令更可能在专利案件中发布。直到 2006 年美国联邦最高法院在 eBay 诉 MercExchange(见下文)一案中驳回了禁令救济,美国法院一直在专利案件中采取"无法弥补的损害"的推定。

在专利案件中,关于"无法弥补之损害"的推定,尽管有力,但并非绝对。在某些情况下,此种推定会被推翻,包括:被告表明未来侵权不可能发生(例如,由于技术的进步);专利权人有意愿在取得货币对价的情况下对专利做出许可;诉讼过度延迟;或者专利权人的市场份额相较于侵权人的市场份额来说过大。

2. "eBay 案"和四要素检验

在 eBay 诉 MercExchange 案(547 U. S. 388(2006))中,美国联邦最高法院彻底解决了专利案件中禁令救济的适用性问题。"eBay 案"涉及商业方法专利的保护,该商业方法是在电子交易市场中,通过设立中间机构的方式,来增强参与者之间的信任,以促成私人之间的商品买卖。MercExchange 公司是该专利的权利人,而非使用者。MercExchange 公司对 eBay 在线拍卖网站提起了诉讼,并获得了陪审团作出的确认专利有效和侵权成立的裁决。MercExchange 还要求对 eBay 发出永久性禁令,但被初审法院驳回了。在上诉中,美国联邦巡回上诉法院基于"法院将针对专利侵权发布永久性禁令的一般规则"推翻了初审法院关于拒绝发布禁令的判决。美国联邦最高法院驳回上诉法院的判决,并推翻了美国联邦巡回上诉法院和下级联邦法院已认定的对"无法弥补之损害"的推定。⑩

为法庭撰文的 Thomas 法官认为,法院是否作出授予或拒发禁令,是依据"公认的衡平原则",行使其司法裁量权的结果。他还提出了"四要素衡平检验标准",被法院用以考量是否应该授予禁令救济。⑪ 这一检验标准要求原告证明:

---

⑧ H. H. Robertson, Co. v. United Steel Deck, Inc. , 820 F. 2d 384 (Fed. Cir. 1987) 同时参见 Richardson v. Suzuki Motor Co. , 868 F. 2d 1226, 1246 – 1247 (Fed. Cir. 1989) ("侵权成立,它违背了物权法中同专利法有关的部分,否认了专利权人防止其他人使用其财产的权利")。

⑨ MercExchange LLC v. eBay, Inc. , 401 F. 3d 1323 (Fed. Cir. 2005) , rev'd 547 U. S. 388 (2006).

⑩ 参见 Robert Bosch v. Pylon Mfg. , 659 F. 3d 1142, 1148 – 1149 (Fed. Cir. 2011) ("eBay 案放弃了对'无法弥补之损害'的推定,因为它适用于确定禁令救济的适当性")。

⑪ 一些评论家注意到,"eBay 案四要素检验标准"要求原告对检验中的四个要素进行确认,以获取禁令;该检验本身同关于评估禁令救济的传统衡平原则不一致,传统的衡平原则没有做出此种刚性要求,而是允许法院对相关因素进行权衡(Gergen, Golden & Smith 2012, 207 – 211; Cotter 2013a, 102 – 103)。

(1) 原告遭受了无法弥补的损失；

(2) 普通法赋予的救济(即金钱损害赔偿)不足以补偿其所受损失；

(3) 基于对原告和被告所受"困境"的衡量,衡平救济应被授予；且

(4) 发布禁令不会损害公众利益。

在重审中,初审法院根据对四要素的考量,驳回了 MercExchange 公司的禁令救济请求。[12]

虽然"eBay 案"判决是经所有法官一致通过的,但是几位法官分别撰写并表达了未被多数意见所体现的解释观点。首席大法官 Roberts、Scalia 大法官和 Ginsburg 大法官联名撰写了一份简短的同意意见,其强调了专利案件中永久性禁令的长期历史,并提出法院在专利禁令案件中采用传统衡平原则时,并未采用"全新的方案"。换言之,这 3 位法官似乎意在敦促下级法院,需要以长期的历史实践为基础,继续支持专利案件中禁令救济的适用。

Kennedy 法官、Stevens 法官、Souter 法官以及 Breyer 法官采用不同的路径,强调对近年来"部分公司利用专利获取许可费而非制造和生产商品,从而产生一类新产业"的担忧。他们担心这些主体会将"禁令救济"用作"议价工具",来向寻求许可的专利实施公司谋求高额的费用。因此,这些法官似乎是在建议下级法院应以怀疑的态度,看待此类主体所提出的禁令申请。[13]

3. "eBay 案"之后:无法弥补之损害的确定

在"eBay 案"确立的检验标准中,前两个要素需要原告证明:若不发布禁令,原告将遭受无法弥补之损害,且金钱损害赔偿不足以补偿原告所受的损失。[14] 在涉及竞争对手的专利案件中,原告通常会首先提供其遭受无法弥补之损害的证据,尤其是在侵权行为的继续将会使专利权人丧失巨大市场份额、遭受价格侵蚀并丧失商誉的情况下。[15] 在 "eBay 案"后的其他案件中,支持认定"无法弥补之损害"的其他因素包括:失业、侵权人

---

[12] 500 F. Supp. 2d 556(E. D. Va. 2007).

[13] 这种基于政策考量的路径,受到了评论家们的批评。他们为推翻联邦巡回上诉法院的现有判决,提出了其他更具说服力的理由。

[14] 有些评论家指出,前两个 eBay 因素实际上可以合并为同一个因素,并共同反映出传统的衡平原则对禁令案件中"无法弥补的伤害"的考虑,是不够完善的。(Gergen,Golden & Smith 2012,209)。地方法院在 eBay 案发回重审时,也提出了这种观点。其中指出"关于无法弥补的伤害的调查和关于普通法救济的调查,本质上是同一个硬币的正反两面。然而,为了同美国联邦最高法院作出的四要素检验保持一致,法院将分别解决上述问题。"参见 MercExchange L. L. C. v. eBay,Inc. ,500 F. Supp. 2d 556,569 n. 11.

[15] Sanofi-Aventis Deutschland GmbH v. Glenmark Pharms. Inc. , USA,821 F. Supp. 2d 681,693 – 94(D. N. J. 2011),and Amgen,Inc. v. F. Hoffman-La Roche,Ltd. ,581 F. Supp. 2d 160,212(D. Mass. 2008),Robert Bosch LLC v. Pylon Mfg. Corp. ,659 F. 3d 1142,1150 – 55(Fed. Cir. 2011).

无法支付货币损害赔偿、鼓励其他侵权人进入市场以及缩短专利产品的市场寿命。

由于同样的原因,"eBay 案"后,用以反驳原告关于"无法弥补之损害"的主张出现了其他诸多考量因素。其中包括:专利权人提起诉讼的延迟、专利权人表示愿意接受专利许可证的金钱补偿、专利权人和侵权人之间不存在直接竞争、侵权人有能力支付预估的任何数额的金钱损害赔偿、非侵权替代品的可得性、专利权人的市场份额较小、市场上存在多个竞争对手、以及侵权人可能很快停止侵权行为。

尽管美国联邦最高法院在"eBay 案"中废除了专利案件中对"无法弥补之损害"的推定,但美国联邦巡回上诉法院有时仍继续采用这一被明显被废止的观点。例如,联邦巡回上诉法院在 Edwards LifeSciences, AG 诉 CoreValve, Inc. 案中解释道:

> 专利权人享有排他权,是专利法的基本原则之一……若不存在相反的衡平因素影响,获得专利有效性和侵权成立的胜方,通常会预期重获其因被侵权而丧失的排他权。

至于联邦巡回上诉法院是否会从专利权的财产性质角度,进一步支持专利禁令救济,以及最高法院是否会就该主题再次表明观点,还有待观察。

4. 困境和公平的权衡

"eBay 案"确认的检验标准并未改变法院在确定是否授予禁令时需要考虑双方之间的公平性和公众利益。事实上,法院已将这种权衡视为 eBay 检验标准的第三要素。[16] 如上所述,权衡双方之间的公平性需要考虑在授予禁令和不授予禁令的情况下,哪一方将承受更重的负担。在很多案件中,这种分析仅有利于弱势一方,因为禁令(或没有禁令的情况下)将有可能对其经营情况影响更大。

然而,具体分析并不总是那么简单。在 Apple 诉 Samsung 案中,联邦巡回上诉法院对这两个大型跨国技术供应商面临的困境和公平情况进行了权衡。在这个案件中,Apple 公司试图禁止 Samsung 公司出售侵犯 Apple 专利特征的智能手机。为了使对 Apple 公司的损害赔偿最小化,Samsung 公司辩称,其他公司很容易设计出 Apple 公司受专利保护的智能手机特征。联邦巡回上诉法院在权衡双方之间的公平性时考虑了上述说法,并据此推断,如果 Samsung 公司能够很容易设计出 Apple 公司的专利,那么判决支持 Apple 公司的禁令申请,Samsung 公司遭受的损失会很小。[17]

---

[16] 有些评论家认为,在 eBay 之前,这些额外的因素仅仅是法院需考虑的附加因素,而不是在授予禁令之前必须要满足的强制性要素。

[17] 如 Long 所指出的,这种做法"使得被控侵权人遇到典型自相矛盾的境地,他们争辩专利特征价值不大,以避免巨额赔偿金,然后这一论点又被法院用来对付他们,以试图避免禁令救济"。

关于双方困境和公平的其他考量因素,包括专利发明相对于最终产品的价值以及侵权是否是故意还是过失。

5."eBay 案"之后的公众利益要素

eBay 检验标准的第四个要素明确要求法院在决定是否发布禁令时应考虑公众利益。公众利益的考量通常体现在涉及影响公共卫生和安全技术的案件中。例如,在 City of Milwaukee 诉 Activated Sludge 案中,法院认为受专利保护的污水处理工艺的可用性对公众利益造成影响,以及在 Hybritech Inc. 诉 Abbott Labs 案中,法院认为癌症和肝炎试剂盒公共服务的可获得性对公众利益也造成影响。此类案件中,专利权持有人的禁令申请都遭到拒绝。

除了健康和安全,在评估禁令对公众利益的影响时,法院也会考虑消费者福利和选择。因此,当禁令使公众无法获得所需产品时,公众利益可能受到损害。

然而,仅凭对公共利益的推测性损害往往不足以压倒其他支持发出禁令的理由。因此,在 Amgen Inc. 诉 F. Hoffman-La Roche 案中,即使医生和患者可能受益于额外红细胞刺激剂的可用性,法院仍授予了禁令。法院认为,如果没有"确凿的证据"证明,公众会"在维持现状的情况下遭受到重大损害",法院则会发出禁令。

此外,并非所有公众利益要素都有利于侵权人。一些法院确立了在保护"有效专利的专利权"时所体现的公众利益(Polaroid Corp. v. Eastman Kodak Co. ,228 U. S. P. Q. 305,343 - 44(D. Mass. 1985))。因此,支持继续侵权的公众利益必须大于支持专利保护的一般性公众利益,并且即使禁令可能对"企业和消费者造成不便,禁令也可能被作出"(同上)。联邦巡回上诉法院在 Apple 诉 Samsung(809 F. 3d at 646)案中采用了这一理论,认为专利权的执行"促进了投资风险的激励",且"可能会促进具有专利特征的新替代品的引入",从而增加消费者的选择。法院认为,"在没有相反因素的情况下,公共利益几乎总是重于产权保护,特别是在专利权人利用其发明成果的情况下"。[18]

6. 多组件产品和因果关系

在针对"eBay 案"的支持意见中,Kennedy 法官指出,当一项专利仅涵盖大型产品的一个小组件时,则禁令威胁会被作为"谈判中的不当手段"("eBay 案",第 396 页)。也就是说,如果多组件产品中任何单独组件的专利持有人有能力禁止整个产品的销售,则专利持有人可以施加远远超过其专利技术的实际价值所允许的杠杆作用。如果是这样的话,那么原告和被告之间的公平的权衡的结果可能倾向于不发出禁令。然而,有意思

---

[18] 法院在做出这一论点时承认,"Apple 并未试图禁止出售救生药物",这表明在某些情况下,公共健康和安全仍可能比维护专利权过程中的公众利益更重要。

的是,对多组件产品的禁令的分析并未沿着权衡公平和困境的路径展开,而是沿着无法弥补之损害的路径进展。

这个问题最近由联邦巡回上诉法院在 Apple 诉 Samsung[809 F. 3d 633(Fed. Cir. 2015)]案例上得到解决。如上所述,Apple 公司寻求禁令以防止 Samsung 公司销售含有 Apple 公司专利特征的智能手机。Apple 公司声称,Samsung 公司的侵权导致其市场份额和下游销售额的下降,从而使其遭受了无法弥补之损害。[19] 地方法院拒绝了该禁令申请,认为 Apple 公司未能证明 Samsung 公司侵权与 Apple 公司声称的损失之间的直接联系或"因果关系"。联邦巡回上诉法院认定,这种因果关系必须存在,但是驳回了地方法院要求 Apple 公司证明该侵权特征"驱动了消费者对 Samsung 公司侵权产品的需求"。"在涉及具有成千上万个可用性特征的手机专利案件中,地方法院要求 Apple 公司证明侵权行为是下游销售额损失的唯一原因,在法律上是错误的。相反,联邦巡回上诉法院认为,如果专利权人仅证明了专利特征与侵权产品需求之间的"一些联系",则可能会满足支持禁令的必要因果关系。[20]

7. 禁令救济的实证研究

尽管"eBay 案"对禁令救济施加了严格要求,但在美国专利案件中却大量发布了永久性禁令。Lex Machina 报告说,在 2012 年至 2015 年到达救济阶段的专利案件中,共有 782 起案件被授予了永久性禁令。[21] 然而,"eBay 案"对非实施实体禁令救济的可用性产生了重大影响。Cotter 发现,在 2011 年期间,法院在大约 75% 的专利案件中授予了永久性禁令,但非专利实施主体的成功率显著较低,大概是由于"eBay 案"废除了无法弥补之损害的推定。Seaman 发现,在"eBay 案"之后,在认定侵权的 218 件专利案件中,其中 72.5% 授予了永久性禁令,但在专利权人为非实施主体的情况下,同时期只有 16% 被授予了禁令。这些研究结果似乎与 Kennedy 法官"非实施主体禁止使用禁令"的警告相契合。

Gupta 和 Kesan(2016)研究了 2000 年至 2012 年在美国联邦地区法院提起的、寻求禁令(永久或临时)的所有专利案件(约 2550 宗)。他们发现,尽管专利诉讼案件的数量

---

[19] Apple 还声称,作为创新者其声誉受到无法挽回的损害(判决第 639 页)。

[20] 法院对"一些联系"的范围进行了详细的阐述,指出其可以各种方式呈现,包括例如证明专利特征是导致消费者做出购买决定的若干特征中的其中一个特征,证明专利特征的引入使得产品大大地增加了市场吸引力,证明如没有该专利特征将使得产品大大地降低市场吸引力……第四个例子证明——关联不会产生因果关系——消费者只愿意为侵权特征支付名义金额(例如,价值 20000 美元车中价值 10 美元杯架)。满足因果关系要求的示例之间涉及广泛,且该示例不符合这一要求。所需的最低要求的证据位于中间的某处,如"一些联系"语言所反映的(判决第 642 页)。

[21] Lex Machina 报告称,2009 年至 2015 年间,美国约有 23000 件专利案件被终止,约占被解决案件的 73%(2016,26)。

总体在上升,但原告寻求禁令的案件数量在"eBay 案"之后却大幅下降。他们还发现,在"eBay 案"之后,被授予禁令数量占寻求禁令案件数量的百分比并没有明显变化,但被授予禁令数量占提出的专利诉讼案件总数量的百分比却显著下降。具体来说,他们发现在"eBay 案"之前的 6 年内,在 459 项永久性禁令的动议中法院授予了 381 个永久性禁令(成功率为 83%),而在"eBay 案"之后的 6 年内,384 项永久性禁令的动议中法院授予了 308 个永久性禁令(成功率为 80%)。[22]

Holte 和 Seaman 研究了联邦巡回上诉法院对地方法院在专利案件中作出的永久性禁令裁决的审议。他们发现(研究基于 2006 至 2013 年间地方法院作出的 218 个有关禁令救济的判决),联邦巡回上诉法院认同在此期间地方法院授予的 88% 的永久性禁令,而仅认同在此期间地方法院作出的拒绝授予永久性禁令裁决中的 53%。该研究印证了联邦巡回上诉法院倾向于支持授予永久性禁令的假设,这与巡回法院在"eBay 案"前所采用的专利产权中心理论一致。

这些和其他研究普遍支持这样一个结论:虽然在专利案件中法院仍继续发布永久性禁令,"eBay 案"和无法弥补之损害推定的废除,使专利非实施实体获得永久性禁令更加困难。

"eBay 案"的影响不仅在专利案件中有所体现,而且在寻求禁令救济的版权案件和其他知识产权案件中也有体现[例如 Salinger v. Colting,607 F. 3d 68(2nd Cir. 2010)]。更令人惊讶的是,"eBay 案"的影响已远远超出了知识产权案件范畴。正如 Gerson、Golden 和 Smith 所述,"联邦法院目前普遍接受并将 eBay 检验准则作为几乎所有类型案件中的禁令检验标准,从违宪审查到联邦法规或反歧视法规下的诉讼,再到根据各州侵权法、合同法或其他成文法所提起各类诉讼"。

8. 禁令的范围

近年来,法院和评论家认为,在出售侵权产品案件中所使用的禁令不是"全有或全无"的绝对禁止。[23] 在许多案件中,法院对禁令救济进行调整,使其在效力、期限、范围或效果方面不具有绝对性,既缓解被告困境,又利于实现公众利益。

禁令的延期生效(stay of effectiveness)是减轻永久性禁令消极影响的一种常见手段。为了给予侵权人时间以避开专利、清理库存或确保公众继续获得例如药物或疫苗等所需产品,法院将会裁定延期(Holte 和 Seaman 2016,* 40)。[24] 例如,在 Broadcom,Inc.

---

[22] 与 Gupta 和 Kesan 对第三 5 部分同期的临时禁令进行分析比较,成功率显著降低。
[23] 查阅 Chien 和 Lemley(2012)(讨论美国国际贸易委员会排除令的灵活性,如下文第五部分所述)。
[24] (根据 2006 年至 2013 年地方法院 218 个关于禁令救济的裁决),Holte 和 Seaman(2016 年)发现,地方法院授予永久性禁令的效力延期约为 23%,授予非实施实体的禁令约占 75%。

诉 Qualcomm Corp.[543 F.3d 683,701,704(Fed. Cir. 2008)]案中,联邦巡回上诉法院批准了一项禁令,允许侵权人在长达20个月的"日落期"内继续销售侵权产品,以缓解侵权人困境。

除了禁令的延期生效之外,禁令效力可被限制在侵权特征或组件的范围内,而非延及整个侵权产品。例如,在 Apple 诉 Samsung 的案件中[809 F.3d 633(Fed. Cir. 2015)],Apple 公司所寻求的禁令仅适用于 Samsung 公司智能手机中包含的被保护的专利特征,而并非智能手机本身。为了继续销售智能手机,Samsung 公司只需要消除 Apple 公司所属专利保护的那部分相对次要的特征。[25] 法院在专利案件中采取灵活的禁令救济方式,这与传统衡平管辖权的行使原则相一致,且可以在专利持有人、专利技术使用者和公众的利益之间取得最佳平衡。

9. 禁令救济被拒后的强制性许可和持续许可费

如果发现专利被侵权而法院未给予永久性禁令来防止持续侵权,则侵权人在本质上被授予继续实施被侵权专利的许可。由于该许可是由法院违背专利权持有人意愿而授予的,因此可以被解释为对该专利的强制性许可。

关于此类许可存在几个问题。首先,包括 Mark Janicke 在内的学者质疑,在美国专利法下,是否存在这种强制性许可以被用作合法的救济措施,因为这种强制性措施仅允许一次性支付损害赔偿以弥补过去侵权所造成的损失,而不施加于侵权人支付持续许可费义务[26]。Mark Lemley 和其他人从技术和实践层面对这一结论提出异议。

另一个问题是,通过政府(司法)干预授予的这种强制性许可是否符合在世界贸易组织(WTO)框架下所达成的《与贸易有关的知识产权协议》(TRIPS)所规定的美国的条约义务。[27]《与贸易有关的知识产权协议》第31(b)条授权各州在未经专利持有人授权的情况下,在国家紧急情况或其他极端紧急情况下或在公共非商业用途的情况下,授予一项或多项专利的"强制性许可"。虽然2001年在"关于《与贸易有关的知识产权协议》和公共卫生的多哈部长级宣言"("多哈宣言")中,[28]明确了这一强制性许可制度在医药产品上的适用规则,但是世界贸易组织对于其他产品领域的强制性专利许可的指导意见则微乎其微。因此,在非医药产品案件中,无论侵权人是否被施加支付持续许可费义务,

---

[25] Apple 的禁令救济请求也允许 Samsung 在30天的日落期内逐步淘汰侵权产品(809 F.3d at 638)。

[26] Janicke 认为,在永久性禁令被拒之后,专利持有人无权就持续侵权获得持续许可费,但必须定期提起损害赔偿诉讼以追究过去侵权行为的责任。

[27] WTO《与贸易有关的知识产权协议》(TRIPS),其是1994年4月15日在摩洛哥的马拉喀什签署的《成立世界贸易组织马拉喀什协定》中的附件1C。

[28] 世界贸易组织,2001年11月20日"部长宣言",WT/MIN(01)IDEC/2(2001)。

法院授予侵权人继续经营被侵权专利的裁定是否违反美国在《与贸易有关的知识产权协议》下的义务还不明确。㉙

允许专利持续性侵权的另一个问题是侵权人应向专利权人支付多少许可费。一般认为,针对被侵权专利的持续使用,侵权人应付许可费,但计算许可费的方法尚不清楚。诸多案件提出了一系列可能性,包括:适用与侵权损害赔偿相同的计算费率,适用多倍侵权损害赔偿费率(以反映侵权人对专利的持续性"故意"侵权),㉚双方经协商同意的计算费率以及其他计算方法。鉴于法律条文上,计算专利权损害赔偿的"合理许可费"标准不甚明了,㉛在一段时间内,法院仍会为禁令被拒绝以后,继续侵权的许可费问题所困扰。

三、专利案件中的临时禁令

1. 临时禁令概述

禁令救济的判定可以是临时性的或永久性的。法院通常在庭审初期给予临时救济(也称为"诉讼中救济"),以防止在审判未决期间继续遭受损害。临时救济不应视为最终救济,而是在诉讼期间和事实认定过程中维持当事人现状的一种保护手段。《美国联邦民事诉讼规则》(Federal Rule of Civil Procedure)第65条授权法院给予临时救济,但并未说明给予此救济的依据,而将该决定留给法院进行自由裁量。法院已制定出了与永久性禁令评估标准相一致的临时禁令评估标准。因此,与永久性禁令相同,要想获得临时禁令救济,原告须证明其遭受无法弥补之损害,法院必须权衡公平性、当事人所面临的困境、以及公众利益。㉜ 然而,临时禁令救济还需要证明原告有可能在其主张的优势点上胜出。这是美国临时禁令与永久禁令救济标准之间的主要区别。

2. 依法胜诉的可能性

为了获得临时性禁令救济,专利权人必须证明其有可能在诉讼主张上而胜诉。在专利案件中,既要证明专利权人将会在专利侵权之诉中胜诉,也要证明涉案专利能够经得起任何有效性异议的审查。[Genentech Inc. v. Novo Nordisk A/S, 108 F. 3d1361, 1364

㉙ 美国政府在"eBay案"及其他诉讼案件中提出了这一论点,但联邦最高法院对此并没有做出回应(Cotropia 2008)。

㉚ 在专利侵权人故意侵权的情况下,法院可酌情判定侵权人给予专利权人三倍以上的损害赔偿,参见35 U. S. C. § 284;Halo v. Pulse, __ U. S. __(2016)。

㉛ 关于合理许可费赔偿方面的大量批判性文献。参见Lee和Melamed(2014);Cotter(2013a, 119 – 39)和Golden(2010, 582 – 86)。

㉜ 正如Dobbs所说,尽管这些因素在永久性救济和临时性救济之间是一致的,但是对于临时性救济而言,"规则的目的、影响和意义是完全不同的"(Dobbs 1993年, 127)。

(Fed. Cir. 1997)]。如果被告提出了有关侵权或有效性的重大异议(即被告提出基于专利权人无法提供或缺少确凿理据的侵权抗辩或失效抗辩),法院将不会发出临时禁令[Amazon.com,Inc. v. Barnes And Noble.com,Inc. ,239 F. 3d 1343(Fed. Cir. 2001)]。

关于无效抗辩,在禁令救济中,被告证明专利无效,可不必满足"明确且令人信服的"标准。而只要证明存在"重大问题"使得专利无效即可,此项证据标准较为宽松。一般在临时禁令案件中,支持专利有效的考量因素包括对有效性的先前判决和业界对专利权人的权利默许。

关于侵权抗辩,寻求临时救济的专利权人必须从以下方面证明侵权之诉胜诉的可能性:(1)解释其提出的诉请;(2)明确定义其指控的侵权行为;(3)将其主张适用于这些侵权行为论证。法院对上述事项采用不同的判定标准,要求专利权人证明侵权行为是"无可争辩的"、"明确的"或者是"相当清楚的"。

此外,根据《美国专利法》第 101 条可授权客体的规定,当涉案专利在可授权方面被提出重大异议时,法院近来开始据此拒绝颁发临时性禁令救济。虽然理论上这些考虑因素始终是临时性禁令检验标准的第一个方面,但是在如下一些案件之后,对专利是否属于可授权客体范围的审查,已经成为一种越来越重要的专利侵权抗辩手段:

MayoCollaborative Services 诉 Prometheus Laboratories, Inc. 案[132 S. Ct. 1289(2012)]、生物技术领域的 Ass'n for Molecular Pathology 诉 Myriad Genetics,Inc. 案[133 S. Ct. 2107(2013)]和软件专利领域的 Alice Corp. 诉 CLS Bank International 案[134 S. Ct. 2347(2014)]。[33]

3. "eBay 案"与临时救济

永久性禁令救济的传统衡平法检验标准要求法院考虑并权衡各方当事人无法弥补之损失、困境和公平以及公众利益;与之不同的是,一般而言对临时性禁令救济的检验则需要采取四要素综合检验法,即要满足所有要素才能授予禁令救济。[34] 也就是说,如果被告在临时性禁令检验四要素中占有其中一个优势,法院则不会授予原告禁令救济。

美国联邦最高法院从未明确提出在专利案件中发出临时禁令的标准。在"eBay 案"中,美国联邦最高法院在考虑永久性禁令标准时,制定了一个类似于传统临时救济检验标准的四要素综合检验法。由此,除了"依法胜诉"要素,当前用于永久性和临时性禁令

---

[33] Sherkow(2014)还指出,可授予专利权的客体已经开始影响预审法庭对其他三个临时禁令要素的分析结果。比如,一家法院最近针对检验法中公共利益要素指出,不可授予专利权的客体是"妨碍而不是促进创新","扭曲而不是为专利制度服务",且利用我们专利制度政策的商业途径来变为现实"(引自第 7 页, In re BRCA1-and BRCA2-Based Hereditary Cancer Test Patent Litigation,2014 WL 931057,at *57)。

[34] 参见 Moore,Holbrook 和 Murphy(2013,883),Gergen,Golden 和 Smith(2012,208 - 209)。

救济的检验标准几乎没有什么区别。因此,上述有关权衡困境、公平以及公共利益的讨论,也适用于临时禁令的分析。同样地,法院在"eBay 案"中废除"无法弥补之损害"的推定,似乎也同时适用于临时性救济和永久性救济。

4. 缴纳保证金

永久性禁令是在确定责任后作为救济措施发出的,与之不同的是,临时性禁令不是以被告责任为前提的。因此,尽管发出临时禁令,原告也有可能最终未胜诉。在这种情况下,被告行为可能被错误地禁止或限制,被告有权取得在其行为被中止期间的损害赔偿。为了更好地让被告追究这种错误禁令,《联邦民事诉讼规则》第 65(c)条要求寻求临时救济的原告向法院缴纳保证金,数额应足以赔偿被告的损失。㉟ 保证金的数额,由法院自由裁量决定;但是,关于保证金数额的计算,尚无统一标准。但是,对被告而言,保证金的数额是至关重要的,因为被告一般无权享有超过错误禁令所承担保证金数额的损害赔偿[如 W. R. Grace & Co. v. RubberWorkers, 461 U. S. 757, 770n. 14(1983)]。同样地,被告要想收到保证金,必须满足构成"错误禁令"的条件;但是,这些条件在历史上并不明确。

5. 实证数据——临时禁令

与永久性禁令不同的是,美国在专利案中相对较少地采用临时禁令。LexMachina 报告称,在 2012 年至 2015 年期间结案的专利案中,仅有 61 件案件法院发出了临时禁令。Gupta 和 Kesan 报告称,在"eBay 案"之前的六年里,在 1026 项临时禁令的诉请中,法院只准予了 236 项(成功率为 23%),而在"eBay 案"之后的 6 年里,在 655 项临时禁令诉请中,125 项被准予(成功率为 19%)。㊱

在美国专利案中,临时性禁令不如永久性禁令常见,有着多方面的原因。首先,缴纳保证金的要求可能会对寻求临时救济的专利权人起到制约作用。其次,法院对授予临时救济采取谨慎态度,因为很有可能会在原告充分证明案件事实之前对被告造成沉重的负担。最后,被告在质疑涉案专利有效性时所承担的举证责任小于被告胜诉所要求的举证责任,因而相比于对原告诉请本身进行抗辩,被告对临时禁令的抗辩更加容易。基于上述原因,当前临时禁令在美国专利诉讼中并未发挥重要作用。

四、禁令救济与"公平、合理、无歧视(FRAND)"承诺

根据许多标准制定组织(SDO)的正式政策,参与者将适用 SDO 必要标准的任何专

㉟ 《联邦民事诉讼规则》第 65(c)条:"如果申请人未提供法院认为足以支付任何一方因不公正禁令或限制令而可能遭受损失的担保,那么法院将不颁发限制令或临时禁令。"

㊱ 与 Gupta 和 Kesan 在第二 7 部分所作的关于永久禁令的同期分析比较,结果是成功率大幅上升。

利(即标准必要专利,SEP)许可给标准化产品制造商时,需免除许可费或按照"公平、合理和无歧视(FRAND)"的标准收取许可费。[37] 美国有些诉讼当事人辩称,既然标准必要专利(SEP)持有人做出了公平、合理和无歧视(FRAND)的承诺,就表明他承认了法律上的补救措施(即金钱损害赔偿)。若侵权人的赔偿数额符合这一标准,就足以弥补标准必要专利权人因侵权所造成的损失。他们推论,SEP 持有人在承诺按 FRAND 条款颁发许可时,应被视为承诺其不会将其他主体排除于市场之外,而仅通过收取"合理"许可费,对 SEP 专利的使用进行补偿。[38] 因此,他们辩称,若专利持有人作出 FRAND 承诺,则 eBay 检验标准的第二要素将不会被满足,因而此类专利持有人不得寻求禁令救济以阻止其他主体使用其 SEP 专利。[39] FRAND 承诺和美国专利禁令救济之间的相互作用,已经表现在一些司法裁决中,以及美国监管和执法机构的指导建议中。

在 Microsoft Corp. 诉 Motorola, Inc.(2012U. S. Dist. LEXIS170587(W. D. Wash. 2012))案中,Motorola 公司寻求禁令救济,以阻止 Microsoft 公司继续侵犯其专利权。其中,该案涉及两项标准必要专利(IEEE 802.11 和 ITU H. 264)。对此,法院发现 Motorola 公司已就涉案专利做出了 FRAND 承诺,Microsoft 公司也同意按合理条件接受许可。法院按照 eBay 四要素检验标准对案件事实进行评估后裁定,Motorola 公司没有遭受无法弥补之损失,也不能证明金钱损害赔偿不足以补偿其因被侵权而遭受的损失。因此,法院拒绝了 Motorola 公司的禁令请求。

在 Realtek Semiconductor Corp. 诉 LSI Corp.[946 F. Supp. 2d 998(N. D. Cal. 2013)]案中,美国加利福尼亚州北区地方法院认为,SEP 持有人在向标准实施者发出许可要约后又申请禁令救济,违反了其事先做出的 FRAND 承诺。因此,该禁令请求也被予以拒绝。

这些地方法院的裁决为联邦巡回上诉法院在 FRAND 相关案件中是否需要授予永久性的禁令救济,奠定了良好的基础。在 Apple, Inc. 诉 Motorola, Inc.(757F. 3d1286(Fed. Cir. 2014))一案中,联邦巡回上诉法院分析了 Motorola 公司要求禁止 Apple 公司出售涉嫌侵犯 Motorola 已做出 FRAND 承诺的标准必要专利的禁令请求。初审法官

---

[37] 这样的专利许可承诺,也可能出现在正式 SDO 组织之外的情形下,并且可能是单个专利持有人的单方面承诺或共同承诺(Contreras 2015)。

[38] 根据 35 U. S. C. §284("法院判决支付给申请人的赔偿数额,应足以补偿申请人的侵权损失,但不得低于合理许可费")的规定,"合理的许可费"除了是 FRAND 承诺的许可费标准之外,也是专利侵权诉讼案中的最低赔偿标准。另参见 Georgia-Pacific Corp. v. U. S. Plywood Corp., 318 F. Supp. 1116, 1120(S. D. N. Y. 1970), modified and aff'd, 446 F. 2d 295(2d Cir. 1971), cert. denied, 404 U. S. 870(1971)。根据具体情况,除了支付合理的许可费之外,美国法院也可以判定专利权人要求赔偿利润损失和额外赔偿金。

[39] 见 Cotter(2013b, 6)(一种普遍性的推定,即做出 FRAND 承诺的专利权人,无权享有禁令救济)。

Posner 拒绝了 Motorola 公司的请求。其理由是,根据相关定义,由于专利持有人已经做出 FRAND 承诺,因此其已经承认专利实施者所支付的许可费用,将足以对专利的使用做出补偿,因此有关侵权会给专利持有人带来无法弥补之损失的主张不成立〔869F. Supp. 2d 901,913 - 14(N. D. Ill. 2012),aff'd in part,757 F. 3d 1286(Fed. Cir. 2014)〕。

为联邦巡回上诉法院的裁定撰稿的 Reyna 法官对 Posner 法官[40]拒绝禁令请求的决定表示支持,但是提出了不同的解释。尽管联邦巡回上诉法院的合议庭成员在一些问题上有所分歧,但是合议庭的 3 名法官一致赞同,"地方法院不授予任何 SEP 以禁令救济,并将此结论作为事先推定规则的做法是错误的"。法院解释道,"eBay 案"的检验标准"总体上为分析受 FRAND 承诺约束的专利和行业标准,提供了强有力和灵活性的审理标准",因而没有理由"针对受 FRAND 承诺约束的专利禁令救济问题,而制定独立的规则或分析框架"。法院承认,在 eBay 检验标准下,"受 FRAND 承诺约束的专利权人可能很难证明其遭受无法弥补之损失"。然而,"如果侵权人单方面拒绝 FRAND 许可费或对谈判进行不合理的拖延,造成被侵权人无法弥补之损失,那么禁令是有依据的"。[41] 基于这一点,法院继续遵循"eBay 案"中"无法弥补之损失"检验标准,并对地方法院拒绝给予 Motorola 禁令救济的判决,表示肯定。

合议庭成员在下述问题上产生了意见分歧。首席法官 Rader 对此案提出部分异议,认为关于 Apple 接受 Motorola 的 FRAND 许可的行为,存在重大的事实争议;应该将此案进行发回再审,对于此问题的事实情况,应该予以进一步查明。此外,Prost 法官表示部分赞成和部分不赞成,不同意将侵权人拒绝就专利许可事项进行谈判的行为,作为给予受 FRAND 承诺约束的专利权人以禁令救济的审理依据。她解释道,潜在被许可人的恶意谈判,可以被作为增加损害赔偿的合理依据;但"无法弥补之损失"的检验,不会对受 FRAND 承诺约束的专利禁令请求造成消极影响。不过,Prost 法官承认,如果专利权人完全无法获得其应享有的损害赔偿,则禁令就是合理的,比如在潜在被许可人拒绝支付裁定的赔偿金或者超出法院管辖范围等情况下。

五、国际贸易委员会的排除令

1. 国际贸易委员会与专利排除令

美国国际贸易委员会(ITC)是一个独立的联邦机构,负责限制进口侵权商品,来保

---

[40] 理查德·波斯纳(Richard Posner)法官是美国联邦第七巡回上诉法院的著名法官。在这一情况下,他是以指定身份担任本案的审判法官。

[41] 这种现象被称为"专利劫持"或"反向劫持"。一般在侵权人拒绝接受 SEP 持有人提出的合理许可条件时,容易发生这种现象,进而使得 SEP 持有人无法履行 FRAND 承诺,也无法颁发要求的许可。在出现反向劫持的情况下,许多评论者和法院一致认为,不管 SEP 持有人做出了任何 FRAND 承诺,他们针对反向劫持的侵权人寻求禁令救济是合理的。见 FTC(2012),Chien & Lemley(2012)。

护美国商业的发展。近几年,国际贸易委员会已成为一家受欢迎的解决专利侵权之诉的机构。国际贸易委员会无权裁定货币损害赔偿。国际贸易委员会能够给予的主要救济是排除令,以禁止侵犯美国知识产权的商品入境美国[《1930 年关税法》第 337 节第 4 条第 1 款,19 U. S. C. §1337(d)(1),即俗称的"337 条款"]。从这个意义上,国际贸易委员会颁发的排除令与法院颁发的禁令是相似的。

国际贸易委员会不是法院,也不受美国联邦最高法院的司法先例的约束。因此,国际贸易委员会在考虑排除令请求时,不必遵守"eBay 案"的检验标准。不过,在考虑是否发出排除令时,国际贸易委员需依照法规考虑"排除令对公共健康、公共福利、美国经济的竞争条件,类似或者有直接竞争关系的产品生产以及美国消费者等因素的影响"(《1930 年关税法》第 337 节第 4 条第 1 款)。此要求通常被称为国际贸易委员会的"公共利益"检验标准。

2. 国际贸易委员会公共利益检验标准与 FRAND 原则

在最近的几个案例中,国际贸易委员会已经考虑对侵犯一个或多个已经做出 FRAND 承诺的 SEP 的专利产品,给予排除令的保护请求。在每个这样的案件中,国际贸易委员会按照《1930 年关税法》第 337 节第 4 条第 1 款的要求,考虑排除令可能对公共利益所造成的影响。

在 2013 年 Apple 与 Samsung 之间的纠纷中,国际贸易委员会发出排除令,禁止 Apple 公司进口侵犯 Samsung 公司受 FRAND 承诺约束的 SEP 设备。下半年,美国贸易代表办公室(USTR)依照《1930 年关税法》第 337 节第 10 条赋予的权力,反对(并推翻)国际贸易委员会对 Apple 发出的排除令,理由是国际贸易委员会未能以充分事实为依据而作出裁定。这些事实包括"涉案专利具有的重要性质信息……以及关于是否存在专利劫持或反向劫持等信息"(引自美国贸易代表 Michael B. G. Froman 致美国国际贸易委员会委员 IrvingA. Williamson 的一封信,2013 年 8 月 3 日)。

美国贸易代表办公室驳回国际贸易委员会对 Apple 公司发出的排除令,让很多人感到非常意外。在后续案件中,国际贸易委员会在分析公共利益要素时,更加广泛地考虑了与 SEP 专利相关的因素。这些案例涉及具有 3G 和/或 4G 技术及其组件的某些无线设备(国际贸易委员会调查第 337 – TA – 868 号,2014 年 6 月 13 日,涉及 Interdigital 公司)。

3. 美国其他政府机构的观点

就国际贸易委员会针对受 FRAND 约束的 SEP 发出排除令这事,美国其他几家政府机构对此都发表了他们的观点。2013 年,美国司法部(DOJ)和美国专利商标局(PTO)

就国际贸易委员会排除令中涉及公共利益的问题,发布了联合政策声明(DOJ – PTO, 2013)。许多法院和其他联邦政府机构都引用了该政策声明。这份声明称,"当针对受 F/RAND 约束的专利所发出排除令与专利持有人做出的 F/RAND 承诺相互矛盾时,禁令救济或排除令救济可能不符合公众利益。"

美国司法部和美国专利商标局在其政策声明中,确认了禁令或排除令可能是适当的补救措施,其中包括:侵权人拒绝接受 FRAND 许可要约、拒绝支付所要求的合理许可费、拒绝参与 FRAND 条款的谈判,或者不受可判决赔偿的法院管辖。

美国联邦贸易委员会就相关合理情况也提出了类似建议,在这些情况下,国际贸易委员会针对侵犯受 FRAND 约束的 SEP 的产品发出的排除令,需要有利于公共利益的维护。在给国际贸易委员会的书面声明(FTC 2012)中,联邦贸易委员会要求国际贸易委员会采纳以下观点:"除非受 FRAND 约束的 SEP 持有人做出了要求支付合理许可费的要约,否则考虑到公共利益要素的影响,应倾向于支持排除令的否决"。联邦贸易委员会还建议,国际贸易委员会应考虑减少排除令的不利影响,来适当地维护公共利益。其中,减少不利影响的方法包括排除令的延期生效,从而使侵权人有足够的时间设计出与涉案专利不同的特征;另一个方法是将排除令的范围限制为侵权部件。[42]

六、反垄断法、FRAND 原则与禁令救济

美国司法部和联邦贸易委员会非常关注受 FRAND 承诺约束的当事人申请禁令救济的合理性。2011 年,联邦贸易委员会提出,根据"eBay 案"检验标准,在 FRAND 前提下授予的禁令救济并不总是合理的;同时它提到"预先的[F]RAND 承诺可作为有力证据以证明对禁令救济和持续使用许可费的否决,并不会对专利权人造成无法弥补之损失"。在 2012 年,3 家涉案公司(Apple、Google 和 Microsoft)承诺接受 FRAND 原则的约束,不寻求各自标准必要专利产品的禁令救济,司法部基于此承诺才批准了上述 3 项大型专利收购交易。

自 2012 年年末至 2013 年,联邦贸易委员会依据《联邦贸易委员会法》第 5 条[15 U. S. C. §45(a)(1)]的规定,提起了两起诉讼案件,以追究涉嫌违反 FRAND 承诺的违法行为。[43] 在第一个诉讼中,联邦贸易委员会调查了 Robert Bosch GmbH 公司对一家名为 SPX 公司的收购行为[Robert Bosch GmbH,155 F. T. C. 713(2013)]。根据起诉书,SPX 参与制定了标准制定组织(SDO)关于汽车冷却系统的标准。尽管 SPX 对 SDO 已经作

---

[42] 另见 Chien 和 Lemley(2012),支持类似的排除令裁决。同时参见 Cotter(2013b)(对于一般推定而言,做出 FRAND 承诺的专利持有人,不应享有获得 美国国际贸易委员会 排除令的权利)。

[43] 根据《联邦贸易委员会法》第 5 条,FTC 可起诉"不公平的竞争手段",以及"不公平、欺骗性的行为或做法"。

出了 FRAND 承诺,但其仍宣布两项涉及 SDO 标准的专利遭到侵权,进而希望寻求禁令救济,来阻止侵权人继续销售其侵权产品。FTC 表示,SPX 在明确做出 FRAND 承诺后,试图获得禁令救济的行为本身具有强制性和压迫性,因而构成《联邦贸易委员会法》第 5 条规定的不正当竞争。Robert Bosch GmbH 公司承诺 SPX 不再在此情形下寻求禁令救济,才使得最终双方达成和解。

联邦贸易委员会再次提起诉讼来追究 Motorola 移动公司和 Google 公司在先前做出 FRAND 承诺的情况下寻求禁令救济的违法行为。(Inre. Motorola Mobility LLC & Google, Inc., FTC DocketNo. C – 4410(Jul. 23, 2013))(决定和命令)。在该案件中,Motorola 公司(后来被 Google 收购)持有符合由电气和电子工程师协会、国际电联和欧洲电信标准化协会所设立的标准必要专利。Motorola 公司参与并对每个 SDO 做出了 FRAND 承诺。然而,在针对 Apple 公司和 Microsoft 公司提起的专利侵权诉讼中,即使两名被告表示有意愿获得 Motorola 公司的专利许可,Motorola 公司仍然希望寻求获得美国国际贸易委员会颁发的排除令和法院发布的禁令,以阻止他人未来销售符合标准的侵权产品。美国联邦贸易委员会称,Motorola 试图通过主张对其标准必要专利的禁令救济,来限制 Apple 和 Microsoft 公司产品的销售,构成了违反第 5 节的不正当竞争行为。最终争议得到和解,Google 公司同意不对侵权人就做出 FRAND 承诺的专利,寻求禁令救济,除非侵权人超出了美国法院的管辖范围,或以书面形式表示不接受专利许可,拒绝签署由法庭或仲裁员裁定的符合 FRAND 要求的许可协议,或未能提供 FRAND 许可要约的书面承诺。

七、关于禁令救济的自愿承诺

美国的禁令救济是私人诉讼当事人可以利用的一种权利救济办法。所以,在不受胁迫或存在限制竞争意图的情况下,有经验的当事人可能会对此种救济进行豁免。上述豁免也偶尔会出现在不同商事主体之间的合同中。[44] 然而,近年来,这类豁免在标准制定背景下,发挥着显著的作用。如上文第六部分所述,在司法部批准的大型专利收购交易案中,三家公司(Apple、Google 和 Microsoft)自愿承诺不寻求禁令救济以禁止他人使用其各自的必要标准专利(Contreras, 2012)。2014 年,电气和电子工程师协会(IEEE)完成了对其内部政策的修订,要求其成员除了某些特殊情况外,将放弃向符合电气和电子工程师协会标准的产品制造商寻求禁令救济[标准委员会章程第 6 章(2015)]。

---

[44] 例如《统一商业法典》第 2 – 719(1)(a)条规定,允许缔约方"提供对本法规定的条款进行补充或替代的救济,并可限制或修改根据本条款追讨的损害赔偿估量"。

结　论

美国专利禁令救济制度在联邦最高法院 2006 年对 eBay v. MercExchange 案作出裁决之后，经历了天翻地覆的变化。在"eBay 案"之前，由于存在无法弥补之损害的推定，一旦确认专利的有效性和侵权成立，法院将直接发布永久性禁令。在"eBay 案"之后，联邦最高法院提出了四要素检验标准，并废除了无法弥补之损害的推定，要求法院在评估和权衡是否给予禁令救济时，对当事人双方以及公共利益的影响进行考量。其结果是，针对非实施专利主体发出的永久性禁令的数量，出现了明显减少。

当被侵权专利仅涉及多组件产品中的单个组件时，禁令救济的适用性问题直到近期才得以解决。2015 年，联邦巡回上诉法院针对 Apple 诉 Samsun 案所作出的裁决为这一问题的解决提供了一条清晰的思路。联邦巡回上诉法院认为，如果专利特征和对侵权产品的需求之间存在某种关联，则可能证明销售量损失造成了无法弥补之损害。但是，专利特征不必是消费者对此产品需求的驱动力。

虽然"eBay 案"没有明确提及临时禁令，但临时禁令的法律规范在一定程度上已经得到联邦最高法院的"eBay 检验标准"的重塑。然而，为获得临时禁令，专利持有人必须在侵权和有效性方面证明其具备胜诉的可能性，因此在美国的专利侵权案件中发布的临时禁令相对较少。

美国专利禁令中最具争议的问题之一，就是当标准必要专利权人对标准制定组织已做出 FRAND 承诺后的禁令适用问题。专利权人在做出 FRAND 承诺后，是否可以再申请禁令救济的争论，仍然在继续。该争论不仅涉及国际贸易委员会排除令的正当性，而且涵盖联邦法院禁令救济的正当性。许多联邦政府机构通过政策声明和反垄断诉讼的方式，来对这一问题进行权衡。尽管各方已经达成一定的共识，即不支持这种禁令救济的适用，但并非完全禁止。2014 年美国联邦巡回上诉法院对 Apple 诉 Motorola 案所作出的具有分歧意见的裁决，仍然是迄今关于此问题的唯一上诉意见。鉴于这些问题对于技术驱动型市场和企业发展的持续重要性，美国专利禁令制度将有可能在未来几年内得到快速发展。

参考文献

Carroll, Michael W. (2007). "Patent Injunctions and the Problem of Uniformity Cost", 13 *Mich. Telecomm. Tech. L. Rev.* 421.

Chien, Colleen V. and Mark A. Lemley (2012). "Patent Holdup, the ITC, and the Public Interest", 98 *Cornell L. Rev.* 1.

Chisum, Donald S. (2015). *Chisum on Patents: A Treatise on the Law of Patentability, Validity and Infringement*.

Contreras, Jorge L. (2015). "Patent Pledges", 47 *Ariz. St. L. J.* 533.

——(2012). "The February of FRAND", Patently-O Blog, (Mar. 6, 2012), http://patentlyo.com/patent/2012/03/february-of-frand.html.

Contreras, Jorge L. and Richard J. Gilbert (2015). "A Unified Framework for RAND and other Reasonable Royalties," 30(2) *Berkeley Tech. L. J.* 1447.

Cotropia, Christopher A. (2008). "Compulsory Licensing under TRIPS and the Supreme Court of the United States' Decision in *eBay v. MercExchange*" in *Comparative Patent Law: A Handbook of Contemporary Research* (Toshiko Takenaka and Rainer Moufang, eds., Edward Elgar).

Cotter, Thomas F. (2013a). *Comparative Patent Remedies: A Legal and Economic Analysis* (Oxford Univ. Press).

——(2013b). "Reining in Remedies in Patent Litigation: Three (Increasingly Immodest) Proposals", 30 *Santa Clara High Tech. L. J.* 1.

U. S. Dept. Justice (DOJ) and Patent and Trademark Office (PTO) (2013). *Policy Statement on Remedies for Standards-Essential Patents Subject to Voluntary F/RAND Commitments* (Jan. 8, 2013).

Dobbs, Dan B. (1993). *Dobbs Law of Remedies*, Vol. 1 (2nd ed., West Publ.).

Federal Trade Comm'n (FTC) (2012). Third Party United States Federal Trade Commission's Statement on the Public Interest in the Matter of Certain Gaming and Entertainment Consoles, Related Software, and Components Thereof, ITC Investigation No. 337-TA-752 (Jun. 6, 2012) (*Microsoft v. Motorola*).

——(2011). *The Evolving IP Marketplace-Aligning Patent Notice and Remedies with Competition*.

Gergen, Mark P., John M. Golden and Henry E. Smith (2012). "The Supreme Court's Accidental Revolution? The Test for Permanent Injunctions," 112 *Columbia L. Rev.* 203.

Golden, John M. (2012). "Injunctions as More (or Less) than 'Off Switches': Patent-Infringement Injunctions' Scope", 90 *Tex. L. Rev.* 1399.

——(2010). "Principles for Patent Remedies", 88 *Tex. L. Rev.* 505.

Gupta, Kirti and Jay P. Kesan (2016). "Studying the Impact of eBay on Injunctive Relief in Patent Cases" (working paper, Jul. 10, 2015).

Harvard Law Review (1986). "Note: Recovery for Wrongful Interlocutory Injunctions Under Rule 65(c)", 99 *Harv. L. Rev.* 828.

Holte, Ryan T. and Christopher B. Seaman (2016). "Patent Injunctions on Appeal: An Empirical Study of the Federal Circuit's Application of eBay" (working paper, Jul. 29, 2016).

Janicke, Paul M. (2011). "Implementing the 'Adequate Remedy at Law' for Ongoing Patent Infringement after eBay v. MercExchange", 51 *IDEA* 163.

Laycock, Douglas (1991). *The Death of the Irreparable Injury Rule* (Oxford Univ. Press).

Lee, William F. and A. Douglas Melamed (2014). "Breaking the Vicious Cycle of Patent Damages", 101 *Cornell L. Rev.* 385.

Lemley, Mark A. (2013). "Why Do Juries Decide if Patents Are Valid?", 99 *Virginia L. Rev.* 1673.

——(2011). "The Ongoing Confusion over Ongoing Royalties, 76 *Mo. L. Rev.* 695.

Lex Machina (2016). *Patent Litigation Year in Review* 2015.

Long, David (2015). "Federal Circuit revives injunctive relief against multi-feature products (Apple v. Samsung)", *Essential Patent Blog*, Sept. 17, 2015.

Moore, Kimberly A., Timothy R. Holbrook and John F. Murphy (2013). *Patent Litigation and Strategy* (4th ed., West Publ.).

Seaman, Christopher B. (2016). "Permanent Injunctions in Patent Litigation After eBay: An Empirical Study", 101 *Iowa L. Rev.* 1949.

Sherkow, Jacob S. (2014). "Preliminary Injunctions Post-*Mayo* and *Myriad*", 67 *Stanford L. Rev. Online* 1.

Siebrasse, Norman (2009). "Interlocutory Injunctions and Irreparable Harm in the Federal Courts", 88 *Canadian Bar Rev.* 515.

Stiefel, Aaron and Krista Carter (2016). "10 Years Later-Impact of *eBay* on Patent Injunctions in the Life Sciences", *Bloomberg BNA Patent, Trademark & Copyright J. -Daily Ed.*, Jun. 22, 2016.

Stoll-DeBell, Kirsten, Nancy L. Dempsey & Bradford E. Dempsey (2009). *Injunctive Relief-Temporary Restraining Orders and Preliminary Injunctions* (ABA Publ.).

标准必要专利与劫持问题[*]

Joseph Kattan　Chris Wood[**]

关键词：许可费的确定、专利价值、禁令救济、许可费堆叠、行业累计许可费、事前评估、专利包价值、假设性谈判、专利劫持、反向劫持

引　言

在高新技术产业中，按照公平合理无歧视（FRAND）条款或合理无歧视（RAND）条款[①]许可行业标准必要专利的承诺广泛存在，但是这些承诺的商业和法律后果问题还远未解决。这种不确定性并不意味着对这个主题缺少关注或不感兴趣。恰恰相反，已经有大量评论以及日渐增多的判例法和执法机构指南针对标准必要专利（SEP）持有人所作的 FRAND 承诺的含义和执行问题进行了适当的解释。虽然通常认为 SEP 持有者违反 FRAND 承诺可能会通过签约后的机会行为劫持行业标准的实施者，但是有的 SEP 持有者及其支持者质疑是否存在这样的问题，并且认为 SEP 持有者本身常遭受拒付许可费的标准实施者的劫持。

本文首先对于向标准化组织（SSO）做出 FRAND 承诺的背景和政策考量进行了一个简要综述，然后对受 FRAND 条款约束的 SEP 持有者规避 FRAND 承诺的证据进行了评述。如今，越来越多的判例法对如下观点增加了实证检验：违反 FRAND 承诺的忧虑是真实存在的；且专利劫持构成颠覆标准制定合作制度的实质性风险，从而削弱其赋予社会的广泛利益。在讨论了所述判例法及其对劫持问题辩论的影响之后，我们审查了专利劫持并不是一个严重问题的大量论据，并且证明这些论据是有缺陷的。

---

[*] 本文原文于 2014 年发表于 SSRN 网站，该网站是博士生、教授和机构科研人员在学术期刊发表论文之前，发布早期科研成果的开放网站，主要专注于社会科学领域，包括经济学、法律、公司治理和人文学科。本中文译文已获得版权方授权。

[**] Joseph Kattan 和 Chris Wood 是美国 Gibson, Dunn & Crutcher 律师事务所的反垄断和贸易规制部门的合伙人。Tom Hungar 对本文的早期草案提供了有益的意见。

① 这两个术语通常被认为是等同的，本文使用术语 FRAND。

通过 FRAND 承诺在制定标准时预防劫持

FRAND 承诺的基本宗旨众所周知。其旨在防止专利权人利用因其专利被纳入行业标准而获得与其专利价值不相称的市场支配力。这些标准通常涉及各个行业利益相关者的参与,在 SSO 的主持之下合作制定[2]。在最基础的层面,标准使得来自不同制造商的产品能够连接或协同工作。通过促进相互操作性,标准可以"简化产品开发"[3]、"促进相互竞争的制造商产品购买者之间的信息共享"、"提高所有产品的效用并扩大整个消费市场"[4]。标准还"通过提高产品产量来降低成本","并通过消除消费者打算从由一家企业生产的产品转换到由另一家企业生产的产品而产生的'转换成本'来提高价格竞争力"[5]。

SSO 通常从提供"替代方法"的"多种现有技术"中进行选择,以解决标准所要解决的每个技术问题[6]。拥有可能涵盖这些替代解决方案的专利的公司竞相争取将它们的首选技术纳入每个标准中[7]。但是,一旦标准已制定,那么以纳入标准为目的的技术竞争就消失了。之后,涵盖所选技术的专利就成了必要专利,因为必须使用它们才能与标准保持一致,然而包含替代方法的专利基本上未被使用[8]。一旦标准得到商业认可,符合标准就成了一个商业必要性问题,因为不符合标准的产品将会与其他公司的产品不兼容,从而几乎完全滞销。这种现象造成了"锁定"效应,其中制造或使用符合标准产品的公司必须使用纳入其实施标准中的 SEP。[9] 标准实施者已经产生的研发费用的沉没特性加剧了锁定效应。要规避标准技术需要新的研发投入,甚至得放弃对符合标准的产品现有投入的回报。

因此,标准的采纳大大加强了 SEP 持有者相对于潜在被许可人的议价地位。由于锁定效应,SEP 持有者的"议价能力大增,这是因为除了取得专利许可外,潜在被许可人

---

[2] 这些组织也被称为标准开发组织(SDO)。

[3] 在 *Apple, Inc. v. Motorola, Inc.* at 4 No. 2012 – 1548(Fed. Cir. Dec. 19, 2012)案中,《法庭之友简报》不支持任何一方。

[4] *Broadcom Corp. v. Qualcomm Inc*, 501 F. 3d 297, 308(3d Cir. 2007)。

[5] *Apple, Inc. v. Motorola Mobility, Inc.*, 2011 WL 7324582, * 1(W. D. Wis. June 7, 2011)。

[6] 《电气和电子工程师协会(IEEE)法庭之友简报》,第 19 页。正如一个 SEP 所有者最近所说,SSO 参与者"通常"在考虑"针对同一技术问题提出的多个解决方案"之后达成一致的决定。Ericsson 关于 FRAND 和 SEP 提交到国际电信联盟的诉讼(2012 年 10 月 10 日),参见 www. itu. int/dms_pub/itu-t/oth/06/5B/T065B0000340007MSWE. docx。

[7] 《电气和电子工程师协会法庭之友简报》19 页;参见 Amicus Curiae Br. of the IEEE, VITA, OASIS Open, VITA, OASIS Open, The Open Group, 及 *Broadcom Corp. v. Qualcomm Inc.*, at 19, 22, No. 06 – 4292(3d Cir. Dec. 19, 2006)("SSO Amicus Br.")。

[8] 参见 Broadcom, 501 F. 3d, 第 314 页("显然,标准排除了替代技术")。

[9] *Apple, Inc. v. Motorola, Inc.*, 869 F. Supp. 2d 901, 913(N. D. Ill. 2012), rev'd in part on other grounds, 2014 WL 1646435(Fed. Cir. Apr. 25, 2014)。

没有其他替代方法,任由专利权人摆布"⑩。重要的是,SEP 持有者议价能力增强的直接原因是标准的采纳排除了 SEP 的替代方案。因此,除非 SEP 持有者受 FRAND 承诺的约束,否则其可能会进行经济学家所说的"专利劫持"——利用标准实施者被锁定的劣势来获取超竞争许可费,该许可费远远高于 SEP 持有者在其专利纳入标准之前可获得的费用⑪。

为了防止 SEP 持有者的劫持,大多数 SSO 要求在将专利纳入标准之前,标准制定的参与者必须承诺按照 FRAND 条款将他们的 SEP 许可给制造、使用或销售符合标准产品的各个公司。正如 Posner 法官所说:"FRAND 规定的目的……就是将专利权人要求的许可费限定于专利本身赋予的价值,以区别于因专利被指定为标准必要而被赋予的额外价值——劫持价值"⑫。通常,专利本身所赋予的价值被视为标准采纳之前(此时专利还要面对可替代技术的竞争)SEP 持有者通过许可能够获取的金额,或事前(ex ante)价值⑬。因此,一个领先技术 SSO,电气和电子工程师协会标准协会(IEEE Standard Association,IEEE-SA)"将许可承诺作为维护事前技术竞争利益的一个手段"⑭。SSO 对"合理"许可费的关注并不代表其想要规范定价,而是要确保在他们主持下颁布的标准具有商业可行性。正如 IEEE-SA 所言,该组织的目标是"制定任何有意向的实施者都能够使用而且将被广泛采用的标准"⑮。

有人可能会理性地问,为什么专利持有者会同意做出 FRAND 承诺,并且交出其专利所赋予的大部分产权。答案是:因为作为交换,他们能获得可观的利益,所以他们才这样做。通过参与标准的制定,专利持有者便有机会影响标准的制定并将其专利技术纳入标准之中;这样,可以使他们在下游产品市场上获得竞争优势,并为他们提供一个有保证

---

⑩ *Apple*,869 F. Supp. 2d at 913.

⑪ 参见 Joseph Farrell,John Hayes,Carl Shapiro & Theresa Sullivan,*Standard Setting*,*Patents*,*and Hold-Up*,74 ANTITRUST L. J. 603,613(2007),另参见美国司法部和美国联储贸易委员会:ANTITRUST ENFORCEMENT AND INTELLECTUAL PROPERTY RIGHTS:PROMOTING INNOVATION AND COMPETITION",35(2007),http://www.justice.gov/atr/public/hearings/ip/222655. pdf。

⑫ *Apple*,869 F. Supp. 2d at 913 另参见 *Research In Motion Ltd. v. Motorola*,*Inc.*,644 F. Supp. 2d788,795-96(N. D. Tex. 2008)(FRAND 承诺是对"反垄断法旨在防止的非法积累垄断权力的'遏制'")。

⑬ 参见美国联邦贸易委员会发布的"THE EVOLVING IP MARKETPLACE:ALIGNING PATENT NOTICE AND REMEDIES WITH COMPETITION 194(2011)";前注 11,第 610 页。

⑭ SSO Amicus Br.,第 10 页。

⑮ IEEE-SA 的评论,FTC Patent Standards Workshop,2(2011 年 8 月 5 日),http://www.ftc.gov/os/comments/patentstandardsworkshop/00046-80184. pdf。

的被许可人池[16],否则被许可人可能根本不会使用他们的专利。换言之,作为交换,做出 FRAND 承诺的 SEP 持有者能够从大量的标准实施者那收取合理许可费。当 SEP 持有者的技术被标准采纳时,因为利用自己的技术制造符合标准的产品通常比利用其他方开发的技术更容易,SEP 持有者也将受益。

但是,FRAND 承诺的性质还具有解释的空间,并且为 SEP 持有者违背承诺获取其专利的劫持价值创造了机会。因为通常 SSO 不参与 FRAND 承诺的强制执行,也不针对符合 FRAND 的许可内容提供指导,所以这些问题留给 SEP 持有者和标准实施者进行双边协商;在协商失败的情况下,交给法院。这些协商大多不为公众所知,通过许可协议解决,其条款只有当事方才知道。其结果是,难以衡量专利劫持的实际影响。但是,近期越来越多公司间的协商僵持不下,关于受 FRAND 约束 SEP 的正当许可费水平,这些公司之间的分歧不是以程度来衡量而是以数量级来衡量。这已经导致了 FRAND 诉讼数量不断上升,同时也增加了劫持问题的关注度。对某些诉讼案的简要综述将揭示该问题是否真实存在,还是如某些 SEP 持有者及其支持者所声称的只是纯粹理论上的或是不存在的。

越来越多的专利劫持证据

最近的诉讼表明,某些受 FRAND 约束的 SEP 持有者试图通过利用标准实施者被锁定的处境,要求其支付金额高得令人瞠目的许可费,为此他们已经准备了禁令救济(或等效的国际贸易委员会排除令)的威胁。如同许多法院[17]、美国反垄断执法机构[18]、美国专利商标局[19]、欧盟委员会[20]以及许多时事评论者[21]所言,这种禁令的威胁可以使得 SEP 持

---

[16] *Apple*,2011 WL 7324582 * 9("由于3G 项目政策要求其成员遵守(ETSI)机构的知识产权政策,因此 Motorola 在3G 项目中的成员资格在机构、Motorola 和3G 项目之间建立了合同义务")。另参见代理反垄断处助理司法部长的 Joseph F. Wayland 在美国参议院司法委员会所做关于"监督排除令对竞争的影响以执行标准必要专利"的陈述(2012年7月11日)(http://www.justice.gov/atr/public/testimony/284982.pdf):("也出售与标准相关的产品和服务的专利持有者受益于扩大的市场机会,并且专注于发明许可的专利持有者受益于扩大的收入来源")。

[17] *Microsoft Corp. v. Motorola*,*Inc.*,696 F. 3d 872,877(9th Cir. 2012);*Apple*,869 F. Supp. 2dat 914;*Realtek Semiconductor Corp. v. LSI Corp.*,946 F. Supp. 2d 998(N. D. Cal. 2012)。

[18] 参见美国司法部和美国专利商标局发布的"关于自愿性 F/RAND 承诺的标准必需专利补救措施的政策声明"(2013年1月8日,即"DOJ-PTO 声明")第5页,http://www.justice.gov/atr/public/guidelines/290994. pdf;美国贸易委员会对第113届国会反垄断、竞争政策和消费者权益次级委员会的声明:标准必要专利纠纷和反垄断法,2013年7月30日。

[19] 参见 DOJ-PTO 声明。

[20] 参见欧盟委员会,委员会认定,*Motorola* 移动通过滥用标准必要专利侵犯了欧盟竞争规则(2014年4月29日),http://europa.eu/rapid/press-release_IP-14-489_en. pdf;欧盟委员会,委员会接受 Sumsang 电子对标准必要专利禁令的具有法律约束力的承诺(2014年4月29日),可从 http://europa.eu/rapid/press-release_IP-14-490_en. pdf 获得;欧洲委员会,标准必要专利(SEPs)的反垄断决定-Motorola Mobility 与 Samsung Electronics-常见问题(2014年4月29日),http://europa.eu/rapid/press-release_MEMO-14-322_en. pdf。

[21] Mark A. Lemley & Carl Shapiro,Patent Holdup and Royalty Stacking,95 TEX. L. REV. 1991 2007)。

有者获得反映其 SEP 的劫持价值而不是真实经济价值的许可费或其他许可条款。

我们下面讨论近期几个诉讼中由受 FRAND 约束的 SEP 持有者提出的许可费要求。为了客观地认识这些要求,重要的一点是要明确现代技术产品上可能使用的专利总数;以及,如果这些许可费要求被认为是合理的,它们对累积许可费或"许可费堆叠"(会给技术产品造成负担)的影响。根据一个被广泛引用的估计,一台智能手机中可能使用超过 25 万项专利[22]。虽然对于任何特定产品中使用的 SEP 数量没有可比的估计,但是据估计在有些标准中使用了数以千计的 SEP[23]。此外,在许多技术产品中实施的标准数量本身也相当大。一项对笔记本电脑中实施的标准研究发现,一台常见的笔记本电脑实施了至少 251 个标准[24]。因此,正如一个美国地方法院近期对该问题的描述,许可费堆叠问题的出现"是因为大多数标准即使不涉及数千个专利也涉及数百个专利,而且向所有标准必要专利持有者支付的累积许可费会迅速变得过高,从而阻碍标准的采用"[25]。

Motorola 在 Microsoft 诉 Motorola 案中以禁令救济威胁支持的许可费要求应该从这个角度进行评估[26]。Motorola 要求"针对其主张的涵盖 IEEE 802.11 无线网络(Wi-Fi)标准特定技术的 11 个 SEP 和覆盖 ITU H.264 视频编码标准的 16 个 SEP,收取基于终端产品(例如每个 Xbox 360 产品)的价格计算出的……每单元 2.25% 的合理许可费,对 Microsoft 自身的 SEP 回授许可也是如此"[27]。在针对 Apple 的诉讼中,对于其主张的一项单一的 Wi-Fi SEP[28],Motorola 主张其有权收取相当于 Apple 设备价格的 0.90% 至 1.125% 的许可费。Motorola 专家提出这种要求的理论依据是,单个 SEP 应该占 Wi-Fi SEP 的整个组合许可费的 40%—50%[29],据说是"杀人只需要一颗子弹"的理论[30]。

为了更好地理解对于单个 SEP 收取复杂产品 1% 左右的许可费或者对于一小组 SEP 收取 2.25% 左右的许可费意味着什么,有必要了解这些 SEP 在数量和重要性方面的情况。Motorola 主张的 Wi-Fi SEP 及其 H.264 专利对于每项此类标准中所预估专利

---

[22] RPX Corporation, Amendment No. 3 to Form S – 1, 11 Apr. 2011, at 59, www.sec.gov/Archives/edgar/data/1509432/000119312511101007/ds1a.htm; Steve Lohr, Apple-Samsung Case Shows Smartphone as Legal Magnet, N.Y. Times, 25 Aug. 2012, www.nytimes.com/2012/08/26/technology/apple-samsung-case-shows-smartphone-as-lawsuitmagnet.html.

[23] Lemley & Shapiro, 85 Tex. L. Rev. at 1992.

[24] Brad Biddle 等, How Many Standards in a Laptop? (And Other Empirical Questions)? www.standardslaw.org/How_Many_Standards.pdf.

[25] *In re Innovatio IP Ventures, LLC Patent Litig.*, 2013 WL 5593609 at *9 (N.D.Ill. Oct. 3, 2013).

[26] *Microsoft Corp. v. Motorola, Inc.*, 2013 U.S. Dist. LEXIS 60233 (W.D. Wash. Apr. 25, 2013).

[27] *Microsoft*, 2013 U.S. Dist. LEXIS 60233 at *14.

[28] *Apple*, 869 F. Supp. 2d at 913.

[29] 同上。

[30] Florian Mueller, *Motorola likens its enforcement of FRAND patents to bank robbery*:'it only takes one bullet to kill,' www.fosspatents.com/2012/02/motorola-likens-its-enforcementof.html.

数量而言,其占比不到 1%[31]。此外,Microsoft 案的法院裁定,Motorola 的 Wi-Fi 专利"对标准的贡献很小"并且其 H. 264 专利"对 Microsoft 的 Xbox 产品的整体功能的重要性微不足道"[32]。即使不考虑在现代技术产品中实施标准的多样性以及可以在这种产品中使用的众多非标准必要专利,Motorola 对单个标准的数千个 SEP 中的少量不重要 SEP 所要求的隐含累积许可费也是多得惊人。在 Motorola 与 Microsoft 的诉讼中,法院认定,对于公司的 Wi-Fi SEP,合理的许可费为每单元 0.03471 美元,并且对于其 H. 264 SEP,许可费为每单元 0.0555 美元[33],这只是 2.25% 的许可费产生的每单元 6 美元至 8 美元的极小部分[34]。在其对 Apple 的诉讼案中,Motorola 的结局更糟。法院对它的"一颗子弹"并未裁定许可费。

对受 FRAND 约束的 802.11 Wi-Fi 标准相关 SEP 开出天价许可费,Motorola 并不是唯一一个。在近期的另一案例中,SEP 持有者对两个受 FRAND 约束的专利索要的许可费超过了预期被许可人产品的销售价格。在 Realtek 半导体公司诉 LSI 公司的案例中,LSI 公司对原告寻求 ITC 排除令,并要求"超过 Realtek 产品销售价格的许可费"[35]。尽管对于特殊创新的专利可能会要求这种回报,但是没有证据表明 LSI 公司宣称的 SEP 是重要的。LSI 公司没有要求那么多,并且受理 Microsoft 案的法院对 802.11 标准开发的审查结果是"802.11 起草人可用或采用的大多数技术属于公知领域,而未涵盖于专利"[36]。对实施标准的产品要求超过售价的许可费的并不只有 LSI。Motorola 向 Microsoft 的被指控产品提出的 6—8 美元的许可费要求也超过了这些产品中 Wi-Fi 芯片的价格。在几年前裁定的另一起案件中,两个 Wi-Fi SEP 的持有者基于这两个 Wi-Fi SEP 赢得了 Wi-Fi 芯片价格 6% 的许可费[37],当考虑到全部潜在的 Wi-Fi SEP 时,这就是一个惊人的数字。但是,LSI 公司的结局并没有那么好。在法院作出禁止 LSI 公司寻求阻止 Realtek 公司进口 Wi-Fi 芯片的禁令之后[38],陪审团裁定 LSI 公司的两个 SEP 的 FRAND

---

[31] Wi-Fi SEP 的数量据估计高达 3,000。*In re Innovatio*,2013 WL 5593609,* 43。关于 H. 264 专利,由 MPEG LA 管理的单个专利池包括 275 个美国 SEP 和全世界超过 2,400 个 SEP。Microsoft,2013 美国 Dist. LEXIS 60233,* 228。这个数字显然不包括持有人没有通过该池提供许可的专利。如果只计算美国专利,那么 Motorola 所称的 SEP 占总数不超过 5.7%,并且可能更少。

[32] *Microsoft*,2013 U. S. Dist. LEXIS 60233 at *138,*189。

[33] 同上。

[34] 同上。

[35] 946 F. Supp. 2d at 1002。"ITC 排除令"指美国国际贸易委员会(ITC)根据《1930 年关税法》第 337 节第 4 条第 1 款发出排除令,以禁止侵犯美国知识产权的商品入境美国。(有关 ITC 排除令请参见本书《美国专利案件中的禁令救济》一文。——编者注)

[36] *Microsoft*,2013 U. S. Dist. LEXIS 60233 at *144。

[37] *Symbol Technologies*,*Inc. v. Proxim*,*Inc.*,2004 WL 1770290(D. Del. 2004)。

[38] 946 F. Supp. 2d at 1010。

— 483 —

许可费只有 Realtek 公司 Wi-Fi 芯片的销售价格的 0.19%[39]，这比 LSI 公司原先要求的许可费低 500 倍。

Innovatio IP Ventures 是一个专利主张实体，它对"众多咖啡店、宾馆、餐馆、超市、大型零售商、运输公司和其他无线互联网技术的商业用户"提起的诉讼也证明了劫持的潜在影响[40]。这促使被告无线设备制造商对它提出确认之诉。对其主张的 19 个 Wi-Fi SEP，Innovatio 公司提出了 6% 的基准许可费，依据涵盖无线功能的最终产品的价值计算，根据旨在反映该无线部件对最终产品贡献的"特征因子"进行调整。这种方法导致对平板电脑收取 16 美元每单元的许可费报价，以及每台笔记本电脑近 5 美元[41]的许可费报价。法院最终确定 0.0956 美元每单元的 FRAND 许可费，这只是所要求许可费的极小部分[42]。法院裁定争议中的 19 个 SEP"对标准有重要价值"，但是仍然只占 IEEE 802.11 标准中最重要 SEP 的一小部分[43]。

在 Microsoft 与 Innovatio 的案例中，法院都依赖于 SEP 持有者和预期被许可人之间的假设性谈判来确定 FRAND 许可费的合理数量或范围。假设性谈判构想经常用于专利侵权损害赔偿的背景下，作为估算专利持有者和被告侵权者在侵权开始之前本应议定的合理许可费的手段[44]。在 FRAND 案例中，假设性谈判被假设发生在标准的采用之前，从而 FRAND 许可费能反映 SEP 对标准的技术贡献的价值，而不是标准本身在市场上的价值。

法院在 Microsoft 与 Innovatio 的诉讼中进行的假设性谈判结果和陪审团在 Realtek 诉讼中基于假设性谈判作出的裁决与另一个案例（Ericsson 诉 D-Link Systems 案，也涉及 802.11 Wi-Fi 标准）的诉讼结果形成鲜明的对比[45]。Ericsson 对 5 个 SEP 的许可费要求为 0.50 美元每单元，这占实施标准芯片的 2.50 美元销售价格的很大比例[46]。陪审团裁定支持的 Ericsson 的损失赔偿与其 0.50 美元每单元的许可费要求相符，并且法院同意 Ericsson 对于未来销售收取 0.15 美元每单元的持续许可费。Ericsson 案另一个值得注意的方面是，被告是包含无线芯片的如 PC 和路由器等产品的生产者，而不是芯片制

---

[39] Jury Verdict Form, *Realtek Semiconductor Corp. v. LSI Corp.*, Case No. C-12-3451-RMW, Docket No.324 (Feb.26,2014).
[40] *Innovatio*,2013 WL 5593609 at *1.
[41] 同上，第 12 页。
[42] 同上，第 44 页。
[43] 同上，第 43 页。
[44] *Georgia-Pacific Corp. v. United States Plywood Corp.*,318 F. Supp.1116(S.D.N.Y.1970).
[45] *Ericsson Inc. v. D-Link Systems,Inc.*,2013 WL 4046225(E.D.Tex. Aug.6,2013).
[46] 同上，第 20 页。

造商。该意见表明,Ericsson 至少最初拒绝了与无线芯片制造商进行许可协商[47]。

值得注意的是,上述案例中的标准实施者是大型跨国公司,它们有资源进行长期诉讼。但受 FRAND 约束的 SEP 持有者获得的经济赔偿和解是鲜为人知的,这些经济赔偿和解受保密协议的约束,因此避开了公众的视线。例如,在确认之诉中 Innovatio 公司对其许可费要求抗辩之前,Innovatio 公司已经向使用 Wi-Fi 设备的咖啡店和宾馆等企业发出了 8000 份催款书[48]。它与这些企业的和解条款尚未对外公开。SEP 持有者提起的侵权案例中的保密协议条款通常也是未知的,虽然 SEP 持有者的律师事务所在一组 Wi-Fi 案例中声称与标准实施者协商的和解协议"将产生'数亿美元'"[49]。

在上述案例中,SEP 持有者所要求的巨额许可费无疑说明行业标准的实施者在标准采用后面临真正的专利劫持风险。尤其在 Wi-Fi 专利案中,即在此讨论的每一个案件中,许可费要求都是过高的,这不仅是因为它们隐含着许可费堆叠,而且因为所述的每个 SEP 都仅涉及标准的诸多 SEP 中的一小部分,而该标准的"中心元素"则是基于公开技术。

专利劫持批评没有达到目的

专利劫持问题的存在一直受到某些通常支持 SEP 持有者观点的评论者反驳[50]。这些作者称很少有实验性证据表明过高的许可费要求抑制了标准兼容技术投资或减缓了标准的采用。他们认为,当前 FRAND 系统的特征使得劫持不太可能发生,并且主张对 FRAND 承诺进行狭义的解释,从而允许 SEP 持有者寻求禁令救济并且不必考虑技术事前价值而设定许可费。下文对这些观点进行了评读。

A. 劫持

有的批评者质疑劫持是否是一个合理的担忧,他们认为发生劫持的部分原因是由于信息缺乏,而潜在被许可人将会拥有工具和知识来识别提供所需许可的 SEP 持有者[51]。

---

[47] 同前页脚注[45],第 16 页。
[48] 参见总统执行办公室发布的《专利主张与美国创新》(Patent Assertion and U. S. Innovation,2013 年 6 月),http://www. whitehouse. gov/sites/default/files/docs/patent_report. pdf。
[49] "McKool Smith 律师事务所及其当事人 WiLAN 解决了针对世界领先技术提供商的专利诉讼",http://www. mckoolsmith. com/news-pressreleases-130. html。
[50] Roger G. Brooks,*Patent" Hold-Up,"Standards-Setting Organizations*,and the FTC's Campaign Against Innovators,39 AIPLA Q. J. 435(2011);Roger G. Brooks & Damien Geradin,*Interpreting and Enforcing the Voluntary FRAND Commitment*,http://papers. ssrn. com/sol3/papers. cfm?abstract_id = 1645878&download = yes;Damien Geradin,AnneLayne-Farrar,and A. Jorge Padilla,*The Complements Problem with Standard Setting:Assessing theEvidence On Royalty Stacking*,(2008),http://papers. ssrn. com/sol3/papers. cfm?abstract_id = 949599&download = yes。所有引用的作品都认可对移动电话技术领先的 SEP 持有者 Qualcomm 公司的财务支持。
[51] Brooks,39 AIPLA Q. J. at 443 – 46.

他们的理论是,任何专利劫持都应该是可预见的,因此是可以避免的。换句话说,如果劫持是可预见的,那么它根本就不是劫持,因为 SEP 持有者的要求是 SEP 持有者和标准实施者之间初始议价的一部分。但是,认为在受 FRAND 约束的 SEP 的背景下,劫持是或者应该是可预见的这一观点是不恰当的。并没有证据表明,任何标准实施者都签署了以下制度:对于关键创新来自公共领域的单个标准,一个持有该标准中不到 1% 的 SEP 的持有者,必须能够收取高于实施该标准的半导体芯片价格的许可费。事实上,Ericsson 诉 D-Link 案中的证词表明,802.11 Wi-Fi 标准的开发人员拒绝强制使用特定的性能增强功能,仅因为它将实施成本提高了仅仅 2 美分[52]。

由于 FRAND 承诺的主要功能是确保实施标准所需的技术在合理的基础上获得广泛应用,因此劫持可预见的唯一方法是提前假定 SEP 持有者有意违反其承诺。这需要标准实施者假定整个标准制定事业是为了促进契约后的机会主义,而事实上 SSO 已经设计了他们的流程来防止这种机会主义。此外,SEP 持有者要求超额许可费且往往伴随着禁令威胁的现象是近期才出现的。在这些情况下,很难看出标准实施者应该如何预见对于这种与几年前颁布的标准相关的行为。

批评者还声称,可以依靠标准制定的"重复参与者"性质来调节 SEP 持有者的许可费要求。有人认为,SEP 持有者将被劝阻寻求过多的许可费,部分原因是这种行为会对声誉造成影响,随着时间的推移将会使得制定标准的其他参与者想要将该 SEP 持有者的技术从未来的标准中排除出去[53]。但是,当一个 SEP 持有者的产品业务经历大幅下滑时,声誉担忧不太可能成为一个有效的约束;另外,由于其自身产品业务在面对交叉许可费主张时具有弱点,SEP 持有者对于自己的劫持行为不再克制。这似乎解释了 Motorola 和 Ericsson 的行为,这些公司由于产品业务下滑而将其重点从 SEP 领域转向 SEP 专利组合的货币化。在 SEP 持有者是专利主张实体的情况下,声誉的担忧也不重要,专利主张实体不参与制定标准,而是在原始所有者做出他们的 FRAND 承诺之后从他们那里获取其 SEP。此外,即使产品业务兴隆的实施实体也可以合理地得出结论:劫持的收益大于任何声誉成本。这一点尤其如此,因为未来的标准一般都会纳入现有标准中的 SEP,以维持向后兼容性,这促进了跨多代标准的过度许可费收取,时间跨度可能长达 20 年。

B. 禁令救济

禁令威胁是一个极具威慑性的武器,一旦 SEP 持有者主张禁令救济,潜在被许可人的产品就可能被逐出市场。正如美国第九联巡回上诉法院对这个问题的解释:"显然,在

---

[52] *Ericsson v. D-Link*, Trial Tr., June 12, 2013, pm session, at 18–20.
[53] Brooks, 39 AIPLA Q. J. at 459–61.

协商当中,一方……要么达成协议要么停止其销售……根本上就将其置于不利地位"[54]。同样地,欧盟委员会也注意到,"禁令威胁,对善意的潜在被许可人主张禁令或者对该被许可人执行法院批准的禁令,可能会以某种方式严重阻碍有效竞争,例如,强迫潜在被许可人同意其本不会同意的苛刻许可条款"[55]。因此,在禁令威胁下,一个理智的实施者很可能得出以下结论:和应对侵权诉讼相比,支付不合理的许可费更加保险[56]。

对善意被许可人主张禁令救济或者威胁要寻求这种救济根本就不符合 FRAND 承诺。禁令救济是种特殊的救济措施,只有在专利权人因缺乏有效金钱救济而受到"无法挽回的"损害的情况下才适用[57]。相反地,做出 FRAND 承诺的 SEP 持有人同意将其 SEP 许可给任何标准实施者,只要这些实施者愿意支付符合 FRAND 原则的许可费,所以 SEP 持有人也就承认了金钱回报对其 SEP 的合理补偿[58]。正如 Posner 法官所说的:"通过承诺以 FRAND 条款许可该专利,(SEP 持有人)承诺向愿意支付 FRAND 许可费的任何人授予许可,也就间接承认了以下观点,即许可费是对许可使用该专利的合理补偿"[59]。同样地,在针对 Posner 法官裁决的上诉程序中,联邦巡回法院也同意以下观点,即"受 FRAND 承诺约束的专利权人可能难以证明(作为禁令救济的前提的)无法挽回的损害",并且 FRAND 承诺"清楚表明了金钱赔偿足以就任何侵权行为补偿(SEP 持有人)"[60]。

一些作者表示,FRAND 承诺的语言表述"不能被解读为建议放弃禁令救济"[61]。但是主要标准制定组织所使用的 FRAND 语言的直接含义是要求 SEP 持有人向每个善意被许可人授予许可。例如,美国负责开发 Wi-Fi 无线网络标准的电气和电子工程师协会(IEEE)在章程中指出,FRAND 承诺必须规定"将符合标准实施的许可在全球范围内授予不限制数量的申请人……以合理的费率,按照合理的条款与明确不存在任何不公平的

---

[54] *Microsoft Corp. v. Motorola Inc.*, 871 F. Supp. 2d 1089, 1103(W. D. Wash. 2012), aff'd, 696 F. 3d 872(9th Cir. 2012).

[55] *Google/Motorola Mobility* (Case No. COMP/M. 6381)Commission Decision 2012/C 75/01[2012]at § 107.

[56] Fiona Scott Morton & Carl Shapiro, Strategic Patent Acquisitions, http://faculty.haas.berkeley.edu/shapiro/pae.pdf(结论是,在 Microsoft 与 Motorola 案中,为了避免只有1.2%在法庭上败诉的机会,理智的标准实施者愿意付出三倍于法院认为合理的费率水平)。

[57] *eBay Inc. v. MercExchange, LLC*, 547 U.S. 388, 391(2006)["除非法律上可用的补救措施,诸如金钱赔偿,不足以补偿(原告无法弥补)的伤害",否则专利侵权禁令是不可用的]。

[58] *Microsoft*, 871 F. Supp. 2d at 1103.

[59] *Apple*, 869 F. Supp. 2d at 914.

[60] 2014 WL 1646435 at *35。法院赞成并引用了美国司法部和专利商标局的联合政策立场,即在侵权人单方面拒绝 FRAND 费率或通过其行为表明其不愿意协商的情况下采取禁令救济是适当的。同时参见美国司法部和美国专利商标局发布的"关于自愿 F/RAND 承诺的标准必要专利的救济措施的政策声明"(2013 年 1 月 8 日),http://www.justice.gov/atr/public/guidelines/290994.pdf。

[61] Geradin, Layne-Farrar, and Padilla at 31.

歧视的条件"[62]。在分析国际电信联盟(ITU)的几乎一模一样的 FRAND 承诺时,美国第九巡回上诉法院确定"该语言表述没有限制谁可以获得许可或者多少申请人可以获得许可"[63]。同样地,负责 3G 和 4G 电信标准开发的 ETSI 的知识产权政策尽管以不同的语言制定,也要求 FRAND 承诺保证向每一位善意被许可人授予许可。它要求通过"不可撤销的书面承诺"来按照 FRAND 条款授予不可撤销的许可,以"制造,包括按照被许可人自己的设计来制造或委托别人制造定制部件和子系统的权利""销售、租赁或以其他方式处置如此制造的设备""维修、使用或操作设备"以及"使用方法"[64]。通过强制要求授权每项潜在专利申请——从制造到销售到租赁再到使用或维修——该政策考虑了 FRAND 承诺不得排除即将按 FRAND 条款接受许可的潜在被许可人。

鉴于禁令旨在提供金钱补偿无法提供救济时的补救措施,应当保留禁令仅用于金钱赔偿不足以补偿专利侵权的少数情况[65]。如果标准实施者不愿意或无法支付司法裁定的 FRAND 许可费或者由于不在法院的管辖范围之内使得金钱救济无法执行,那么金钱补偿可能不是适当的补救措施,这种情况下应当适用禁令。但是,如果 SEP 持有人能够获得金钱补偿,主张禁令救济的威胁只会给予 SEP 持有人更多筹码来榨取高于约定的 FRAND 水平的许可费,除此之外别无他用。

C. 事前谈判

如上所述,法院采用了假设性谈判框架来估量 FRAND 许可费。这种假设性谈判被假设为发生在标准采用之前,因为"计算 FRAND 许可费的恰当方法是,首先计算专利发明被宣布为行业标准必要之前,被许可人获得专利执行功能的许可所需支出的成本。这

---

[62] IEEE Standards Board Bylaws § 6.2,http://standards.ieee.org/develop/policies/bylaws/sect6-7.html. 国际电信联盟(国际电联,ITU)要求专利持有人"在无歧视的基础上并以合理的条款与条件授予""免费许可"或者"在全球范围内向无限制数量的申请者提供许可,以制造、使用和销售"相关标准的"实施"。参见专利声明和许可声明。参见 Patent Statement and Licensing Decl. for ITU-T or ITU-R Recommendation, http://www.itu.int/dms_pub/itu-t/oth/04/04/T04040000020003PDFE.pdf;另参见 TIA/IPRSC 2008 年 6 月 20 日["RNAD 的专利政策寻求…让所有人以"合理和非歧视性"(即 RAND)条款和条件用上专利技术"],第 1 页,http://www.tiaonline.org/standards/about/documents/TIA-IPR_20080620-003_TIA_OPEN_STANDARDS.pdf 获取。

[63] *Microsoft*,696 F.3d at 884.

[64] ETSI 知识产权政策§6.1(2011 年 11 月 30 日),http://www.etsi.org/WebSite/document/Legal/ETSI% 20IPR% 20Policy% 20November% 202011.pdf;另参见 ETSI Guide on Intellectual Property Rights(IPRs)(2011 年 11 月 30 日)("ETSI Guide on IPRs"),§1.4,http://www.etsi.org/WebSite/document/Legal/ETSI% 20Guide% 20on% 20IPRs% 20November% 202011.pdf.

[65] *Apple v. Motorola*,* 35;另参见 *Microsoft Corp. v. Motorola Inc.*,871 F. Supp. 2d at 1103(通过寻求"Motorola 标准必要专利许可的货币费率支付,Motorola 含蓄地承认通过货币赔偿可以得到完全补偿");Evolving Marketplace Report,第 234—235 页("先前的 RAND 承诺可以提供强有力的证据证明拒绝禁令和持续费率不会对专利权人造成不可挽回的损害")。

种成本是对专利作为专利本身的价值衡量"[66]。事前协商框架保留了已有技术竞争的优点,并且使得许可费反映知识产权的价值,而不是标准本身的经济价值[67]。

反对事前协商法的人认为,这种方法没有考虑到在标准制定的过程中由 SEP 持有人而不是潜在被许可人投入的研发成本[68]。他们认为,假设性的事前谈判会使潜在被许可人在与许可人的谈判中获得最大筹码[69]。按照这一理论,将假设性谈判放在标准采用之前就会歪曲潜在被许可人的动机,并且会对 SEP 持有人的利益造成系统性损害。他们担心的是,如果潜在被许可人知道其最大侵权责任的赔偿额就是事前许可费的金额,就可能对取得许可产生抵制,从而迫使 SEP 持有人提起侵权诉讼。同时,这一理论提出,SEP 持有人已经在技术开发方面承担了沉没成本。这种情况被称之为反向劫持(reverse hold-up)。事前协商法的反对者认为,如果被许可人拖延获得许可或者选择就专利的有效性和侵权提起诉讼,SEP 持有人可以收取更高的许可费。

事前谈判法是正确的,因为它准确地反映了 SEP 持有人在标准采用之前的议价。有种观点认为 SEP 持有人能够从标准被广泛采用后的市场行情中获益,这种观点似乎有一个假设前提,即在不考虑是否存在竞争技术的情况下,每个专利持有人都理应获得发明回报。然而,在现实市场中,当公司产品在竞争中被更受消费者青睐的竞争产品打败时,公司每天都在损失沉没成本。因此,沉没成本的存在与所述分析无关。

潜在被许可人提起的专利诉讼也不应影响到对于 SEP 持有人许可费率的裁决。强制执行专利的诉讼风险"并不只限于标准必要专利。强制执行任何专利的举措都会面临被控侵权人在法庭上就某些问题提出异议的风险,从而迫使专利权人卷入代价高昂的诉讼"[70]。普通专利诉讼中的合理许可费也是以事前的标准来计算的,尽管各方在侵权发生之前就会即刻同意该事前许可费(如果他们认为专利有效并且未经许可使用将会构成侵权)[71]。另外,在一些特定 SEP 案件中,潜在被许可人选择诉讼无可厚非。近期,提起最多 SEP 诉讼的三家公司(InterDigital、Motorola 和 Samsung)的诉讼记录汇编揭示,在这些公司诉讼的 58 个 SEP 中,只有 7 个或 12% 最终被判定为有效和被侵权[72]。面对超

---

[66] *Apple*,869 F. Supp. 2d at 913.

[67] Mark A. Lemley 和 Carl Shapiro,*A Simple Approach to Setting Reasonable Royalties for Standard-Essential Patents*(2013 年),第 11 页("合理的费率不包括创建和采用标准本身所附带的价值。这种价值来自标准制定组织集体通过的决定而不是所选技术的潜在价值,允许专利权人捕获这一价值将会破坏 FRAND 承诺的目标")。

[68] 参见 Brooks,39 AIPLA Q. J. ,第 465 页。

[69] 同上,第 465—466 页。

[70] Innovatio,2013 WL 5593609,* 11.

[71] *Lucent Techs. ,Inc. v. Gateway ,Inc.* ,580 F. 3d 1301,1324 – 25(Fed. Cir. 2009).

[72] John Jurata, Jr. & David B. Smith,Turning the Page:The Next Chapter of Disputes Involving Standard-Essential Patents,at 5,CPI Antitrust Chronicle(Oct. 2013).

额的许可费要求和极低的侵权概率,潜在被许可人选择诉讼很难被视为反向劫持。

同样重要的是,这种批评忽视了在假设性事前谈判时可供专利持有者使用的可选方案。当他们的专利有商业用途时,他们完全有能力不做 FRAND 承诺并且避免该承诺对他们的约束[73]。但是,尽管这些 FRAND 承诺对自己有约束力,这些公司仍然做出 FRAND 承诺,因为这样一来他们便能够影响标准选择采纳哪些技术,从而获得一个有价值的保证,即每个标准实施者都需要获得其专利许可。以 Wi-Fi 标准为例,Wi-Fi 联盟估计,2011 年全球范围销售了 11 亿台 Wi-Fi 802.11 设备,并且预计到 2015 年该数字将翻一番[74]。为了说明这种有保证的被许可人市场的影响,假设有 10 亿台设备,即使许可费仅有 0.1 美分每年也会产生 100 万美元的收益。如此看来,批评者的立场是,SEP 持有者有权获得一个庞大的被锁定的标准实施者的市场,并且有权主张可以反映被锁定实施者无法转向在标准采用之前已有替代技术的费率。许可费率应该由实施者的事后行为确定,而不是参考 SEP 持有者达成的事前议价,这样的观点实质上等于为契约后机会主义辩护。

此外,"反向劫持"论点暗示了 SEP 持有者并未系统地获得足够的 FRAND 许可费补偿。如果是这样,人们可能会看到重要的技术开发商退出制定标准的合作。FRAND 承诺的自愿性质意味着专利持有者可以对参与标准制定的优点和劣势进行动态评估,以最大化其 IP 组合的整体回报。但是,至少到目前为止,没有证据表明发生过这种退出。

最后,认为潜在被许可人把侵权视为无成本策略的假定似乎并没有根据。实施者的反向劫持策略将是不明智的,因为标准实施者最终将不得不支付合理的许可费,并且如果 SEP 被证明是有效且被侵权,那么对于标准实施者会导致高昂的专利诉讼成本(在美国之外,还必须支付胜诉原告的法律费用与成本)。

D. 许可费堆叠

许可费要求过高的问题由于许可费堆叠而加剧。相比于单个许可人拥有所有许可专利而施加的许可费负担,许可费堆叠会导致更高的累计许可费[75]。许可费堆叠问题对当代高科技产品的潜在影响并没有被夸大。例如,在 Microsoft 诉讼中,法院指出,有 92 个不同实体向 IEEE 提交了关于许可 802.11 专利中的 350 个 SEP(和 30 个专利申请)的

---

[73] 参见 *Microsoft v. Motorola*,696 F. 3d at 885("Motorola 本可以不做[FRAND]承诺,但代价是 ITU 在制定标准时会避开其专利,因此它没这样选择")。

[74] 新闻稿:Wi-Fi? Innovations and User Enthusiasm Propel Continued Sales Growth,Wi-Fi 联盟(2012 年 1 月 10 日),http://www.wi-fi.org/media/press-releases/wi-fi% C2% AE-innovations-and-user-enthusiasm-propel-continued-sales-growth。

[75] Lemley & Shapiro,85 TEX. L. REV. at 2015。

保证书,并且另有 59 个公司已对未指明数量的其他 802.11 专利提交了"全面"保证书[76]。因此,"如果这些 92 个实体中的每一个都像 Motorola 一样要求最终产品价格的 1.15% 至 1.73% 的许可费,那么实施 802.11 标准的累积许可费就将超过总的产品价格,而这个标准仅仅涉及 Xbox 产品的一个功能"[77]。

有些评论家和某个法院已经对许可费堆叠的存在提出了质疑。例如,Geradin、Layne-Farrar 和 Padilla 认为,"极少证据表明现有的机制,包括交叉许可、专利池和重复参与的声誉,尚不足以解决制定标准时存在的系统性许可费堆叠问题"[78]。类似地,在 Ericsson 诉 D-Link 案中,地方法院仅将许可费堆叠定性为"理论上的"问题[79]。我们不同意这个观点。仅从 4 个近期司法裁决(其中 2 个认定确实存在许可费堆叠问题)来看,Wi-Fi 芯片许可费堆叠问题相当严重;实际上,法院曾尝试解决这个问题,但一直未能如愿。[80]

Microsoft、Innovatio、Ericsson 和 Realtek 案包括 35 项 Wi-Fi SEP 的许可费判决。Microsoft 案涉及 11 个相对不太重要的 Wi-Fi SEP,Innovatio 案涉及对标准具有重要价值的 19 个 Wi-Fi SEP,Ericsson 案涉及 3 个法院未做出重要性认定的 SEP,而 Realtek 案涉及两个法院未做出重要性认定的 SEP。正如 Robart 法官在 Microsoft 案中认定的那样,所有这些 SEP 都涉及公共领域的基础技术[81]。如前所述,全部 Wi-Fi SEP 大约有 3000 项专利,涉诉专利大约占全部 Wi-Fi SEP 的 1.2%。这 4 个法院判决的许可费总共 0.283 美元。如果所有 SEP 持有者都获得类似的许可费,那么这 4 项判决隐含的许可费堆叠起来为 24.25 美元,比 Ericsson 案中提到的 2.50 美元 Wi-Fi 芯片价格高出近 10 倍,并且是 Realtek 案中涉诉最低价 Wi-Fi 芯片价格的 24 倍[82]。这个分析实际上低估了许可费堆叠问题,因为在 Ericsson 案意见中引用的证据表明,一个 Wi-Fi 芯片中只有 17.5% 的功能与标准"相关"[83]。

---

[76] *Microsoft*,2013 U.S. Dist. LEXIS 60233 at *149.

[77] 同上,第 213 页。

[78] Geradin,Layne-Farrar,and Padilla at 5.

[79] *Ericsson*,2013 WL 4046225 at *18.

[80] 对于专注于适用于完整产品而不是单个 Wi-Fi 芯片的潜在费率堆叠的分析,参见 Ann Armstrong、Joseph J. Mueller 和 Timothy D. Syrett:*The Smartphone Royalty Stack*:*Surveying Royalty Demands for the Components Within Modern Smartphones*),http://papers.ssrn.com/sol3/papers.cfm?abstract_id=2443848&download=yes. 作者对智能手机做出一项估计,假定产品价格为 400 美元,潜在的专利费将超过 120 美元。

[81] 2013 U.S. Dist. LEXIS 60233,*144.

[82] 参见 Ericsson,2013 年 WL 4046225,*18(引用平均销售价格 2.50 美元);David Long,*Jury returns RANDroyaltyrate of 0.19 percent of WiFi chip sale price*(*Realtek v. LSI*),http://www.essentialpatentblog.com/2014/02/jury-returns-rand-royalty-rate-of-19-percent-of-wifi-chip-sale-price-realtek-v-lsi/(估计 Realtek 案中 0.19% 费率为 0.19—0.33 美分,这意味着销售价格在 1.00 美元到 1.74 美元的范围)。

[83] 2013 WL 4046225 at *14.

的确,交叉许可能在一定程度上减少许可费堆叠,但是达成交叉许可的公司正在提供的价值不应该在计算许可费堆叠时被忽视。尽管专利池也确实可以减少许可费堆叠;但是,由于它们是专门用于减少古诺(Cournot)互补的问题[84],因此很少有 Wi-Fi SEP 通过专利池进行许可,对于关键的移动通信技术 SEP 也是如此。接着,留给批评者的是关于声誉的争辩,前面讨论的四个案例中 SEP 持有者的许可费要求对其做出了有力的反驳。简言之,证据驳斥了批评者关于许可费堆叠不存在或仅仅是理论性问题的主张。

结 论

通过确保 SEP 持有者不会利用因标准采纳而被赋予的市场支配力来劫持实施者索取过高的许可费,FRAND 承诺在合作制定标准时发挥了重要作用。违反 FRAND 承诺(尤其伴随着禁令威胁时)可能带来的危害包括更高的价格、标准制定的参与度降低以及创新弱化。越来越多的报告案例表明,这些威胁是真实存在的,并且提供了实证性证据驳斥劫持是无关紧要的或纯理论性的主张。如上所述,怀疑劫持存在的论点与证据不一致并且一般不符合制定标准与 FRAND 制度的基本目标——通过让实施者以合理的成本得到必要技术来促进标准的广泛采用。

---

[84] 古诺互补问题涉及"多个投入者的每个都对其投入收取超过边际成本的许可费,从而导致下游产品的价格上涨、销量减少"的情况。参见 Lemley & Shapiro, 95 TEX. L. REV. at 2013。